AF894000

॥ ॐ श्रीपरमात्मने नमः ॥

गीता–दर्पण

त्वमेव माता च पिता त्वमेव
त्वमेव बन्धुश्च सखा त्वमेव।
त्वमेव विद्या द्रविणं त्वमेव
त्वमेव सर्वं मम देवदेव॥

स्वामी रामसुखदास

सं० २०७६ उनतीसवाँ पुनर्मुद्रण २,०००
कुल मुद्रण १,३५,०००

❖ मूल्य—

प्रकाशक एवं मुद्रक—
गीताप्रेस, गोरखपुर—२७३००५
(गोबिन्दभवन-कार्यालय, कोलकाता का संस्थान)
फोन : (०५५१) २३३४७२१, २३३१२५०, २३३१२५१
web : **gitapress.org** e-mail : **booksales@gitapress.org**
गीताप्रेस प्रकाशन gitapressbookshop.in से online खरीदें।

॥ श्रीहरि: ॥

प्रथम संस्करणका नम्र निवेदन

श्रीमद्भगवद्गीताका संस्कृत-वाङ्मयमें प्रमुख स्थान है। यह भगवान् श्रीकृष्णके श्रीमुखसे निकली हुई दिव्य वाणी है। इसमें भगवान् श्रीकृष्णने विषादयुक्त अर्जुनको तत्त्वात्मक उपदेश दिया है; जिसके भाव परम गहन हैं। उनका पार अभीतक न कोई पा सका है और न पा सकता है।

उसी गीतातत्त्व-सागरमें डुबकी लगाकर श्रद्धेय स्वामी श्रीरामसुखदासजी महाराजने अनेक तत्त्वरत्नोंको खोज निकाला है, जिन्हें विविध प्रकाशनोंके रूपमें जनताको वितरित कर दिया है। उनसे भावुक जनता लाभ उठा रही है। उन्हीं रत्नोंमेंसे यह एक अमूल्य रत्न गीता-दर्पण भी है। यह 'यथा नाम तथा गुण'—इस उक्तिके अनुसार सचमुच गीता-तत्त्वको प्रत्यक्ष देखनेके लिये दर्पण-सदृश ही है। इसके प्रारम्भमें गीताके अठारहों अध्यायोंके तत्त्वोंपर प्रश्नोत्तररूपमें प्रकाश डाला गया है। तत्पश्चात् प्रधान-प्रधान विषयोंका लेखरूपमें विस्तारपूर्वक समाधान किया गया है, गीताके शब्दोंको समझनेके लिये व्याकरण और छन्दसम्बन्धी गूढ़ विवेचन किया गया है, गीताके श्लोकोंके परिमाणके विषयमें विस्तृत एवं प्रामाणिक समाधान प्रस्तुत किया गया है, पाठकोंकी सुविधाके निमित्त पाठ-विधियाँ दर्शायी गयी हैं तथा अन्तमें प्रमुख शब्दोंके विभिन्नार्थपर पृथक्-पृथक् विचार प्रकट किया गया है। इन सब कारणोंसे इस ग्रन्थरत्नकी उपादेयता विशेष बढ़ गयी है।

वर्तमान समयमें साधकोंका सही मार्गदर्शन करनेके लिये तत्त्वात्मक ग्रन्थोंका अभाव-सा है, अत: उसके कुछ अंशकी पूर्तिके लिये यह गीता-दर्पण सक्षम है। इसलिये साधकोंसे विनम्र अनुरोध है कि वे इस ग्रन्थरत्नका सावधानतया अध्ययन करें, गम्भीरतापूर्वक मनन करें और इससे विशेष लाभ उठावें।

चतुर्थ संस्करणका नम्र निवेदन

यह 'गीता-दर्पण' का चतुर्थ संस्करण है। इस संस्करणमें परम श्रद्धेय स्वामीजीने आवश्यक परिवर्तन और परिवर्धन करके ग्रन्थकी उपयोगिताको और बढ़ा दिया है। पूर्वसंस्करणोंमें ग्रन्थके आरम्भमें 'गीता-श्लोक-संगति' नामसे जो विषय (प्रश्नोत्तर-शैलीमें सम्पूर्ण गीता) दिया गया था, वह 'गीता-माधुर्य' नामसे अलग प्रकाशित किया जा चुका है; अत: इस संस्करणमें उसे नहीं दिया गया है। इसके सिवाय इस संस्करणमें बीस नये लेख सम्मिलित किये गये हैं और ज्ञातव्य विषय देकर कई लेखोंका विस्तार किया गया है। उत्तरार्धमें व्याकरण-सम्बन्धी बातें विस्तारसे दी गयी हैं, जो व्याकरणके विद्यार्थियोंके लिये विशेष उपयोगी सिद्ध होंगी। आशा है, पाठकगण इस अमूल्य ग्रन्थ-रत्नसे अधिकाधिक लाभ उठायेंगे।

—प्रकाशक

॥ श्रीहरिः ॥

प्राक्कथन

भगवान्‌की दिव्यवाणी श्रीमद्भगवद्‌गीताके भाव बहुत ही गम्भीर और अनायास कल्याण करनेवाले हैं। उनका मनन करनेसे साधकके हृदयमें नये-नये विलक्षण भाव प्रकट होते हैं। समुद्रमें मिलनेवाले रत्नोंका तो अन्त आ सकता है, पर गीतामें मिलनेवाले मनोमुग्धकारी भावरूपी रत्नोंका कभी अन्त नहीं आता।

गीताके भावोंको भलीभाँति समझनेसे गीताके वक्ता (भगवान्)-का, श्रोता (अर्जुन)- का, गीताका और अपने स्वरूपका ठीक-ठीक बोध हो जाता है। बोध होनेपर मनुष्य कृतकृत्य, ज्ञातज्ञातव्य और प्राप्तप्राप्तव्य हो जाता है अर्थात् उसके लिये कुछ भी करना, जानना और पाना बाकी नहीं रहता। उसका मनुष्यजन्म सर्वथा सफल हो जाता है।

जैसे भक्त जिस भावसे भगवान्‌का भजन करता है, भगवान् भी उसी भावसे उसका भजन करते हैं (४। ११), ऐसे ही मनुष्य जिस मान्यताको लेकर गीताको देखता है, गीता भी उसी मान्यताके अनुसार उसको दीखने लग जाती है। जैसे मनुष्य दर्पणके सामने जैसा मुख बनाकर जाता है, उसको वैसा ही मुख दर्पणमें दीखने लग जाता है, ऐसे ही भगवान्‌की वाणी गीता इतनी विलक्षण है कि इसके सामने मनुष्य जैसा सिद्धान्त बनाकर जाता है, उसको वैसा ही सिद्धान्त गीतामें दीखने लग जाता है। इस प्रकार गीतारूप दर्पणमें कर्मयोगियोंको कर्मशास्त्र, ज्ञानयोगियोंको ज्ञानशास्त्र और भक्तियोगियोंको भक्तिशास्त्र दीखता है। सभी साधकोंको गीतामें अपनी रुचि, श्रद्धा-विश्वास और योग्यताके अनुसार अपने कल्याणका साधन मिल जाता है। परंतु जो अपने मत, सिद्धान्त आदिका कोई आग्रह न रखकर तटस्थ होकर गीताके भावोंको समझना चाहते हैं, उनके लिये यह **'गीता-दर्पण'** नामक ग्रन्थ परम उपयोगी है। इस **'गीता-दर्पण'** में गीताके भाव, सिद्धान्त प्रत्यक्ष दीखने लग जाते हैं, जिनके अनुसार चलनेसे सभी साधक बहुत जल्दी अपना कल्याण कर सकते हैं।

गीताको पढ़ने-पढ़ानेसे जो बातें लक्ष्यमें नहीं आतीं, स्पष्ट समझमें नहीं आतीं, उन्हीं बातोंको यदि विशेषरूपसे बताया जाय तो वे सुगमतापूर्वक स्पष्ट समझमें आ जाती हैं। जैसे आमके पेड़में जड़से लेकर टहनी, पत्ते और फूलोंतक वही रस व्याप्त रहता है, जो रस आमके फलमें रहता है; परंतु उनसे उस रसकी वैसी अनुभूति नहीं होती, जैसी अनुभूति आमके फलसे होती है। इसी प्रकार गीताके श्लोकों, चरणों, पदों आदिमें परिपूर्ण भावोंका वैसा बोध नहीं होता, जैसा बोध गीताकी बातोंको विशेषरूपसे बतानेपर होता है। गीताकी बातोंको विशेषरूपसे बतानेके लिये ही इस **'गीता-दर्पण'** ग्रन्थकी रचना हुई है।

जैसे भगवान् प्राणिमात्रके सुहृद् हैं (५। २९), ऐसे ही उनकी वाणी गीता भी प्राणिमात्रकी सुहृद् है। गीता सर्वतोभद्र है। जैसे भगवन्नामको किसी भी रीतिसे लिया जाय, वह कल्याण ही करता है, ऐसे ही गीताका मनन-विचार धर्मकी दृष्टिसे, वर्ण-आश्रमकी दृष्टिसे, सृष्टि-रचनाकी दृष्टिसे, साधनकी दृष्टिसे, सिद्ध पुरुषोंकी दृष्टिसे, छन्दकी दृष्टिसे, व्याकरणकी दृष्टिसे, साहित्यकी दृष्टिसे आदि किसी भी दृष्टिसे किया जाय, वह कल्याण ही करती है। इसलिये इस **'गीता-दर्पण'** में गीताको कई दृष्टियोंसे देखा गया है और उसपर विचार भी किया गया है।

इस **'गीता-दर्पण'** के माध्यमसे गीताका अध्ययन करनेपर साधकको गीताका मनन करनेकी, उसको समझनेकी एक नयी दिशा मिलेगी, नयी विधियाँ मिलेंगी, जिससे साधक स्वयं भी गीतापर स्वतन्त्ररूपसे विचार कर सकेगा और नये-नये विलक्षण भाव प्राप्त कर सकेगा। उन भावोंसे उसकी गीता-वक्ता (भगवान्)- के प्रति एक विशेष श्रद्धा जाग्रत् होगी कि इस छोटे-से ग्रन्थमें भगवान्‌ने कितने विलक्षण भाव भर दिये हैं। ऐसा श्रद्धा-भाव जाग्रत् होनेपर 'गीता! गीता!!' उच्चारण करनेमात्रसे उसका कल्याण हो जायगा।

इस **'गीता-दर्पण'** को दो भागोंमें विभाजित किया गया है—पूर्वार्ध और उत्तरार्ध। पूर्वार्धमें गीता-सम्बन्धी लेख दिये गये हैं, जिनमें विभिन्न दृष्टियोंसे गीतापर गहरा विचार किया गया है और उत्तरार्धमें मस्तिष्क-प्रधान साधकोंके लिये गीता-सम्बन्धी विशेष जानकारीकी बातें दी गयी हैं। परिशिष्टमें एक शब्दकोश दिया गया है, जिसमें ऐसे शब्दोंको लिया है, जो गीतामें पूर्वापर प्रसंगके अनुसार अनेक अर्थोंमें आये हैं। आशा है, गीताका अभ्यास करनेवाले विचारशील जिज्ञासुजन इस कोशसे लाभ उठायेंगे।

गीता-दर्पणमें जो लेख आये हैं, उनमें प्रायः भगवद्‌गीताका ही विवेचन हुआ है, पर कहीं-कहीं ज्ञातव्यरूपसे दूसरी उपयोगी बातें भी दी गयी हैं।

सम्पूर्ण गीताकी विस्तृत हिन्दी व्याख्या 'साधक-संजीवनी' नामसे प्रकाशित की गयी है। किसी-किसी भावका स्पष्टीकरण जैसा गीता-दर्पणमें हुआ है, वैसा साधक-संजीवनीमें नहीं हुआ है और किसी-किसी भावका स्पष्टीकरण जैसा साधक-संजीवनीमें हुआ है, वैसा गीता-दर्पणमें नहीं हुआ है। गीताके जिज्ञासुओंको इन दोनों ही ग्रन्थोंका अध्ययन एवं मनन करना चाहिये।

विनीत—

स्वामी रामसुखदास

॥ श्रीहरिः ॥

विषय-सूची

पूर्वार्ध

उत्तरार्ध

परिशिष्ट

पूर्वार्ध

योगक्षेम-वहन

Sustaining Yoga and Kshema

नटवर

The Cosmic Dancer

मधुसूदन सरस्वतीको परमतत्त्वके दर्शन

Vision of Supreme Reality to Madhusudan Saraswati

नवधा भक्ति

Ninefold Devotion

॥ ॐ श्रीपरमात्मने नमः ॥

गीता-दर्पण

स्वात्मीयप्रियभक्तपार्थगतये गुह्यं हि गुह्यात्परं
येन स्वं प्रकटीकृतं च हृदयं गीताभिधेयात्मकम्।
यस्यां प्राप्तपरिस्थितौ तु मनुजः प्राप्नोति मुक्तिं स्थित
एषा येन कला नवा निगदिता कृष्णाय तस्मै नमः॥[1]

ये वाञ्छन्ति निजं मतं तु घटितुं पश्यन्ति गीतामिमां
तेषां दर्शयितुं स्वपक्षवदनं गीता स्वयं दर्पणः।
ये निष्पक्षनिराग्रहास्तु मनुजा इच्छन्ति गीतामतं
गीतादर्पण एष वेत्तुमथ मे तेभ्यः कृतो वाद्भुतः॥[2]

---

१. जिन्होंने अपने प्रिय भक्त अर्जुनके कल्याणके लिये अत्यन्त गोपनीय अपना 'गीता' नामक हृदय प्रकट किया है तथा जिन्होंने 'मनुष्य जिस किसी परिस्थितिमें स्थित रहता हुआ ही अपना कल्याण कर सकता है'—यह नयी कला बतायी है, उन भगवान् श्रीकृष्णके लिये नमस्कार है।

२. जो लोग अपने सिद्धान्तको गीतामें घटाना चाहते हैं, वे इस गीताको देखते हैं तो उन्हें अपना पक्षरूप मुख दिखानेके लिये गीता स्वयं दर्पण है; परंतु जो मनुष्य पक्षपात और आग्रहसे रहित होकर गीताके मतको जानना चाहते हैं, उनके लिये मैंने यह अद्भुत 'गीता-दर्पण' लिखा है।

गीताके प्रत्येक अध्यायका तात्पर्य

गीताध्यायस्य निष्कर्षं ज्ञातुमिच्छन्ति ये जनाः।
तैः सुखपूर्वकं ग्राह्यस्ततः सारोऽत्र लिख्यते॥

पहला अध्याय

मोहके कारण ही मनुष्य 'मैं क्या करूँ और क्या नहीं करूँ'—इस दुविधामें फँसकर कर्तव्यच्युत हो जाता है। अगर वह मोहके वशीभूत न हो तो वह कर्तव्यच्युत नहीं हो सकता।

भगवान्, धर्म, परलोक आदिपर श्रद्धा रखनेवाले मनुष्योंके भीतर प्रायः इन बातोंको लेकर हलचल, दुविधा रहती है कि अगर हम कर्तव्यरूपसे प्राप्त कर्मको नहीं करेंगे तो हमारा पतन हो जायगा; अगर हम केवल सांसारिक कार्यमें ही लग जायँगे तो हमारी आध्यात्मिक उन्नति नहीं होगी; व्यवहारमें लगनेसे परमार्थ ठीक नहीं होगा और परमार्थमें लगनेसे व्यवहार ठीक नहीं होगा; अगर हम कुटुम्बको छोड़ देंगे तो हमें पाप लगेगा और अगर कुटुम्बमें ही बैठे रहेंगे तो हमारी आध्यात्मिक उन्नति नहीं होगी; आदि-आदि। तात्पर्य है कि अपना कल्याण तो चाहते हैं, पर मोह, सुखासक्तिके कारण संसार छूटता नहीं। इसी तरहकी हलचल अर्जुनके मनमें भी होती है कि अगर मैं युद्ध करूँगा तो कुलका नाश होनेसे मेरे कल्याणमें बाधा लगेगी और अगर मैं युद्ध नहीं करूँगा तो कर्तव्यच्युत होनेसे मेरे कल्याणमें बाधा लगेगी।

दूसरा अध्याय

अपने विवेकको महत्त्व देना और अपने कर्तव्यका पालन करना—इन दोनों उपायोंमेंसे किसी भी एक उपायको मनुष्य दृढ़तासे काममें लाये तो शोक-चिन्ता मिट जाते हैं।

जितने शरीर दीखते हैं, वे सभी नष्ट होनेवाले हैं, मरनेवाले हैं, पर उनमें रहनेवाला कभी मरता नहीं। जैसे शरीर बाल्यावस्थाको छोड़कर युवावस्थाको और युवावस्थाको छोड़कर वृद्धावस्थाको धारण कर लेता है, ऐसे ही शरीरमें रहनेवाला एक शरीरको छोड़कर दूसरे शरीरको धारण कर लेता है। मनुष्य जैसे पुराने वस्त्रोंको छोड़कर नये वस्त्रोंको पहन लेता है, ऐसे ही शरीरमें रहनेवाला शरीररूपी एक चोलेको छोड़कर दूसरा चोला पहन लेता है। जितनी अनुकूल-प्रतिकूल परिस्थितियाँ आती हैं, वे पहले नहीं थीं और पीछे भी नहीं रहेंगी तथा बीचमें भी उनसे प्रतिक्षण वियोग हो रहा है। तात्पर्य है कि वे परिस्थितियाँ आने-जानेवाली हैं, सदा रहनेवाली नहीं हैं। इस प्रकार स्पष्ट विवेक हो जाय तो हलचल, शोक-चिन्ता नहीं रह सकती। शास्त्रकी आज्ञाके अनुसार जो कर्तव्य-कर्म प्राप्त हो जाय, उसका पालन कार्यकी पूर्ति-अपूर्ति और फलकी प्राप्ति-अप्राप्तिमें सम (निर्विकार) रहकर किया जाय तो भी हलचल नहीं रह सकती।

तीसरा अध्याय

इस मनुष्यलोकमें सभीको निष्कामभावपूर्वक अपने कर्तव्यका तत्परतासे पालन करना चाहिये, चाहे वह ज्ञानी हो या अज्ञानी हो, चाहे वह भगवान्‌का अवतार ही क्यों न हो! कारण कि सृष्टिचक्र अपने-अपने कर्तव्यका पालन करनेसे ही चलता है।

मनुष्य न तो कर्मोंका आरम्भ किये बिना सिद्धिको प्राप्त होता है और न कर्मोंके त्यागसे सिद्धिको प्राप्त होता है। ब्रह्माजीने सृष्टि-रचनाके समय प्रजासे कहा कि तुमलोग अपने-अपने कर्तव्य-कर्मके द्वारा एक-दूसरेकी सहायता करो, एक-दूसरेको उन्नत करो तो तुमलोग परमश्रेयको प्राप्त हो जाओगे। जो सृष्टिचक्रकी मर्यादाके अनुसार अपने कर्तव्यका पालन नहीं करता, उसका इस संसारमें जीना व्यर्थ है। यद्यपि मनुष्यरूपमें अवतरित भगवान्‌के लिये इस त्रिलोकीमें कोई कर्तव्य नहीं है, फिर भी वे लोकसंग्रहके लिये अपने कर्तव्यका तत्परतासे पालन करते हैं। ज्ञानी महापुरुषको भी लोकसंग्रहके लिये अपने कर्तव्यका

तत्परतासे पालन करना चाहिये। अपने कर्तव्यका निष्कामभावपूर्वक पालन करते हुए मनुष्य मर भी जाय, तो भी उसका कल्याण है।

चौथा अध्याय

सम्पूर्ण कर्मोंको लीन करनेके, सम्पूर्ण कर्मोंके बन्धनसे रहित होनेके दो उपाय हैं—कर्मोंके तत्त्वको जानना और तत्त्वज्ञानको प्राप्त करना।

भगवान् सृष्टिकी रचना तो करते हैं, पर उस कर्ममें और उसके फलमें कर्तृत्वाभिमान एवं आसक्ति न होनेसे वे बँधते नहीं। कर्म करते हुए जो मनुष्य कर्मफलकी आसक्ति, कामना, ममता आदि नहीं रखते अर्थात् कर्मफलसे सर्वथा निर्लिप्त रहते हैं और निर्लिप्त रहते हुए कर्म करते हैं, वे सम्पूर्ण कर्मोंको काट देते हैं। जिसके सम्पूर्ण कर्म संकल्प और कामनासे रहित होते हैं, उसके सम्पूर्ण कर्म जल जाते हैं। जो कर्म और कर्मफलकी आसक्ति नहीं रखता, वह कर्मोंमें सांगोपांग प्रवृत्त होता हुआ भी कर्मोंसे नहीं बँधता। जो केवल शरीर-निर्वाहके लिये ही कर्म करता है तथा जो कर्मोंकी सिद्धि-असिद्धिमें सम रहता है, वह कर्म करके भी नहीं बँधता। जो केवल कर्तव्यपरम्परा सुरक्षित रखनेके लिये ही कर्म करता है, उसके सम्पूर्ण कर्म लीन हो जाते हैं। इस तरह कर्मोंके तत्त्वको ठीक तरहसे जाननेसे मनुष्य कर्म-बन्धनसे रहित हो जाता है।

जड़तासे सर्वथा सम्बन्ध-विच्छेद हो जाना ही तत्त्वज्ञान है। यह तत्त्वज्ञान पदार्थोंसे होनेवाले यज्ञोंसे श्रेष्ठ है। इस तत्त्वज्ञानमें सम्पूर्ण कर्म समाप्त हो जाते हैं। तत्त्वज्ञानके प्राप्त होनेपर फिर कभी मोह नहीं होता। पापी-से-पापी मनुष्य भी ज्ञानसे सम्पूर्ण पापोंको तर जाता है। जैसे अग्नि सम्पूर्ण ईंधनको जला देती है, ऐसे ही ज्ञानरूपी अग्नि सम्पूर्ण कर्मोंको भस्म कर देती है।

पाँचवाँ अध्याय

मनुष्यको अनुकूल-प्रतिकूल परिस्थितियोंके आनेपर सुखी-दुःखी, राजी-नाराज नहीं होना चाहिये; क्योंकि इन सुख-दुःख आदि द्वन्द्वोंमें फँसा हुआ मनुष्य संसारसे ऊँचा नहीं उठ सकता।

स्त्री, पुत्र, परिवार, धन-सम्पत्तिका केवल स्वरूपसे त्याग करनेवाला संन्यासी नहीं है, प्रत्युत जो अपने कर्तव्यका पालन करते हुए राग-द्वेष नहीं करता, वही सच्चा संन्यासी है। जो अनुकूल परिस्थितिके आनेपर हर्षित नहीं होता और प्रतिकूल परिस्थितिके आनेपर उद्विग्न नहीं होता, ऐसा वह द्वन्द्वोंसे रहित मनुष्य परमात्मामें ही स्थित रहता है। सांसारिक सुख-दुःख, अनुकूलता-प्रतिकूलता आदि द्वन्द्व दुःखोंके ही कारण हैं। अतः बुद्धिमान् मनुष्यको उनमें नहीं फँसना चाहिये।

छठा अध्याय

किसी भी साधनसे अन्तःकरणमें समता आनी चाहिये; क्योंकि समताके बिना मनुष्य अनुकूल-प्रतिकूल परिस्थितियोंमें, मान-अपमानमें सम (निर्विकार) नहीं रह सकता और अगर वह परमात्माका ध्यान करना चाहे तो ध्यान भी नहीं कर सकता। तात्पर्य है कि अन्तःकरणमें समता आये बिना सुख-दुःख आदि द्वन्द्वोंका असर नहीं मिटेगा और मन भी ध्यानमें नहीं लगेगा।

जो मनुष्य प्रारब्धके अनुसार प्राप्त अनुकूल-प्रतिकूल परिस्थितियोंमें, वर्तमानमें किये जानेवाले कर्मोंकी पूर्ति-अपूर्तिमें, सिद्धि-असिद्धिमें, दूसरोंके द्वारा किये गये मान-अपमानमें, धन-सम्पत्ति आदिमें, अच्छे-बुरे मनुष्योंमें सम रहता है, वह श्रेष्ठ है। जो साध्यरूप समताका उद्देश्य रखकर मन-इन्द्रियोंके संयमपूर्वक परमात्माका ध्यान करता है, उसकी सम्पूर्ण प्राणियोंमें और उनके सुख-दुःखमें समबुद्धि हो जाती है। समता प्राप्त करनेकी इच्छा रखनेवाला मनुष्य वेदोंमें कहे हुए सकाम कर्मोंका अतिक्रमण कर जाता है। समतावाला मनुष्य सकामभाववाले तपस्वी, ज्ञानी और कर्मी मनुष्योंसे श्रेष्ठ है।

सातवाँ अध्याय

सब कुछ वासुदेव ही है, भगवद्रूप ही है—इसका मनुष्यको अनुभव कर लेना चाहिये।

सूतके मणियोंसे बनी हुई मालामें सूतकी तरह भगवान् ही सब संसारमें ओत-प्रोत हैं। पृथ्वी, जल, तेज

आदि तत्त्वोंमें; चन्द्र, सूर्य आदि रूपोंमें; सात्त्विक, राजस और तामस भाव, क्रिया आदिमें भगवान् ही परिपूर्ण हैं। ब्रह्म, जीव, क्रिया, संसार, ब्रह्मा और विष्णुरूपसे भगवान् ही हैं। इस तरह तत्त्वसे सब कुछ भगवान्-ही-भगवान् हैं।

आठवाँ अध्याय

अन्तकालीन चिन्तनके अनुसार ही जीवकी गति होती है, इसलिये मनुष्यको हरदम सावधान रहना चाहिये, जिससे अन्तकालमें भगवत्स्मृति बनी रहे।

अन्तसमयमें शरीर छूटते समय मनुष्य जिस वस्तु, व्यक्ति आदिका चिन्तन करता है, उसीके अनुसार उसको आगेका शरीर मिलता है। जो अन्तसमयमें भगवान्का चिन्तन करता हुआ शरीर छोड़ता है, वह भगवान्को ही प्राप्त होता है। उसका फिर जन्म-मरण नहीं होता। अतः मनुष्यको सब समयमें, सभी अवस्थाओंमें और शास्त्रविहित सब काम करते हुए भगवान्को याद रखना चाहिये, जिससे अन्तसमयमें भगवान् ही याद आयें। जीवनभर रागपूर्वक जो कुछ किया जाता है, प्रायः वही अन्तसमयमें याद आता है।

नवाँ अध्याय

सभी मनुष्य भगवत्प्राप्तिके अधिकारी हैं, चाहे वे किसी भी वर्ण, आश्रम, सम्प्रदाय, देश, वेश आदिके क्यों न हों। वे सभी भगवान्की तरफ चल सकते हैं, भगवान्का आश्रय लेकर भगवान्को प्राप्त कर सकते हैं।

भगवान्को इस बातका दुःख है, खेद है, पश्चात्ताप है कि ये जीव मनुष्यशरीर पाकर, मेरी प्राप्तिका अधिकार पाकर भी मेरेको प्राप्त न करके, मेरे पास न आकर मौत (जन्म-मरण)-में जा रहे हैं। मेरेसे विमुख होकर कोई तो मेरी अवहेलना करके, कोई आसुरी-सम्पत्तिका आश्रय लेकर और कोई सकामभावसे यज्ञ आदिका अनुष्ठान करके जन्म-मरणके चक्करमें जा रहे हैं। वे पापी-से-पापी हों, किसी नीच योनिमें पैदा हुए हों और किसी भी वर्ण, आश्रम, देश, वेश आदिके हों, वे सभी मेरा आश्रय लेकर मेरी प्राप्ति कर सकते हैं। अतः इस मनुष्यशरीरको पाकर जीवको मेरा भजन करना चाहिये।

दसवाँ अध्याय

मनुष्यके पास चिन्तन करनेकी जो शक्ति है, उसको भगवान्के चिन्तनमें ही लगाना चाहिये।

संसारमें जिस-किसीमें, जहाँ-कहीं विलक्षणता, विशेषता, महत्ता, अलौकिकता, सुन्दरता आदि दीखती है, उसमें मन खिंचता है, वह विलक्षणता आदि सब वास्तवमें भगवान्की ही है। अतः वहाँ भगवान्का ही चिन्तन होना चाहिये, उस वस्तु, व्यक्ति आदिका नहीं। यही विभूतियोंके वर्णनका तात्पर्य है।

ग्यारहवाँ अध्याय

अर्जुनने भगवान्की कृपासे जिस दिव्य विश्वरूपके दर्शन किये, उसको तो हरेक मनुष्य नहीं देख सकता; परन्तु आदि-अवताररूपसे प्रकट हुए इस संसारको श्रद्धापूर्वक भगवान्का रूप मानकर तो हरेक मनुष्य विश्वरूपके दर्शन कर सकता है।

अर्जुनने विश्वरूप दिखानेके लिये भगवान्से नम्रतापूर्वक प्रार्थना की तो भगवान्ने दिव्यनेत्र प्रदान करके अर्जुनको अपना दिव्य विश्वरूप दिखा दिया। उसमें अर्जुनने भगवान्के अनेक मुख, नेत्र, हाथ आदि देखे; ब्रह्मा, विष्णु और शंकरको देखा; देवताओं, गन्धर्वों, सिद्धों, सर्पों आदिको देखा। उन्होंने विश्वरूपके सौम्य, उग्र, अत्युग्र आदि कई स्तर देखे। इस दिव्य विश्वरूपको हम सब नहीं देख सकते, पर नेत्रोंसे दीखनेवाले इस संसारको भगवान्का स्वरूप मानकर अपना उद्धार तो हम कर ही सकते हैं। कारण कि यह संसार भगवान्से ही प्रकट हुआ है, भगवान् ही सब कुछ बने हुए हैं।

बारहवाँ अध्याय

भक्त भगवान्का अत्यन्त प्यारा होता है; क्योंकि वह शरीर-इन्द्रियाँ-मन-बुद्धिसहित अपने-आपको भगवान्के अर्पण कर देता है।

जो परम श्रद्धापूर्वक अपने मनको भगवान्में लगाते हैं, वे भक्त सर्वश्रेष्ठ हैं। भगवान्के परायण हुए जो भक्त सम्पूर्ण कर्मोंको भगवान्के अर्पण करके अनन्यभावसे भगवान्की उपासना करते हैं, भगवान्

स्वयं उनका संसार-सागरसे शीघ्र उद्धार करनेवाले बन जाते हैं। जो अपने मन-बुद्धिको भगवान्‌में लगा देता है, वह भगवान्‌में ही निवास करता है। जिनका प्राणिमात्रके साथ मित्रता एवं करुणाका बर्ताव है, जो अहंता-ममतासे रहित हैं, जिनसे कोई भी प्राणी उद्विग्न नहीं होता तथा जो स्वयं किसी प्राणीसे उद्विग्न नहीं होते, जो नये कर्मोंके आरम्भोंके त्यागी हैं, जो अनुकूल-प्रतिकूल परिस्थितियोंके आनेपर हर्षित एवं उद्विग्न नहीं होते, जो मान-अपमान आदिमें सम रहते हैं, जो जिस-किसी भी परिस्थितिमें निरन्तर सन्तुष्ट रहते हैं, वे भक्त भगवान्‌को प्यारे हैं। अगर मनुष्य भगवान्‌के ही होकर रहें, भगवान्‌में ही अपनापन रखें, तो सभी भगवान्‌के प्यारे बन सकते हैं।

तेरहवाँ अध्याय

संसारमें एक परमात्मतत्त्व ही जाननेयोग्य है। उसको जरूर जान लेना चाहिये। उसको तत्त्वसे जाननेपर जाननेवालेकी परमात्मतत्त्वके साथ अभिन्नता हो जाती है।

जिस परमात्माको जाननेसे अमरताकी प्राप्ति हो जाती है, उस परमात्माके हाथ, पैर, सिर, नेत्र, कान सब जगह हैं। वह सम्पूर्ण इन्द्रियोंसे रहित होनेपर भी सम्पूर्ण विषयोंको प्रकाशित करता है, सम्पूर्ण गुणोंसे रहित होनेपर भी सम्पूर्ण गुणोंका भोक्ता है और आसक्तिरहित होनेपर भी सबका पालन-पोषण करता है। वह सम्पूर्ण प्राणियोंके बाहर भी है और भीतर भी है तथा चर-अचर प्राणियोंके रूपमें भी वही है। सम्पूर्ण प्राणियोंमें विभक्त रहता हुआ भी वह विभागरहित है। वह सम्पूर्ण ज्ञानोंका प्रकाशक है। वह सम्पूर्ण विषम प्राणियोंमें सम रहता है, गतिशील प्राणियोंमें गतिरहित रहता है, नष्ट होते हुए प्राणियोंमें अविनाशी रहता है। इस तरह परमात्माको यथार्थ जान लेनेपर परमात्माको प्राप्त हो जाता है।

चौदहवाँ अध्याय

सम्पूर्ण संसार त्रिगुणात्मक है। इससे अतीत होनेके लिये गुणोंको और उनकी वृत्तियोंको जरूर जानना चाहिये।

प्रकृतिसे उत्पन्न सत्त्व, रज और तम—ये तीनों गुण शरीर-संसारमें आसक्ति, ममता आदि करके जीवात्माको बाँध देते हैं। सत्त्वगुण सुख और ज्ञानकी आसक्तिसे, रजोगुण कर्मोंकी आसक्तिसे और तमोगुण प्रमाद, आलस्य एवं निद्रासे मनुष्यको बन्धनमें डालता है। रजोगुण और तमोगुणको दबाकर जब सत्त्वगुण बढ़ता है, तब अन्तःकरणमें रज-तमके विरुद्ध प्रकाश हो जाता है। सत्त्वगुण और तमोगुणको दबाकर जब रजोगुण बढ़ता है, तब अन्तःकरणमें लोभ; क्रियाशीलता आदि सत्त्व-तमके विरुद्ध वृत्तियाँ बढ़ जाती हैं। सत्त्वगुण और रजोगुणको दबाकर जब तमोगुण बढ़ता है, तब अन्तःकरणमें अविवेक, कर्म करनेमें अरुचि, प्रमाद, मोह आदि सत्त्व-रजके विरुद्ध वृत्तियाँ बढ़ जाती हैं। इन गुणोंकी वृत्तियोंके बढ़नेपर मरनेवाला प्राणी क्रमशः ऊँचे, मध्य और नीचेके लोकोंमें जाता है। परन्तु जो इन गुणोंके सिवाय अन्यको कर्ता नहीं मानता अर्थात् सम्पूर्ण क्रियाएँ गुणोंमें ही हो रही हैं, स्वयंमें नहीं—ऐसा अनुभव करता है, वह गुणोंसे अतीत होकर भगवद्भावको प्राप्त हो जाता है। अनन्यभक्तिसे भी मनुष्य गुणोंसे अतीत हो जाता है।

पन्द्रहवाँ अध्याय

इस संसारका मूल आधार और इस संसारमें अत्यन्त श्रेष्ठ परमपुरुष एक परमात्मा ही है—इसको दृढ़तापूर्वक मान लेनेसे मनुष्य सर्ववित् हो जाता है, कृतकृत्य हो जाता है।

जिससे यह संसार अनादिकालसे चला आ रहा है और जिसको प्राप्त होनेपर यह जीव फिर लौटकर संसारमें नहीं आता, उस परमात्माकी खोज करनी चाहिये। ज्ञान-नेत्रवाले साधक अपने-आपमें उस परमात्माका अनुभव कर लेते हैं। वह परमात्मा ही सूर्य, चन्द्रमा और अग्निमें तेजरूपसे रहकर संसारमें प्रकाश करता है। वही पृथ्वीमें प्रवेश करके पृथ्वीको धारण करता है। वही रसमय चन्द्रमा होकर पेड़, पौधे, लता आदिको पुष्ट करता है। वही जठराग्नि बनकर प्राणियोंके द्वारा खाये गये अन्नको पचाता है। वही सबके हृदयमें रहनेवाला, वेदोंको बनानेवाला, वेदोंको

जाननेवाला और वेदोंके द्वारा जाननेयोग्य है। वह सम्पूर्ण संसारका पालन-पोषण करता है। वह नाशवान् संसारसे अतीत और अविनाशी जीवात्मासे उत्तम है। वही लोकमें और वेदमें पुरुषोत्तम नामसे प्रसिद्ध है। उसको सर्वश्रेष्ठ मानकर अनन्यभावसे उसका भजन करना चाहिये।

सोलहवाँ अध्याय

दुर्गुण-दुराचारोंसे ही मनुष्य चौरासी लाख योनियों एवं नरकोंमें जाता है। अतः मनुष्यको सद्गुण-सदाचारोंको धारण करके संसारके बन्धनसे, जन्म-मरणके चक्करसे रहित हो जाना चाहिये।

जो दम्भ, दर्प, अभिमान, काम, क्रोध, लोभ आदि आसुरी-सम्पत्तिके गुणोंका त्याग करके अभय, अहिंसा, सत्य, अक्रोध, दया, यज्ञ, दान, तप आदि दैवी-सम्पत्तिके गुणोंको धारण करते हैं, वे संसारके बन्धनसे रहित हो जाते हैं। परन्तु जो केवल दुर्गुण-दुराचारोंका, काम, क्रोध, लोभ, चिन्ता, अहंकार आदिका आश्रय रखते हैं, उनमें ही रचे-पचे रहते हैं, ऐसे वे आसुरी-सम्पदावाले मनुष्य चौरासी लाख योनियों एवं नरकोंमें जाते हैं।

सत्रहवाँ अध्याय

शास्त्रविधिको जाननेवाले अथवा न जाननेवाले मनुष्योंको चाहिये कि वे श्रद्धापूर्वक जो कुछ शुभ कार्य करते हैं, उस कार्यको भगवान्को याद करके, भगवन्नामका उच्चारण करके आरम्भ करें।

जो शास्त्रविधिको तो नहीं जानते, पर श्रद्धापूर्वक यजन-पूजन करते हैं, उनकी श्रद्धा (निष्ठा, स्थिति) तीन प्रकारकी होती है—सात्त्विकी, राजसी और तामसी। श्रद्धाके अनुसार ही उनके द्वारा पूजे जानेवाले देवता भी तीन तरहके होते हैं। जो यजन-पूजन नहीं करते, उनकी श्रद्धाकी पहचान आहारसे हो जाती है, क्योंकि आहार (भोजन) तो सभी करते ही हैं।

अठारहवाँ अध्याय

मनुष्यमात्रके उद्धारके लिये उनकी रुचि, योग्यता और श्रद्धाके अनुसार तीन साधन बताये गये हैं—कर्मयोग, ज्ञानयोग और भक्तियोग (शरणागति)। इनमेंसे किसी भी एक साधनमें मनुष्य लग जाय तो उसका उद्धार हो जाता है।

जो मनुष्य यज्ञ, तप और दान तथा नियत कर्तव्य-कर्मोंको आसक्ति और फलेच्छाका त्याग करके करता है एवं जो कुशल-अकुशल कर्मोंमें राग-द्वेष नहीं करता, वही वास्तवमें त्यागी है। नियत कर्मोंको करते हुए भी उसको पाप नहीं लगता और उसको कहीं भी कर्म-फल प्राप्त नहीं होता। उसके सम्पूर्ण संशय-सन्देह मिट जाते हैं और वह अपने स्वरूपमें स्थित हो जाता है। यह कर्मयोग है।

जो मनुष्य सात्त्विक ज्ञान, कर्म, बुद्धि, धृति और सुखको धारण करके कर्तृत्व-भोक्तृत्वसे रहित हो जाता है, वह अगर सम्पूर्ण प्राणियोंको मार दे, तो भी उसको पाप नहीं लगता। अपने स्वरूपमें स्थित होनेपर उसको पराभक्तिकी प्राप्ति हो जाती है और उससे वह परमात्म-तत्त्वको यथार्थ जानकर उसमें प्रविष्ट हो जाता है। यह ज्ञानयोग है।

मनुष्य भगवान्का आश्रय लेकर सम्पूर्ण कर्तव्य-कर्मोंको सदा सांगोपांग करता हुआ भी भगवत्कृपासे अविनाशी पदको प्राप्त हो जाता है। जो मनुष्य भगवान्के परायण होकर सम्पूर्ण कर्मोंको भगवान्के अर्पण करता है, वह भगवत्कृपासे सम्पूर्ण विघ्न-बाधाओंसे तर जाता है। जो अपनेसहित शरीर-मन-इन्द्रियोंको भगवान्में ही लगा देता है, वह भगवान्को ही प्राप्त होता है। जो सम्पूर्ण धर्मोंके आश्रयका त्याग करके अनन्यभावसे केवल भगवान्के ही शरण हो जाता है, उसको भगवान् सम्पूर्ण पापोंसे मुक्त कर देते हैं। यह भक्तियोग है।

गीता-सम्बन्धी प्रश्नोत्तर

गीताभ्यासेन ये जाताः साधकेष्वपि संशयाः।
अत्र तेषां समाधानं क्रियते हि समासतः॥

प्रश्न—कौरव-सेनाके तो शंख, भेरी, ढोल आदि कई बाजे बजे (१।१३), पर पाण्डव-सेनाके केवल शंख ही बजे (१।१५—१९), ऐसा क्यों?

उत्तर—युद्धमें विपक्षकी सेनापर विशेष व्यक्तियोंका ही असर पड़ता है, सामान्य व्यक्तियोंका नहीं। कौरव-सेनाके मुख्य व्यक्ति भीष्मजीके शंख बजानेके बाद सम्पूर्ण सैनिकोंने अपने-अपने (कई प्रकारके) बाजे बजाये, जिसका पाण्डव-सेनापर कोई असर नहीं पड़ा। परन्तु पाण्डव-सेनाके मुख्य व्यक्तियोंने अपने-अपने शंख बजाये, जिनकी तुमुल ध्वनिने कौरवोंके हृदयको विदीर्ण कर दिया।

प्रश्न—भगवान् तो जानते ही थे कि भीष्मजीने दुर्योधनको प्रसन्न करनेके लिये ही शंख बजाया है (१।१२), यह युद्धारम्भकी घोषणा नहीं है। फिर भी भगवान्‌ने शंख क्यों बजाया (१।१४)?

उत्तर—भीष्मजीका शंख बजते ही कौरव-सेनाके सब बाजे एक साथ बज उठे। अतः ऐसे समयपर अगर पाण्डव-सेनाके बाजे न बजते तो बुरा लगता, पाण्डव-सेनाकी हार सूचित होती और व्यवहार भी उचित नहीं लगता। अतः भक्तपक्षपाती भगवान्‌ने पाण्डव-सेनाके सेनापति धृष्टद्युम्नकी परवाह न करके सबसे पहले शंख बजाया।

प्रश्न—अर्जुनने पहले अध्यायमें धर्मकी बहुत-सी बातें कही हैं। जब वे धर्मकी इतनी बातें जानते थे, तो फिर उनको मोह क्यों हुआ?

उत्तर—कुटुम्बकी ममता विवेकको दबा देती है, उसकी मुख्यताको नहीं रहने देती और मनुष्यको मोह-ममतामें तल्लीन कर देती है। अर्जुनको भी कुटुम्बकी ममताके कारण मोह हो गया।

प्रश्न—जब अर्जुन पापके होनेमें लोभको कारण मानते थे (१।३८, ४५), तो फिर उन्होंने 'मनुष्य न चाहता हुआ भी पाप क्यों करता है' (३।३६)—यह प्रश्न क्यों किया?

उत्तर—कौटुम्बिक मोहके कारण अर्जुन (पहले अध्यायमें) युद्धसे निवृत्त होनेको धर्म और युद्धमें प्रवृत्त होनेको अधर्म मानते थे अर्थात् शरीर आदिको लेकर उनकी दृष्टि केवल भौतिक थी। अतः वे युद्धमें स्वजनोंको मारनेमें लोभको हेतु मानते थे। परंतु आगे गीताका उपदेश सुनते-सुनते उनमें अपने कल्याणकी इच्छा जाग्रत् हो गयी (३।२)। अतः वे पूछते हैं कि मनुष्य न चाहता हुआ भी न करनेयोग्य काममें प्रवृत्त क्यों होता है? तात्पर्य है कि पहले अध्यायमें तो अर्जुन मोहाविष्ट होकर कह रहे हैं और तीसरे अध्यायमें वे साधककी दृष्टिसे पूछ रहे हैं।

प्रश्न—शरीरी (जीवात्मा) अविनाशी है, इसका विनाश कोई कर ही नहीं सकता (२।१७), यह न मारता है और न मारा जाता है (२।१९) तो फिर मनुष्यको प्राणियोंकी हत्याका पाप लगना ही नहीं चाहिये?

उत्तर—पाप तो पिण्ड-प्राणोंका वियोग करनेका लगता है; क्योंकि प्रत्येक प्राणी पिण्ड-प्राणमें रहना चाहता है, जीना चाहता है। यद्यपि महात्मालोग जीना नहीं चाहते, फिर भी उन्हें मारनेका बड़ा भारी पाप लगता है; क्योंकि उनका जीना संसारमात्र चाहता है। उनके जीनेसे प्राणिमात्रका परम हित होता है, प्राणिमात्रको सदा रहनेवाली शान्ति मिलती है। जो वस्तुएँ प्राणियोंके लिये जितनी आवश्यक होती हैं, उनका नाश करनेका उतना ही अधिक पाप लगता है।

प्रश्न—आत्मा नित्य है, सर्वत्र परिपूर्ण है, स्थिर स्वभाववाला है (२।२४), तो फिर इसका पुराने शरीरोंको छोड़कर दूसरे नये शरीरोंमें चला जाना कैसे सम्भव है (२।२२)?

उत्तर—जब यह प्रकृतिके अंश शरीरको अपना मान लेता है, उसके साथ तादात्म्य कर लेता है, तब यह प्रकृतिके अंशके आने-जानेको, उसके जीने-मरनेको अपना आना-जाना, जीना-मरना मान लेता है। उसी दृष्टिसे इसका अन्य शरीरोंमें चला जाना कहा गया है। वास्तवमें तत्त्वसे इसका आना-जाना, जीना-मरना है ही नहीं।

प्रश्न—भगवान् कहते हैं कि क्षत्रियके लिये युद्धके सिवाय कल्याणका दूसरा कोई साधन है ही नहीं (२। ३१), तो क्या लड़ाई करनेसे ही क्षत्रियका कल्याण होगा, दूसरे किसी साधनसे कल्याण नहीं होगा?

उत्तर—ऐसी बात नहीं है। उस समय युद्धका प्रसंग था और अर्जुन युद्धको छोड़कर भिक्षा माँगना श्रेष्ठ समझते थे; अतः भगवान्ने कहा कि ऐसा स्वतःप्राप्त धर्मयुद्ध शूरवीर क्षत्रियके लिये कल्याणका बहुत बढ़िया साधन है। अगर ऐसे मौकेपर शूरवीर क्षत्रिय युद्ध नहीं करता तो उसकी अपकीर्ति होती है; वह आदरणीय-पूजनीय मनुष्योंकी दृष्टिमें लघुताको प्राप्त हो जाता है; वैरीलोग उसको न कहनेयोग्य वचन कहने लग जाते हैं (२। ३४—३६)। तात्पर्य है कि अर्जुनके सामने युद्धका प्रसंग था, इसीलिये भगवान्ने युद्धको श्रेष्ठ साधन बताया। युद्धके सिवाय दूसरे साधनसे क्षत्रिय अपना कल्याण नहीं कर सकता—यह बात नहीं है; क्योंकि पहले भी बहुत-से राजालोग चौथे आश्रममें वनमें जाकर साधन-भजन करते थे और उनका कल्याण भी हुआ है।

प्रश्न—कर्मोंका आरम्भ न करना और कर्मोंका त्याग करना—ये दोनों बातें एक ही हुईं; क्योंकि दोनोंमें ही कर्मोंका अभाव है। अतः भगवान्को 'कर्माभावसे सिद्धि नहीं होती'—ऐसा कहना चाहिये था। फिर भी भगवान्ने (३। ४ में) उपर्युक्त दोनों बातें एक साथ क्यों कहीं?

उत्तर—भगवान्ने ये दोनों बातें कर्मयोग और ज्ञानयोगकी दृष्टिसे अलग-अलग कही हैं। कर्मयोगमें निष्कामभावसे कर्मोंको करनेसे ही समताका पता लगता है; क्योंकि मनुष्य कर्म करेगा ही नहीं तो 'सिद्धि-असिद्धिमें मैं सम रहा या नहीं'—इसका पता कैसे लगेगा? अतः भगवान् कहते हैं कि कर्मोंका आरम्भ न करनेसे सिद्धिकी प्राप्ति नहीं होती। ज्ञानयोगमें विवेकसे समताकी प्राप्ति होती है, केवल कर्मोंका त्याग करनेसे नहीं। अतः भगवान् कहते हैं कि कर्मोंका त्याग करनेमात्रसे सिद्धिकी प्राप्ति नहीं होती। तात्पर्य है कि कर्मयोग और ज्ञानयोग—दोनों ही मार्गोंमें कर्म करना बाधक नहीं है।

प्रश्न—कोई भी मनुष्य हरदम कर्म नहीं करता और नींद लेने, श्वास लेने, आँखोंको खोलने-मीचने आदिको भी वह 'मैं करता हूँ'—ऐसा नहीं मानता, तो फिर तीसरे अध्यायके पाँचवें श्लोकमें यह कैसे कहा गया कि कोई भी मनुष्य किसी भी अवस्थामें क्षणमात्र भी कर्म किये बिना नहीं रहता?

उत्तर—जबतक स्वयं प्रकृतिके साथ अपना सम्बन्ध मानता है, तबतक वह कोई क्रिया करे अथवा न करे, उसमें क्रियाशीलता रहती ही है। वह क्रिया दो प्रकारकी होती है—क्रियाको करना और क्रियाका होना। ये दोनों विभाग प्रकृतिके सम्बन्धसे ही होते हैं। परंतु जब प्रकृतिका सम्बन्ध नहीं रहता, तब 'करना' और 'होना' नहीं रहते, प्रत्युत 'है' ही रहता है। करनेमें कर्ता, होनेमें क्रिया और 'है' में तत्त्व रहता है। वास्तवमें कर्तृत्व रहनेपर भी 'है' रहता है और क्रिया रहनेपर भी 'है' रहता है अर्थात् कर्ता और क्रियामें तो 'है' का अभाव नहीं होता, पर 'है' में कर्ता और क्रिया—दोनोंका अभाव होता है।

प्रश्न—वर्षाके साथ तो हवनरूप यज्ञका सम्बन्ध है अर्थात् विधि-विधानसे हवनरूप यज्ञ किया जाय तो वर्षा हो जाती है, फिर भी तीसरे अध्यायके चौदहवें श्लोकमें **'यज्ञाद्भवति पर्जन्यः'** पदोंमें आये 'यज्ञ' शब्दसे हवनरूप यज्ञ न लेकर कर्तव्य-कर्मरूप यज्ञ क्यों लिया गया?

उत्तर—वास्तवमें देखा जाय तो कर्तव्यच्युत होनेसे, अकर्तव्य करनेसे ही वर्षा नहीं होती और अकाल पड़ता है। कर्तव्य-कर्म करनेसे सृष्टिचक्र सुचारुरूपसे चलता है और कर्तव्य-कर्म न करनेसे

सृष्टिचक्रके चलनेमें बाधा आती है। जैसे बैलगाड़ीके चक्के ठीक रहनेसे गाड़ी ठीक चलती है; परन्तु किसी एक भी चक्केका थोड़ा-सा टुकड़ा टूट जाय तो उससे पूरी गाड़ीको धक्का लगता है, ऐसे ही कोई अपने कर्तव्यसे च्युत होता है तो उससे पूरी सृष्टिको धक्का लगता है। वर्तमान समयमें मनुष्य अपने-अपने कर्तव्यका पालन नहीं कर रहे हैं, प्रत्युत अकर्तव्यका आचरण कर रहे हैं, इसी कारण अकाल पड़ रहा है, कलह-अशान्ति बढ़ रही है। अगर मनुष्य अपने-अपने कर्तव्यका पालन करें तो देवता भी अपने-अपने कर्तव्यका पालन करेंगे और वर्षा हो जायगी।

दूसरी बात, अर्जुनका प्रश्न (३।१-२) और भगवान्‌का उत्तर (३।७—९) तथा प्रकरण (३।१०—१३)-को देखा जाय तो कर्तव्य-कर्मका ही प्रवाह है; और आगेके श्लोकों (३।१४—१६)-में भी कर्तव्य-कर्मकी ही बात है। अतः यहाँ कर्तव्य-कर्मरूप यज्ञ लेना ही ठीक बैठता है।

प्रश्न—परमात्मा तो सर्वव्यापी हैं, फिर उनको (३।१५ में) केवल यज्ञमें नित्य प्रतिष्ठित क्यों कहा गया है? क्या वे दूसरी जगह नित्य प्रतिष्ठित नहीं हैं?

उत्तर—सर्वव्यापी परमात्माको यज्ञ अर्थात् कर्तव्य-कर्ममें नित्य प्रतिष्ठित कहनेका तात्पर्य है कि यज्ञ उनका उपलब्धि-स्थान है। जैसे जमीनमें सब जगह जल होनेपर भी वह कुएँसे प्राप्त होता है, ऐसे ही परमात्मा सब जगह परिपूर्ण होनेपर भी अपने कर्तव्य-कर्मका निष्कामभावपूर्वक पालन करनेसे प्राप्त होते हैं। तात्पर्य है कि अपने कर्तव्य-कर्मका पालन करनेसे सर्वव्यापी परमात्माका अनुभव हो जाता है।

प्रश्न—भगवान् कहते हैं कि मैं भी कर्तव्यका पालन करता हूँ; क्योंकि अगर मैं सावधानीपूर्वक कर्तव्यका पालन न करूँ तो लोग भी कर्तव्यच्युत हो जायँगे (३।२२—२४), तो फिर वर्तमानमें लोग कर्तव्यच्युत क्यों हो रहे हैं?

उत्तर—भगवान्‌के वचनों और आचरणोंका असर उन्हीं लोगोंपर पड़ता है, जो आस्तिक हैं, भगवान्‌पर श्रद्धा-विश्वास रखनेवाले हैं। जो भगवान्‌पर श्रद्धा-विश्वास नहीं रखते, उनपर भगवान्‌के वचनों और आचरणोंका असर नहीं पड़ता।

प्रश्न—ज्ञानवान् पुरुष अपनी प्रकृति (स्वभाव)-के अनुसार चेष्टा करता है (३।३३), पर वह बँधता नहीं। अन्य प्राणी भी अपनी प्रकृतिके अनुसार ही चेष्टा करते हैं, पर वे बँध जाते हैं। ऐसा क्यों?

उत्तर—ज्ञानी महापुरुषकी प्रकृति तो राग-द्वेषरहित, शुद्ध होती है; अतः वह प्रकृतिको अपने वशमें करके ही चेष्टा करता है, इसलिये वह कर्मोंसे बँधता नहीं। परंतु अन्य प्राणियोंकी प्रकृतिमें राग-द्वेष रहते हैं और वे प्रकृतिके वशमें होकर राग-द्वेषपूर्वक कार्य करते हैं, इसलिये वे कर्मोंसे बँध जाते हैं। अतः मनुष्यको अपनी प्रकृति, अपना स्वभाव शुद्ध—निर्मल बनाना चाहिये और अपने अशुद्ध स्वभावके वशमें होकर कोई कार्य नहीं करना चाहिये।

प्रश्न—चौथे अध्यायके सातवें श्लोकमें भगवान्‌ने कहा है कि मैं अपने-आपको साकाररूपसे प्रकट करता हूँ और फिर वे नवें अध्यायके चौथे श्लोकमें कहते हैं कि मैं अव्यक्तरूपसे सम्पूर्ण संसारमें व्याप्त हूँ, तो जो एक देशमें प्रकट हो जाते हैं, वे सब देशमें कैसे व्याप्त रह सकते हैं और जो सर्वव्यापक हैं, वे एक देशमें कैसे प्रकट हो जाते हैं?

उत्तर—जब एक प्राकृत अग्नि भी सब जगह व्यापक रहते हुए एक देशमें प्रकट हो जाती है और एक देशमें प्रकट होनेपर भी अग्निका सब देशमें अभाव नहीं होता, फिर भगवान् तो प्रकृतिसे अतीत हैं, अलौकिक हैं, सब कुछ करनेमें समर्थ हैं, वे अगर सब जगह व्यापक रहते हुए एक देशमें प्रकट हो जायँ तो इसमें कहना ही क्या है! तात्पर्य है कि अवतार लेनेपर भी भगवान्‌की सर्वव्यापकता ज्यों-की-त्यों बनी रहती है।

प्रश्न—'मनुष्यलोकमें कर्मजन्य सिद्धि शीघ्र मिल जाती है' (४।१२), पर यह बात देखनेमें नहीं आती। ऐसा क्यों?

उत्तर—कर्मजन्य सिद्धि, कर्मोंका फल दो प्रकारका होता है—तात्कालिक और कालान्तरिक। तात्कालिक फल शीघ्र देखनेमें आता है और कालान्तरिक फल

समय पाकर देखनेमें आता है, शीघ्र देखनेमें नहीं आता। भोजन किया और भूख मिट गयी, जल पिया और प्यास मिट गयी, गरम कपड़ा ओढ़ा और जाड़ा दूर हो गया—यह तात्कालिक फल है। इसी तरह किसीको प्रसन्न करनेके लिये उसकी स्तुति-प्रार्थना करनेसे, उसकी सेवा करनेसे वह प्रसन्न हो जाता है; ग्रहोंकी सांगोपांग विधिपूर्वक पूजा करनेसे ग्रह शान्त हो जाते हैं; महामृत्युंजय मन्त्रका जप करनेसे रोग दूर हो जाते हैं; गयामें विधिपूर्वक श्राद्ध करनेसे जीव प्रेतयोनिसे छूट जाता है और उसकी सद्‌गति हो जाती है—यह सब कर्मोंका तात्कालिक फल है। इस तात्कालिक फलको दृष्टिमें रखकर ही लोग देवताओंकी उपासना करते हैं। अत: 'मनुष्यलोकमें कर्मजन्य सिद्धि शीघ्र मिल जाती है'—ऐसा कहा गया है।

प्रश्न—ज्ञानिजन ब्राह्मण, चाण्डाल, गाय, हाथी, कुत्ते आदिमें समदर्शी होते हैं (५।१८), तो फिर वर्ण, आश्रम आदिका अड़ंगा क्यों?

उत्तर—ज्ञानी महापुरुषका व्यवहार तो ब्राह्मण, चाण्डाल, गाय, हाथी आदिके शरीरोंको लेकर यथायोग्य ही होता है। शरीर नित्य-निरन्तर बदलते हैं; अत: ऐसे परिवर्तनशील शरीरमें उनकी विषमता रहती है और रहनी ही चाहिये। कारण कि सभी प्राणियोंके साथ खान-पान आदि व्यवहारकी एकता, समानता तो कोई कर ही नहीं सकता अर्थात् सबके साथ व्यवहारमें विषमता तो रहेगी ही। ऐसी विषमतामें भी तत्त्वदर्शी पुरुष एक परमात्माको ही समानरूपसे देखते हैं। इसीलिये भगवान्‌ने तत्त्वज्ञ पुरुषोंके लिये '**समदर्शिनः**' कहा है, न कि '**समवर्तिनः**'। समवर्ती (समान व्यवहार करनेवाला) तो यमराजका, मौतका नाम है,* जो कि सबको समानरूपसे मारती है।

प्रश्न—भगवान् प्राणिमात्रके सुहृद् हैं (५।२९), बिना किसी कारणके सबका हित चाहनेवाले हैं, तो फिर वे प्राणियोंको ऊँच-नीच गतियोंमें क्यों भेजते हैं?

उत्तर—सबके सुहृद् होनेसे ही तो भगवान् प्राणियोंको उनके कर्मोंके अनुसार ऊँच-नीच गतियोंमें भेजकर उनको पुण्य-पापोंसे शुद्ध करते हैं, पुण्य-पापरूप बन्धनसे ऊँचा उठाते हैं (९। २०-२१; १६।१९-२०)।

प्रश्न—गीतामें कहीं तो सात्त्विक, राजस और तामस गुणोंको भगवान्‌से उत्पन्न बताया गया है (७।१२), कहीं प्रकृतिसे उत्पन्न बताया गया है (१३।१९; १४।५) और कहीं स्वभावसे उत्पन्न बताया गया है (१८।४१), तो गुण भगवान्‌से उत्पन्न होते हैं या प्रकृतिसे उत्पन्न होते हैं अथवा स्वभावसे उत्पन्न होते हैं?

उत्तर—जहाँ भक्तिका प्रकरण है, वहाँ गुणोंको भगवान्‌से उत्पन्न बताया गया है; जहाँ ज्ञानका प्रकरण है, वहाँ गुणोंको प्रकृतिसे उत्पन्न बताया गया है और जहाँ कर्म-विभागका वर्णन है, वहाँ गुणोंको स्वभावसे उत्पन्न बताया गया है।

भगवान् सबके मालिक हैं। अत: मालिककी दृष्टिसे देखा जाय तो गुण भगवान्‌से पैदा होते हैं। सबकी उत्पत्तिका कारण प्रकृति है। अत: कारणकी दृष्टिसे देखा जाय तो गुण प्रकृतिसे पैदा होते हैं। व्यवहारकी दृष्टिसे देखा जाय तो गुण प्राणियोंके स्वभावसे पैदा होते हैं। तात्पर्य है कि ये गुण मालिककी दृष्टिसे भगवान्‌के हैं, कारणकी दृष्टिसे प्रकृतिके हैं और संसारमें अभिव्यक्तिकी दृष्टिसे व्यक्तियोंके हैं। अत: तीनों ही बातें ठीक हैं।

प्रश्न—जो अनेक जन्मोंसे सिद्ध हुआ है, अनेक जन्मोंसे साधन करता आया है, वही परमगतिको प्राप्त होता है (६।४५), तो फिर सभी मनुष्य अनेकजन्मसंसिद्ध न होनेसे इसी जन्ममें अपना उद्धार कैसे कर सकते हैं?

उत्तर—यह श्लोक योगभ्रष्टके प्रकरणमें आया है। पहले मनुष्यजन्ममें संसारसे उपराम होकर साधन

* 'समवर्ती परेतराट्' (अमरकोष १।१।५८)।

करनेसे शुद्धि हुई, फिर अन्तसमयमें साधनसे विचलित होनेसे वह स्वर्गादि लोकोंमें गया तो वहाँ भोगोंसे अरुचि होनेसे शुद्धि हुई और वहाँसे शुद्ध श्रीमानोंके घरमें जन्म लेकर परमात्मप्राप्तिके लिये यत्न करनेसे शुद्धि हुई। इस तरह उसका तीन जन्मोंमें शुद्ध होना ही अनेकजन्मसंसिद्ध होना है। परन्तु वास्तवमें देखा जाय तो मनुष्यमात्र अनेकजन्मसंसिद्ध है। अगर वह इस मनुष्यजन्मके पहले स्वर्गादि लोकोंमें गया है तो वहाँ स्वर्गप्रापक पुण्योंका फल भोगनेसे शुद्ध हुआ। अगर वह नरकोंमें गया है तो वहाँ नरकप्रापक पापोंका फल भोगनेसे शुद्ध हुआ। अगर वह चौरासी लाख योनियोंमें गया है तो वहाँ उन योनियोंके प्रापक पापोंका फल भोगनेसे शुद्ध हुआ। इस तरह शुद्ध होना ही प्रत्येक मनुष्यका अनेकजन्मसंसिद्ध होना है। अतः प्रत्येक मनुष्य अपना उद्धार, कल्याण कर सकता है। प्रत्येक मनुष्य भगवत्प्राप्तिका अधिकारी है। अगर वह अधिकारी नहीं होता तो भगवान् यह मनुष्यशरीर ही क्यों देते?

प्रश्न—बहुत जन्मोंके अन्तमें 'सब कुछ वासुदेव ही है'—ऐसा ज्ञान होता है (७। १९), तो फिर इसी जन्ममें मनुष्य भगवत्प्राप्ति कैसे कर सकता है?

उत्तर—इस श्लोकमें आये **'बहूनां जन्मनामन्ते'** पदोंका अर्थ 'बहुत जन्मोंके अन्तमें' नहीं है, प्रत्युत 'बहुत जन्मोंके अन्तिम जन्म इस मनुष्य शरीरमें'—ऐसा अर्थ है। कारण कि यह मनुष्यजन्म सम्पूर्ण जन्मोंका अन्तिम जन्म है। भगवान्ने मनुष्यके कल्याणके लिये अपनी तरफसे अन्तिम जन्म दिया है अर्थात् मनुष्यको अपना कल्याण करनेका पूरा अधिकार दिया है। अब इसके आगे यह नये जन्मकी तैयारी कर ले अथवा अपना उद्धार कर ले—इसमें यह सर्वथा स्वतन्त्र है।

गीतामें भगवान्ने कहा है कि 'मनुष्य अन्तकालमें जिस-जिस भावका स्मरण करता हुआ शरीर छोड़कर जाता है, उस-उस भावको ही वह प्राप्त होता है' (८। ६); 'जो-जो मनुष्य जिस-जिस देवताकी उपासना करना चाहता है, उस-उस देवताके प्रति मैं उसकी श्रद्धाको दृढ़ कर देता हूँ' (७। २१)—इन भगवद्वचनोंसे मनुष्यजन्मकी स्वतन्त्रता सिद्ध होती है। मनुष्य सकामभावसे शुभ-कर्म करके स्वर्ग आदिमें भी जा सकता है; पाप-कर्म करके पशु-पक्षी, भूत-पिशाच आदि योनियोंमें तथा नरकोंमें भी जा सकता है; और पाप-पुण्योंसे रहित होकर भगवान्को भी प्राप्त कर सकता है। इस अन्तिम मनुष्यजन्ममें यह जो चाहे, वह कर सकता है।

जैसे यह मनुष्यजन्म सम्पूर्ण जन्मोंका अन्तिम जन्म है, ऐसे ही यह सम्पूर्ण जन्मोंका आदि जन्म भी है; क्योंकि इस मनुष्यजन्ममें किये हुए कर्मोंका ही फल स्वर्ग, नरक और चौरासी लाख योनियोंमें भोगना पड़ता है। इसी मनुष्यजन्ममें सम्पूर्ण जन्मोंके बीज बोये जाते हैं।

प्रश्न—भगवान् भूत, वर्तमान और भविष्यके सम्पूर्ण प्राणियोंको जानते हैं (७। २६); अतः कौन-सा प्राणी किस गतिमें जायगा—यह भी भगवान् जानते ही हैं अर्थात् भगवान् जिसकी जैसी गति जानते हैं, उसकी वैसी ही गति होगी, तो फिर मनुष्यको अपने उद्धारकी स्वतन्त्रता कहाँ रही?

उत्तर—भगवान्का भूत, वर्तमान और भविष्यके प्राणियोंको जो जानना है, वह उनकी गतियोंको निश्चित करनेमें नहीं है कि अमुक प्राणी अमुक गतिमें ही जायगा। भगवान् अपने अंश सम्पूर्ण प्राणियोंको स्वतः जानते हैं और सम्पूर्ण प्राणी भगवान्की जानकारीमें स्वतः हैं—इसीमें उपर्युक्त कथनका तात्पर्य है। अगर भगवान्का जानना प्राणियोंकी गति निश्चित करनेमें ही होता तो फिर भगवान् 'ये मनुष्य मेरेको प्राप्त न करके मौतके रास्तेमें पड़ गये' (९। ३); 'मेरेको प्राप्त न करके अधोगतिमें चले गये' (१६। २०)—ऐसा पश्चात्ताप नहीं करते; क्योंकि अगर उन्होंने ही उनकी गतियोंको निश्चित किया है तो फिर पश्चात्ताप किस बातका? दूसरी बात, श्रुति और स्मृति भगवान्की ही आज्ञा है—**'श्रुतिस्मृती ममैवाज्ञे'**। श्रुति और स्मृतिमें विधि-निषेध आया है कि शुभ कर्म करो, निषिद्ध कर्म मत करो; शुभ कर्म करनेसे तुम्हारी सद्गति होगी और निषिद्ध कर्म करनेसे तुम्हारी दुर्गति होगी। अगर भगवान्ने

प्राणियोंकी गतियोंको पहले ही निश्चित कर रखा होता तो श्रुति और स्मृतिका विधि-निषेध किसपर लागू होता? तात्पर्य है कि मनुष्य अपना उद्धार करनेमें स्वतन्त्र है।

प्रश्न—नवें अध्यायके छठे श्लोकमें भगवान् कहते हैं कि सम्पूर्ण प्राणी मेरेमें स्थित हैं और तेरहवें अध्यायके तीसवें श्लोकमें कहते हैं कि सम्पूर्ण भाव, प्राणी आदि एक प्रकृतिमें स्थित हैं, तो वास्तवमें प्राणी भगवान्‌में स्थित हैं या प्रकृतिमें?

उत्तर—भगवान्‌के अंश होनेसे सम्पूर्ण प्राणी तत्त्वतः भगवान्‌में ही स्थित हैं और वे भगवान्‌से कभी अलग हो सकते ही नहीं। परंतु उन प्राणियोंके जो शरीर हैं, वे प्रकृतिसे उत्पन्न होनेसे, प्रकृतिके अंश होनेसे प्रकृतिमें ही स्थित हैं।

प्रश्न—मैं सम्पूर्ण प्राणियोंमें समानरूपसे हूँ; परंतु जो मेरा भजन करते हैं, वे मेरेमें और मैं उनमें हूँ (९। २९)—भगवान्‌का यह पक्षपात क्यों? यदि पक्षपात है, तो 'मैं सबमें सम हूँ'—यह कैसे?

उत्तर—यह पक्षपात ही तो समता है! अगर भगवान् भजन करनेवाले और भजन न करनेवालेके साथ एक समान भाव रखें तो यह समता कैसी हुई? और भजन करनेका क्या माहात्म्य हुआ! अतः भजन करनेवाले और न करनेवालेके साथ यथायोग्य बर्ताव करना ही भगवान्‌की समता है; और अगर भगवान् ऐसा नहीं करते तो यह भगवान्‌की विषमता है। वास्तवमें देखा जाय तो भगवान्‌में विषमता है ही नहीं। भगवान्‌में विषमता तो भजन करनेवालेके भावोंने पैदा की है अर्थात् जो संसारसे सम्बन्ध-विच्छेद करके केवल भगवान्‌में ही लग जाता है, उसके अनन्यभावके कारण भगवान्‌में ऐसी विषमता हो जाती है, भगवान् करते नहीं।

प्रश्न—भगवद्दर्शन होनेके बाद मोह नहीं रहता। अर्जुनने भगवान्‌के विराट्‌रूप, चतुर्भुजरूप और द्विभुजरूप—तीनोंके दर्शन कर लिये थे, फिर भी उनका मोह दूर क्यों नहीं हुआ?

उत्तर—दर्शन देनेके बाद भक्तका मोह दूर करने, तत्त्वज्ञान करानेकी जिम्मेदारी भगवान्‌पर ही रहती है। अर्जुनका मोह आगे चलकर नष्ट हो ही गया (१८। ७३), इससे सिद्ध होता है कि भगवद्दर्शन होनेके बाद मोह नष्ट होता ही है। अर्जुनने अपना मोह नष्ट होनेमें न तो गीतोपदेशको कारण माना और न दर्शनको, प्रत्युत भगवत्कृपाको ही कारण माना है—'**त्वत्प्रसादात्**' (१८। ७३)।

प्रश्न—तेरहवें अध्यायके बारहवें श्लोकमें परमात्माको ज्ञेय कहा है और अठारहवें अध्यायके अठारहवें श्लोकमें संसारको ज्ञेय कहा है। इसका क्या तात्पर्य है?

उत्तर—ये दोनों विषय अलग-अलग हैं। तेरहवें अध्यायके बारहवें श्लोकमें बताया गया है कि परमात्माको जरूर जानना चाहिये; क्योंकि परमात्माको यथार्थरूपसे जान लेनेपर कल्याण हो जाता है; और अठारहवें अध्यायके अठारहवें श्लोकमें बताया गया है कि जाननेमें आनेवाला दृश्यमात्र संसार है, जिससे व्यवहारकी सिद्धि होती है।

प्रश्न—भगवान् सबके हृदयमें निवास करते हैं (१३। १७; १५। १५; १८। ६१); परन्तु आजकल, डॉक्टर लोग हृदयका प्रत्यारोपण कर देते हैं, तो फिर भगवान् कहाँ रहते हैं?

उत्तर—भगवान् तो सब जगह ही निवास करते हैं, पर हृदय उनका उपलब्धिस्थान है; क्योंकि हृदय शरीरका प्रधान अंग है और सभी श्रेष्ठ भाव हृदयमें ही पैदा होते हैं। जैसे गायके सम्पूर्ण शरीरमें दूध व्याप्त होनेपर भी वह उसके स्तनोंसे ही प्राप्त होता है अथवा पृथ्वीमें सब जगह जल रहनेपर भी वह कुएँ आदिसे ही प्राप्त होता है, ऐसे ही भगवान् सब जगह समानरूपसे परिपूर्ण होते हुए भी हृदयमें प्राप्त होते हैं।

डॉक्टर लोग जिस हृदयका प्रत्यारोपण करते हैं, वह हृत्पिण्ड कहलाता है। उस हृत्पिण्डमें जो हृदय-शक्ति है, उस शक्तिमें भगवान् निवास करते हैं। प्रत्यारोपण हृत्पिण्डका होता है, उसमें रहनेवाली शक्तिका नहीं। शक्ति तो अपने स्थानपर ज्यों-की-त्यों ही रहती

है। जैसे नेत्र दीखते हैं, पर देखनेकी शक्ति (नेत्रेन्द्रिय) नहीं दीखती; क्योंकि वह सूक्ष्मशरीरमें रहती है, ऐसे ही हृत्पिण्ड दीखता है, पर उसमें रहनेवाली शक्ति नहीं दीखती।

प्रश्न—अपनेको शरीरमें स्थित माननेसे ही पुरुष (चेतन) भोक्ता बनता है; परन्तु तेरहवें अध्यायके इक्कीसवें श्लोकमें भगवान्‌ने प्रकृतिमें स्थित पुरुषको भोक्ता बताया है; ऐसा क्यों?

उत्तर—पुरुष (चेतन)-को प्रकृतिमें स्थित बतानेका तात्पर्य है कि जैसे विवाह होनेपर स्त्रीके सम्पूर्ण सम्बन्धियोंके साथ पुरुषका सम्बन्ध हो जाता है, ऐसे ही एक शरीरमें अपनी स्थिति माननेसे अर्थात् एक शरीरके साथ अपना सम्बन्ध माननेसे मात्र प्रकृतिके साथ, सम्पूर्ण शरीरोंके साथ सम्बन्ध हो जाता है।

प्रश्न—अपनेको शरीरमें स्थित माननेसे ही तो पुरुष कर्ता और भोक्ता बनता है; परन्तु तेरहवें अध्यायके इक्कीसवें श्लोकमें भगवान्‌ने कहा है कि यह पुरुष शरीरमें स्थित रहता हुआ भी कर्ता और भोक्ता नहीं है; यह कैसे?

उत्तर—यहाँ भगवान् प्राणिमात्रके वास्तविक स्वरूपको बता रहे हैं कि वास्तवमें अज्ञानी-से-अज्ञानी मनुष्य भी स्वरूपसे कभी कर्ता और भोक्ता नहीं बनता अर्थात् उसके स्वरूपमें कभी कर्तृत्व और भोक्तृत्व नहीं आता। परंतु अज्ञानके कारण मनुष्य अपनेको कर्ता और भोक्ता मान लेता है (३। २७; ५। १५) और वह कर्तृत्व-भोक्तृत्वभावमें बँध जाता है। अगर उसमें कर्तृत्व-भोक्तृत्वभाव न हो तो वह सम्पूर्ण प्राणियोंको मारकर भी न मारता है और न बँधता ही है (१८। १७)।

प्रश्न—रजोगुणकी तात्कालिक वृत्तिके बढ़नेपर और रजोगुणकी प्रधानतामें मरनेवाला प्राणी मनुष्यलोकमें जन्म लेता है (१४। १५, १८)—इन दोनों बातोंसे यही सिद्ध होता है कि इस मनुष्यलोकमें सभी मनुष्य रजोगुणवाले ही होते हैं, सत्त्वगुण और तमोगुणवाले नहीं। परंतु गीतामें जगह-जगह तीनों गुणोंकी बात भी आयी है (७। १३; १४। ६—१८; १८। २०—४० आदि)। इसका क्या तात्पर्य है?

उत्तर—ऊर्ध्वगति, मध्यगति और अधोगति—इन तीनोंमें तीनों गुण रहते हैं; परंतु ऊर्ध्वगतिमें सत्त्वगुणकी, मध्यगति (मनुष्यलोक)-में रजोगुणकी और अधोगतिमें तमोगुणकी प्रधानता रहती है। तभी तो तीनों गतियोंमें प्राणियोंके सात्त्विक, राजस और तामस स्वभाव होते हैं।*

प्रश्न—चौदहवें अध्यायके सत्रहवें श्लोकमें तमोगुणसे अज्ञानका पैदा होना बताया गया है और आठवें श्लोकमें अज्ञानसे तमोगुणका पैदा होना बताया गया है—इसका क्या तात्पर्य है?

उत्तर—जैसे वृक्षसे बीज पैदा होता है और उस बीजसे फिर बहुत-से वृक्ष पैदा होते हैं, ऐसे ही तमोगुणसे अज्ञान पैदा होता है और उस अज्ञानसे तमोगुण बढ़ता है, पुष्ट होता है।

प्रश्न—अश्वत्थ (पीपल)-के वृक्षको पूजनीय माना गया है, फिर भगवान्‌ने पन्द्रहवें अध्यायके तीसरे श्लोकमें संसाररूप अश्वत्थ-वृक्षका छेदन करनेकी बात क्यों कही है?

उत्तर—पीपल-वृक्ष सम्पूर्ण वृक्षोंमें श्रेष्ठ है। भगवान्‌ने उसको अपना स्वरूप बताया है (१०। २६)। औषधिके रूपमें भी उसकी बड़ी महिमा है। उसकी जटाको पीसकर पी लेनेसे बन्ध्याको भी पुत्र हो सकता है। पीपल सभीको आश्रय देता है। पीपलके नीचे सभी पेड़-पौधे पनप जाते हैं। पीपल किसीको बाधा नहीं देता, इसलिये पीपलको भी कोई बाधा नहीं देता, जिससे यह मकानकी दीवार और छतपर, कुएँ आदिमें, सब जगह उग जाता है। पीपल, बट, पाकर आदि वृक्ष यज्ञीय हैं अर्थात् इनकी लकड़ी यज्ञमें काम आती है। अतः भगवान्‌ने पीपलको संसारका रूपक बनाया है; क्योंकि संसार भी स्वयं किसीको बाधा नहीं देता। संसार

* इस विषयको विस्तारसे समझनेके लिये गीताकी 'साधक-संजीवनी' हिंदी-टीकामें चौदहवें अध्यायके अठारहवें श्लोककी व्याख्या देखनी चाहिये।

भगवत्स्वरूप है। वास्तवमें अपने व्यक्तिगत राग-द्वेष, कामना, ममता, आसक्ति आदि ही बाधा देते हैं। अतः भगवान्‌ने संसार-रूप पीपल-वृक्षका छेदन करनेकी बात नहीं कही है, प्रत्युत इसमें जो कामना, ममता, आसक्ति आदि हैं, जिनसे मनुष्य जन्म-मरणमें जाता है, उनका वैराग्यरूप शस्त्रके द्वारा छेदन करनेकी बात कही है।

प्रश्न—पंद्रहवें अध्यायके चौथे श्लोकमें भगवान् कहते हैं कि 'उस आदिपुरुष परमात्माके ही मैं शरण हूँ'—'**तमेव चाद्यं पुरुषं प्रपद्ये,**' तो क्या भगवान् भी किसीके शरण होते हैं?

उत्तर—भगवान् किसीके भी शरण नहीं होते; क्योंकि वे सर्वोपरि हैं। केवल लोकशिक्षाके लिये भगवान् साधककी भाषामें बोलकर साधकको यह बताते हैं कि वह 'उस आदिपुरुष परमात्माके ही मैं शरण हूँ—ऐसी भावना करे।'

प्रश्न—यह जीव परमात्माका अंश है (१५।७), तो क्या यह जीव परमात्मासे पैदा हुआ है? क्या यह जीव परमात्माका एक टुकड़ा है?

उत्तर—ऐसी बात नहीं है। यह जीव अनादि है, सनातन है और परमात्मा पूर्ण है; अतः जीव परमात्माका टुकड़ा कैसे हो सकता है? वास्तवमें यह जीव परमात्मस्वरूप ही है; परंतु जब यह प्रकृतिके अंशको अर्थात् शरीर-इन्द्रियाँ-मन बुद्धिको 'मैं और मेरा' मान लेता है, तब यह अंश हो जाता है। प्रकृतिके अंशको छोड़नेपर यह पूर्ण हो जाता है।

प्रश्न—सात्त्विक आहारमें पहले फल (परिणाम)-का वर्णन करके फिर आहारके पदार्थोंका वर्णन किया और राजस आहारमें पहले आहारके पदार्थोंका वर्णन करके फिर फलका वर्णन किया; परंतु तामस आहारके फलका वर्णन किया ही नहीं (१७।८—१०)—ऐसा क्यों?

उत्तर—सात्त्विक मनुष्य पहले फल (परिणाम)-की तरफ देखते हैं, फिर वे आहार आदिमें प्रवृत्त होते हैं, इसलिये पहले परिणामका और बादमें खाद्य पदार्थोंका वर्णन किया गया है। राजस मनुष्योंकी दृष्टि पहले खाद्य पदार्थोंकी तरफ, विषयेन्द्रिय-सम्बन्धकी तरफ जाती है, परिणामकी तरफ नहीं। अगर राजस मनुष्योंकी दृष्टि पहले परिणामकी ओर चली जाय तो वे राजस आहार आदिमें प्रवृत्त होंगे ही नहीं। अतः राजस आहारमें पहले खाद्य पदार्थोंका और बादमें परिणामका वर्णन किया गया है। तामस मनुष्योंमें मूढ़ता (बेहोशी) छायी हुई रहती है, इसलिये उनमें आहार और उसके परिणामका विचार होता ही नहीं। आहार न्याययुक्त है या नहीं, उसमें हमारा अधिकार है या नहीं, शास्त्रोंकी आज्ञा है या नहीं और उसका परिणाम हमारे लिये हितकर है या नहीं—इन बातोंपर तामस मनुष्य कुछ भी विचार नहीं करते, इसलिये तामस आहारके परिणामका वर्णन नहीं किया गया है।

प्रश्न—ईश्वर अपनी मायासे सम्पूर्ण प्राणियोंको घुमाता है (१८।६१), तो क्या ईश्वर ही प्राणियोंसे पाप-पुण्य कराता है?

उत्तर—जैसे कोई मनुष्य रेलमें बैठ जाता है तो उसको परवश होकर रेलके अनुसार ही जाना पड़ता है, ऐसे ही जो प्राणी शरीररूपी यन्त्रपर आरूढ़ हो गये हैं अर्थात् जिन्होंने शरीररूपी यन्त्रके साथ मैं-मेरापनका सम्बन्ध जोड़ लिया है, उन्हीं प्राणियोंको ईश्वर उनके स्वभाव और कर्मोंके अनुसार घुमाता है, कर्मोंका फल भुगताता है, उनसे पाप-पुण्य नहीं कराता।

प्रश्न—भगवान्‌ने अर्जुनको पहले '**तमेव शरणं गच्छ**' पदोंसे अन्तर्यामी परमात्माकी शरणमें जानेके लिये कहा (१८।६२) और फिर '**मामेकं शरणं व्रज**' पदोंसे अपनी शरणमें आनेके लिये कहा (१८।६६)। जब अर्जुनको अपनी ही शरणमें लेना था, तो फिर भगवान्‌ने उन्हें अन्तर्यामी परमात्माकी शरणमें जानेके लिये क्यों कहा?

उत्तर—भगवान्‌ने पहले कहा कि मेरा शरणागत भक्त मेरी कृपासे शाश्वत पदको प्राप्त हो जाता है (१८।५६), फिर कहा कि मेरे परायण और मेरेमें चित्तवाला होकर तू सम्पूर्ण विघ्नोंसे तर जायगा (१८।५७-५८)। भगवान्‌के ऐसा कहनेपर भी अर्जुन कुछ बोले नहीं,

उन्होंने कुछ भी स्वीकार नहीं किया। तब भगवान्‌ने कहा कि अगर तू मेरी शरणमें नहीं आना चाहता तो तू उस अन्तर्यामी परमात्माकी शरणमें चला जा। मैंने यह गोपनीय-से-गोपनीय ज्ञान कह दिया, अब तेरी जैसी मरजी हो, वैसा कर (१८।६३)। यह बात सुनकर अर्जुन घबरा गये कि भगवान् तो मेरा त्याग कर रहे हैं! तब भगवान् अर्जुनको सर्वगुह्यतम बात बताते हैं कि तू केवल मेरी शरणमें आ जा।

प्रश्न—भगवान्‌ने गीतामें तीन जगह (३।३, १४।६ और १५।२०में) अर्जुनके लिये **'अनघ'** सम्बोधनका प्रयोग किया है, जिससे सिद्ध होता है कि भगवान् अर्जुनको पापरहित मानते हैं, तो फिर 'मैं तेरेको सम्पूर्ण पापोंसे मुक्त कर दूँगा' (१८।६६)—यह कहना कैसे?

उत्तर—जो भगवान्‌के सम्मुख हो जाता है, उसके पाप समाप्त हो जाते हैं। अर्जुन (२।७ में) भगवान्‌के सम्मुख हुए थे, अतः वे पापरहित थे और भगवान्‌की दृष्टिमें भी अर्जुन पापरहित थे। परन्तु अर्जुन यह मानते थे कि युद्धमें कुटुम्बियोंको मारनेसे मेरेको पाप लगेगा (१।३६, ३९, ४५)। अर्जुनकी इस मान्यताको लेकर ही भगवान् कहते हैं कि 'मैं तेरेको सम्पूर्ण पापोंसे मुक्त कर दूँगा।'

प्रश्न—अर्जुनने जब पहले ही यह कह दिया था कि 'मेरा मोह चला गया'—**'मोहोऽयं विगतो मम'** (११।१), तो फिर दुबारा यह कहनेकी क्या आवश्यकता थी कि 'मेरा मोह नष्ट हो गया'—**'नष्टो मोहः'** (१८।७३)?

उत्तर—जब साधन करते-करते साधकको पारमार्थिक विलक्षणताका अनुभव होने लगता है, तब उसको यही मालूम देता है कि उस तत्त्वको मैं ठीक तरहसे जान गया हूँ; पर वास्तवमें पूर्णताकी प्राप्तिमें कमी रहती है। इसी तरह जब अर्जुनने दूसरे अध्यायसे दसवें अध्यायतक भगवान्‌के विलक्षण प्रभाव आदिकी बातें सुनीं, तब वे बहुत प्रसन्न हुए। उनको यही मालूम हुआ कि मेरा मोह चला गया; अतः उन्होंने अपनी दृष्टिसे **'मोहोऽयं विगतो मम'** कह दिया। परंतु भगवान्‌ने इस बातको स्वीकार नहीं किया। आगे जब अर्जुन भगवान्‌के विश्वरूपको देखकर भयभीत हो गये, तब भगवान्‌ने कहा कि यह तेरा मूढ़भाव (मोह) है; अतः तेरेको मोहित नहीं होना चाहिये—**'मा च विमूढभावः'** (११।४९)। भगवान्‌के इस वचनसे यही सिद्ध होता है कि अर्जुनका मोह सर्वथा नहीं गया था। परंतु आगे जब अर्जुनने सर्वगुह्यतमवाली बातको सुनकर कहा कि आपकी कृपासे मेरा मोह नष्ट हो गया और मुझे स्मृति प्राप्त हो गयी—**'नष्टो मोहः स्मृतिर्लब्धा त्वत्प्रसादान्मयाच्युत'** (१८।७३) तब भगवान् कुछ बोले नहीं, मौन रहे और उन्होंने आगे उपदेश देना समाप्त कर दिया। इससे सिद्ध होता है कि भगवान्‌ने अर्जुनके मोहनाशको स्वीकार कर लिया।

प्रश्न—गीताके अन्तमें संजयने केवल विराट्‌रूपका ही स्मरण क्यों किया (१८।७७)? चतुर्भुजरूपका स्मरण क्यों नहीं किया?

उत्तर—भगवान्‌का चतुर्भुजरूप तो प्रसिद्ध है, पर विराट्‌रूप उतना प्रसिद्ध नहीं है। चतुर्भुजरूप उतना दुर्लभ भी नहीं है, जितना विराट्‌रूप दुर्लभ है, क्योंकि भगवान्‌ने चतुर्भुजरूपको देखनेका उपाय बताया है (११।५४), पर विराट्‌रूपको देखनेका उपाय बताया ही नहीं। अतः संजय अत्यन्त अद्‌भुत विराट्‌रूपका ही स्मरण करते हैं।

प्रश्न—अर्जुनका मोह सर्वथा नष्ट हो गया था और मोह नष्ट होनेपर फिर मोह हो ही नहीं सकता—**'यज्ज्ञात्वा न पुनर्मोहमेवं यास्यसि'** (४।३५)। परंतु जब अभिमन्यु मारा गया, तब अर्जुनको कौटुम्बिक मोह क्यों हुआ?

उत्तर—वह मोह नहीं था, प्रत्युत शिक्षा थी। मोह नष्ट होनेके बाद महापुरुषोंके द्वारा जो कुछ आचरण होता है, वह संसारके लिये शिक्षा होती है, आदर्श होता है। अभिमन्युके मारे जानेपर कुन्ती, सुभद्रा, उत्तरा आदि बहुत दुःखी हो रही थीं; अतः उनका दुःख दूर करनेके लिये अर्जुनके द्वारा मोह-शोकका नाटक हुआ था, लीला हुई थी। इसका प्रमाण यह है कि अभिमन्युके मारे जानेपर

अर्जुनने जयद्रथको मारनेके लिये जो-जो प्रतिज्ञाएँ की हैं, वे सब शास्त्रों और स्मृतियोंकी बातोंको लेकर ही की गयी हैं (महाभारत, द्रोण० ७३। २५—४५)। अगर अर्जुनपर मोह, शोक ही छाया हुआ होता तो उनको शास्त्रों और स्मृतियोंकी बातें कैसे याद रहतीं? इतनी सावधानी कैसे रहती? कारण कि मोह होनेपर मनुष्यको पुरानी बातें याद नहीं रहतीं और आगे नया विचार भी नहीं होता (२। ६३), पर अर्जुनको सब बातें याद थीं, वे शोकमें नहीं बहे। इससे यही सिद्ध होता है कि अर्जुनका शोक करना नाटकमात्र, लीलामात्र ही था।

प्रश्न—मोह नष्ट होनेपर और स्मृति प्राप्त होनेपर फिर कभी उसकी विस्मृति नहीं होती, तो फिर अर्जुनने 'अनुगीता' में यह कैसे कह दिया कि मैं तो उस ज्ञानको भूल गया हूँ (महाभारत, आश्वमेधिक० १६। ६)?

उत्तर—भगवान्ने गीतोपदेशके समय अर्जुनको भक्तियोग और कर्मयोगका अधिकारी माना था और मध्यम पुरुषसे प्राय: भक्तियोग और कर्मयोगका ही उपदेश दिया था। अत: अर्जुन भक्तियोग और कर्मयोगकी बातें नहीं भूले, प्रत्युत ज्ञानकी बातें ही भूले थे। इसलिये अनुगीतामें भगवान्ने ज्ञानका ही उपदेश दिया।

प्रश्न—अनुगीतामें भगवान्ने कहा है कि उस समय मैंने योगमें स्थित होकर गीता कही थी, पर अब मैं वैसी बातें नहीं कह सकता (महाभारत, आश्वमेधिक० १६। १२-१३), तो क्या भगवान् भी कभी योगमें स्थित रहते हैं और कभी योगमें स्थित नहीं रहते? क्या भगवान्का ज्ञान भी आगन्तुक है?

उत्तर—जैसे बछड़ा गायका दूध पीने लगता है तो गायके शरीरमें रहनेवाला दूध स्तनोंमें आ जाता है, ऐसे ही श्रोता उत्कण्ठित होकर जिज्ञासापूर्वक कोई बात पूछता है तो वक्ताके भीतर विशेष भाव स्फुरित होने लगते हैं। गीतामें अर्जुनने उत्कण्ठा और व्याकुलतापूर्वक अपने कल्याणकी बातें पूछी थीं, जिससे भगवान्के भीतर विशेषतासे भाव पैदा हुए थे। परंतु अनुगीतामें अर्जुनकी उतनी उत्कण्ठा, व्याकुलता नहीं थी। अत: गीतामें जैसा रसीला वर्णन आया है, वैसा वर्णन अनुगीतामें नहीं आया।

प्रश्न—जैसे गीतामें (दसवें अध्यायमें) भगवान्ने अर्जुनसे अपनी विभूतियाँ कही हैं, ऐसे ही श्रीमद्भागवतमें (ग्यारहवें स्कन्धके सोलहवें अध्यायमें) भगवान्ने उद्धवजीसे अपनी विभूतियाँ कही हैं। जब गीता और भागवत—दोनोंमें कही हुई विभूतियोंके वक्ता भगवान् श्रीकृष्ण ही हैं, तो फिर दोनोंमें कही हुई विभूतियोंमें अन्तर क्यों है?

उत्तर—वास्तवमें विभूतियाँ कहनेमें भगवान्का तात्पर्य किसी वस्तु, व्यक्ति आदिका महत्त्व बतानेमें नहीं है, प्रत्युत अपना चिन्तन करानेमें है। अत: गीता और भागवत—दोनों ही जगह कही हुई विभूतियोंमें भगवान्का चिन्तन करना ही मुख्य है। इस दृष्टिसे जहाँ-जहाँ विशेषता दिखायी दे, वहाँ-वहाँ वस्तु, व्यक्ति आदिकी विशेषता न देखकर केवल भगवान्की ही विशेषता देखनी चाहिये और भगवान्की ही तरफ वृत्ति जानी चाहिये। तात्पर्य है कि मन जहाँ-कहीं चला जाय, वहाँ भगवान्का ही चिन्तन होना चाहिये—इसके लिये ही भगवान्ने विभूतियोंका वर्णन किया है (१०। ४१)।

प्रश्न—जैसे भागवतमें भगवान्ने उद्धवजीको जो उपदेश दिया, उसका नाम 'उद्धवगीता' है, ऐसे ही गीताका नाम भी 'अर्जुनगीता' होना चाहिये, फिर इसका नाम 'भगवद्गीता' क्यों हुआ है?

उत्तर—भागवतमें तो स्वयं उद्धवजीने भगवान्से जिज्ञासापूर्वक प्रश्न किये हैं; अत: उनके संवादका नाम 'उद्धवगीता' रखना ठीक ही है। परंतु गीता कहनेकी बात तो स्वयं भगवान्के ही मनमें आयी थी; क्योंकि अर्जुन तो युद्ध करनेके लिये ही आये थे, उपदेश सुननेके लिये नहीं। गीता कहनेकी बात मनमें होनेसे ही तो भगवान्ने अर्जुनका रथ पितामह भीष्म और गुरु द्रोणाचार्यके सामने खड़ा करके अर्जुनसे 'हे पार्थ! इन कुरुवंशियोंको देख'—'**कुरून् पश्य**' (१। २५) ऐसा कहा। अगर भगवान् ऐसा न कहकर यह कहते हैं कि 'धृतराष्ट्रके पुत्रोंको देख' '**धार्तराष्ट्रान् पश्य**', तो अर्जुनके भीतर मोह जाग्रत् न होकर युद्ध करनेका जोश ही आता, जिससे गीता कहनेका अवसर ही नहीं आता। गीता

कहनेका अवसर तो 'कुरुवंशियोंको देख'—ऐसा कहनेसे ही प्राप्त हुआ; क्योंकि कुरुवंशमें धृतराष्ट्रके पुत्र और पाण्डव—दोनों एक हो जाते हैं। अत: अपने ही सम्बन्धियोंको देखकर अर्जुनका सुप्त मोह जाग्रत् हो गया और वे कर्तव्य-अकर्तव्यका निर्णय करनेमें असमर्थ होकर तथा भगवान्‌की शरण होकर अपने कल्याणकी बातें पूछने लगे। इसलिये भगवान्‌के द्वारा दिये गये उपदेशका नाम 'भगवद्गीता' रखना युक्तियुक्त, उचित ही है।

प्रश्न—जब युद्धकी तैयारी हो चुकी थी, ऐसे थोड़े समयमें भगवान्‌ने इतना बड़ा गीतोपदेश कैसे दिया?

उत्तर—जब भगवान्‌की माया भी अघटित-घटना-पटीयसी है, तो फिर स्वयं भगवान् थोड़े समयमें बहुत कुछ कह दें, इसमें आश्चर्य ही क्या है?

महाभारतको देखनेसे मालूम होता है कि समय थोड़ा नहीं था। अर्जुनने भगवान्‌से दोनों सेनाओंके बीचमें अपना रथ खड़ा करनेके लिये कहा तो भगवान्‌ने अर्जुनके रथको दोनों सेनाओंके बीचमें खड़ा कर दिया। जब दोनों सेनाओंके बीचमें रथ खड़ा हो और उसमें दोनों मित्र आपसमें बातचीत कर रहे हों, तब दोनों सेनाओंमें युद्ध कैसे हो? अत: दोनों सेनाएँ बड़ी शान्तिसे खड़ी थीं।

गीताका उपदेश पूरा होनेके बाद युधिष्ठिर नि:शस्त्र होकर कौरवसेनामें गये। उनके साथ भीम, अर्जुन, नकुल, सहदेव और भगवान् श्रीकृष्ण भी थे। कौरवसेनामें जाकर वे भीष्म, द्रोणाचार्य, कृपाचार्य आदिसे मिले और उनके साथ बातचीत भी की। फिर वहाँसे लौटते समय युधिष्ठिरने घोषणा की कि यह सब कौरवसेना मरेगी, अगर कोई बचना चाहे तो वह हमारी सेनामें आ सकता है। युधिष्ठिरकी ऐसी घोषणा सुनकर दुर्योधनका भाई युयुत्सु नगाड़ा बजाते हुए पाण्डवसेनामें चला आया। इसके बाद ही युद्ध आरम्भ हुआ। इससे भी यही सिद्ध होता है कि गीतोपदेश देनेके लिये पर्याप्त समय था।

प्रश्न—भगवान्‌ने गीता गद्यात्मक कही थी या पद्यात्मक?

उत्तर—उस समय जो भाषा स्वाभाविक प्रचलित थी, उसी भाषामें अर्जुनने प्रश्न किये और उसी भाषामें भगवान्‌ने उत्तर दिया, उपदेश दिया। वास्तवमें जहाँ जिज्ञासापूर्तिके लिये असली व्याकुलता होती है, वहाँ वक्ता और श्रोताका ध्यान भाषाकी तरफ नहीं जाता, प्रत्युत उनका ध्यान भावकी तरफ ही रहता है। बोलते समय वक्ताको कोई प्रमाण याद आ जाता है तो वह प्रमाण जिस भाषामें होता है, उसी भाषामें वह बोल देता है। इसी तरह भगवान्‌ने अर्जुनको गद्यमें उपदेश दिया और उसमें प्रमाणरूपसे जो श्रुतियाँ कहीं, वे ज्यों-की-त्यों पद्यमें ही कहीं; जैसे '**यदक्षरं वेदविदो वदन्ति**……' (८। ११) आदि। तात्पर्य है कि भगवान्‌ने गीताका उपदेश उभयात्मक अर्थात् गद्यात्मक और पद्यात्मक—दोनों तरहसे दिया है। गद्यात्मक उपदेशको वेदव्यासजीने श्लोकबद्ध कर दिया।

प्रश्न—वेदव्यासजीके द्वारा श्लोकबद्ध की हुई होनेसे गीता भगवान्‌की वाणी कैसे हुई?

उत्तर—वेदव्यासजीकी कृति ऐसी विलक्षण है कि जहाँ जो वक्ता जैसा बोलता है, वहाँ वैसी ही भाषा देते हैं। जैसे, भागवतमें ब्रह्माजीके, ग्वालबालोंके, गोपियोंके और भगवान्‌के वचनोंको देखें तो ब्रह्माजीके वचन और तरहके लगेंगे, ग्वालबालोंके वचन ग्रामीणवचनों-जैसे ही लगेंगे, गोपियोंके वचन स्त्रियोंके वचनों-जैसे ही लगेंगे और भगवान्‌के वचन भी और तरहके लगेंगे। इसी तरह गीतामें भगवान्‌की वाणीको भी वेदव्यासजीने उसी तरहसे श्लोकोंका रूप दिया है। अत: गीता भगवान्‌की ही वाणी है—इसमें कोई संदेह नहीं है।

प्रश्न—गीताके अनुसार कर्मयोग ज्ञानयोगका साधन है या स्वतन्त्र है?

उत्तर—गीताने कर्मयोगको ज्ञानयोगका साधन भी बताया है और स्वतन्त्र भी बताया है; जैसे—'कर्मयोगके बिना ज्ञानयोगकी प्राप्ति कठिनतासे होती है' (५। ६), 'जिन्होंने कर्मयोगके द्वारा अपना अन्त:करण शुद्ध नहीं किया है, वे अपने-आपमें स्थित परमात्मतत्त्वको नहीं जानते' (१५। ११)—यहाँ भगवान्‌ने कर्मयोगको ज्ञानयोगका साधन बताया है।

'ज्ञानयोग और कर्मयोग—ये दोनों ही परमात्माको प्राप्त करनेके लिये समकक्ष हैं' (५। ५); 'कर्मयोगके द्वारा मनुष्य अपने-आपमें स्थित परमात्मतत्त्वका अनुभव कर लेता है' (१३। २४)—यहाँ भगवान्ने कर्मयोगको स्वतन्त्र बताया है। तात्पर्य है कि कर्मयोग ज्ञानयोगका साधन भी बनता है और स्वतन्त्रतासे भी कल्याण करता है।

प्रश्न—कर्मयोगके साधनोंमें सेवा करना मुख्य है, फिर गीतामें कर्मयोगके प्रकरणोंमें सेवाकी बात क्यों नहीं आयी?

उत्तर—गीतामें आये 'यज्ञार्थ-कर्म', 'लोकसंग्रह' आदि शब्दोंको सेवाके ही वाचक मानना चाहिये। कारण कि लोकमर्यादा सुरक्षित रखनेके लिये, मात्र दुनियाके हितके लिये अपने स्वार्थ और अभिमानका त्याग करके जो कर्म किये जायँ, वे सब 'सेवा' ही हैं।

गीतामें ईश्वरवाद

षट्स्वेव दर्शनेष्वीशो न तथापेक्षितो मतः।
कल्याणार्थं तु जीवानां गीयते गीतयेश्वरः॥

अन्य दर्शनोंकी अपेक्षा गीतामें ईश्वरवाद विशेषरूपसे आया है। न्याय, वैशेषिक, योग, सांख्य, पूर्वमीमांसा और उत्तरमीमांसा—ये छहों दर्शन केवल जीवके कल्याणके लिये ही हैं; परंतु इनमें ईश्वरका वर्णन मुख्यतासे नहीं हुआ है। इनमेंसे 'न्यायदर्शन' में 'जो कुछ होता है, वह सब ईश्वरकी इच्छासे ही होता है'—इस तरह ईश्वरका आदर तो किया गया है, पर मुक्तिमें वह ईश्वरकी आवश्यकता नहीं मानता। वह इक्कीस प्रकारके दुःखोंके ध्वंसको ही मुक्ति बताता है। 'वैशेषिकदर्शन' में भी जीवके कल्याणके लिये ईश्वरकी आवश्यकता न बताकर आध्यात्मिक, आधिदैविक और आधिभौतिक—इन तीनों तापोंका नाश बताया गया है। 'योगदर्शन' में मुख्यरूपसे चित्तवृत्तियोंके निरोधकी बात आयी है। चित्तवृत्तियोंके निरोधसे स्वरूपमें स्थिति हो जाती है। हाँ, चित्तवृत्ति-निरोधमें ईश्वरप्रणिधान (शरणागति)-को भी एक उपाय बताया गया है, पर इस उपायकी प्रधानता नहीं है। 'सांख्यदर्शन' और 'पूर्वमीमांसादर्शन' तो जीवके कल्याणके लिये ईश्वरकी कोई आवश्यकता ही नहीं समझते। 'उत्तरमीमांसा (वेदान्तदर्शन)-में ईश्वरकी बात विशेषरूपसे नहीं आयी है, प्रत्युत जीव और ब्रह्मकी एकताकी बात ही विशेषरूपसे आयी है। वैष्णवाचार्योंने भी ईश्वरकी विशेषता तो बतायी है, पर जैसी गीताने बतायी है, वैसी नहीं बतायी।

गीतामें ईश्वर-भक्तिकी बात मुख्यरूपसे आयी है। अर्जुन जबतक भगवान्के शरण नहीं हुए, तबतक भगवान्ने उपदेश नहीं दिया। जब अर्जुनने भगवान्के शरण होकर अपने कल्याणकी बात पूछी, तब भगवान्ने गीताका उपदेश आरम्भ किया। उपदेशके अन्तमें भी भगवान्ने '**मामेकं शरणं व्रज**' (१८। ६६) कहकर अपनी शरणागतिको अत्यन्त गोपनीय और श्रेष्ठ बताया और अर्जुनने भी '**करिष्ये वचनं तव**' (१८। ७३) कहकर पूर्ण शरणागतिको स्वीकार किया।

गीतोक्त कर्मयोगमें भी ईश्वरकी आज्ञारूपसे ईश्वरकी मुख्यता आयी है; जैसे '**कर्मण्येवाधिकारस्ते मा फलेषु कदाचन**' (२। ४७); '**योगस्थः कुरु कर्माणि**' (२। ४८); '**नियतं कुरु कर्म त्वम्**' (३। ८); '**कुरु कर्मैव तस्मात्त्वम्**' (४। १५) आदि-आदि। ऐसे ही गीतोक्त ज्ञानयोगमें भी ईश्वरकी अव्यभिचारिणी भक्तिको ज्ञानप्राप्तिका साधन बताया गया है (१३। १०; १४। २६)।

गीताके मूल पाठका अध्ययन करनेसे ही पता चलता है कि जीवके कल्याणके लिये ईश्वरकी अत्यधिक आवश्यकता है!

ज्ञातव्य

प्रश्न—ईश्वरको हम क्यों मानें?

उत्तर—ईश्वर है, इसलिये मानें।

प्रश्न—ईश्वर है या नहीं—इसका क्या पता?

उत्तर—संसारमें जो भी वस्तु दीखती है, उसका कोई-न-कोई निर्माणकर्ता होता है; क्योंकि निर्माणकर्ताके बिना कोई भी वस्तु निर्मित नहीं होती। ऐसे ही समुद्र, पृथ्वी, चन्द्र, सूर्य, वायु, तारे आदि हमें दीखते हैं तो इनका भी कोई रचयिता जरूर होना चाहिये। इनका रचयिता हमलोगोंकी तरह कोई सामान्य मनुष्य नहीं हो सकता, जो इनको बना सके। इनका निर्माता, रचयिता सर्वसमर्थ ईश्वर ही हो सकता है। दूसरी बात, समुद्र अपनी मर्यादामें रहता है, चन्द्र-सूर्य नियमित समयपर उदित और अस्त होते हैं। आदि-आदि, तो इनका नियमन, संचालन करनेवाला कोई होना चाहिये। इनका नियामक सर्वसमर्थ ईश्वर ही हो सकता है।

प्रश्न—समुद्र, पृथ्वी, चन्द्र आदिकी रचना और नियमन तो प्रकृति करती है। सब कुछ प्रकृतिसे ही होता है। अतः ईश्वरको ही रचयिता और नियामक क्यों मानें?

उत्तर—हम आपसे पूछते हैं कि प्रकृति जड़ है या चेतन अर्थात् उसमें ज्ञान है या नहीं? अगर आप प्रकृतिको ज्ञानवाली मानते हैं तो हम उसीको ईश्वर कहते हैं। हमारे शास्त्रोंमें ईश्वररूपसे शक्तिका भी वर्णन है। अतः आपकी और हमारी मान्यतामें शब्दमात्रका ही भेद हुआ, तत्त्वमें कोई भेद नहीं हुआ। अगर आप मानते हैं कि प्रकृति जड़ है तो जड़ प्रकृतिके द्वारा ज्ञानपूर्वक क्रिया नहीं हो सकती। प्राणियोंकी रचना करना, उनके शुभाशुभ कर्मोंका फल देना आदि क्रियाएँ जड़ प्रकृतिके द्वारा नहीं हो सकतीं; क्योंकि ज्ञानपूर्वक क्रियाके बिना संसारके जीवोंकी व्यवस्था नहीं हो सकती। जड़ प्रकृतिमें परिवर्तन जरूर होता है, पर उसमें ज्ञानपूर्वक क्रिया करनेकी शक्ति नहीं है। इसलिये 'ईश्वर है'—ऐसा हमें मानना ही पड़ेगा।

एक पक्ष कहता है कि ईश्वर नहीं है और दूसरा पक्ष कहता है कि ईश्वर है। अगर 'ईश्वर नहीं है'—यह बात ही सच्ची निकली तो ईश्वरको न माननेवाले और ईश्वरको माननेवाले—दोनों बराबर ही रहेंगे अर्थात् ईश्वरको माननेवालेकी कोई हानि नहीं होगी। परन्तु 'ईश्वर है'—यह बात ही सच्ची निकली तो ईश्वरको माननेवालेको तो ईश्वरकी प्राप्ति हो जायगी, पर ईश्वरको न माननेवाला सर्वथा रीता रह जायगा। अतः 'ईश्वर है'—यह मानना ही सबके लिये ठीक है। परन्तु केवल ईश्वरको माननेमें ही सन्तोष नहीं करना चाहिये, प्रत्युत उसको तो प्राप्त ही कर लेना चाहिये; क्योंकि ईश्वरको प्राप्त करनेकी सामर्थ्य मनुष्यमात्रमें है।

किसी वस्तुकी प्राप्ति होनेपर ही उसका निषेध किया जाता है—'**प्राप्तौ सत्यां निषेधः**'। यह कोई नहीं कहता कि 'घोड़ीका अण्डा नहीं होता'; क्योंकि जो होता ही नहीं, उसका निषेध करना बनता ही नहीं। ऐसे ही अगर ईश्वर है ही नहीं तो फिर 'ईश्वर नहीं है'—ऐसा कहना बनता ही नहीं। ऐसा कहना तभी बनता है, जब ईश्वर हो। अतः 'ईश्वर नहीं है'—ऐसा कहनेसे भी ईश्वरका होना सिद्ध होता है।

जो मनुष्य अंग्रेजी भाषाको मानता है, वह उसको सीखनेका अभ्यास करेगा, पढ़ाई करेगा तो उसको अंग्रेजी भाषा आ जायगी। परन्तु जो मनुष्य अंग्रेजी भाषाको मानता ही नहीं, वह उसको सीखनेका अभ्यास भी क्यों करेगा? जैसे, किसीका अंग्रेजी भाषामें तार आया तो अंग्रेजी भाषाके जानकार व्यक्तिने उस तारको पढ़ा कि अमुक व्यक्ति ज्यादा बीमार है। वहाँ जाकर देखा तो बात सच्ची निकली, आदमी ज्यादा बीमार था। अतः मानना पड़ेगा कि अंग्रेजी भाषा है, तभी तो तारमें लिखी बात सच्ची निकली। ऐसे ही जो ईश्वरकी प्राप्तिमें सच्चे हृदयसे लगे हुए हैं, उनमें सामान्य (जो ईश्वरकी प्राप्तिमें नहीं लगे, ऐसे) मनुष्योंसे विशेषता

दीखती है। उनके संगसे, भाषणसे शान्ति मिलती है। केवल मनुष्योंको ही नहीं, प्रत्युत पशु-पक्षी आदिको भी उनसे शान्ति मिलती है। जिनको ईश्वरकी प्राप्ति हो गयी है, उनमें बहुत विलक्षणता आ जाती है, जो कि सामान्य मनुष्योंमें नहीं होती। अगर ईश्वर नहीं है तो उनमें विलक्षणता कहाँसे आयी? अतः मानना ही पड़ेगा कि ईश्वर है।

मनुष्यमात्र अपनेमें एक कमीका, अपूर्णताका अनुभव करता है। अगर इस अपूर्णताकी पूर्तिकी कोई चीज नहीं होती तो मनुष्यको अपूर्णताका अनुभव होता ही नहीं। जैसे, मनुष्यको भूख लगती है तो सिद्ध होता है कि कोई खाद्य वस्तु है। अगर खाद्य वस्तु नहीं होती तो मनुष्यको भूख लगती ही नहीं। प्यास लगती है तो सिद्ध होता है कि कोई पेय वस्तु है। अगर पेय वस्तु नहीं होती तो मनुष्यको प्यास लगती ही नहीं। ऐसे ही मनुष्यको अपूर्णताका अनुभव होता है तो इससे सिद्ध होता है कि कोई पूर्ण तत्त्व है। अगर पूर्ण तत्त्व नहीं होता तो मनुष्यको अपूर्णताका अनुभव होता ही नहीं। उस पूर्ण तत्त्वको ही ईश्वर कहते हैं।

जो वस्तु होती है, उसीको प्राप्त करनेकी इच्छा होती है। जो वस्तु नहीं होती, उसको प्राप्त करनेकी इच्छा होती ही नहीं। जैसे, किसीके मनमें यह इच्छा नहीं होती कि मैं आकाशके फल खाऊँ, आकाशके फूल सूँघूँ; क्योंकि आकाशमें फल-फूल लगते ही नहीं। मनुष्यमात्रमें यह इच्छा रहती है कि मैं सदा जीता रहूँ (कभी मरूँ नहीं); सब कुछ जान लूँ (कभी अज्ञानी न रहूँ) और सदा सुखी रहूँ (कभी दुःखी न होऊँ)। मैं सदा जीता रहूँ—यह 'सत्' की इच्छा है; मैं सब कुछ जान लूँ—यह 'चित्' की इच्छा है; और मैं सदा सुखी रहूँ—यह 'आनन्द' की इच्छा है। इससे सिद्ध हुआ कि ऐसा कोई सच्चिदानन्द-स्वरूप तत्त्व है, जिसको प्राप्त करनेकी इच्छा मनुष्यमात्रमें है। उसी तत्त्वको ईश्वर कहते हैं।

कोई भी मनुष्य अपनेसे किसीको बड़ा मानता है तो उसने वास्तवमें ईश्वरवादको स्वीकार कर लिया; क्योंकि बड़प्पनकी परम्परा जहाँ समाप्त होती है, वही ईश्वर है—'**पूर्वेषामपि गुरुः कालेनानवच्छेदात्**' (पातंजलयोगदर्शन १।२६)। कोई व्यक्ति होता है तो उसका पिता होता है और उसके पिताका भी कोई पिता होता है। यह परम्परा जहाँ समाप्त होती है, उसका नाम ईश्वर है—'**पितासि लोकस्य चराचरस्य**' (११।४३)। कोई बलवान् होता है तो उससे भी अधिक कोई बलवान् होता है। यह बलवत्ताकी अवधि जहाँ समाप्त होती है, उसका नाम ईश्वर है; क्योंकि उसके समान बलवान् कोई नहीं। कोई विद्वान् होता है तो उससे भी अधिक कोई विद्वान् होता है। यह विद्वत्ताकी अवधि जहाँ समाप्त होती है, उसका नाम ईश्वर है; क्योंकि उसके समान विद्वान् कोई नहीं—'**गुरुर्गरीयान्**' (११।४३)। तात्पर्य है कि बल, बुद्धि, विद्या, योग्यता, ऐश्वर्य, शोभा आदि गुणोंकी अवधि जहाँ समाप्त होती है, वही ईश्वर है; क्योंकि उसके समान कोई नहीं है—'**न त्वत्समोऽस्त्यभ्यधिकः कुतोऽन्यः**' (११।४३)।

वास्तवमें ईश्वर माननेका ही विषय है, विचारका विषय नहीं। विचारका विषय वही होता है, जिसमें जिज्ञासा होती है, और जिज्ञासा उसीमें होती है, जिसके विषयमें हम कुछ जानते हैं और कुछ नहीं जानते। परन्तु जिसके विषयमें हम कुछ भी नहीं जानते, उसके विषयमें जिज्ञासा नहीं होती, उसपर विचार नहीं होता। उसको तो हम मानें या न मानें—इसमें हम स्वतन्त्र हैं। जैसे, जगत् हमारे देखनेमें आता है, पर जगत् तत्त्वसे क्या है—इसको हम नहीं जानते; अतः जगत् विचारका विषय है। ऐसे ही जीवात्मा स्थावर-जंगमरूपसे शरीरधारी दीखता है, पर जीवात्मा तत्त्वसे क्या है—इसको हम नहीं जानते; अतः जीवात्मा विचारका विषय है। परन्तु ईश्वरके विषयमें हम कुछ भी नहीं जानते; अतः ईश्वर विचारका (तर्कका) विषय नहीं है, प्रत्युत माननेका (श्रद्धाका) विषय है। शास्त्रोंसे और ईश्वरको प्राप्त हुए, ईश्वरका साक्षात्कार किये हुए सन्त-महापुरुषोंसे सुनकर ही ईश्वरको माना जाता है। शास्त्र और सन्त—ये भी माननेके विषय हैं। जैसे वेद, पुराण आदिको हिन्दू मानते

हैं, पर मुसलमान नहीं मानते। ऐसे ही सन्त-महापुरुषोंको कुछ लोग मानते हैं, पर कुछ लोग नहीं मानते, प्रत्युत उनको साधारण मनुष्य ही समझते हैं।

प्रश्न—क्या ईश्वरको माने बिना भी मनुष्य अपना उद्धार कर सकता है, संसारके बन्धनसे मुक्त हो सकता है?

उत्तर—हाँ, हो सकता है। ऐसे भी सम्प्रदाय हैं, जो ईश्वरको नहीं मानते। उन सम्प्रदायोंमें बताये गये साधनमें तत्परतासे लगे हुए मनुष्य संसारसे मुक्त हो सकते हैं, सांसारिक दुःखोंसे छूट सकते हैं, पर उनको प्रतिक्षण वर्धमान परमानन्द (भगवत्प्रेम)-की प्राप्ति नहीं हो सकती। हाँ, अगर उनमें ईश्वरके साथ विरोध, द्वेष और अपने मतका आग्रह न हो तो उनको भगवत्प्रेमकी प्राप्ति भी हो सकती है, चाहे वे ईश्वरको मानें या न मानें। तात्पर्य है कि जिसका अपने सिद्धान्तमें प्रेम है, पर दूसरेके सिद्धान्तसे द्वेष न करके तटस्थ रहता है, उसको मुक्त होनेके बाद भगवान्‌की, उनके प्रेमकी प्राप्ति हो सकती है। भगवान्‌में इस बातकी सम्भावना ही नहीं है कि मनुष्य उनको माने, तभी वे मिलें, अन्यथा नहीं मिलें।

वास्तवमें उत्पत्ति-विनाशशील पदार्थोंका आकर्षण ही मुक्तिमें मुख्य बाधक है। अगर मनुष्य उत्पत्ति-विनाशशील पदार्थोंसे सर्वथा असंग, रागरहित हो जाय, तो वह मुक्त हो जायगा अर्थात् उसकी परतन्त्रता मिट जायगी।

प्रश्न—गीतामें ईश्वरका कितने रूपोंमें वर्णन है?

उत्तर—गीतामें ईश्वरका तीन रूपोंमें वर्णन हुआ है—सगुण-साकार, सगुण-निराकार और निर्गुण- निराकार। तात्पर्य है कि अगर ईश्वरको 'सगुण-निर्गुण' मानें तो 'सगुण' के दो भेद होंगे—सगुण-साकार और सगुण-निराकार तथा 'निर्गुण' का एक भेद होगा—निर्गुण-निराकार। अगर ईश्वरको 'साकार-निराकार' मानें तो 'साकार' का एक भेद होगा—सगुण-साकार तथा 'निराकार' के दो भेद होंगे—सगुण-निराकार और निर्गुण-निराकार। गीतामें सातवें अध्यायके उनतीसवें-तीसवें श्लोकोंमें, आठवें अध्यायके आठवें श्लोकसे सोलहवें श्लोकतक और ग्यारहवें अध्यायके अठारहवें श्लोकमें ईश्वरके सगुण-साकार, सगुण-निराकार और निर्गुण-निराकार—इन तीनों रूपोंका वर्णन हुआ है।

प्रश्न—कुछ लोग ईश्वरको मायामय मानते हैं। वे ऐसा मानते हैं कि मायासे रहित एक निर्गुण-निराकार ब्रह्म ही है, ईश्वर तो मायासे युक्त है। ऐसा मानना कहाँतक उचित है?

उत्तर—गीता ऐसा नहीं मानती। गीता ईश्वरको मायाका अधिपति मानती है। माया ईश्वरके वशमें रहती है। भगवान्‌ने कहा है कि मैं अपनी प्रकृतिको वशमें करके अपनी योगमायासे प्रकट होता हूँ (४। ६)। तात्पर्य है कि जो जीव मायामें पड़े हुए हैं, उनको शिक्षा देनेके लिये ईश्वर मायाको स्वीकार करके अपनी इच्छासे अवतार लेता है। जैसे कोई अंग्रेज हिन्दी नहीं जानता तो अंग्रेजी एवं हिन्दी—दोनों भाषाएँ जाननेवाला व्यक्ति उसको हिन्दीमें लिखी बात अंग्रेजीमें समझाता है; अतः वह समझानेवाला व्यक्ति अंग्रेजीके अधीन (आश्रित) नहीं हुआ; क्योंकि वह दूसरोंको समझानेके लिये अंग्रेजीको काममें लेता है। अपने लिये उसको अंग्रेजीकी कोई जरूरत नहीं है। ऐसे ही मायामें पड़े हुए जीवोंको शिक्षा देनेके लिये ईश्वर प्रकृतिको वशमें करके अवतार लेता है, जीवोंके सामने आता है।

ईश्वर मायाका अधिपति (मालिक) है—यह बात गीताने स्पष्टरूपसे और बार-बार कही है, जैसे—ईश्वर जीवोंका मालिक होते हुए ही अवतार लेता है (४। ६); ईश्वर गुणों और कर्मोंके अनुसार चारों वर्णोंकी रचना करता है (४। १३); जो मनुष्य सकामभावसे देवताओंकी उपासना करते हैं, उनको फल देनेकी व्यवस्था ईश्वर ही करता है (७। २२); महाप्रलयमें सम्पूर्ण जीव प्रकृतिमें लीन होते हैं और फिर महासर्गके आदिमें ईश्वर उनकी रचना करता है (९। ७-८); सब योनियोंमें जितने शरीर पैदा होते हैं, उसमें प्रकृति माँकी तरह है और ईश्वर पिताकी तरह है (१४। ३-४); ईश्वर सम्पूर्ण प्राणियोंके हृदयमें रहता है और जीवोंको उनके

स्वभावके अनुसार घुमाता है (१८। ६१)। जैसे सुनार औजारोंसे गहने बनाता है तो वह औजारोंके अधीन नहीं होता; क्योंकि वह गहनोंके लिये ही औजारोंको काममें लेता है। ऐसे ही ईश्वर संसारकी रचना करनेके लिये ही प्रकृतिको स्वीकार करता है।

जो खुद ही बन्धनमें पड़ा हुआ हो, वह दूसरोंको बन्धनसे मुक्त कैसे कर सकता है? नहीं कर सकता। जीव खुद ही बन्धनमें पड़ा हुआ है; अतः वह दूसरोंको बन्धनसे मुक्त कैसे कर सकता है? परन्तु ईश्वर बन्धनसे रहित है; अतः वह बन्धनमें पड़े हुए जीवोंको (यदि वे चाहें तो) बन्धनसे, पापोंसे मुक्त कर सकता है (१८।६६)। मायाके बन्धनमें पड़े हुए जीवकी उपासना करनेसे उपासकको बन्धनसे मुक्ति नहीं मिलती, पर ईश्वरकी उपासना करनेसे जीव बन्धनसे मुक्त हो जाता है। तात्पर्य है कि ईश्वर जीव नहीं हो सकता और जीव ईश्वर नहीं हो सकता। हाँ, जीव अनन्यभक्तिके द्वारा ईश्वरसे अभिन्न हो सकता है, ईश्वरमें मिल सकता है, पर ईश्वर नहीं हो सकता।

प्रश्न—ईश्वरका नमूना क्या है?

उत्तर—ईश्वरका नमूना जीवात्मा है; क्योंकि ईश्वर भी नित्य एवं निर्विकार है और जीवात्मा भी नित्य एवं निर्विकार है। परन्तु जीवात्मा प्रकृतिके वशमें हो जाता है और ईश्वर प्रकृतिके वशमें कभी हुआ नहीं, है नहीं और होगा भी नहीं।

सबको अपनी सत्ताका अनुभव होता है कि 'मैं हूँ'। इसमें न तो कभी सन्देह होता है कि 'मैं हूँ या नहीं हूँ', न कभी परीक्षा करते हैं और न कभी अपनी सत्ताके अभावका अनुभव होता है। शरीर पहले भी नहीं था और बादमें भी नहीं रहेगा, पर अपनी सत्ताकी तरफ ध्यान देनेसे ऐसा अनुभव नहीं होता कि मैं नहीं था। हाँ, इस विषयमें 'पता नहीं है'—ऐसा तो कह सकते हैं, पर 'मैं नहीं था'—ऐसा नहीं कह सकते; क्योंकि अपनी सत्ताके (अपने-आपके) अभावका अनुभव किसीको भी नहीं होता। वर्तमानमें भी शरीर प्रतिक्षण अभावमें जा रहा है, मिट रहा है, अपनेसे अलग हो रहा है, पर 'मैं अभावमें जा रहा हूँ'—ऐसा अनुभव किसीको भी नहीं होता, प्रत्युत यही अनुभव होता है कि शरीर अभावमें जा रहा है। शरीरके अभावका अनुभव वही कर सकता है जो भावरूप हो। 'नहीं' को जाननेवाला 'है'-रूप ही हो सकता है। अतः सिद्ध हुआ कि शरीरके अभावको जाननेवाला स्वयं (जीवात्मा) भावरूप है, सत्-रूप है।

देखने-सुनने-समझनेमें जो कुछ संसार आता है, वह पहले नहीं था, बादमें नहीं रहेगा और वर्तमानमें भी निरन्तर अभावमें जा रहा है। संसार जैसा कल था, वैसा आज नहीं है और आज भी एक घण्टे पहले जैसा था, वैसा अभी नहीं है। अतः संसार प्रतिक्षण अभावमें जा रहा है, 'नहीं' में जा रहा है। परन्तु जिसके आधारपर यह परिवर्तनशील संसार टिका हुआ है, ऐसा कोई प्रकाशक, आधार, रचयिता, सर्वसमर्थ तत्त्व है, जिसमें कभी कोई परिवर्तन नहीं होता। संसारमें देश, काल, वस्तु, व्यक्ति, परिस्थिति आदिका जो कुछ परिवर्तन होता है, वह सब उस परिवर्तनरहित तत्त्वमें ही होता है। जैसे स्वच्छ आकाशमें बादल बन जाते हैं, बादलोंकी घटा बन जाती है, घटाके वर्षोन्मुख होनेपर उसमें गर्जना होने लगती है, बिजली चमकने लगती है, जलकी बूँदें बरसने लगती हैं, कभी-कभी ओले भी पड़ने लगते हैं; परन्तु यह सब होनेपर भी आकाश ज्यों-का-त्यों रहता है। आकाशमें कोई परिवर्तन नहीं होता। ऐसे ही ईश्वर आकाशकी तरह है। उसमें संसारका उत्पन्न और लीन होना, देश, काल, वस्तु, व्यक्ति, घटना, परिस्थिति आदिमें परिवर्तन होना आदि विविध क्रियाएँ होती हैं, पर वह (ईश्वर) ज्यों-का-त्यों निर्विकार, परिवर्तनरहित रहता है।

गीतामें श्रीकृष्णकी भगवत्ता

नरो न योगी न तु कारकश्च नांशावतारो न नयप्रवीणः।
भवाश्रयत्वाच्च गुणाश्रयत्वात्कृष्णस्तु साक्षाद् भगवान् स्वयं हि॥

शास्त्रमें भगवत्ताके लक्षण इस प्रकार बताये गये हैं—

उत्पत्तिं प्रलयं चैव भूतानामागतिं गतिम्।
वेत्ति विद्यामविद्यां च स वाच्यो भगवानिति॥

(विष्णुपुराण ६। ५। ७८)

'जो सम्पूर्ण प्राणियोंके उत्पत्ति-प्रलय एवं आवागमनको और विद्या-अविद्याको जानता है, उसका नाम भगवान् है।'

गीताको देखनेसे पता चलता है कि भगवत्ताके ये सभी लक्षण भगवान् श्रीकृष्णमें विद्यमान हैं; जैसे—

भगवान् गीतामें कहते हैं—महासर्गके आदिमें मैं अपनी प्रकृतिको वशमें करके सम्पूर्ण प्राणियोंकी उत्पत्ति करता हूँ और महाप्रलयके समय सम्पूर्ण प्राणी मेरी प्रकृतिको प्राप्त हो जाते हैं (९। ७-८)। ब्रह्माजीके दिनके आरम्भमें (सर्गके आदिमें) सम्पूर्ण प्राणी ब्रह्माजीके सूक्ष्मशरीरसे पैदा हो जाते हैं और ब्रह्माजीकी रातके आरम्भमें (प्रलयके समय) सम्पूर्ण प्राणी ब्रह्माजीके सूक्ष्मशरीरमें लीन हो जाते हैं (८। १८-१९)। इस तरह भगवान् श्रीकृष्ण सम्पूर्ण प्राणियोंके उत्पत्ति-प्रलयको जानते हैं।

भगवान् कहते हैं कि मैं भूतकालके, वर्तमानके और भविष्यके सभी प्राणियोंको जानता हूँ (७। २६)। जो स्वर्गप्राप्तिकी इच्छासे यज्ञ, दान आदि शुभकर्म करके स्वर्गादि लोकोंमें जाते हैं, वे उन लोकोंमें अपने पुण्योंका फल भोगकर पुनः मृत्युलोकमें आ जाते हैं (९। २०-२१)। शुक्ल और कृष्ण—ये दो गतियाँ (मार्ग) हैं। इसमेंसे शुक्लगतिसे गया हुआ प्राणी लौटकर नहीं आता और कृष्णगतिसे गया हुआ प्राणी लौटकर आता है (८। २६)। आसुर स्वभाववाले प्राणी बार-बार आसुरी योनियोंमें जाते हैं और फिर वे उससे भी अधम गतिमें अर्थात् भयंकर नरकोंमें चले जाते हैं (१६। १९-२०)। इस तरह भगवान् श्रीकृष्ण सम्पूर्ण प्राणियोंके आवागमनको जानते हैं।

अर्जुन भगवान्‌से कहते हैं कि गतियोंके विषयमें आपके सिवाय दूसरा कोई नहीं बता सकता, आप ही मेरे गतिविषयक सन्देहको मिटा सकते हैं (६। ३९)। अर्जुनके इस कथनसे भी सिद्ध होता है कि प्राणियोंकी गतियोंको, आवागमनको भगवान् श्रीकृष्ण पूर्णतया जानते हैं।

भगवान् कहते हैं कि मैं सम्पूर्ण प्राणियोंमें व्याप्त हूँ और सम्पूर्ण प्राणी मेरेमें स्थित हैं तथा मैं सम्पूर्ण प्राणियोंमें नहीं हूँ और सम्पूर्ण प्राणी मेरेमें नहीं हैं, अर्थात् सब कुछ मैं-ही-मैं हूँ (९। ४-५)— यह विद्या (राजविद्या) है। आसुर भाववाले मूढ़ मनुष्य मेरे शरण नहीं होते (७। १५)—यह अविद्या है। इस तरह भगवान् श्रीकृष्ण विद्या और अविद्याको जानते हैं।

इस प्रकार सम्पूर्ण प्राणियोंके उत्पत्ति-प्रलय, आवागमन और विद्या-अविद्याको जाननेके कारण श्रीकृष्ण साक्षात् भगवान् हैं—यह सिद्ध होता है।

मनुष्य अच्छे कर्म करके, साधन करके ऊँची स्थितिको प्राप्त हो जाता है तो लोग उसको महापुरुष कहने लग जाते हैं। जो लोग यह मानते हैं कि भगवान् श्रीकृष्ण भी एक महापुरुष थे, उनका यह मानना बिलकुल गलत है। भगवान् श्रीकृष्ण अवतार थे। जो साधन करके ऊँचा उठता है, उसका नाम 'उत्तार' है, अवतार नहीं। अवतार नाम उसका है, जो अपनी स्थितिमें स्थित रहते हुए ही किसी विशेष कार्यको करनेके लिये नीचे उतरता है अर्थात् मनुष्य आदिके

रूपमें प्रकट होता है। जैसे, कोई आचार्य किसी बच्चेको वर्णमाला सिखाता है तो वह 'अ, आ, इ, ई' आदि स्वरोंका और 'क, ख, ग, घ' आदि व्यंजनोंका स्वयं उच्चारण करता है और उस बच्चेसे भी उनका उच्चारण करवाता है और उसका हाथ पकड़कर उससे लिखवाता है। इस प्रकार उस बच्चेको वर्णमाला सिखानेके लिये स्वयं भी बार-बार वर्णमालाका उच्चारण करना और उसको लिखना—यह उस आचार्यका बच्चेकी श्रेणीमें अवतार लेना है, उसकी श्रेणीमें आना है। बच्चेकी श्रेणीमें आनेपर भी उसकी विद्वत्ता वैसी-की-वैसी ही बनी रहती है। ऐसे ही सन्तोंकी रक्षा, दुष्टोंका विनाश और धर्मकी स्थापना करनेके लिये भगवान् अज (अजन्मा) रहते हुए ही जन्म लेते हैं, अविनाशी रहते हुए ही अन्तर्धान हो जाते हैं और सम्पूर्ण प्राणियोंके ईश्वर (मालिक) रहते हुए ही माता-पिताके आज्ञापालक बन जाते हैं (४।६)। अवतार लेनेपर भी उनके अज, अविनाशी और ईश्वरपनेमें कुछ भी कमी नहीं आती, वे ज्यों-के-त्यों ही बने रहते हैं।

जो लोग यह मानते हैं कि भगवान् श्रीकृष्ण एक योगी थे, भगवान् नहीं थे, उनका यह मानना बिलकुल गलत है। योगी वही होता है, जिसमें योग होता है। योगके आठ अंग हैं, जिनमें सबसे पहले 'यम' आता है। यम पाँच हैं—अहिंसा, सत्य, अस्तेय, ब्रह्मचर्य और अपरिग्रह। अत: जो योगी होगा, वह सत्य ही बोलेगा। अगर वह असत्य बोलता है तो वह योगी नहीं हो सकता; क्योंकि उसने योगके पहले अंग (यम)-का भी पालन नहीं किया! अत: भगवान् श्रीकृष्णको योगी माननेसे उनको भगवान् भी मानना ही पड़ेगा; क्योंकि गीतामें भगवान् श्रीकृष्णने जगह-जगह अपने-आपको भगवान् कहा है; जैसे—

मैं सम्पूर्ण प्राणियोंका ईश्वर होते हुए ही अवतार लेता हूँ (४। ६)। मैं सम्पूर्ण प्राणियोंके हृदयमें अच्छी तरहसे स्थित हूँ (१५। १५)। जो लोग अपनेमें और दूसरोंके शरीरोंमें स्थित मुझ अन्तर्यामी ईश्वरके साथ द्वेष करते हैं, उनको मैं आसुरी योनियोंमें गिराता हूँ (१६। १८-१९)। जो अश्रद्धालु मनुष्य दम्भ, अहंकार, कामना, आसक्ति और हठसे युक्त होकर शास्त्रविधिसे रहित घोर तप करते हैं, वे अपने पांचभौतिक शरीरको तथा अन्त:करणमें स्थित मुझ ईश्वरको भी कष्ट देते हैं (१७। ५-६)।

अन्वय-व्यतिरेकसे भी अपने ईश्वरपनेका वर्णन करते हुए भगवान्ने कहा है कि जो मेरेको सम्पूर्ण लोकोंका महान् ईश्वर मानते हैं, वे शान्तिको प्राप्त होते हैं (५।२९) तथा जो मेरेको अज, अविनाशी और महान् ईश्वर मानते हैं, वे मोहसे एवं सम्पूर्ण पापोंसे मुक्त हो जाते हैं (१०।३)। परन्तु जो मेरे ईश्वरभावको न जानते हुए मेरेको मनुष्य मानकर मेरी अवहेलना करते हैं, वे मूढ़ (मूर्ख) हैं (९।११)। जो मेरेको सम्पूर्ण यज्ञोंका भोक्ता तथा सम्पूर्ण संसारका मालिक नहीं मानते, उनका पतन हो जाता है (९।२४)।

जिस ज्ञेय-तत्त्वको जाननेसे अमरताकी प्राप्ति होती है (१३।१२), वह ज्ञेय-तत्त्व मैं ही हूँ; क्योंकि सम्पूर्ण वेदोंके द्वारा जाननेयोग्य तत्त्व मैं ही हूँ (१५।१५)। मैं सम्पूर्ण जगत्को पैदा करनेवाला हूँ। मेरे सिवाय इस जगत्की रचना करनेवाला दूसरा कोई नहीं है। मैं ही सम्पूर्ण जगत्में ओत-प्रोत हूँ (७।६-७)। सात्त्विक, राजस और तामस भाव (क्रिया, पदार्थ आदि) मेरेसे ही उत्पन्न होते हैं (७।१२)। प्राणियोंके बुद्धि, ज्ञान, असम्मोह आदि भाव मेरेसे ही पैदा होते हैं (१०। ४-५)। चर-अचर, स्थावर-जंगम आदि कोई भी वस्तु, प्राणी मेरेसे रहित नहीं है (१०।३९)। सम्पूर्ण जगत् मेरे किसी एक अंशमें स्थित है (१०।४२)।

मैं ही अपनी प्रकृतिको वशमें करके संसारकी रचना करता हूँ (९।८) अथवा मेरी अध्यक्षतामें अर्थात् मेरेसे सत्ता-स्फूर्ति पाकर प्रकृति संसारकी रचना करती है (९।१०)।

दसवें अध्यायमें बीसवेंसे अड़तीसवें श्लोकतक कही हुई विभूतियोंमें भगवान्‌ने अपने-आपको बताया है। फिर ग्यारहवें अध्यायमें भगवान्‌ने अर्जुनको दिव्यदृष्टि देकर अपना अव्यय, अविनाशी, दिव्य विराट्‌रूप दिखाया। जब अत्युग्र विराट्‌रूपको देखकर अर्जुन भयभीत हो गये, तब भगवान्‌ने अपना चतुर्भुजरूप दिखाकर उनको सान्त्वना दी और फिर वे द्विभुजरूप हो गये, आदि-आदि। तात्पर्य है कि अगर श्रीकृष्ण योगी हैं तो वे सत्य बोलते हैं और अगर सत्य बोलते हैं तो वे ईश्वर हैं; क्योंकि स्वयं श्रीकृष्णने अपनेको ईश्वर कहा है। अतः जो श्रीकृष्णको योगी मानते हैं, उनको 'श्रीकृष्ण ईश्वर हैं'—यह मानना ही पड़ेगा।

गीतामें अवतारवाद

सर्वागमेषु ये प्रोक्ता अवतारा जगत्प्रभोः।
तद्रहस्यं हि गीतायां कृष्णेन कथितं स्वयम्॥

जो अपनी स्थितिसे नीचे उतरता है, उसको 'अवतार' कहते हैं। जैसे, कोई शिक्षक बालकको पढ़ाता है तो वह उसकी स्थितिमें आकर पढ़ाता है अर्थात् वह स्वयं 'क, ख, ग' आदि अक्षरोंका उच्चारण करता है और उस बालकसे उनका उच्चारण करवाता है तथा उसका हाथ पकड़कर उससे उन अक्षरोंको लिखवाता है। यह बालकके सामने शिक्षकका अवतार है। गुरु भी अपने शिष्यकी स्थितिमें आकर अर्थात् शिष्य जैसे समझ सके, वैसी ही स्थितिमें आकर उसकी बुद्धिके अनुसार उसको समझाते हैं। ऐसे ही मनुष्योंको व्यवहार और परमार्थकी शिक्षा देनेके लिये भगवान् मनुष्योंकी स्थितिमें आते हैं, अवतार लेते हैं।

भगवान् मनुष्योंकी तरह जन्म नहीं लेते। जन्म न लेनेपर भी वे जन्मकी लीला करते हैं अर्थात् मनुष्योंकी तरह माँके गर्भमें आते हैं; परन्तु मनुष्यकी तरह गर्भाधान नहीं होता। जब भगवान् श्रीकृष्ण माँ देवकीजीके गर्भमें आते हैं, तब वे पहले वसुदेवजीके मनमें आते हैं तथा नेत्रोंके द्वारा देवकीजीमें प्रवेश करते हैं और देवकीजी मनसे ही भगवान्‌को धारण करती हैं।* गीतामें भगवान् कहते हैं कि मैं अज (अजन्मा) रहते हुए ही जन्म लेता हूँ अर्थात् मेरा अजपना ज्यों-का-त्यों ही रहता है। मैं अव्ययात्मा (स्वरूपसे नित्य) रहते हुए ही अन्तर्धान हो जाता हूँ अर्थात् मेरे अव्ययपनेमें कुछ भी कमी नहीं आती। मैं सम्पूर्ण प्राणियोंका, सम्पूर्ण लोकोंका ईश्वर (मालिक) रहते हुए ही माता-पिताकी आज्ञाका पालन करता हूँ अर्थात् मेरे ईश्वरपनेमें, मेरे ऐश्वर्यमें कुछ भी कमी नहीं आती। मनुष्य तो अपनी प्रकृति (स्वभाव)-के परवश होकर जन्म लेते हैं, पर मैं अपनी प्रकृतिको अपने वशमें करके स्वतन्त्रतापूर्वक स्वेच्छानुसार अवतार लेता हूँ (४।६)।

---

* ततो जगन्मङ्गलमच्युतांशं समाहितं शूरसुतेन देवी।
दधार सर्वात्मकमात्मभूतं काष्ठा यथाऽऽनन्दकरं मनस्तः॥
(श्रीमद्भा० १०।२।१८)

'……यथा दीक्षाकाले गुरुः शिष्याय ध्यानमुपदिशति शिष्यश्च ध्यानोक्तां मूर्तिं हृदि निवेशयति तथा वसुदेवो देवकीदृष्टौ स्वदृष्टिं निदधौ। दृष्टिद्वारा च हरिः संक्रामन् देवकीगर्भे आविर्बभूव। एतेन रेतोरूपेणाधानं निरस्तम्॥' (अन्वितार्थप्रकाशिका)

भगवान् अपने अवतार लेनेका समय बताते हुए कहते हैं कि जब-जब धर्मका ह्रास होता है और अधर्म बढ़ जाता है, तब-तब मैं अवतार लेता हूँ, प्रकट हो जाता हूँ (४।७)। अपने अवतारका प्रयोजन बताते हुए भगवान् कहते हैं कि भक्तजनोंकी, उनके भावोंकी रक्षा करनेके लिये, अन्याय-अत्याचार करनेवाले दुष्टोंका विनाश करनेके लिये और धर्मकी भलीभाँति स्थापना, पुनरुत्थान करनेके लिये मैं युग-युगमें अवतार लेता हूँ (४।८)। इस तरह अज, अविनाशी और ईश्वर रहते हुए अवतार लेनेवाले मुझ महेश्वरके परमभावको न जानते हुए जो लोग मेरेको मनुष्य मानकर मेरी अवहेलना, तिरस्कार करते हैं, वे मूढ़ (मूर्ख) हैं। मूढ़लोग आसुरी, राक्षसी और मोहिनी प्रकृतिका आश्रय लेकर जो कुछ आशा करते हैं, जो कुछ शुभकर्म करते हैं, जो कुछ विद्या प्राप्त करते हैं, वह सब व्यर्थ हो जाता है अर्थात् सत्-फल देनेवाला नहीं होता (९। ११-१२)। जो मेरे सर्वश्रेष्ठ अविनाशी परमभावको न जानते हुए मुझ अव्यक्त परमात्माको जन्मने-मरनेवाला मानते हैं, वे मनुष्य बुद्धिहीन हैं। ऐसे मनुष्योंके सामने मैं अपने असली रूपसे प्रकट नहीं होता (७। २४-२५)।

जैसे खेलमें कोई स्वाँग बनाता है तो वह हरेकको अपना वास्तविक परिचय नहीं देता। अगर वह अपना वास्तविक परिचय दे दे तो खेल बिगड़ जायगा। ऐसे ही जब भगवान् अवतार लेते हैं, तब वे सबके सामने अपने-आपको प्रकट नहीं करते, सबको अपना वास्तविक परिचय नहीं देते—**'नाहं प्रकाशः सर्वस्य'** (७।२५)। अगर वे अपना वास्तविक परिचय दे दें तो फिर वे लीला नहीं कर सकते। जैसे खेल खेलनेवालेका स्वाँग देखकर उसका आत्मीय मित्र डर जाता है तो वह स्वाँगधारी अपने मित्रको संकेतरूपसे अपना असली परिचय देता है कि 'अरे! तू डर मत, मैं वही हूँ'। ऐसे ही भगवान्के अवतारी शरीरोंको देखकर कोई भक्त डर जाता है तो भगवान् उसको अपना असली परिचय देते हैं कि 'भैया! तू डर मत, मैं तो वही हूँ।'

दो मित्र थे। एकने बाजारमें अपनी दूकान फैला रखी थी, जिससे लोग माल देखें और खरीदें। दूसरा राजकीय सिपाहीका स्वाँग धारण करके उसके पास गया और उसको खूब धमकाने लगा कि 'अरे! तूने यहाँ रास्तेमें दूकान क्यों लगा रखी है? जल्दी उठा, नहीं तो अभी राजमें तेरी खबर करता हूँ।' उसकी बातोंसे वह दूकानदार मित्र बहुत डर गया और अपनी दूकान समेटने लगा। उसको भयभीत देखकर सिपाही बना हुआ मित्र बोला—'अरे! तू डर मत, मैं तो वही तेरा मित्र हूँ।' ऐसे ही अर्जुनके सामने भगवान् विश्वरूपसे प्रकट हो गये तो अर्जुन डर गये। तब भगवान्ने अपना असली परिचय देकर अर्जुनको सान्त्वना दी।

यहाँ एक शंका होती है कि वर्तमानमें धर्मका ह्रास हो रहा है और अधर्म बढ़ रहा है तथा श्रेष्ठ पुरुष दुःख पा रहे हैं, फिर भी भगवान् अवतार क्यों नहीं ले रहे हैं? इसका समाधान यह है कि अभी भगवान्के अवतारका समय नहीं आया है। कारण कि शास्त्रोंमें कलियुगमें जैसा बर्ताव होना लिखा है, उससे भी ज्यादा बर्ताव गिर जाता है, तब भगवान् अवतार लेते हैं। अभी ऐसा नहीं हुआ है। त्रेतायुगमें तो राक्षसोंने ऋषि-मुनियोंको खा-खाकर हड्डियोंका ढेर कर दिया था, तब भगवान्ने अवतार लिया था। अभी कलियुगको देखते हुए वैसा अन्याय-अत्याचार नहीं हो रहा है। धर्मका थोड़ा ह्रास होनेपर भगवान् कारकपुरुषोंको भेजकर उसको ठीक कर देते हैं अथवा जगह-जगह सन्त-महात्मा प्रकट होकर अपने आचरणों एवं वचनोंके द्वारा मनुष्योंको सन्मार्गपर लाते हैं।

एक दृष्टिसे भगवान्का अवतार नित्य है। इस संसाररूपसे भगवान्का ही अवतार है। साधकोंके लिये साध्य और साधनरूपसे भगवान्का अवतार है। भक्तोंके लिये भक्तिरूपसे, ज्ञानयोगियोंके लिये ज्ञेयरूपसे और कर्मयोगियोंके लिये कर्तव्यरूपसे

भगवान्‌का अवतार है। भूखोंके लिये अन्नरूपसे, प्यासोंके लिये जलरूपसे, नंगोंके लिये वस्त्ररूपसे और रोगियोंके लिये ओषधिरूपसे भगवान्‌का अवतार है। भोगियोंके लिये भोगरूपसे और लोभियोंके लिये रुपये, वस्तु आदिके रूपसे भगवान्‌का अवतार है। गरमीमें छायारूपसे और सरदीमें गरम कपड़ोंके रूपसे भगवान्‌का अवतार है। तात्पर्य है कि जड-चेतन, स्थावर-जंगम आदिके रूपसे भगवान्‌का ही अवतार है; क्योंकि वास्तवमें भगवान्‌के सिवाय दूसरी कोई चीज है ही नहीं—'**वासुदेवः सर्वम्**' (७।१९); '**सदसच्चाहम्**' (९।१९)। परन्तु जो संसाररूपसे प्रकट हुए प्रभुको भोग्य मान लेता है, अपनेको उसका मालिक मान लेता है, उसका पतन हो जाता है, वह जन्मता-मरता रहता है।

जो लोग यह मानते हैं कि भगवान् निराकार ही रहते हैं, साकार होते ही नहीं, उनकी यह धारणा बिलकुल गलत है; क्योंकि मात्र प्राणी अव्यक्त (निराकार) और व्यक्त (साकार) होते रहते हैं। तात्पर्य है कि सम्पूर्ण प्राणी पहले अव्यक्त थे, बीचमें व्यक्त हो जाते हैं और फिर वे अव्यक्त हो जाते हैं (२।२८)। पृथ्वीके भी दो रूप हैं—निराकार और साकार। पृथ्वी तन्मात्रारूपसे निराकार और स्थूलरूपसे साकार रहती है। जल भी परमाणुरूपसे निराकार और भाप, बादल, ओले आदिके रूपसे साकार रहता है। वायु निःस्पन्दरूपसे निराकार और स्पन्दनरूपसे साकार रहती है। अग्नि दियासलाई, काष्ठ, पत्थर आदिमें निराकाररूपसे रहती है और घर्षण आदि साधनोंसे साकार हो जाती है। इस तरह मात्र सृष्टि निराकार-साकार होती रहती है। सृष्टि प्रलय-महाप्रलयके समय निराकार और सर्ग-महासर्गके समय साकार रहती है। जब प्राणी भी निराकार-साकार हो सकते हैं, पृथ्वी, जल आदि महाभूत भी निराकार-साकार हो सकते हैं, सृष्टि भी निराकार-साकार हो सकती है, तो क्या भगवान् निराकार-साकार नहीं हो सकते? उनके निराकार-साकार होनेमें क्या बाधा है? इसलिये गीतामें भगवान्‌ने कहा है कि यह सब संसार मेरे अव्यक्त स्वरूपसे व्याप्त है—'**मया ततमिदं सर्वं जगदव्यक्तमूर्तिना**' (९।४) यहाँ भगवान्‌ने अपनेको '**मया**' पदसे व्यक्त (साकार) और '**अव्यक्तमूर्तिना**' पदसे अव्यक्त (निराकार) बताया है। सातवें अध्यायके चौबीसवें श्लोकमें भगवान्‌ने बताया है कि जो मेरेको अव्यक्त (निराकार) ही मानते हैं, व्यक्त (साकार) नहीं, वे बुद्धिहीन हैं और जो मेरेको व्यक्त (साकार) ही मानते हैं, अव्यक्त (निराकार) नहीं, वे भी बुद्धिहीन हैं; क्योंकि वे दोनों ही मेरे परमभावको नहीं जानते।

प्रश्न—अवतारी भगवान्‌का शरीर कैसा होता है?

उत्तर—हमलोगोंका जन्म कर्मजन्य होता है, पर भगवान्‌का जन्म (अवतार) कर्मजन्य नहीं होता। अतः हमलोगोंके शरीर जैसे माता-पिताके रज-वीर्यसे पैदा होते हैं, वैसे भगवान्‌का शरीर पैदा नहीं होता। वे जन्मकी लीला तो हमारी तरह ही करते हैं, पर वास्तवमें वे उत्पन्न नहीं होते, प्रत्युत प्रकट होते हैं—'**सम्भवाम्यात्ममायया**' (४।६)। हमारी आयु तो कर्मोंके अनुसार सीमित होती है, पर भगवान्‌की आयु सीमित नहीं होती। वे अपने इच्छानुसार जितने दिन प्रकट रहना चाहें, उतने दिन रह सकते हैं। हमलोगोंको तो अज्ञताके कारण कर्मफलके रूपमें आयी अनुकूल-प्रतिकूल परिस्थितियोंका भोग करना पड़ता है, पर भगवान्‌को अनुकूल-प्रतिकूल परिस्थितियोंका भोग नहीं करना पड़ता, वे सुखी-दुःखी नहीं होते।

हमलोगोंका शरीर पांचभौतिक होता है, पर भगवान्‌का अवतारी शरीर पांचभौतिक नहीं होता, प्रत्युत सच्चिदानन्दमय होता है—'**सच्चित्सुखैक-वपुषः पुरुषोत्तमस्य**'; '***चिदानंदमय देह तुम्हारी***' (मानस २।१२७।३)। 'सत्' से भगवान्‌का

अवतारी शरीर बनता है, 'चित्' से उनके शरीरमें प्रकाश होता है और 'आनन्द' से उनके शरीरमें आकर्षण होता है। वह शरीर भगवान्‌को माननेवाले, न माननेवाले आदि सभीको स्वत: प्रिय लगता है। अत: भगवान्‌का शरीर हमलोगोंके शरीरकी तरह हड्डी, मांस, रुधिर आदिका नहीं होता। परन्तु अवतारकी लीलाके समय वे अपने चिन्मय शरीरको पांचभौतिक शरीरकी तरह दिखा देते हैं। भक्तोंके भावोंके अनुसार भगवान्‌को भूख भी लगती है, प्यास भी लगती है, नींद भी आती है, सरदी-गरमी भी लगती है और भय भी लगता है!

यद्यपि देवताओंके शरीर भी दिव्य कहे जाते हैं, तथापि वे भी पांचभौतिक हैं। स्वर्गके देवताओंका शरीर तेजस्तत्त्वप्रधान, वायुदेवताका शरीर वायुतत्त्वप्रधान, वरुणदेवताका शरीर जलतत्त्वप्रधान और मनुष्योंका शरीर पृथ्वीतत्त्वप्रधान होता है; परन्तु भगवान्‌का शरीर इन तत्त्वोंसे रहित, चिन्मय होता है। देवताओंके शरीर दिव्य होते हुए भी नित्य नहीं हैं, मरनेवाले हैं। जो आजान देवता हैं, वे महाप्रलयके समय भगवान्‌में लीन हो जाते हैं; और जो पुण्यकर्मोंके फलस्वरूप स्वर्गादि लोकोंमें जाकर देवता बनते हैं, वे पुण्यकर्म क्षीण होनेपर पुन: मृत्युलोकमें आकर जन्म लेते हैं और मरते हैं। [भगवान्‌को पाप-पुण्य नहीं लगते। उनको किसीका शाप भी नहीं लगता, पर शापकी मर्यादा रखनेके लिये वे शापको स्वीकार कर लेते हैं।]

प्रश्न—योगीकी और भगवान्‌की सर्वज्ञतामें क्या अन्तर है? क्योंकि योगी भी सब कुछ जान लेता है और भगवान् भी।

उत्तर—जो साधन करके शक्ति प्राप्त करते हैं, उनकी सामर्थ्य, सर्वज्ञता सीमित होती है। वे किसी दूरके विषयको, किसीके मनकी बातको जानना चाहें तो जान सकते हैं, पर उसको जाननेके लिये उनको अपनी मनोवृत्ति लगानी पड़ती है। भगवान्‌की सामर्थ्य, सर्वज्ञता असीम है। भगवान्‌को किसी भूत-वर्तमान-भविष्यके विषयको जाननेके लिये अपनी मनोवृत्ति नहीं लगानी पड़ती, प्रत्युत वे उसको स्वत:स्वाभाविक जानते हैं। उनकी सर्वज्ञता स्वत:-स्वाभाविक है।

प्रश्न—योगी भी चाहे जितने दिनतक अपने शरीरको रख सकता है और भगवान् भी; अत: दोनोंमें अन्तर क्या हुआ?

उत्तर—योगी प्राणायामके द्वारा अपने शरीरको बहुत दिनोंतक रख सकता है, पर ऐसा करनेमें प्राणायामकी पराधीनता रहती है। भगवान्‌को मनुष्यरूपसे प्रकट रहनेके लिये किसीके भी पराधीन नहीं होना पड़ता। वे सदा-सर्वदा स्वाधीन रहते हैं। तात्पर्य है कि योगीकी शक्ति साधनजन्य होती है; अत: वह सीमित होती है और भगवान्‌की शक्ति स्वत:सिद्ध होती है; अत: वह असीम होती है।

प्रश्न—योगीको भी भगवान् कहते हैं और अवतारी ईश्वरको भी भगवान् कहते हैं; अत: दोनोंमें क्या अन्तर है?

उत्तर—षडैश्वर्य-सम्पन्न होनेसे; अणिमा, महिमा, गरिमा आदि सिद्धियोंसे युक्त होनेसे योगीको भी भगवान् कह देते हैं, पर वास्तवमें वह भगवान् नहीं हो जाता। कारण कि वह भगवान्‌की तरह स्वतन्त्रतापूर्वक सृष्टि-रचना आदि कार्य नहीं कर सकता। विशेष तपोबलसे वह विश्वामित्रकी तरह कुछ हदतक सृष्टि-रचना भी कर सकता है, पर उसकी वह शक्ति सीमित ही होती है और उसमें तपोबलकी पराधीनता रहती है।

भगवत्ता दो तरहकी होती है—साधन-साध्य और स्वत:सिद्ध। योग आदि साधनोंसे जो भगवत्ता (अलौकिक ऐश्वर्य आदि) आती है, वह सीमित होती है, असीम नहीं; क्योंकि वह पहले नहीं थी, प्रत्युत साधन करनेसे बादमें आयी है। परन्तु भगवान्‌की भगवत्ता असीम, अनन्त होती है; क्योंकि वह किसी कारणसे भगवान्‌में नहीं आती, प्रत्युत स्वत:सिद्ध होती है।

प्रश्न—वेदव्यासजी आदि कारकपुरुषोंको भी भगवान् कहते हैं और अवतारी ईश्वरको भी भगवान् कहते हैं; अतः दोनोंमें क्या अन्तर है?

उत्तर—वेदव्यासजी आदि कारकपुरुष भगवान्के कलावतार, अंशावतार कहलाते हैं। वे भगवान्की इच्छासे ही यहाँ अवतार लेते हैं। अवतार लेकर वे धर्मकी स्थापना और साधु पुरुषोंकी रक्षा तो करते हैं, पर दुष्टोंका विनाश नहीं करते। कारण कि दुष्टोंके विनाशका काम भगवान्का ही है, कारकपुरुषोंका नहीं।

आजकल अपनेमें कुछ विशेषता देखकर लोग अपनेको भगवान् सिद्ध करने लगते हैं और नामके साथ 'भगवान्' शब्द लगाने लगते हैं—यह कोरा पाखण्ड ही है। अपनेको भगवान् कहकर वे अपनेको पुजवाना चाहते हैं, अपना स्वार्थ सिद्ध करनेके लिये लोगोंको ठगना चाहते हैं। मनुष्योंको ऐसे नकली भगवानोंके चक्करमें पड़कर अपना पतन नहीं करना चाहिये, प्रत्युत ऐसे भगवानोंसे सदा दूर ही रहना चाहिये।

किसी सम्प्रदायको माननेवाले मनुष्य अपनी श्रद्धा-भक्तिसे सम्प्रदायके मूल पुरुष (आचार्य)-को भी अवतारी भगवान् कह देते हैं; पर वास्तवमें वे भगवान् नहीं होते। वे आचार्य मनुष्योंको भगवान्की तरफ लगाते हैं, उन्मार्गसे बचाकर सन्मार्गमें लगाते हैं, इसलिये वे उस सम्प्रदायके लिये भगवान्से भी अधिक पूजनीय हो सकते हैं*, पर भगवान् नहीं हो सकते।

गीतामें मूर्तिपूजा

ये सनातनधर्मस्थाः श्रद्धाप्रेमसमन्विताः।
मूर्तिपूजां न कुर्वन्ति मूर्तौ तु प्रभुपूजनम्॥

हमारे सनातन वैदिक सिद्धान्तमें भक्त-लोग मूर्तिका पूजन नहीं करते, प्रत्युत परमात्माका ही पूजन करते हैं। तात्पर्य है कि जो परमात्मा सब जगह परिपूर्ण है, उसका विशेष खयाल करनेके लिये मूर्ति बनाकर उस मूर्तिमें उस परमात्माका पूजन करते हैं, जिससे सुगमतापूर्वक परमात्माका ध्यान-चिन्तन होता रहे।

अगर मूर्तिकी ही पूजा होती है तो पूजकके भीतर पत्थरकी मूर्तिका ही भाव होना चाहिये कि 'तुम अमुक पर्वतसे निकले हो, अमुक व्यक्तिने तुमको बनाया है, अमुक व्यक्तिने तुमको यहाँ लाकर रखा है; अतः हे पत्थरदेव! तुम मेरा कल्याण करो।' परंतु ऐसा कोई कहता ही नहीं, तो फिर मूर्तिपूजा कहाँ हुई? अतः भक्तलोग मूर्तिकी पूजा नहीं करते; किंतु मूर्तिमें भगवान्की पूजा करते हैं अर्थात् मूर्तिभाव मिटाकर भगवद्भाव करते हैं। इस प्रकार मूर्तिमें भगवान्का पूजन करनेसे सब जगह भगवद्भाव हो जाता है। भगवत्पूजनसे भगवान्की भक्तिका आरम्भ होता है। भक्तके सिद्ध हो जानेपर भी भगवत्पूजन होता ही रहता है।

मूर्तिमें अपनी पूजाके विषयमें भगवान्ने गीतामें कहा है कि 'भक्तलोग भक्तिपूर्वक मेरेको नमस्कार करते हुए मेरी उपासना करते हैं' (९।१४); 'जो भक्त श्रद्धा-प्रेमपूर्वक पत्र, पुष्प, फल, जल आदि मेरेको अर्पण क है, उसके दिये हुए उपहारको मैं खा लेता हूँ' (९।२६); देवताओं (विष्णु, शिव, शक्ति, गणेश और सूर्य—ये ईश्वरकोटिके पंचदेवता), ब्राह्मणों, आचार्य, माता-पिता आदि बड़े-बूढ़ों और ज्ञानी जीवन्मुक्त महात्माओंका पूजन करना शारीरिक तप है (१७।१४)। अगर सामने

* मोरें मन प्रभु अस बिस्वासा। राम ते अधिक राम कर दासा॥
राम सिंधु घन सज्जन धीरा। चंदन तरु हरि संत समीरा॥ (रामचरितमानस ७।१२०।८-९)

मूर्ति न हो तो किसको नमस्कार किया जायगा? किसको पत्र, पुष्प, फल, जल आदि चढ़ाये जायँगे और किसका पूजन किया जायगा? इससे यही सिद्ध होता है कि गीतामें मूर्तिपूजाकी बात भी आयी है।

इसी तरह गाय, तुलसी, पीपल, ब्राह्मण, तत्त्वज्ञ जीवन्मुक्त, गिरिराज गोवर्धन, गंगा, यमुना आदिका पूजन भी भगवत्पूजन है। इनका पूजन करनेसे 'सब जगह परमात्मा हैं' यह बात सुगमतासे अनुभवमें आ जाती है; अतः सब जगह परमात्माका अनुभव करनेमें गाय आदिका पूजन बहुत सहायक है। कारण कि पूजा करनेवालेने 'सब जगह परमात्मा हैं'—ऐसा मानना तो शुरू कर दिया है। परंतु जो किसीका भी पूजन नहीं करता, केवल बातें ही बनाता है, उसको सब जगह परमात्मा हैं'—इसका अनुभव नहीं होगा। तात्पर्य है कि मूर्तिमें भगवान्‌का पूजन करना कल्याणका, श्रेयका साधन है।

भगवत्पूजनके सिवाय हाड़-मांसकी पूजा करना अर्थात् अपने शरीरको सुन्दर-सुन्दर गहनों-कपड़ोंसे सजाना, मकानको बढ़िया बनवाना तथा उसे सुन्दर-सुन्दर सामग्रीसे सजाना, शृंगार करना आदि मूर्तिपूजा ही है, जो कि पतनमें ले जानेवाली है।

ज्ञातव्य

भगवान् सब जगह परिपूर्ण हैं—ऐसा प्रायः सभी आस्तिक मानते हैं; परंतु वास्तवमें ऐसा मानना उन्हींका है, जिन्होंने मूर्ति, वेद, सूर्य, पीपल, तुलसी, गाय आदिमें भगवान्‌को मानकर उनका पूजन शुरू कर दिया है। कारण कि जो मूर्ति, वेद, सूर्य आदिमें भगवान्‌को मानते हैं, वे स्वतः सब जगह, सब प्राणियोंमें भगवान्‌को मानने लग जायँगे। जो केवल मूर्ति आदिमें ही भगवान्‌को मानते हैं, उनको 'प्राकृत (आरम्भिक) भक्त' कहा गया है* क्योंकि उन्होंने एक जगह भगवान्‌का पूजन शुरू कर दिया; अतः वे भगवान्‌के सम्मुख हो गये। परन्तु जो केवल 'भगवान् सब जगह हैं'—ऐसा कहते हैं, पर उनका कहीं भी आदरभाव, पूज्यभाव, श्रेष्ठभाव नहीं है, उनको भक्त नहीं कहा गया है; क्योंकि वे 'भगवान् सब जगह हैं'—ऐसा केवल कहते हैं, मानते नहीं; अतः वे भगवान्‌के सम्मुख नहीं हुए।

मूर्तिमें भगवान्‌का पूजन श्रद्धाका विषय है, तर्कका विषय नहीं। जिनमें श्रद्धा है, उनके सामने भगवान्‌का महत्त्व प्रकट हो जाता है। उनके द्वारा की गयी पूजाको भगवान् ग्रहण करते हैं। उनके हाथसे भगवान् प्रसाद ग्रहण करते हैं। जैसे, करमाबाईसे भगवान्‌ने खिचड़ी खायी, धन्ना भक्तसे भगवान्‌ने टिक्कड़ खाये, मीराबाईसे भगवान्‌ने दूध पिया आदि-आदि। तात्पर्य है कि श्रद्धा-भक्तिसे भगवान् मूर्तिमें प्रकट हो जाते हैं।

प्रश्न— भक्तलोग भगवान्‌को भोग लगाते हैं तो भगवान् उसको ग्रहण करते हैं—इसका क्या पता?

उत्तर— भगवान्‌के दरबारमें वस्तुकी प्रधानता नहीं है, प्रत्युत भावकी प्रधानता है। भावके कारण ही भगवान् भक्तके द्वारा अर्पित वस्तुओं और क्रियाओंको ग्रहण कर लेते हैं। भक्तका भाव भगवान्‌को भोजन करानेका होता है तो भगवान्‌को भूख लग जाती है और वे प्रकट होकर भोजन कर लेते हैं। भक्तके भावके कारण भगवान् जिस वस्तुको ग्रहण करते हैं, वह वस्तु नाशवान् नहीं रहती, प्रत्युत दिव्य, चिन्मय हो जाती है। अगर वैसा भाव न हो, भावमें कमी हो, तो भी भगवान् भक्तके द्वारा भोजन अर्पण करनेमात्रसे सन्तुष्ट हो जाते हैं। भगवान्‌के सन्तुष्ट होनेमें वस्तु और क्रियाकी प्रधानता नहीं है, प्रत्युत भावकी ही प्रधानता है। सन्तोंने कहा है—

भाव भगत की राबड़ी, मीठी लागे 'वीर'।
बिना भाव 'कालू' कहे, कड़वी लागे खीर॥

---

* अर्चायामेव हरये पूजां यः श्रद्धयेहते।
न तद्भक्तेषु चान्येषु स भक्तः प्राकृतः स्मृतः॥ (श्रीमद्भा० ११। २। ४७)

हमें एक सज्जन मिले थे। उनकी एक सन्तपर बड़ी श्रद्धा थी और वे उनकी सेवा किया करते थे। वे कहते थे कि जब महाराजको प्यास लगती तो मेरे मनमें आती कि महाराजको प्यास लगी है; अत: मैं जल ले जाता और वे पी लेते। ऐसे ही जो शुद्ध पतिव्रता होती है, उसको पतिकी भूख-प्यासका पता लग जाता है तथा पतिकी रुचि भोजनके किस पदार्थमें है—इसका भी पता लग जाता है। भोजन सामने आनेपर पति भी कह देता है कि आज मेरे मनमें इसी भोजनकी रुचि थी। इसी तरह जिसके मनमें भगवान्‌को भोग लगानेका भाव होता है, उसको भगवान्‌की रुचिका, भूख-प्यासका पता लग जाता है।

एक मन्दिरके पुजारी थे। उनके इष्ट भगवान् बालगोपाल थे। वे रोज छोटे-छोटे लड्डू बनाया करते और रातके समय जब बालगोपालको शयन कराते, तब उनके सिरहाने वे लड्डू रख दिया करते; क्योंकि बालकको रातमें भूख लग जाया करती है। एक दिन वे लड्डू रखना भूल गये तो रातमें बालगोपालने पुजारीको स्वप्नमें कहा कि मेरेको भूख लग रही है ! ऐसे ही एक और घटना है। एक साधु थे। वे प्रतिवर्ष दीपावलीके बाद (ठण्डीके दिनोंमें) भगवान्‌को काजू, बादाम, पिस्ता, अखरोट आदिका भोग लगाया करते थे। एक वर्ष सूखा मेवा बहुत महँगा हो गया तो उन्होंने मूँगफलीका भोग लगाना शुरू कर दिया। एक दिन रातमें भगवान्‌ने स्वप्नमें कहा कि क्या तू मूँगफली ही खिलायेगा? उस दिनके बाद उन्होंने पुन: भगवान्‌को काजू आदिका भोग लगाना शुरू कर दिया। पहले उनके मनमें कुछ वहम था कि पता नहीं, भगवान् भोगको ग्रहण करते हैं या नहीं? जब भगवान्‌ने स्वप्नमें ऐसा कहा, तब उनका वहम मिट गया। तात्पर्य है कि कोई भगवान्‌को भावसे भोग लगाता है तो उनको भूख लग जाती है और वे उसको ग्रहण कर लेते हैं।

एक साधु थे। उनकी खुराक बहुत थी। एक बार उनके शरीरमें रोग हो गया। किसीने उनसे कहा कि महाराज! आप गायका दूध पिया करें, पर दूध वही पीयें, जो बछड़ेके पीनेपर बच जाय। उन्होंने ऐसा ही करना शुरू कर दिया। जब बछड़ा पेट भरकर अपनी माँका दूध पी लेता, तब वे गायका दूध निकालते। गायका पाव-डेढ़ पाव दूध निकलता, पर उतना ही दूध पीनेसे उनकी तृप्ति हो जाती। कुछ ही दिनोंमें उनका रोग मिट गया और वे स्वस्थ हो गये। जब न्याययुक्त वस्तुमें भी इतनी शक्ति है कि थोड़ी मात्रामें लेनेपर भी तृप्ति हो जाय और रोग मिट जाय, तो फिर जो वस्तु भावपूर्वक दी जाय, उसका तो कहना ही क्या है!

यह तो सबका ही अनुभव है कि कोई भावसे, प्रेमसे भोजन कराता है तो उस भोजनमें विचित्र स्वाद होता है और उस भोजनसे वृत्तियाँ भी बहुत अच्छी रहती हैं। केवल मनुष्यपर ही नहीं, पशुओंपर भी भावका असर पड़ता है। जिस बछड़ेकी माँ मर जाती है, उसको लोग दूसरी गायका दूध पिलाते हैं। इससे वह बछड़ा जी तो जाता है, पर पुष्ट नहीं होता। वही बछड़ा अगर अपनी माँका दूध पीता तो माँ उसको प्यारसे चाटती, दूध पिलाती, जिससे वह थोड़े ही दूधसे पुष्ट हो जाता। जब मनुष्य और पशुओंपर भी भावका असर पड़ता है, तो फिर अन्तर्यामी भगवान्‌पर भावका असर पड़ जाय, इसका तो कहना ही क्या है! विदुरानीके भावके कारण ही भगवान्‌ने उसके हाथसे केलेके छिलके खाये। गोपियोंके भावके कारण ही भगवान्‌ने उनके हाथसे छीनकर दही, मक्खन खाया। भगवान् ब्रह्माजीसे कहते हैं—

नैवेद्यं पुरतो न्यस्तं चक्षुषा गृह्यते मया।
रसं च दासजिह्वायामश्नामि कमलोद्भव॥

'हे कमलोद्भव! मेरे सामने रखे हुए भोगोंको मैं नेत्रोंसे ग्रहण करता हूँ; परंतु उस भोगका रस मैं भक्तकी जिह्वाके द्वारा ही लेता हूँ।'

ऐसी बात भी सन्तोंसे सुनी है कि भावसे लगे हुए भोगको भगवान् कभी देख लेते हैं, कभी स्पर्श कर लेते हैं और कभी कुछ ग्रहण भी कर लेते हैं।

जैसे घुटनोंके बलपर चलनेवाला छोटा बालक कोई वस्तु उठाकर अपने पिताजीको देता है तो उसके पिताजी बहुत प्रसन्न हो जाते हैं और हाथ ऊँचा करके कहते हैं कि बेटा! तू इतना बड़ा हो जा अर्थात् मेरेसे भी बड़ा हो जा। क्या वह वस्तु अलभ्य थी? क्या बालकके देनेसे पिताजीको कोई विशेष चीज मिल गयी? नहीं। केवल बालकके देनेके भावसे ही पिताजी राजी हो गये। ऐसे ही भगवान्‌को किसी वस्तुकी कमी नहीं है और उनमें किसी वस्तुकी इच्छा भी नहीं है, फिर भी भक्तके देनेके भावसे वे प्रसन्न हो जाते हैं। परन्तु जो केवल लोगोंको दिखानेके लिये, लोगोंको ठगनेके लिये मन्दिरोंको सजाते हैं, ठाकुरजी (भगवान्‌के विग्रह)-का शृंगार करते हैं, उनको बढ़िया-बढ़िया पदार्थोंका भोग लगाते हैं तो उसको भगवान् ग्रहण नहीं करते; क्योंकि वह भगवान्‌का पूजन नहीं है, प्रत्युत रुपयोंका, व्यक्तिगत स्वार्थका ही पूजन है।

जो लोग किसी भी तरहसे ठाकुरजीको भोग लगानेवालेको, उनकी पूजा करनेवालेको पाखण्डी कहते हैं और खुद अभिमान करते हैं कि हम तो उनसे अच्छे हैं; क्योंकि हम पाखण्ड नहीं करते, ऐसे लोगोंका कल्याण नहीं होता। जो किसी भी तरहसे उत्तम कर्म करनेमें लगे हैं, उनका उतना अंश तो अच्छा है ही, उनके आचरणमें, रहन-सहनमें तो अच्छापन है ही। परन्तु जो अभिमानपूर्वक अच्छे आचरणोंका त्याग करते हैं, उसका परिणाम तो बुरा ही होगा।

प्रश्न—दुष्टलोग मूर्तियोंको तोड़ते हैं तो भगवान् उनको अपना प्रभाव, चमत्कार क्यों नहीं दिखाते?

उत्तर—जिनकी मूर्तिमें सद्भावना नहीं है, जिनका मूर्तिमें भगवत्पूजन करनेवालोंके साथ द्वेष है और द्वेषभावसे ही जो मूर्तिको तोड़ते हैं, उनके सामने भगवान्‌का प्रभाव, महत्त्व प्रकट होगा ही क्यों? कारण कि भगवान्‌का महत्त्व तो श्रद्धाभावसे ही प्रकट होता है।

मूर्तिपूजा करनेवालोंमें 'मूर्तिमें भगवान् हैं'—इस भावकी कमी होनेके कारण ही दुष्टलोगोंके द्वारा मूर्ति तोड़े जानेपर भगवान् अपना प्रभाव प्रकट नहीं करते। परन्तु जिन भक्तोंका 'मूर्तिमें भगवान् हैं'—ऐसा दृढ़ श्रद्धा-विश्वास है, वहाँ भगवान् अपना प्रभाव प्रकट कर देते हैं। जैसे, गुजरातमें सूरतके पास एक शिवजीका मन्दिर है। उसमें स्थित शिवलिंगमें छेद-ही-छेद हैं। इसका कारण यह था कि जब मुसलमान उस शिवलिंगको तोड़नेके लिये आये, तब उस शिवलिंगमेंसे असंख्य बड़े-बड़े भौंरे प्रकट हो गये और उन्होंने मुसलमानोंको भगा दिया।

जो परीक्षामें पास होना चाहते हैं, वे ही परीक्षकको आदर देते हैं परीक्षकके अधीन होते हैं; क्योंकि परीक्षक जिसको पास कर देता है, वह पास हो जाता है और जिसको फेल कर देता है, वह फेल हो जाता है। परन्तु भगवान्‌को किसीकी परीक्षामें पास होनेकी जरूरत ही नहीं है; क्योंकि परीक्षामें पास होनेसे भगवान्‌का महत्त्व बढ़ नहीं जाता और परीक्षामें फेल होनेसे भगवान्‌का महत्त्व घट नहीं जाता। जैसे, रावण भगवान् रामकी परीक्षा लेनेके लिये मारीचको मायामय स्वर्णमृग बनाकर भेजता है तो भगवान् स्वर्णमृगके पीछे दौड़ते हैं अर्थात् रावणकी परीक्षामें फेल हो जाते हैं; क्योंकि भगवान्‌को पास होकर दुष्ट रावणसे कौन-सा सर्टिफिकेट लेना था! ऐसे ही दुष्टलोग भगवान्‌की परीक्षा लेनेके लिये मन्दिरोंको तोड़ते हैं तो भगवान् उनकी परीक्षामें फेल हो जाते हैं, उनके सामने अपना प्रभाव प्रकट नहीं करते; क्योंकि वे दुष्टभावसे ही भगवान्‌के सामने आते हैं।

एक वस्तुगुण होता है और एक भावगुण होता है। ये दोनों गुण अलग-अलग हैं। जैसे, पत्नी, माता और बहन—इन तीनोंका शरीर एक ही है अर्थात् जैसा पत्नीका शरीर है, वैसा ही माता और बहनका शरीर है, अतः तीनोंमें 'वस्तुगुण' एक ही हुआ। परन्तु पत्नीसे मिलनेपर और भाव रहता है, मातासे

मिलनेपर और भाव रहता है तथा बहनसे मिलनेपर और ही भाव रहता है; अतः वस्तु एक होनेपर भी 'भावगुण' अलग-अलग हुआ। संसारमें भिन्न-भिन्न स्वभावके व्यक्ति, वस्तु आदि हैं; अतः उनमें वस्तुगुण तो अलग-अलग है, पर सबमें भगवान् परिपूर्ण हैं—यह भावगुण एक ही है। ऐसे ही जिसकी मूर्तिपर श्रद्धा है, उसमें 'मूर्तिमें भगवान् हैं'—ऐसा भावगुण रहता है। परन्तु जिसकी मूर्तिपर श्रद्धा नहीं है, उसमें 'मूर्ति पत्थर, पीतल, चाँदी आदिकी है'—ऐसा वस्तुगुण रहता है। तात्पर्य है कि अगर मूर्तिमें पूजकका भाव भगवान्का है तो उसके लिये वह साक्षात् भगवान् ही है। अगर पूजकका भाव पत्थर, पीतल, चाँदी आदिकी मूर्तिका है तो उसके लिये वह साक्षात् पत्थर आदिकी मूर्ति ही है; क्योंकि भावमें ही भगवान् हैं—

न काष्ठे विद्यते देवो न शिलायां न मृत्सु च।
भावे ही विद्यते देवस्तस्माद् भावं समाचरेत्॥

(गरुड०, उत्तर० ३। १०)

'देवता न तो काठमें रहते हैं, न पत्थरमें और न मिट्टीमें ही रहते हैं। भावमें ही देवताका निवास है, इसलिये भावको ही मुख्य मानना चाहिये।'

एक वैरागी बाबा थे। उनके पास सोनेकी दो मूर्तियाँ थीं—एक गणेशजीकी और एक चूहेकी। दोनों मूर्तियाँ तौलमें बराबर थीं। बाबाको रामेश्वर जाना था। अतः उन्होंने सुनारके पास जाकर कहा कि भैया! इन मूर्तियोंके बदले कितने रुपये दोगे? सुनारने दोनों मूर्तियोंको तौलकर दोनोंके पाँच-पाँच सौ रुपये बताये अर्थात् दोनोंकी बराबर कीमत बतायी। बाबा बोले—अरे! तू देखता नहीं, एक मालिक है और एक उनकी सवारी है। जितना मूल्य मालिक (गणेशजी)-का, उतना ही मूल्य सवारी (चूहे)-का—यह कैसे हो सकता है? सुनार बोला—बाबा! मैं गणेशजी और चूहेका मूल्य नहीं लगाता, मैं तो सोनेका मूल्य लगाता हूँ। तात्पर्य है कि बाबाकी दृष्टि गणेशजी और चूहेपर है और सुनारकी दृष्टि सोनेपर है अर्थात् बाबाको भावगुण दीखता है और सुनारको वस्तुगुण दीखता है। ऐसे ही जो मूर्तियोंको तोड़ते हैं, उनको वस्तुगुण ही दीखता है अर्थात् उनको पत्थर, पीतल आदि ही दीखता है। अतः भगवान् उनकी भावनाके अनुसार पत्थर आदिके रूपसे ही बने रहते हैं।

वास्तवमें देखा जाय तो स्थावर-जंगम आदि सब कुछ भगवत्स्वरूप ही है। जिनमें भावगुण अर्थात् भगवान्की भावना है, उनको सब कुछ भगवत्स्वरूप ही दीखता है; परंतु जिनमें वस्तुगुण अर्थात् संसारकी भावना है, उनको स्थावर-जंगम आदि सब कुछ अलग-अलग ही दीखता है। यही बात मूर्तिके विषयमें भी समझ लेनी चाहिये।

लोग श्रद्धाभावसे मूर्तिकी पूजा करते हैं, स्तुति एवं प्रार्थना करते हैं; क्योंकि उनको तो मूर्तिमें विशेषता दीखती है। जो मूर्तिको तोड़ते हैं, उनको भी मूर्तिमें विशेषता दीखती है। अगर विशेषता नहीं दीखती तो वे मूर्तिको ही क्यों तोड़ते हैं? दूसरे पत्थरोंको क्यों नहीं तोड़ते? अतः वे भी मूर्तिमें विशेषता मानते हैं। केवल मूर्तिमें श्रद्धा-विश्वास रखनेवालोंके साथ द्वेषभाव होनेसे, उनको दुःख देनेके लिये ही वे मूर्तिको तोड़ते हैं।

जो लोग शास्त्र-मर्यादाके अनुसार बने हुए मन्दिरको, उसमें प्राणप्रतिष्ठा करके रखी गयी मूर्तियोंको तोड़ते हैं, वे तो अपना स्वार्थ सिद्ध करने, हिन्दुओंकी मर्यादाओंको भंग करने, अपने अहंकार एवं नामको स्थायी करने, भग्नावशेष मूर्तियोंको देखकर पीढ़ियोंतक हिन्दुओंके हृदयमें जलन पैदा करनेके लिये द्वेषभावसे मूर्तियोंको तोड़ते हैं। ऐसे लोगोंकी बड़ी भयानक दुर्गति होती है, वे घोर नरकोंमें जाते हैं; क्योंकि उनकी नीयत ही दूसरोंको दुःख देने, दूसरोंका नाश करनेकी है। खराब नीयतका नतीजा भी खराब ही होता है। परन्तु जो लोग मन्दिरोंकी, मूर्तियोंकी रक्षा करनेके लिये अपनी

पूरी शक्ति लगा देते हैं, अपने प्राणोंको लगा देते हैं, उनकी नीयत अच्छी होनेसे उनकी सद्‌गति ही होती है।

हम किसी विद्वान्‌का आदर करते हैं तो वास्तवमें हमारे द्वारा विद्याका ही आदर हुआ, हाड़-मांसके शरीरका नहीं। ऐसे ही जो मूर्तिमें भगवान्‌को मानता है, उसके द्वारा भगवान्‌का ही आदर हुआ, मूर्तिका नहीं। अतः जो मूर्तिमें भगवान्‌को नहीं मानता, उसके सामने भगवान्‌का प्रभाव प्रकट नहीं होता। परन्तु जो मूर्तिमें भगवान्‌को मानता है, उसके सामने भगवान्‌का प्रभाव प्रकट हो जाता है।

प्रश्न—हम मूर्तिपूजा क्यों करें? मूर्तिपूजा करनेकी क्या आवश्यकता है?

उत्तर—अपना भगवद्भाव बढ़ानेके लिये, भगवद्भावको जाग्रत् करनेके लिये, भगवान्‌को प्रसन्न करनेके लिये मूर्तिपूजा करनी चाहिये। हमारे अन्तःकरणमें सांसारिक पदार्थोंका जो महत्त्व अंकित है, उनमें हमारी जो ममता-आसक्ति है, उसको मिटानेके लिये ठाकुरजीका पूजन करना, पुष्पमाला चढ़ाना, अच्छे-अच्छे वस्त्र पहनाना, आरती उतारना, भोग लगाना आदि बहुत आवश्यक है। तात्पर्य है कि मूर्तिपूजा करनेसे हमें दो तरहसे लाभ होता है—भगवद्भाव जाग्रत् होता है तथा बढ़ता है और सांसारिक वस्तुओंमें ममता-आसक्तिका त्याग होता है।

मनुष्यके जीवनमें कम-से-कम एक जगह ऐसी होनी ही चाहिये, जिसके लिये मनुष्य अपना सब कुछ त्याग कर सके। वह जगह चाहे भगवान् हों, चाहे सन्त-महात्मा हों, चाहे माता-पिता हों, चाहे आचार्य हों। कारण कि इससे मनुष्यकी भौतिक भावना कम होती है और धार्मिक तथा आध्यात्मिक भावना बढ़ती है।

एक बार कुछ तीर्थयात्री काशीकी परिक्रमा कर रहे थे। वहाँका एक पण्डा उन यात्रियोंको मन्दिरोंका परिचय देता, शिवलिंगको प्रणाम करवाता और उसका पूजन करवाता। उन यात्रियोंमें कुछ आधुनिक विचारधाराके लड़के थे। उनको जगह-जगह प्रणाम आदि करना अच्छा नहीं लगा; अतः वे पण्डासे बोले—पण्डाजी! जगह-जगह पत्थरोंमें माथा रगड़नेसे क्या लाभ? वहाँ एक सन्त खड़े थे। वे उन लड़कोंसे बोले—भैया! जैसे इस हाड़-मांसके शरीरमें तुम हो, ऐसे ही मूर्तिमें भगवान् हैं। तुम्हारी आयु तो बहुत थोड़े वर्षोंकी है, पर ये शिवलिंग बहुत वर्षोंके हैं; अतः आयुकी दृष्टिसे शिवलिंग तुम्हारेसे बड़े हैं। शुद्धताकी दृष्टिसे देखा जाय तो हाड़-मांस अशुद्ध होते हैं और पत्थर शुद्ध होता है। मजबूतीकी दृष्टिसे देखा जाय तो हड्डीसे पत्थर मजबूत होता है। अगर परीक्षा करनी हो तो अपना सिर मूर्तिसे भिड़ाकर देख लो कि सिर फूटता है या मूर्ति! तुम्हारेमें कई दुर्गुण-दुराचार हैं, पर मूर्तिमें कोई दुर्गुण-दुराचार नहीं है। तात्पर्य है कि मूर्ति सब दृष्टियोंसे श्रेष्ठ है। अतः मूर्ति पूजनीय है। तुमलोग अपने नामकी निन्दासे अपनी निन्दा और नामकी प्रशंसासे अपनी प्रशंसा मानते हो, शरीरके अनादरसे अपना अनादर और शरीरके आदरसे अपना आदर मानते हो, तो क्या मूर्तिमें भगवान्‌का पूजन, स्तुति-प्रार्थना आदि करनेसे उसको भगवान् अपना पूजन, स्तुति-प्रार्थना नहीं मानेंगे? अरे भाई! लोग तुम्हारे जिस नाम-रूपका आदर करते हैं, वह तुम्हारा स्वरूप नहीं है, फिर भी तुम राजी होते हो। भगवान्‌का स्वरूप तो सर्वत्र व्यापक है; अतः इन मूर्तियोंमें भी भगवान्‌का स्वरूप है। हम इन मूर्तियोंमें भगवान्‌का पूजन करेंगे तो क्या भगवान् प्रसन्न नहीं होंगे? हम जितने अधिक भावसे भगवान्‌का पूजन करेंगे, भगवान् उतने ही अधिक प्रसन्न होंगे।

जो कोई भी आस्तिक पुरुष होता है, वह भले ही मूर्तिपूजासे परहेज रखे, पर उसके द्वारा मूर्तिपूजा होती ही है। कैसे? वह वेद आदि ग्रन्थोंको मानता है, उनके अनुसार चलता है तो यह मूर्तिपूजा ही है;

क्योंकि वेद भी तो (लिखी हुई पुस्तक होनेसे) मूर्ति ही है। वेद आदिका आदर करना मूर्तिपूजा ही है। ऐसे ही मनुष्य गुरुका, माता-पिताका, अतिथिका आदर-सत्कार करता है, अन्न-जल-वस्त्र आदिसे उनकी सेवा करता है तो यह सब मूर्तिपूजा ही है। कारण कि गुरु, माता-पिता आदिके शरीर तो जड़ हैं, पर शरीरका आदर करनेसे उनका भी आदर होता है, जिससे वे प्रसन्न होते हैं। तात्पर्य है कि मनुष्य कहीं भी, जिस-किसीका, जिस-किसी रूपसे आदर-सत्कार करता है, वह सब मूर्तिपूजा ही है। अगर मनुष्य भावसे मूर्तिमें भगवान्‌का पूजन करता है तो वह भगवान्‌का ही पूजन होता है।

एक वैरागी बाबा थे। वे एक छातेके नीचे रहते थे और वहीं शालिग्रामका पूजन किया करते थे। जो लोग मूर्तिपूजाको नहीं मानते थे, उनको बाबाजीकी यह क्रिया (मूर्तिपूजा) बुरी लगती थी। उन दिनों वहाँ हुक साहब नामक एक अंग्रेज अफसर आया हुआ था। उस अफसरके सामने उन लोगोंने बाबाजीकी शिकायत कर दी कि यह मूर्तिकी पूजा करके सर्वव्यापक परमात्माका तिरस्कार करता है आदि-आदि। हुक साहबने कुपित होकर बाबाजीको बुलाया और उनको वहाँसे चले जानेका हुक्म दे दिया। दूसरे दिन बाबाजीने हुक साहबका एक पुतला बनाया और उसको लेकर वे शहरमें घूमने लगे। वे लोगोंको दिखा-दिखाकर उस पुतलेको जूता मारते और कहते कि यह हुक साहब बिलकुल बेअक्ल हैं, इसमें कुछ भी समझ नहीं है आदि-आदि। लोगोंने पुनः हुक साहबसे शिकायत कर दी कि यह बाबा आपका तिरस्कार करता है, आपका पुतला बनाकर उसको जूता मारता है। हुक साहबने बाबाजीको बुलाकर पूछा कि तुम मेरा अपमान क्यों करते हो? बाबाजीने कहा कि मैं आपका बिलकुल अपमान नहीं करता। मैं तो आपके इस पुतलेका अपमान करता हूँ; क्योंकि यह बड़ा ही मूर्ख है। ऐसा कहकर बाबाजीने पुतलेको जूता मारा। हुक साहब बोले कि मेरे पुतलेका अपमान करना मेरा ही अपमान करना है। बाबाजीने कहा कि आप इस पुतलेमें अर्थात् मूर्तिमें हैं ही नहीं, फिर भी केवल नाममात्रसे आपपर इतना असर पड़ता है। हमारे भगवान् तो सब देश, काल, वस्तु आदिमें हैं; अतः जो श्रद्धापूर्वक मूर्तिमें भगवान्‌का पूजन करता है, उससे क्या भगवान् प्रसन्न नहीं होंगे? मैं मूर्तिमें भगवान्‌का पूजन करता हूँ तो यह भगवान्‌का आदर हुआ या निरादर? हुक साहब बोले कि जाओ, अब तुम स्वतन्त्रतापूर्वक मूर्तिपूजा कर सकते हो। बाबाजी अपने स्थानपर चले गये।

प्रश्न—कुछ लोग मन्दिरमें अथवा मन्दिरके पास बैठकर मांस, मदिरा आदि निषिद्ध पदार्थोंका सेवन करते हैं, फिर भी भगवान् उनको क्यों नहीं रोकते?

उत्तर—माँ-बापके सामने बच्चे उद्दण्डता करते हैं तो माँ-बाप उनको दण्ड नहीं देते; क्योंकि वे यही समझते हैं कि अपने ही बच्चे हैं, अनजान हैं, समझते नहीं हैं। इसी तरह भगवान् भी यही समझते हैं कि ये अपने ही अनजान बच्चे हैं; अतः भगवान्‌की दृष्टि उनके आचरणोंकी तरफ जाती ही नहीं। परन्तु जो लोग मन्दिरमें निषिद्ध पदार्थोंका सेवन करते हैं, निषिद्ध आचरण करते हैं, उनको इस अपराधका दण्ड अवश्य ही भोगना पड़ेगा।

प्रश्न—पहले कबीरजी आदि कुछ सन्तोंने मूर्तिपूजाका खण्डन क्यों किया?

उत्तर—जिस समय जैसी आवश्यकता होती है, उस समय सन्त-महापुरुष प्रकट होकर वैसा ही कार्य करते हैं। जैसे, पहले जब शैवों और वैष्णवोंमें बहुत झगड़ा होने लगा, तब तुलसीदासजी महाराजने रामचरितमानसकी रचना की, जिससे दोनोंका झगड़ा मिट गया। गीतापर बहुत-सी टीकाएँ लिखी गयी हैं; क्योंकि समय-समयपर जैसी आवश्यकता पड़ी, महापुरुषोंके हृदयमें वैसी ही प्रेरणा हुई और उन्होंने गीतापर वैसी ही टीका लिखी। जिस समय बौद्धमत

बहुत बढ़ गया था, उस समय शंकराचार्यजीने प्रकट होकर सनातनधर्मका प्रचार किया। ऐसे ही जब मुसलमानोंका राज्य था, तब वे मन्दिरोंको तोड़ते थे और मूर्तियोंको खण्डित करते थे। अतः उस समय कबीरजी आदि सन्तोंने कहा कि हमें मन्दिरोंकी, मूर्तिपूजाकी जरूरत नहीं है; क्योंकि हमारे परमात्मा केवल मन्दिरमें या मूर्तिमें ही नहीं हैं, प्रत्युत सब जगह व्यापक हैं। वास्तवमें उन सन्तोंका मूर्तिपूजाका खण्डन करनेमें तात्पर्य नहीं था, प्रत्युत लोगोंको किसी तरह परमात्मामें लगानेमें ही तात्पर्य था।

प्रश्न—अभी तो वैसा समय नहीं है, मुसलमान मन्दिरोंको, मूर्तियोंको नहीं तोड़ रहे हैं, फिर भी उन सन्तोंके सम्प्रदायमें चलनेवाले मूर्तिपूजाका, साकार भगवान्‌का खण्डन क्यों करते हैं?

उत्तर—किसीका खण्डन करना अपने मतका आग्रह है; क्योंकि दूसरोंके मतका खण्डन करनेवाले अपने मतका प्रचार करना चाहते हैं, अपनी प्रतिष्ठा चाहते हैं। अभी जो मन्दिरोंका, मूर्तिपूजाका, दूसरोंके मतका खण्डन करते हैं, वे मतवादी वस्तुतः परमात्मतत्त्वको नहीं चाहते, अपना उद्धार नहीं चाहते, प्रत्युत अपनी व्यक्तिगत पूजा चाहते हैं, अपनी टोली बनाना चाहते हैं, अपने सम्प्रदायका प्रचार चाहते हैं। ऐसे मतवादियोंको परमात्माकी प्राप्ति नहीं होती। जो अपने मतका आग्रह रखते हैं, वे मतवाले होते हैं और मतवालोंकी बात मान्य (माननेयोग्य) नहीं होती—

बातुल भूत बिबस मतवारे। ते नहिं बोलहिं बचन बिचारे॥

(मानस १। ११५। ४)

ऐसे मतवाले लोग तत्त्वको नहीं जान सकते—

हरीया रत्ता तत्तका, मतका रत्ता नांहि।
मत का रत्ता से फिरै, तांह तत्त पाया नांहि॥
हरीया तत्त विचारियै, क्या मत सेती काम।
तत्त बसाया अमरपुर, मत का जमपुर धाम॥

निराकारको माननेवाले साकार मूर्तिका खण्डन करते हैं तो वे वास्तवमें अपने इष्ट निराकारको ही छोटा बनाते हैं; क्योंकि उनकी धारणासे ही यह सिद्ध होता है कि साकारकी जगह उनका निराकार नहीं है अर्थात् उनका निराकार एकदेशीय है! अगर वे साकार मूर्तिमें भी अपने निराकारको मानते तो फिर वे साकारका खण्डन ही क्यों करते? दूसरी बात, निराकारकी उपासना करनेवाले 'परमात्मा साकार नहीं हैं, उनका अवतार भी नहीं होता, उनकी मूर्ति भी नहीं होती'—ऐसा मानते हैं; अतः उनका सर्वसमर्थ परमात्मा अवतार लेनेमें, साकार बननेमें असमर्थ (कमजोर) हुआ अर्थात् उनका परमात्मा सर्वसमर्थ नहीं रहा। वास्तवमें परमात्मा ऐसे नहीं हैं। वे साकार-निराकार आदि सब कुछ हैं—**'सदसच्चाहम्'** (९।१९)। अतः विचार करना चाहिये कि हमें अपना कल्याण करना है या साकार-निराकारको लेकर झगड़ा करना है? अगर हम अपनी रुचिके अनुसार साकारकी अथवा निराकारकी उपासना करें तो हमारा कल्याण हो जाय—

तेरे भावै जो करौ, भलौ बुरौ संसार।
'नारायन' तू बैठिके, आपनौ भुवन बुहार॥

अगर झगड़ा ही करना हो तो संसारमें झगड़ा करनेके बहुत-से स्थान हैं। धन, जमीन, मकान आदिको लेकर लोग झगड़ा करते ही हैं। परन्तु पारमार्थिक मार्गमें आकर झगड़ा क्यों छेड़ें? अगर हम साकार या निराकारकी उपासना करते हैं तो हमें दूसरोंके मतका खण्डन करनेके लिये समय कैसे मिला? दूसरोंका खण्डन करनेमें हमने जितना समय लगा दिया, उतना समय अगर अपने इष्टकी उपासना करनेमें लगाते तो हमें बहुत लाभ होता।

दूसरोंका खण्डन करनेसे हमारी हानि यह हुई कि हमने अपने इष्टका खण्डन करनेके लिये दूसरोंको निमन्त्रण दे दिया! जैसे, हमने निराकारका खण्डन किया तो हमने अपने इष्ट (साकार)-का खण्डन करनेके लिये दूसरोंको निमन्त्रण दिया, अवकाश दिया कि अब तुम हमारे इष्टका खण्डन करो। अतः इस खण्डनसे न तो हमारेको कुछ लाभ हुआ और न

दूसरोंको ही कुछ लाभ हुआ। दूसरी बात, दूसरोंका खण्डन करनेसे कल्याण होता है—यह उपाय किसीने भी नहीं लिखा। जिन लोगोंने दूसरोंका खण्डन किया है, उन्होंने भी यह नहीं कहा कि दूसरोंका खण्डन करनेसे तुम्हारा भला होगा, कल्याण होगा। अगर हम किसीके मतका, इष्टका खण्डन करेंगे तो इससे हमारा अन्त:करण मैला होगा, खण्डनके अनुसार ही द्वेषकी वृत्तियाँ बनेंगी, जिससे हमारी उपासनामें बाधा लगेगी और हम अपने इष्टसे विमुख हो जायँगे। अत: मनुष्यको किसीके मतका, किसीके इष्टका खण्डन नहीं करना चाहिये, किसीको नीचा नहीं समझना चाहिये, किसीका अपमान-तिरस्कार नहीं करना चाहिये; क्योंकि सभी अपनी-अपनी रुचिके अनुसार, भाव और श्रद्धा-विश्वाससे अपने इष्टकी उपासना करते हैं। परमात्मा साधकके भावसे, प्रेमसे, श्रद्धा-विश्वाससे ही मिलते हैं। अत: अपने मतपर, इष्टपर श्रद्धा-विश्वास करके उस मतके अनुसार तत्परतासे साधनमें लग जाना चाहिये। यही परमात्माको प्राप्त करनेका मार्ग है। दूसरोंका खण्डन करना, तिरस्कार करना परमात्मप्राप्तिका साधन नहीं है, प्रत्युत पतनका साधन है।

जिन सन्तोंने मूर्तिपूजाका खण्डन किया है, उन्होंने (मूर्तिपूजाके स्थानपर) नाम-जप, सत्संग, गुरुवाणी, भगवच्चिन्तन, ध्यान आदिपर विशेष जोर दिया है। अत: जिन लोगोंने मूर्तिपूजाका तो त्याग कर दिया, पर जो अपने मतके अनुसार नाम-जप आदिमें तत्परतासे नहीं लगे, वे तो दोनों तरफसे रीते ही रह गये! उनसे तो मूर्तिपूजा करनेवाले ही श्रेष्ठ हुए, जो अपने मतके अनुसार साधन तो करते हैं।

इसपर कोई यह कहे कि हमारा दूसरोंका खण्डन करनेमें तात्पर्य नहीं है, हम तो अपनी उपासनाको दृढ़ करते हैं, अपना अनन्यभाव बनाते हैं, तो इसका उत्तर यह है कि दूसरोंका खण्डन करनेसे अनन्यभाव नहीं बनता। अनन्यभाव तो यह है कि हमारे इष्टके सिवाय दूसरा कोई तत्त्व है ही नहीं। हमारे प्रभु सगुण भी हैं और निर्गुण भी। सब हमारे प्रभुके ही रूप हैं। दूसरे लोग हमारे प्रभुका चाहे दूसरा नाम रख दें, पर हैं हमारे प्रभु ही। हमारे प्रभुकी अनेक रूपोंमें तरह-तरहसे उपासना होती है। अत: जो निर्गुणको मानते हैं, वे हमारे सगुण प्रभुकी महिमा बढ़ा रहे हैं; क्योंकि हमारा सगुण ही तो वहाँ निर्गुण है। इसलिये निर्गुणकी उपासना करनेवाले हमारे आदरणीय हैं। ऐसा करनेसे ही अनन्यभाव होगा। किसीका खण्डन करना अनन्यभाव बननेका साधन नहीं है। जो मनुष्य श्रद्धा-विश्वासपूर्वक, सीधे-सरल भावसे अपने इष्टकी उपासनामें लगे हुए हैं, उनके इष्टका, उनकी उपासनाका खण्डन करनेसे उनके हृदयमें ठेस पहुँचेगी, उनको दु:ख होगा तो खण्डन करनेवालेको बड़ा भारी पाप लगेगा, जिससे उसकी उपासना सिद्ध नहीं होगी।

अनन्यताके नामपर दूसरोंका खण्डन करना अच्छाईके चोलेमें बुराई है। बुराईके रूपमें बुराई आ जाय तो उससे भला आदमी बच सकता है, पर जब अच्छाईके रूपमें बुराई आ जाय तो उससे बचना बड़ा कठिन होता है। जैसे, सीताजीके सामने रावण और हनुमान्‌जीके सामने कालनेमि साधुवेशमें आ गये तो सीताजी और हनुमान्‌जी भी धोखेमें आ गये। अर्जुनने भी हिंसाके बहाने अपने कर्तव्यसे च्युत होनेकी बात पकड़ ली कि दुर्योधनादि धर्मको नहीं जानते, उनपर लोभ सवार हुआ है, पर मैं धर्मको जानता हूँ, मेरेमें लोभ नहीं है, मैं अहिंसक हूँ आदि। इस प्रकार अर्जुनमें भी अच्छाईके चोलेमें बुराई आ गयी। उस बुराईको दूर करनेमें भगवान्‌को बड़ा जोर पड़ा, लम्बा उपदेश देना पड़ा। अगर अर्जुनमें बुराईके रूपमें ही बुराई आती तो उसको दूर करनेमें देरी नहीं लगती। ऐसे ही अनन्यभावके रूपमें खण्डनरूपी बुराई आयी और हमने अपना अमूल्य समय, सामर्थ्य, समझ आदिको दूसरोंका खण्डन करनेमें लगा दिया तो इससे हमारा ही पतन हुआ!

अतः साधकको चाहिये कि वह बड़ी सावधानीके साथ अपने समय, योग्यता, सामर्थ्य आदिको अपने इष्टकी उपासनामें ही लगाये।

प्रश्न—भगवान्‌की स्वयंभू मूर्ति कैसे बनती है?

उत्तर—स्वयंभू मूर्ति बनती हो, तभी यह प्रश्न उठ सकता है कि स्वयंभू मूर्ति कैसे बनती है! स्वयंभू मूर्ति बनती ही नहीं। वह स्वयं प्रकट होती है, तभी उसका नाम स्वयंभू है, नहीं तो वह स्वयंभू कैसे?

प्रश्न—अमुक मूर्ति स्वयंभू है अथवा किसीके द्वारा बनायी हुई है—इसकी क्या पहचान?

उत्तर—इसकी पहचान हरेक आदमी नहीं कर सकता। जैसे किसी आदमीने किसी व्यक्तिको पहले देखा है और वह व्यक्ति फिर मिल जाय तो वह उसको पहचान लेता है, ऐसे ही जिसने भगवान्‌के साक्षात् दर्शन किये हुए हैं, वही स्वयंभू मूर्तिकी पहचान कर सकता है।

प्रश्न—स्वयंभू मूर्ति और बनायी हुई मूर्तिके दर्शन, पूजन आदिकी क्या महिमा है?

उत्तर—श्रद्धा-विश्वास हो तो ऋषियोंका दर्भमें और गणेशजीका सुपारीमें पूजन करनेसे भी लाभ होता है। ऐसे ही श्रद्धा-विश्वास हो, भगवद्भाव हो तो बनायी हुई मूर्तिके पूजन, दर्शन आदिसे भी लाभ होता है। परन्तु स्वयंभू मूर्तिमें श्रद्धा-विश्वास होनेसे विशेष और शीघ्र लाभ होता है जैसे—किसी सन्तकी लिखी पुस्तकको पढ़नेकी उपेक्षा उस सन्तके मुखसे साक्षात् सुननेसे अधिक लाभ होता है। संजयने भी गीताग्रन्थके विषयमें कहा है कि मैंने इसको साक्षात् भगवान्‌के कहते-कहते सुना है (१८। ७५)।

प्रश्न—संसारके साथ जैसा सुगमतासे, सरलतासे, अनायास सम्बन्ध हो जाता है, वैसा भगवान्‌के साथ सम्बन्ध नहीं होता, इसमें क्या कारण है?

उत्तर—इसका कारण यह है कि मनुष्य अपनेको शरीर मानता है। अपनेको शरीर माननेसे उसका संसारके साथ सुगमतापूर्वक सम्बन्ध हो जाता है; क्योंकि शरीरकी संसारसे एकता है। जिससे एकता (सजातीयता) होती है, उसके साथ अनायास सम्बन्ध जुड़ जाता है। जैसे, जो अपनेको ब्राह्मण, क्षत्रिय आदि मानता है, उसका ब्राह्मण, क्षत्रिय आदिके साथ और जो अपनेको विद्वान्, व्यापारी आदि मानता है, उसका विद्वान्, व्यापारी आदिके साथ सुगमतापूर्वक सम्बन्ध जुड़ जाता है—'**समानशील-व्यसनेषु सख्यम्**'। भगवान् तो प्रत्यक्ष दीखते नहीं और स्वयं अपनेको मूर्ति (शरीर) मानता है, तो उसके लिये मूर्तिमें भगवान्‌का भाव करना ही सुगम है। अतः जबतक शरीरमें मैं-मेरापन है, तबतक मनुष्यको मूर्तिपूजा जरूर करनी चाहिये। भगवत्प्राप्ति होनेके बाद भी मूर्तिपूजाको नहीं छोड़ना चाहिये; क्योंकि जिस साधनसे लाभ हुआ है, उसके प्रति कृतज्ञ बने रहना चाहिये, उसका त्याग नहीं करना चाहिये।

गीतामें भगवन्नाम

कृष्णेति नामानि च निःसरन्ति रात्रिन्दिवं वै प्रतिरोमकूपात्।
यस्यार्जुनस्य प्रति तं सुगीतगीते न नाम्नो महिमा भवेत्किम्॥

नाम और नामीमें अर्थात् भगवन्नाम और भगवान्‌में अभेद है; अतः दोनोंके स्मरणका एक ही माहात्म्य है। भगवन्नाम तीन तरहसे लिया जाता है—

(१) मनसे—मनसे नामका स्मरण होता है, जिसका वर्णन भगवान्‌ने '**यो मां स्मरति नित्यशः**' (८। १४) पदोंसे किया है।

(२) वाणीसे—वाणीसे नामका जप होता है, जिसे भगवान्‌ने '**यज्ञानां जपयज्ञोऽस्मि**' (१०। २५) पदोंसे अपना स्वरूप बताया है।

(३) कण्ठसे—कण्ठसे जोरसे उच्चारण करके कीर्तन किया जाता है, जिसका वर्णन भगवान्‌ने **'कीर्तयन्तः'** (९।१४) पदसे किया है।

गीतामें भगवान्‌ने ॐ, तत् और सत्—ये तीन परमात्माके नाम बताये हैं—**'ॐ तत्सदिति निर्देशो ब्रह्मणस्त्रिविधः स्मृतः'** (१७।२३)। प्रणव (ओंकार)-को भगवान्‌ने अपना स्वरूप बताया है—**'प्रणवः सर्ववेदेषु'** (७।८), **'गिरामस्म्येकमक्षरम्'** (१०।२५)। भगवान् कहते हैं कि जो मनुष्य 'ॐ'—इस एक अक्षर प्रणवका उच्चारण करके और मेरा स्मरण करके शरीर छोड़कर जाता है, वह परमगतिको प्राप्त होता है (८।१३)।

अर्जुनने भी भगवान्‌के विराट्‌रूपकी स्तुति करते हुए नामकी महिमा कही है; जैसे—'हे प्रभो! कई देवता भयभीत होकर हाथ जोड़े हुए आपके नाम आदिका कीर्तन कर रहे हैं' (११।२१); 'हे अन्तर्यामी भगवन्! आपके नाम आदिका कीर्तन करनेसे यह सम्पूर्ण जगत् हर्षित हो रहा है और अनुराग (प्रेम)-को प्राप्त हो रहा है। आपके नाम आदिके कीर्तनसे भयभीत होकर राक्षसलोग दसों दिशाओंमें भागते हुए जा रहे हैं और सम्पूर्ण सिद्धगण आपको नमस्कार कर रहे हैं। यह सब होना उचित ही है' (११।३६)।

ज्ञातव्य

सुषुप्ति (गाढ़ निद्रा)-के समय सम्पूर्ण इन्द्रियाँ मनमें, मन बुद्धिमें, बुद्धि अहम्‌में और अहम् अविद्यामें लीन हो जाता है अर्थात् सुषुप्तिमें अहंभावका भान नहीं होता। गाढ़ निद्रासे जगनेपर ही सबसे पहले अहंभावका भान होता है, फिर देश, काल, अवस्था आदिका भान होता है। परन्तु गाढ़ निद्रामें सोये हुए व्यक्तिके नामसे कोई आवाज देता है तो वह जग जाता है अर्थात् अविद्यामें लीन हुए, गाढ़ निद्रामें सोये हुए व्यक्तितक शब्द पहुँच जाता है। तात्पर्य है कि शब्दमें अचिन्त्य शक्ति है, जिससे वह अविद्याको भेदकर अहम्‌तक पहुँच जाता है। जैसे, अनादिकालसे अविद्यामें पड़े हुए, मूर्च्छित व्यक्तिकी तरह संसारमें मोहित हुए मनुष्यको गुरुमुखसे श्रवण करनेपर अपने स्वरूपका बोध हो जाता है अर्थात् अविद्यामें पड़े हुए मनुष्यको भी शब्द तत्त्वज्ञान करा देता है*। ऐसे ही जो तत्परतासे भगवन्नामका जप करता है, उसको वह नाम स्वरूपका बोध, भगवान्‌के दर्शन करा देता है।

तत्त्वज्ञ जीवन्मुक्त महापुरुषके मुखसे निकले जो शब्द (उपदेश) होते हैं, उनको कोई आदरपूर्वक सुनता है तो उसके आचरण, भाव सुधर जाते हैं और अज्ञान मिटकर बोध हो जाता है। परन्तु जिसकी वाणीमें असत्य, कटुता, वृथा बकवाद, निन्दा, परचर्चा आदि दोष होते हैं, उसके शब्दोंका दूसरोंपर असर नहीं होता; क्योंकि उसके आचरणोंके कारण शब्दकी शक्ति कुण्ठित हो जाती है। ऐसे ही स्वयं वक्तामें भी भ्रम, प्रमाद, लिप्सा और करणापाटव—ये चार दोष होते हैं। वक्ता जिस विषयका विवेचन करता है, उसको वह ठीक तरहसे नहीं जानता अर्थात् कुछ जानता है और कुछ नहीं जानता—यह **'भ्रम'** है। वह उपदेश देते हुए सावधानी नहीं रखता, बेपरवाह होकर कहता है और श्रोता किस दर्जेका है, कहाँतक समझ सकता है आदि बातोंको उपेक्षाके कारण नहीं जानता—यह **'प्रमाद'** है। किसी तरहसे मेरी पूजा हो, आदर हो, श्रोताओंसे रुपये-पैसे मिल जायँ, मेरा स्वार्थ सिद्ध हो जाय, सुननेवाले किसी तरहसे मेरे चक्करमें आ जायँ, मेरे अनुकूल बन जायँ आदिकी इच्छा रखता है—यह **'लिप्सा'** है। कहनेकी शैलीमें कुशलता नहीं है, वक्ता श्रोताकी भाषाको नहीं जानता, श्रोता किस तरह बातको समझ सकता है—वह युक्ति उसको नहीं आती—यह **'करणापाटव'** है। ये चार दोष वक्तामें रहनेसे

* शब्दमें ऐसी विलक्षण शक्ति है कि वह जो इन्द्रियोंके सामने नहीं है, उस परोक्षका भी ज्ञान करा देता है।

वक्ताके शब्दोंसे श्रोताको ज्ञान नहीं होता। इन दोषोंसे रहित शब्द श्रोताको ज्ञान करा देते हैं। श्रोता भी श्रद्धा, विश्वास, जिज्ञासा, तत्परता, संयतेन्द्रियता आदिसे युक्त हो और उसका परमात्मप्राप्तिका उद्देश्य हो तो उसको वक्ताके शब्दोंसे ज्ञान हो जाता है। तात्पर्य है कि वक्ताकी अयोग्यता होनेपर भी श्रोतापर उसकी वाणीका असर नहीं पड़ता और श्रोताकी अयोग्यता होनेपर भी उसपर वक्ताकी वाणीका असर नहीं पड़ता। दोनोंकी योग्यता होनेपर ही वक्ताके शब्दका श्रोतापर असर पड़ता है। परन्तु भगवान्‌के नाममें इतनी विलक्षण शक्ति है कि कोई भी मनुष्य किसी भी भावसे नाम ले, उसका मंगल ही होता है—

भायँ कुभायँ अनख आलसहूँ। नाम जपत मंगल दिसि दसहूँ॥

(मानस १। २८। १)

भगवान्‌का नाम, संकेत, परिहास, अवहेलना आदि किसी भी प्रकारसे लिया जाय, वह पापोंका नाश करता ही है—

साङ्केत्यं पारिहास्यं वा स्तोभं हेलनमेव वा।
वैकुण्ठनामग्रहणमशेषाघहरं विदुः॥

(श्रीमद्भा० ६। २। १४)

भगवान्‌ने अपने नामके विषयमें स्वयं कहा है कि जो जीव श्रद्धासे अथवा अवहेलनासे भी मेरा नाम लेते हैं, उनका नाम सदा मेरे हृदयमें रहता है—

श्रद्धया हेलया नाम रटन्ति मम जन्तवः।
तेषां नाम सदा पार्थ वर्तते हृदये मम॥

शंका—गुड़का नाम लेनेसे मुख मीठा नहीं होता, फिर भगवान्‌का नाम लेनेसे क्या होगा?

समाधान—जिस वस्तुका नाम गुड़ है, उसके नाममें गुड़ नामवाली वस्तुका अभाव है अर्थात् गुड़के नाममें गुड़ नहीं है; और जबतक गुड़का रसनेन्द्रिय (जीभ)-के साथ सम्बन्ध नहीं होता, तबतक मुख मीठा नहीं होता; क्योंकि जीभमें गुड़ मौजूद नहीं है। ऐसे ही धनीका नाम लेनेसे धन नहीं मिलता; क्योंकि धनीके नाममें धन मौजूद नहीं है। परन्तु भगवान्‌के नाममें भगवान् मौजूद हैं। नामी (भगवान्)-से नाम अलग नहीं है और नामसे नामी अलग नहीं है। नामीमें नाम मौजूद है और नाममें नामी मौजूद है। अतः नामीका, भगवान्‌का नाम लेनेसे भगवान् मिल जाते हैं, नामी प्रकट हो जाता है।

शंका—नाम तो केवल शब्दमात्र है, उससे क्या कार्य सिद्ध होगा?

समाधान—ऐसे तो शब्दमात्रमें अचिन्त्य शक्ति है, पर नाममें भगवान्‌के साथ सम्बन्ध जोड़नेकी ही एक विशेष सामर्थ्य है। अतः नाम किसी भी तरहसे लिया जाय, वह मंगल ही करता है। नाम जपनेवालेका भाव विशेष हो तो बहुत जल्दी लाभ होता है—

सादर सुमिरन जे नर करहीं। भव बारिधि गोपद इव तरहीं॥

(मानस १। ११९। २)

नामजपमें भाव कम भी रहे तो भी नाम जपनेसे लाभ तो होगा ही, पर कब होगा—इसका पता नहीं। नामजपकी संख्या ज्यादा बढ़नेसे भी भाव बन जाता है, क्योंकि नामजप करनेवालेके भीतर सूक्ष्म भाव रहता ही है, वह भाव नामकी संख्या बढ़नेसे प्रकट हो जाता है।

नामजप क्रिया (कर्म) नहीं है, प्रत्युत उपासना है; क्योंकि नामजपमें जापकका लक्ष्य, सम्बन्ध भगवान्‌से रहता है। जैसे कर्मोंसे कल्याण नहीं होता। कर्म अपना फल देकर नष्ट हो जाते हैं; परन्तु कर्मोंके साथ निष्कामभावकी मुख्यता रहनेसे वे कर्म कल्याण करनेवाले हो जाते हैं। ऐसे ही नामजपके साथ भगवान्‌के लक्ष्यकी मुख्यता रहनेसे नामजप भगवत्साक्षात्कार करानेवाला हो जाता है। भगवान्‌का लक्ष्य मुख्य रहनेसे नाम चिन्मय हो जाता है, फिर उसमें क्रिया नहीं रहती। इतना ही नहीं, वह चिन्मयता जापकमें भी उतर आती है अर्थात् नाम जपनेवालेका शरीर भी चिन्मय हो जाता है। उसके शरीरकी जड़ता मिट जाती है। जैसे, तुकारामजी महाराज सशरीर

वैकुण्ठ चले गये। मीराबाईका शरीर भगवान्के विग्रहमें समा गया। कबीरजीका शरीर अदृश्य हो गया और उसके स्थानपर लोगोंको पुष्प मिले। चोखामेलाकी हड्डियोंसे **'विट्ठल'** नामकी ध्वनि सुनायी पड़ती थी।

प्रश्न—शास्त्रों, सन्तोंने भगवन्नामकी जो महिमा गायी है, वह कहाँतक सच्ची है?

उत्तर—शास्त्रों और सन्तोंने नामकी जो महिमा गायी है, वह पूरी सच्ची है। इतना ही नहीं, आजतक जितनी नाम-महिमा गायी गयी है, उससे नाम-महिमा पूरी नहीं हुई है, प्रत्युत अभी बहुत नाम-महिमा बाकी है। कारण कि भगवान् अनन्त हैं; अतः उनके नामकी महिमा भी अनन्त है—**'हरि अनंत हरिकथा अनंता'** (मानस १। १४०। ३)। नामकी पूरी महिमा स्वयं भगवान् भी नहीं कह सकते—**'रामु न सकहिं नाम गुन गाईं'** (१। २६। ४)।

प्रश्न—नामकी जो महिमा गायी गयी है, वह नामजप करनेवाले व्यक्तियोंमें देखनेमें नहीं आती, इसमें क्या कारण है?

उत्तर—नामके माहात्म्यको स्वीकार न करनेसे नामका तिरस्कार, अपमान होता है; अतः वह नाम उतना असर नहीं करता। नामजपमें मन न लगानेसे, इष्टके ध्यानसहित नामजप न करनेसे, हृदयसे नामको महत्त्व न देनेसे, आदि-आदि दोषोंके कारण नामका माहात्म्य शीघ्र देखनेमें नहीं आता। हाँ, किसी प्रकारसे नामजप मुखसे चलता रहे तो उससे भी लाभ होता ही है, पर इसमें समय लगता है। मन लगे चाहे न लगे, पर नामजप निरन्तर चलता रहे, कभी छूटे नहीं तो नाम महाराजकी कृपासे सब काम हो जायगा अर्थात् मन लगने लग जायगा, नामपर श्रद्धा-विश्वास भी हो जायँगे, आदि-आदि।

अगर भगवन्नाममें अनन्यभाव हो और नामजप निरन्तर चलता रहे तो उससे वास्तविक लाभ हो ही जाता है; क्योंकि भगवान्‌का नाम सांसारिक नामोंकी तरह नहीं है। भगवान् चिन्मय हैं; अतः उनका नाम भी चिन्मय (चेतन) है। राजस्थानमें बुधारामजी नामक एक सन्त हुए हैं। वे जब नामजपमें लगे, तब उनको नामजपके बिना थोड़ा भी समय खाली जाना सुहाता नहीं था। जब भोजन तैयार हो जाता, तब माँ उनको भोजनके लिये बुलाती और वे भोजन करके पुनः नामजपमें लग जाते। एक दिन उन्होंने माँसे कहा कि माँ! रोटी खानेमें बहुत समय लगता है; अतः केवल दलिया बनाकर थालीमें परोस दिया कर और जब वह थोड़ा ठण्डा हो जाया करे, तब मेरेको बुलाया कर; माँने वैसा ही किया। एक दिन फिर उन्होंने कहा कि माँ! दलिया खानेमें भी समय लगता है; अतः केवल राबड़ी बना दिया कर और जब वह ठण्डी हो जाया करे, तब बुलाया कर। इस तरह लगनसे नामजप किया जाय तो उससे वास्तविक लाभ होता ही है।

शंका—अगर श्रद्धा-विश्वासपूर्वक किये हुए नामजपसे ही लाभ होता है, तो फिर नामकी महिमा क्या हुई? महिमा तो श्रद्धा-विश्वासकी ही हुई?

समाधान—जैसे, राजाको राजा न माननेसे राजासे होनेवाला लाभ नहीं होता; पण्डितको पण्डित न माननेसे पण्डितसे होनेवाला लाभ नहीं होता; सन्त-महात्माओंको सन्त-महात्मा न माननेसे उनसे होनेवाला लाभ नहीं होता; भगवान् अवतार लेते हैं तो उनको भगवान् न माननेसे उनसे होनेवाला लाभ नहीं होता; परंतु राजा आदिसे लाभ न होनेसे राजा आदिमें कमी थोड़े ही आ गयी? कमी तो न माननेवालेकी ही हुई। ऐसे ही जो नाममें श्रद्धा-विश्वास नहीं करता, उसको नामसे होनेवाला लाभ नहीं होता, पर इससे नामकी महिमामें कोई कमी नहीं आती। कमी तो नाममें श्रद्धा-विश्वास न करनेवालेकी ही है।

नाममें अनन्त शक्ति है। वह शक्ति नाममें श्रद्धा-विश्वास करनेसे तो बढ़ेगी और श्रद्धा-विश्वास न करनेसे घटेगी—यह बात है ही नहीं। हाँ, जो नाममें श्रद्धा-विश्वास करेगा, वह तो नामसे लाभ ले

लेगा, पर जो श्रद्धा-विश्वास नहीं करेगा, वह नामसे लाभ नहीं ले सकेगा। दूसरी बात, जो नाममें श्रद्धा-विश्वास नहीं करता, उसके द्वारा नामका अपराध होता है। उस अपराधके कारण वह नामसे होनेवाले लाभको नहीं ले सकता।

प्रश्न—श्रद्धा-विश्वासके बिना भी अग्निको छूनेसे हाथ जल जाता है, फिर श्रद्धा-विश्वासके बिना नाम लेनेसे उसकी महिमा तत्काल प्रकट क्यों नहीं होती?

उत्तर—अग्नि भौतिक वस्तु है और वह भौतिक वस्तुओंको ही जलाती है; परन्तु भगवान्‌का नाम अलौकिक, दिव्य है। नामजप करनेवालेका नाममें ज्यों-ज्यों भाव बढ़ता है, त्यों-त्यों उसके सामने नामकी महिमा प्रकट होने लगती है, उसको नाम-महिमाकी अनुभूति होने लगती है, नाममें विचित्रता, अलौकिकता दीखने लगती है। नाममें एक विचित्रता है कि मनुष्य बिना भाव, श्रद्धाके भी हरदम नाम लेता रहे तो उसके सामने नामकी शक्ति प्रकट हो जायगी, पर उसमें समय लग सकता है।

प्रश्न—क्या एक बार नाम लेनेसे ही सब पाप नष्ट हो जाते हैं?

उत्तर—हाँ, आर्तभावसे लिये हुए एक नामसे ही सब पाप नष्ट हो जाते हैं। मनुष्यको अन्तसमयमें मृत्युसे छुड़ानेवाला कोई भी नहीं दीखता, वह सब तरफसे निराश हो जाता है, उस समय आर्तभावसे उसके मुखसे एक नाम भी निकलता है तो वह एक ही नाम उसके सम्पूर्ण पापोंको नष्ट कर देता है। जैसे गजेन्द्रको ग्राह खींचकर जलमें ले जा रहा था। गजेन्द्रने देखा कि अब मुझे कोई छुड़ानेवाला नहीं है, अब तो मौत आ गयी है, तो उसने आर्तभावसे एक ही बार नाम लिया। नाम लेते ही भगवान् आ गये और उन्होंने ग्राहको मारकर गजेन्द्रको छुड़ा लिया।

जिसका भगवान्‌के नाममें अटूट श्रद्धा-विश्वास है, अनन्यभाव है, उसका एक ही नामसे कल्याण हो जाता है।

प्रश्न—जब एक ही नामसे सब पाप नष्ट हो जाते हैं, तो फिर बार-बार नाम लेनेकी क्या आवश्यकता है?

उत्तर—बार-बार नाम लेनेसे ही वह एक आर्तभाववाला नाम निकलता है। जैसे मोटरके इंजनको चालू करनेके लिये बार-बार हैण्डल घुमाते हैं तो हैण्डलको पहली बार घुमानेसे इंजन चालू होगा या पाँचवीं, दसवीं अथवा पंद्रहवीं बार घुमानेसे इंजन चालू होगा—इसका कोई पता नहीं रहता। परन्तु हैण्डलको बार-बार घुमाते रहनेसे किसी-न-किसी घुमावमें इंजन चालू हो जाता है। ऐसे ही बार-बार भगवन्नाम लेते रहनेसे कभी-न-कभी वह आर्तभाववाला एक नाम आ ही जाता है। अतः बार-बार नाम लेना बहुत जरूरी है।

प्रश्न—जो मनुष्य नामजप तो करता है, पर उसके द्वारा निषिद्ध कर्म भी होते हैं, उसका उद्धार होगा या नहीं?

उत्तर—समय पाकर उसका उद्धार तो होगा ही; क्योंकि किसी भी तरहसे लिया हुआ भगवन्नाम निष्फल नहीं जाता। परन्तु नामजपका जो प्रत्यक्ष प्रभाव है, वह उसके देखनेमें नहीं आयेगा। वास्तवमें देखा जाय तो जिसका एक परमात्माको ही प्राप्त करनेका ध्येय नहीं है, उसीके द्वारा निषिद्ध कर्म होते हैं। जिसका ध्येय एक परमात्मप्राप्तिका ही है, उसके द्वारा निषिद्ध कर्म हो ही नहीं सकते। जैसे, जिसका ध्येय पैसोंका हो जाता है, वह फिर ऐसा कोई काम नहीं करता, जिससे पैसे नष्ट होते हों। वह पैसोंका नुकसान नहीं सह सकता; और कभी किसी कारणवश पैसे नष्ट हो जायँ तो वह बेचैन हो जाता है। ऐसे ही जिसका ध्येय परमात्मप्राप्तिका बन जाता है, वह फिर साधनसे विपरीत काम नहीं कर सकता। अगर उसके द्वारा साधनसे विपरीत कर्म होते हैं तो इससे सिद्ध होता है कि अभी उसका ध्येय परमात्मप्राप्ति नहीं बना है।

साधकको चाहिये कि वह परमात्मप्राप्तिका ध्येय दृढ़ बनाये और नामजप करता रहे तो फिर उससे निषिद्ध क्रिया नहीं होगी। कभी निषिद्ध क्रिया

हो भी जायगी तो उसका बहुत पश्चात्ताप होगा, जिससे वह फिर आगे कभी नहीं होगी।

प्रश्न—जिसके पाप बहुत हैं, वह भगवान्‌का नाम नहीं ले सकता; अतः वह क्या करे?

उत्तर—बात सच्ची है। जिसके अधिक पाप होते हैं, वह भगवान्‌का नाम नहीं ले सकता।

वैष्णवे भगवद्भक्तौ प्रसादे हरिनाम्नि च।
अल्पपुण्यवतां श्रद्धा यथावन्नैव जायते॥

अर्थात् जिसका पुण्य थोड़ा होता है, उसकी भक्तोंमें, भक्तिमें, भगवत्प्रसादमें और भगवन्नाममें श्रद्धा नहीं होती।

जैसे पित्तका जोर होनेपर रोगीको मिश्री भी कड़वी लगती है। परन्तु यदि वह मिश्रीका सेवन करता रहे तो पित्त शान्त हो जाता है और मिश्री मीठी लगने लग जाती है। ऐसे ही पाप अधिक होनेसे नाम अच्छा नहीं लगता; परन्तु नामजप करना शुरू कर दें तो पाप नष्ट हो जायँगे और नाम अच्छा, मीठा लगने लग जायगा तथा नामजपका प्रत्यक्ष लाभ भी दीखने लग जायगा।

प्रश्न—जिसके भाग्यमें नाम लेना लिखा है, वह तो नाम ले सकता है, उसके मुखसे नाम निकल सकता है; परंतु जिसके भाग्यमें नाम लेना लिखा ही नहीं, वह कैसे नाम ले सकता है?

उत्तर—एक 'होना' होता है और एक 'करना' होता है। भाग्य अर्थात् पुराने कर्मोंका फल होता है और नये कर्म किये जाते हैं, होते नहीं। जैसे व्यापार करते हैं और नफा-नुकसान होता है; खेती करते हैं और लाभ-हानि होती है; मन्त्रका सकामभावसे जप (अनुष्ठान) करते हैं और उसका नीरोगता आदि फल होता है। बदरीनारायण जाते हैं—यह 'करना' हुआ और चलते-चलते बदरीनारायण पहुँच जाते हैं—यह 'होना' हुआ। दवा लेते हैं—यह 'करना' हुआ और शरीर स्वस्थ या अस्वस्थ होता है—यह 'होना' हुआ। हानि-लाभ, जीना-मरना, यश-अपयश—ये सब होनेवाले हैं; क्योंकि ये पूर्वजन्ममें किये हुए कर्मोंके फल हैं*। परन्तु नामजप करना नया काम है। यह करनेका है, होनेका नहीं। इसको करनेमें सब स्वतन्त्र हैं। हाँ, इसमें इतनी बात होती है कि अगर किसीने पहले नामजप किया हुआ है तो नामजपकी महिमा सुनते ही उसकी नामजपमें रुचि हो जायगी और वह सुगमतासे होने लग जायगा। परन्तु पहले जिसका नामजप किया हुआ नहीं है, वह अगर नामकी महिमा सुने तो उसकी नामजपमें जल्दी रुचि नहीं होगी। अगर नामजपकी महिमा कहनेवाला अनुभवी हो तो सुननेवालेकी भी नाममें रुचि हो जायगी और उस अनुभवीके संगमें रहनेसे उसके लिये नामजप करना भी सुगम हो जायगा।

जो भाग्यमें लिखा है, वह फल होता है, नया कर्म नहीं। नामजप करना शुरू कर दें तो वह होने लग जायगा; क्योंकि नामजप करना नया कर्म, नयी उपासना है। अतः 'हमारे भाग्यमें नामजप करना, सत्संग करना, शुभ-कर्म करना लिखा हुआ नहीं है'—ऐसा कहना बिलकुल बहानेबाजी है। 'नामजप, सत्संग आदि हमारे भाग्यमें नहीं हैं'—ऐसा भाव रखना कुसंग है, जो नामजप आदि करनेके भावका नाश करनेवाला है।

प्रश्न—नामजपसे भाग्य (प्रारब्ध) पलट सकता है?

उत्तर—हाँ, भगवन्नामके जपसे, कीर्तनसे प्रारब्ध बदल जाता है, नया प्रारब्ध बन जाता है; जो वस्तु न मिलनेवाली हो वह मिल जाती है; जो असम्भव है, वह सम्भव हो जाता है—ऐसा सन्तोंका, महापुरुषोंका अनुभव है। जिसने कर्मोंके फलका विधान किया है, उसको कोई पुकारे, उसका नाम ले तो नाम लेनेवालेका प्रारब्ध बदलनेमें आश्चर्य

* सुनहु भरत भावी प्रबल बिलखि कहेउ मुनिनाथ।
हानि लाभु जीवनु मरनु जसु अपजसु बिधि हाथ॥ (मानस २। १७१)

ही क्या है? ये जो लोग भीख माँगते फिरते हैं, जिनको पेटभर खानेको भी नहीं मिलता, वे अगर सच्चे हृदयसे नामजपमें लग जायँ तो उनके पास रोटियोंका, कपड़ोंका ढेर लग जायगा; उनको किसी चीजकी कमी नहीं रहेगी। परन्तु नामजपको प्रारब्ध बदलनेमें, पापोंको काटनेमें नहीं लगाना चाहिये। जैसे अमूल्य रत्नके बदलेमें कोयला खरीदना बुद्धिमानी नहीं है, ऐसे ही अमूल्य भगवन्नामको तुच्छ कामनापूर्तिमें लगाना बुद्धिमानी नहीं है।

प्रश्न—जब केवल नामजपसे ही सब पाप नष्ट हो जाते हैं, तो फिर शास्त्रोंमें पापोंको दूर करनेके लिये तरह-तरहके प्रायश्चित्त क्यों बताये गये हैं?

उत्तर—नामजपसे ज्ञात, अज्ञात आदि सभी पापोंका प्रायश्चित्त हो जाता है, सभी पाप नष्ट हो जाते हैं; परन्तु नामपर श्रद्धा-विश्वास न होनेसे शास्त्रोंमें तरह-तरहके प्रायश्चित्त बताये गये हैं। अगर नामपर श्रद्धा-विश्वास हो जाय तो दूसरे प्रायश्चित्त करनेकी जरूरत नहीं है। नामजप करनेवाले भक्तसे अगर कोई पाप भी हो जाय, कोई गलती हो जाय तो उसको दूर करनेके लिये दूसरा प्रायश्चित्त करनेकी जरूरत नहीं है। वह नामजपको ही तत्परतासे करता रहे तो सब ठीक हो जायगा।

प्रश्न—अगर कोई सकामभावसे नामजप करे तो क्या वह नामजप फल देकर नष्ट हो जायगा?

उत्तर—यद्यपि सांसारिक तुच्छ कामनाओंकी पूर्तिके लिये नामको खर्च करना बुद्धिमानी नहीं है, तथापि अगर सकामभावसे भी नामजप किया जाय तो भी नामका माहात्म्य नष्ट नहीं होता। नामजप करनेवालेको पारमार्थिक लाभ होगा ही; क्योंकि नामका भगवान्‌के साथ साक्षात् सम्बन्ध है। हाँ, नामको सांसारिक कामनापूर्तिमें लगाकर उसने नामका जो तिरस्कार किया है, उससे उसको पारमार्थिक लाभ कम होगा। अगर वह तत्परतासे नाममें लगा रहेगा, नामके परायण रहेगा तो नामकी कृपासे उसका सकामभाव मिट जायगा। जैसे, ध्रुवजीने सकामभावसे, राज्यकी इच्छासे ही नामजप किया था। परन्तु जब उनको भगवान्‌के दर्शन हुए, तब राज्य एवं पद मिलनेपर भी वे प्रसन्न नहीं हुए, प्रत्युत उनको अपने सकामभावका दुःख हुआ अर्थात् उनका सकामभाव मिट गया।

जो सकामभावसे नामजप किया करते हैं, उनको भी नाम महाराजकी कृपासे अन्तसमयमें नाम याद आ सकता है और उनका कल्याण हो सकता है!

प्रश्न—शास्त्रों तथा सन्तोंने कहा है कि अमुक संख्यामें नामजप करनेसे भगवान्‌के दर्शन हो जाते हैं, क्या ऐसा होता है?

उत्तर—हाँ, 'हरे राम हरे राम राम राम हरे हरे। हरे कृष्ण हरे कृष्ण कृष्ण कृष्ण हरे हरे॥' —इस मन्त्रका साढ़े तीन करोड़ जप करनेसे भगवान्‌के दर्शन हो जाते हैं—ऐसा 'कलिसंतरणोपनिषद्' में आया है। 'राम'-नामका तेरह करोड़ जप करनेसे भगवान्‌के दर्शन हो जाते हैं—ऐसा समर्थ रामदास बाबाने 'दासबोध' में लिखा है। परन्तु नाममें, भगवान्‌में श्रद्धा-विश्वास और प्रेम अधिक हो तो उपर्युक्त संख्यासे पहले भी भगवान्‌के दर्शन हो सकते हैं।

प्रश्न—'नहिं कलि करम न भगति बिबेकू। राम नाम अवलंबन एकू॥' (मानस १।२७।४)—ऐसा कहनेका क्या तात्पर्य है?

उत्तर—कलियुगमें यज्ञादि शुभ-कर्मोंका सांगोपांग होना बहुत कठिन है और उनके विधि-विधानको ठीक तरहसे जाननेवाले पुरुष भी बहुत कम रह गये हैं तथा शुद्ध गौघृत आदि सामग्री मिलनी भी कठिन हो रही है। अतः कलियुगमें शुभ-कर्मोंका अनुष्ठान सांगोपांग न होनेसे, उसमें विधि-विधानकी कमी रहनेसे कर्ताको दोष लगता है।

वैधीभक्ति विधि-विधानसे की जाती है। उसमें किस इष्टदेवका किस विधिसे पूजा-पाठ होना चाहिये—इसको जाननेवाले बहुत कम हैं। अतः वह भक्ति करना भी इस कलियुगमें कठिन है।

ज्ञानमार्ग कठिन है और ज्ञानमार्गकी साधना बतानेवाले अनुभवी पुरुषोंका मिलना भी बहुत कठिन है। अतः विवेकमार्गमें चलना कलियुगमें बहुत कठिन है। तात्पर्य है कि इस कलियुगमें कर्म, भक्ति और ज्ञान—इन तीनोंका होना बहुत कठिन है, पर भगवान्‌का नाम लेना कठिन नहीं है। भगवान्‌का नाम सभी ले सकते हैं; क्योंकि उसमें कोई विधि-विधान नहीं है। उसको बालक, स्त्री, पुरुष, वृद्ध, रोगी आदि सभी ले सकते हैं और हर समय, हर परिस्थितिमें, हर अवस्थामें ले सकते हैं।

नाम एक सम्बोधन है, पुकार है। उसमें आर्तभावकी ही मुख्यता है, विधिकी मुख्यता नहीं। अतः भगवान्‌का नाम लेकर हरेक मनुष्य आर्तभावसे भगवान्‌को पुकार सकता है।

शंका—नामजपमें मन नहीं लगता और मन लगे बिना नामजप करनेमें कुछ फायदा नहीं! कहा भी है—

माला तो कर में फिरे, जीभ फिरै मुख माहिं।
मनुवाँ तो चहुँ दिसि फिरै, यह तो सुमिरन नाहिं॥

समाधान—मन नहीं लगेगा तो 'सुमिरन' (स्मरण) नहीं होगा—यह बात सच्ची है, पर नामजप नहीं होगा—यह बात दोहेमें नहीं कही गयी है। मन नहीं लगनेसे सुमिरन नहीं होगा तो नहीं सही, पर नामजप तो हो ही जायगा! नामजप कभी व्यर्थ हो ही नहीं सकता; अतः मन लगे चाहे न लगे, नामजप करते रहना चाहिये।

जब मन लगेगा, तब नामजप करेंगे—ऐसा होना सम्भव नहीं है। हाँ, अगर हम नामजप करने लग जायँ तो मन भी लगने लग जायगा; क्योंकि मनका लगना नामजपका परिणाम है।

प्रश्न—शास्त्रमें आता है कि जो नाम नहीं लेना चाहता, जिसकी नामपर श्रद्धा नहीं है, उसको नाम नहीं सुनाना चाहिये; क्योंकि यह नामापराध है; फिर भी गौरांग महाप्रभु आदिने नामपर श्रद्धा न रखनेवालोंको भी नाम क्यों सुनाया?

उत्तर—जो नाम नहीं सुनना चाहता, मुखसे भी नहीं लेना चाहता, नामका तिरस्कार करता है, उसको नाम नहीं सुनाना चाहिये—यह विधि है, शास्त्रकी आज्ञा है; फिर भी सन्त-महापुरुष दया करके उसको नाम सुना देते हैं। उनकी दयामें विधि-निषेध लागू नहीं होता। विधि-निषेध 'कर्म'-में लागू होता है और 'दया' कर्मसे अतीत है। दया अहैतुकी होती है, हेतुके बिना की जाती है। जैसे, कोई भगवत्प्राप्त सन्त-महापुरुष अपनी सामर्थ्यसे दूसरेको कोई चीज देता है तो यह चीज लेनेवालेके पूर्वकर्मका फल नहीं है, यह तो उस सन्त-महापुरुषकी दया है। ऐसे ही गौरांग महाप्रभु आदि सन्तोंने दया-परवश होकर दुष्ट, पापी व्यक्तियोंको भी भगवन्नाम सुनाया।

प्रश्न—अगर मरणासन्न पशु, पक्षी आदिको भगवन्नाम सुनाया जाय तो क्या उनका उद्धार हो सकता है?

उत्तर—पशु, पक्षी आदि भगवन्नामके प्रभावको नहीं समझते और अपने-आप प्रभाव आ जाय तो वे उसका विरोध भी नहीं करते। वे नामकी निन्दा, तिरस्कार नहीं करते, नामसे घृणा नहीं करते। अतः उनको मरणासन्न अवस्थामें नाम सुनाया जाय तो उनपर नामका प्रभाव काम करता है अर्थात् नामके प्रभावसे उनका उद्धार हो जाता है।

प्रश्न—अन्तसमयमें कोई अपने पुत्र आदिके रूपमें भी 'नारायण', 'वासुदेव' आदि नाम लेता है तो उसको भगवान् अपना ही नाम मान लेते हैं; ऐसा क्यों?

उत्तर—भगवान् बहुत दयालु हैं। उन्होंने यह विशेष छूट दी हुई है कि अगर मनुष्य अन्तसमयमें किसी भी बहाने भगवान्‌का नाम ले ले, उनको याद कर ले तो उसका कल्याण हो जायगा। कारण कि भगवान्‌ने जीवका कल्याण करनेके लिये ही उसको मनुष्यशरीर दिया है और जीवने उस मनुष्यशरीरको स्वीकार किया है। अतः जीवका कल्याण हो जाय,

तभी भगवान्का इस जीवको मनुष्यशरीर देना और जीवका मनुष्यशरीर लेना सार्थक होगा। परन्तु वह अपना कल्याण किये बिना ही मनुष्यशरीरको छोड़कर जा रहा है, इसलिये भगवान् उसको मौका देते हैं कि अब जाते-जाते तू किसी भी बहाने मेरा नाम ले ले, मेरेको याद कर ले तो तेरा कल्याण हो जायगा! जैसे अन्तसमयमें भयानक यमदूत दीखनेपर अजामिलने अपने पुत्र नारायणको पुकारा तो भगवान्ने उसको अपना ही नाम मान लिया और अपने चार पार्षदोंको अजामिलके पास भेज दिया।

तात्पर्य है कि मनुष्यको रात-दिन, खाते-पीते, सोते-जागते, चलते-फिरते, सब समय भगवान्का नाम लेते ही रहना चाहिये।

गीतामें फलसहित विविध उपासनाओंका वर्णन

गोविन्दाचार्यदेवानां पितॄणां यक्षरक्षसाम्।
उपासना च भूतानां फलं प्रोक्तं तु भावतः॥

गीतामें भगवान्, आचार्य, देवता, पितर, यक्ष-राक्षस, भूत-प्रेत आदिकी उपासनाका (विस्तारसे अथवा संक्षेपसे) फलसहित वर्णन हुआ है; जैसे—

(१) अर्थार्थी, आर्त, जिज्ञासु और ज्ञानी (प्रेमी)—ये चार प्रकारके भक्त भगवान्का भजन करते हैं अर्थात् उनकी शरण होते हैं (७। १६)।

भगवान्का पूजन, भजन करनेवाले भक्त भगवान्को प्राप्त हो जाते हैं—**'मद्भक्ता यान्ति मामपि'** (७।२३); **'यान्ति मद्याजिनोऽपि माम्'** (९।२५)।*

(२) जो वास्तवमें जीवन्मुक्त, तत्त्वज्ञ, भगवत्प्रेमी महापुरुष हैं, जिनका जीवन शास्त्रोंके अनुसार है, वे 'आचार्य' होते हैं। ऐसे आचार्यकी आज्ञाका पालन करना, उनके सिद्धान्तोंके अनुसार अपना जीवन बनाना ही उनकी उपासना है (४। ३४; १३। ७)। इस तरह आचार्यकी उपासना करनेवाले मनुष्य मृत्युको तर जाते हैं (४।३५; १३।२५)।

(३) जो लोग कामनाओंमें तन्मय होते हैं और भोग भोगना तथा संग्रह करना—इसके सिवाय और कुछ नहीं है, ऐसा निश्चय करनेवाले होते हैं, वे भोगोंकी प्राप्तिके लिये वेदोक्त शुभकर्म करते हैं (२।४२-४३)। कर्मोंकी सिद्धि (फल) चाहनेवाले मनुष्य देवताओंकी उपासना किया करते हैं; क्योंकि मनुष्यलोकमें कर्मजन्य सिद्धि बहुत जल्दी मिल जाती है (४।१२)। सुखभोगकी कामनाओंके द्वारा जिनका विवेक ढक जाता है, वे भगवान्को छोड़कर देवताओंकी शरण हो जाते हैं और अपने-अपने स्वभावके परवश होकर कामनापूर्तिके लिये अनेक नियमों, उपायोंको धारण करते हैं (७।२०)। भगवान् कहते हैं कि जो-जो भक्त जिस-जिस देवताका पूजन करना चाहता है, उस-उस देवताके प्रति मैं उसकी श्रद्धाको दृढ़ कर देता हूँ। फिर वह उस श्रद्धासे युक्त होकर उस देवताकी उपासना करता है। परंतु उसको उस उपासनाका फल मेरे द्वारा विधान किया हुआ ही मिलता है (७।२१-२२)। तीनों वेदोंमें विधान किये हुए सकाम कर्मोंको करनेवाले, सोमरसको पीनेवाले पापरहित मनुष्य यज्ञोंके द्वारा इन्द्रका पूजन करके स्वर्गकी प्राप्ति चाहते हैं (९।२०)।

* गीतामें भगवान्की उपासनाका ही मुख्यतासे वर्णन हुआ है। इस 'गीता-दर्पण' में भी कई शीर्षकोंके अन्तर्गत भगवान्की उपासनाका अनेक प्रकारसे विवेचन किया गया है। अतः यहाँ भगवान्की उपासनाका वर्णन अत्यन्त संक्षेपसे किया गया है।

कामनायुक्त मनुष्य श्रद्धापूर्वक अन्य देवताओंका पूजन करते हैं, वे भी वास्तवमें मेरा (भगवान्‌का) ही पूजन करते हैं; परंतु उनका वह पूजन अविधिपूर्वक है (९।२३)।

देवताओंकी उपासना करनेवाले मनुष्य स्वर्गलोकमें जाते हैं और वहाँ अपने पुण्यका फल भोगकर फिर लौटकर मृत्युलोकमें आते हैं (९।२०-२१)। देवताओंका पूजन करनेवाले देवताओंको प्राप्त होते हैं अर्थात् उनके लोकोंमें चले जाते हैं—**'देवान्देवयजः'** (७।२३); **'यान्ति देवव्रता देवान्'** (९।२५)।

(४) पितरोंके भक्त पितरोंका पूजन करते हैं और इसके फलस्वरूप वे पितरोंको प्राप्त होते हैं अर्थात् पितृलोकमें चले जाते हैं—**'पितॄन्यान्ति पितृव्रताः'** (९।२५)। (परंतु यदि वे निष्कामभावसे कर्तव्य समझकर पितरोंका पूजन करते हैं, तो वे मुक्त हो जाते हैं।)

(५) राजस मनुष्य यक्ष-राक्षसोंका पूजन करते हैं (१७।४) और फलस्वरूप यक्ष-राक्षसोंको प्राप्त होते हैं अर्थात् उनकी योनिमें चले जाते हैं[1]।

(६) तामस पुरुष भूत-प्रेतोंका पूजन करते हैं; (१७।४)। भूत-प्रेतोंका पूजन करनेवाले भूत-प्रेतोंको प्राप्त होते हैं अर्थात् उनकी योनिमें चले जाते हैं—**'भूतानि यान्ति भूतेज्याः'** (९।२५)।[2]

गीतामें निष्कामभावसे मनुष्य, देवता, पितर, यक्ष-राक्षस आदिकी सेवा, पूजन करनेका निषेध नहीं किया गया है, प्रत्युत निष्कामभावसे सबकी सेवा एवं हित करनेकी बड़ी महिमा गायी गयी है (५।२५; ६।३२; १२।४)। तात्पर्य है कि निष्कामभावपूर्वक और शास्त्रकी आज्ञासे केवल देवताओंकी पुष्टिके लिये, उनकी उन्नतिके लिये ही कर्तव्य-कर्म, पूजा आदि की जाय, तो उससे मनुष्य बँधता नहीं, प्रत्युत परमात्माको प्राप्त हो जाता है (३।११)। ऐसे ही निष्कामभावपूर्वक और शास्त्रकी आज्ञासे कर्तव्य समझकर पितरोंकी तृप्तिके लिये श्राद्ध-तर्पण किया जाय, तो उससे परमात्माकी प्राप्ति हो जाती है। यक्ष-राक्षस, भूत-प्रेत आदिके उद्धारके लिये, उन्हें सुख-शान्ति देनेके लिये निष्कामभावपूर्वक और शास्त्रकी आज्ञासे उनके नामसे गया-श्राद्ध करना, भागवत-सप्ताह करना, दान करना, भगवन्नामका जप-कीर्तन करना, गीता-रामायण आदिका पाठ करना आदि-आदि किये जायँ, तो उनका उद्धार हो जाता है, उनको सुख-शान्ति मिलती है और साधकको परमात्माकी प्राप्ति हो जाती है। उन देवता, पितर, यक्ष-राक्षस, भूत-प्रेत आदिको अपना इष्ट मानकर सकामभावपूर्वक उनकी उपासना करना ही खास बन्धनका कारण है; जन्म-मरणका, अधोगतिका कारण है।

मनुष्य, देवता, पितर, यक्ष-राक्षस, भूत-प्रेत, पशु-पक्षी आदि सम्पूर्ण प्राणियोंमें हमारे प्रभु ही हैं, इन प्राणियोंके रूपमें हमारे प्रभु ही हैं—ऐसा समझकर (भगवद्‌बुद्धिसे) निष्कामभावपूर्वक सबकी सेवा की जाय तो परमात्माकी प्राप्ति हो जाती है।

१-गीतामें भगवान्‌ने यक्ष-राक्षसोंके पूजनका तो वर्णन कर दिया—'यक्षरक्षांसि राजसाः' (१७। ४), पर उनके पूजनके फलका वर्णन नहीं किया। अतः यहाँ ऐसा समझना चाहिये कि जैसे देवताओंका पूजन करनेवाले देवताओंको ही प्राप्त होते हैं (९। २५), ऐसे ही यक्ष-राक्षसोंका पूजन करनेवाले यक्ष-राक्षसोंको ही प्राप्त होते हैं। कारण कि यक्ष-राक्षस भी देवयोनि होनेसे देवताओंके ही अन्तर्गत आते हैं।

२-सत्रहवें अध्यायके चौदहवें श्लोकमें 'देवद्विजगुरुप्राज्ञपूजनम्' पदसे जो देवता, ब्राह्मण गुरुजन और ज्ञानीके पूजनकी बात कही गयी है, उसे यहाँ उपासनाके अन्तर्गत नहीं लिया गया है। कारण कि वहाँ 'शारीरिक तप' (केवल शरीर-सम्बन्धी पूजन, आदर-सत्कार आदि)-का प्रसंग है, जो कि परम्परासे मुक्त होनेमें हेतु है। दूसरी बात, उन देवता, ब्राह्मण आदिका पूजन केवल शास्त्रकी आज्ञा मानकर कर्तव्यरूपसे करते हैं', उनको इष्ट मानकर नहीं करते।

उपर्युक्त दोनों बातोंका तात्पर्य यह हुआ कि अपनेमें सकामभाव होना और जिसकी सेवा की जाय, उसमें भगवद्बुद्धिका न होना ही जन्म-मरणका कारण है। अगर अपनेमें निष्कामभाव हो और जिसकी सेवा की जाय, उसमें भगवद्बुद्धि (भगवद्भाव) हो तो वह सेवा परमात्मप्राप्ति करानेवाली ही होगी।

एक विलक्षण बात है कि अगर भगवान्‌की उपासनामें सकामभाव रह भी जाय, तो भी वह उपासना उद्धार करनेवाली ही होती है, पर भगवान्‌में अनन्यभाव होना चाहिये। भगवान्‌ने गीतामें अर्थार्थी, आर्त, जिज्ञासु और ज्ञानी—इन चारों भक्तोंको उदार कहा है (७।१८); और मेरा पूजन करनेवाले मेरेको ही प्राप्त होते हैं—ऐसा कहा है (७।२३; ९।२५)। मनुष्य किसी भी भावसे भगवान्‌में लग जाय तो उसका उद्धार होगा ही।

देवता आदिकी उपासनाका फल तो अन्तवाला (नाशवान्) होता है (७।२३); क्योंकि देवताओंके उपासक पुण्यके बलपर स्वर्गादि ऊँचे लोकोंमें जाते हैं और पुण्यके समाप्त होनेपर फिर लौटकर आते हैं। परंतु परमात्माकी प्राप्ति अन्तवाली नहीं होती (८।१६); क्योंकि यह जीव परमात्माका अंश है (१५।७)। अतः जब यह जीव अपने अंशी परमात्माकी कृपासे उनको प्राप्त हो जाता है, तो फिर वह वहाँसे लौटता नहीं (८।२१; १५।६)। कारण कि परमात्माकी कृपा नित्य है और स्वर्गादि लोकोंमें जानेवालोंके पुण्य अनित्य हैं।

ज्ञातव्य

प्रश्न—भगवान्‌ने कहा है कि भूत-प्रेतोंकी उपासना करनेवाले भूत-प्रेत* ही बनते हैं (९।२५); ऐसा क्यों?

उत्तर—भूत-प्रेतोंकी उपासना करनेवालोंके अन्तःकरणमें भूत-प्रेतोंका ही महत्त्व होता है और भूत-प्रेत ही उनके इष्ट होते हैं; अतः अन्तकालमें उनको प्रेतोंका ही चिन्तन होता है और चिन्तनके अनुसार वे भूत-प्रेत बन जाते हैं (८।६)।

अगर कोई मनुष्य यह सोचे कि अभी तो मैं पाप कर लूँ, व्यभिचार, अत्याचार कर लूँ, फिर जब मरने लगूँगा, तब भगवान्‌का नाम ले लूँगा, भगवान्‌को याद कर लूँगा, तो उसका यह सोचना सर्वथा गलत है। कारण कि मनुष्य जीवनभर जैसा कर्म करता है, मनमें जैसा चिन्तन करता है, अन्तकालमें प्रायः वही सामने आता है। अतः दुराचारी मनुष्यको अन्तकालमें अपने दुराचारोंका ही चिन्तन होगा और वह अपने पाप-कर्मोंके फलस्वरूप नीच योनियोंमें ही जायगा, भूत-प्रेत ही बनेगा।

अगर कोई मनुष्य काशी, मथुरा, वृन्दावन, अयोध्या आदि धामोंमें रहकर यह सोचता है कि धाममें रहनेसे, मरनेपर मेरी सद्गति होगी ही, दुर्गति तो हो नहीं सकती और ऐसा सोचकर वह पाप, दुराचार, व्यभिचार, झूठ-कपट, चोरी-डकैती आदि कर्मोंमें लग जाता है, तो मरनेपर उसकी भयंकर दुर्गति होगी। वह अन्तिम समयमें प्रायः किसी कारणसे धामके बाहर चला जायगा और वहीं मरकर भूत-प्रेत बन जायगा। अगर वह धाममें भी मर जाय, तो भी अपने पापोंके कारण वह भूत-प्रेत बन जायगा।

प्रश्न—भूत आदि योनि न मिले, इसके लिये मनुष्यको क्या करना चाहिये?

उत्तर—मनुष्यशरीर केवल परमात्मप्राप्तिके लिये ही मिला है। अतः मनुष्यको सांसारिक भोग और संग्रहकी आसक्तिमें न फँसकर परमात्माके शरण हो जाना चाहिये; इसीसे वह अधोगतिसे, भूत-प्रेतकी योनिसे बच सकता है।

---

* जो यहाँसे चला जाता है, मर जाता है, उसको 'प्रेत' कहते हैं और उसके पीछे जो मृतक-कर्म किये जाते हैं, उनको शास्त्रीय परिभाषामें 'प्रेतकर्म' कहते हैं। जो पाप-कर्मोंके फलस्वरूप भूत, पिशाचकी योनिमें चले जाते हैं, उनको भी 'प्रेत' कहा जाता है; अतः यहाँ पापोंके कारण नीच योनियोंमें गये हुएका वाचक ही 'प्रेत' शब्द आया है।

प्रश्न—भूत-प्रेत और पितरमें क्या अन्तर है?

उत्तर—ऐसे तो भूत, प्रेत, पिशाच, पितर आदि सभी देवयोनि कहलाते हैं*, पर उनमें भी कई भेद होते हैं। भूत-प्रेतोंका शरीर वायुप्रधान होता है; अतः वे हरेकको नहीं दीखते। हाँ, अगर वे स्वयं किसीको अपना रूप दिखाना चाहें तो दिखा सकते हैं। उनको मल-मूत्र आदि अशुद्ध चीजें खानी पड़ती हैं। वे शुद्ध अन्न-जल नहीं खा सकते; परंतु कोई उनके नामसे शुद्ध पदार्थ दे तो वे खा सकते हैं। भूत-प्रेतोंके शरीरोंसे दुर्गन्ध आती है।

पितर भूत-प्रेतोंसे ऊँचे माने जाते हैं। पितर प्रायः अपने कुटुम्बके साथ ही सम्बन्ध रखते हैं और उसकी रक्षा, सहायता करते हैं। वे कुटुम्बियोंको व्यापार आदिकी बात बता देते हैं, उनको अच्छी सम्मति देते हैं, अगर घरवाले बँटवारा करना चाहें तो उनका बँटवारा कर देते हैं, आदि। पितर गायके दूधसे बनी गरम-गरम खीर खाते हैं, गंगाजल-जैसा ठंडा जल पीते हैं, शुद्ध पदार्थ ग्रहण करते हैं। कई पितर घरवालोंको दुःख भी देते हैं, तंग भी करते हैं, तो यह उनके स्वभावका भेद है।

जैसे मनुष्योंमें चारों वर्णोंका, ऊँच-नीचका, स्वभावका भेद रहता है, ऐसे ही पितर, भूत, प्रेत, पिशाच आदिमें भी वर्ण, जाति आदिका भेद रहता है।

प्रश्न—कौन-से मनुष्य मरनेके बाद भूत-प्रेत बनते है?

उत्तर—जिन मनुष्योंका खान-पान अशुद्ध होता है, जिनके आचरण खराब होते हैं, जो दुर्गुण-दुराचारोंमें लगे रहते हैं, जिनका दूसरोंको दुःख देनेका स्वभाव है, जो केवल अपनी ही जिद रखते हैं, ऐसे मनुष्य मरनेके बाद क्रूर स्वभाववाले भूत-प्रेत बनते हैं। ये जिनमें प्रविष्ट होते हैं, उनको बहुत दुःख देते हैं और मन्त्र आदिसे भी जल्दी नहीं निकलते।

जिन मनुष्योंका स्वभाव सौम्य है, दूसरोंको दुःख देनेका नहीं है; परन्तु सांसारिक वस्तु, स्त्री, पुत्र, धन, जमीन आदिमें जिनकी ममता-आसक्ति रहती है, ऐसे मनुष्य मरनेके बाद सौम्य स्वभाववाले भूत-प्रेत बनते हैं। ये किसीमें प्रविष्ट हो जाते हैं तो उसको दुःख नहीं देते और अपनी गतिका उपाय भी बता देते हैं।

जिनको विद्या आदिका बहुत अभिमान, मद होता है; उस अभिमानके कारण जो दूसरोंको नीचा दिखाते हैं, दूसरोंका अपमान-तिरस्कार करते हैं, दूसरोंको कुछ भी नहीं समझते, ऐसे मनुष्य मरकर 'ब्रह्मराक्षस' (जिन्न) बनते हैं। ये किसीमें प्रविष्ट हो जाते हैं, किसीको पकड़ लेते हैं तो बिना अपनी इच्छाके उसको छोड़ते नहीं। इनपर कोई तन्त्र-मन्त्र नहीं चलता। दूसरा कोई इनपर मन्त्रोंका प्रयोग करता है तो उन मन्त्रोंको ये स्वयं बोल देते हैं।

एक सच्ची घटना है। दक्षिणमें मोरोजी पन्त नामक एक बहुत बड़े विद्वान् थे। उनको विद्याका बहुत अभिमान था। वे अपने समान किसीको विद्वान् मानते ही नहीं थे और सबको नीचा दिखाते थे। एक दिनकी बात है, दोपहरके समय वे अपने घरसे स्नान करनेके लिये नदीपर जा रहे थे। मार्गमें एक पेड़पर दो ब्रह्मराक्षस बैठे हुए थे। वे आपसमें बातचीत कर रहे थे। एक ब्रह्मराक्षस बोला—हम दोनों तो इस पेड़की दो डालियोंपर बैठे हैं, पर यह तीसरी डाली खाली है; इसपर कौन आयेगा बैठनेके लिये? दूसरा ब्रह्मराक्षस बोला—यह जो नीचेसे जा रहा है न? यह आकर यहाँ बैठेगा; क्योंकि इसको अपनी विद्वत्ताका बहुत अभिमान है। उन दोनोंके संवादको मोरोजी पन्तने सुना तो वे वहीं रुक गये और विचार करने लगे कि अरे! विद्याके अभिमानके कारण मेरेको ब्रह्मराक्षस बनना पड़ेगा, प्रेतयोनियोंमें जाना पड़ेगा! अपनी दुर्गतिसे वे घबरा गये और मन-ही-मन सन्त ज्ञानेश्वरजीके शरणमें गये कि मैं आपके शरणमें हूँ, आपके सिवाय मेरेको इस दुर्गतिसे बचानेवाला कोई नहीं है। ऐसा विचार करके वे वहींसे आलन्दीके लिये चल पड़े, जहाँ संत ज्ञानेश्वरजी जीवित समाधि

* विद्याधराऽप्सरोयक्षरक्षोगन्धर्वकिन्नराः। पिशाचो गुह्यकः सिद्धो भूतोऽमी देवयोनयः॥ (अमरकोष १।१।११)

ले चुके थे। फिर वे जीवनभर वहीं रहे, घर आये ही नहीं। सन्तकी शरणमें जानेसे उनका विद्याका अभिमान चला गया और सन्त-कृपासे वे भी सन्त बन गये!

जो स्त्री पर-पुरुषका चिन्तन करती रहती है तथा जिसकी पुरुषमें बहुत ज्यादा आसक्ति होती है, वह मरनेके बाद 'चुड़ैल' बन जाती है। भूत-प्रेतोंका प्रायः यह नियम रहता है कि पुरुष भूत-प्रेत पुरुषोंको ही पकड़ते हैं और स्त्री भूत-प्रेत स्त्रियोंको ही पकड़ते हैं; परन्तु चुड़ैल केवल पुरुषोंको ही पकड़ती है। चुड़ैल दो प्रकारकी होती है—एक तो पुरुषका शोषण करती रहती है अर्थात् उसका खून चूसती रहती है, उसकी शक्ति क्षीण करती है; और दूसरी पुरुषका पोषण करती है, उसको सुख-आराम देती है। ये दोनों ही प्रकारकी चुड़ैलें पुरुषको अपने वशमें रखती हैं।

एक सिपाही था। वह रातके समय कहींसे अपने घर आ रहा था। रास्तेमें उसने चन्द्रमाके प्रकाशमें एक वृक्षके नीचे एक सुन्दर स्त्री देखी। उसने उस स्त्रीसे बातचीत की तो उस स्त्रीने कहा—मैं आ जाऊँ क्या? सिपाहीने कहा—हाँ, आ जा। सिपाहीके ऐसा कहनेपर वह स्त्री, जो चुड़ैल थी, उसके पीछे आ गयी। अब वह रोज रातमें उस सिपाहीके पास आती, उसके साथ सोती, उसका संग करती और सबेरे चली जाती। इस तरह वह उस सिपाहीका शोषण करने लगी। एक बार रातमें वे दोनों लेट गये, पर बत्ती जलती रह गयी तो सिपाहीने उससे कहा कि तू बत्ती बन्द कर दे। उसने लेटे-लेटे ही अपना हाथ लम्बा करके बत्ती बन्द कर दी। अब सिपाहीको पता लगा कि यह कोई सामान्य स्त्री नहीं है, यह तो चुड़ैल है! वह बहुत घबराया। चुड़ैलने उसको धमकी दी कि अगर तू किसीको मेरे बारेमें बतायेगा तो मैं तेरेको मार डालूँगी। इस तरह वह रोज रातमें आती और सबेरे चली जाती। सिपाहीका शरीर दिन-प्रतिदिन सूखता जा रहा था। लोग उससे पूछते कि भैया! तुम इतने क्यों सूखते जा रहे हो? क्या बात है, बताओ तो सही। परन्तु चुड़ैलके डरके मारे वह किसीको कुछ बताता नहीं था। एक दिन वह दूकानसे दवाई लाने गया। दूकानदारने दवाईकी पुड़िया बाँधकर दे दी। सिपाही उस पुड़ियाको जेबमें डालकर घर चला आया। रातके समय जब वह चुड़ैल आयी, तब वह दूरसे ही खड़े-खड़े बोली कि तेरी जेबमें जो पुड़िया है, उसको निकालकर फेंक दे। सिपाहीको विश्वास हो गया कि इस पुड़ियामें जरूर कुछ करामात है, तभी तो आज यह चुड़ैल मेरे पास नहीं आ रही है! सिपाहीने उससे कहा कि मैं पुड़िया नहीं फेकूँगा। चुड़ैलने बहुत कहा, पर सिपाहीने उसकी बात मानी नहीं। जब चुड़ैलका उसपर वश नहीं चला, तब वह चली गयी। सिपाहीने जेबमेंसे पुड़ियाको निकालकर देखा तो वह गीताका फटा हुआ पन्ना था! इस तरह गीताका प्रभाव देखकर वह सिपाही हर समय अपनी जेबमें गीता रखने लगा। वह चुड़ैल फिर कभी उसके पास नहीं आयी।

जो लोग भगवान्‌के मन्दिरमें रहते हैं; गीता, रामायण, भागवत आदिका पाठ करते हैं; भगवान्‌की आरती, स्तुति, प्रार्थना करते हैं, भगवन्नामका जप करते हैं, पर साथ-ही-साथ लोगोंको ठगते हैं, भगवान्‌की भोग-सामग्री, वस्त्र आदिकी चोरी करते हैं, ठाकुरजीको पैसा कमानेका साधन मानते हैं, ऐसे मनुष्य भी मरनेके बाद भगवदपराधके कारण भूत-प्रेत बन सकते हैं। ये किसीमें प्रविष्ट हो जाते हैं तो उसको दुःख नहीं देते। पूर्वजन्ममें भगवत्पूजा, आरती, स्तुति-प्रार्थना आदि करनेका स्वभाव पड़ा हुआ होनेसे ऐसे भूत-प्रेत भगवन्नामका जप करते हैं, हाथमें गोमुखी रखते हैं, मन्दिरमें जाते हैं, परिक्रमा करते हैं, भगवान्‌की स्तुति-प्रार्थना आदि भी करते हैं। परन्तु किसी मनुष्यमें प्रविष्ट हुए बिना ये भगवान्‌की स्तुति-प्रार्थना नहीं कर सकते। वृन्दावनमें बाँकेबिहारीजीके मन्दिरमें एक छोटा बालक आया करता था। वह संस्कृत जानता ही नहीं था, पर

बिहारीजीके सामने खड़े होकर वह संस्कृतमें भगवान्‌के स्तोत्रोंका जोर-जोरसे पाठ किया करता था। पाठ करते समय उसकी आवाज भी बालक-जैसी नहीं रहती थी, प्रत्युत बड़े आदमी-जैसी आवाज सुनायी दिया करती थी। कारण यह था कि उसमें एक प्रेत प्रविष्ट होता था और भगवान्‌की स्तुति करता था, पर वह उस बालकको दुःख नहीं देता था। भगवदपराधका फल भोगनेके बाद भगवत्कृपासे ऐसे भूत-प्रेतोंकी सद्‌गति हो जाती है, प्रेतयोनि छूट जाती है।

जैसे मनुष्योंमें जो अधिक पापी होते हैं, दुर्गुणी-दुराचारी होते हैं, हिंसात्मक कार्य करनेवाले होते हैं, वे भगवान्‌की कथा, कीर्तन, सत्संग आदिमें ठहर नहीं सकते, वहाँसे उठ जाते हैं, ऐसे ही भयंकर पापोंके कारण जो भूत-प्रेतकी नीच योनियोंमें जाते हैं, वे भगवन्नाम-जप, कथा-कीर्तन, सत्संग आदिके नजदीक नहीं आ सकते। जो लोग भगवन्नाम, कथा-कीर्तन, सत्संग आदिका विरोध करते हैं, निन्दा-तिरस्कार करते हैं, वे भी भूत-प्रेत बननेपर कथा-कीर्तन, सत्संग आदिके नजदीक नहीं आ सकते। अगर वे कथा-कीर्तन आदिके नजदीक आ जायँ तो उनके शरीरमें दाह होने लगता है।

अगर पुजारियोंके मनमें सांसारिक वस्तुओंका महत्त्व न हो, प्रत्युत ठाकुरजीका महत्त्व हो, ठाकुरजीके अर्पित चीजोंमें प्रसादकी भावना हो, भगवान्‌की वस्तु प्रसादरूपसे मिलनेपर वे गद्‌गद हो जाते हों और अपनेको बड़ा भाग्यशाली मानते हों कि हमें भगवान्‌की चीज मिल गयी, प्रसाद मिल गया—इस तरह वस्तुओंमें भगवान्‌के सम्बन्धका महत्त्व हो, तो भगवान्‌के अर्पित वस्तुओंको स्वीकार करनेपर भी उनको दोष, भगवदपराध नहीं लगता। अन्तःकरणमें भगवान्‌का महत्त्व होनेके कारण वे कभी भूत-प्रेत बन ही नहीं सकते। परन्तु जिनके अन्तःकरणमें वस्तुओंका महत्त्व है, वस्तुओंकी कामना, ममता, वासना है, वे तीर्थस्थानमें, मन्दिरमें रहनेपर भी मरनेके बाद वासना आदिके कारण भूत-प्रेत हो जाते हैं। उन्होंने क्रियारूपसे भगवान्‌की पूजा, आरती आदि की है, इस कारण वे उस तीर्थ-स्थानमें ही रहते हैं। इस प्रकार उनको भगवदपराधका फल (भूत-प्रेतयोनि) भी मिल जाता है और भगवत्सम्बन्धी क्रियाओंका फल (तीर्थ-स्थानमें निवास) भी मिल जाता है।

प्रश्न—जो भगवन्नामका जप, स्वाध्याय आदि करते हैं, वे भी मरनेके बाद क्या भूत-प्रेत बन सकते हैं?

उत्तर—प्रायः ऐसे मनुष्य भूत-प्रेत नहीं बनते। परन्तु नामजपकी रुचिकी अपेक्षा जिनकी सांसारिक पदार्थोंमें, अपनी सेवा करनेवालोंमें, अपने अनुकूल चलनेवालोंमें ज्यादा रुचि (आसक्ति) हो जाती है और अन्तसमयमें साधनमें स्थिति न रहकर सांसारिक पदार्थोंकी, सेवा करनेवालोंकी याद आ जाती है, वे मरनेके बाद भूत-प्रेत बन सकते हैं। ऐसे भूत-प्रेत किसीको तंग नहीं करते, किसीको दुःख नहीं देते।

कर्मोंकी गति बड़ी ही गहन है—**'गहना कर्मणो गतिः'** (४।१७)। अतः पाप-पुण्य, भाव आदिमें तारतम्य रहनेसे भूत-प्रेत आदिकी योनि मिल जाती है। भगवान्‌ने स्वयं कहा है कि कर्म और अकर्म क्या है—इस विषयमें बड़े-बड़े विद्वान्‌लोग भी मोहित हो जाते हैं (४।१६)।

प्रश्न—दुर्घटनामें मरनेवाले एवं आत्महत्या करनेवाले प्रायः भूत-प्रेत क्यों बनते हैं?

उत्तर—बीमारीमें तो 'मेरेको मरना है'—ऐसी सावधानी, होश रहता है; अतः बीमार व्यक्ति संसारसे उपराम होकर भगवान्‌में लग सकता है। परन्तु दुर्घटनाके समय मनमें कुछ-न-कुछ मनोरथ, चिन्तन रहता है, जिसके रहते हुए मनुष्य अचानक मर जाता है। अगर उस समय मनमें खराब चिन्तन हो, भगवान्‌का चिन्तन न हो तो वह आदमी भूत-प्रेत बन जाता है। दुर्घटनाके समय मारनेवालेकी तरफ मनोवृत्ति होनेसे उसीका चिन्तन

होता है, इस कारण भी दुर्घटनामें मरनेवाला भूत-प्रेत बन जाता है। परन्तु जो संसारसे उपराम होकर पारमार्थिक मार्गमें लगा हुआ हो, वह दुर्घटना आदिमें अचानक मर भी जाय, तो भी वह भूत-प्रेत नहीं बनता। तात्पर्य है कि अन्त:करणमें सांसारिक राग, आसक्ति, कामना, ममता आदि रहनेसे ही मनुष्यकी अधोगति होती है। जिसके अन्त:करणमें सांसारिक राग आदि नहीं है, उसका शरीर किसी भी देशमें, किसी भी जगह, किसी भी समय छूट जाय तो वह भूत-प्रेत नहीं बनता; क्योंकि भूत-प्रेतयोनिमें ले जानेवाली सामग्री ही उसमें नहीं होती।

जो क्रोधमें आकर अथवा किसी बातसे दु:खी होकर आत्महत्या कर लेता है, वह दुर्गतिमें चला जाता है अर्थात् भूत-प्रेत-पिशाच बन जाता है। आत्महत्या करनेवाला महापापी होता है। कारण कि यह मनुष्यशरीर भगवत्प्राप्तिके लिये ही मिला है; अत: भगवत्प्राप्ति न करके अपने ही हाथसे मनुष्यशरीरको खो देना बड़ा भारी पाप है, अपराध है, दुराचार है। दुराचारीकी सद्‌गति कैसे होगी? अत: मनुष्यको कभी भी आत्महत्या करनेका विचार मनमें नहीं आने देना चाहिये।

मनुष्यपर कोई बड़ी भारी आफत आ जाय, कोई भयंकर रोग हो जाय, तो वह यही सोचता है कि अगर मैं मर जाऊँ तो सब कष्ट मिट जायँगे। परन्तु वास्तवमें आत्महत्या करनेपर कर्मोंका भोग (कष्ट) समाप्त नहीं होता, उसको तो किसी-न-किसी योनिमें भोगना ही पड़ेगा। आत्महत्या करके वह एक नया पापकर्म करता है, जिसके फलस्वरूप उसको नीच योनिमें जाना पड़ेगा, भूत-प्रेत बनना पड़ेगा और हजारों वर्षोंतक दु:ख पाना पड़ेगा।

प्रश्न—भूत-प्रेत कहाँ रहते हैं?

उत्तर—भूत-प्रेत प्राय: श्मशानमें, श्मशानके वृक्षोंमें रहते हैं। वे सरोवरके किनारे रहते हैं। वे सरोवरका पानी नहीं पी सकते, पर जलकी ठण्डी हवा उनको अच्छी लगती है, उससे उनको सुख मिलता है। पीपलके वृक्षका स्वभाव सबको आश्रय देनेका होनेसे उसकी छायामें भी भूत-प्रेत रहते हैं। कोई उनके नामसे छतरी बनवा देता है तो वे उसके भीतर रहते हैं। कोई मकान कई दिनसे सूना पड़ा हो तो उसमें भी भूत-प्रेत रहने लग जाते हैं।

प्रश्न—भूत-प्रेत किसी मनुष्यको पकड़ते हैं तो वे उसके शरीरमें किस द्वारसे प्रवेश करते हैं?

उत्तर—भूत-प्रेतोंका शरीर वायुप्रधान होता है; अत: वे मनुष्यशरीरमें किसी भी द्वारसे प्रवेश कर सकते हैं। वे आँख, कान, त्वचा आदि किसी भी इन्द्रियसे शरीरमें प्रविष्ट हो सकते हैं। परन्तु वे प्राय: मलिन द्वारसे अर्थात् मल-मूत्रके स्थानसे अथवा प्राणोंसे ही मनुष्यशरीरमें प्रविष्ट होते हैं।

प्रश्न—शरीरमें प्रविष्ट होनेपर भूत-प्रेत कहाँ रहते हैं?

उत्तर—शरीरमें प्रविष्ट होकर भूत-प्रेत अहंवृत्तिमें अर्थात् अन्त:करणमें रहते हैं।

'अहम्' दो प्रकारका होता है—(१) अहंकार और (२) अहंवृत्ति। अहंकार जीवात्मामें रहता है और अहंवृत्ति अन्त:करणमें रहती है। भूत-प्रेत श्वास आदिके द्वारा मनुष्यके शरीरमें प्रविष्ट होकर अहंवृत्तिमें रहकर इन्द्रियोंके स्थानोंको काममें लेते हैं।

प्रश्न—क्या शरीरमें एकसे अधिक भूत-प्रेत भी रह सकते हैं?

उत्तर—हाँ, रह सकते हैं। किसी-किसी व्यक्तिके शरीरमें एकसे अधिक भूत-प्रेत भी प्रविष्ट हो जाते हैं। जब वे उसके मुखसे बोलते हैं, तब सबकी अलग-अलग आवाज सुनायी पड़ती है।

प्रश्न—मनुष्यशरीरमें प्रविष्ट होनेके बाद भूत-प्रेत हरदम उसीमें रहते हैं क्या?

उत्तर—भूत-प्रेत उसमें प्राय: आते-जाते रहते हैं। वे उसके पासमें ही घूमते रहते हैं और उनकी वायुके समान तेज गति होनेसे वे दूर भी चले जाते हैं। कुछ ऐसे भूत-प्रेत भी होते हैं, जो हरदम उसीमें रहते हैं।

भूत-प्रेत हरेकको दु:ख देनेमें, हरेक शरीरमें

प्रविष्ट होनेमें स्वतन्त्र नहीं होते। वे अपनी मनमानी नहीं कर सकते। वे जिनके शासनमें रहते हैं, उनकी आज्ञाके अनुसार ही वे कार्य करते हैं अर्थात् शासकके आज्ञानुसार ही वे किसीके शरीरमें प्रविष्ट होते हैं, किसीको दुःख देते हैं। अगर शासक आज्ञा न दे तो वे हरेक व्यक्तिमें हरेक समयमें भी प्रविष्ट नहीं हो सकते। जैसे, शुभकर्मोंके फलस्वरूप जो स्वर्गादि लोकोंमें जाते हैं, वे अगर मृत्युलोकमें किसीके साथ सम्बन्ध करते हैं तो उन लोकोंके शासकोंकी आज्ञाके अनुसार ही करते हैं। स्वतन्त्ररूपसे वे मृत्युलोकमें किसीके साथ बातचीत भी नहीं कर सकते। इसी तरह भूत-प्रेतयोनिमें भी शासक रहते हैं, जिनकी आज्ञाके अनुसार ही भूत-प्रेत सब कार्य करते हैं।

जैसे, नरकोंमें प्राणियोंको उबलते हुए तेलमें डाल देते हैं, उनके शरीरके टुकड़े-टुकड़े कर देते हैं, फिर भी जिन पापकर्मोंके कारण वे नरकोंमें गये हैं, उन कर्मोंके समाप्त होनेतक वे प्राणी मरते नहीं। ऐसे ही मनुष्यका कोई बुरे कर्मोंका भोग आ जाता है तो उनमें भूत-प्रेत प्रविष्ट हो जाते हैं। जबतक कर्मोंका भोग बाकी रहता है, तबतक कितने ही उपाय करनेपर, मन्त्र-यन्त्र आदिका प्रयोग करनेपर भी भूत-प्रेत निकलते नहीं। जब कर्मोंका भोग समाप्त हो जाता है, तब किसी निमित्तसे वे निकल जाते हैं। तात्पर्य यह है कि जिनको प्रारब्धके अनुसार दुःख भोगना है, उन्हींमें प्रविष्ट होकर भूत-प्रेत उनको दुःख देते हैं।

ऐसा देखा जाता है कि कुटुम्बका कोई व्यक्ति मरकर पितर बन जाता है तो वह जब आता है, तब किसी एक व्यक्तिमें ही आता है, हरेकमें नहीं आता। इससे पता लगता है कि जिसके साथ पुराना ऋणानुबन्ध होता है, उसीमें पितर आते हैं। इसी तरह भूत-प्रेत भी उसीमें आते हैं, जिनके साथ पुराना ऋणानुबन्ध होता है।

भूत-प्रेत मनुष्यकी आयु रहते हुए उसको मार नहीं सकते। उसकी आयु समाप्त होनेपर ही वे उसको मार सकते हैं। इस विषयमें हमने एक बात सुनी है। लगभग सौ वर्ष पुरानी राजस्थानकी घटना है। कुछ मुसलमान गायोंको कसाईखाने ले जा रहे थे। वहाँके राजाको इसकी खबर मिली तो उसने अपने सिपाहियोंको भेजा। सिपाहियोंने उन मुसलमानोंको मारकर गायें छुड़ा लीं। उनमेंसे एक मुसलमान मरकर जिन्न बन गया और वह राजाके पीछे लग गया। राजाने बहुत उपाय किये, पर उसने छोड़ा नहीं। जिन्न कहता कि मैं एक आदमीकी बलि लेकर ही जाऊँगा। आखिर एक ठाकुरने कहा कि मैं अपनी बलि देनेके लिये तैयार हूँ। जिन्नने राजाको छोड़ दिया और तुरन्त उस ठाकुरको मार दिया। ठाकुरके इच्छानुसार उसके शवको (श्मशान-भूमिमें ले जानेसे पहले) उसके गुरुके पास ले जाया गया। जब लोग ठाकुरके शवको उसके गुरुके चारों तरफ घुमाकर (परिक्रमा दिलाकर) ले जाने लगे, तब गुरुके पास बैठे एक दूसरे सन्तने कहा कि शव खाली जा रहा है, कुछ देना चाहिये। गुरु बोले कि कुछ कर नहीं सकते, इसकी आयु पूरी हो गयी है। फिर विचार करके दोनों सन्तोंने अपनी आयुमेंसे बारह वर्षकी आयु देकर ठाकुरको जीवित कर दिया। तात्पर्य है कि राजाकी आयु पूरी नहीं हुई थी, इसलिये जिन्न उसको मार नहीं सका। परन्तु ठाकुरकी आयु पूरी हो चुकी थी; अतः जिन्नने उसको मार दिया।

प्रश्न—मृगीरोगवाले और प्रेतबाधावाले मनुष्योंके लक्षण प्रायः एक समान दीखते हैं; अतः उन दोनोंकी अलग-अलग पहचान कैसे हो?

उत्तर—मृगीरोगवाले व्यक्तिको तो मूर्च्छा होती है, पर प्रेतबाधावाले व्यक्तिको प्रायः मूर्च्छा नहीं होती, वह कुछ-न-कुछ बकता रहता है। मृगीरोगवाले व्यक्तिमें तो एक ही जीवात्मा रहती है, पर प्रेतबाधावाले व्यक्तिमें जीवात्माके साथ प्रेतात्मा भी रहती है, जो उस व्यक्तिको कई तरहसे दुःख देती है, तंग करती है। मृगीरोगवाला व्यक्ति तो दवासे ठीक

हो जाता है, पर प्रेतबाधावाला व्यक्ति दवासे ठीक नहीं होता।

प्रश्न—जो भूत-प्रेतकी बाधाको दूर किया करते हैं, ऐसे तांत्रिकोंकी मरनेके बाद क्या गति होती है?

उत्तर—भूत-प्रेतकी बाधा दूर करनेवाले तांत्रिक भी मरनेके बाद प्रायः भूत-प्रेत ही बनते हैं; इसके अनेक कारण हैं; जैसे—

(१) भूत-प्रेत निकालनेवाले तांत्रिकोंकी विद्या प्रायः मलिन होती है। उनका खान-पान एवं चिन्तन भी मलिन होता है। उस मलिनताके कारण उनकी दुर्गति होती है अर्थात् वे मरनेके बाद प्रेतयोनिमें चले जाते हैं।

(२) भूत-प्रेत किसीके शरीरमें प्रविष्ट होते हैं तो उनको वहाँ सुख मिलता है, खाने-पीनेके लिये अच्छे पदार्थ मिलते हैं; अतः वे वहाँसे निकलना नहीं चाहते। परंतु तांत्रिकलोग मन्त्रोंके द्वारा उनको जबरदस्ती निकालते हैं और मदिराकी बोतलमें बन्द करके उनको जमीनमें गाड़ देते हैं अथवा किसी वृक्षमें कीलित कर देते हैं, जहाँ वे सैकड़ों वर्षोंतक भूखे-प्यासे रहकर महान् दुःख पाते रहते हैं। उनको इस प्रकार दुःख देना बड़ा भारी पाप है; क्योंकि किसी भी जीवको दुःख देना पाप है। अतः उस पापके फलस्वरूप वे तांत्रिक मरनेके बाद प्रेतयोनिमें चले जाते हैं।

(३) भूत-प्रेतको निकालनेवाले तांत्रिकोंमें प्रायः दूसरोंके हितकी भावना नहीं होती। वे केवल पैसोंके लोभसे ही इस कार्यमें प्रवृत्त होते हैं। वे ठगाई और चालाकी भी करते हैं। इस कारण भी उनको मरनेके बाद भूत-प्रेत बनना पड़ता है।

अगर तांत्रिकोंमें निःस्वार्थभावसे सबका हित करनेकी, उपकार करनेकी भावना हो अर्थात् जिसको भूत-प्रेतने पकड़ा है, उस व्यक्तिको सुखी करनेकी और भूत-प्रेतको निकालकर उसकी (गयाश्राद्ध आदिके द्वारा) सद्गति करनेकी भावना हो, चेष्टा हो तो वे भूत-प्रेत नहीं बन सकते। जिनमें सबके हितकी भावना है, उनकी कभी दुर्गति हो ही नहीं सकती। भगवान्‌ने कहा है कि जो सम्पूर्ण प्राणियोंके हितमें रत रहते हैं, वे मेरेको ही प्राप्त होते हैं—**'ते प्राप्नुवन्ति मामेव सर्वभूतहिते रताः'** (१२।४)।

प्रश्न—भूत-प्रेतोंको बोतलमें बन्द करने, कीलित करने आदिमें उन भूत-प्रेतोंके कर्म कारण हैं या बन्द करनेवाले कारण हैं?

उत्तर—मुख्यरूपसे उनके कर्म ही कारण हैं। उनका कोई ऐसा पापकर्म आ जाता है, जिसके कारण वे पकड़में आ जाते हैं। अगर उनके कर्म न हों तो वे किसीकी पकड़में नहीं आ सकते। परन्तु जो उनको कीलित आदि करनेमें निमित्त बनते हैं, वे बड़ा भारी पाप करते हैं। अतः मनुष्यको भूत-प्रेतोंके बन्धन, कीलनमें निमित्त बनकर पापका भागी नहीं होना चाहिये। हाँ, उनके उद्धारके लिये उनके नामसे भागवत-सप्ताह, गयाश्राद्ध, भगवन्नाम-जप आदि करना चाहिये अथवा वे भूत-प्रेत अपनी मुक्तिका जो उपाय बतायें, उस उपायको करना चाहिये। जो इस प्रकार प्रेतात्माओंकी सद्गति करता एवं कराता है, उसको बड़ा भारी पुण्य होता है एवं वे दुःखी प्रेतात्मा भी प्रेतयोनिसे छूटनेपर उसको आशीर्वाद देते हैं।

प्रश्न—भूत-प्रेतोंको कीलित करनेवाले तांत्रिक तो उनके कर्मोंका फल भुगतानेमें सहायक ही बनते हैं, तो फिर उनको पाप क्यों लगता है?

उत्तर—वे जिनको कीलित कर देते हैं, जमीनमें गाड़ देते हैं, उन भूत-प्रेतोंका तो यह कर्मफल-भोग है, पर उनको कीलित करनेवालोंका यह नया पाप-कर्म है, जिसका दण्ड उनको आगे मिलेगा। जैसे, कोई जानवरको मारता है तो जानवर अपनी मृत्यु आनेसे ही मरता है। उसकी मृत्यु आये बिना उसको कोई मार ही नहीं सकता। परन्तु उसको मारनेवाला नया पाप करता है; क्योंकि वह लोभ, कामना, स्वार्थ आदिको लेकर ही उसको मारता है। जब कामना आदिको लेकर किया हुआ शुभ-कर्म भी बन्धनका कारण बन जाता है, तो फिर जो कामना आदिको लेकर अशुभ-कर्म करता है, वह तो पापसे बँधेगा ही।

तात्पर्य है कि किसीको दु:ख देना, तंग करना, मारना आदि मनुष्यका कर्तव्य नहीं है, प्रत्युत अकर्तव्य है। अकर्तव्यमें मनुष्य कामनाको लेकर ही प्रवृत्त होता है (३।३७)। अत: मनुष्यको कामना, स्वार्थ आदिका त्याग करके सबके हितके लिये ही उद्योग करते रहना चाहिये।

प्रश्न—जिन भूत-प्रेतोंको बोतलमें बंद कर दिया गया है, कीलित कर दिया गया है, वे कबतक वहाँ जकड़े रहते हैं?

उत्तर—मन्त्रोंकी शक्तिकी भी एक सीमा होती है, उम्र होती है। उम्र पूरी होनेपर जब मन्त्रोंकी शक्ति समाप्त हो जाती है अथवा प्रेतयोनिकी अवधि (उम्र) पूरी हो जाती है, तब वे भूत-प्रेत वहाँसे छूट जाते हैं। अगर उनकी उम्र बाकी रहनेपर भी कोई अनजानमें कील निकाल दे, जमीनको खोदते समय बोतल फूट जाय, पेड़के गिरनेसे बोतल फूट जाय तो वे भूत-प्रेत वहाँसे छूट जाते हैं और अपने स्वभावके अनुसार पुन: दूसरोंको दु:ख देने लग जाते हैं।

प्रश्न—अगर कोई पेड़में गड़ी हुई कीलको निकाल दे, जमीनमें गड़ी हुई बोतलको फोड़ दे तो उसमें बन्द भूत-प्रेत उसको पकड़ेंगे तो नहीं?

उत्तर—वहाँसे छूटनेपर भूत-प्रेत उसको पकड़ सकते हैं; अत: हरेक आदमीको ऐसा काम नहीं करना चाहिये। जो भगवान्‌के परायण हैं, जिनको भगवान्‌का सहारा है, हनुमान्‌जीका सहारा है, वे अगर भूत-प्रेतोंको वहाँसे मुक्त कर दें तो भूत-प्रेत उनका कुछ भी बिगाड़ नहीं सकते, प्रत्युत उनके दर्शनसे उन भूत-प्रेतोंका उद्धार हो जाता है। सन्त-महापुरुषोंने बहुत-से भूत-प्रेतोंका उद्धार किया है।

प्रश्न—कुछ तांत्रिकलोग भूत-प्रेतोंको अपने वशमें करके उनसे अपने घरका, खेतका काम कराते हैं, तो ऐसा करना उचित है या अनुचित?

उत्तर—किसी भी जीवको परवश करना मनुष्यके लिये उचित नहीं है। हाँ, जैसे किसी मनुष्यको मजदूरी देकर उससे काम कराते हैं, ऐसे ही भूत-प्रेतोंको खुराक देकर, उनको प्रसन्न करके उनसे काम करानेमें कोई दोष नहीं है। परन्तु पारमार्थिक साधनामें लगे हुए साधकको ऐसा नहीं करना चाहिये। ऐसा काम वे ही लोग कर सकते हैं, जो संसारमें ही रचे-पचे रहना चाहते हैं।

प्रश्न—भूत-प्रेतोंको खुराक कैसे मिलती है? वे कैसे तृप्त होते हैं?

उत्तर—भूत-प्रेतोंका शरीर वायुप्रधान होता है; अत: इत्र आदि सुगन्धित वस्तुओंको सूँघकर उनको खुराक मिल जाती है और वे बड़े प्रसन्न हो जाते हैं। उनके निमित्त किसी ब्राह्मणको अथवा अपनी बहन, बेटी या भानजीको बढ़िया-बढ़िया मिठाई खिलानेसे उनको खुराक मिल जाती है।

दस-बारह वर्षका एक बालक जलमें डूबकर मर गया और प्रेत बन गया। वह अपनी बहनमें आया करता और अपना दु:ख सुनाया करता था। एक दिन वह अपनी बहनमें आकर बोला कि मैं बहुत भूखा हूँ। तब उसके परिवारवालोंने उसके नामसे एक ब्राह्मणको भोजन कराया। जब ब्राह्मण भोजन करने लगा, तब जैसे भोजन करते समय मनुष्यका मुख हिलता है, वैसे ही दूसरे कमरेमें बैठी उस प्रेतकी बहनका भी मुख हिलने लगा। जब ब्राह्मणने भोजन कर लिया, तब वह प्रेत बहनके मुखसे बोला कि मेरी तृप्ति हो गयी! अत: प्रेतात्माके नामसे शुद्ध-पवित्र ब्राह्मणको भोजन करानेसे वह भोजन उसको मिलता है।

पासमें ही तालाब है, नदी बह रही है और उसके जलको प्रेत देखते भी हैं, पर वे उस जलको पी नहीं सकते, प्यासे ही रहते हैं! स्नानके बाद प्रेतके नामसे अथवा 'अज्ञात नामवाले प्रेतात्माओंको जल मिल जाय'—इस भावसे गीली धोतीको किसी स्थानपर निचोड़ दिया जाय तो प्रेत उस जलको पी लेते हैं। शौचसे बचा हुआ जल काँटेदार वृक्षपर अथवा आकके पौधेपर डाल दिया जाय तो उस जलको भी प्रेत पी लेते हैं और तृप्त हो जाते हैं।

तुलसीदासजी महाराज शौच जाते थे तो बचा हुआ जल प्रतिदिन यों ही एक काँटेवाले पेड़पर डाल दिया करते थे। उस पेड़में एक प्रेत रहता था, जो उस अशुद्ध जलको पी लेता था। एक दिन वह प्रेत तुलसीदासजीके सामने प्रकट होकर बोला—मैं बहुत प्यासा मरता था, तुम्हारे जलसे अब मैं बहुत तृप्त हो गया हूँ। तुम मेरेसे जो माँगना चाहो, माँग लो। तुलसीदासजी महाराजको भगवद्दर्शनकी लगन लगी हुई थी; अतः उन्होंने कहा—मेरेको भगवान् रामके दर्शन करा दो! प्रेतने कहा—दर्शन तो मैं नहीं करा सकता, पर दर्शनका उपाय बता सकता हूँ। तुलसीदासजीने कहा—उपाय ही सही, बता दो। उसने कहा—अमुक स्थानपर रातमें रामायणकी कथा होती है। वहाँपर कथाको सुननेके लिये हनुमान्जी आया करते हैं। तुम उनके पैर पकड़ लेना, वे तुमको भगवान्के दर्शन करा देंगे। तुलसीदासजीने कहा—वहाँ तो बहुत-से लोग आते होंगे, उनमेंसे मैं हनुमान्जीको कैसे पहचानूँ? प्रेतने कहा—हनुमान्जी कोढ़ीका रूप धारण करके और मैले-कुचैले कपड़े पहनकर आते हैं तथा कथा समाप्त होनेपर सबके चले जानेके बाद जाते हैं। तुलसीदासजी महाराजने वैसा ही किया तो उनको हनुमान्जीके दर्शन हुए और हनुमान्जीने उनको भगवान् रामके दर्शन करा दिये—

तुलसी नफा पिछानिये, भला बुरा क्या काम।
प्रेत से हनुमत मिले, हनुमत से श्री राम॥

प्रेतोंके नामसे पिण्ड-पानी दिया जाय, ब्राह्मणोंको छाता आदि दिया जाय तो वे वस्तुएँ प्रेतोंको मिल जाती हैं। परन्तु जिसके नामसे छाता आदि दिया जाय, उसके साथी प्रेत अगर प्रबल होते हैं तो वे बीचमें ही छाता आदि छीन लेते हैं, उसको मिलने ही नहीं देते। अतः बड़ी सावधानीसे, उसके नामसे ही उसके निमित्त ही पिण्ड-पानी आदि दे तो वह सामग्री उसको मिल जाती है।

प्रश्न—भूत-प्रेतकी बाधाको दूर करनेके क्या उपाय हैं?

उत्तर—प्रेतबाधाको दूर करनेके अनेक उपाय हैं; जैसे—

(१) शुद्ध पवित्र होकर, सामने धूप जलाकर पवित्र आसनपर बैठ जाय और हाथमें जलका लोटा लेकर 'नारायणकवच' (श्रीमद्भागवत, स्कन्ध ६, अध्याय ८ में आये)-का पूरा पाठ करके लोटेपर फूँक मारे। इस तरह कम-से-कम इक्कीस पाठ करे और प्रत्येक पाठके अन्तमें लोटेपर फूँक मारता रहे। फिर उस जलको प्रेतबाधावाले व्यक्तिको पिला दे और कुछ जल उसके शरीरपर छिड़क दे।

(२) गीताप्रेससे प्रकाशित 'रामरक्षास्तोत्र' को उसमें दी हुई विधिसे सिद्ध कर ले। फिर रामरक्षास्तोत्रका पाठ करते हुए प्रेतबाधावाले व्यक्तिको मोरपंखोंसे झाड़ा दे।

(३) शुद्ध-पवित्र होकर 'हनुमानचालीसा' के सात, इक्कीस या एक सौ आठ बार पाठ करके जलको अभिमन्त्रित करे। फिर उस जलको प्रेतबाधावाले व्यक्तिको पिला दे।

(४) गीताके '**स्थाने हृषीकेश तव प्रकीर्त्या**......' (११।३६)—इस श्लोकके एक सौ आठ पाठोंसे अभिमन्त्रित जलको भूतबाधावाले व्यक्तिको पिला दे।

(५) प्रेतबाधावाले व्यक्तिको भागवतका सप्ताह-परायण सुनाना चाहिये।

(६) प्रेतसे उसका नाम आदि पूछकर किसी शुद्ध-पवित्र ब्राह्मणके द्वारा सांगोपांग विधि-विधानसे गया-श्राद्ध कराना चाहिये।

(७) प्रेतबाधावाले व्यक्तिके पास गीता, रामायण, भागवत रख दे और उसको 'विष्णुसहस्रनाम' का पाठ सुनाता रहे।

(८) जिस स्थानपर श्रद्धापूर्वक सांगोपांग विधिसे गायत्रीमन्त्रका पुरश्चरण, वेदोंका सस्वर पाठ, पुराणोंकी कथा हुई हो, वहाँ प्रेतबाधावाले

व्यक्तिको ले जाना चाहिये। वहाँ जाते ही प्रेत शरीरसे बाहर निकल जाता है, क्योंकि भूत-प्रेत पवित्र स्थानोंमें नहीं जा सकते। प्रेतबाधावाले व्यक्तिको कुछ दिन वहीं रहकर भगवन्नामका जप, हनुमानचालीसाका पाठ, सुन्दरकाण्डका पाठ आदि करते रहना चाहिये, जिससे वह प्रेत पुनः प्रविष्ट न हो। अगर ऐसा नहीं करेंगे तो वह प्रेत बाहर ही घूमता रहेगा और उस व्यक्तिके बाहर आते ही उसको फिर पकड़ लेगा।

(९) सोलह कोष्ठकका 'चौंतीसा यन्त्र' सिद्ध कर ले।* फिर मंगलवार या शनिवारके दिन अग्निमें खोपरा, घी, जौ, तिल और सुगन्धित द्रव्योंकी १०८ आहुतियाँ दे। प्रत्येक आहुति **'स्थाने हृषीकेश**......' (११। ३६)—इस श्लोकसे डाले और प्रत्येक आहुतिके बाद चौंतीसा यन्त्रको अग्निपर घुमाये। इसके बाद उस यन्त्रको ताबीजमें डालकर प्रेतबाधावाले व्यक्तिके गलेमें लाल या काले धागेसे पहना दे।

—श्रद्धा-विश्वासपूर्वक कोई एक उपाय करनेसे प्रेतबाधा दूर हो सकती है। इस तरहके अनुष्ठानोंमें प्रारब्धके बलाबलका भी प्रभाव पड़ता है। अगर प्रारब्धकी अपेक्षा अनुष्ठान बलवान् हो तो पूरा लाभ होता है अर्थात् कार्य सिद्ध हो जाता है, परन्तु अनुष्ठानकी अपेक्षा प्रारब्ध बलवान् हो तो थोड़ा ही लाभ होता है, पूरा लाभ नहीं होता।

प्रश्न—ब्रह्मराक्षस (जिन्न)-से छुटकारा पानेके क्या उपाय हैं?

उत्तर—(क) जो भगवान्‌के भजनमें तत्परतासे लगे हुए हैं, साधनमें जिनकी अच्छी स्थिति है, जिनमें भजन-स्मरणका जोर है, उन साधकोंके पास जानेसे ब्रह्मराक्षस भाग जाते हैं; क्योंकि भागवती शक्तिके सामने उनकी शक्ति काम नहीं करती।

(ख)—अगर ब्रह्मराक्षससे ग्रस्त व्यक्ति किसी सिद्ध महापुरुषके पास चला जाय तो वह व्यक्ति उस ब्रह्मराक्षससे छूट जाता है और उस ब्रह्मराक्षसका भी उद्धार हो जाता है।

(ग) अगर ब्रह्मराक्षस गयाश्राद्ध कराना स्वीकार कर ले तो उसके नामसे गयाश्राद्ध कराना चाहिये। इससे उसकी सद्‌गति हो जायगी।

प्रश्न—भूत-प्रेत किन लोगोंके पास नहीं आते?

उत्तर—भूत-प्रेतोंका बल उन्हीं मनुष्योंपर चलता है, जिनके साथ पूर्वजन्मका कोई लेन-देनका सम्बन्ध रहा है अथवा जिनका प्रारब्ध खराब आ गया है अथवा जो भगवान्‌के (पारमार्थिक) मार्गमें नहीं लगे हैं अथवा जिनका खान-पान अशुद्ध है और जो शौच-स्नान आदिमें शुद्धि नहीं रखते अथवा जिनके आचरण खराब हैं। जो भगवान्‌के परायण हैं, भगवन्नामका जप-कीर्तन करते हैं, भगवत्कथा सुनते हैं, खान-पान, शौच-स्नान आदिमें शुद्धि रखते हैं,

---

* चौंतीसा यन्त्र और उसको लिखनेकी तथा सिद्ध करनेकी विधि इस प्रकार है—

९	१६	५	४
७	२	११	१४
१२	१३	८	१
६	३	१०	१५

इस यन्त्रको सफेद कागज या भोजपत्रपर अनारकी कलमसे अष्टगन्ध (सफेद चन्दन, लाल चन्दन, केसर, कुंकुम, कपूर, कस्तूरी, अगर एवं तगर)-के द्वारा लिखना चाहिये। इस यन्त्रमें एकसे लेकर सोलहतक अंक आये हैं; न तो कोई अंक छूटा है और न ही कोई अंक दो बार आया है। यन्त्र लिखते समय भी क्रमसे ही अंक लिखने चाहिये; जैसे—पहले १ लिखे, फिर २ लिखे, फिर ३ आदि।

इस चौंतीसा यन्त्रको सूर्यग्रहण, चन्द्रग्रहण या दीपावलीकी रात्रिको एक सौ आठ बार लिखनेसे यह सिद्ध हो जाता है। शीघ्र सिद्ध करना हो तो शनिवारके दिन धोबीघाटपर बैठकर उपर्युक्त प्रकारसे एक-एक यन्त्र लिखकर धोबीकी पानीसे भरी नाँदमें डालता जाय। इस तरह एक सौ आठ यन्त्र नाँदमें डालनेके बाद उन सभी यन्त्रोंको नाँदमेंसे निकालकर बहते हुए जलमें बहा दे। ऐसा करनेसे यन्त्र सिद्ध हो जाता है। यन्त्र सिद्ध करनेके बाद भी प्रत्येक ग्रहणके समय और दीपावली-होलीकी रात्रिमें यह यन्त्र एक सौ आठ या चौंतीस बार लिखकर नदीमें बहा देना चाहिये। [इस यन्त्रको 'चौंतीसा यन्त्र' इसलिये कहा गया है कि उसको ६४ प्रकारसे गिननेपर कुल संख्या ३४ आती है। यहाँ चौंतीसा यन्त्रका एक प्रकार दिया गया है। इस यन्त्रको ३८४ प्रकारसे बनाया जा सकता है।]

जिनके आचरण शुद्ध हैं, उनके पास भूत-प्रेत प्रायः नहीं आ सकते।

जो नित्यप्रति श्रद्धासे गीता, भागवत, रामायण आदि सद्ग्रन्थोंका पाठ करते हैं, उनके पास भी भूत-प्रेत नहीं जाते। परन्तु कई भूत-प्रेत ऐसे होते हैं, जो स्वयं गीता, रामायण आदिका पाठ करते हैं। ऐसे भूत-प्रेत पाठ करनेवालोंके पास जा सकते हैं, पर उनको दुःख नहीं दे सकते। अगर ऐसे भूत-प्रेत गीता आदिका पाठ करनेवालोंके पास आ जायँ तो उनका निरादर नहीं करना चाहिये; क्योंकि निरादर करनेसे वे चिढ़ जाते हैं।

जो रोज गंगाजलका चरणामृत लेता है, उसके पास भी भूत-प्रेत नहीं आते। हनुमानचालीसा अथवा विष्णुसहस्रनामका पाठ करनेवालेके पास भी भूत-प्रेत नहीं आते। एक बार दो सज्जन बैलगाड़ीपर बैठकर दूसरे गाँव जा रहे थे। रास्तेमें गाड़ीके पीछे एक पिशाच (प्रेत) लग गया। उसको देखकर वे दोनों सज्जन डर गये। उनमेंसे एक सज्जनने विष्णुसहस्रनामका पाठ शुरू कर दिया। जबतक दूसरे गाँवकी सीमा नहीं आयी, तबतक वह पिशाच गाड़ीके पीछे-पीछे ही चलता रहा। सीमा आते ही वह अदृश्य हो गया। इस तरह विष्णुसहस्रनामके प्रभावसे वह गाड़ीपर आक्रमण नहीं कर सका।

जिसके गलेमें तुलसी, रुद्राक्ष अथवा बद्ध पारदकी माला होती है, उसका भूत-प्रेत स्पर्श नहीं कर सकते। एक सज्जन प्रातः लगभग चार बजे घोड़ेपर बैठकर किसी आवश्यक कामके लिये दूसरे गाँव जा रहे थे। ठण्डीके दिन थे। सूर्योदय होनेमें लगभग डेढ़ घण्टेकी देरी थी। जाते-जाते वे ऐसे स्थानपर पहुँचे, जो इस बातके लिये प्रसिद्ध था कि वहाँ भूत-प्रेत रहते हैं। वहाँ पहुँचते ही उनके सामने अचानक एक प्रेत पेड़-जैसा लम्बा रूप धारण करके रास्तेमें खड़ा हो गया। घोड़ा बिचक जानेसे वे सज्जन घोड़ेसे गिर पड़े। उनके दोनों हाथोंमें मोच आ गयी। पर वे सज्जन बड़े निर्भय थे; अतः पिशाचसे डरे नहीं। जबतक सूर्योदय नहीं हुआ, तबतक वह पिशाच उनके सामने ही खड़ा रहा, पर उसने उनपर आक्रमण नहीं किया, उनका स्पर्श नहीं किया; क्योंकि उनके गलेमें तुलसीकी माला थी। सूर्योदय होनेपर पिशाच अदृश्य हो गया और वे सज्जन पुनः घोड़ेपर बैठकर अपने घर वापस आ गये।

सूर्यास्तसे लेकर आधी राततक तथा मध्याह्नके समय भूत-प्रेतोंमें ज्यादा बल रहता है, उनका ज्यादा जोर चलता है। यह सबके अनुभवमें भी आता है कि रात्रि और मध्याह्नके समय श्मशान आदि स्थानोंमें जानेसे जितना भय लगता है, उतना भय सबेरे और सन्ध्याके समय नहीं लगता। अगर रात्रि अथवा मध्याह्नके समय किसी एकान्त, निर्जन स्थानपर जाना पड़े और वहाँ पीछेसे कोई (प्रेत) पुकारे अथवा 'मैं आ जाऊँ'—ऐसा कहे तो उत्तरमें कुछ नहीं बोलना चाहिये, प्रत्युत चलते-चलते भगवन्नाम-जप, कीर्तन, विष्णुसहस्रनाम, हनुमानचालीसा, गीता आदिका पाठ शुरू कर देना चाहिये। उत्तर न मिलनेसे वह प्रेत वहींपर रह जायगा। अगर हम उत्तर देंगे, 'हाँ, आ जा'—ऐसा कहेंगे तो वह प्रेत हमारे पीछे लग जायगा।

जहाँ प्रेत रहते हैं, वहाँ पेशाब आदि करनेसे भी वे पकड़ लेते हैं; क्योंकि उनके स्थानपर पेशाब करना उनके प्रति अपराध है। अतः मनुष्यको जहाँ-कहीं भी पेशाब नहीं करना चाहिये।

हमें दुर्गतिमें, प्रेतयोनिमें न जाना पड़े—इस बातकी सावधानीके लिये और गयाश्राद्ध करके, पिण्ड-पानी देकर प्रेतात्माओंके उद्धारकी प्रेरणा करनेके लिये ही यहाँ प्रेतविषयक चर्चा की गयी है।

गीतामें आहारीका वर्णन

रस्यस्निग्धादिषु प्रीतिः सात्त्विकानां स्वभावतः। तीक्ष्णरूक्षादिषु प्रीती राजसानां सुदुःखदा॥
यातयामादिषु प्रीतिस्तामसानां स्वभावजा। आहारिणः परीक्षार्थमाहारा वर्णितास्ततः॥

मनुष्योंकी जो स्वाभाविक वृत्ति, स्थिति, भाव बनता है, उसके बननेमें कई कारण होते हैं। उनमें आहार भी एक कारण है। कहावत भी है कि 'जैसा खाये अन्न, वैसा बने मन'। अतः आहार जितना सात्त्विक होता है, मनुष्यकी वृत्ति उतनी ही सात्त्विक बनती है अर्थात् सात्त्विक वृत्तिके बननेमें सात्त्विक आहारसे सहायता मिलती है।

गीतामें आहारका स्वतन्त्ररूपसे वर्णन नहीं हुआ है, प्रत्युत आहारी (व्यक्ति)-का वर्णन होनेसे आहारका वर्णन हुआ है; जैसे—सात्त्विक व्यक्तिको प्रिय होनेसे सात्त्विक आहारका, राजस व्यक्तिको प्रिय होनेसे राजस आहारका और तामस व्यक्तिको प्रिय होनेसे तामस आहारका वर्णन हुआ है (१७।८—१०)। अतः गीतामें जहाँ-जहाँ आहारकी बात आयी है, वहाँ-वहाँ भगवान्‌ने आहारीका ही वर्णन किया है; जैसे—**'नियताहाराः'** (४।३०) पदमें नियमित आहार करनेवालेका, **'नात्यश्नतस्तु योगोऽस्ति न चैकान्तमनश्नतः'** (६।१६) पदोंमें अधिक खानेवाले और बिलकुल न खानेवालेका, **'युक्ताहारविहारस्य'** (६।१७) पदमें नियमित खानेवालेका, **'यदश्नासि'** (९।२७) पदमें भोजनके पदार्थको भगवान्‌के अर्पण करनेवालेका और **'लघ्वाशी'** (१८।५२) पदमें अल्प भोजन करनेवालेका वर्णन किया गया है।

गीतामें जो तीनों (सत्त्व, रज और तम) गुणोंका वर्णन हुआ है, उनमें भी तारतम्य रहता है। सात्त्विक मनुष्यमें सत्त्वगुणकी प्रधानता होनेपर भी साथमें राजस-तामस भाव रहते हैं। राजस मनुष्यमें रजोगुणकी प्रधानता होनेपर भी साथमें सात्त्विक-तामस भाव रहते हैं। तामस मनुष्यमें तमोगुणकी प्रधानता होनेपर भी साथमें सात्त्विक-राजस भाव रहते हैं। इसका कारण यह है कि सम्पूर्ण सृष्टि त्रिगुणात्मक है (१८।४०)। दो गुणोंको दबाकर एक गुण प्रधान होता है (१४।१०)। अतः सात्त्विक मनुष्यको सात्त्विक पदार्थ स्वाभाविक प्रिय लगनेपर भी तीनों गुणोंका मिश्रण रहनेसे अथवा पहले राजस-तामस पदार्थोंके सेवनके अभ्याससे अथवा शरीरमें किसी पदार्थकी कमी होनेसे अथवा शरीर बीमार हो जानेसे कभी-कभी राजस-तामस भोजनकी इच्छा हो जाती है। जैसे, खूब नमक या नमकीन पदार्थ पानेकी मनमें आ जाती है अथवा अधपका साग आदि पदार्थ पानेकी मनमें आ जाती है।

राजस मनुष्यको राजस पदार्थ स्वाभाविक प्रिय लगनेपर भी तीनों गुणोंका मिश्रण रहनेसे अथवा पहले सात्त्विक-तामस पदार्थोंके सेवनके अभ्याससे अथवा अन्य किसी कारणसे कभी-कभी सात्त्विक-तामस पदार्थोंकी इच्छा हो जाती है। जैसे, पहले दूध, काजू, पिस्ता, बादाम आदिका सेवन किया है, तो बीमारीके कारण शरीर कमजोर होनेपर बल बढ़ानेके लिये उन सात्त्विक पदार्थोंकी इच्छा हो जाती है। ऐसे ही कभी-कभी लहसुन, प्याज आदि तामस पदार्थोंकी भी इच्छा हो जाती है।

तामस मनुष्यको तामस पदार्थ स्वाभाविक प्रिय लगनेपर भी शरीरमें कमजोरी आ जाने आदि कारणोंसे दूध, घी आदि सात्त्विक तथा खट्टे, नमकीन आदि राजस पदार्थोंकी इच्छा हो जाती है।

सात्त्विक मनुष्यकी पूर्वसंस्कार आदिके कारण राजस-तामस भोजनकी इच्छा हो जानेपर भी वह इच्छा राजस-तामस पदार्थोंका सेवन करनेके लिये बाध्य नहीं करती; क्योंकि उसमें सत्त्वगुणकी प्रधानता रहनेसे विवेक जाग्रत् रहता है। इतना ही नहीं, सात्त्विक पदार्थ स्वाभाविक प्रिय होनेपर भी उसमें सात्त्विक पदार्थोंकी प्रबल इच्छा नहीं रहती। तीव्र वैराग्य होनेपर तो

सात्त्विक पदार्थोंकी भी उपेक्षा हो जाती है। राजस मनुष्यमें शरीरको पुष्ट एवं ठीक रखनेवाले सात्त्विक तथा तामस पदार्थोंकी इच्छा हो जाती है। रागकी प्रधानता होनेसे यह इच्छा उन पदार्थोंका सेवन करनेके लिये उसको बाध्य कर देती है। तामस मनुष्यमें भी सात्त्विक-राजस मनुष्योंके संगसे सात्त्विक-राजस पदार्थोंके सेवनकी इच्छा (रुचि) हो जाती है; परन्तु मोह-मूढ़ताकी प्रधानता होनेसे इस इच्छाका उसपर विशेष असर नहीं होता।

सात्त्विक मनुष्य भी अगर सात्त्विक पदार्थों (भोजन)-का रागपूर्वक अधिक मात्रामें सेवन करेगा, तो वह भोजन राजस हो जायगा, जो परिणाममें दुःख, शोक एवं रोगोंको देनेवाला हो जायगा। अगर वह लोभमें आकर अधिक मात्रामें पदार्थोंका सेवन करेगा तो वह सात्त्विक भोजन भी तामस हो जायगा, जो अधिक निद्रा, आलस्यमें लगा देगा।

राजस मनुष्य भी अगर राजस भोजनको रागपूर्वक करेगा तो परिणाममें रोग, पेटमें जलन आदि होंगे। अगर वह उन्हीं पदार्थोंका सेवन अधिक मात्रामें करेगा तो जलन, दुःख, रोग आदिके साथ-साथ निद्रा, आलस्य आदि भी बढ़ जायँगे। अगर वह विवेक-विचारसे उसी भोजनको थोड़ी मात्रामें करेगा तो उसका परिणाम राजस (दुःख, शोक आदि) न होकर सात्त्विक होगा अर्थात् अन्तःकरणमें निर्मलता, शरीरमें हलकापन, ताजगी आदि होंगे। निद्रा कम आयेगी, आलस्य नहीं आयेगा; क्योंकि उसने युक्ताहार किया है।

तामस मनुष्य अगर तामस भोजनको मोहपूर्वक करेगा तो तामसी वृत्तियाँ ज्यादा पैदा होंगी। अगर उसी भोजनको वह थोड़ी मात्रामें करेगा तो वैसी वृत्तियाँ पैदा नहीं होंगी, सामान्य वृत्तियाँ रहेंगी अर्थात् अधिक मोहित करनेवाली वृत्तियाँ नहीं होंगी।

भोजनके पदार्थ सात्त्विक होनेपर भी अगर वे न्याययुक्त एवं सच्ची कमाईके नहीं होंगे, प्रत्युत निषिद्ध रीतिसे पैदा किये होंगे, तो उनका नतीजा अच्छा नहीं होगा। वे कुछ-न-कुछ राजसी-तामसी वृत्तियाँ पैदा करेंगे, जिससे पदार्थोंमें राग बढ़ेगा, निद्रा-आलस्य भी ज्यादा होंगे। अतः भोजनके पदार्थ सात्त्विक हों, सच्ची कमाईके हों, पवित्रतापूर्वक बनाये जायँ और भगवान्‌को भोग लगाकर शान्तिपूर्वक थोड़ी मात्रामें पाये जायँ तो उनका नतीजा बहुत ही अच्छा होता है।

राजस भोजन न्याययुक्त और सच्ची कमाईका होनेपर भी तत्काल तो भोजनका ही असर होगा अर्थात् पेटमें जलन आदि होंगे। कारण कि भोज्य पदार्थोंका शरीरके साथ ज्यादा सम्बन्ध होता है। परन्तु भोजन सच्ची कमाईका होनेसे परिणाममें वृत्तियाँ अच्छी बनेंगी और राजसी वृत्तियाँ ज्यादा देर नहीं ठहरेंगी। वृत्तियोंमें शोक, चिन्ता आदिकी तीव्रता नहीं रहेगी, शान्ति रहेगी।

तामस भोजन सच्ची कमाईका होनेपर भी तामसी वृत्तियाँ तो बनेंगी ही। हाँ, सच्ची कमाईका होनेसे तामसी वृत्तियोंका स्थायित्व नहीं रहेगा, कभी-कभी सात्त्विक वृत्तियाँ भी आ जायँगी।

सात्त्विक मनुष्यमें विवेक जाग्रत् रहता है; अतः वह पहले भोजनके परिणामको देखता है अर्थात् उसकी दृष्टि पहले परिणामकी तरफ ही जाती है। इसलिये सात्त्विक आहारमें पहले फल (परिणाम)-का और पीछे भोजनके पदार्थोंका वर्णन हुआ है (१७। ८)। राजस मनुष्यमें राग रहता है, भोज्य पदार्थोंकी आसक्ति रहती है; अतः उसकी दृष्टि पहले भोजनके पदार्थोंकी तरफ ही जाती है। इसलिये राजस आहारमें पहले भोज्य पदार्थोंका और पीछे फल (परिणाम)-का वर्णन हुआ है (१७।९)। तामस मनुष्यमें मोह—मूढ़ता रहती है; अतः वह मोहपूर्वक ही भोजन करता है। इसलिये तामस आहारमें केवल तामस पदार्थोंका ही वर्णन आया है; फल (परिणाम)-का वर्णन आया ही नहीं (१७।१०)।

किसी भी वर्ण, आश्रम, सम्प्रदायका मनुष्य क्यों

न हो, अगर वह पारमार्थिक मार्गमें लगेगा, साधन करेगा तो उसकी रुचि (प्रियता) स्वाभाविक ही सात्त्विक आहारमें होगी, राजस-तामस आहारमें नहीं। सात्त्विक आहार करनेसे वृत्तियाँ सात्त्विक बनती हैं और सात्त्विक वृत्तियोंसे सात्त्विक आहारमें प्रियता होती है।

कर्मयोगीमें निष्कामभावकी, ज्ञानयोगीमें विवेकपूर्वक त्यागकी और भक्तियोगीमें भगवद्भावकी मुख्यता रहती है। उनके सामने भोजनके पदार्थ आनेपर भी उन पदार्थोंमें उनका खिंचाव, प्रियता पैदा नहीं होती। जैसे, कर्मयोगीके सामने भोजन आ जाय तो उसमें सुख एवं भोग-बुद्धि न रहनेसे वह रागपूर्वक भोजन नहीं करता; अत: भोजनमें सात्त्विकताकी कमी रहनेपर भी निष्कामभाव होनेसे भोजनमें सांगोपांग सात्त्विकता आ जाती है। ज्ञानयोगी सम्पूर्ण पदार्थोंसे विवेकपूर्वक सम्बन्ध-विच्छेद करता है; अत: भोज्य पदार्थोंसे सम्बन्ध न रहनेके कारण वह जो भोजन करता है, वह सात्त्विक हो जाता है। भक्तियोगी भोज्य पदार्थोंको पहले भगवान्‌के अर्पण करके फिर उनको प्रसादरूपसे ग्रहण करता है, अत: वह भोजन सात्त्विक हो जाता है।

ज्ञातव्य

प्रश्न—आयुर्वेद और धर्मशास्त्रमें विरोध क्यों है? जैसे, आयुर्वेद अरिष्ट, आसव, मदिरा, मांस आदिका विधान करता है और धर्मशास्त्र इनका निषेध करता है; ऐसा क्यों?

उत्तर—शास्त्र चार प्रकारके हैं—नीतिशास्त्र, आयुर्वेदशास्त्र, धर्मशास्त्र और मोक्षशास्त्र। **'नीतिशास्त्र'**-में धन-सम्पत्ति, जमीन-जायदाद, वैभव आदिको प्राप्त करनेका एवं रखनेका उद्देश्य ही मुख्य है। नीतिशास्त्रमें कूटनीतिका वर्णन भी आता है, जिसमें दूसरोंके साथ छल-कपट, विश्वासघात आदि करनेकी बात भी आती है, जो कि ग्राह्य नहीं है। **'आयुर्वेदशास्त्र'** में शरीरकी ही मुख्यता है, अत: उसमें वही बात आती है, जिससे शरीर ठीक रहे। वह बात कहीं-कहीं धर्मशास्त्रसे विरुद्ध भी पड़ती है। **'धर्मशास्त्र'**-में सुखभोगकी मुख्यता है; अत: उसमें वही बात आती है, जिससे यहाँ भी सुख हो और परलोकमें भी (स्वर्गादि लोकोंमें) सुख हो। **'मोक्षशास्त्र'** में जीवके कल्याणकी मुख्यता है; अत: उसमें वही बात आती है, जिससे जीवका कल्याण (उद्धार) हो जाय। मोक्षशास्त्रमें धर्मविरुद्ध बात नहीं आती। उसमें सकामभावका भी वर्णन आता है, पर उसकी उसमें महिमा नहीं कही गयी है, प्रत्युत निन्दा ही की गयी है। कारण कि साधकमें जबतक सकामभाव रहता है, तबतक परमात्मप्राप्तिमें देरी लगती ही है। इहलोक और परलोकके सुखकी कामनाका त्याग करनेपर धर्मशास्त्र भी मोक्षमें सहायक हो जाता है।

आयुर्वेदमें शरीरकी ही मुख्यता रहती है। अत: किसी भी तरहसे शरीर स्वस्थ, नीरोग रहे—इसके लिये आयुर्वेदमें जड़ी-बूटियोंसे बनी दवाइयोंके तथा मांस, मदिरा, आसव आदिके सेवनका विधान आता है। धर्मशास्त्रमें सुखभोगकी मुख्यता रहती है; अत: उसमें भी स्वर्ग आदिकी प्राप्तिके लिये किये जानेवाले अश्वमेध आदि यज्ञोंमें पशुबलिका, हिंसाका वर्णन आता है। वैदिक मन्त्रोंके द्वारा विधि-विधानसे की हुई (वैदिकी) हिंसाको हिंसा नहीं माना जाता। हिंसा न माननेपर भी हिंसाका पाप तो लगता ही है।* इसके सिवा मांसका सेवन करते-करते मनुष्यका स्वभाव बिगड़ जाता है। फिर उसमें परलोककी प्रधानता न रहकर स्थूलशरीरकी प्रधानता हो जाती है और वह शास्त्रीय विधानके बिना भी मांसका सेवन करने लग जाता है।

आयुर्वेदमें हिंसाकी सीमा नहीं होती; क्योंकि उसमें स्थूलशरीरको ठीक रखनेकी मुख्यता है। अत: उसमें परलोकके बिगड़नेकी परवाह नहीं होती।

* शतक्रतु इन्द्र (सौ यज्ञ करके इन्द्र बननेवाला) भी दु:खी होता है, उसपर भी आफत आती है। उसके मनमें भी ईर्ष्या, भय, अशान्ति आदि होते हैं कि मेरा पद कोई छीन न ले आदि। यह वैदिकी हिंसाके पापका ही फल है।

धर्मशास्त्रमें सीमित हिंसा होती है। जिससे परलोक बिगड़ जाय, ऐसी हिंसा नहीं होती। परंतु धर्मशास्त्रमें मनुष्यके कल्याण (मोक्ष)-की परवाह नहीं होती। तात्पर्य है कि आयुर्वेद और धर्मशास्त्र—दोनों ही प्रकृतिके राज्यमें हैं। जबतक अन्त:करणमें नाशवान् पदार्थोंका महत्त्व रहता है, तबतक मनुष्य पापसे, हिंसासे बच ही नहीं सकता। वह अपनी भी हिंसा (पतन) करता है और दूसरोंकी भी। परन्तु जिसमें सकामभाव नहीं है, उसके द्वारा हिंसा नहीं होती। अगर उसके द्वारा हिंसा हो भी जाय, तो भी उसको पाप नहीं लगता; क्योंकि पाप कामना (राग)-में ही है, क्रियामें नहीं।

लोगोंकी प्राय: ऐसी धारणा बन गयी है कि औषधरूपमें मांस आदि अशुद्ध चीज खाना बुरा नहीं है। परंतु ऐसा माननेवाले वे ही लोग हैं, जिनका केवल शरीरको ठीक रखनेका, सुख-आरामका ही लक्ष्य है; जो धर्मकी अथवा अपने कल्याणकी परवाह नहीं करते। औषधरूपमें भी अभक्ष्य-भक्षण करनेसे हिंसा और अपवित्रता तो आ ही जाती है। अत: औषधरूपमें भी अभक्ष्य-भक्षण नहीं करना चाहिये।

प्रश्न—अगर शरीर रहेगा तो मनुष्य साधन-भजन करेगा; अत: अभक्ष्य-भक्षण करनेसे अगर शरीर बच जाय तो क्या हानि है?

उत्तर—अभक्ष्य-भक्षण करनेसे शरीर बच जाय, मौत टल जाय—यह कोई नियम नहीं है। अगर आयु शेष होगी तो शरीर बच जायगा और आयु शेष नहीं होगी तो शरीर नहीं बचेगा; क्योंकि शरीरका बचना अथवा न बचना प्रारब्धके अधीन है, वर्तमानके कर्मोंके अधीन नहीं। अभक्ष्य-भक्षणसे शरीर बच नहीं सकता, केवल शरीरकी किंचित् पुष्टि हो सकती है, पर अभक्ष्य-भक्षणसे जो पाप होगा, उसका दण्ड तो भोगना ही पड़ेगा।

मनुष्य साधन-भजनका तो केवल बहाना बनाता है, वास्तवमें तो शरीरमें राग-आसक्ति रहनेसे ही वह अशुद्ध दवाइयोंका सेवन करता है। जिसका शरीरमें राग नहीं है, जिसका उद्देश्य अपना कल्याण करना है, वह प्रतिक्षण नष्ट होनेवाले शरीरके लिये अशुद्ध चीजोंका सेवन करके पाप क्यों करेगा?

प्रश्न—आजकल कई लोग जीवरहित अण्डा खानेमें दोष नहीं मानते; यह कहाँतक उचित है?

उत्तर—जीवरहित होनेपर भी वह साग-सब्जीकी तरह शुद्ध नहीं है, प्रत्युत महान् अशुद्ध है; क्योंकि वह अण्डा महान् अपवित्र रज (रक्त) और मांससे ही बनता है।

माताएँ-बहनें जब रजस्वला हो जाती हैं, तब उनको हम छूते भी नहीं, दूरसे ही नमस्कार करते हैं; क्योंकि उनको छूनेसे अपवित्रता आती है। रजस्वला स्त्रीकी छाया पड़नेसे साँप अन्धे हो जाते हैं और पापड़ काले पड़ जाते हैं। जलाशयको छूनेसे उसमें जीव-जन्तु पैदा हो जाते हैं। अन्न, वस्त्र आदिको छूनेसे वे अपवित्र हो जाते हैं। कारण कि रजस्वला स्त्रीके शरीरसे जहर निकलता है, जिसके निकल जानेपर वह शुद्ध हो जाती है। इस प्रकार जिस रजको अपवित्र मानते हैं, उसी रजसे अण्डा बनता है। अत: अण्डा खानेवालेमें वह अपवित्रता आयेगी ही।

जो व्यक्ति जीवरहित अण्डा खाने लग जायगा, वह फिर जीववाला अण्डा भी खाने लगेगा। इसके सिवाय जीवरहित अण्डोंमें जीववाले अण्डोंकी मिलावट न हो—इसका भी क्या पता? अत: प्रत्येक दृष्टिसे अण्डा खाना निषिद्ध है, पाप है।

प्रश्न—जड़ी-बूटियाँ उखाड़नेमें भी हिंसा होती है। अत: उनसे बनी हुई दवाइयाँ लेनी चाहिये या नहीं?

उत्तर—चतुर्थाश्रमी संन्यासी, त्यागी अगर जड़ी-बूटियोंसे बनी शुद्ध दवाई भी न लें तो अच्छा है; क्योंकि उनमें त्याग ही मुख्य है। ऐसे तो त्याग सबके लिये ही अच्छा है, पर गृहस्थ आदि यदि जड़ी-बूटियोंसे बनी दवाइयाँ लें तो उनके लिये उतना दोष नहीं है। जैसे, जो खेती आदि करते हैं, उनके द्वारा अनेक जीव-जन्तुओंकी हिंसा होती है, पर उस हिंसाका उतना दोष नहीं लगता; क्योंकि खेतीसे

उत्पन्न होनेवाले अन्न आदिके द्वारा प्राणियोंका जीवन चलता है। ऐसे ही जो लोग जड़ी-बूटियाँ उखाड़ते हैं, उनके द्वारा हिंसा तो होती है, पर उसका उतना दोष नहीं लगता, क्योंकि उस ओषधिके द्वारा लोगोंको नीरोगता प्राप्त होती है।

पद्मपुराणमें आता है कि मनुष्य किसी भी जलाशयका पानी पीये तो उस जलाशयमेंसे थोड़ी-सी मिट्टी निकालकर किनारेपर डाल दे। इसका तात्पर्य यह है कि वह जलाशय किसी दूसरे व्यक्तिने खुदवाया है। अतः उसमेंसे मिट्टी निकालनेसे जलाशयके खोदनेमें हमारा भी हिस्सा हो जायगा, जिससे उस जलाशयका पानी पीने (पराया हक लेने)-का दोष हमें नहीं लगेगा। ऐसे ही जो जड़ी-बूटियाँ औषध बनानेके काममें आती हों, उनको जल आदिसे पुष्ट करना चाहिये, उनकी विशेष रक्षा करनी चाहिये, उनको निरर्थक नहीं उखाड़ना चाहिये।

प्रश्न—रोग किस प्रकार पैदा होते हैं?

उत्तर—रोग दो प्रकारसे पैदा होते हैं—प्रारब्धसे और कुपथ्यसे। पुराने पापोंका फल भुगतानेके लिये शरीरमें जो रोग पैदा हो जाते हैं, वे 'प्रारब्धजन्य' हैं। जो रोग निषिद्ध खान-पानसे, आहार-विहारसे पैदा होते हैं, वे 'कुपथ्यजन्य' हैं।

प्रश्न—रोगकी हम कैसे पहचान करें कि यह रोग तो प्रारब्धजन्य है और यह रोग कुपथ्यजन्य है?

उत्तर—पथ्यका सेवन करनेसे, संयमपूर्वक रहनेसे और दवाई लेनेसे भी जो रोग मिटता नहीं, उसको 'प्रारब्धजन्य' जानना चाहिये। दवाई और पथ्यका सेवन करनेसे जो रोग मिट जाता है, उसको 'कुपथ्यजन्य' जानना चाहिये।

कुपथ्यजन्य रोग चार प्रकारके होते हैं—साध्य, कृच्छ्र-साध्य, याप्य और असाध्य। जो रोग दवाई लेनेसे मिट जाते हैं, वे 'साध्य' हैं। जो रोग कई दिनतक दवाई और पथ्यका विशेषतासे सेवन करनेपर दूर होते हैं, वे 'कृच्छ्र-साध्य' हैं। जो रोग पथ्य आदिका सेवन करते रहनेसे दबे रहते हैं, जड़से नहीं मिटते वे 'याप्य' हैं। जो रोग दवाई आदिका सेवन करनेपर भी मिटते नहीं, वे 'असाध्य' हैं।

प्रारब्धसे होनेवाला रोग तो असाध्य होता ही है, कुपथ्यसे होनेवाला रोग भी कभी-कभी असाध्य हो जाता है। ऐसे असाध्य रोग प्रायः दवाइयोंसे दूर नहीं होते। किसी सन्तके आशीर्वादसे, मन्त्रोंके प्रबल अनुष्ठानसे, भगवत्कृपासे ऐसे रोग दूर हो सकते हैं।

प्रश्न—कुपथ्यजन्य रोगके असाध्य होनेमें क्या कारण है?

उत्तर—इसमें कई कारण हो सकते हैं; जैसे—(१) रोग बहुत दिनका (पुराना) हो जाय, (२) तात्कालिक रुचिके कारण रोगी कुपथ्यका सेवन कर ले, (३) दवाइयोंके बनानेमें मात्रा आदिकी कमी रह जाय, (४) जिन जड़ी-बूटियों आदिसे दवाइयाँ बनायी जायँ, वे पुरानी हों, ताजी न हों, (५) रोगीका वैद्यपर और औषधपर विश्वास न हो, (६) रोगी खान-पान आदिमें संयम नहीं रखे, (७) रोगी ब्रह्मचर्यका पालन नहीं करे, आदि-आदि कारणोंसे कुपथ्यजन्य रोग भी जल्दी नहीं जाते।

जो रोगी बार-बार तरह-तरहकी दवाइयाँ लेता रहता है, दवाइयोंका अधिक मात्रामें सेवन करता है, उसको दवाइयोंसे विशेष लाभ नहीं होता; क्योंकि दवाइयाँ उसके लिये आहाररूप हो जाती हैं। देहातमें रहनेवाले प्रायः दवाई नहीं लेते, पर कभी वे दवाई ले लें तो उनपर दवाई बहुत जल्दी असर करती है। जो मदिरा, चाय आदि नशीली वस्तुओंका सेवन करते हैं, उनकी आँतें खराब हो जाती हैं, जिससे उनके शरीरपर दवाइयाँ असर नहीं करतीं। जो धर्मशास्त्र और आयुर्वेदशास्त्रके विरुद्ध खान-पान, आहार-विहार करता है, उसका कुपथ्यजन्य रोग दवाइयोंका सेवन करनेपर भी दूर नहीं होता।

कुपथ्यका त्याग और पथ्यका सेवन करना तथा संयमसे रहना—ये तीनों बातें दवाइयोंसे भी बढ़कर रोग दूर करनेवाली हैं।

रोगीके साथ खाने-पीनेसे, रोगीके पात्रमें भोजन करनेसे, रोगीके आसनपर बैठनेसे, रोगीके वस्त्र आदिको काममें लेने आदिसे ऐसे संकर (मिश्रित) रोग हो जाते हैं, जिनकी पहचान करना बड़ा कठिन हो जाता है। जब रोगकी पहचान ही नहीं होगी, तो फिर उसपर दवा कैसे काम करेगी?

युगके प्रभावसे जड़ी-बूटियोंकी शक्ति क्षीण हो गयी है। कई दिव्य जड़ी-बूटियाँ लुप्त हो गयी हैं। दवाइयाँ बनानेवाले ठीक ढंगसे दवाइयाँ नहीं बनाते और पैसोंके लोभमें आकर जिस दवाईमें जो चीज मिलानी चाहिये, उसे न मिलाकर दूसरी ही चीज मिला देते हैं। अतः उस दवाईका वैसा गुण नहीं होता।

देहातमें रहनेवाले मनुष्य खेतीका, परिश्रमका काम करते हैं तथा माताएँ-बहनें घरमें चक्की चलाती हैं, परिश्रमका काम करती हैं और उनको अन्न, जल, हवा आदि भी शुद्ध मिलते हैं; अतः उनको कुपथ्यजन्य रोग नहीं होते। परन्तु जो शहरमें रहनेवाले हैं, वे शारीरिक परिश्रम भी नहीं करते और उनको शुद्ध अन्न, जल, हवा आदि भी नहीं मिलते; अतः उनको कुपथ्यजन्य रोग होते हैं। हाँ, प्रारब्धजन्य रोग तो सबको ही होते हैं, चाहे वे देहाती हों, चाहे शहरी।

मनुष्यको शास्त्रकी आज्ञाके अनुसार शुद्ध दवाइयोंका सेवन करना चाहिये। अगर कोई साधु, संन्यासी, गृहस्थ रोगी होनेपर भी दवाई न ले तो इससे भी रोग दूर हो जाता है; क्योंकि दवाई न लेना भी एक तप है, जिससे रोग दूर होते हैं। जो रोगोंके कारण दुःखी, अप्रसन्न रहता है, उसपर रोग ज्यादा असर करते हैं। परन्तु जो भजन-स्मरण करता है, संयमसे रहता है, प्रसन्न रहता है, उसपर रोग ज्यादा असर नहीं करते। चित्तकी प्रसन्नतासे उसके रोग नष्ट हो जाते हैं।

प्रारब्धजन्य रोगके मिटनेमें दवाई तो केवल निमित्तमात्र बनती है। मूलमें तो प्रारब्धकर्म समाप्त होनेसे ही रोग मिटता है। जिन कर्मोंके कारण रोग हुआ है, उन कर्मोंसे बढ़कर कोई पुण्यकर्म, प्रायश्चित्त, मन्त्र आदिका अनुष्ठान किया जाय तो प्रारब्धजन्य रोग मिट जाता है। परन्तु इसमें प्रारब्धके बलाबलका प्रभाव पड़ता है अर्थात् प्रारब्धकी अपेक्षा अनुष्ठान प्रबल हो तो रोग मिट जाता है और अनुष्ठानकी अपेक्षा प्रारब्ध प्रबल हो तो रोग नहीं मिटता अथवा थोड़ा ही लाभ होता है।

प्रश्न—गलितकुष्ठ, प्लेग आदिसे ग्रस्त रोगियोंके सम्पर्कमें आनेसे किसीको ये रोग हो जायँ तो इसमें उसका प्रारब्ध कारण है या कुछ और?

उत्तर—जिनका प्रारब्ध कच्चा है अर्थात् प्रारब्धकर्मके अनुसार जिनको रोग होनेवाला है, उन्हींको ये रोग होते हैं, सबको नहीं। प्रारब्धसे होनेवाले रोगोंमें गलितकुष्ठ आदिके रोगियोंका सम्पर्क केवल निमित्त बन जाता है।

प्रश्न—रोगोंको मिटानेके लिये कौन-सी चिकित्सा करनी चाहिये?

उत्तर—चिकित्सा पाँच प्रकारकी होती है—मानवीय, प्राकृतिक, यौगिक, दैवी और राक्षसी। जड़ी-बूटी आदिसे बनी औषधसे जो इलाज किया जाता है, वह '**मानवीय चिकित्सा**' है। अन्न, जल, हवा, धूप, मिट्टी आदिके द्वारा जो इलाज किया जाता है, वह '**प्राकृतिक चिकित्सा**' है। व्यायाम, आसन, प्राणायाम, संयम, ब्रह्मचर्य आदिके द्वारा रोगोंको दूर करना '**यौगिक चिकित्सा**' है। मन्त्र, तन्त्र आदिसे तथा आशीर्वादके द्वारा रोगोंको दूर करना '**दैवी चिकित्सा**' है। चीड़-फाड़ (ऑपरेशन) आदिसे जो इलाज किया जाता है, वह '**राक्षसी चिकित्सा**' है। इन सबमें शरीरके लिये, रोगोंको हटानेके लिये 'यौगिक चिकित्सा' ही श्रेष्ठ है; क्योंकि इसमें खर्चा नहीं है, पराधीनता भी नहीं है और आसन, प्राणायाम, संयम आदि करनेसे शरीरमें रोग भी नहीं होते।

प्रश्न—व्यायाम, आसन, प्राणायाम आदि करनेसे कौनसे रोग नहीं होते—कुपथ्यजन्य या प्रारब्धजन्य?

उत्तर—आसन, प्राणायाम, संयम, ब्रह्मचर्यपालन आदिसे कुपथ्यजन्य रोग तो होते ही नहीं और प्रारब्धजन्य रोगोंमें भी उतनी तेजी नहीं रहती, उनका शरीरपर कम प्रभाव होता है। कारण कि आसन, प्राणायाम आदि भी कर्म हैं; अतः उनका भी फल होता है।

प्रश्न—व्यायाम और आसनमें क्या भेद है?

उत्तर—व्यायामके ही दो भेद हैं—(१) कुश्तीका व्यायाम; जैसे—दण्ड-बैठक आदि और (२) आसनोंका (यौगिक) व्यायाम; जैसे—शीर्षासन, सर्वांगासन, मत्स्यासन आदि।

जो लोग कुश्तीका व्यायाम करते हैं, उनकी मांसपेशियाँ मजबूत, कठोर हो जाती हैं; और जो लोग आसनोंका व्यायाम करते हैं, उनकी मांसपेशियाँ लचकदार, नरम हो जाती हैं। दूसरी बात, जो लोग कुश्तीका व्यायाम करते हैं, उनका शरीर जवानीमें तो अच्छा रहता है, पर वृद्धावस्थामें व्यायाम न करनेसे उनके शरीरमें, सन्धियोंमें पीड़ा होने लगती है। परन्तु जो लोग आसनोंका व्यायाम करते हैं, उनका शरीर जवानीमें तो ठीक रहता ही है, वृद्धावस्थामें अगर वे आसन न करें तो भी उनके शरीरमें पीड़ा नहीं होती।* इसके सिवा आसनोंका व्यायाम करनेसे नाड़ियोंमें रक्तप्रवाह अच्छी तरहसे होता है, जिससे शरीर नीरोग रहता है। ध्यान आदि करनेमें भी आसनोंका व्यायाम बहुत सहायक होता है। अतः आसनोंका व्यायाम करना ही उचित मालूम देता है।

प्रश्न—लोगोंका कहना है कि आसन करनेसे शरीर कृश हो जाता है, क्या यह ठीक है?

उत्तर—हाँ, ठीक है; परन्तु आसनसे शरीर कृश होनेपर भी शरीरमें निर्बलता नहीं आती। आसन करनेसे शरीर नीरोग रहता है, शरीरमें स्फूर्ति आती है, शरीरमें हलकापन रहता है। आसन न करनेसे शरीर स्थूल हो सकता है, पर स्थूल होनेसे शरीरमें भारीपन रहता है, शरीरमें शिथिलता आती है, काम करनेमें उत्साह कम होता है, चलने-फिरने आदिमें परिश्रम होता है, उठने-बैठनेमें कठिनता होती है, बिस्तरपर पड़े रहनेका मन करता है, शरीरमें रोग भी ज्यादा होते हैं। अतः शरीरकी स्थूलता इतनी श्रेष्ठ नहीं है, जितनी कृशता श्रेष्ठ है। किसीका शरीर कृश है, पर नीरोग है और किसीका शरीर स्थूल है, पर रोगी है, तो दोनोंमें शरीरका कृश होना ही अच्छा है।

प्रश्न—आसनोंका व्यायाम करना किन लोगोंके लिये ज्यादा उपयोगी है?

उत्तर—जो लोग खेतीका, परिश्रमका काम करते हैं, उनका तो स्वाभाविक ही व्यायाम होता रहता है और उनको हवा भी शुद्ध मिल जाती है; अतः उनके लिये व्यायामकी जरूरत नहीं है। परन्तु जो लोग बौद्धिक काम करते हैं; दूकान, ऑफिस आदिमें बैठे रहनेका काम करते हैं, उनके लिये आसनोंका व्यायाम करना बहुत उपयोगी होता है।

प्रश्न—व्यायाम कितना करना चाहिये?

उत्तर—कुश्तीके व्यायाममें तो दण्ड-बैठक करते-करते शरीर गिर जाय, थक जाय तो वह व्यायाम अच्छा होता है। परन्तु आसनोंके व्यायाममें ज्यादा जोर नहीं लगाना चाहिये, प्रत्युत शरीरमें कुछ परिश्रम मालूम देनेपर आसन करना बन्द कर देना चाहिये। आसनोंका व्यायाम करते समय भी बीच-बीचमें शवासन करते रहना चाहिये।

प्रश्न—व्यायाम किस जगह करना चाहिये?

उत्तर—जहाँ शुद्ध हवा हो, जंगल हो, वहाँ व्यायाम करनेसे विशेष लाभ होता है। कुश्तीके व्यायाममें तो अगर शुद्ध हवा न मिले तो भी काम चल सकता है, पर आसनोंके व्यायाममें शुद्ध हवाका होना जरूरी है। जो लोग शहरोंमें रहते हैं, वे लोग मकानकी छतपर अथवा कमरेमें हलका-सा पंखा चलाकर आसन कर सकते हैं।

* वृद्धावस्थामें भी आसनोंका सूक्ष्म (हलका) व्यायाम करना चाहिये, इससे शरीरमें स्फूर्ति, हलकापन रहेगा।

प्रश्न—व्यायाम करनेवालोंको किस वस्तुका सेवन करना चाहिये?

उत्तर—कुश्तीका व्यायाम करनेवालोंको दूध, घी आदिका खूब सेवन करना चाहिये। दूध, घी आदि लेते हुए अगर उल्टी हो जाय तो भी उसकी परवाह नहीं करनी चाहिये, पर जितना पचा सकें, उतना तो लेना ही चाहिये। परन्तु आसनोंके व्यायाममें शुद्ध, सात्त्विक तथा थोड़ा आहार करना चाहिये (६। १७)।

प्रश्न—शरीरमें शक्ति कम होनेपर ज्यादा रोग होते हैं—यह बात कहाँतक ठीक है?

उत्तर—इस विषयमें दो मत हैं—आयुर्वेदका मत और धर्मशास्त्रका मत। आयुर्वेदकी दृष्टि शरीरपर ही रहती है; अतः वह 'शरीरमें शक्ति कम होनेपर रोग ज्यादा पैदा होते हैं'—ऐसा मानता है। परन्तु धर्मशास्त्रकी दृष्टि शुभ-अशुभ-कर्मोंपर रहती है; अतः वह रोगोंके होनेमें पाप-कर्मोंको ही कारण मानता है।

जब मनुष्योंके क्रियमाण (कुपथ्यजन्य)-कर्म अथवा प्रारब्ध (पाप)-कर्म अपना फल देनेके लिये आ जाते हैं, तब कफ, वात और पित्त—ये तीनों विकृत होकर रोगोंको पैदा करनेमें हेतु बन जाते हैं और तभी भूत-प्रेत भी शरीरमें प्रविष्ट होकर रोग पैदा कर सकते हैं; कहा भी है—

वैद्या वदन्ति कफपित्तमरुद्विकारान्
ज्योतिर्विदो ग्रहगतिं परिवर्तयन्ति।
भूता विशन्तीति भूतविदो वदन्ति
प्रारब्धकर्म बलवन्मुनयो वदन्ति॥

'रोगोंके पैदा होनेमें वैद्यलोग कफ, पित्त और वातको कारण मानते हैं, ज्योतिषीलोग ग्रहोंकी गतिको कारण मानते हैं, प्रेतविद्यावाले भूत-प्रेतोंके प्रविष्ट होनेको कारण मानते हैं; परन्तु मुनिलोग प्रारब्धकर्मको ही बलवान् (कारण) मानते हैं।'

गीतामें भगवान्‌की उदारता

उदारा ये सृष्टौ सहितममतापाशनिहता
अतस्ते संयाता जनिमरणदुःखेषु सततम्।
विना स्वार्थं कामं स्वसकलजनानां हितकरो
भवानेकः कृष्णस्त्रिभुवनयुदारो वरतमः॥

अर्जुनने भगवान्‌के ऐश्वर्य (सशस्त्र एक अक्षौहिणी नारायणी सेना)-को छोड़कर भगवान्‌को स्वीकार किया तो उनको भगवान् भी मिले और साथ-ही-साथ ऐश्वर्य भी मिला। भगवान्‌ने अर्जुनके लिये छोटे-से-छोटा काम किया अर्थात् पाण्डवोंकी सात अक्षौहिणी सेनामें भगवान् अर्जुनके सारथि बने (१। २१)। यह भगवान्‌की कितनी उदारता है! जो अनन्त सृष्टियोंको धारण करनेवाले हैं, सबका पालन-पोषण करनेवाले हैं, वे भक्तोंके लिये मनुष्यरूप धारण कर लेते हैं (४। ६)—यह उनकी कितनी उदारता है!

जो समताका जिज्ञासु है अर्थात् समता प्राप्त करना चाहता है, वह भी वेदोंमें कहे हुए सकाम अनुष्ठानोंका, बड़े-बड़े भोगोंका अतिक्रमण कर जाता है (६। ४४)। समतावाला योगी वेदोंमें, यज्ञोंमें, तपोंमें और दानमें जितने पुण्यफल कहे गये हैं, उन सबका अतिक्रमण कर जाता है (८। २८)। समताका उद्देश्य होनेमात्रसे भगवान् उसको कितना ऊँचा पद देते हैं! भगवान्‌के विधानमें कितनी उदारता भरी हुई है!

वास्तवमें आर्त और अर्थार्थी भक्त उदार नहीं हैं;

परन्तु भगवान्‌की यह विशेष उदारता है कि जो जिस-किसी भावसे भगवान्‌में लग जाता है,भगवान्‌के सम्मुख हो जाता है, उसको भगवान् उदार मानते हैं—**'उदाराः सर्व एवैते'** (७। १८)।

प्रायः लोग दूसरोंकी श्रद्धा अपनेमें करानेके लिये कई तरहका नाटक करते हैं, दूसरोंको अपना ही दास, शिष्य बनानेके चक्करमें रहते हैं, पर भगवान्‌की यह विचित्र उदारता है कि जो अपनी कामना-पूर्तिके लिये जिस देवताकी श्रद्धापूर्वक उपासना करना चाहता है, भगवान् उसकी श्रद्धाको उसी देवताके प्रति दृढ़ कर देते हैं, और उसकी उपासनाका फल भी दे देते हैं (७। २१-२२)

अन्तसमयमें मनुष्य जिस-जिसका चिन्तन करता है, शरीर छोड़नेके बाद उस-उसको प्राप्त हो जाता है (८।६)। इस विधानमें भगवान्‌की कितनी उदारता भरी हुई है कि अन्तसमयमें जैसे हरिणका चिन्तन होनेसे भरतमुनिको हरिणकी योनि प्राप्त हो गयी, ऐसे ही भगवान्‌का चिन्तन होनेसे भगवान्‌की प्राप्ति हो जाती है। तात्पर्य है कि जिस अन्तिम चिन्तनसे हरिण आदि योनियोंकी प्राप्ति होती है, उसी चिन्तनसे भगवान्‌की प्राप्ति हो जाती है। भगवान्‌की इस उदारताका कोई पारावार नहीं है!

ब्रह्मलोकतक जितने भी लोक हैं, उनमें जानेपर फिर लौटकर आना पड़ता है, जन्म-मरणके चक्करमें जाना पड़ता है; परन्तु भगवान्‌की प्राप्ति होनेपर फिर लौटकर संसारमें नहीं आना पड़ता (८।१६)—यह भगवान्‌की कितनी महती उदारता है!

जो अनन्यभावसे भगवान्‌की उपासनामें लग जाते हैं, उनको भगवान् अप्राप्तकी प्राप्ति करा देते हैं (९।२२), चाहे वह प्राप्ति लौकिक हो अथवा पारलौकिक। लौकिक प्राप्तिमें भगवान् उनके शरीर तथा कुटुम्ब-परिवारके निर्वाहका प्रबन्ध करा देते हैं, उनकी तथा उनके कुटुम्बकी रक्षा करते हैं। परन्तु इसमें एक विलक्षण बात है कि जिनकी प्राप्ति करा देनेसे उनका हित होता हो, वे संसारमें न फँसते हों, उन चीजोंकी प्राप्ति तो भगवान् करा देते हैं; पर जिनकी प्राप्ति करा देनेसे उनका हित न होता हो, वे संसारमें फँसते हों, उन चीजोंकी प्राप्ति भगवान् नहीं कराते। जैसे, नारदजीके मनमें विवाह करनेकी आयी तो भगवान्‌ने उनका विवाह नहीं होने दिया; क्योंकि इसमें उनका हित नहीं था। अगर लौकिक प्राप्ति करानेसे उनका पतन न होता हो तो उनकी लौकिक चाहना न होनेपर भी भगवान् लौकिक प्राप्ति करा देते हैं। जैसे, ध्रुवजीने पहले सकामभावसे भगवान्‌की उपासना की। उस उपासनासे उनके मनका सकामभाव मिट गया, तो भी भगवान्‌ने उनको छत्तीस हजार वर्षके लिये राज्य दे दिया तथा ध्रुवलोक बना दिया। तात्पर्य है कि उनको अलौकिक (पारलौकिक) चीज तो भगवान् देते ही हैं, पर लौकिक चीजसे उनका भला होता हो तो लौकिक चीजकी प्राप्ति भी भगवान् करा देते हैं।

जो भक्त भक्तिभावसे पत्र, पुष्प, फल, जल आदिको भगवान्‌के अर्पण कर देता है, उसको भगवान् खा लेते हैं, यह विचार नहीं करते कि यह फल है या फूल अथवा पत्ता (९। २६)। उदारभावके कारण भगवान् भक्तके भावमें कितने बह जाते हैं! इतना ही नहीं, भक्तोंके भावमें बहकर भगवान् अपनी बिक्री भी कर देते हैं—

तुलसीदलमात्रेण जलस्य चुलुकेन वा।
विक्रीणीते स्वमात्मानं भक्तेभ्यो भक्तवत्सलः॥

—यह भगवान्‌की उदारताकी हद हो गयी!

संसारके पद, अधिकार आदि सबको समानरूपसे नहीं मिलते, प्रत्युत योग्यता आदिके अनुसार ही मिलते हैं। परन्तु भगवान्‌ने अपनी प्राप्तिके लिये इतनी उदारता कर रखी है कि पापी-से-पापी, दुराचारी-से-दुराचारी मनुष्य भी भगवान्‌का भजन कर सकता है, भगवान्‌को अपना मान सकता है, भगवान्‌की तरफ चल सकता है, भगवान्‌को प्राप्त कर सकता है (९। ३०-३१)।

जो केवल भगवान्के भजनमें ही मस्त रहते हैं, भगवान्की लीला आदिमें ही रमण करते हैं, उनकी कोई इच्छा न होनेपर भी भगवान् अपनी तरफसे उनको वह ज्ञान देते हैं, जो ज्ञान जिज्ञासुओंको भी बड़ी कठिनतासे मिलता है (१०। ११)। यह भगवान्की कितनी उदारता है!

गीतामें अर्जुन भगवान्से थोड़ी बात पूछते हैं, तो भगवान् उसका विस्तारसे उत्तर देते हैं अर्थात् अर्जुनके प्रश्नका उत्तर तो देते ही हैं, पर अपनी ओरसे और भी बातें बता देते हैं। अर्जुनने भगवान्से प्रार्थना की कि हे भगवन्! मैं आपका अविनाशी रूप देखना चाहता हूँ (११। ३), तो भगवान्ने देवरूप, उग्ररूप, अत्युग्ररूप आदि अनेक स्तरोंसे अपना अक्षय-अविनाशी विश्वरूप दिखा दिया। अगर अर्जुन भगवान्के विश्वरूपको देखकर भयभीत नहीं होते तो भगवान् न जाने अपने कितने रूप दिखाते चले जाते! यह भगवान्की कितनी उदारता है!

निर्गुण उपासना करनेवाले तो पराभक्तिसे भगवान्को तत्त्वसे जानकर भगवान्में प्रविष्ट होते हैं (१८। ५५); परन्तु जो सगुण उपासना करनेवाले हैं, उन भक्तोंको भगवान् ज्ञान भी देते हैं, दर्शन भी देते हैं और अपनी प्राप्ति भी करा देते हैं (११। ५४)। भगवान्में आविष्ट चित्तवाले भक्तोंका भगवान् स्वयं संसार-सागरसे शीघ्र उद्धार करनेवाले बन जाते हैं (१२। ७)। यह भगवान्की भक्तोंके प्रति कितनी उदारता है!

जो अविनाशी शाश्वत पद लम्बे समयतक एकान्तमें रहकर धारणा-ध्यान-समाधि करनेसे प्राप्त होता है, वही पद भक्त सांसारिक सब काम करता हुआ भी भगवान्की कृपासे अनायास ही पा लेता है (१८। ५१—५६)। जो केवल भगवान्के शरण हो जाता है, उसको भगवान् सम्पूर्ण पापोंसे मुक्त कर देते हैं (१८। ६६)। यह भगवान्की कितनी उदारता है!

जो भगवद्भक्तोंमें गीताका प्रचार करता है, वह भगवान्को ही प्राप्त होता है। उसके समान भगवान्को और कोई प्यारा नहीं है। अगर कोई प्रचार नहीं कर सकता, पर गीताका अध्ययन, पठन-पाठन करता है, उसके द्वारा भगवान् ज्ञानयज्ञसे पूजित होते हैं। जो गीताका अध्ययन भी नहीं कर सकता, केवल दोषदृष्टिरहित होकर श्रद्धापूर्वक गीताका श्रवण करता है, वह भी शरीर छूटनेके बाद भगवद्धाममें चला जाता है (१८। ६८—७१)। भगवान्की इस उदारताको क्या कहा जाय?

कोई भगवान्को माने चाहे न माने, भगवान्का मण्डन करे चाहे खण्डन करे, भगवान्का त्रिलोकीसे अस्तित्व ही उठा देना चाहे, तो भी भगवान्की बनायी हुई पृथ्वी सबको समानरूपसे आश्रय देती है। पृथ्वीपर सभी बैठते हैं, चलते हैं, टट्टी करते हैं, पेशाब करते हैं, लातों आदिसे मारते हैं, तो भी पृथ्वी उनकी गलतियोंकी तरफ खयाल नहीं करती। भगवान्के बनाये हुए जलमें कोई स्नान करे, कपड़े धोये, आचमन करे अथवा कुल्ला करे, तो भी जल समानरीतिसे सबकी प्यास मिटाता है। भगवान्की बनायी हुई अग्नि सबको समानरीतिसे प्रकाश देती है, प्राणियोंके द्वारा खाये हुए चार प्रकारके अन्नको पचाती है, प्रकाश देकर सबका भय दूर करती है। भगवान्की बनायी हुई वायु सबको समानरूपसे श्वास लेने देती है, जीने देती है, सबको समानरीतिसे बल देती है। भगवान्का बनाया हुआ आकाश सबको समानरूपसे अवकाश देता है, दसों दिशाओंमें सबको समानरूपसे फलने-फूलने और बढ़नेके लिये अवकाश देता है। इस प्रकार जिसकी बनायी हुई चीजें भी इतनी उदार हैं, वह खुद कितना उदार होगा!

कोई अपने घरमें नगरपालिकाके जलकी टोंटी लगाता है तो उसका टैक्स देना पड़ता है, पर भगवान्ने कई नदियाँ बना दी हैं, जिनका कोई टैक्स नहीं देना पड़ता। ऐसे ही कोई अपने घरमें बिजलीका तार लेता है तो उसका टैक्स देना पड़ता है, पर भगवान्ने सूर्य, चन्द्र, अग्नि आदि बना दिये हैं, जिनका कोई टैक्स नहीं देना पड़ता। सभी मुफ्तमें प्रकाश पाते हैं। यह भगवान्की असीम उदारता नहीं तो और क्या है?

भगवान्‌ने मनुष्यको शरीरादि वस्तुएँ इतनी उदारतापूर्वक और इस ढंगसे दी हैं कि मनुष्यको ये वस्तुएँ अपनी ही दीखने लगती हैं। इन वस्तुओंको अपनी ही मान लेना भगवान्‌की उदारताका दुरुपयोग करना है।

भगवान्‌में यह बात है ही नहीं कि मनुष्य मेरेको माने, तभी उसका उद्धार होगा। यह भगवान्‌की बड़ी भारी उदारता है! मनुष्य भगवान्‌को माने या न माने, इसमें भगवान्‌का कोई आग्रह नहीं है। परन्तु उसको भगवान्‌के विधानका पालन जरूर करना चाहिये, इसमें भगवान्‌का आग्रह है; क्योंकि अगर वह भगवान्‌के विधानका पालन नहीं करेगा तो उसका पतन हो जायगा (३।३२)। अतः मनुष्य अगर विधाता (भगवान्)-को न मानकर केवल विधानको माने तो भी उसका कल्याण हो जायगा। हाँ, अगर मनुष्य विधाताको मानकर उनके विधानको मानेगा तो भगवान् उसे अपने-आपको दे देंगे; परन्तु अगर वह विधाताको न मानकर उनके विधानको मानेगा तो भगवान् उसका उद्धार कर देंगे। तात्पर्य है कि विधाताको माननेवालेको प्रेमकी प्राप्ति और विधानको मनानेवालेको मुक्तिकी प्राप्ति होती है।

वास्तवमें देखा जाय तो विधानको मानना और विधाता (भगवान्)-को न मानना कृतघ्नता है। कारण कि मनुष्य जो भी साधन करता है, उसकी सिद्धि भगवत्कृपासे ही होती है। वह जो भी साधन करता है, उसमें भगवान्‌का सम्बन्ध रहता ही है। संसार भगवान्‌का, जीव भगवान्‌का, शास्त्र भगवान्‌के, विधान भगवान्‌का—सबमें भगवान्‌का ही सम्बन्ध रहता है।

गीतामें भगवान्‌की न्यायकारिता और दयालुता

संसारे यो दयालुश्च न्यायकारी भवेन्न सः।
कृष्णे दयालुता चैव वर्तेते न्यायकारिता॥

जहाँ न्याय किया जाता है, वहाँ दया नहीं हो सकती और जहाँ दया की जाती है, वहाँ न्याय नहीं हो सकता। कारण कि जहाँ न्याय किया जाता है, वहाँ शुभ-अशुभ-कर्मोंके अनुसार पुरस्कार अथवा दण्ड दिया जाता है और जहाँ दया की जाती है, वहाँ दोषीके अपराधको माफ कर दिया जाता है, उसको दण्ड नहीं दिया जाता। तात्पर्य है कि न्याय करना और दया करना—ये दोनों आपसमें विरोधी हैं। ये दोनों एक जगह रह नहीं सकते। जब ऐसी ही बात है तो फिर भगवान्‌में न्यायकारिता और दयालुता—दोनों कैसे हो सकते हैं? परन्तु यह अड़चन वहाँ आती है, जहाँ कानून (विधान) बनानेवाला निर्दयी हो। जो दयालु हो, उसके बनाये गये कानूनमें न्याय और दया—दोनों रहते हैं। उसके द्वारा किये गये न्यायमें भी दयालुता रहती है और उसके द्वारा की गयी दयामें भी न्यायकारिता रहती है। भगवान् सम्पूर्ण प्राणियोंके सुहृद् हैं—**'सुहृदं सर्वभूतानाम्'** (५।२९); अतः उनके बनाये हुए विधानमें दयालुता और न्यायकारिता—दोनों रहती हैं।

भगवान्‌ने गीतामें कहा है कि मनुष्य अन्तसमयमें जिस-जिस भावका स्मरण करता हुआ शरीर छोड़ता है, वह उसी भावको प्राप्त होता है अर्थात् अन्तिम स्मरणके अनुसार ही उसकी गति होती है (८।६)। यह भगवान्‌का न्याय है, जिसमें कोई पक्षपात नहीं है। इस न्यायमें भी भगवान्‌की दया भरी हुई है। जैसे, अन्तसमयमें अगर कोई कुत्तेका स्मरण करता हुआ शरीर छोड़ता है तो वह कुत्तेकी योनिको प्राप्त हो जाता है अगर कोई भगवान्‌का स्मरण करता हुआ शरीर छोड़ता है तो वह भगवान्‌को प्राप्त हो जाता है। तात्पर्य है कि जितने मूल्यमें कुत्तेकी योनि मिलती है, उतने ही मूल्यमें भगवान्‌की

प्राप्ति हो जाती है! इस प्रकार भगवान्‌के कानूनमें न्यायकारिता होते हुए भी महती दयालुता भरी हुई है।

सदाचारी-से-सदाचारी साधनपरायण मनुष्य अन्तसमयमें भगवान्‌का चिन्तन करता हुआ शरीर छोड़ता है तो उसको भगवत्प्राप्ति हो जाती है, ऐसे ही दुराचारी-से-दुराचारी मनुष्य भी किसी विशेष कारणसे अन्तसमयमें भगवान्‌का स्मरण करता हुआ शरीर छोड़ता है तो उसको भी भगवत्प्राप्ति हो जाती है (८।५)। यह भगवान्‌की कितनी दयालुता और न्यायकारिता है!

भगवान्‌ने कहा है कि दुराचारी-से-दुराचारी मनुष्य भी अगर मेरी तरफ चलनेका दृढ़ निश्चय करके अनन्यभावसे मेरा स्मरण करता है तो उसको साधु ही मानना चाहिये। वह बहुत जल्दी धर्मात्मा बन जाता है और सदा रहनेवाली शान्तिको प्राप्त हो जाता है (९।३०-३१)। जब दुराचारी-से-दुराचारी मनुष्य भी भगवद्‌भक्त हो सकता है और शाश्वती शान्तिको प्राप्त हो सकता है, तो फिर भगवद्‌भक्त भी दुराचारी, पापात्मा बन सकता है और उसका भी पतन हो सकता है; परन्तु भगवान्‌का कानून ऐसा नहीं है। भगवान्‌के कानूनमें बहुत ही दया भरी हुई है कि दुराचारीका तो कल्याण हो सकता है, पर भक्तका कभी पतन नहीं हो सकता—**'न मे भक्तः प्रणश्यति'** (९।३१)। इसमें भगवान्‌की न्यायकारिता और दयालुता—दोनों ही हैं।

यहाँ एक शंका हो सकती है कि अगर भक्तका कभी पतन नहीं होता, तो फिर भगवान्‌ने अर्जुनको अपना भक्त स्वीकार करते हुए ऐसा क्यों कहा कि अगर तू अहंकारके कारण मेरी बात नहीं मानेगा तो तेरा पतन हो जायगा (१८।५८)? इसका समाधान यह है कि जब भक्त अभिमानके कारण भगवान्‌की बात नहीं मानेगा, तब वह भक्त नहीं रहेगा और उसका पतन हो जायगा; परन्तु यह सम्भव ही नहीं है कि भक्त भगवान्‌की बात न माने। अर्जुनको तो भगवान्‌ने केवल धमकाया है, डराया है। वास्तवमें अर्जुनने भगवान्‌की बात मानी है और उनका पतन नहीं हुआ है (१८।७३)।

जो सकामभावसे शुभ-कर्म करता है, उसको शुभ-कर्मके अनुसार स्वर्ग आदिमें भेजना—यह भगवान्‌का न्याय है; और वहाँ पुण्यकर्मोंका फल भुगताकर उसको शुद्ध करना—यह दया है। ऐसे ही जो अशुभ-कर्म करता है, उसको नरकों और चौरासी लाख योनियोंमें भेजना—यह न्याय है; और वहाँ पापकर्मोंका फल भुगताकर उसको शुद्ध करना, उसको अपनी ओर खींचना—यह दया है। जैसे, किसीको लम्बे समयतक कोई कष्टदायक बीमारी आती है तो जब वह ठीक हो जाती है, तब उस व्यक्तिको भगवान्‌की कथा, भगवन्नाम आदि अच्छा लगता है। इस प्रकार कर्मोंके अनुसार बीमारी आना तो न्यायकारिता है और उसके फलस्वरूप भगवान्‌में रुचिका बढ़ना दयालुता है।

मनुष्य पाप, अन्याय आदि तो स्वेच्छासे करते हैं और उनके फलस्वरूप कैद, जुर्माना, दण्ड आदि परेच्छासे भोगते हैं। इसमें कर्मोंके अनुसार दण्ड आदि भोगना तो न्यायकारिता है और समय-समयपर 'मैंने गलती की, जिससे मुझे दण्ड भोगना पड़ रहा है। अगर मैं गलती न करता तो मुझे दण्ड क्यों भोगना पड़ता?'—इस तरहका जो विचार आता है, होश आता है—यह भगवान्‌की दयालुता है।

कर्मोंके अनुसार अनुकूल-प्रतिकूल परिस्थिति भेजना—यह भगवान्‌की न्यायकारिता है; और अनुकूल-प्रतिकूल परिस्थितिमें सुखी-दुःखी न होनेसे मनुष्यका कल्याण हो जाता है—यह भगवान्‌की दयालुता है।

शंका—श्रुतिमें आता है कि यह ईश्वर जिसको ऊर्ध्वगतिमें ले जाना चाहता है, उससे शुभ-कर्म कराता है और जिसको अधोगतिमें ले जाना चाहता है, उससे अशुभ-कर्म कराता है—**'एष ह्येव साधु कर्म कारयति तं यमेभ्यो लोकेभ्य उन्निनीषते एष ह्येवासाधु कर्म कारयति तं यमधो निनीषते'**

(कौषीतकि० ३।८)। अतः इसमें भगवान्‌की न्यायकारिता और दयालुता क्या हुई? केवल पक्षपात, विषमता ही हुई!

समाधान—इस श्रुतिका तात्पर्य शुभ-कर्म करवाकर ऊर्ध्वगति और अशुभ-कर्म करवाकर अधोगति करनेमें नहीं है, प्रत्युत प्रारब्धके अनुसार कर्मफल भुगताकर उसको शुद्ध करनेमें है अर्थात् जीव अपने शुभ-अशुभ कर्मोंका फल जिस तरहसे भोग सके, उसी तरहसे परिस्थिति और बुद्धि बना देते हैं। जैसे, शुभ-कर्मोंके अनुसार किसी व्यापारीको मुनाफा होनेवाला है तो उस समय भगवान् वैसी ही परिस्थिति और बुद्धि बना देते हैं, जिससे वह सस्ते दामोंमें चीजें खरीदेगा और महँगे दामोंमें बेचेगा; अतः उसको खरीद और बिक्री—दोनोंमें मुनाफा-ही-मुनाफा होगा। ऐसे ही अशुभ कर्मोंके अनुसार किसी व्यापारीको घाटा लगनेवाला है तो उस समय भगवान् वैसी ही परिस्थिति और बुद्धि बना देते हैं, जिससे वह महँगे दामोंमें चीजें खरीदेगा और भाव गिरनेसे सस्ते दामोंमें बेचेगा; अतः उसको खरीद और बिक्री—दोनोंमें घाटा-ही-घाटा लगेगा। इस तरह कर्मोंके अनुसार मुनाफा और घाटा होना तो भगवान्‌की न्यायकारिता है और जिससे मुनाफा और घाटा हो सके, वैसी परिस्थिति और बुद्धि बना देना, जिससे शुभ-अशुभ कर्मबन्धन कट जाय—यह भगवान्‌की दयालुता है।

अगर श्रुतिका अर्थ शुभ-अशुभ कर्म करवाकर मनुष्यकी ऊर्ध्व-अधोगति करनेमें ही लिया जाय तो भगवान् न्यायकारी और दयालु हैं—यह बात सिद्ध नहीं होगी। भगवान् सम्पूर्ण प्राणियोंमें सम हैं, उनका किसी भी प्राणीके साथ राग-द्वेष नहीं है—यह बात भी सिद्ध नहीं होगी। ऐसा काम करो और ऐसा काम मत करो—शास्त्रोंका यह विधि-निषेध भी मनुष्यके लिये लागू नहीं होगा। गुरुकी शिक्षा, सन्त-महापुरुषोंके उपदेश आदि सब व्यर्थ हो जायँगे। जिससे मनुष्य कर्तव्य-अकर्तव्यका विचार करता है, वह विवेक व्यर्थ हो जायगा। मनुष्यजन्मकी विशेषता, स्वतन्त्रता भी खत्म हो जायगी और मनुष्य पशु-पक्षियोंकी तरह ही हो जायगा अर्थात् वह अपनी तरफसे कोई नया काम नहीं कर सकेगा, अपनी उन्नति, उद्धार भी नहीं कर सकेगा!

गीतामें भगवान्‌का विविध रूपोंमें प्रकट होना

स्वभक्तभावेन परिप्लुतेन भक्तस्य चाज्ञापरिपालकेन।
स्वकं हि कृष्णेन रथस्थितेन विभिन्नरूपं प्रकटीकृतं च॥

अवतारके समय भगवान् गुप्तरूपसे रहते हैं और सबके सामने अपने-आपको भगवद्रूपसे प्रकट नहीं करते (७। २५)। परंतु अर्जुनके भावको देखते हुए उनके सामने भगवान् गीतामें कृपापूर्वक अनेक रूपोंमें प्रकट होते हैं; जैसे—

भक्त मेरेसे जो काम कराना चाहता है और मेरेको जिस रूपमें देखना चाहता है, मैं वही काम करता हूँ और उसके भावके अनुसार वैसा ही बन जाता हूँ—इस प्रकार अपनेको भक्तोंके अधीन बतानेके लिये भगवान् पहले अध्यायमें अर्जुनके सामने **'सारथि'**-रूपसे प्रकट होते हैं (१। २१—२४)।

जो मनुष्य कर्तव्य-अकर्तव्य, सत्-असत् आदिके विषयमें उलझा हो, स्वयं कोई निर्णय नहीं कर पा रहा हो, वह मेरी शरण होकर मेरेको पुकारे तो मैं उसको सब बता देता हूँ, उसकी उलझनको सुलझा देता हूँ—यह बात बतानेके लिये भगवान् दूसरे अध्यायमें किंकर्तव्यविमूढ़ और शरणापन्न अर्जुनके सामने **'गुरु'**-रूपसे प्रकट होते हैं (२।७)।

परिस्थितिके अनुसार मैं जिस वर्णमें प्रकट होता हूँ और जिस आश्रम (ब्रह्मचर्य, गृहस्थ आदि)-में रहता हूँ, उसीके अनुसार कर्तव्यका पालन करता हूँ—यह बात बतानेके लिये भगवान् तीसरे अध्यायमें अर्जुनके सामने '**आदर्श**'-रूपसे प्रकट होते हैं (३। २२—२४)।

मैं चाहे गुणों और कर्मोंके अनुसार प्राणियोंकी रचना करूँ, चाहे सूर्य आदिको उपदेश देनेवाला बनूँ, चाहे अवतार लेकर धर्मकी स्थापना, दुष्टोंका विनाश और भक्तोंकी रक्षा करूँ, चाहे पुत्ररूपसे माता-पिताकी आज्ञाका पालन करूँ, चाहे मात्र प्राणियोंका मालिक बनूँ, पर मेरी ईश्वरतामें कुछ भी फर्क नहीं पड़ता—यह बात बतानेके लिये भगवान् चौथे अध्यायमें अर्जुनके सामने '**ईश्वर**'-रूपसे प्रकट होते हैं (४। ६)।

सभी यज्ञों और तपोंका भोक्ता मैं ही हूँ, सम्पूर्ण लोकोंका स्वामी मैं ही हूँ तथा प्राणियोंका बिना कारण हित करनेवाला भी मैं ही हूँ—इस प्रकार अपनी महत्ता बताकर अर्जुनका तथा मनुष्योंका हित करनेके लिये भगवान् पाँचवें अध्यायमें अर्जुनके सामने '**सर्वलोकमहेश्वर**'-रूपसे प्रकट होते हैं (५। २९)।

ध्यान करनेवाले साधकोंके लिये सबमें मेरेको और मेरेमें सबको देखना अर्थात् जहाँ-जहाँ मन जाय, वहाँ-वहाँ (सब जगह) मेरेको देखना बहुत जरूरी है। कारण कि ऐसा होनेपर ही मन मेरेमें तल्लीन हो सकता है—यह बात बतानेके लिये भगवान् छठे अध्यायमें अर्जुनके सामने '**व्यापक**'-रूपसे प्रकट होते हैं (६। ३०)।

यह सम्पूर्ण संसार सूतके धागेमें पिरोयी हुई सूतकी मणियोंकी तरह मेरेमें ओत-प्रोत है; सम्पूर्ण प्राणियोंका सनातन बीज भी मैं ही हूँ; ब्रह्म, अध्यात्म, कर्म, अधिभूत, अधिदैव और अधियज्ञरूपसे भी मैं ही हूँ—इस प्रकार '**वासुदेवः सर्वम्**' का बोध करानेके लिये भगवान् सातवें अध्यायमें अर्जुनके सामने '**समग्र**'-रूपसे प्रकट होते हैं (७। २९-३०)।

सगुण-निराकार और निर्गुण-निराकारके ध्यानमें योगबलकी आवश्यकता होनेसे उन दोनोंके ध्यानमें कठिनता है; परंतु मैं अपने अनन्यभक्तोंको सुलभतासे प्राप्त हो जाता हूँ—यह बात बतानेके लिये भगवान् आठवें अध्यायमें अर्जुनके सामने '**सुलभ**'-रूपसे प्रकट होते हैं (८। १४)।

इस संसारका माता, पिता, धाता, पितामह, गति, भर्ता, निवास, बीज आदि मैं ही हूँ अर्थात् कार्य-कारण, सत्-असत्, नित्य आदि सब कुछ मैं ही हूँ—यह बात बतानेके लिये भगवान् नवें अध्यायमें अर्जुनके सामने '**सत्-असत्**'-रूपसे प्रकट होते हैं (९। १९)।

सम्पूर्ण प्राणियोंके आदि, मध्य और अन्तमें मैं ही हूँ; सर्गोंके आदि, मध्य और अन्तमें मैं ही हूँ; सम्पूर्ण प्राणियोंका बीज मैं ही हूँ; साधकको जहाँ-कहीं सुन्दरता, महत्ता, अलौकिकता दीखे, वह सब वास्तवमें मेरी ही है—यह बात बतानेके लिये भगवान् दसवें अध्यायमें अर्जुनके सामने '**सर्वैश्वर्य**'-रूपसे प्रकट होते हैं (१०। ४१-४२)।

मैं अपने किसी एक अंशसे सम्पूर्ण संसारको व्याप्त करके स्थित हूँ—इसे बतानेके लिये भगवान् ग्यारहवें अध्यायमें अर्जुनको दिव्यचक्षु देकर उनके सामने '**विश्वरूप**'-से प्रकट होते हैं (११। ५—८)।

जो भक्त मेरे परायण होकर, सम्पूर्ण कर्मोंको मेरेमें अर्पण करके अनन्य भक्तियोगसे मुझ सगुण-साकार परमेश्वरका ध्यान करते हुए मेरी उपासना करते हैं, उनका मैं शीघ्र ही मृत्युरूप संसार-समुद्रसे उद्धार करनेवाला बन जाता हूँ—इसे बतानेके लिये भगवान् बारहवें अध्यायमें अर्जुनके सामने '**समुद्धर्ता**'-रूपसे प्रकट होते हैं (१२। ७)।

जाननेके लिये जितने विषय हैं, उन सबमें अवश्य जाननेयोग्य तो एक परमात्मतत्त्व ही है। इस परमात्मतत्त्वके सिवा दूसरे जितने भी जाननेयोग्य विषय हैं, उन्हें मनुष्य कितना ही जान ले, पर उससे

पूर्णता नहीं होगी। अगर वह परमात्मतत्त्वको जान ले तो फिर अपूर्णता रहेगी ही नहीं—यह बात जनानेके लिये भगवान् तेरहवें अध्यायमें अर्जुनके सामने **'ज्ञेयतत्त्व'**-रूपसे प्रकट होते हैं (१३।१२—१८)।

जिस प्रकृतिसे सत्त्व, रज और तम—ये तीनों गुण उत्पन्न होते हैं, उसका अधिष्ठाता (स्वामी) मैं ही हूँ, महासर्गके आदिमें मैं ही संसारकी रचना करता हूँ; ब्रह्म, अविनाशी अमृत, सनातनधर्म तथा ऐकान्तिक सुखकी प्रतिष्ठा मैं ही हूँ—यह बात बतानेके लिये भगवान् चौदहवें अध्यायमें अर्जुनके सामने **'आदिपुरुष'**-रूपसे प्रकट होते हैं (१४।२७)।

इस संसारका मूल मैं ही हूँ; सूर्य, चन्द्र आदिमें मेरा ही तेज है; मैं ही अपने ओजसे पृथ्वीको धारण करता हूँ; वेदोंको जाननेवाला, वेदोंके तत्त्वका निर्णय करनेवाला तथा वेदोंके द्वारा जाननेयोग्य भी मैं ही हूँ; मैं क्षर (संसार)-से अतीत एवं अक्षर (जीवात्मा)-से श्रेष्ठ हूँ; वेदोंमें और शास्त्रोंमें मैं ही श्रेष्ठ पुरुषके नामसे प्रसिद्ध हूँ—अपनी यह सर्वश्रेष्ठता बतानेके लिये भगवान् पन्द्रहवें अध्यायमें अर्जुनके सामने **'पुरुषोत्तम'**-रूपसे प्रकट होते हैं (१५। १७—१९)।

दम्भ, दर्प, अभिमान आदि जितने भी दुर्गुण हैं, वे सभी मनुष्योंके अपने बनाये हुए हैं अर्थात् ये मेरे नहीं हैं; परंतु अभय, अहिंसा, सत्य, दया, क्षमा आदि जितने भी उत्तम गुण हैं, वे सभी मेरे हैं और मेरी प्राप्ति करानेवाले हैं—यह बात बतानेके लिये भगवान् सोलहवें अध्यायमें अर्जुनके सामने **'दैवी-सम्पत्ति'**-रूपसे प्रकट होते हैं (१६। १—३)।

अगर कोई परमात्मप्राप्तिके उद्देश्यसे यज्ञ, तप, दान आदि शुभकर्म करे और उनमें कोई कमी (अंगवैगुण्य) रह जाय तो जिस भगवान्से यज्ञ आदि रचे गये हैं, उस भगवान्का नाम लेनेसे उस कमीकी पूर्ति हो जाती है—यह बात बतानेके लिये भगवान् सत्रहवें अध्यायमें अर्जुनके सामने **'ॐ तत् सत्'** नामोंके रूपसे प्रकट होते हैं (१७।२३)।

सम्पूर्ण गीतोपदेशका सार अर्थात् कर्मयोग, ज्ञानयोग, ध्यानयोग आदि सभी साधनोंका सार मेरी शरणागति है—यह बतानेके लिये भगवान् अठारहवें अध्यायमें अर्जुनके सामने **सर्वशरण्य'**-रूपसे प्रकट होते हैं (१८। ६६)।

तात्पर्य है कि साधकका भगवान्के प्रति ज्यों-ज्यों भाव बढ़ता है, त्यों-त्यों भगवान् उसके भावके अनुसार अपनेको प्रकट करते हैं, जिससे साधक भक्तके भाव, श्रद्धा, विश्वास भी बढ़ते रहते हैं। इनके बढ़ते-बढ़ते अन्तमें भगवत्प्राप्ति हो जाती है। साधकको सावधानी इस बातकी रखनी है कि उसका अनन्यभाव कभी डिगे नहीं, अनन्यभावसे वह कभी विचलित न हो।

गीतामें धर्म

वर्णे तु यस्मिन् मनुजः प्रजातस्तत्रत्यकार्यं कथितः स्वधर्मः।
शास्त्रेण तस्मान्नियतं हि कर्म कर्तव्यमित्यत्र विधानमस्ति॥

गीतामें धर्मका वर्णन मुख्य है। अगर गीताके आरम्भ और अन्तके अक्षरोंका प्रत्याहार बनाया जाय अर्थात् आरम्भके **'धर्मक्षेत्रे'** (१।१) पदसे **'धर्'** और अन्तके **'मतिर्मम'** (१८।७८) पदसे **'म'** लिया जाय, तो **'धर्म'** प्रत्याहार बन जाता है। अतः पूरी गीता ही धर्मके अन्तर्गत आ जाती है।

गीताने **'कुलधर्माः सनातनाः'** (१।४०), **'जातिधर्माः'** (१।४३) पदोंसे सदासे चलती आयी कुलकी मर्यादाओं, रीतियों, परम्पराओं और

जातिकी रिवाजोंको भी 'धर्म' कहा है; '**धर्मसम्मूढचेताः**' (२।७), '**स्वधर्मम्, धर्म्यात्**' (२।३१), '**धर्म्यम्, स्वधर्मम्**' (२।३३), '**स्वधर्मः**, (३।३५; १८।४७) आदि पदोंसे अपने-अपने वर्णके अनुसार शास्त्रविहित कर्तव्य कर्मोंको भी 'धर्म' अथवा 'स्वधर्म' कहा है; और '**त्रयीधर्मम्**' (९।२१) पदसे वैदिक अनुष्ठानोंको भी 'धर्म' कहा है। इन सभी धर्मोंको कर्तव्यमात्र समझकर निष्कामभावपूर्वक तत्परतासे किया जाय, तो परमात्मतत्त्वकी प्राप्ति हो जाती है (१८।४५)।

जो मनुष्य जिस वर्णमें पैदा हुआ है उस वर्णके अनुसार शास्त्रने उसके लिये कर्तव्यरूपसे जो कर्म नियत कर दिया है, वह कर्म उसके लिये 'स्वधर्म' है। परंतु शास्त्रने जिसके लिये जिस कर्मका निषेध कर दिया है, वह कर्म दूसरे वर्णवालेके लिये विहित होनेपर भी (जिसके लिये निषेध किया है) उसके लिये 'परधर्म' है। अच्छी तरहसे अनुष्ठानमें लाये हुए परधर्मकी अपेक्षा गुणोंकी कमीवाला भी अपना धर्म श्रेष्ठ है। अपने धर्मका पालन करते हुए मृत्यु भी हो जाय, तो भी अपना धर्म कल्याण करनेवाला है; परंतु परधर्मका आचरण करना भयको देनेवाला है (३।३५)।

वर्ण-आश्रमके कर्मके अतिरिक्त मनुष्यको परिस्थितिरूपसे जो कर्तव्य प्राप्त हो जाय, उस कर्तव्यका पालन करना भी मनुष्यका स्वधर्म है। जैसे—कोई विद्यार्थी है तो तत्परतासे विद्या पढ़ना उसका स्वधर्म है; कोई शिक्षक है तो विद्यार्थीको पढ़ाना उसका स्वधर्म है; कोई नौकर है तो अपने कर्तव्यका पालन करना उसका स्वधर्म है आदि-आदि। जो स्वीकार किये हुए कर्म (स्वधर्म)-का निष्कामभावसे पालन करता है, उसको परमात्माकी प्राप्ति हो जाती है (१८।४५)।

शम, दम, तप, क्षमा आदि ब्राह्मणके स्वधर्म हैं (१८।४२)। इनके अतिरिक्त पढ़ना-पढ़ाना, दान देना-लेना आदि भी ब्राह्मणके स्वधर्म हैं। शौर्य, तेज आदि क्षत्रियके स्वधर्म हैं (१८।४३)। इनके अतिरिक्त परिस्थितिके अनुसार प्राप्त कर्तव्यका ठीक पालन करना भी क्षत्रियका 'स्वधर्म' है। खेती करना, गायोंका पालन करना और व्यापार करना वैश्यके 'स्वधर्म' हैं (१८।४४)। इनके अतिरिक्त परिस्थितिके अनुसार कोई आवश्यक कार्य सामने आ जाय तो उसे सुचारुरूपसे करना भी वैश्यका 'स्वधर्म' है। सबकी सेवा करना शूद्रका 'स्वधर्म' है (१८।४४)। इसके अतिरिक्त परिस्थितिके अनुसार प्राप्त और भी कर्मोंको सांगोपांग करना शूद्रका 'स्वधर्म' है।

भगवान्‌ने कृपाके परवश होकर अर्जुनके माध्यमसे सभी मनुष्योंको एक विशेष बात बतायी है कि तुम (उपर्युक्त कहे हुए) सम्पूर्ण धर्मोंका आश्रय छोड़कर केवल एक मेरी शरणमें आ जाओ तो मैं तुम्हें सम्पूर्ण पापोंसे मुक्त कर दूँगा, तुम चिन्ता मत करो (१८।६६)। तात्पर्य यह है कि अपने-अपने वर्ण-आश्रमकी मर्यादामें रहनेके लिये, अपने-अपने कर्तव्यका पालन करनेके लिये उपर्युक्त सभी धर्मोंका पालन करना बहुत आवश्यक है और संसार-चक्रको दृष्टिमें रखकर इनका पालन करना ही चाहिये (३।१४—१६); परंतु इनका आश्रय नहीं लेना चाहिये। आश्रय केवल भगवान्‌का ही लेना चाहिये। कारण कि वास्तवमें ये स्वयंके धर्म नहीं हैं, प्रत्युत शरीरको लेकर होनेसे परधर्म ही हैं।

भगवान्‌ने '**स्वल्पमप्यस्य धर्मस्य**' (२।४०) पदोंसे समताको, '**धर्मस्यास्य**' (९।३) पदसे ज्ञान-विज्ञानको और '**धर्म्यामृतम्**' (१२।२०) पदसे सिद्ध भक्तोंके लक्षणोंको भी 'धर्म' कहा है। इनको धर्म कहनेका तात्पर्य यह है कि परमात्माका स्वरूप होनेसे समता सभी प्राणियोंका स्वधर्म (स्वयंका धर्म) है। परमात्माकी प्राप्ति करानेवाला होनेसे ज्ञान-विज्ञान भी साधकका स्वधर्म है और स्वतः सिद्ध होनेसे सिद्ध भक्तोंके लक्षण भी सबके स्वधर्म हैं।

गीतामें सनातनधर्म

वरिष्ठोऽखिलधर्मेषु धर्म एव सनातनः।
जायन्ते सर्वधर्मास्तु शाश्वतो हि सनातनः॥

संसारमें मुख्यरूपसे चार धर्म प्रचलित हैं—सनातनधर्म, मुस्लिमधर्म, बौद्धधर्म और ईसाईधर्म। इन चारों धर्मोंमेंसे एक-एक धर्मको माननेवाले करोड़ों आदमी हैं। इन चारों धर्मोंमें भी अवान्तर कई धर्म हैं। सनातनधर्मको छोड़कर शेष तीनों धर्मोंके मूलमें धर्म चलानेवाला कोई व्यक्ति मिलेगा; जैसे—मुस्लिमधर्मके मूलमें मोहम्मद साहब, बौद्धधर्मके मूलमें गौतम बुद्ध और ईसाईधर्मके मूलमें ईसा मसीह मिलेंगे। परंतु सनातनधर्मके मूलमें कोई व्यक्ति नहीं मिलेगा। कारण यह है कि सनातनधर्म किसी व्यक्तिके द्वारा चलाया हुआ धर्म नहीं है। यह तो अनादिकालसे चलता आ रहा है। जैसे भगवान् शाश्वत (सनातन) हैं, ऐसे ही सनातनधर्म भी शाश्वत है। भगवान्‌ने भी सनातनधर्मको अपना स्वरूप बताया है—'**ब्रह्मणो हि प्रतिष्ठाहं...... शाश्वतस्य च धर्मस्य**' (१४।२७)। जिस-जिस युगमें जब-जब इस सनातनधर्मका ह्रास होता है, हानि होती है, तब-तब भगवान् अवतार लेकर इसकी संस्थापना करते हैं (४।७-८)। तात्पर्य यह है कि भगवान् भी इसकी संस्थापना, रक्षा करनेके लिये ही अवतार लेते हैं; इसको बनानेके लिये, उत्पन्न करनेके लिये नहीं। अर्जुनने भी भगवान्‌को सनातनधर्मका रक्षक बताया है—'**त्वमव्ययः शाश्वतधर्मगोप्ता**' (११।१८)।

एक उपज होती है और एक खोज होती है। जो वस्तु पहले मौजूद न हो, उसकी उपज होती है; और जो वस्तु पहलेसे ही मौजूद हो, उसकी खोज होती है। मुस्लिम, बौद्ध और ईसाई—ये तीनों ही धर्म व्यक्तिके मस्तिष्ककी उपज हैं; परंतु सनातनधर्म किसी व्यक्तिके मस्तिष्ककी उपज नहीं है, प्रत्युत यह विभिन्न ऋषियोंके द्वारा किया गया अन्वेषण है, खोज है—'**ऋषयो मन्त्रद्रष्टारः**'। अतः सनातनधर्मके मूलमें किसी व्यक्तिविशेषका नाम नहीं लिया जा सकता। यह अनादि, अनन्त एवं शाश्वत है। अन्य सभी धर्म तथा मत-मतान्तर भी इसी सनातनधर्मसे उत्पन्न हुए हैं। इसलिये उन धर्मोंमें मनुष्योंके कल्याणके लिये जो साधन बताये गये हैं, उनको भी सनातनधर्मकी ही देन मानना चाहिये। अतः उन धर्मोंमें बताये गये अनुष्ठानोंका भी निष्कामभावसे कर्तव्य समझकर पालन किया जाय तो कल्याण होनेमें संदेह नहीं करना चाहिये*। प्राणिमात्रके कल्याणके लिये जितना गहरा विचार सनातनधर्ममें किया गया है, उतना दूसरे धर्मोंमें नहीं मिलता। सनातनधर्मके सभी सिद्धान्त पूर्णतया वैज्ञानिक और कल्याण करनेवाले हैं।

सनातनधर्ममें जितने साधन कहे गये हैं, नियम कहे गये हैं, वे भी सभी सनातन हैं, अनादिकालसे चलते आ रहे हैं। जैसे भगवान्‌ने कर्मयोगको अव्यय कहा है—'**इमं विवस्वते योगं प्रोक्तवानहमव्ययम्**' (४।१) तथा शुक्ल और कृष्ण गतियों (मार्गों)-को भी सनातन कहा है—'**शुक्लकृष्णे गती ह्येते जगतः शाश्वते मते**' (८।२६)। गीताने परमात्माको भी सनातन कहा है—'**सनातनस्त्वम्**' (११।१८), जीवात्माको भी

* प्रत्येक धर्ममें कुधर्म, अधर्म और परधर्म—ये तीनों होते हैं। दूसरेके अनिष्टका भाव, कूटनीति आदि 'धर्ममें कुधर्म' है; यज्ञमें पशुबलि देना आदि 'धर्ममें अधर्म' है; और जो अपने लिये निषिद्ध है, ऐसा दूसरे वर्ण आदिका धर्म 'धर्ममें परधर्म' है। कुधर्म, अधर्म और परधर्म—इन तीनोंसे कल्याण नहीं होता। कल्याण उस धर्मसे होता है, जिसमें अपने स्वार्थ और अभिमानका त्याग एवं दूसरेका वर्तमान और भविष्यमें हित होता हो।

सनातन कहा है—'**जीवभूतः सनातनः**' (१५। ७), धर्मको भी सनातन कहा है— '**शाश्वतस्य च धर्मस्य**' (१४। २७), परमात्माके पदको भी सनातन कहा है— '**शाश्वतं पदमव्ययम्**' (१८। ५६)। तात्पर्य है कि सनातनधर्ममें सभी चीजें सनातन हैं, अनादिकालसे हैं। सभी धर्मोंमें और उनके नियमोंमें एकता कभी नहीं हो सकती, उनमें ऊपरसे भिन्नता रहेगी ही। परंतु उनके द्वारा प्राप्त किये जानेवाले तत्त्वमें कभी भिन्नता नहीं हो सकती।

पहुँचे पहुँचे एक मत, अनपहुँचे मत और।
संतदास घड़ी अरठकी, ढुरे एक ही ठौर॥
जब लगि काची खीचड़ी, तब लगि खदबद होय।
संतदास सीज्यां पछे, खदबद करै न कोय॥

जबतक साधन करनेवालोंका संसारके साथ सम्बन्ध रहता है, तबतक मतभेद, वाद-विवाद रहता है। परंतु तत्त्वकी प्राप्ति होनेपर तत्त्वभेद नहीं रहता।

जो मतवादी केवल अपनी टोली बनानेमें ही लगे रहते हैं, उनमें तत्त्वकी सच्ची जिज्ञासा नहीं होती और टोली बनानेसे उनकी कोई महत्ता बढ़ती भी नहीं। टोली बनानेवाले व्यक्ति सभी धर्मोंमें हैं। वे धर्मके नामपर अपने व्यक्तित्वकी ही पूजा करते और करवाते हैं। परंतु जिनमें तत्त्वकी सच्ची जिज्ञासा होती है, वे टोली नहीं बनाते। वे तो तत्त्वकी खोज करते हैं। गीताने भी टोलियोंको मुख्यता नहीं दी है, प्रत्युत जीवके कल्याणको मुख्यता दी है। गीताके अनुसार किसी भी धर्मपर विश्वास करनेवाला व्यक्ति निष्कामभावपूर्वक अपने कर्तव्यका पालन करके अपना कल्याण कर सकता है। गीता सनातनधर्मको आदर देते हुए भी किसी धर्मका आग्रह नहीं रखती और किसी धर्मका विरोध भी नहीं करती। अतः गीता सार्वभौम ग्रन्थ है।

गीतामें ज्योतिष

महाप्रलयपर्यन्तं कालचक्रं प्रकीर्तितम्।
कालचक्रविमोक्षार्थं श्रीकृष्णं शरणं व्रज॥

ज्योतिषमें काल मुख्य है अर्थात् कालको लेकर ही ज़्योतिष चलता है। उसी कालको भगवान्ने अपना स्वरूप बताया है कि 'गणना करनेवालोंमें मैं काल हूँ'—'**कालः कलयतामहम्**' (१०। ३०)। उस कालकी गणना सूर्यसे होती है। इसी सूर्यको भगवान्ने '**ज्योतिषां रविरंशुमान्**' (१०। २१) कहकर अपना स्वरूप बताया है।

सत्ताईस नक्षत्र होते हैं। नक्षत्रोंका वर्णन भगवान्ने '**नक्षत्राणामहं शशी**' (१०। २१) पदोंसे किया है। इनमेंसे सवा दो नक्षत्रोंकी एक राशि होती है। इस तरह सत्ताईस नक्षत्रोंकी बारह राशियाँ होती हैं। उन बारह राशियोंपर सूर्य भ्रमण करता है अर्थात् एक राशिपर सूर्य एक महीना रहता है। महीनोंका वर्णन भगवान्ने '**मासानां मार्गशीर्षोऽहम्**' (१०। ३५) पदोंसे किया है। दो महीनोंकी एक ऋतु होती है, जिसका वर्णन '**ऋतूनां कुसुमाकरः**' पदोंसे किया गया है। तीन ऋतुओंका एक अयन होता है। अयन दो होते हैं—उत्तरायण और दक्षिणायन; जिनका वर्णन आठवें अध्यायके चौबीसवें-पचीसवें श्लोकोंमें हुआ है। इन दोनों अयनोंको मिलाकर एक वर्ष होता है। लाखों वर्षोंका एक युग होता है* जिसका वर्णन भगवान्ने '**सम्भवामि युगे युगे**' (४। ८) पदोंसे किया है। ऐसे चार (सत्य, त्रेता,

* सत्रह लाख अट्ठाईस हजार वर्षोंका 'सत्ययुग', बारह लाख छियानबे हजार वर्षोंका 'त्रेतायुग', आठ लाख चौंसठ हजार वर्षोंका 'द्वापरयुग' और चार लाख बत्तीस हजार वर्षोंका 'कलियुग' होता है।

द्वापर और कलि) युगोंकी एक चतुर्युगी होती है। ऐसी एक हजार चतुर्युगीका ब्रह्माका एक दिन (सर्ग) और एक हजार चतुर्युगीकी ही ब्रह्माकी एक रात (प्रलय) होती है, जिसका वर्णन आठवें अध्यायके सत्रहवें श्लोकसे उन्नीसवें श्लोकतक किया गया है। इस तरह ब्रह्माकी सौ वर्षकी आयु होती है। ब्रह्माकी आयु पूरी होनेपर महाप्रलय होता है, जिसमें सब कुछ परमात्मामें लीन हो जाता है। इसका वर्णन भगवान्ने '**कल्पक्षये**' (९।७) पदसे किया है। इस महाप्रलयमें केवल 'अक्षयकाल'-रूप एक (परमात्मा ही रह जाते हैं, जिसका वर्णन भगवान्ने '**अहमेवाक्षयः कालः**' (१०।३३) पदोंसे किया है।

तात्पर्य यह हुआ कि महाप्रलयतक ही ज्योतिष चलता है अर्थात् प्रकृतिके राज्यमें ही ज्योतिष चलता है, प्रकृतिसे अतीत परमात्मामें ज्योतिष नहीं चलता। अतः मनुष्यको चाहिये कि वह इस प्राकृत कालचक्रसे छूटनेके लिये, इससे अतीत होनेके लिये अक्षयकाल-रूप परमात्माकी शरण ले।

गीता और गुरु-तत्त्व

ग्रन्थस्य कृष्णास्य कृपा सतां च सर्वत्र सर्वेषु च विद्यमाना।
यावन्न ताच्छ्रद्दधते मनुष्यस्तावन्न साक्षात्कुरुते स्वबोधम्॥

अर्जुन हरदम भगवान्के साथ ही रहते थे; भगवान्के साथ ही खाते-पीते, उठते-बैठते, सोते-जागते थे; परंतु भगवान्ने उनको गीताका उपदेश तभी दिया, जब उनके भीतर अपने श्रेयकी, कल्याणकी, उद्धारकी इच्छा जाग्रत् हो गयी—'**यच्छ्रेयः स्यान्निश्चितं ब्रूहि तन्मे**' (२।७)। ऐसी इच्छा जाग्रत् होनेके बाद वे अपनेको भगवान्का शिष्य मानते हैं और भगवान्के शरण होकर शिक्षा देनेके लिये प्रार्थना करते हैं—'**शिष्यस्तेऽहं शाधि मां त्वां प्रपन्नम्**' (२।७)। इस प्रकार कल्याणकी इच्छा जाग्रत् होनेके बाद अर्जुनने अपनेको भगवान्का शिष्य मानकर शिक्षा देनेके लिये भगवान्से प्रार्थना की है, न कि गुरु-शिष्य-परम्पराकी रीतिसे भगवान्को गुरु माना है। भगवान्ने भी शास्त्रपद्धतिके अनुसार अर्जुनको शिष्य बनानेके बाद, गुरु-मन्त्र देनेके बाद, सिरपर हाथ रखनेके बाद उपदेश दिया हो—ऐसी बात नहीं है। इससे सिद्ध होता है कि पारमार्थिक उन्नतिमें गुरु-शिष्यका सम्बन्ध जोड़ना आवश्यक नहीं है, प्रत्युत अपनी तीव्र जिज्ञासा, अपने कल्याणकी तीव्र लालसाका होना ही अत्यन्त आवश्यक है। अपने उद्धारकी जोरदार लगन होनेसे साधकको भगवत्कृपासे, संत-महात्माओंके वचनोंसे, शास्त्रोंसे, ग्रन्थोंसे, किसी घटना-परिस्थितिसे, किसी वायुमण्डलसे अपने-आप पारमार्थिक उन्नतिकी बातें, साधन-सामग्री मिल जाती है और वह उसे ग्रहण कर लेता है।

गीता बाह्य-विधियोंको, बाह्य परिवर्तनको उतना आदर नहीं देती, जितना आदर भीतरके भावोंको, विवेकको, बोधको, जिज्ञासाको, त्यागको देती है। यदि गीता बाह्य-विधियोंको, परिवर्तनको, गुरु-शिष्यके सम्बन्धको ही आदर देती तो वह सब सम्प्रदायोंके लिये उपयोगी तथा आदरणीय नहीं होती अर्थात् गीता जिस सम्प्रदायकी विधियोंका वर्णन करती, वह उसी सम्प्रदायकी मानी जाती। फिर गीता प्रत्येक सम्प्रदायके लिये उपयोगी नहीं होती और उसके पठन-पाठन, मनन-चिन्तन आदिमें सब सम्प्रदायवालोंकी रुचि भी नहीं होती। परंतु गीताका उपदेश सार्वभौम है। वह किसी विशेष सम्प्रदाय या व्यक्तिके लिये नहीं है, प्रत्युत मानवमात्रके लिये है।

गीताने ज्ञानके प्रकरणमें '**प्रणिपातेन परिप्रश्नेन**'

(४।३४) और **'आचार्योपासनम्'** (१३।७) पदोंसे आचार्यकी सेवा, उपासनाकी बात कही है। उसका तात्पर्य यही है कि ज्ञानमार्गी साधकमें 'मैं ब्रह्म हूँ' ऐसा अभिमान रहनेकी ज्यादा सम्भावना रहती है। अतः साधकको चेतानेके लिये तत्त्वज्ञ जीवन्मुक्त आचार्य या गुरुकी अधिक आवश्यकता रहती है। परंतु वह आवश्यकता भी तभी रहती है, जब साधकमें तीव्र जिज्ञासाकी कमी हो अथवा उसकी ऐसी भावना हो कि गुरुजी उपदेश देंगे, तभी ज्ञान होगा। तीव्र जिज्ञासा होनेपर साधक तत्त्वका अनुभव किये बिना किसी भी अवस्थामें संतोष नहीं कर सकता, किसी भी सम्प्रदायमें अटक नहीं सकता और किसी भी विशेषताको लेकर अपनेमें अभिमान नहीं ला सकता। ऐसे साधकको जिज्ञासा-पूर्ति भगवत्कृपासे हो जाती है।

गुरु-शिष्यके सम्बन्धसे ही ज्ञान होता है—ऐसी बात देखनेमें नहीं आती। कारण कि जिन लोगोंने गुरु बना लिया है, गुरु-शिष्यका सम्बन्ध स्वीकार कर लिया है; उन सबको ज्ञान हो गया हो—ऐसा देखनेमें नहीं आता। परंतु तीव्र जिज्ञासा होनेपर ज्ञान हो जाता है—ऐसा देखनेमें, सुननेमें आता है। तीव्र जिज्ञासुके लिये गुरु-शिष्यका सम्बन्ध स्वीकार करना आवश्यक नहीं है। तात्पर्य है कि जबतक स्वयंकी तीव्र जिज्ञासा नहीं होती, तबतक गुरु-शिष्यका सम्बन्ध स्वीकार करनेपर भी ज्ञान नहीं होता और तीव्र जिज्ञासा होनेपर साधक गुरु-शिष्यके सम्बन्धके बिना ही किसीसे भी ज्ञान ले लेता है। तीव्र जिज्ञासावाले साधकको भगवान् स्वप्नमें भी शुकदेव आदि (जो पहले हो गये हैं) सन्तोंसे मन्त्र दिला देते हैं।

शिष्य बननेपर गुरुके उपदेशसे ज्ञान हो ही जायगा—यह नियम नहीं है। कारण कि उपदेश मिलनेपर भी अगर स्वयंकी जिज्ञासा, लगन नहीं होगी तो शिष्य उस उपदेशको धारण नहीं कर सकेगा। परंतु तीव्र जिज्ञासा, श्रद्धा-विश्वास होनेपर मनुष्य बिना किसी सम्बन्धके ही उपदेशको धारण कर लेता है—**'श्रद्धावाँल्लभते ज्ञानम्'** (४।३९)। तात्पर्य है कि ज्ञान स्वयंकी जिज्ञासा, लगनसे ही होता है, गुरु बनानेमात्रसे नहीं।

अगर किसीको असली गुरु मिल भी जाय, तो भी वह स्वयं उनको गुरु, महात्मा मानेगा, स्वयं उनपर श्रद्धा-विश्वास करेगा, तभी उससे लाभ होगा। अगर वह स्वयं श्रद्धा-विश्वास न करे तो साक्षात् भगवान्के मिलनेपर भी उसका कल्याण नहीं होगा। दुर्योधनको भगवान्ने उपदेश दिया और पाण्डवोंसे संधि करनेके लिये बहुत समझाया, फिर भी उसपर कोई असर नहीं पड़ा। उसके माने बिना भगवान् भी कुछ नहीं कर सके। तात्पर्य है कि खुदके मानने, स्वीकार करनेसे ही कल्याण होता है। अतः गीता अपने-आपसे ही अपने-आपका उद्धार करनेकी प्रेरणा करती है—**'उद्धरेदात्मनाऽऽत्मानम्'** (६।५)।

ज्ञानमार्गमें तो गीताने आचार्य आदिकी उपासना बतायी है, पर कर्मयोग और भक्तिमार्गमें गुरु आदिकी आवश्यकता नहीं बतायी। कारण कि जब किसी घटना, परिस्थिति आदिसे ऐसी भावना जाग्रत् हो जाती है कि 'स्वार्थभावसे कर्म करनेपर अभावकी पूर्ति नहीं होती; स्वार्थभाव रखना पशुता है, मानवता नहीं है', तब मनुष्य स्वार्थभावका, कामनाका त्याग करके सेवा-परायण हो जाता है। सेवा-परायण होनेसे उस कर्मयोगीको अपने-आप तत्त्वज्ञान हो जाता है—**'तत्स्वयं योगसंसिद्धः कालेनात्मनि विन्दति'** (४।३८)।

कोई एक विलक्षण शक्ति है, जिससे सम्पूर्ण संसारका संचालन हो रहा है। उस शक्तिपर जब मनुष्यका विश्वास हो जाता है, तब वह भगवान्की तरफ चल पड़ता है। भगवान्में लगे हुए ऐसे भक्तके अज्ञान-अन्धकारका नाश भगवान् स्वयं कर देते हैं (१०।११); और भगवान् स्वयं उसका मृत्यु-संसार-सागरसे उद्धार करनेवाले बन जाते हैं (१२।७)।

भगवान्की यह एक विलक्षण उदारता,

दयालुता है कि जो उनको नहीं मानता, उनका खण्डन करता है अर्थात् नास्तिक है, उसके भीतर भी यदि तत्त्वको, अपने स्वरूपको जाननेकी तीव्र जिज्ञासा हो जाय तो उसको भी भगवत्कृपासे ज्ञान मिल जाता है।

जिससे प्रकाश मिले, ज्ञान मिले, सही मार्ग दीख जाय, अपना कर्तव्य दीख जाय, अपना ध्येय दीख जाय, वह गुरु-तत्त्व है। वह गुरु-तत्त्व सबके भीतर विराजमान है। वह गुरु-तत्त्व जिस व्यक्ति, शास्त्र आदिसे प्रकट हो जाय, उसीको अपना गुरु मानना चाहिये।

वास्तवमें भगवान् ही सबके गुरु हैं; क्योंकि संसारमें जिस-किसीको ज्ञान, प्रकाश मिलता है, वह भगवान्से ही मिलता है। वह ज्ञान जहाँ-जहाँसे, जिस-जिससे प्रकट होता है अर्थात् जिस व्यक्ति, शास्त्र आदिसे प्रकट होता है, वह गुरु कहलाता है। परन्तु मूलमें भगवान् ही सबके गुरु हैं। भगवान्ने गीतामें कहा है कि 'मैं ही सब प्रकारसे देवताओं और महर्षियोंका आदि अर्थात् उनका उत्पादक, संरक्षक, शिक्षक हूँ'—**'अहमादिर्हि देवानां महर्षीणां च सर्वशः'** (१०। २)। अर्जुनने भी विराट्रूप भगवान्‌की स्तुति करते हुए कहा है कि 'भगवन्! आप ही सबके गुरु हैं' **'गरीयसे'** (११। ३७); **'गुरुर्गरीयान्'** (११। ४३)। अतः साधकको गुरुकी खोज करनेकी आवश्यकता नहीं है। उसे तो **'कृष्णं वन्दे जगद्गुरुम्'** के अनुसार भगवान् श्रीकृष्णको ही गुरु और उनकी वाणी (गीताको उनका मन्त्र, उपदेश मानकर उनके आज्ञानुसार साधनमें लग जाना चाहिये। यदि साधकको लौकिक दृष्टिसे गुरुकी आवश्यकता पड़ेगी तो वे जगद्गुरु अपने-आप गुरुसे मिला देंगे; क्योंकि वे भक्तोंका योगक्षेम वहन करनेवाले हैं—**'योगक्षेमं वहाम्यहम्'** (९। २२)।

गीता और वेद

यस्य निःश्वसिता वेदा यस्य वै मार्गदर्शकाः।
स कृष्णः स्वस्वरूपांस्तान् स्वयं खण्डयते कथम्॥

वेद नाम ज्ञानका है*। उस ज्ञानसे ही सबका व्यवहार चलता है, सबका हित होता है अर्थात् साधारण व्यवहारसे लेकर मोक्षतक उसी ज्ञानसे सिद्ध होता है। वही ज्ञान संसारमें ऋग्वेद, सामवेद, यजुर्वेद और अथर्ववेद—इन चार संहिताओंके रूपमें प्रसिद्ध है। पुराणों, स्मृतियों, इतिहासों आदिमें तथा अलग-अलग सम्प्रदायोंमें अनेक रूपोंसे जो कुछ ज्ञान मिलता है, वह सब ज्ञान मूलमें वेदका ही है। अतः उस ज्ञानका कोई खण्डन (निरादर) कर ही नहीं सकता। यदि कोई उसका खण्डन करता है तो वह वास्तवमें खुदका ही खण्डन (निरादर) करता है।

भगवान्ने गीतामें वेदोंका बहुत आदर किया है। भगवान्ने कहा है कि जिनसे लौकिक और पारमार्थिक सिद्धि होती है, उन सब कर्मोंकी विधिका ज्ञान वेदोंसे ही होता है—**'कर्म ब्रह्मोद्भवम्'** (३। १५); बहुतसे यज्ञ अर्थात् परमात्मप्राप्तिके साधन वेदकी वाणीमें विस्तारसे कहे गये हैं—**'एवं बहुविधा यज्ञा वितता ब्रह्मणो मुखे'** (४। ३२)। भगवान्ने अपने लिये भी कहा है कि ऋक्, साम और यजुः मैं ही हूँ—**'ऋक्साम यजुरेव च'** (९। १७); वेदोंमें सामवेद मेरा स्वरूप है—**'वेदानां सामवेदोऽस्मि'** (१०। २२) वेदोंकी माता गायत्री मेरा ही स्वरूप है—**'गायत्री छन्दसामहम्'** (१०। ३५);

* 'वेद' शब्द 'विद ज्ञाने' धातुसे बना है।

सम्पूर्ण वेदोंके द्वारा मैं ही जाननेयोग्य हूँ अर्थात् चारों वेदोंमें मेरे ही स्वरूपका प्रतिपादन है तथा वेदोंके तत्त्वका निर्णय करनेवाला और वेदोंको जानेवाला भी मैं ही हूँ—**'वेदैश्च सर्वैरहमेव वेद्यो वेदान्तकृद्वेदविदेव चाहम्'** (१५।१५); शास्त्रोंमें और वेदमें पुरुषोत्तम नामसे मैं ही प्रसिद्ध हूँ—**'अतोऽस्मि लोके वेदे च प्रथितः पुरुषोत्तमः'** (१५।१८)।

गीतामें **'यामिमां पुष्पितां वाचम्'** (२।४२) 'दिखावटी शोभायुक्त वाणी'; **'वेदवादरताः'** (२।४२) 'वेदोंके वादमें रत रहनेवाले'; **'क्रियाविशेषबहुलां भोगैश्वर्यगतिं प्रति'** (२।४३) 'भोग तथा ऐश्वर्यकी प्राप्तिके लिये बहुत-सी क्रियाओंका वर्णन करनेवाली वाणी'; **'त्रैगुण्यविषया वेदाः'** (२।४५) 'वेद तीनों गुणोंके कार्यरूप संसारका प्रतिपादन करनेवाले हैं'; **'जिज्ञासुरपि योगस्य शब्दब्रह्मातिवर्तते'** (६।४४) 'समताका जिज्ञासु भी वेदमें कहे हुए सकाम अनुष्ठानोंका अतिक्रमण कर जाता है'; **'वेदेषु.........यत्पुण्यफलं प्रदिष्टम्। अत्येति तत्सर्वमिदं.........'** (८।२८) 'वेदों आदिमें जो-जो पुण्यफल कहे गये हैं, योगी उन सबका अतिक्रमण कर जाता है'; **'एवं त्रयीधर्ममनुप्रपन्ना गतागतं कामकामा लभन्ते'** (९।२१) 'इस तरह तीनों वेदोंमें कहे हुए सकाम धर्मका आश्रय लिये हुए भोगोंकी कामना करनेवाले मनुष्य आवागमनको प्राप्त होते हैं' आदि पदोंमें जो वेदोंका निरादर (निन्दा) प्रतीत होता है, वह वास्तवमें वेदोंका नहीं है, प्रत्युत सकामभावका है। कारण कि सकामभाव ही बार-बार जन्म-मरण देनेवाला है, बन्धनमें डालनेवाला है। अतः भगवान्‌ने सकामभावकी निन्दा की है, वेदोंकी नहीं।

गीतामें वेदोंके पाठ, अध्ययन आदिसे भगवान्‌के विश्वरूप और चतुर्भुजरूपके दर्शनका जो निषेध किया गया है (११।४८, ५३), उसका तात्पर्य यह है कि वेदोंके पाठ, अध्ययनमात्रके बलसे भगवान्‌के दर्शन नहीं होते, प्रत्युत भगवान्‌के दर्शन तो अनन्य-प्रेमसे ही होते हैं। यदि वेदोंका पाठ, अध्ययन आदि भगवान्‌की आज्ञा समझकर निष्कामभावपूर्वक केवल भगवान्‌की प्रसन्नताके लिये ही किया जाय तो भगवान्‌की कृपासे उनके दर्शन हो सकते हैं। कारण कि भगवान् भावग्राही हैं, क्रियाग्राही नहीं।

वेद श्रुतिमाता है और माता सब बालकोंके लिये समान होती है। अतः वेदमाताने अपने बच्चोंकी भिन्न-भिन्न रुचियोंके अनुसार लौकिक और पारमार्थिक सब तरहकी सिद्धियोंके उपाय (साधन) बताये हैं। अपनी माताका निरादर, निन्दा कौन बालक कर सकता है और क्यों करना चाहेगा? भगवान्‌ने भी गीतामें वेदोंको अपना स्वरूप बताया है; अतः भगवान् अपने स्वरूपका निरादर कैसे कर सकते हैं? और भगवान्‌के द्वारा अपने स्वरूपका निरादर हो ही कैसे सकता है?

गीतामें जातिका वर्णन

जन्मना मन्यते जातिः कर्मणा मन्यते कृतिः।
तस्मात् स्वकीयकर्तव्यं पालनीयं प्रयत्नतः॥

ऊँच-नीच योनियोंमें जितने भी शरीर मिलते हैं, वे सब गुण और कर्मके अनुसार ही मिलते हैं (१३।२१; १४। १६, १८)। गुण और कर्मके अनुसार ही मनुष्यका जन्म होता है अर्थात् पूर्वजन्ममें मनुष्यके जैसे गुण थे और उसने जैसे कर्म किये थे, उनके अनुसार ही उसका जन्म होता है। भगवान्‌ने गीतामें कहा है कि प्राणियोंके गुणों और कर्मोंके अनुसार ही

मैंने चारों वर्णों—(ब्राह्मण, क्षत्रिय, वैश्य और शूद्र)-की रचना की है—**'चातुर्वर्ण्यं मया सृष्टं गुणकर्मविभागशः'** (४।१३)। अतः गीता जन्म (उत्पत्ति)-से ही जाति मानती है अर्थात् जो मनुष्य जिस वर्णमें जिस जातिके माता-पितासे पैदा हुआ है, उसीसे उसकी जाति मानी जाती है।

'जाति' शब्द **'जनी प्रादुर्भावे'** धातुसे बनता है, इसलिये जन्मसे ही जाति मानी जाती है, कर्मसे नहीं। कर्मसे तो 'कृति' होती है, जो '**कृ**' धातुसे बनती है। परंतु जातिकी पूर्ण रक्षा उसके अनुसार कर्तव्य-कर्म करनेसे ही होती है।

भगवान्‌ने (१८।४१में) जन्मके अनुसार ही कर्मोंका विभाग किया है। मनुष्य जिस वर्ण (जाति)-में जन्मा है और शास्त्रोंने उस वर्णके लिये जिन कर्मोंका विधान किया है, वे कर्म उस वर्णके लिये 'स्वधर्म' हैं और उन्हीं कर्मोंका जिस वर्णके लिये निषेध किया है, उस वर्णके लिये वे कर्म 'परधर्म' हैं। जैसे, यज्ञ कराना, दान लेना आदि कर्म ब्राह्मणके लिये शास्त्रकी आज्ञा होनेसे 'स्वधर्म' हैं; परंतु वे ही कर्म क्षत्रिय, वैश्य और शूद्रके लिये शास्त्रका निषेध होनेसे 'परधर्म' हैं। स्वधर्मका पालन करते हुए यदि मनुष्य मर जाय, तो भी उसका कल्याण ही होता है; परंतु परधर्म (दूसरोंके कर्तव्य-कर्म)-का आचरण जन्म-मृत्युरूप भयको देनेवाला है (३।३५)। अर्जुन क्षत्रिय थे; अतः युद्ध करना उनका स्वधर्म है। इसलिये भगवान् उनके लिये बड़े स्पष्ट शब्दोंमें कहते हैं कि क्षत्रियके लिये युद्धके सिवाय और कोई कल्याणकारक काम नहीं है (२।३१); अगर तू इस धर्ममय युद्धको नहीं करेगा, तो स्वधर्म और कीर्तिका त्याग करके पापको प्राप्त होगा (२।३३)।

भगवान्‌ने गीतामें अपने-अपने वर्णके अनुसार कर्तव्य-कर्म करनेपर बहुत जोर देकर कहा है कि निष्कामभावसे अपने-अपने कर्तव्य-कर्ममें तत्परतासे लगा हुआ मनुष्य परमात्माको प्राप्त कर लेता है (३।१९; १८।४५); अपने कर्मोंके द्वारा परमात्माका पूजन करके मनुष्य सिद्धिको प्राप्त हो जाता है (१८।४६)। परमात्माका पूजन पवित्र वस्तुसे होता है, अपवित्र वस्तुसे नहीं। अपना कर्म ही पवित्र वस्तु है और दूसरोंका कर्म अपने लिये (निषिद्ध होनेसे) अपवित्र वस्तु है। अतः अपने कर्मसे परमात्माका पूजन करनेसे ही कल्याण होता है और दूसरोंके कर्मसे पतन होता है। अपने कर्म (स्वकर्म)-को भगवान्‌ने 'सहज कर्म' कहा है। सहज कर्मका अर्थ है—साथमें पैदा हुआ। जैसे, कोई क्षत्रियके घरमें पैदा हुआ तो क्षत्रियके कर्म भी उसके साथ ही पैदा हो गये। अतः क्षत्रियके कर्म उसके लिये सहज कर्म हैं। भगवान्‌ने भी चारों वर्णोंके सहज, स्वभावज कर्मोंका विधान किया है (१८।४२—४४)। इन स्वभावज कर्मोंको करता हुआ मनुष्य पापका भागी नहीं होता (१८।४७)। जैसे, स्वतः प्राप्त हुए न्याययुक्त युद्धमें मनुष्योंकी हत्या होती है, पर शास्त्रविहित सहज कर्म होनेसे क्षत्रियको पाप नहीं लगता।

मनुष्य जिस जातिमें पैदा हुआ है, उसके अनुसार शास्त्रविहित कर्तव्य-कर्म करनेसे उस जातिकी रक्षा हो जाती है और विपरीत कर्म करनेसे उस जातिमें कर्मसंकर होकर वर्णसंकर पैदा हो जाता है। भगवान्‌ने भी अपने लिये कहा है कि यदि मैं अपने वर्णके अनुसार कर्तव्यका पालन न करूँ तो मैं वर्णसंकर पैदा करनेवाला तथा सम्पूर्ण प्रजाका नाश (पतन) करनेवाला बनूँ (३।२३-२४)। अतः जो मनुष्य अपने वर्णके अनुसार कर्तव्यका पालन नहीं करता, वह इन्द्रियोंके द्वारा भोगोंमें रमण करनेवाला और पापमय जीवन बितानेवाला मनुष्य संसारमें व्यर्थ ही जीता है (३।१६)।

सभी मनुष्योंको चाहिये कि वे अपने-अपने कर्तव्य-कर्मोंके द्वारा अपनी जातिकी रक्षा करें। इसके लिये पाँच बातोंका खयाल रखना जरूरी है—

(१) विवाह—कन्याको लेना और देना अपनी जातिमें ही होना चाहिये; क्योंकि दूसरी जातिकी कन्या लेनेसे रज-वीर्यकी विकृतिके कारण

उनकी संतानोंमें विकृति (वर्णसंकरता) आयेगी। विकृत संतानोंमें अपने पूर्वजोंके प्रति श्रद्धा नहीं होगी। श्रद्धा न होनेसे वे उन पूर्वजोंके लिये श्राद्ध-तर्पण नहीं करेंगे, उनको पिण्ड-पानी नहीं देंगे। कभी लोक-लज्जामें आकर दे भी देंगे, तो भी वह श्राद्ध-तर्पण, पिण्ड-पानी पितरोंको मिलेगा नहीं। इससे पितरलोग अपने स्थानसे गिर जायँगे (१।४२)। गीता कहती है कि जो शास्त्र-विधिको छोड़कर मनमाने ढंगसे कर्म करता है, उसे न तो अन्तःकरणकी शुद्धिरूप सिद्धि मिलती है, न सुख मिलता है और न परमगतिकी प्राप्ति ही होती है (१६।२३)। अतः मनुष्यको कर्तव्य-अकर्तव्यके विषयमें शास्त्रको ही सामने रखना चाहिये (१६।२४)।

(२) **भोजन**—भोजन भी अपनी जातिके अनुसार ही होना चाहिये। जैसे ब्राह्मणके लिये लहसुन, प्याज खाना दोष है; परंतु शूद्रके लिये लहसुन, प्याज खाना दोष नहीं है। यदि हम दूसरी जातिवालेके साथ भोजन करेंगे तो अपनी शुद्धि तो उनमें जायगी नहीं, पर उनकी अशुद्धि अपनेमें जरूर आ जायगी। अतः मनुष्यको अपनी जातिके अनुसार ही भोजन करना चाहिये।

(३) **वेश-भूषा**—पाश्चात्य देशका अनुकरण करनेसे आज अपनी जातिकी वेश-भूषा प्रायः भ्रष्ट हो गयी है। प्रायः सभी जातियोंकी वेश-भूषामें दोष आ गया है, जिससे 'कौन किस जातिका है'—इसका पता ही नहीं लगता। अतः मनुष्यको अपनी जातिके अनुसार ही वेश-भूषा रखनी चाहिये।

(४) **भाषा**—अन्य भाषाओंको, लिपियोंको सीखना दोष नहीं है, पर उनके अनुसार स्वयं भी वैसे बन जाना बड़ा भारी दोष है। जैसे अंग्रेजी सीखकर अपनी वेश-भूषा, खान-पान, रहन-सहन अंग्रेजोंका ही बना लेना उस भाषाको लेना नहीं है, प्रत्युत अपने-आपको खो देना है। अपनी वेश-भूषा, खान-पान, रहन-सहन वैसा-का-वैसा रखते हुए ही अंग्रेजी सीखना अंग्रेजी भाषा एवं लिपिको लेना है। अतः अन्य भाषाओंका ज्ञान होनेपर भी बोलचाल अपनी भाषामें ही होनी चाहिये।

(५) **व्यवसाय**—व्यवसाय (काम-धंधा) भी अपनी जातिके अनुसार ही होना चाहिये। गीताने ब्राह्मण, क्षत्रिय, वैश्य और शूद्रके लिये अलग-अलग कर्मोंका विधान किया है (१८।४२—४४)।

गीतामें चार आश्रम

यथा सर्वेषु शास्त्रेषु प्रोक्ताश्चत्वार आश्रमाः।
गीतया न तथा प्रोक्ताः संकेतेनैव दर्शिताः॥

गीतामें ब्राह्मण, क्षत्रिय, वैश्य और शूद्र—इन चारों वर्णोंका वर्णन तो स्पष्टरूपसे आया है; जैसे—**'चातुर्वर्ण्यं मया सृष्टम्'** (४।१३); **'ब्राह्मणक्षत्रियविशां शूद्राणां च परंतप'** (१८।४१) आदि; परंतु ब्रह्मचर्य, गृहस्थ, वानप्रस्थ और संन्यास—इन चारों आश्रमोंका वर्णन स्पष्टरूपसे नहीं आया है। इन चारों आश्रमोंका वर्णन गीतामें गौणतासे, संकेतरूपसे माना जा सकता है; जैसे—

(१) जिस परमात्मतत्त्वकी इच्छा रखकर ब्रह्मचारीलोग ब्रह्मचर्यका पालन करते हैं—**'यदिच्छन्तो ब्रह्मचर्यं चरन्ति'** (८।११) पदोंसे ब्रह्मचर्य-आश्रमका संकेत मान सकते हैं।

(२) जो मनुष्य दूसरोंको उनका भाग न देकर स्वयं अकेले ही भोग करता है, वह चोर ही है—**'तैर्दत्तानप्रदायैभ्यो यो भुङ्क्ते स्तेन एव सः'** (३।१२); जो केवल अपने शरीरके पोषणके लिये ही पकाते हैं; वे पापीलोग तो पापका ही भक्षण करते

हैं—'**भुञ्जते ते त्वघं पापा ये पचन्त्यात्मकारणात्**' (३।१३) आदि पदोंसे गृहस्थ-आश्रमका संकेत मान सकते हैं।

(३) कितने ही मनुष्य तपस्यारूप यज्ञ करनेवाले हैं—'**तपोयज्ञाः**' पदसे वानप्रस्थ-आश्रमका संकेत मान सकते हैं।

(४) जिसने सब प्रकारके संग्रहका सर्वथा त्याग कर दिया है—'**त्यक्तसर्वपरिग्रहः**' (४।२१) पदोंसे संन्यास-आश्रमका संकेत मान सकते हैं।

गीतामें वर्णोंका स्पष्टरूपसे और आश्रमोंका संकेतरूपसे वर्णन करनेका कारण यह है कि उस समय प्राप्त कर्तव्य-कर्मरूप युद्धका प्रसंग था, आश्रमोंका नहीं। अतः भगवान्‌ने गीतामें वर्णगत कर्तव्य-कर्मका ज्यादा वर्णन किया है। उसमें भी अगर देखा जाय तो क्षत्रियके कर्तव्य-कर्मका जितना वर्णन है, उतना ब्राह्मण, वैश्य और शूद्रके कर्तव्य-कर्मका वर्णन नहीं है।

आश्रमोंका स्पष्टरूपसे वर्णन न करनेका दूसरा कारण यह है कि अन्य शास्त्रोंमें जहाँ आश्रमोंका वर्णन हुआ है, वहाँ क्रमशः आश्रम बदलनेकी बात कही गयी है। आश्रम बदलनेकी बात भी मनुष्योंके कल्याणके लिये ही है। परंतु गीताके अनुसार अपना कल्याण करनेके लिये आश्रम बदलनेकी जरूरत नहीं है, प्रत्युत जो जिस परिस्थितिमें, जिस वर्ण, आश्रम आदिमें स्थित है, उसीमें रहते हुए वह अपने कर्तव्यका पालन करके अपना कल्याण कर सकता है। इतना ही नहीं, युद्ध-जैसे घोर कर्ममें लगा हुआ मनुष्य भी अपना कल्याण कर सकता है। तात्पर्य है कि आश्रमोंके भेदसे जीवके कल्याणमें भेद नहीं होता। वर्णोंका भेद भी कर्तव्य-कर्मकी दृष्टिसे ही है अर्थात् जो भी कर्तव्य-कर्म किया जाता है, वह वर्णकी दृष्टिसे किया जाता है। इसलिये भगवान्‌ने चारों वर्णोंका स्पष्ट वर्णन किया है। वर्णोंका वर्णन करनेसे चारों आश्रमोंका वर्णन भी उसके अन्तर्गत आ जाता है। इस दृष्टिसे भी स्वतन्त्ररूपसे आश्रमोंका वर्णन करनेकी आवश्यकता नहीं होती।

गीतामें सैनिकोंके लिये शिक्षा

पालनीयं स्वकर्तव्यं धृत्युत्साहसमन्वितैः।
नित्यत्वादात्मनो मृत्योर्भेतव्यं नैव सैनिकैः॥

भारतीय शिक्षा यह कह रही है कि किसी भी समय, किसी भी परिस्थितिमें मनुष्यमें कायरता, डरपोकपना, कर्तव्य-विमुखता आदि किंचिन्मात्र भी नहीं आने चाहिये, प्रत्युत मनुष्यको प्रत्येक परिस्थितिमें उत्साहित रहना चाहिये। अठारहवें अध्यायके छब्बीसवें श्लोकमें 'सात्त्विक कर्ता' के लक्षण बताते हुए भगवान्‌ने छः बातें कही हैं—आसक्ति और अहंकार—इन दो बातोंका त्याग करना, धैर्य और उत्साह—इन दो बातोंको धारण करना तथा सिद्धि और असिद्धि—इन दो बातोंमें निर्विकार रहना। इन छः बातोंमेंसे मनुष्यमात्रके लिये दो बातें मुख्य हैं—धैर्य और उत्साह। कर्तव्यरूपसे जिस कार्यको स्वीकार किया है, उसमें डटे रहना 'धैर्य' है और उस स्वीकृतिके अनुसार कार्यमें प्रवण, तत्पर रहना 'उत्साह' है।

जैसे पर्वत अचल होता है, ऐसे ही सैनिकको अपने कर्तव्य-कर्ममें अचल रहना चाहिये। किसी भी विपरीत अवस्था, परिस्थिति आदिमें किंचिन्मात्र भी विचलित नहीं होना चाहिये। कारण कि शरीर तो प्रतिक्षण ही मर रहा है, मौतमें जा रहा है; और स्वयं अमर है, वह कभी मरता ही नहीं (२।२३—२५)। अतः मरनेसे कभी भी डरना नहीं चाहिये। दूसरी बात, अपने कर्तव्यका पालन

करते हुए मर भी जाय तो उसमें कल्याण है—**'स्वधर्मे निधनं श्रेयः'** (३।३५)। परंतु अपने कर्तव्यसे च्युत होनेमें भय है अर्थात् इस लोकमें भी अपमान, तिरस्कार, हानि है और परलोकमें भी दुर्गति है—**'परधर्मो भयावहः'** (३।३५)। अतः जो युद्ध कर्तव्यरूपसे स्वतः प्राप्त हो जाय, उसे करनेमें विशेष उत्साह रहना चाहिये। सैनिकोंके लिये युद्धके समान कल्याणकारक दूसरा कोई धर्म नहीं है; अतः वे सैनिक बड़े भाग्यशाली हैं, जिनको अनायास धर्मयुक्त युद्ध प्राप्त हो जाता है (२।३१-३२)।

अपने कर्तव्यके पालनमें बहुत उत्साह होना चाहिये। किसी कार्यमें प्रतिदिन सफलता-ही-सफलता होती हो तो उसमें जैसा उत्साह रहता है, वैसा ही उत्साह विफलता होनेपर भी अपने कर्तव्यके पालनमें रहना चाहिये। अपने कर्तव्य-पालनके सामने कार्यकी सिद्धि-असिद्धि, सफलता-विफलता आदिका कोई मूल्य नहीं है; क्योंकि वास्तवमें लौकिक सफलता भी विफलता है और विफलता भी विफलता है। परंतु अपने कर्तव्यका पालन करते हुए सफलता आ जाय तो भी सफलता है और विफलता आ जाय तो भी सफलता है (२।३७)। खुदीराम बोसको जब फाँसीका हुक्म हुआ था तब उनके शरीरका वजन बढ़ गया था; क्योंकि उनके मनमें अपने कर्तव्यका ही विचार था, सफलता या विफलताका नहीं।

हमारे भारतवर्षके सैनिकोंका युद्धमें इतना उत्साह रहता था कि सिर धड़से अलग हो जानेपर भी वे शत्रुओंको मारते रहते थे। शूरवीर सैनिकोंके शरीरमें घाव हो जानेपर भी उनका उत्साह बढ़ता ही रहता है। पीड़ाका भान होनेपर भी उन्हें दुःख नहीं होता, प्रत्युत अपने कर्तव्यका पालन करनेमें एक सुख होता है, जो उनके उत्साहको बढ़ाता रहता है। ऐसे शूरवीर सैनिकोंके उत्साहका दूसरे सैनिकोंपर भी असर पड़ता है। उन उत्साही शूरवीर सैनिकोंके वचनोंको सुनकर कायर भी उत्साही हो जाते हैं।

गीतामें भगवान्‌की शक्तियाँ

आद्या गुणमयी दैवी तथान्या दिव्यचिन्मयी।
योगमायेति च प्रोक्ता गीतायां पञ्च शक्तयः॥

गीतामें भगवान्‌की पाँच शक्तियोंका वर्णन हुआ है; जैसे—

(१) मूलप्रकृति—महाप्रलयके समय सम्पूर्ण प्राणी इसी मूलप्रकृतिको प्राप्त होते हैं अर्थात् इसी मूलप्रकृतिमें लीन होते हैं—**'सर्वभूतानि कौन्तेय प्रकृतिं यान्ति मामिकाम्। कल्पक्षये**..........' (९।७)। महासर्गके समय भगवान् इसी मूलप्रकृतिको वशमें करके अपने-अपने स्वभावके वशमें हुए प्राणियोंकी रचना करते हैं—**'प्रकृतिं स्वामवष्टभ्य**..........' (९।८); और यही प्रकृति भगवान्‌की अध्यक्षतामें सम्पूर्ण संसारकी रचना करती है (९।१०)। इसी मूल-प्रकृतिको भगवान्‌ने **'मम योनिर्महद्ब्रह्म तस्मिन्गर्भं दधाम्यहम्'** (१४।३) और **'तासां ब्रह्म महद्योनिरहं बीजप्रदः पिता'** (१४।४)—इन पदोंसे सम्पूर्ण प्राणियोंका उत्पत्ति-स्थान और अपनेको बीज प्रदान करनेवाला पिता बताया है।

(२) दिव्य चिन्मय-शक्ति—भगवान् स्वयं जब कभी अवतार लेते हैं, तब इसी दिव्य चिन्मय-शक्तिका आश्रय लेकर लेते हैं। इसी शक्तिसे भगवान् भक्तोंको आनन्द देनेवाली प्रेमकी लीला करते हैं। यह शक्ति दिव्य चिन्मय गुणोंवाली होती है। अतः भगवान्‌का अवतारी शरीर भी दिव्य चिन्मय होता है। इसी दिव्य चिन्मय शक्तिको भगवान्‌ने **'प्रकृतिं स्वामधिष्ठाय सम्भवामि'** (४।६) पदोंसे कहा है।

(३) योगमाया-शक्ति—इसी शक्तिसे मोहित हुए सामान्य प्राणी भगवान्‌को मनुष्य मानकर उनकी अवहेलना करते हैं। इस शक्तिसे ब्रह्माजी भी मोहित हो जाते हैं। इसी योगमाया-शक्तिको भगवान्‌ने **'आत्ममायया'** (४।६) और **'योगमायासमावृतः'** (७।२५) पदोंसे कहा है।

(४) दैवी प्रकृति—'देव' नाम भगवान्‌का है। भगवान्‌की प्रकृति (स्वभाव) होनेसे यह 'दैवी प्रकृति' कहलाती है। इसमें दया, क्षमा, अहिंसा आदि दैवी गुण रहते हैं। साधक भक्त इस दैवी प्रकृतिका आश्रय लेकर भगवान्‌की ओर चलते हैं—**'महात्मानस्तु मां पार्थ.........भूतादिमव्ययम्'** (९।१३)। इसीको 'दैवी सम्पद्' नामसे कहा गया है (१६।३, ५)। साक्षात् भगवान्‌का अंश होनेसे जीवमें इस दैवी सम्पत्तिके गुण स्वतःस्वाभाविक रहते हैं। परंतु जबतक यह जीव भगवान्‌से विमुख रहता है, तबतक ये गुण उसमें प्रकट नहीं होते, विकसित नहीं होते, प्रत्युत दबे रहते हैं। जब वह भगवान्‌के सम्मुख हो जाता है, तब उसमें ये गुण स्वतःस्वाभाविक प्रकट होने लगते हैं, विकसित होने लगते हैं।

(५) गुणमयी माया—यह माया लौकिक सत्त्व, रज और तम—इन तीनों गुणोंवाली है। इस मायाके साथ जीव जितना ही घनिष्ठ सम्बन्ध जोड़ता है, अपनेको उसका अधिपति मानता है और उससे सुख लेना चाहता है, उतना ही वह उसमें मोहित हो जाता है, उसके अधीन हो जाता है और उसमें फँस जाता है। इसी गुणमयी मायाको भगवान्‌ने प्रकृति (३।२७, २९; १३।१९—२१, २३, २९, ३४; १४।५), अपरा प्रकृति (७।४-५), दैवी गुणमयी माया (७।१४-१५), माया (१८।६१) और अव्यक्त (१३।५) नामसे कहा है। इस गुणमयी मायामें अत्यधिक तादात्म्य, ममता, आसक्ति होनेसे यह माया ही आसुरी, राक्षसी और मोहिनीरूप धारण कर लेती है (९।१२)।

वास्तवमें भगवान्‌की शक्ति एक ही है, जो भगवत्स्वरूपा है। उसी शक्तिको लेकर भगवान् सृष्टि रचना आदि भिन्न-भिन्न कार्य करते हैं, अनेक प्रकारकी लीलाएँ करते हैं। अतः उस एक ही शक्तिके कार्य या लीलाके अनुसार उपर्युक्त पाँच भेद हो जाते हैं।

गीतामें विभूति-वर्णन

प्रोक्ताः कारणरूपाश्च सप्तमे तु विभूतयः।
कार्यकारणरूपाश्च कृष्णेन नवमे स्वयम्॥
दशमे व्यक्तिभावाभ्यां सारमुख्यादिभिश्च वै।
स्वीयाः प्रभावरूपेण प्रोक्ताः पञ्चदशे तथा॥

भगवान्‌ने साधकके अन्यभाव (परमात्माके सिवाय अन्य कुछ है—इस भाव)-को हटानेके लिये गीताके सातवें, नवें, दसवें और पंद्रहवें—इन चार अध्यायोंमें अपनी विभूतियोंका वर्णन किया है।

सातवें अध्यायके सातवें श्लोकमें भगवान्‌ने **'मत्तः परतरं नान्यत्किञ्चिदस्ति'** 'मेरेसे बढ़कर इस जगत्‌का दूसरा कोई किंचिन्मात्र भी कारण नहीं है'—ऐसा कहा और उसके बाद आठवें श्लोकसे बारहवें श्लोकतक कारणरूपसे अपनी सत्रह विभूतियोंका वर्णन किया। कारणरूपसे विभूतियाँ बतानेका तात्पर्य यह है कि कार्यमें तो गुणोंकी भिन्नता होती है, पर कारणमें गुणोंकी भिन्नता नहीं होती। जैसे आकाशका कार्य शब्द है और शब्द वर्णात्मक और ध्वन्यात्मक रूपसे कई तरहका होता है; परंतु कारणरूपसे आकाश एक ही रहता है।

ऐसे ही परमात्माका कार्य संसार है और परमात्मा कारण हैं। गुणोंकी भिन्नतासे संसार कई तरहका होता है; परंतु उन सबमें कारणरूपसे परमात्मा एक ही रहते हैं। जो मनुष्य कार्य (संसार)-में आसक्त हो जाते हैं, वे तो बँध जाते हैं, पर जो मनुष्य कारणरूपसे एक परमात्माको ही देखते हैं, वे बँधते नहीं, प्रत्युत कार्यसे सर्वथा असंग होकर **'वासुदेवः सर्वम्'** 'सब कुछ परमात्मा ही हैं'—इसका अनुभव कर लेते हैं।

नवें अध्यायके सोलहवें श्लोकसे उन्नीसवें श्लोकतक भगवान्ने कार्य-कारणरूपसे अपनी सैंतीस विभूतियोंका वर्णन किया। तात्पर्य है कि कार्य-कारण, असत्-सत्, अनित्य-नित्य, असार-सार आदि जो कुछ भी है, वह सब परमात्मा ही हैं। परमात्माके सिवाय दूसरा कोई है ही नहीं।

दसवें अध्यायके चौथे-पाँचवें श्लोकोंमें भगवान्ने प्राणियोंके भावोंके रूपमें अपनी बीस विभूतियोंका और छठे श्लोकमें व्यक्तियोंके रूपमें अपनी पचीस विभूतियोंका वर्णन किया है। फिर अर्जुनके 'मैं आपका कहाँ-कहाँ चिन्तन करूँ?'—इस प्रश्नके उत्तरमें भगवान्ने बीसवें श्लोकसे अड़तीसवें श्लोकतक मुख्यरूपसे तथा अधिपतिरूपसे अपनी इक्यासी विभूतियोंका वर्णन किया। फिर उनतालीसवें श्लोकमें साररूपसे अपनी एक विभूतिका वर्णन किया। तात्पर्य यह है कि संसारमें भाव, व्यक्ति, मुख्य, अधिपति और साररूपसे जो कुछ भी है, वह सब भगवान् ही हैं।

पंद्रहवें अध्यायके बारहवें श्लोकसे पंद्रहवें श्लोकतक भगवान्ने प्रभावरूपसे अपनी तेरह विभूतियोंका वर्णन किया। तात्पर्य है कि जिस-किसीमें जो कुछ प्रभाव है, महत्त्व है, तेज है, वह सब भगवान्का ही है, वस्तु, व्यक्ति आदिका नहीं।

इस प्रकार भगवान्ने इन चारों अध्यायोंमें कुल मिलाकर अपनी एक सौ चौरानबे विभूतियोंका वर्णन किया है। इन सब विभूतियोंका तात्पर्य है कि वास्तवमें सब कुछ एक भगवान् ही हैं। अतः साधकका जिस-किसी वस्तु, व्यक्ति आदिमें अधिक भाव हो, खिंचाव हो, उसमें वह भगवान्का ही चिन्तन करे।

विभूति-वर्णनका उद्देश्य

मनुष्योंका प्रायः यह स्वभाव होता है कि वे किसी वस्तु, व्यक्ति, परिस्थिति, घटना आदिकी विशेषता, महत्ता, प्रभाव, सुन्दरता आदिको देखकर उसीमें आकृष्ट हो जाते हैं। वास्तवमें संसारमें जो कुछ विशेषता आदि दिखायी देती है, वह संसारकी है ही नहीं। कारण कि जो संसार एक क्षण भी स्थिर नहीं रहता, ऐसे क्षणभंगुर संसारकी विशेषता हो ही कैसे सकती है। उसमें जो कुछ विशेषता दीखती है, वह मूलमें संसारके आश्रय, आधार और प्रकाशक भगवान्की ही है। परंतु भगवान्की तरफ दृष्टि न रहनेसे मनुष्य संसारमें ऊपरका भभका देखकर उस तरफ खिंच जाता है। केवल ऊपरके भभकेको देखकर आकृष्ट हो जाना और उसके मूल कारणको न देखना पशुओंकी वृत्ति है, मनुष्योंकी नहीं। मनुष्य विवेक-प्रधान प्राणी है; अतः उसको तात्कालिक दीखनेवाली संसारकी विशेषताको महत्त्व देकर उसमें आकृष्ट नहीं होना चाहिये। अगर मनुष्य बिना विचार किये ही उसमें आकृष्ट हो जाता है तो उसमें विवेक-विचारकी प्रधानता ही कहाँ रही? इसलिये मनुष्यको संसारकी मानी हुई महत्तासे अपना मन हटाकर भगवान्की वास्तविक महत्तामें लगाना चाहिये। मनुष्यमात्रका मन अपनी ओर आकृष्ट करनेके लिये ही भगवान्ने अपनी विभूतियोंका वर्णन किया है।

गीतामें भगवान्ने अपनी जिन मुख्य-मुख्य विभूतियोंका वर्णन किया है, उन सबमें जो कुछ भी विशेषता देखनेमें आती है, वह सब भगवान्को लेकर ही है। अतः संसारमें जहाँ-कहीं किंचिन्मात्र भी विशेषता दिखायी दे, उस विशेषताको लेकर साधकको स्वतः भगवान्का चिन्तन करना चाहिये। संसारकी विशेषताको माननेसे जहाँ संसारका

चिन्तन होता है, वहाँ उस विशेषताको भगवान्‌की ही माननेसे वह चिन्तन भगवान्‌के चिन्तनमें परिणत हो जायगा अर्थात् वहाँ भगवान्‌का चिन्तन होने लगेगा।

साधकको चाहिये कि गीतामें जिन विभूतियोंका वर्णन हुआ है, वे विभूतियाँ किन कारणोंसे मुख्य हैं? इनमें क्या-क्या विलक्षणताएँ हैं? इनके विषयमें किस-किस ग्रन्थमें क्या-क्या लिखा है? इस तरफ वृत्ति न लगाकर ऐसा विचार करे कि इनका मूल क्या है? ये कहाँसे प्रकट हुई हैं? इस तरह अपनी वृत्तियोंका प्रवाह इन विभूतियोंकी तरफ न होकर इनके मूल भगवान्‌की तरफ ही होना चाहिये। मनुष्यकी वृत्तियोंका प्रवाह अपनी तरफ करनेके लिये ही भगवान्‌ने विभूतियोंका वर्णन किया है (१०।४१); क्योंकि अर्जुनकी यही जिज्ञासा थी (१०।१७)। अतः ये विभूतियाँ भगवान्‌का चिन्तन करनेके लिये ही हैं। इन विभूतियोंमें विलक्षणता दीखे अथवा न दीखे, इनको जानें अथवा न जानें, फिर भी इनमें भगवान्‌का चिन्तन होना चाहिये। तात्पर्य यह है कि भगवान्‌का उद्देश्य विभूतियोंका वर्णन करनेका नहीं है, प्रत्युत अपना चिन्तन करानेका है। चिन्तन करानेका उद्देश्य है—साधक मेरेको तत्त्वसे जान जाय और उसकी मेरेमें दृढ़ भक्ति हो जाय—

एतां विभूतिं योगं च मम यो वेत्ति तत्त्वतः।
सोऽविकम्पेन योगेन युज्यते नात्र संशयः॥
(१०।७)

विभूतियोंकी दिव्यता

दसवें अध्यायमें अर्जुनने सोलहवें श्लोकमें और भगवान्‌ने उन्नीसवें तथा चालीसवें श्लोकमें अपनी विभूतियोंको '*दिव्य*' कहा है। इसका कारण यह है कि भगवान् दिव्यातिदिव्य हैं; अतः जितनी भी विभूतियाँ हैं, वे सभी तत्त्वसे दिव्य हैं। परंतु साधकके सामने उन विभूतियोंकी दिव्यता तभी प्रकट होती है, जब वह भोगबुद्धिका सर्वथा त्याग करके उन विभूतियोंमें केवल भगवान्‌का ही चिन्तन करता है।

गीतामें विश्वरूप-दर्शन

विश्वरूपं प्रभोर्द्रष्टुं कृपापात्रैर्हि शक्यते।
यज्ञादिसाधनैः कोऽपि द्रष्टुं शक्तो न तत् क्वचित्॥

भगवान्‌ने अर्जुनको अपना जो विश्वरूप (विराट्‌रूप) दिखाया है, वह किसी साधनका फल नहीं है। भगवान्‌ने स्वयं कहा है कि 'इस प्रकार विश्वरूपवाला मैं वेदाध्ययन, यज्ञानुष्ठान, दान, उग्र तपस्या, तीर्थ, व्रत आदि क्रियाओंसे नहीं देखा जा सकता' (११।४८)। इस विश्वरूपका दर्शन तो भगवान् ही कृपा करके अपनी सामर्थ्यसे दिव्य दृष्टि देकर दिखा सकते हैं—'**मया प्रसन्नेन······आत्मयोगात्**' (११।४७)। भगवान्‌ने अपने चतुर्भुज विष्णुरूपके लिये तो अनन्यभक्तिको साधन बताया है (११।५४), पर विश्वरूपके लिये कोई साधन नहीं बताया, केवल अपनी कृपाको ही साधन बताया है। अर्जुनने भी नम्रतापूर्वक भगवान्‌से प्रार्थना की थी कि 'हे भगवन्! यदि आपका विश्वरूप मेरे द्वारा देखा जा सकता है—ऐसा आप मानते हैं तो आप अपने उस रूपको मुझे दिखा दीजिये' (११।४)। इस तरह अर्जुनकी उत्कण्ठा होनेसे भगवान्‌ने कृपा करके अर्जुनको अपना विश्वरूप दिखा दिया; क्योंकि भगवान् भक्तवांछाकल्पतरु हैं।

भगवान्‌ने पहले कृपा करके कौसल्या अम्बा, यशोदा मैया, उत्तंक, भीष्मजी आदिको जो विश्वरूप दिखाया था, वह इस प्रकार अत्यन्त भयानक नहीं था। कारण कि इसको देखकर शूरवीर अर्जुन भी भयभीत हो गये और भगवान्‌ने भी इस बातको स्वीकार किया कि 'हे अर्जुन! मैंने तुमको जैसा यह

विश्वरूप दिखाया है, वैसा पहले किसीने भी नहीं देखा है' (११।४७)। भगवान्ने अर्जुनको जो विश्वरूप दिखाया है, वह यह दीखनेवाला संसार नहीं है। यह संसार तो उस विश्वरूपका आभासमात्र, झलकमात्र है। कारण कि यह संसार नाशवान् और जड है, दिव्य नहीं है; परंतु वह विश्वरूप दिव्य है, अविनाशी है, अनन्त है। भगवान् तो अर्जुनको अपना विश्वरूप दिखाते ही चले जा रहे थे, पर अर्जुन उसको देखते-देखते भयभीत हो गये और प्रार्थना करने लगे कि 'हे भगवन्! पहले कभी न देखे हुए आपके विश्वरूपको देखकर तो मैं हर्षित हो रहा हूँ, पर आपके अत्यन्त उग्र और भयंकर रूपको देखकर मेरा मन व्यथित हो रहा है अर्थात् मैं भयभीत हो रहा हूँ; अतः आप चतुर्भुजरूपमें हो जाइये, (११।४५-४६)। अगर अर्जुन भयभीत होकर भगवान्से चतुर्भुजरूपको दिखानेकी प्रार्थना न करते तो भगवान् न जाने और क्या-क्या दिखाते, कैसे-कैसे रूप दिखाते, कितने-कितने रूपोंमें अर्जुनके सामने प्रकट होते! इसका कोई पारावार नहीं होता।

संजयने भी उस विश्वरूपके प्रभावसे प्रभावित होकर कहा है कि 'हे राजन्! भगवान् श्रीकृष्णके उस अत्यन्त अद्‌भुत विश्वरूपको याद करके मैं बार-बार हर्षित हो रहा हूँ और मेरेको महान् आश्चर्य भी हो रहा है (१८।७७)।

भगवान्का विश्वरूप ज्ञानदृष्टिका विषय नहीं है, प्रत्युत दिव्यदृष्टिका विषय है। तत्त्वज्ञ जीवन्मुक्त महापुरुष भी साधकको ज्ञानदृष्टि देकर इस संसारको '**वासुदेवः सर्वम्**' के रूपसे दिखा सकते हैं, बोध करा सकते हैं, पर भगवान्के विश्वरूपको नहीं दिखा सकते अर्थात् हरेक संत-महात्मा उस विश्वरूपको देखने-दिखानेमें समर्थ नहीं है। उस विश्वरूपको तो भगवान् और भगवान्से अधिकार प्राप्त किये हुए भगवत्कृपापात्र कारक पुरुष ही दिव्यदृष्टि देकर दिखा सकते हैं। भगवान्ने अर्जुनको ज्ञानदृष्टि देकर इस संसारको ही विश्वरूपसे दिखा दिया हो—यह बात नहीं है; किंतु भगवान्ने अर्जुनको दिव्यदृष्टि देकर नेत्रोंसे साक्षात् दिखाया है। अर्जुनने विश्वरूप दिखानेके लिये भगवान्से प्रार्थना की तो भगवान्ने अपना विश्वरूप देखनेके लिये अर्जुनको आज्ञा दी (११।५—७)। परंतु जब अर्जुनको कुछ भी नहीं दीखा, तब भगवान्ने कहा कि 'भैया! तुम अपने इन नेत्रों (चर्मचक्षुओं)-से मेरे विश्वरूपको नहीं देख सकते। अतः मैं तुम्हें दिव्यदृष्टि देता हूँ, जिससे तुम मेरे उस रूपको देख लो' (११।८) दिव्यदृष्टि प्राप्त होते ही अर्जुनको विश्वरूपके दर्शन होने लगे। अर्जुनने कहा भी कि 'हे भगवन्! मैं आपके शरीरमें सम्पूर्ण देवताओं आदिको देख रहा हूँ—'**पश्यामि देवांस्तव देव देहे**......' (११।१५)*। संजयने भी कहा कि अर्जुनने देवोंके देव भगवान्के शरीरमें विश्वरूपको देखा—'**अपश्यद्देवदेवस्य शरीरे पाण्डवस्तदा**' (११।१३)। भगवान्ने भी अपने शरीरमें विश्वरूपको देखनेकी आज्ञा दी थी (११।७)।

तात्पर्य यह है कि ऐसा ऐश्वर्यमय दिव्य विश्वरूप न तो किसी साधनके बलसे देखा जा सकता है, न मनुष्य अपनी सामर्थ्यसे देख सकता है और न तत्त्वज्ञ जीवन्मुक्त महापुरुष ही ज्ञानदृष्टि देकर उसे दिखा सकते हैं। उसके दर्शनमें तो केवल भगवत्कृपा ही कारण है।

---

* अर्जुनने और जगह भी विश्वरूपको नेत्रोंसे देखनेकी ही बात कही है; जैसे—'पश्यामि' (११।१६-१७, १९); 'दृष्ट्वा' (११।२०,२३-२४,४५); 'दृष्ट्वैव' (११।२५); 'संदृश्यन्ते' (११।२७) आदि।

गीतामें सृष्टि-रचना

सृष्टिश्चतुर्विधा प्रोक्ता त्वादिसंकल्पजा प्रभोः।
ब्रह्मजा चान्नजा तुर्या क्षेत्रक्षेत्रज्ञयोगजा॥

गीतामें सृष्टि-रचनाका वर्णन चार प्रकारसे हुआ है, जो इस तरह है—

(१) **महासर्ग**—ब्रह्माजीकी और सम्पूर्ण प्राणियोंकी उत्पत्ति महासर्गमें होती है। यह महासर्ग भगवान्‌के संकल्पसे होता है। भगवान्‌का संकल्प क्यों होता है? महाप्रलयमें सम्पूर्ण जीव अपने-अपने कर्मोंके संस्कारोंके साथ कारणशरीरसहित प्रकृतिमें लीन होते हैं और प्रकृति उन सम्पूर्ण प्राणियोंसहित भगवान्‌में लीन होती है। प्रकृतिमें लीन हुए उन प्राणियोंके कर्म जब परिपक्व होकर फल देनेके लिये उन्मुख हो जाते हैं, तब भगवान्‌में '**बहु स्यां प्रजायेय**' (तैत्तिरीय० २।६) 'मैं अकेला ही बहुत हो जाऊँ'—ऐसा संकल्प होता है। ऐसा संकल्प होते ही भगवान् अपनी प्रकृतिको स्वीकार करके ब्रह्माजीकी*, सम्पूर्ण जीवोंके शरीरोंकी और सम्पूर्ण लोकोंकी रचना करते हैं। परंतु रचना-रूपसे परिणति तो प्रकृतिमें ही होती है अर्थात् सम्पूर्ण जीवोंके शरीरोंका निर्माण तो प्रकृतिसे ही होता है। इसलिये भगवान्‌ने गीतामें दो बातें कही हैं कि मैं महासर्गमें प्राणियोंके शरीरोंका निर्माण करता हूँ तो प्रकृतिको स्वीकार करके ही करता हूँ (९।७-८) और प्रकृति प्राणियोंके शरीरोंका निर्माण करती है तो मेरी अध्यक्षतासे अर्थात् मेरेसे सत्ता-स्फूर्ति पाकर ही करती है (९।१०)।

महासर्गका वर्णन गीतामें दूसरी जगह इस प्रकार आया है—

चौथे अध्यायके पहले श्लोकमें 'यह अविनाशी योग पहले (महासर्गके आदिमें) मैंने सूर्यसे कहा था' और तीसरे श्लोकमें 'वही यह पुरातन (महासर्गके आदिमें कहा हुआ) योग मैंने आज तुमसे कहा है' ऐसा कहकर भगवान्‌ने महासर्गका वर्णन किया है।

चौथे अध्यायके ही तेरहवें श्लोकमें भगवान्‌के द्वारा गुणों और कर्मोंके अनुसार चारों वर्णोंकी रचनाकी बात आयी है, जो कि महासर्गका समय है।

आठवें अध्यायके तीसरे श्लोकमें '**विसर्गः कर्मसंज्ञितः**' पदोंमें भगवान्‌के द्वारा सृष्टि-रचनाके लिये संकल्प करनेको 'विसर्ग' कहा गया है, जो कि महासर्गका समय है।

दसवें अध्यायके छठे श्लोकमें 'चार सनकादि, सात महर्षि और चौदह मनु मेरे मनसे उत्पन्न होते हैं, जिनकी संसारमें यह प्रजा है'—ऐसा कहकर महासर्गका वर्णन किया गया है।

चौदहवें अध्यायके तीसरे-चौथे श्लोकोंमें प्रकृतिको बीज धारण करनेका स्थान और अपनेको बीज प्रदान करनेवाला पिता बताकर भगवान्‌ने महासर्गका वर्णन किया है।

सत्रहवें अध्यायके तेईसवें श्लोकमें 'जिस परमात्माके ॐ, तत् और सत्—ये तीन नाम हैं, उसी परमात्माने सृष्टिके आदिमें वेद, ब्राह्मण और यज्ञोंकी रचना की है'—ऐसा कहकर महासर्गका वर्णन किया गया है।

अठारहवें अध्यायके इकतालीसवें श्लोकमें 'स्वभावसे उत्पन्न हुए गुणोंके अनुसार ब्राह्मण, क्षत्रिय, वैश्य और शूद्रोंके कर्मोंका विभाग किया गया है'—ऐसा कहकर भगवान्‌ने महासर्गका वर्णन किया है।

(२) **सर्ग**—ब्रह्माजीके सोनेपर प्रलय होता है और जागनेपर सर्ग होता है। सर्गके समय ब्रह्माजीके

* कभी तो भगवान् स्वयं ब्रह्मारूपसे प्रकट होते हैं और कभी जीव अपने पुण्यकर्मोंके कारण ब्रह्मा बन जाता है।

सूक्ष्मशरीरसे सम्पूर्ण प्राणियोंकी उत्पत्ति होती है। तात्पर्य है कि प्रलयके समय सम्पूर्ण प्राणी अपने-अपने सूक्ष्म और कारण-शरीरोंके सहित ब्रह्माजीके सूक्ष्मशरीरमें लीन हो जाते हैं और सर्गके समय पुनः उन सूक्ष्म और कारण-शरीरोंके सहित ब्रह्माजीके सूक्ष्मशरीरसे प्रकट हो जाते हैं (८।१८-१९)।

तीसरे अध्यायके दसवें श्लोकमें 'प्रजापति ब्रह्माजीने सृष्टिके आदिमें यज्ञ (कर्तव्य-कर्म)-के सहित प्रजाकी रचना की'—ऐसा कहकर सर्गका वर्णन किया गया है।

[महासर्गमें तो भगवान् जीवोंका कारण-शरीरके साथ विशेष सम्बन्ध करा देते हैं—यही भगवान्‌के द्वारा प्राणियोंकी रचना करना है और सर्गमें ब्रह्माजी जीवोंका सूक्ष्मशरीरके साथ विशेष सम्बन्ध करा देते हैं—यही ब्रह्माजीके द्वारा प्राणियोंकी रचना करना है।]

(३) सृष्टिचक्र—पहले तो ब्रह्माजीकी मानसिक सृष्टि होती है। इसके बाद ब्रह्माजीसे स्थूलरूपमें स्त्री और पुरुषका शरीर उत्पन्न होता है। फिर स्त्री-पुरुषके संयोगसे यह सृष्टि चल पड़ती है, इसका नाम है—सृष्टिचक्र। इसी बातको गीतामें कहा गया है कि अन्नसे अर्थात् स्त्री-पुरुषके रज-वीर्यसे सब प्राणी पैदा होते हैं; अन्न वर्षासे पैदा होता है; वर्षा कर्तव्य-कर्मरूप यज्ञसे होती है; उस कर्तव्य-कर्मरूप यज्ञकी विधिका विधान वेद और वेदानुकूल शास्त्रोंसे होता है; वेद परमात्मासे प्रकट होते हैं; अतः परमात्मा ही सर्वगत हैं अर्थात् सबके मूलमें परमात्मा ही विद्यमान हैं (३।१४-१५)। सृष्टि चाहे भगवान्‌से हो, चाहे ब्रह्माजीसे हो, चाहे अन्न (रज-वीर्य)-से हो अर्थात् चाहे महासर्ग हो, चाहे सर्ग हो, चाहे सृष्टिचक्र हो, सबके मूलमें एक परमात्मा ही रहते हैं। अतः इन तीनों सृष्टियोंका तात्पर्य सबके मूल परमात्माके सम्मुख होनेमें ही है।

(४) क्षेत्र-क्षेत्रज्ञ-संयोग—जीवोंका अपने-अपने शरीरोंके साथ जो तादात्म्य है, उसको 'क्षेत्र-क्षेत्रज्ञका संयोग' कहते हैं। इसीको 'प्रकृति-पुरुषका संयोग', 'जड-चेतनका संयोग' और 'अपरा-परा प्रकृतिका संयोग' भी कहते हैं। जीवोंका स्थूल, सूक्ष्म और कारण-शरीरोंके साथ जो 'राग' है, वही संयोग है। इस संयोगके कारण ही जीवोंकी उत्पत्ति होती है, जन्म-मरण होता है (१३।२१)। तात्पर्य है कि इस संयोग (राग)-से ही जीवोंका महासर्गमें कारणशरीरके साथ, सर्गमें सूक्ष्म-शरीरके साथ और सृष्टिचक्रमें माता-पिताके रज-वीर्यके साथ सम्बन्ध हो जाता है।

जीवोंका शरीरके साथ जो तादात्म्य है, राग है, सम्बन्ध है, उसका वर्णन गीताके सातवें अध्यायके छठे श्लोकमें और तेरहवें अध्यायके इक्कीसवें तथा छब्बीसवें श्लोकमें किया गया है।

उपर्युक्त महासर्ग, सर्ग, सृष्टिचक्र और क्षेत्र-क्षेत्रज्ञ-संयोग—इन चारोंका तात्पर्य यह है कि चाहे महासर्ग हो, चाहे सर्ग हो, चाहे सृष्टिचक्र हो और चाहे क्षेत्र-क्षेत्रज्ञ-संयोग हो, इन सबमें परमात्माका जीवोंके साथ और जीवोंका परमात्माके साथ अटूट सम्बन्ध रहता है। केवल शरीरकी परवशताके कारण जीव बार-बार जन्मता-मरता रहता है। यह परवशता भी इसकी खुदकी बनायी हुई है। अगर इस परवशताको छोड़कर जीव परमात्माके सम्मुख हो जाय तो हरेक परिस्थितिमें परमात्माको प्राप्त कर सकता है।

गीतामें जीवकी गतियाँ

जीवानां गतयो बह्व्यो गीतया तु त्रिधा मता।
द्विधोर्ध्वा हि द्विधा चाधो मध्यमैकेति पञ्चधा॥

भगवान्ने गीतामें जीवकी मुख्यरूपसे तीन गतियोंका वर्णन किया है—ऊर्ध्वगति, अधोगति और मध्यगति। जैसे—सत्त्वगुणकी तात्कालिक वृत्तिके बढ़नेपर मरनेवाला और सत्त्वगुणमें स्थित रहनेवाला मनुष्य ऊर्ध्वगतिमें जाता है (१४।१४, १८)। तमोगुणकी तात्कालिक वृत्तिके बढ़नेपर मरनेवाला और तमोगुणमें स्थित रहनेवाला मनुष्य अधोगतिमें जाता है (१४।१५, १८)। रजोगुणकी तात्कालिक वृत्तिके बढ़नेपर मरनेवाला और रजोगुणमें स्थित रहनेवाला मनुष्य मध्यगतिमें जाता है (१४।१५, १८)। इन तीनों गतियोंका विस्तारसे वर्णन इस प्रकार है—

ऊर्ध्वगति

ऊर्ध्वगतिमें दो प्रकारके जीव जाते हैं—

(१) लौटकर न आनेवाले—(क) जो जीव शुक्लमार्गसे ब्रह्माजीके लोकमें जाते हैं, वे वहाँ रहकर महाप्रलयके समय ब्रह्माजीके साथ ही भगवान्में लीन हो जाते हैं अर्थात् मुक्त हो जाते हैं (८।२४)।

(ख) जो तत्त्वज्ञ, जीवन्मुक्त हो जाते हैं, वे यहाँ ही तत्त्वमें लीन हो जाते हैं, उनके प्राणोंका उत्क्रमण नहीं होता (५।१९, २४—२६)।

(ग) जो भगवान्के भक्त होते हैं, वे भगवान्के परमधाममें चले जाते हैं (८।२१; १५।६)।

(घ) भगवान् दुष्टोंका नाश करनेके लिये अवतार लेते हैं (४।८)। वे दुष्ट जब भगवान्के हाथसे मारे जाते हैं, तब वे यहाँ ही भगवान्के श्रीविग्रहमें लीन हो जाते हैं; क्योंकि उनके सामने भगवान्का ही श्रीविग्रह रहता है और उसीका चिन्तन करते हुए वे मरते हैं। भगवान्का यह नियम है कि जो जीव अन्तकालमें मेरेको याद करता हुआ शरीर छोड़ता है, वह निःसंदेह मेरेको ही प्राप्त हो जाता है (८।५)।

(२) लौटकर आनेवाले—(क) जो स्वर्गादिका सुख भोगनेके उद्देश्यसे सकाम कर्म करते हैं, वे अपने पुण्योंके फलस्वरूप कृष्ण-मार्गसे स्वर्गादि लोकोंमें जाते हैं और वहाँ अपने-अपने पुण्योंके अनुसार सुख भोगते हैं। पुण्य समाप्त होनेपर वे फिर लौटकर मृत्युलोकमें आते हैं (८।२५; ९।२१)।

(ख) जो परमात्मप्राप्तिके साधनमें लगे हुए हैं, पर जिनकी सांसारिक वासना अभी सर्वथा नहीं मिटी है, वे अन्तसमयमें किसी वासनाके कारण अपने साधनसे विचलित हो जाते हैं तो वे स्वर्गादि ऊँचे लोकोंमें जाते हैं। ऐसे योगभ्रष्ट मनुष्य बहुत लम्बे समयतक स्वर्गादि लोकोंमें रहते हैं। जब वहाँके भोगोंसे उनकी अरुचि हो जाती है, तब वे लौटकर मृत्युलोकमें आते हैं और शुद्ध श्रीमानोंके घरमें जन्म लेते हैं (६।४१)।

अधोगति

अधोगतिमें दो प्रकारके जीव जाते हैं—

(१) चौरासी लाख योनियोंमें जानेवाले—जीव अपने पाप-कर्मोंके अनुसार पशु-पक्षी, कीट-पतंग आदि नीच योनियोंमें जाते हैं और वहाँ निरन्तर उन योनियोंकी यन्त्रणा भोगते हैं (१६।१९)*।

* भगवान्ने योगभ्रष्टके लिये कहा कि वे स्वर्गमें बहुत समयतक रहते हैं—**'शाश्वतीः समाः'** (६।४१) और पाप-कर्म करनेवालोंके लिये कहा कि मैं उनको निरन्तर नीच (आसुरी) योनियोंमें गिराता हूँ अर्थात् वे नीच योनियोंमें निरन्तर रहते हैं—**'अजस्रम्'** (१६।१९)। इसका तात्पर्य यह हुआ कि योगभ्रष्ट तो एक स्थानपर ही बहुत समयतक रहते हैं, पर पाप-कर्म करनेवालोंकी नीच योनियाँ बदलती रहती हैं।

(२) नरकोंमें जानेवाले—जीव अपने पाप-कर्मोंके अनुसार रौरव, कुम्भीपाक आदि भयंकर नरकोंमें जाते हैं और वहाँ उन नरकोंकी भयंकर यन्त्रणा भोगते हैं (१६।१६)।

मध्यगति[1]

मध्यगतिमें छः प्रकारके जीव आते हैं—

(१) स्वर्गादि लोकोंसे आये प्राणी—जो लोग सुखभोगके उद्देश्यसे स्वर्गादि लोकोंमें गये हैं, वे स्वर्गप्रापक पुण्य क्षीण होनेपर इस मध्यलोक-(मनुष्यलोक)-में आकर जन्म लेते हैं। ऐसे लोगोंकी प्रवृत्ति (आचरण) प्रायः शुद्ध होती है, इसलिये वे पुनः शुभकर्म करके स्वर्गादि लोकोंमें जाते हैं और फिर नीचे आते हैं, इस तरह वे बार-बार आते-जाते रहते हैं (९।२१)। ऐसे लोगोंमेंसे किन्हींको संसारसे वैराग्य हो जाता है तो वे तत्त्वज्ञान प्राप्त करके मुक्त हो जाते हैं और किन्हींकी भगवान्‌में रुचि (प्रियता) हो जाती है तो वे भी संसार-बन्धनसे मुक्त होकर भगवद्धाममें चले जाते हैं।

(२) योगभ्रष्ट—सांसारिक वासनावाले योगभ्रष्ट मनुष्य स्वर्गादि लोकोंमें जाकर फिर यहाँ शुद्ध श्रीमानोंके घरमें जन्म लेते हैं, और सांसारिक वासनासे रहित योगभ्रष्ट मनुष्य स्वर्गादिमें न जाकर सीधे यहाँ योगियोंके कुलमें जन्म लेते हैं। अब जो योगभ्रष्ट मनुष्य श्रीमानोंके घरमें जन्म लेते हैं, वे भोगोंकी सूक्ष्म वासनाके कारण और श्रीमानोंके घरमें भोग-बाहुल्यके कारण भोगोंमें आसक्त हो जाते हैं। आसक्त होनेपर भी उनका पहले मनुष्य-जन्ममें किया हुआ अभ्यास (साधन) उनको पुनः पारमार्थिक मार्गमें खींच लेता है। वे पुनः तत्परतासे यत्न करके परमगतिको प्राप्त हो जाते हैं (६।४४-४५)। जो योगभ्रष्ट मनुष्य योगियों (तत्त्वज्ञ जीवन्मुक्तों)-के घरमें जन्म लेते हैं, उनको वहाँ पारमार्थिक वायुमण्डल, शिक्षा आदि मिलनेसे वे बचपनसे ही साधनमें लग जाते हैं तथा उनको पहले मनुष्य-जन्ममें की हुई साधन-सामग्री भी स्वाभाविक प्राप्त हो जाती है; अतः वे पुनः तत्परतासे यत्न करके परमात्माको प्राप्त कर लेते हैं (६।४३)।

(३) पशु-पक्षी आदिकी योनियोंसे आये प्राणी और (४) नरकोंसे आये प्राणी—पशु-पक्षी आदिकी योनियोंमें तथा नरकोंमें गये हुए प्राणी कभी भगवान्‌की अहैतुकी कृपासे फिर मनुष्यलोकमें आ जाते हैं। उनको भगवान् सम्पूर्ण जन्मोंका अन्त करनेवाला यह मनुष्यशरीर देकर पूरी स्वतन्त्रता देते हैं कि वे चाहे जो कुछ कर सकते हैं और चाहे जहाँ जा सकते हैं। तात्पर्य है कि वे सकामभावसे शुभकर्म करके स्वर्गादि लोकोंमें जा सकते हैं (२।४२-४३; ७।२०—२२; ९।२०) अथवा अशुभ (पाप)-कर्म करके चौरासी लाख योनियों तथा नरकोंमें जा सकते हैं (१६।१६, १९-२०) अथवा विवेक-विचारके द्वारा जड़तासे सम्बन्ध-विच्छेद करके मुक्त हो सकते हैं (१३।३४) अथवा निष्कामभावपूर्वक अपने कर्तव्य-कर्मका पालन करके परमात्मतत्त्वको प्राप्त हो सकते हैं (२।५१; ५।१२) अथवा भगवान्‌की शरण होकर भगवान्‌को प्राप्त हो सकते हैं (१८।५६); इतना ही नहीं, भगवान् स्वयं उनका संसार-सागरसे उद्धार करनेवाले बन जाते हैं (१२।७)[2]। तात्पर्य यह हुआ

१- यहाँ मध्यगतिको अन्तमें देनेका तात्पर्य है कि सब गतियोंका कारण मध्यगति ही है; क्योंकि ऊर्ध्वगति और अधोगतिवाले मध्यगतिमें ही आते हैं तथा वे मध्यगतिसे ही ऊर्ध्वगति और अधोगतिमें जाते हैं। यदि यहाँ पहले ही मध्यगतिका वर्णन किया जाता तो (ऊर्ध्वगति और अधोगतिके वर्णनके बिना) उसका स्पष्ट बोध नहीं होता।

२-(क) भगवान्‌ने कृपा करके जीवको शुभकर्मोंका फल भुगताकर, शुद्ध करके अपनी गोदमें लेनेके लिये स्वर्गादि लोकोंकी रचना की; अशुभकर्मोंका फल भुगताकर, शुद्ध करके अपनी गोदमें लेनेके लिये चौरासी लाख योनियों और नरकोंकी रचना की; और अनुकूलता-प्रतिकूलताके द्वारा शुभ-अशुभ कर्मोंको समाप्त करके अपनी गोदमें लेनेके लिये मनुष्ययोनिकी रचना की। मनुष्ययोनिमें भगवान्‌ने जीवको अपनी प्राप्तिकी, जन्म-मरणसे मुक्त होनेकी पूरी स्वतन्त्रता दी है। मनुष्ययोनिमें

कि मनुष्य-जन्ममें जितने भी जीव आते हैं, वे सभी अपना उद्धार अथवा पतन करनेमें स्वतन्त्र हैं, परतन्त्र नहीं हैं।

(५) भगवत्प्राप्त महापुरुष—जो जीव भगवान्‌को प्राप्त हो गये हैं, भगवद्धाममें गये हैं, वे भी भगवान्‌की इच्छासे अन्य जीवोंका उद्धार करनेके लिये कारकपुरुषके रूपमें इस मनुष्यलोकमें आते हैं। उनका मनुष्यलोकमें जन्म लेना कर्मोंके परवश नहीं होता। वे स्वयं श्रेष्ठ आचरण करके लोगोंको अच्छे कर्मोंमें लगाते हैं अथवा अपने वचनोंके द्वारा लोगोंको सही रास्ता बताते हैं (३। २१)। इस प्रकार अपना कार्य पूरा करके वे फिर भगवान्‌के पास चले जाते हैं।

(६) भगवान्‌के नित्य परिकर—जब भगवान् साधु पुरुषोंकी रक्षा, दुष्टोंका विनाश और धर्मकी स्थापना करनेके लिये मनुष्यलोकमें आते हैं (४। ८), तब भगवद्धाममें रहनेवाले भगवान्‌के नित्य परिकर (पार्षद) भी भगवान्‌के साथ उनके सखा आदिके रूपमें इस मनुष्यलोकमें आते हैं। वे यहाँ भगवान्‌के साथ ही रहते हैं, खाते-पीते हैं, खेलते हैं, उनको सुख पहुँचाते हैं। जब भगवान् अपने अवतारकी लीला समाप्त करते हैं और अन्तर्धान हो जाते हैं, तब वे पार्षद भी शरीर छोड़कर उनके साथ भगवद्धाममें चले जाते हैं।

गीतामें मनुष्योंकी श्रेणियाँ

स्थितिभावानुसारेण विभिन्नाः सन्ति मानवाः।
तेषु भवन्ति ते धन्याः प्राप्तिं कुर्वन्ति ये हरेः॥

श्रीमद्भगवद्गीताका अध्ययन, मनन करनेसे यह बात देखनेमें आती है कि मनुष्योंकी जैसी स्थिति है, भाव है, मान्यताएँ हैं, आचरण हैं, उनके अनुसार ही मनुष्योंकी अलग-अलग श्रेणियाँ हो जाती हैं अर्थात् मनुष्यजातिके (एक होते हुए भी) स्थिति, भाव, साधन-पद्धति आदिके अनुसार अनेक भेद हो जाते हैं; जैसे—

भगवान्‌ने पूर्वजन्मके गुणों और कर्मोंके अनुसार ब्राह्मण, क्षत्रिय, वैश्य और शूद्र—इन चारों वर्णोंकी रचना करके इन चारों वर्णोंके अन्तर्गत ही सभी मनुष्योंको माना है (४। १३) तथा स्वभावसे उत्पन्न हुए गुणोंके अनुसार चारों वर्णोंके मनुष्योंके नियत कर्मोंका विधान किया है (१८। ४१—४४)। उन मनुष्योंमेंसे जो अपने कल्याणके लिये भगवान्‌का आश्रय लेते हैं, उनके आचरणोंके अनुसार भगवान्‌ने अपनी भक्तिके सात अधिकारी बताये हैं—ब्राह्मण, क्षत्रिय, वैश्य, शूद्र, स्त्रियाँ, पापयोनि और दुराचारी (९। ३०—३३)। ये सातों अधिकारी किन-किन भावोंसे भगवान्‌का भजन करते हैं, उन भावोंके चार

यह जीव जीते-जी भगवान्‌को प्राप्त कर सकता है और जीते-जी होश न आये तो अन्तसमयमें भी भगवान्‌को याद करके उन्हें प्राप्त कर सकता है (८। ५)।

(ख) इस मनुष्यलोकमें जीवोंका जहाँ कहीं, जिस किसी योनिमें जन्म होता है, वह प्रायः ऋणानुबन्ध (लेन-देनके सम्बन्ध)-से ही होता है। तात्पर्य यह है कि किसीसे लेनेके लिये और किसीको देनेके लिये आपसके सम्बन्धको लेकर ही सम्पूर्ण जीवोंका जन्म होता है। मनुष्य केवल दूसरोंके हितके लिये कर्तव्य-कर्म करके शुभ-अशुभ कर्मोंसे अर्थात् ऋणानुबन्धसे मुक्त हो सकता है (४। २३) अथवा सत्-असत्‌के विवेकद्वारा अपने स्वरूपमें स्थित होकर सम्पूर्ण पापोंसे अर्थात् ऋणानुबन्धसे मुक्त हो सकता है (४। ३६) अथवा भगवान्‌की शरण होकर सम्पूर्ण पापोंसे अर्थात् ऋणानुबन्धसे मुक्त हो सकता है (१८। ६६)। इस ऋणानुबन्धसे मुक्त होनेके लिये मनुष्यके सिवाय दूसरे प्राणी असमर्थ हैं; क्योंकि उनमें इसकी योग्यता नहीं है और अधिकार भी नहीं है; परंतु मनुष्य इसमें सर्वथा स्वतन्त्र है, सबल है।

भेद करके भगवान्‌ने भक्तोंकी चार श्रेणियाँ बतायी हैं—अर्थार्थी, आर्त, जिज्ञासु और ज्ञानी अर्थात् प्रेमी (७।१६)। धन-सम्पत्ति, पद-अधिकार, जमीन-जायदाद आदि सांसारिक वैभवके लिये जो भगवान्‌का भजन करते हैं, वे '**अर्थार्थी**' भक्त हैं। सांसारिक दुःख दूर करनेके लिये जो भगवान्‌को आर्तभावसे पुकारते हैं, वे '**आर्त**' भक्त हैं। भगवान्‌से ही अपने स्वरूपको, परमात्मतत्त्वको जाननेके लिये जो भगवान्‌का भजन करते हैं, वे '**जिज्ञासु**' भक्त हैं। जो केवल भगवान्‌में प्रेम करना चाहते हैं, भगवान्‌को सुख देना चाहते हैं, भगवान्‌की सेवा करना चाहते हैं, वे '**ज्ञानी**' (प्रेमी) भक्त हैं। इन चारों प्रकारके भक्तोंको भगवान्‌ने उदार कहा है; क्योंकि ये जो कुछ भी चाहते हैं, वह भगवान्‌से ही चाहते हैं, संसारसे नहीं। ज्ञानी अर्थात् प्रेमी भक्तको तो भगवान्‌ने अपनी आत्मा (स्वरूप) ही बताया है; क्योंकि उसकी भगवान्‌से कोई माँग नहीं है (७।१८)। ऐसे प्रेमी भक्तको भगवान्‌ने दुर्लभ बताया है—'**स महात्मा सुदुर्लभः**' (७।१९) और सर्वश्रेष्ठ बताया है—'**स मे युक्ततमो मतः**' (६।४७)। ऐसा सिद्ध भक्त राग-द्वेष, हर्ष-शोक आदि विकारोंसे रहित, अहंता-ममतासे रहित और शत्रु-मित्र, मान-अपमान, सुख-दुःख आदिमें सम रहनेवाला होता है (१२।१३—१९)।

ज्ञानयोगी साधक सत्-असत्‌के ज्ञान (विवेक)-के द्वारा अपने स्वरूपका बोध चाहता है (२।११—३०; १३।१९—३४) और इसीमें अपना पुरुषार्थ मानता है।

सिद्ध ज्ञानयोगी सत्त्व, रज और तम—इन तीनों गुणोंकी वृत्तियोंके आनेपर भी राग-द्वेष नहीं करता। गुण ही गुणोंमें बरत रहे हैं अर्थात् सम्पूर्ण क्रियाएँ गुणोंमें ही हो रही हैं—ऐसा समझकर अपने स्वरूपमें स्थित रहता है। वह सदा ही सुख-दुःखमें सम रहता है तथा उसपर निन्दा-स्तुति, मान-अपमानका असर नहीं पड़ता (१४।२२—२५)।

कर्मयोगी साधक केवल लोकसंग्रहके लिये, कर्तव्य परम्पराको सुरक्षित रखनेके लिये निष्कामभावसे अपने कर्तव्यका तत्परतासे पालन करता है अर्थात् अपने लिये कर्म न करके केवल दूसरोंके हितके लिये ही सब कर्म करता है (३।९)।

सिद्ध कर्मयोगीकी अपने स्वरूपमें ही रति, तृप्ति और सन्तुष्टि रहती है। उसको न तो कर्म करनेसे मतलब रहता है और न कर्म न करनेसे ही मतलब रहता है। उसका किसी भी प्राणीके साथ स्वार्थका सम्बन्ध नहीं रहता (३।१७-१८)। उसकी सम्पूर्ण पदार्थ, प्राणी आदिमें समबुद्धि रहती है (६।८-९)।

ध्यानयोगी साधक सम्पूर्ण इन्द्रियोंका संयम करके और एकान्तमें रहकर सगुण-साकारका, अपने स्वरूपका अथवा निर्गुण-निराकारका ध्यान करता है (६।१०—२८)।

सगुण-साकारके ध्यानसे सिद्ध हुआ ध्यानयोगी 'सबमें भगवान् हैं और सभी भगवान्‌में हैं'—ऐसा अनुभव करता है। फिर वह सब काम करते हुए भी भगवान्‌में ही स्थित रहता है (६।३०-३१)। अपने स्वरूपके ध्यानसे सिद्ध हुआ ध्यानयोगी अपने-आपको सम्पूर्ण प्राणियोंमें और सम्पूर्ण प्राणियोंको अपने-आपमें देखता है; अतः वह सर्वत्र समबुद्धिवाला होता है (६।२९)। निर्गुण-निराकारके ध्यानसे सिद्ध हुआ ध्यानयोगी अपने शरीरकी उपमासे सम्पूर्ण प्राणियोंमें तथा उनके सुख-दुःखमें अपनेको समान देखता है (६।३२)। तात्पर्य है कि जैसे साधारण मनुष्यकी अपने शरीरकी पीड़ाको दूर करके उसको सुख पहुँचानेकी स्वाभाविक चेष्टा होती है, ऐसे ही उस ज्ञानी महापुरुषकी दूसरेका दुःख दूर करके उसको सुख पहुँचानेकी स्वाभाविक चेष्टा होती है।

ज्ञानयोगी, कर्मयोगी, ध्यानयोगी आदि साधकोंकी अन्तसमयमें किसी कारणसे अपने साधनमें स्थिति नहीं रहे, वे अपने साधनसे विचलित हो जायँ तो वे योगभ्रष्ट हो जाते हैं। ऐसे योगभ्रष्ट दो प्रकारके होते हैं—सांसारिक वासनारहित और सांसारिक

वासनासहित। साधन करते हुए जिसकी सांसारिक वासनाएँ नहीं रही हैं, वह साधक अन्तसमयमें किसी विशेष कारणसे अपने साधनसे विचलित हो जाय तो वह स्वर्गादि ऊँचे लोकोंमें न जाकर सीधे ही ज्ञानवान् योगियोंके कुलमें जन्म लेता है और वहाँ पुनः साधनमें तत्परतासे लगकर सिद्धिको प्राप्त कर लेता है (६।४२-४३)। परन्तु साधन करते हुए भी जिसकी सांसारिक (भोगोंकी) वासनाएँ सर्वथा नहीं मिटी हैं, वह साधक अन्तकालमें किसी वासना आदिके कारणसे अपने साधनसे विचलित हो जाय तो वह स्वर्गादि ऊँचे लोकोंमें जाता है। वहाँ बहुत वर्षोंतक रहकर फिर वह शुद्ध श्रीमानोंके घरमें जन्म लेता है। वहाँ भोगोंकी बहुलताके कारण भोगोंके परवश होनेपर भी पहले मनुष्यजन्ममें किया हुआ साधन उसको पारमार्थिक मार्गमें खींच लेता है और वह लगनपूर्वक साधन करके परमगतिको प्राप्त हो जाता है (६।४१, ४४-४५)।

जिनका भगवान्‌पर, पारमार्थिक साधनोंपर श्रद्धा-विश्वास नहीं है, प्रत्युत शास्त्रोक्त, वेदोक्त सकाम अनुष्ठानोंपर श्रद्धा-विश्वास है, वे देवताओंकी उपासना करते हैं और मरनेके बाद अपने-अपने शुभ-कर्मोंके अनुसार स्वर्गादि लोकोंमें जाकर वहाँका सुख भोगते हैं। पुण्य समाप्त हो जानेपर वे फिर मृत्युलोकमें लौटकर आते हैं (८।२५; ९।२०-२१)।

जो केवल संसारका काम-धंधा करने और पशुओंकी तरह खाने-पीने, सोने आदिमें ही लगे रहते हैं, ऐसे सामान्य मनुष्योंको भगवान्‌ने 'जन्तु' कहा है (५।१५)।

जिनकी न भगवान्‌पर श्रद्धा है, न शास्त्रोंपर श्रद्धा है, न धर्मपर श्रद्धा है, न सकाम अनुष्ठानोंपर श्रद्धा है और न परलोकपर ही श्रद्धा है, ऐसे मनुष्य केवल शरीर-पोषणमें ही लगे रहते हैं। वे झूठ-कपट, चोरी-डकैती, अन्याय-अत्याचार आदि करके अपने शरीरका, प्राणोंका पोषण करते हैं, जिसके फलस्वरूप वे चौरासी लाख योनियों एवं नरकोंमें जाते हैं (१६।७—२०)। स्वभावके भेदसे ऐसे मनुष्योंकी तीन श्रेणियाँ होती हैं—आसुरी, राक्षसी और मोहिनी (९।१२)। जो केवल स्वाद-शौकीनी, सुख-आराम, खेल-तमाशा, संग्रह करना, भोग भोगना आदिमें ही लगे रहते हैं, वे 'आसुरी' श्रेणीमें आते हैं। जो अपने स्वार्थके लिये क्रोधपूर्वक दूसरोंको दुःख देते हैं, दूसरोंको मार देते हैं, पशु-पक्षियोंको मारकर खा जाते हैं, वे 'राक्षसी' श्रेणीमें आते हैं। जो बिना कारण दूसरोंको दुःख देते हैं, सोते हुए कुत्तेको पत्थर या लाठी मारकर राजी होते हैं, नदी आदिमें पत्थर फेंककर राजी होते हैं, पशुओंकी तरह चिल्लाने लग जाते हैं, वे 'मोहिनी' श्रेणीमें आते हैं। इन तीनों श्रेणियोंमें एक-एक बातकी प्रधानता रहती है; जैसे—आसुरी श्रेणीमें स्वार्थकी प्रधानता रहती है, पर साथमें क्रोध और मूढ़ता भी रहती है। राक्षसी श्रेणीमें क्रोधकी प्रधानता रहती है, पर साथमें स्वार्थ और मूढ़ता भी रहती है। मोहिनी श्रेणीमें मूढ़ताकी प्रधानता रहती है, पर साथमें स्वार्थ और क्रोध भी रहता है। इस प्रकार तीनों श्रेणियोंमें तीनों बातें रहते हुए भी एक-एक बातकी प्रधानता रहती है; जैसे—

व्यक्तिगत स्वार्थके लिये लोभमें आकर राजकीय कर्मचारी देशका, नौकर मालिकका, व्यक्ति समाजका बहुत नुकसान कर देता है—यह 'आसुरीमें राक्षसी' है; और स्वार्थसे अन्धे होनेके कारण देश, समाज, कुटुम्ब आदिका कितना अहित हो रहा है, इस तरफ मनुष्यका खयाल ही नहीं जाता—यह 'आसुरीमें मोहिनी' है।

भोग भोगना और रुपये आदिका संग्रह करना—यह 'राक्षसीमें आसुरी' है; और भोगोंमें, संग्रहमें, ऐश-आराममें मनुष्य इतना तन्मय हो जाता है कि हमारे देशकी क्या दशा होगी, मरनेके बाद हमारी क्या दशा होगी, इस तरफ उसका खयाल ही नहीं जाता—यह 'राक्षसीमें मोहिनी' है।

ऐश-आराम, भोग, संग्रह करनेकी इच्छा रखना—यह 'मोहिनीमें आसुरी' है; और

क्रूरतापूर्वक दूसरोंका नुकसान कर देना—यह 'मोहिनीमें राक्षसी' है।

भगवान्‌ने मनुष्यको इतना अधिकार दिया है, ऐसा विलक्षण विवेक दिया है, जिससे वह प्राणिमात्रकी सेवा कर सकता है, अपना और दूसरोंका कल्याण कर सकता है, सबको शान्ति प्रदान कर सकता है, सबका पूजनीय बन सकता है और भगवान्‌को भी अपना दास बना सकता है! परन्तु कामनाके वशीभूत होकर यह जन्म-मरणके चक्करमें चला जाता है, झूठ, कपट, बेईमानी, धोखेबाजी, अन्याय आदि करके यह पशु-पक्षी आदि नीच योनियोंमें और नरकोंमें चला जाता है—यह कितने दुःखकी बात है! अतः मनुष्यशरीर पाकर परमात्मतत्त्वका अनुभव कर लेना चाहिये, भगवत्प्रेमकी प्राप्ति, भगवद्दर्शन कर लेना चाहिये, इसीमें मनुष्यजन्मकी सफलता है।

गीतामें श्रद्धा

श्रद्धा द्विधा श्रीहरिगीतगीते दैवी प्रसङ्गेन मताऽऽसुरी च।
दैवी सदा सत्त्वगुणेन युक्ता रजस्तमोभ्यामपरा निबोध्या॥

भगवान्‌ने गीतामें श्रद्धाको मनुष्यमात्रका साक्षात् स्वरूप माना है—**'यो यच्छ्रद्धः स एव सः'** (१७।३) अर्थात् जो जैसी श्रद्धावाला होता है, वैसा ही उसका स्वरूप होता है।

इन्द्रियोंसे, अन्तःकरणसे जिस विषयका ज्ञान नहीं होता, उस विषयमें आदरभावसहित जो दृढ़ विश्वास है, उसको 'श्रद्धा' कहते हैं। इस श्रद्धाके दो विभाग हैं—दैवी और आसुरी। जिस श्रद्धासे अर्थात् जिनमें श्रद्धा करनेसे मनुष्यका कल्याण हो जाता है, तत्त्वकी प्राप्ति हो जाती है, भगवद्दर्शन हो जाते हैं, वह श्रद्धाका 'दैवी' विभाग है और जिस श्रद्धासे अर्थात् जिनमें श्रद्धा करनेसे बन्धन हो जाता है, अधोगति हो जाती है, वह श्रद्धाका 'आसुरी' विभाग है। इन्हीं दो विभागोंको सात्त्विकी और राजसी-तामसी भी कहा है अर्थात् दैवी श्रद्धाको 'सात्त्विकी' और आसुरी श्रद्धाको 'राजसी-तामसी' कहा है।

भगवान् और उनके मतमें, महापुरुष और उनके वचनोंमें, ग्रन्थोंमें और शास्त्रीय शुभकर्मोंमें, सात्त्विक तपमें श्रद्धा करना दैवी (सात्त्विकी) श्रद्धा है। देवताओंमें और सकाम अनुष्ठानोंमें, यक्ष-राक्षसोंमें, भूत-प्रेतादिमें श्रद्धा करना आसुरी (राजसी-तामसी) श्रद्धा है। गीतामें इसका वर्णन इस प्रकार किया गया है—

दैवी श्रद्धा

(१) भगवान् और उनके मतमें श्रद्धा— सम्पूर्ण योगियोंमें भी जो श्रद्धावान् भक्त मुझमें तल्लीन हुए मनसे मेरा भजन करता है, वह मेरे मतमें सर्वश्रेष्ठ योगी है (६।४७)। नित्य-निरन्तर मेरेमें लगे हुए जो भक्त परम श्रद्धासे युक्त होकर और मेरेमें मनको लगाकर मेरी उपासना करते हैं, वे मेरे मतमें सर्वश्रेष्ठ हैं (१२।२)। मेरेमें श्रद्धा रखनेवाले और मेरे परायण हुए जो भक्त इस धर्ममय अमृतका रुचिपूर्वक सेवन करनेवाले हैं, वे मुझे अत्यन्त प्रिय हैं (१२।२०)। जो मनुष्य दोषदृष्टिरहित होकर श्रद्धापूर्वक मेरे इस मतका सदा अनुष्ठान करते हैं, वे सम्पूर्ण कर्मोंके बन्धनसे मुक्त हो जाते हैं (३।३१)।

(२) महापुरुष और उनके वचनोंमें श्रद्धा— महापुरुष जो-जो आचरण करते हैं, दूसरे मनुष्य भी वैसा-वैसा ही आचरण करते हैं और महापुरुष अपनी वाणीसे जिसका विधान कर देते हैं, दूसरे लोग उसका अनुवर्तन करते हैं (३।२१)। जो लोग कर्मयोग, सांख्ययोग, ध्यानयोग आदि साधनोंको नहीं

जानते, प्रत्युत केवल महापुरुषोंके वचनानुसार चलते हैं, वे भी मृत्युको तर जाते हैं (१३। २५)।

(३) ग्रन्थोंमें और शास्त्रीय शुभकर्मोंमें श्रद्धा—जो मनुष्य दोषदृष्टिरहित होकर श्रद्धापूर्वक इस गीता-ग्रन्थको सुन भी लेगा, वह भी सम्पूर्ण पापोंसे मुक्त होकर पुण्यकर्म करनेवालोंके ऊँचे लोकोंको प्राप्त हो जायगा (१८। ७१)। कर्तव्य और अकर्तव्यके विषयमें शास्त्र ही प्रमाण है; अतः शास्त्रको सामने रखकर ही कर्म करने चाहिये (१६। २४)। जो शास्त्रविधिको अर्थात् कौन-सा कार्य किस विधिसे करना चाहिये—इस बातको नहीं जानते, पर शास्त्रीय शुभकर्मोंमें जिनकी श्रद्धा है और जो श्रद्धापूर्वक यजन-पूजन भी करते हैं (१७। १), वे सात्त्विक (दैवी सम्पत्तिवाले) मनुष्य होते हैं—**'यजन्ते सात्त्विका देवान्'** (१७। ४)।

(४) सात्त्विक तपमें श्रद्धा—परम श्रद्धासे युक्त फलेच्छारहित मनुष्योंके द्वारा शरीर, वाणी और मनसे जो तप किया जाता है, उसको सात्त्विक कहते हैं (१७। १७)।

—यह सब 'दैवी' श्रद्धाका विभाग है।

आसुरी श्रद्धा

(१) देवताओंमें और सकाम अनुष्ठानोंमें श्रद्धा—जो-जो मनुष्य जिस-जिस देवताका श्रद्धापूर्वक यजन-पूजन करना चाहता है, उस-उस देवताके प्रति मैं उसकी श्रद्धाको दृढ़ कर देता हूँ (७। २१)। जो भी मनुष्य श्रद्धापूर्वक अन्य देवताओंका पूजन करते हैं, वे भी वास्तवमें करते तो हैं मेरा ही पूजन, पर करते हैं अविधिपूर्वक (९। २३)।

(२) यक्ष-राक्षसोंमें और भूत-प्रेतादिमें श्रद्धा—राजस मनुष्य यक्ष-राक्षसोंका पूजन करते हैं और तामस मनुष्य भूत-प्रेतादिका पूजन करते हैं—**'यक्षरक्षांसि राजसाः'**, **'प्रेतान्भूतगणांश्चान्ये यजन्ते तामसा जनाः'** (१७। ४)।

—यह सब 'आसुरी' श्रद्धाका विभाग है।

श्रद्धाके साथ जबतक दोषदृष्टि रहती है, तबतक श्रद्धा पूर्णतया फलीभूत नहीं होती। अतः भगवान्‌ने श्रद्धाके साथ **'अनसूयन्तः'** और **'अनसूयः'** पद भी दिये हैं—**'श्रद्धावन्तः'**, **'अनसूयन्तः'** (३। ३१) और **'श्रद्धावान् अनसूयः'** (१८। ७१)। तात्पर्य है कि श्रद्धा तो हो, पर दोषदृष्टिरहित हो।

गीतामें दैवी श्रद्धाका प्रयोग साधकोंके लिये ही आता है, सिद्धोंके लिये नहीं। कारण कि साधकोंको सिद्धि प्राप्त करनी है; अतः उनके लिये दैवी श्रद्धाकी जरूरत है। परंतु सिद्ध तो सिद्धि प्राप्त किये रहते हैं अर्थात् उन्हें परमात्मतत्त्वका साक्षात् अनुभव हो गया होता है; अतः उनके लिये दैवी श्रद्धाकी जरूरत नहीं है।

गीताने दैवी श्रद्धाको इतनी मुख्यता दी है कि बिना श्रद्धाके यज्ञ, दान, तप आदि शुभकर्म किये जायँ तो वे सब असत् हो जाते हैं (१७। २८)।

निष्कामभावसे भगवान् आदिमें श्रद्धा करनेसे मुक्ति हो जाती है, मनुष्य संसार-बन्धनसे छूट जाता है और सकामभावसे देवता आदिमें श्रद्धा करनेसे मनुष्य बन्धनमें पड़ जाता है। निष्कामभावसे श्रद्धापूर्वक देवता आदिका पूजन करना दोषी नहीं है, बन्धन करनेवाला नहीं है, प्रत्युत कल्याण करनेवाला है। परंतु भूत-प्रेतादिमें श्रद्धा करनेसे तो अधोगति ही होती है (९। २५; १४। १८); क्योंकि भूत-प्रेतोंकी उपासनामें निष्कामभाव हो ही नहीं सकता। भूत-प्रेतोंको अपना इष्ट मानकर उनकी उपासना करनेसे पतन होता है। हाँ, अगर उनके उद्धारके लिये, उनकी तृप्तिके लिये निष्कामभावसे जल दिया जाय, गया-श्राद्ध आदि किया जाय तो वह दोषी नहीं है; क्योंकि इसमें केवल उनका उद्धार करनेका भाव है।

गीतामें देवताओंकी उपासना

ये नराः कामनायुक्ता यजन्त इह देवताः।
दुःखं हि यान्ति ते सर्वे जन्ममृत्युजरात्मकम्॥

देवता दो प्रकारके होते हैं—'आजान-देवता' और 'मर्त्यदेवता'। 'आजान-देवता' वे कहलाते हैं, जो कल्पके आदिसे हैं और कल्पके अन्ततक रहते हैं तथा 'मर्त्यदेवता' वे कहलाते हैं, जो मनुष्यशरीरमें पुण्यकर्म करके स्वर्ग आदि लोकोंको प्राप्त होते हैं और पुण्यकर्मोंके अनुसार न्यूनाधिकरूपसे स्वर्गमें रहते हैं।

मनुष्योंकी अपेक्षा देवताओंकी योनि ऊँची मानी जाती है, देवताओंके लोक ऊँचे माने जाते हैं, उनके भोग, शरीर, सुख-सामग्री ऊँची मानी जाती है। उनकी अपेक्षा मनुष्यलोक और मनुष्यलोकके भोग, शरीर, सुख-सामग्री नीची मानी जाती है। देवताओंके लोक, भोग, शरीर आदि सभी दिव्य होते हैं—**'दिव्यान्दिवि देवभोगान्'** (९। २०); और उनके लोक, भोग, इन्द्रियोंकी शक्ति, आयु आदि सभी विशाल होते हैं—**'स्वर्गलोकं विशालम्'** (९। २१); परंतु उनके लोक, भोग, शरीर, इन्द्रियों आदिमें जो कुछ दिव्यता,* विलक्षणता, विशालता होती है, वह सब पुण्यकर्मोंके कारण ही होती है।

जो आदमी संसारमें रचे-पचे हैं, जो उच्छृंखलतापूर्वक आचरण करते हैं, उनकी अपेक्षा श्रद्धा-भक्तिसे देवताओंकी उपासना करनेवाले श्रेष्ठ हैं। कारण कि वे वेदोंमें, शास्त्रोंमें तथा वैदिक मन्त्रोंमें, यज्ञ-याग आदिके अनुष्ठानमें श्रद्धा रखते हैं और सकामभावसे तत्परतापूर्वक सांगोपांग यज्ञादि शुभ कर्मोंका अनुष्ठान करते हैं। उनमें यहाँके भोगोंसे कुछ संयम भी होता है और उनका अन्तःकरण भी कुछ शुद्ध होता है। ऐसे लोग शुभ कर्मोंके प्रभावसे देवताओंके लोकोंमें जाकर वहाँके दिव्य भोग भोगते हैं और स्वर्गके प्रापक पुण्यके समाप्त होनेपर फिर मृत्युलोकमें आकर जन्म लेते हैं। ऐसे स्वर्गसे लौटकर आये मनुष्योंके स्वभावमें स्वाभाविक ही शुद्धि रहती है। उनमें स्वाभाविक ही दान देने आदिकी तरफ प्रवृत्ति रहती है। परंतु निष्कामभावसे अपने कर्तव्यका पालन करनेसे तथा भगवद्‌बुद्धिसे देवताओंका पूजन करनेसे मनुष्यकी जैसी शुद्धि होती है, वैसी शुद्धि सकामभावसे देवताओंका पूजन-आराधन करनेवालोंकी नहीं होती; क्योंकि उनमें स्वर्ग आदि लोकोंकी तथा वहाँके भोगोंकी प्रबल कामना रहती है।

यद्यपि इस मनुष्यलोकमें कर्मोंकी सिद्धि चाहते हुए देवताओंकी उपासना करनेवालोंको कर्मजन्य सिद्धि बहुत जल्दी मिलती है (४। १२)। तथापि उस उपासनाका फल अन्तवाला ही होता है, अविनाशी नहीं होता (७। २३)। कारण कि देवतालोग अपनी उपासना करनेवालोंपर प्रसन्न हो जायँगे तो वे अधिक-से-अधिक उनको अपने लोकोंमें ले जा सकते हैं, पर उनका कल्याण नहीं कर सकते और जबतक उनके पुण्य रहते हैं, तभीतक वे उनको अपने लोकोंमें रहने देते हैं। पुण्य समाप्त होते ही वे उनको वहाँसे ढकेल देते हैं। जहाँतकका टिकट होता है, वहाँतक ही रेलमें बैठ सकते हैं, ऐसे ही जितने पुण्य होते हैं, उतने ही समयतक वे स्वर्गमें रह सकते हैं। पुण्य समाप्त होनेपर उन्हें वहाँसे नीचे (मनुष्यलोकमें) आना ही पड़ता है (९। २१)।

प्रकृतिके साथ, गुणोंके साथ सम्बन्ध रखनेवाले जितने सुख हैं, भोग हैं, ऊँचे-ऊँचे लोक हैं, वे सभी

* देवताओंकी दिव्यता भगवान्‌की दिव्यताके समान नहीं है। भगवान्‌की दिव्यता तो अलौकिक है, चिन्मय है, पर देवताओंकी दिव्यता लौकिक है, प्राकृत है और नष्ट होनेवाली है।

नाशवान् हैं, सीमित हैं और जन्म-मरण देनेवाले हैं। जो प्रकृतिसे सम्बन्ध नहीं रखना चाहते, केवल अपना कल्याण चाहते हैं और पारमार्थिक मार्गमें लगे हुए हैं, ऐसे मनुष्योंको किसी कारणविशेषसे अन्तकालमें साधनसे विचलित होनेपर स्वर्गादि लोकोंमें जाना भी पड़ता है तो भी वे वहाँके भोगोंमें फँसते नहीं; क्योंकि भोग भोगना उनका उद्देश्य नहीं रहा है। वहाँके भोग तो उनके लिये विघ्नरूप होते हैं। वहाँ बहुत समयतक रहकर फिर वे शुद्ध श्रीमानोंके घरमें जन्म लेते हैं और पुनः साधनमें लग जाते हैं (६। ४१, ४४)।

देवताओंकी उपासना करनेवालोंका पतन ही होता है, उनको बार-बार जन्म-मरणका दुःख भोगना ही पड़ता है, पर जो किसी भी तरहसे अपने कल्याणके साधनमें लगा हुआ है, उसका कभी पतन नहीं होता (६। ४०); क्योंकि उसका उद्देश्य कल्याणका होनेसे भगवान् उसको शुद्ध श्रीमानोंके घरमें पुनः साधन करनेका अवसर देते हैं।

वास्तवमें देखा जाय तो स्वर्ग आदिका सुख कोई ऊँचा नहीं है। वह सुख भी मृत्युलोकके धनी आदमियोंके सुखकी श्रेणीका ही है, यहाँके सुखके तारतम्यका ही है। कारण कि वह सुख भी सम्बन्धजन्य है, इन्द्रियोंके पाँचों विषयोंका है, आदि-अन्तवाला और दुःखोंका ही कारण है (५। २२)। परंतु जो पारमार्थिक सुख है, वह निर्विकार है, अक्षय है अर्थात् उसका कभी नाश नहीं होता; क्योंकि वह स्वयंका है, प्रत्येक प्राणीका स्वधर्म है, सम्बन्धजन्य नहीं है (५। २१)।

तात्पर्य है कि देवताओंकी उपासना करनेवाले ऊँचे-से-ऊँचे लोकोंमें चले जायँ तो भी कामनाके कारण उनको जन्म-मरणके चक्करमें आना ही पड़ता है, उनका कल्याण नहीं होता (९। २१)। परंतु जो किसी भी तरहसे भगवान्‌में लग जाते हैं, उनका उद्धार हो जाता है,* उनका कभी पतन होता ही नहीं (६। ४०)। भगवान्‌ने अपने अर्थार्थी, आर्त, जिज्ञासु और ज्ञानी (प्रेमी)—इन चार प्रकारके भक्तोंको सुकृती कहा है (७। १६), उदार कहा है (७। १८); क्योंकि वे भगवान्‌में लगे हुए हैं। भगवान्‌में लगे होनेसे वे भगवान्‌को ही प्राप्त होते हैं। अतः मनुष्यको चाहिये कि वह किसी कामना, सुखेच्छाके वशीभूत होकर मनुष्यजन्मके अमूल्य समयको जन्म-मरणके चक्करमें जानेमें न लगाये, प्रत्युत भगवान्‌में ही लगाये।

गीतामें प्राणिमात्रके प्रति हितका भाव

जगति योऽखिलजीवहिते रतो व्रजति स सुखदुःखविनाशताम्।
निजहितं च य इच्छति केवलं झटिति नश्यति नो अविवेकता॥

जीव अनादिकालसे अपने व्यक्तिगत सुख और हितमें तत्पर रहता आया है। अतः 'मेरेको सुख मिले, मेरा आदर हो, मेरी मान-बड़ाई हो, मेरे नामकी महिमा हो, मेरी मनचाही हो, मेरा हित हो, मेरा कल्याण हो, मेरी मुक्ति हो'—इस तरह उसका संसारको अपनी तरफ ही खींचनेका स्वभाव पड़ा हुआ है। इस स्वभावके कारण उसमें कामना, ममता, आसक्ति आदिकी वृद्धि एवं दृढ़ता होती है, जब कि कल्याण कामना, ममता आदिसे रहित होनेसे होता है (२। ७१)। अतः संसारको अपनी तरफ खींचनेके स्वभावको मिटानेके लिये मनुष्यकी सम्पूर्ण प्राणियोंके हितमें रति, प्रीति होनी बहुत आवश्यक है अर्थात् 'प्राणिमात्रको सुख मिले, कोई दुःखी न रहे, सबका आदर-सत्कार हो,

* भगवान्‌की इतनी महिमा है कि कोई किसी भी भावसे भगवान्‌में लग जाय, उसमें स्वतः ही निष्कामभाव आ जाता है और उसका उद्धार हो जाता है। अतः सकामभावकी बातका तात्पर्य केवल भगवान्‌में लगनेमें ही है, सकामभावमें नहीं।

सबकी मान-बड़ाई हो, सबका कल्याण हो, सबको परमात्माकी प्राप्ति हो'—ऐसा भाव होना बहुत आवश्यक है। ऐसा सर्वहितकारी भाव होनेसे संसारको अपनी तरफ खींचनेका भाव मिट जाता है और अपने पास धन-सम्पत्ति, वैभव, स्थूल-सूक्ष्म-कारणशरीर आदि जो सामग्री है, जो कि संसारसे ही मिली हुई और संसारसे अभिन्न है, उसको प्राणिमात्रके हितमें लगानेका भाव जाग्रत् हो जाता है। फिर प्राणियोंकी सेवा करनेमें, उनका आदर-सत्कार करनेमें, उनको सुख-आराम पहुँचानेमें, उनका हित करनेमें उस सामग्रीका स्वतः सद्व्यय होने लग जाता है, जिससे नाशवान्‌की कामना, ममता, आसक्ति आदि छूटती जाती है तथा अपनी परिच्छिन्नताका भाव मिटता जाता है। सर्वथा परिच्छिन्नता मिटते ही परमात्माकी प्राप्ति हो जाती है—**'ते प्राप्नुवन्ति मामेव सर्वभूतहिते रताः'** (१२।४)।

जैसे स्वयं (जीवात्मा) परमात्मासे अभिन्न है, ऐसे ही शरीर आदि सामग्री संसारसे अभिन्न है। परन्तु जबतक सबके हितकी भावना दृढ़ नहीं होती, तबतक अपनी कहलानेवाली सामग्री संसारकी नहीं दीखती, जिससे अपने सुख-आरामकी कामना बढ़ती है, दृढ़ होती है। जबतक कामना, ममता आदि रहती है, तबतक जड़ताके साथ तादात्म्य रहता है, जो जन्म-मरणका खास कारण है (१३।२१)। परन्तु सम्पूर्ण प्राणियोंके हितमें रति होनेसे यह तादात्म्य सहज ही टूट जाता है; क्योंकि प्राणिमात्रके हितमें रति होनेसे सांसारिक पदार्थ आदिका प्रवाह प्राणियोंके हितकी तरफ हो जाता है, अपनी तरफ नहीं रहता।

भगवान्‌ने गीतामें दो बार **'सर्वभूतहिते रताः'** (५।२५; १२।४) कहा है। पाँचवें अध्यायके पचीसवें श्लोकमें भगवान्‌ने इन पदोंसे कहा कि सम्पूर्ण प्राणियोंके हितमें रति होनेसे साधक निर्गुण ब्रह्मको प्राप्त हो जाते हैं; और बारहवें अध्यायके चौथे श्लोकमें इन पदोंसे कहा कि सम्पूर्ण प्राणियोंके हितमें रति होनेसे साधक मेरेको (सगुणको) प्राप्त हो जाते हैं। इसका तात्पर्य है कि दूसरोंके हितमें प्रीति होनेपर जड़ताका, अपने सुख-आरामका त्याग सुगमतापूर्वक हो जाता है। जड़ताका त्याग होनेपर साधक निर्गुणकी प्राप्ति चाहे तो निर्गुणकी प्राप्ति हो जायगी और सगुणकी प्राप्ति चाहे तो सगुणकी प्राप्ति हो जायगी अर्थात् प्रभुके साथ जो स्वाभाविक प्रेम है, वह प्रकट हो जायगा।

'सर्वभूतहिते रताः' पद दोनों ही बार ज्ञानयोगके प्रकरणमें देनेका तात्पर्य यह है कि ज्ञानयोगके साधकमें **'अहं ब्रह्मास्मि'** की उपासना मुख्य रहती है। जो अहम् अनादिकालसे शरीरके सम्बन्धसे चला आ रहा है, उस अहम्‌का त्याग करनेके लिये सम्पूर्ण प्राणियोंके हितमें रति होनी बहुत जरूरी है। प्राणियोंके हितमें रति होनेसे अहम् सुगमतापूर्वक छूट जाता है। अहम्‌के छूटनेसे अपने स्वरूपका अनुभव हो जाता है। फिर बन्धनका कोई कारण नहीं रहता।

प्राणिमात्रके हितमें रतिका यह माप-तौल नहीं है कि साधक प्राणिमात्रके लिये कितना कार्य करता है, उनको कितनी वस्तुएँ देता है? क्योंकि क्रिया और पदार्थ सीमित होते हैं। क्रियाओंका भी आरम्भ और अन्त होता है तथा पदार्थोंका भी संयोग और वियोग होता है। परन्तु सम्पूर्ण प्राणियोंके हितका भाव असीम होता है। असीम भावसे ही असीम-तत्त्व (परमात्मा)-की प्राप्ति होती है।

साधक जो कुछ भी साधन-भजन करता है, उससे भी लोगोंका स्वाभाविक हित होता है। अगर उसमें 'मेरा कल्याण हो जाय'—ऐसा व्यक्तिगत हितका भाव रहता है, तो भी उसके द्वारा लोगोंका हित होता है। भगवत्प्राप्त महापुरुषमें अपना कोई व्यक्तिगत हितका भाव नहीं रहता; अतः उसके द्वारा जो कुछ होता है, वह स्वतः लोगोंके हितके लिये ही होता है। उसके दर्शनसे, शरीरका स्पर्श करनेवाली वायुसे, संगसे, वचनोंसे दूसरे लोगोंपर असर पड़ता है, जिससे उन लोगोंमें साधन-भजन करनेकी रुचि जाग्रत् होती है और वे भी भगवान्‌की तरफ चल पड़ते हैं।

जैसे बीड़ी-सिगरेट पीनेवालोंके द्वारा स्वतः ही बीड़ी-सिगरेटका प्रचार होता है, ऐसे ही साधकके द्वारा भी स्वतः साधन-भजनका प्रचार होता है। ऐसे सच्चे हृदयसे साधन करनेवाले साधकोंका समुदाय जहाँ रहता है, उस स्थानमें विलक्षणता आ जाती है। जैसे भोगियोंके भोग और संग्रहका लोगोंपर स्वतः असर पड़ता है, ऐसे ही साधकोंके त्याग और साधन-भजनका लोगोंपर स्वतः असर पड़ता है। उनके साधन-भजनका असर केवल मनुष्योंपर ही नहीं, प्रत्युत पशु-पक्षी आदि जीवोंपर तथा दीवार आदि जड़ चीजोंपर भी पड़ता है।

जो सिद्ध महापुरुष केवल अपनेमें ही रहते हैं, लोक-व्यवहारमें आते ही नहीं, उनके द्वारा भी अदृश्यरूपसे स्वतः चिन्मय-तत्त्वका, जड़ताके त्यागका प्रचार होता है और साधकोंको जड़ताका त्याग करके चिन्मय-तत्त्वमें स्थित होनेमें अदृश्यरूपसे सहायता मिलती है। जैसे बर्फसे स्वतः ठण्डक निकलती है, सूर्यसे स्वतः प्रकाश निकलता है, ऐसे ही उन महापुरुषोंसे लोगोंका स्वतः हित होता है, लोगोंको शान्ति मिलती है। अतः संसारमें जितनी शान्ति है, सुख है, आनन्द है, वह सब सिद्ध महापुरुषोंकी कृपासे ही है।

दूसरोंके हितमें प्रीति रखना और अपना कल्याण करना—ये दोनों अलग-अलग दीखते हुए भी वास्तवमें एक ही हैं। कारण कि जिनकी प्राणियोंका हित करनेकी भावना है, वे जड़ताका त्याग करके कल्याणको प्राप्त होते हैं; और जो अपना कल्याण करनेमें लगे हैं, उनके द्वारा जड़ताका त्याग स्वतः होता है, जिससे उनके द्वारा स्वतः प्राणियोंका हित होता है।

लोभी व्यक्तिके द्वारा स्वतः ही लोभका और उदार व्यक्तिके द्वारा स्वतः ही उदारताका प्रचार होता है। जिनके हृदयमें रुपयोंका, मान-बड़ाईका महत्त्व है, उनके द्वारा स्वतः रुपयों आदिके महत्त्वका प्रचार होता है; और जिनके हृदयमें रुपयों आदिका महत्त्व नहीं है, उनके द्वारा स्वतः त्यागका प्रचार होता है। जो भगवान्‌के गुण, लीला, प्रभाव, महत्त्व आदिका कथन करते हैं, दूसरोंको सुनाते हैं, वे संसारको बहुत देनेवाले (महादानी) हैं—'**भूरिदा जनाः**' (श्रीमद्भा० १०।३१।९)। जो रुपये-पैसे, अन्न-जल आदि देनेवाले हैं, वे '**भूरिदा**' (बहुत देनेवाले) नहीं हैं, प्रत्युत '**अल्पदा**' (थोड़ा देनेवाले) हैं। कारण कि प्राकृत चीजें केवल प्राणियोंके शरीरतक ही पहुँचती हैं; परन्तु जो प्रेमपूर्वक भगवान्‌की कथा करनेवाले हैं, भगवद्गुणोंका गान करनेवाले हैं, वे लोगोंको जड़तासे ऊपर उठाकर चिन्मय-तत्त्वकी तरफ ले जाते हैं।

सम्पूर्ण संसार मिलकर एक प्राणीको भी सुखी नहीं कर सकता, फिर एक मनुष्य सम्पूर्ण प्राणियोंको सुखी कैसे कर सकता है? अतः सम्पूर्ण प्राणियोंके हितका तात्पर्य यह है कि सबके हितमें रुचि हो, प्रीति हो; सबको सुख पहुँचानेका भाव हो। सम्पूर्ण प्राणियोंके हितमें प्रीति होनेसे अपनी सुखबुद्धिका, भोग और संग्रहबुद्धिका, स्वार्थबुद्धिका स्वाभाविक ही त्याग हो जाता है और परमात्मतत्त्वकी प्राप्ति हो जाती है; क्योंकि अपनी सुखबुद्धि आदि ही परमात्मतत्त्वकी प्राप्तिमें बाधक है।

गीतामें एक निश्चयकी महिमा

साधकानां भवत्येव बुद्धिश्च निश्चयात्मिका।
भोगैश्वर्यप्रसक्तानां बुद्ध्योऽनिश्चयात्मिकाः॥

जीवात्मामें एक तो परमात्माका अंश है और एक प्रकृतिका अंश है। जब यह जीवात्मा परमात्माको लेकर चलता है, तब इसमें व्यवसायात्मिका (एक निश्चयवाली) बुद्धि एक होती है और जब यह प्रकृतिके अंश शरीर-संसारको लेकर चलता है, तब इसमें अव्यवसायात्मिका बुद्धियाँ अनन्त होती हैं (२।४१)। तात्पर्य है कि पारमार्थिक साधकका 'मेरेको तो परमात्माकी प्राप्ति ही करनी है, चाहे जो हो जाय'—इस तरहका एक ही निश्चय होता है। परंतु जो सांसारिक धन-सम्पत्तिका संग्रह करना और भोग भोगना चाहते हैं, ऐसे मनुष्योंका परमात्मप्राप्तिका एक निश्चय होता ही नहीं, प्रत्युत सांसारिक भोगोंकी प्राप्तिके लिये अनन्त विचार होते हैं। इसका कारण यह है कि प्रापणीय परमात्मा एक ही हैं; अतः उनकी प्राप्तिका निश्चय भी एक ही होता है। सांसारिक भोग अनेक हैं तथा उनको भोगनेके साधन (धन-सम्पत्ति आदि) भी अनेक हैं। अतः उनकी प्राप्तिका निश्चय भी एक नहीं होता।

परमात्माके सगुण, निर्गुण आदि स्वरूपोंका भेद होनेपर भी वे सभी स्वरूप तत्त्वतः एक ही हैं और नित्य हैं। अतः उनमें किसी एक स्वरूपकी प्राप्तिका जो निश्चय होता है, वह भी एक ही होता है। परमात्मप्राप्तिका एक निश्चय होनेपर सभी साधन सुगम हो जाते हैं, सरल हो जाते हैं और उद्देश्यकी सिद्धिके लिये तत्परता भी स्वतः हो जाती है। जैसे, कोई अपनेको ईश्वरका भक्त मानता है, तो ईश्वरकी भक्ति करना उसके लिये स्वाभाविक हो जाता है अर्थात् भक्तिकी बात तो वह तत्काल पकड़ लेता है और भक्तिकी विरोधी बात वह तत्काल छोड़ देता है। कारण कि वह यही सोचता है कि मैं भक्त हूँ, इसलिये भक्ति-विरुद्ध काम मुझे नहीं करना है। परंतु जिसका लक्ष्य संसार है, उसमें कभी किसीकी तो कभी किसीकी नयी-नयी इच्छा पैदा होती रहती है। उन इच्छाओंका कभी अन्त नहीं आता; क्योंकि ज्यों-ज्यों इच्छाओंकी पूर्ति होती है, त्यों-ही-त्यों नयी-नयी इच्छाएँ उत्पन्न होती चली जाती हैं।

इस व्यवसायात्मिका (एक निश्चयवाली) बुद्धिकी ऐसी महिमा है कि दुराचारी-से-दुराचारी, पापी-से-पापी मनुष्य भी 'मेरेको केवल परमात्माकी प्राप्ति ही करनी है'—ऐसा एक निश्चय कर लेता है तो वह बहुत जल्दी धर्मात्मा हो जाता है। केवल धर्मात्मा ही नहीं होता, उसको निरन्तर रहनेवाली शान्ति प्राप्त हो जाती है, अर्थात् उसके उद्देश्यकी सिद्धि हो जाती है (९।३०-३१)।

अव्यवसायात्मिका बुद्धिवाला मनुष्य कितने ही जन्म ले और एक-एक जन्ममें भी कितना ही उद्योग, परिश्रम करे, पर उसकी इच्छाओंकी पूर्ति कभी होगी नहीं, प्रत्युत नयी-नयी इच्छाएँ पैदा होती चली जायँगी, जिनका कभी अन्त आयेगा ही नहीं। हाँ, कभी किसी इच्छाकी पूर्ति हो भी जायगी तो वह आगे नयी-नयी इच्छाओंको उत्पन्न करनेमें कारण बन जायगी।

तात्पर्य है कि व्यवसायात्मिका बुद्धि होनेपर अव्यवसायात्मिका बुद्धि मिट जाती है; परंतु अव्यवसायात्मिका बुद्धिके रहते हुए व्यवसायात्मिका बुद्धि कभी नहीं होती। अतः मनुष्यको चाहिये कि वह जल्दी-से-जल्दी परमात्मप्राप्तिका एक निश्चय कर ले; क्योंकि केवल परमात्मप्राप्तिके लिये ही मिला यह मनुष्यशरीर न जाने कब छूट जाय और हम परमात्मप्राप्तिसे वंचित रह जायँ!

गीतामें द्विविध सत्ताका वर्णन

द्विविधा दृश्यते सत्ता विकारिण्यविकारिणी।
भूत्वाऽसतो भवित्री च सतो नित्या सनातनी॥

सत्ता दो प्रकारकी होती है—विकारी और अविकारी। उत्पन्न होनेके बाद जो सत्ता होती है, वह 'विकारी सत्ता' कहलाती है; क्योंकि उसमें निरन्तर परिवर्तन होता रहता है। जो सत्ता स्वतःसिद्ध है, वह 'अविकारी सत्ता' कहलाती है; क्योंकि उसमें कभी किंचिन्मात्र भी परिवर्तन नहीं होता। अतः गीतामें दूसरे अध्यायके सोलहवें श्लोकमें भगवान् कहते हैं कि जिसका कभी भाव (सत्ता) नहीं होता, वह असत् है, विकारी सत्ता है और जिसका कभी अभाव नहीं होता, वह सत् है, अविकारी सत्ता है—'**नासतो विद्यते भावो नाभावो विद्यते सतः।**'

उत्पन्न होना, उत्पन्न होनेके बाद सत्तावाला दीखना, बढ़ना, अवस्थान्तर होना (बदलना), क्षीण होना और नष्ट होना—ये छः विकार मात्र संसारमें होते हैं। जैसे, बच्चा पैदा होता है, पैदा होनेके बाद 'बच्चा है' ऐसा दीखता है, वह बढ़ता है, उसकी अवस्थाओंका परिवर्तन होता है, वह क्षीण होता है और अन्तमें मर जाता है। ये छः विकार शरीर-संसारमें ही होते हैं, आत्मामें नहीं। कारण कि आत्मा न जन्मती है, न पैदा होकर सत्तावाली होती है, न बढ़ती है, न बदलती है, न क्षीण होती है और न मरती ही है (२।२०)।

गीतामें जहाँ-जहाँ शरीर और संसारका वर्णन है, वह सब 'विकारी सत्ता' का वर्णन है और जहाँ-जहाँ परमात्मा और आत्माका वर्णन है, वह सब 'अविकारी सत्ता' का वर्णन है।

ज्ञातव्य

उत्पन्न होनेवाली विकारी सत्ता अनुत्पन्न अविकारी सत्ताके ही अधीन रहती है; क्योंकि विकारी सत्ताकी स्वतन्त्र सत्ता है ही नहीं। विकारी सत्ता कितनी ही सत्य प्रतीत क्यों न होती हो, पर वह रहती है अविकारी सत्ताके अन्तर्गत ही। परन्तु अविकारी सत्ता विकारी सत्ताके अधीन नहीं है; क्योंकि वह स्वतःसिद्ध है। जहाँ विकारी सत्ता नहीं है अर्थात् जहाँ देश, काल, वस्तु, व्यक्ति, घटना, परिस्थिति और क्रिया नहीं है, वहाँ भी अविकारी सत्ता ज्यों-की-त्यों परिपूर्ण रहती है। यह अविकारी सत्ता देश, काल, वस्तु आदिके भीतर और बाहर सर्वत्र परिपूर्ण है। अविकारी सत्ता जाननेवाले और न जाननेवाले, माननेवाले और न माननेवालेमें भी यह अविकारी सत्ता समानरूपसे परिपूर्ण है। अविकारी सत्ताको जानें चाहे न जानें, मानें चाहे न मानें, स्वीकार करें चाहे न करें, अनुभवमें आये चाहे न आये, पर यह तो रहती ही है। यह जानने, मानने, स्वीकार करनेके अधीन नहीं है। अविकारी सत्ता विकारी सत्ताके बिना भी ज्यों-की-त्यों विद्यमान रहती है, पर विकारी सत्ता अविकारी सत्ताके बिना रह ही नहीं सकती; क्योंकि उसका आधार, आश्रय अविकारी सत्ता ही है।

शंका—विकारी सत्तावाले शरीर, इन्द्रियाँ आदिके द्वारा ही तो अविकारी सत्ताका ज्ञान होता है, अनुभव होता है; अतः अविकारी सत्ता विकारी सत्ताके अधीन हो गयी?

समाधान—ऐसी बात नहीं है। विकारी सत्ताके द्वारा अविकारी सत्ताकी अनुभूति नहीं होती, प्रत्युत विकारी सत्ताके त्यागसे ही अविकारी सत्ताकी अनुभूति होती है। जबतक 'विकारी सत्ताके द्वारा अविकारी सत्ताकी अनुभूति होती है'—ऐसा भाव रहेगा, तबतक अन्तःकरणमें विकारी सत्ताकी महत्ता रहेगी। जबतक विकारी सत्ताकी महत्ता रहेगी, तबतक मनुष्य अविकारी सत्ताकी बातें सीख सकता है, पढ़ाई कर सकता है, व्याख्यान दे सकता है,

पुस्तकें लिख सकता है, पर उसका अनुभव नहीं कर सकता। तात्पर्य है कि जबतक अन्तःकरणमें उत्पन्न सत्ताका महत्त्व है, तबतक सब जगह परिपूर्ण रहते हुए भी अनुत्पन्न सत्ताका अनुभव नहीं हो सकता।

शंका—चरम (अन्तिम) वृत्ति तो अनुत्पन्न सत्ताका बोध होनेमें कारण बनती ही है; अतः उत्पन्न सत्ताके द्वारा ही अनुत्पन्न सत्ताका बोध हुआ?

समाधान—नहीं! चरम वृत्तिसे सम्बन्ध-विच्छेद होनेपर ही अनुत्पन्न सत्ताका, शुद्ध स्वरूपका यथार्थ अनुभव होता है। उत्पन्न सत्तासे सम्बन्ध रहते हुए शुद्ध स्वरूपका बोध नहीं होता, प्रत्युत वृत्तिसहित तत्त्वका ही बोध होता है। वृत्तिके रहते हुए समाधि और व्युत्थान—ये दो अवस्थाएँ होती हैं; परन्तु वास्तविक बोधमें ये दो अवस्थाएँ नहीं होतीं। वास्तविक बोध वृत्तिसे रहित होनेपर ही होता है; क्योंकि वृत्ति उत्पन्न और नष्ट होनेवाली है और स्वरूप उत्पन्न और नष्ट होनेवाला नहीं है। तात्पर्य है कि वृत्तिसे बोध नहीं होता, प्रत्युत वृत्तिसे सम्बन्ध-विच्छेद होनेसे ही बोध होता है।

जो क्रमसे साधना करते हैं अर्थात् श्रवण, मनन, निदिध्यासन, ध्यान, समाधि, सबीज, निर्बीज—ऐसे क्रमसे साधना करते हैं, उनके लिये ही वृत्ति कुछ समयके लिये उपयोगी हो सकती है, पर वास्तविक बोध तो वृत्तिरहित होनेसे ही होगा। ऐसे तो स्थूल शरीरसे, स्थूल पदार्थोंसे और स्थूल क्रियाओंसे भी संसारकी सेवा होती है, जिससे अन्तःकरण शुद्ध होता है। शुद्ध अन्तःकरण परमात्माके सम्मुख होनेमें सहायक होता है। शुद्ध अन्तःकरण करण-सापेक्ष साधनमें अर्थात् क्रमसे किये जानेवाले साधनमें ही सहायक होता है, पर उस साधनमें अन्तःकरणका जो महत्त्व है, वह तत्त्वप्राप्तिमें बाधक होता है। करण-निरपेक्ष साधनमें शरीर, इन्द्रियाँ, अन्तःकरणसे सम्बन्ध-विच्छेद किया जाता है। कारण कि स्वतःसिद्ध सत्ता करण-सापेक्ष नहीं है अर्थात् वह किसी करणकी अपेक्षा नहीं रखती। कुछ भी चिन्तन न करें, समाधिकी भी भावना न करें, चुप हो जायँ, तो इस चुपमें स्वरूप-स्थिति स्वतः होती है; क्योंकि वह तो पहलेसे ही है।

साधक जबतक विकारी सत्ताका उपभोग करता है, उससे सुख लेता है, चाहे वह समाधि ही क्यों न हो, तबतक विकारी सत्ताकी महत्ता नहीं हटेगी और महत्ता हटे बिना स्वतःसिद्ध अविकारी सत्ताकी प्राप्ति नहीं होगी। मनुष्यशरीर विकारी सत्ताकी महत्ताको हटानेमें ही हेतु होता है, अविकारी सत्ताको प्राप्त करनेमें नहीं। अतः विकारी सत्ता अविकारी सत्ताकी प्राप्तिका कारण नहीं हो सकती और अविकारी सत्ता विकारी सत्ताका कार्य नहीं हो सकती—**'नासतः सज्जायेत'।**

मनुष्य केवल अविकारी सत्ता (परमात्मा)-को ही प्राप्त कर सकता है, विकारी सत्ता (सांसारिक पदार्थों)-को प्राप्त कर ही नहीं सकता; क्योंकि मनुष्य विकारी सत्ताको, सांसारिक पदार्थोंको कितना ही इकट्ठा कर ले, पर वे उसके साथ सदा रह ही नहीं सकते। चाहे तो मनुष्यके रहते हुए वे पदार्थ चले जायँगे, चाहे उनके रहते हुए मनुष्य चला जायगा, मर जायगा। मनुष्य सांसारिक पदार्थोंको अपने साथ रख नहीं सकता और स्वयं उनके साथ रह नहीं सकता, तो फिर उनकी प्राप्ति अप्राप्ति ही हुई।

अविकारी सत्ताको विकारी सत्तासे आजतक कुछ भी नहीं मिला, मिलना सम्भव ही नहीं है। तात्पर्य है कि शरीर, इन्द्रियाँ, मन, बुद्धि आदिसे स्वयंको कुछ मिला नहीं, मिलता नहीं, मिलेगा नहीं और मिल सकता भी नहीं। विकारी सत्ता तो अभावरूप है—**'नासतो विद्यते भावः'** (२।१६)। अतः विकारी सत्ता (संसार) प्राप्त दीखते हुए भी अप्राप्त ही है और अविकारी सत्ता (परमात्मा) अप्राप्त दीखते हुए भी प्राप्त ही है। अविकारी सत्ताको प्राप्त करनेमें मनुष्य समर्थ है और मनुष्यको उसकी प्राप्तिकी सब सामग्री मिली हुई है।

प्रश्न—विकारी सत्तासे अविकारी सत्ताको कुछ भी नहीं मिलता—यह बात एकदम सच्ची है, फिर

भी 'विकारी सत्तासे कुछ मिलेगा'—यह वहम रहता है। यह वहम कैसे मिटेगा?

उत्तर—साधक अपने विवेकका ज्यों-ज्यों आदर करेगा, त्यों-त्यों यह वहम मिटता चला जायगा। अन्तमें यह वहम सर्वथा मिट जायगा और विवेक अविकारी सत्ताकी प्राप्ति कराकर स्वयं शान्त हो जायगा।

गीतामें द्विविधा इच्छा

इच्छा तु द्विविधा प्रोक्ता जगतः परमात्मनः।
अपूर्तिर्जगदिच्छायाः पूर्तिश्च परमात्मनः॥

गीतामें सत् और असत्—इन दोका वर्णन आया है। ऐसे ही इच्छा भी दो प्रकारकी होती है। एक इच्छा तो 'सत्'की प्राप्तिकी होती है और एक इच्छा 'असत्' (सांसारिक भोगों)-की प्राप्तिकी होती है। सत्की इच्छा भावरूप है अर्थात् सदा रहनेवाली है, कभी मिटनेवाली नहीं है एवं पूर्ण होनेवाली है और असत्की इच्छा अभावरूप है अर्थात् मिटनेवाली है, कभी पूर्ण होनेवाली नहीं है (२।१६)। अतः सत्की इच्छाकी पूर्ति होती है और असत्की इच्छाकी निवृत्ति होती है, अभाव होता है।

वास्तवमें देखा जाय तो यह जीव साक्षात् परमात्मा (सत्)-का अंश है और इसने प्रकृतिके अंश (असत्)-को पकड़ा है, उसके साथ तादात्म्य किया है (१५।७)। इसी कारण इसमें दो इच्छाएँ उत्पन्न हो गयी हैं। यदि यह प्रकृतिके अंशको न पकड़े तो असत्की इच्छाकी निवृत्ति हो जायगी और सत्की इच्छाकी पूर्ति हो जायगी। कारण कि परमात्माका अंश होनेसे परमात्मप्राप्ति तो स्वतःसिद्ध है ही, केवल असत्को पकड़नेसे अपूर्तिका, अभावका अनुभव हो रहा था।

कर्मयोगके प्रकरणमें इन्हीं दो इच्छाओंको व्यवसायात्मिका और अव्यवसायात्मिका बुद्धिके नामसे कहा गया है (२।४१)। परमात्मप्राप्तिकी इच्छाको 'व्यवसायात्मिका बुद्धि' और भोगोंकी इच्छाको 'अव्यवसायात्मिका बुद्धि' कहा गया है। व्यवसायात्मिका बुद्धि एक होती है; क्योंकि परमात्मतत्त्व एक है। मार्गभेदसे, पद्धतिभेदसे, रुचि और श्रद्धा-विश्वासके भेदसे इस परमात्मतत्त्वकी इच्छाको मुमुक्षा, प्रेमपिपासा, भगवद्दिदृक्षा आदि नामोंसे कह देते हैं। परंतु अव्यवसायात्मिका बुद्धि अनेक होती है; क्योंकि सांसारिक भोग और पदार्थ अनेक तरहके हैं। सांसारिक भोग और संग्रहकी इच्छाओंका कभी अन्त नहीं आता; अतः उनकी कभी पूर्ति हो ही नहीं सकती, उनका तो त्याग ही हो सकता है। इसलिये भगवान्ने गीतामें असत्की इच्छाके त्यागपर बहुत जोर दिया है (२।४७, ५५, ७१; ३।४३; ५।११-१२; ६।२४; १६।२१-२२ आदि)।

एक आवश्यकता होती है और एक इच्छा होती है। आवश्यकता सत्की और इच्छा असत्की होती है। मनुष्योंमें केवल सत् (परमात्मा)-की ही इच्छा होनी चाहिये, जो आवश्यकता है। मनुष्यका जन्म असत्की इच्छा करनेके लिये हुआ ही नहीं। कारण कि असत् अपना नहीं है और कभी साथमें नहीं रहता; परंतु सत् अपना है और सदा ही साथमें रहता है, कभी अलग नहीं हो सकता।

ज्ञातव्य

सांसारिक वस्तु आदिकी एक 'आवश्यकता' होती है और एक 'इच्छा' होती है। आवश्यकताकी तो पूर्ति होती है, पर इच्छाकी कभी पूर्ति नहीं होती। जैसे, भूख लगनेपर एक उदरपूर्तिकी इच्छा होती है और एक स्वादकी इच्छा होती है। उदरपूर्तिकी इच्छा शरीरकी आवश्यकता (भूख) है, जो भोजन

करके मिटायी जा सकती है; परन्तु स्वादकी इच्छा भोजन करके नहीं मिटायी जा सकती। तात्पर्य है कि शरीरकी आवश्यकता (भूख)-की पूर्ति तो की जा सकती है, पर उसका विचारपूर्वक त्याग नहीं किया जा सकता। परन्तु स्वादकी इच्छाकी पूर्ति नहीं की जा सकती, उसका तो त्याग ही किया जा सकता है।

उदरपूर्तिकी इच्छा (भूख) एक ही होती है और उसकी पूर्तिका प्रबन्ध भगवान्‌की तरफसे प्रारब्धके अनुसार है। परन्तु स्वादकी इच्छा अनेक (तरह-तरहकी) होती है और उसकी पूर्तिका प्रबन्ध भगवान्‌की तरफसे प्रारब्धके अनुसार नहीं है। कारण कि उदरपूर्तिकी इच्छा तो शरीरकी स्वाभाविक आवश्यकता है, पर स्वादकी इच्छा हमारी अपनी बनायी हुई है, स्वाभाविक नहीं है; अतः इसका त्याग करनेकी जिम्मेवारी हमारेपर ही है।

पारमार्थिक इच्छा स्वयंकी आवश्यकता है। वह इच्छा चाहे भगवद्दर्शनकी हो, चाहे भगवत्प्रेमकी हो, चाहे मुक्तिकी हो, पर वह सब आवश्यकता है। उसकी पूर्ति क्रिया, पदार्थ, परिस्थिति, शरीर, इन्द्रियाँ, मन, बुद्धि आदिके अधीन नहीं है अर्थात् क्रिया, पदार्थ, आदिकी सहायतासे भगवत्प्रेम, मुक्ति आदिकी प्राप्ति नहीं होती। कारण कि सत्‌की प्राप्ति असत्‌के द्वारा नहीं होती, प्रत्युत असत्‌के त्यागसे होती है।

वास्तवमें तो असत्‌की इच्छा रहनेसे ही सत्‌की इच्छा होती है। अगर असत्‌की इच्छाका सर्वथा त्याग कर दें तो सत्‌की इच्छा स्वतः पूरी हो जायगी। कारण कि सत् सब जगह, सब समय, सब परिस्थिति आदिमें समानरूपसे परिपूर्ण है; परन्तु असत्‌की इच्छा रखनेसे उसका भान नहीं होता।

सांसारिक और पारमार्थिक—दोनों ही (असत्-सत्‌की) इच्छाएँ वास्तवमें संसारकी इच्छापर ही टिकी हुई हैं। अगर मनुष्य नाशवान् संसारको महत्त्व न दे, उसका आश्रय न ले, उसकी इच्छा न करे, अपनेको उसके अधीन न माने, तो पारमार्थिक इच्छा स्वतः पूरी हो जायगी। कारण कि पारमार्थिक (सत्‌की) इच्छा आवश्यकता है और आवश्यकताकी पूर्ति अवश्य होती है। शारीरिक आवश्यकताकी पूर्ति तो प्रारब्धके अधीन है; अतः उसकी पूर्ति हो भी और कभी न भी हो; क्योंकि उसका विषय असत् है। परन्तु असत्‌की इच्छाका सर्वथा त्याग करनेपर सत्‌की आवश्यकता स्वतः पूरी होती है; क्योंकि सत् पहलेसे ही विद्यमान है। सत्‌की आवश्यकता पूरी होनेपर कुछ भी करना, जानना और पाना बाकी नहीं रहता। संसारका काम जितना ही कर लें, पर करना बाकी ही रहेगा; संसारकी जानकारी कितनी ही प्राप्त कर लें, पर जानना बाकी ही रहेगा और संसारकी वस्तुएँ कितनी ही प्राप्त कर लें, पर पाना बाकी ही रहेगा। तात्पर्य है कि सांसारिक करना, जानना और पाना कभी पूरा होता ही नहीं।

गीतामें त्रिविध चक्षु

चक्षुस्त्रिधाऽमन्यत कृष्णगीता दिव्यं तु चक्षुः प्रभुणा च दत्तम्।
विवेकिनां ज्ञानमयं हि चक्षुरज्ञानिनां चर्ममयं च चक्षुः॥

गीतामें भगवान्‌ने तीन चक्षुओंका अर्थात् देखनेकी शक्तियोंका वर्णन किया है—स्वचक्षु (चर्मचक्षु), दिव्य चक्षु और ज्ञानचक्षु। प्राणियोंके अपने-अपने नेत्रोंमें जो देखनेकी शक्ति है, वह उनके **'स्वचक्षु'** हैं। इसके विषयमें भगवान्‌ने अर्जुनसे कहा है कि तू इस स्वचक्षुसे मेरे दिव्य विश्वरूपको नहीं देख सकता—**'न तु मां शक्यसे द्रष्टुमनेनैव स्वचक्षुषा'** (११।८)। तात्पर्य यह हुआ कि इस स्वचक्षुसे सांसारिक वस्तुओंको ही देखा जा सकता है,

भगवान्‌के विराट्‌रूपको और शरीर-संसारसे अपने अलगाव (भेद)-को नहीं देखा जा सकता।

जिसमें भगवान्‌के अलौकिक, दिव्य, ऐश्वर्ययुक्त विराट्‌रूपको देखनेकी शक्ति होती है तथा जिसमें भूत, वर्तमान और भविष्यकी बातोंको जाननेकी और प्राणियोंके मनमें उत्पन्न होनेवाले भावोंको देखनेकी सामर्थ्य होती है, उसे **'दिव्यचक्षु'** कहते हैं। गीतामें अर्जुनने भगवान्‌के किसी एक अंशमें स्थित विश्वरूपको देखनेकी इच्छा प्रकट की, तो भगवान्‌ने अपना विश्वरूप दिखाते हुए चार बार 'देख! देख! देख! देख' कहा; पर अर्जुनको विश्वरूपके दर्शन नहीं हुए। तब भगवान्‌ने अर्जुनसे कहा कि 'भैया! तुम स्वचक्षुसे मेरे इस रूपको नहीं देख सकते; अतः मैं तुम्हें दिव्यचक्षु देता हूँ, जिससे तुम मेरे विराट्‌रूपको देखो'—**'दिव्यं ददामि ते चक्षुः पश्य मे योगमैश्वरम्'** (११।८)। ऐसा कहकर भगवान्‌ने अर्जुनको दिव्यचक्षु दिये, जिससे अर्जुनने भगवान्‌के अलौकिक, दिव्य विश्वरूपके दर्शन किये, जो साधारण मनुष्योंके लिये अत्यन्त दुर्लभ है। उसकी महिमा गाते हुए भगवान्‌ने कहा कि मैंने कृपा करके यह तेजोमय दिव्यरूप दिखाया है, इसे पहले तुम्हारे सिवाय किसीने भी नहीं देखा है (११।४७)। तात्पर्य यह है कि ऐसे विश्वरूपके दर्शन तो दिव्यचक्षुसे ही हो सकते हैं, चर्मचक्षु और ज्ञानचक्षुसे नहीं।

स्वयं भगवान् और भगवान्‌से अधिकार प्राप्त किये हुए भगवत्स्वरूप कारक महापुरुष ही कृपा करके किसी कृपापात्रको दिव्यचक्षु दे सकते हैं। दिव्यचक्षु देनेकी सामर्थ्य हरेक संत-महात्मामें नहीं होती। वेदव्यासजी महाराजने महाभारत-युद्धके आरम्भमें अपने कृपापात्र संजयको दिव्यचक्षु दिये थे, जिससे संजयने भी भगवान्‌के विश्वरूपको देख लिया (१८।७७)।

जिससे नित्य-अनित्य, सत्-असत्, जड़-चेतनका ठीक तरहसे बोध हो जाता है और जिससे अपने स्वरूपका अनुभव हो जाता है, उसे **'ज्ञानचक्षु'** (विवेकदृष्टि) कहते हैं। गीतामें भगवान्‌ने दो जगह ज्ञानचक्षुका वर्णन किया है—(१) जो ज्ञानचक्षुसे क्षेत्र और क्षेत्रज्ञके भेदको ठीक देख लेते हैं तथा कार्य-कारणसहित सम्पूर्ण प्रकृतिसे अपनेको अलग अनुभव कर लेते हैं, वे परमात्माको प्राप्त हो जाते हैं (१३।३४) और (२) जन्मते-मरते और भोगोंको भोगते समय भी यह जीवात्मा स्वरूपसे निर्लिप्त ही रहता है—इस बातको रागपूर्वक विषयोंका सेवन करनेवाले मूढ़ मनुष्य नहीं जानते, प्रत्युत ज्ञानचक्षुवाले ज्ञानी मनुष्य ही जानते हैं (१५।१०)। इस प्रकार जानना ज्ञानचक्षुसे ही होता है, स्वचक्षुसे नहीं।

भगवान् और तत्त्वज्ञ जीवन्मुक्त महापुरुष ही ज्ञानचक्षु दे सकते हैं, सामान्य मनुष्य नहीं। कारण कि सामान्य मनुष्योंको खुदको ही ऐसा ज्ञानचक्षु प्राप्त नहीं है, फिर वे दूसरोंको कैसे दे सकते हैं? शास्त्रोंका जानकार (पण्डित) भी सत्-असत्‌का विवेचन तो कर सकता है, पर किसीको ज्ञानचक्षु नहीं दे सकता; क्योंकि उसे खुदको ही अनुभव नहीं होता। इसका अर्थ यह नहीं है कि हरेक मनुष्य ऐसा ज्ञानचक्षु प्राप्त नहीं कर सकता, प्रत्युत इस ज्ञानचक्षुको प्राप्त करनेके मात्र मनुष्य अधिकारी हैं। इतना ही नहीं, पापी-से-पापी मनुष्य भी इसे प्राप्त करनेका अधिकारी है (४।३६)। कारण कि मनुष्यशरीर केवल अपना उद्धार करनेके लिये ही मिला है। अतः मनुष्य इस ज्ञानचक्षुको भक्ति करके भगवान्‌से प्राप्त कर सकता है (१०।११) अथवा तत्त्वज्ञ जीवन्मुक्त महापुरुषोंके अनुकूल बनकर प्राप्त कर सकता है (४।३४) अथवा तत्परतासे श्रद्धापूर्वक साधन करके भी प्राप्त कर सकता है (४।३९)। इस ज्ञानचक्षुके प्राप्त होनेपर मोह (अज्ञानान्धकार) सदाके लिये मिट जाता है (४।३५)।

गीतामें त्रिविध रतियाँ

साध्यसाधनरूपाभ्यां प्रसिद्धा रतयस्त्रिधा।
आदौ साधनरूपास्ता अन्ततो यान्ति साध्यताम्॥

एक 'आसक्ति' होती है और एक 'रति' (प्रीति) होती है। ये दोनों सर्वथा भिन्न-भिन्न हैं। आसक्तिमें अपने सुखकी इच्छा रहती है और रतिमें अपने सुख (स्वार्थ)-का त्याग और दूसरेके हितकी इच्छा रहती है। आसक्ति जड़ताको लेकर होती है और रति चिन्मय तत्त्वको लेकर होती है। आसक्तिसे पतन होता है और रतिसे कल्याण होता है। आसक्तिमें विनाशी वस्तुओंका महत्त्व रहता है और रतिमें अविनाशी तत्त्वका महत्त्व रहता है। आसक्तिसे अवनति होती है और रतिसे उन्नति होती है। आसक्तिमें रागका सुख होता है और रतिमें त्यागका सुख होता है। यदि सात्त्विक सुखमें आसक्ति हो जाय तो वह भी बाँधनेवाला हो जाता है। अतः मनुष्यमें आसक्ति नहीं होनी चाहिये, प्रत्युत रति होनी चाहिये। गीतामें कर्मयोग, ज्ञानयोग और भक्तियोग—तीनों ही योगोंमें आसक्तिका त्याग करनेकी बात आयी है। जैसे—कर्मयोगमें **'मा ते सङ्गोऽस्त्वकर्मणि'** (२।४७), **'सङ्गं त्यक्त्वाऽऽत्मशुद्धये'** (५।११) आदि; ज्ञानयोगमें **'असक्तिरनभिष्वङ्गः'** (१३।९), **'असक्तबुद्धिः सर्वत्र'** (१८।४९) आदि और भक्तियोगमें **'सङ्गं त्यक्त्वा'** (५।१०), **'सङ्गवर्जितः'** (११।५५), **'सङ्गविवर्जितः'** (१२।१८) आदि।

तीनों ही योगोंमें पहले साधनमें रति होती है, फिर वही रति अपने लक्ष्य, ध्येयमें परिणत हो जाती है; जैसे—

कर्मयोगीकी अपने कर्तव्य-कर्मको करनेमें रति होती है—**'स्वे स्वे कर्मण्यभिरतः'** (१८।४५), फिर वही रति अपने स्वरूपमें हो जाती है— **'यस्त्वात्मरतिः'** (३।१७)।

ज्ञानयोगी सबको अपना स्वरूप समझता है। अतः पहले उसकी सम्पूर्ण प्राणियोंके हितमें रति होती है—**'सर्वभूतहिते रताः'** (५।२५; १२।४), फिर वही रति अपने स्वरूपमें हो जाती है—**'योऽन्तः-सुखोऽन्तरारामः'** (५।२४)।

भक्तियोगीकी रति पहले भगवान्‌के नामजप, कथा-कीर्तन, गुणगान आदिमें होती है—**'रमन्ति'** (१०।९), फिर वही रति भगवान्‌में हो जाती है—**'प्रियो हि ज्ञानिनोऽत्यर्थमहं स च मम प्रियः'** (७।१७)।

आकर्षण, खिंचाव दो प्रकारसे होता है—एक खिंचाव परमात्माकी तरफ होता है और एक खिंचाव संसारकी तरफ होता है। परमात्माकी तरफ जो खिंचाव होता है, उसमें स्वयं (चेतन)-की मुख्यता होती है और संसारकी तरफ जो खिंचाव होता है, उसमें इन्द्रियाँ, अन्तःकरणकी मुख्यता होती है। वास्तवमें इन दोनोंकी तरफ स्वयंका ही खिंचाव होता है; परन्तु शरीरके साथ अपना सम्बन्ध माननेके कारण मनुष्य इन दोनों खिंचावोंका विश्लेषण नहीं कर सकता। हाँ, जड़-चेतनके भेदका बोध होनेसे दोनों खिंचावोंका विश्लेषण हो जाता है अर्थात् संसारका खिंचाव सर्वथा मिट जाता है और स्वयं ज्यों-का-त्यों रह जाता है।

जो खिंचाव परमात्माकी तरफ होता है, वह रति, प्रेम, आत्मीयता है, और जो खिंचाव संसारकी तरफ होता है, वह आसक्ति, काम, ममता है।

सातवें अध्यायके पहले श्लोकमें **'मय्यासक्त-मनाः'** पदसे भगवान्‌में मन आसक्त होनेकी बात कही गयी है। मनकी यह आसक्ति वास्तवमें रति (प्रेम) ही है; क्योंकि संसारमें आसक्त होनेपर तो मन संसारमें लिप्त हो जाता है, पर भगवान्‌में आसक्त होनेपर मन भगवान्‌में लीन हो जाता है अर्थात् मनकी स्वतन्त्र सत्ता नहीं रहती—

विषयान् ध्यायतश्चित्तं विषयेषु विषज्जते।
मामनुस्मरतश्चित्तं मय्येव प्रविलीयते॥

(श्रीमद्भा० ११।१४।२७)

गीतामें विविध विद्याएँ

वासुदेवेन गीतायां मनुष्याणां हिताय हि।
कथिता विविधा विद्या दर्पणे तु प्रधानतः॥

१ **शोक-निवृत्तिकी विद्या**—संसारमें दो तरहसे शोक होता है—जो मर गये हैं, उनके लिये और जो जीते हैं, उनके लिये। इस शोकको दूर करनेके लिये भगवान्‌ने सत् और असत्‌के, शरीरी और शरीरके विवेकका वर्णन किया है। जो सत् है, अविनाशी है, अपरिवर्तनशील है, उसका कभी अभाव नहीं होता और जो असत् है, विनाशी है, परिवर्तनशील है, उसका भाव नहीं होता अर्थात् उसका अभाव ही होता है। तात्पर्य है कि इस शरीरमें रहनेवाले शरीरी (जीवात्मा)-का कभी अभाव नहीं होता। जैसे इस शरीरमें कुमार, युवा और वृद्धावस्था होती है, पर उसमें रहनेवाला जीवात्मा वही रहता है, ऐसे ही एक शरीरको छोड़कर दूसरे शरीरकी प्राप्ति होती है, पर जीवात्मा वही रहता है, उसमें कुछ भी परिवर्तन नहीं होता। ये सभी शरीर उत्पन्न और नष्ट होनेवाले हैं, पर इन शरीरोंमें रहनेवालेका कोई कभी नाश कर ही नहीं सकता। असत् शरीर आदिको लेकर शोक हो ही नहीं सकता; क्योंकि वे कभी टिकते ही नहीं और शरीरोंमें रहनेवाले सत्‌को लेकर भी शोक हो नहीं सकता; क्योंकि वह कभी मिटता (मरता) ही नहीं (२।११—३०) आदि-आदि कहकर भगवान्‌ने शोक-निवृत्तिकी विद्या बतायी है।

जो साधक केवल परमात्माके ही सम्मुख है, केवल परमात्माको ही चाहता है, उसमें परमात्माकी कृपासे उनकी सम्पत्ति (दैवी सम्पत्ति) अर्थात् सद्‌गुण-सदाचार स्वाभाविक ही आ जाते हैं। परंतु अपनेमें दैवी-सम्पत्तिकी कमी देखकर साधकको शोक-चिन्ता होते हैं। इसलिये भगवान् कहते हैं कि साधकको अपनेमें दैवी गुणोंकी कमी देखकर शोक-चिन्ता नहीं करने चाहिये (१६।५)। तात्पर्य है कि साधक भगवान्‌का आश्रय लेकर दुर्गुण-दुराचारोंका त्याग करे और भगवान्‌को पुकारे, पर शोक-चिन्ता कभी न करे।

भगवान्‌के सिवाय अन्यका आश्रय लेनेसे ही शोक होता है। कारण कि अन्य तो टिकनेवाला है ही नहीं, पर मनुष्य उसको रखना चाहता है; अतः अन्यके जानेसे अथवा जानेकी आशंकासे मनुष्यको शोक होता है। इसलिये भगवान् कहते हैं कि तुम सब आश्रयोंको छोड़कर केवल मेरी शरण हो जाओ; मैं तुम्हें सम्पूर्ण पापोंसे मुक्त कर दूँगा, तुम चिन्ता-शोक मत करो (१८।६६)।

(२) कर्तव्य-कर्म करनेकी विद्या—मनुष्यका कर्तव्य-कर्म करनेमें ही अधिकार है, फलकी प्राप्तिमें नहीं (२।४७)। कारण कि फल प्राप्त करना मनुष्यके अधीन नहीं है, प्रत्युत भगवान्‌के विधानके अधीन है। परंतु फलका त्याग करनेमें मनुष्य सर्वथा स्वतन्त्र है, समर्थ है। अतः भगवान् कहते हैं कि साधक कर्मफलका त्याग करके नैष्ठिकी शान्तिको प्राप्त होता है (५।१२)। इसलिये मनुष्यको फलासक्तिका त्याग करके अपने कर्तव्यका पालन करना चाहिये; क्योंकि फलासक्तिरहित होकर अपने कर्तव्यका पालन करनेसे परमात्माकी प्राप्ति हो जाती है (३।१९)।

(३) त्यागकी विद्या—प्रत्येक कर्मका आरम्भ और अन्त होता है तथा उसके फलका भी संयोग और वियोग होता है। अतः जो कर्म और कर्मफल हमारे साथ नहीं रह सकता तथा हम उसके साथ नहीं रह सकते, ऐसे कर्मको साथमें रखनेकी और फलको प्राप्त करनेकी इच्छाका त्याग करके तत्परतापूर्वक शास्त्रविहित कर्तव्य-कर्म करना चाहिये (१८।९)।

(४) पाप न लगनेकी विद्या—जय-पराजय, लाभ-हानि, सुख-दुःख आदिमें समता रखकर अपने

कर्तव्यका आचरण किया जाय तो पाप नहीं लगता (२।३८)। तात्पर्य है कि समताके आनेसे पुराना पाप नष्ट हो जाता है और नया पाप लगता नहीं (४।२३)। जो मनुष्य सब तरहकी आशाओंको छोड़कर केवल शरीरनिर्वाह-सम्बन्धी कर्म करता है, उसको भी पाप नहीं लगता (४।२१); क्योंकि उसके भीतर सुखबुद्धि, भोगबुद्धि नहीं है। स्वभावनियत अर्थात् शास्त्रनियत कर्म करनेवाला मनुष्य पापको प्राप्त नहीं होता (१८।४७)। जिसमें 'मैं कर्म करता हूँ'—ऐसा अहंकार नहीं है और जिसमें 'मुझे कर्मफल मिले'—ऐसी फलेच्छा नहीं है, वह मनुष्य सम्पूर्ण प्राणियोंको मारकर भी न तो मारता है और न उस पापसे बँधता है (१८।१७)।

(५) भोजन करनेकी विद्या—भोजन करनेके बाद पेटकी याद नहीं आनी चाहिये। पेट दो कारणोंसे याद आता है—अधिक खानेपर अथवा कम खानेपर। अतः भोजन न अधिक हो और न कम हो, प्रत्युत नियमित हो (६।१६-१७)। भोजनके पदार्थ भी सात्त्विक हों (१७।८)।

चौथे अध्यायके चौबीसवें श्लोकको शिष्टजन भोजनके समय बोलते हैं, जिससे भोजनरूप कर्म भी यज्ञ बन जाय।

(६) विषय-सेवनकी विद्या—रागपूर्वक विषयोंका चिन्तन करनेमात्रसे मनुष्यका पतन हो जाता है (२।६२-६३)। परंतु अपने वशीभूत की हुई राग-द्वेषरहित इन्द्रियोंसे विषयोंका सेवन करनेसे प्रसन्नताकी प्राप्ति होती है अर्थात् अन्तःकरण स्वच्छ, निर्मल हो जाता है और सम्पूर्ण दुःखोंका नाश हो जाता है। स्वच्छ अन्तःकरणवाले पुरुषकी बुद्धि बहुत जल्दी परमात्मामें स्थिर हो जाती है (२।६४-६५)।

(७) भगवान्‌के अर्पण करनेकी विद्या—अर्पणके दो विभाग हैं—पदार्थ अर्पण करना और क्रिया अर्पण करना। जो मनुष्य श्रद्धा-प्रेमपूर्वक पत्र, पुष्प, फल, जल आदि पदार्थ भगवान्‌के अर्पण करता है, उसके द्वारा भक्तिपूर्वक दिये हुए उस उपहार (भेंट)-को भगवान् खा लेते हैं (९।२६)। अगर किसीके पास भगवान्‌को अर्पण करनेके लिये पत्र, पुष्प आदि भी न हों तो वह जो कुछ करता है, जो कुछ खाता है, जो कुछ यज्ञ करता है, जो कुछ दान देना चाहता है और जो कुछ तप करता है, उन सबको भगवान्‌के अर्पण कर दे। ऐसा करनेसे वह सम्पूर्ण शुभाशुभ-कर्मोंसे, बन्धनोंसे मुक्त हो जाता है (९।२७-२८)।

(८) दान देनेकी विद्या—दान तो प्रायः सभी लोग देते ही हैं, पर विधिपूर्वक नहीं देते। भगवान् दान देनेकी विद्या बताते हैं कि देश, काल और पात्रके प्राप्त होनेपर 'देना कर्तव्य है'—ऐसा समझकर प्रत्युपकारकी भावनाका त्याग करके दान देना चाहिये। ऐसा दान सात्त्विक होता है और यही दान बन्धनसे मुक्त करनेवाला होता है (१७।२०)।

(९) यज्ञ करनेकी विद्या—जो भी यज्ञ किया जाय, वह फलकी इच्छाका त्याग करके किया जाय तथा 'यज्ञ करना कर्तव्य है'—ऐसा समझकर किया जाय तो वह यज्ञ सात्त्विक होता है और गुणातीत करनेवाला होता है (१७।११)।

(१०) कर्मोंको सत् बनानेकी विद्या—यदि कर्मोंको भगवान्‌के अर्पण कर दिया जाय तो सब कर्म सत् हो जाते हैं, निर्गुण हो जाते हैं (१७।२७)।

(११) पूजनकी विद्या—मनुष्य अपने वर्ण-आश्रमके अनुसार जो शास्त्रनियत कर्म करता है, उन्हीं कर्मोंको वह परमात्माके पूजनकी सामग्री बना ले अर्थात् अपने-अपने कर्मोंके द्वारा सर्वव्यापी परमात्माका पूजन करे, उन कर्मोंको परमात्माके प्रीत्यर्थ करे, उन कर्मोंसे अपना कोई स्वार्थ न रखे (१८।४६)।

(१२) समता लानेकी विद्या—राग-द्वेषके वशमें होकर कोई भी क्रिया नहीं करनी चाहिये (३।३४)। जो भी कार्य करे, शास्त्रको सामने रखकर ही करे; क्योंकि कर्तव्य-अकर्तव्यका निर्णय

करनेमें शास्त्र ही प्रमाण है (१६। २४)। महापुरुषके आचरणों और वचनोंके अनुसार ही सब क्रियाएँ करे (३। २१)। कर्मोंकी सिद्धि-असिद्धिमें सम रहे (२। ३८, ४८)। ऐसा करनेसे अपनेमें समता आ जाती है। तात्पर्य है कि करनेमें राग-द्वेष न करे और होनेमें हर्ष-शोक न करे। ऐसा करनेमें मनुष्यमात्र स्वतन्त्र है, सबल है।

गीता और संसारमें रहनेकी विद्या

परिस्थितिषु सर्वासु स्थिता मुच्यन्तु बन्धनात्।
एषा विद्या नवा प्रोक्ता गीतायां हरिणा स्वयम्॥

भगवद्गीता एक बहुत विलक्षण ग्रन्थ है। इसको देखनेसे, इसको गहरा उतरकर समझनेसे ऐसा मालूम होता है कि जिसको तत्त्वज्ञान, भगवद्दर्शन, भगवत्प्रेम, कल्याण, मुक्ति, उद्धार कहते हैं, वह गीताके अनुसार सांसारिक छोटा-बड़ा सब काम करते हुए हो जाता है (२। ३८; ३। १९; ४। २०; १८। ५६)। आश्रमोंके परिवर्तनकी तथा भजन, ध्यान, जप-कीर्तन आदि कर्मोंके परिवर्तनकी जो बातें आती हैं, गीताके अनुसार उनकी आवश्यकता नहीं है। मनुष्य जिस वर्णमें, जिस आश्रममें, जिस स्थानमें है, वह वहाँ ही रहकर निष्कामभावसे तत्परतापूर्वक अपने कर्तव्यका पालन करके परमात्मप्राप्ति कर सकता है (१८। ४५)। उसके लिये आश्रम आदिके नये परिवर्तनकी आवश्यकता नहीं है। तात्पर्य है कि गीताने प्राप्त परिस्थितिके सदुपयोगसे कल्याणकी बात बतायी है अर्थात् व्यवहारमें परमार्थ-सिद्धिकी कला, विद्या बतायी है। इस विद्यामें दो बातें मुख्य हैं—अपने कर्तव्यका पालन करना और दूसरोंके अधिकारकी रक्षा करना (२। ४७; ३। १०—१२)।

सम्बन्धियोंका, कुटुम्बियोंका हमारेपर जो अधिकार है, उसकी बिना किसी प्रत्युपकारकी इच्छासे, बिना किसी लोभके, बिना किसी दबावके रक्षा करनी है। जिस तरहसे वे राजी रहें, सुखी रहें, उनका कल्याण हो, हित हो, वैसा काम करते हुए अपनी बुद्धि, बल, योग्यता आदिको बचाकर न रखे। भगवान्की आज्ञा समझकर बड़ी तत्परतासे उनकी सेवा करता रहे। जैसे, माता-पिताकी जो माँग है, आवश्यकता है, वह न्याययुक्त हो और अपनेमें उसको पूरा करनेकी सामर्थ्य हो, तो उसको पूरा कर देना चाहिये। परन्तु वे हमारे अनुकूल बन जायँ—ऐसी इच्छा किंचिन्मात्र भी नहीं रहनी चाहिये। इस प्रकार भाई-भौजाई, स्त्री-पुत्र, नौकर, पड़ोसी आदि सबका हित करना चाहिये। और तो क्या, अपने घरके गाय, बैल, ऊँट, भेड़, बकरी आदिका भी हित करना चाहिये। अपने घरमें रहनेवाले चूहे, मच्छर, खटमल आदि हमें तंग करें तो उनसे अपनेको बचानेका अधिकार तो हमें है, पर उनका नाश करनेका अधिकार हमें नहीं है। इसी तरह साँप, बिच्छू आदि जहरीले जीव आ जायँ तो उनको पकड़कर किसी सुरक्षित जगह ले जाकर छोड़नेमें कोई दोष नहीं है, पर उनको मारनेका अधिकार हमें नहीं है। मकान आदि वस्तुओंका सदुपयोग करते हुए उनकी वृद्धि करते रहना चाहिये; किन्तु भाव ऐसा रखना चाहिये कि हम तो यहाँ आये हैं और फिर चले जायँगे, पर यहाँ हमारे पुत्र-पौत्र आदि रहेंगे; उनकी सुविधाके लिये मकान आदिकी ठीक तरहसे रक्षा करनी है। यद्यपि पुत्र-पौत्र आदि भी यहाँ आये हैं और चले जायँगे, तो भी हमें उनको आराम देना है, उनकी सेवा करनी है, हित करना है। इसी तरह अपने मुहल्ले, गाँव, प्रान्त, देश आदिकी भी सेवा करनी है।

स्वयं परमात्माका अंश होनेसे नित्य है, पर वह अनित्य शरीर आदिको 'मैं' और 'मेरा' मानकर उनके अधीन हो जाता है (१५।७) तो उसको संसारमें रहना आया नहीं। अगर उसको संसारमें रहना आता तो वह शरीर आदिमें लिप्त नहीं होता, पराधीन नहीं होता।

संसारमें हजारों-लाखों मकान हैं, पर वे सब-के-सब अगर गिर भी जायँ तो उसका हमें दुःख नहीं होता; अतः उनसे हम मुक्त रहते हैं। परन्तु जिस मकानको हम अपना मान लेते हैं, उसमें हम फँस जाते हैं। अतः मकान आदिको केवल व्यवहारके लिये ही अपना मानना चाहिये। जैसे कोई ऑफिसमें जाता है तो वह कुर्सी, टेबुल आदिको उपयोगमें लानेके लिये ही अपना मानता है, भीतरसे उनको अपना नहीं मानता। ऐसे ही संसारकी वस्तुओंको उपयोगमें लानेके लिये ही अपना माने, भीतरसे उनको कभी अपना और अपने लिये न माने। इसी तरह माता-पिता आदिकी सेवा करनेके लिये ही उनको अपना माने। केवल सेवाके लिये ही अपना माननेसे स्वयंकी लिप्तता मिटती है।

जैसे, कोई पथिक रातमें किसी सज्जनके मकानपर ठहरता है तो वह ईमानदारीसे यह चाहता है कि इस घरमें रहनेवालोंको मेरे द्वारा कोई कष्ट न हो, उनका बचा हुआ भोजन मैं कर लूँ, रातमें कोई चोर-डाकू आ जाय अथवा उनपर किसी तरहकी आफत आ जाय तो अपनेपर आफत झेलकर भी उनकी सहायता करनी है; क्योंकि मैं तो आगन्तुक हूँ और ये सब घरके मालिक हैं। इसी तरह हम इस संसारमें पथिकरूपसे आये हैं। अतः हमें अपने निर्वाहके लिये किसीको किंचिन्मात्र भी कष्ट नहीं देना है, प्रत्युत अपने तन, मन, धन, विद्या, बुद्धि, योग्यता, पद, अधिकार आदिको दूसरोंकी सेवामें लगाना है; क्योंकि ये सब-की-सब चीजें हमें यहींसे, संसारसे ही मिली हैं। मिली हुई चीज अपनी और अपने लिये नहीं होती, प्रत्युत केवल दूसरोंकी सेवामें लगानेके लिये होती है; अतः उसको दूसरोंकी सेवामें ही खर्च करना है।

तात्पर्य है कि संसारमें अपने लिये नहीं रहना है, प्रत्युत संसारके लिये ही रहना है—यह संसारमें रहनेकी विद्या है।

गीतामें विविध आज्ञाएँ

दुर्योधनेन कृष्णेन ब्रह्मणा फाल्गुनेन च।
या या आज्ञाश्च संदत्तास्तत्तात्पर्यं च कथ्यते॥

गीतामें दुर्योधनने द्रोणाचार्यको विशेषतासे युद्ध करनेके लिये और सेनानायकोंको भीष्मजीकी रक्षा करनेके लिये आज्ञा दी है, अर्जुनने रथीके नाते सारथिरूप भगवान्‌को आज्ञा दी है, ब्रह्माजीने सर्गके आदिमें देवता और मनुष्यको अपने-अपने कर्तव्य-कर्मरूप यज्ञका पालन करनेके लिये आज्ञा दी है, भगवान्‌ने ज्ञानियोंको कर्तव्य-कर्मकी उपेक्षा न करनेकी आज्ञा दी है और अर्जुन युद्ध करनेसे इन्कार कर रहे थे तो भगवान्‌ने अर्जुनको आश्वासनपूर्वक बहुत बार आज्ञाएँ दी हैं।

दुर्योधनने द्रोणाचार्यसे पाण्डवोंकी बड़ी भारी सेनाको देखनेके लिये कहा—'**पश्य**' (१।३)। तात्पर्य है कि आप इस सेनाको विशेषतासे देखिये। आप इसको मामूली समझकर इसकी उपेक्षा न करें, यह युद्धका मामला है। इस सेनामें बड़े-बड़े शूरवीर हैं। अतः आप सावधान रहें।

पाण्डवोंकी सेना तो सामने ही खड़ी थी; अतः दुर्योधनने '**पश्य**' कहा। पर अपनी सेना द्रोणाचार्यकी पीठके पीछे थी; अतः दुर्योधन '**निबोध**' (१।७)

क्रियाका प्रयोग करके कहता है कि आप हमारे सेनाको भी समझ लें, यादमात्र कर लें कि हमारी सेना भी बल आदिमें कोई कम नहीं है। फिर दुर्योधन अपने-अपने स्थानपर स्थित सम्पूर्ण सेनानायकोंको पितामह भीष्मकी रक्षा करनेके लिये आज्ञा देता है— **'अभिरक्षन्तु'** (१।११)। कारण कि भीष्मजीकी रक्षा होनेसे हम सबकी रक्षा हो जायगी और उनके सेनापति होनेसे हमारी विजय भी हो जायगी। इस प्रकार दुर्योधनने द्रोणाचार्यको **'पश्य'** और **'निबोध'** पदसे जो आज्ञाएँ दी हैं, वे आदरपूर्वक ही दी हैं; क्योंकि दुर्योधन स्वयं राजा होते हुए भी द्रोणाचार्यके पास जाता है और **'आचार्य'** सम्बोधन देकर आदरपूर्वक आज्ञा देता है। अतः इन आज्ञाओंमें भी एक प्रकारकी प्रार्थना ही है।

अर्जुन **'रथं स्थापय'** (१।२१) पदोंसे भगवान्को दोनों सेनाओंके बीचमें रथ खड़ा करनेकी आज्ञा देते हैं। यद्यपि अर्जुनके मनमें भगवान्के प्रति विशेष आदरभाव है, तथापि भगवान्के सारथि बने हुए होनेसे अर्जुन रथीका कर्तव्य निभाते हुए उन्हें आज्ञा देते हैं। इसी तरह **'ब्रूहि'** (२।७; ५।१); **'शाधि'** (२।७); **'वद'** (३।२); **'कथय'** (१०।१८); **'दर्शय'** (११।४, ४५); **'प्रसीद'** (११।२५, ३१, ४५); और **'भव'** (११।४६) पदोंमें भी अर्जुनकी भगवान्के लिये आज्ञा प्रतीत होती है; परंतु वास्तवमें यह आज्ञा नहीं है, प्रत्युत प्रार्थना है; क्योंकि व्याकरणमें **'लोट्'**-लकार 'प्रार्थना' अर्थमें भी होता है।

ब्रह्माजी सृष्टिके रचयिता हैं। अतः चाहते हैं कि सृष्टिका संचालन सुचारुरूपसे हो, जो मनुष्यों और देवताओंका आपसमें स्नेह रहनेसे ही हो सकता है। इसलिये ब्रह्माजी **'प्रसविष्यध्वम्', 'भावयत'** (३।१०-११) पदोंसे मनुष्योंको आज्ञा देते हैं कि तुमलोग कर्तव्य-कर्मरूप यज्ञके द्वारा अपनी वृद्धि करो और इस यज्ञसे तुमलोग भी देवताओंको उन्नत करो। फिर **'भावयन्तु'** (३।११) पदसे देवताओंको आज्ञा देते हैं कि तुमलोग अपने-अपने अधिकारके अनुसार मनुष्योंको उन्नत करो। इस प्रकार एक-दूसरेको उन्नत करते हुए तुमलोग परम श्रेयको प्राप्त हो जाओगे।

ज्ञानी महापुरुषोंके लिये भगवान् आज्ञा देते हैं कि जैसे मैं कर्तव्य-कर्मकी उपेक्षा नहीं करता हूँ (३।२२—२४), ऐसे ही ज्ञानीको भी कर्मोंकी उपेक्षा नहीं करनी चाहिये; प्रत्युत कर्मोंमें आसक्त अज्ञानी पुरुष जिस तत्परतासे कर्म करते हैं, उसी तत्परतासे वह लोकसंग्रहको ध्यानमें रखते हुए आसक्तिरहित होकर कर्तव्य-कर्म करे—**'कुर्यात्'** (३।२५)। वह कर्मासक्त मनुष्योंमें 'ज्ञानके सामने कर्म करना तुच्छ है, कर्म करनेवाले अयोग्य हैं, नीचे दर्जेके हैं और ज्ञानके अधिकारी बड़े हैं' आदि बुद्धिभेद न पैदा करे—**'न बुद्धिभेदं जनयेत्'** (३।२६), प्रत्युत उनसे भी वैसे ही आसक्तिरहित होकर कर्म करवाये—**'जोषयेत्'** (३।२६)। अगर ज्ञानी कर्म न भी करे तो कोई बात नहीं; पर कम-से-कम वह अपने वचनोंसे, भावसे अज्ञानी मनुष्योंको कर्तव्य-कर्मसे विचलित न करे—**'न विचालयेत्'** (३।२९)। तात्पर्य है कि कर्मोंमें आसक्त मनुष्य कर्तव्य-कर्मसे विचलित न हो जायँ, इस विषयमें ज्ञानी पुरुषोंको विशेष सावधानी रखनी चाहिये।

गीतामें भगवान्ने अर्जुनको कई आज्ञाएँ दी हैं; जैसे—अर्जुन युद्ध नहीं करना चाहते थे; अतः भगवान्ने **'उत्तिष्ठ'** (२।३७; ४।४२), **'युद्धाय युज्यस्व'** (२।३८), **'युध्यस्व'** (३।३०; ११।३४) और **'युध्य'** (८।७) पदोंसे अर्जुनको युद्ध करनेकी आज्ञा दी। अर्जुन आज्ञापालक थे ही। अर्जुनको जहाँ भगवान्की बात पसंद नहीं आती, वहाँ वे कह देते हैं कि 'भगवन्! आप मेरेको घोर कर्ममें क्यों लगाते हैं?' (३।१)। इससे सिद्ध होता है कि भगवान्के कहनेपर अर्जुन अपने कल्याणके लिये युद्ध-जैसे घोर कर्ममें भी प्रवृत्त हो सकते हैं अर्थात् भगवान् आज्ञा देंगे तो वे उसे टालेंगे नहीं, प्रत्युत वैसा ही करेंगे।

भगवान्ने अर्जुनको कर्मयोगके विषयमें ये

आज्ञाएँ दी हैं—**'विद्धि'** (३। ३७; ४। १३, ३२; ६। २), **'मा कर्मफलहेतुर्भूः'** (२। ४७), **'योगस्थः कुरु कर्माणि'** (२। ४८), **'योगाय युज्यस्व'** (२। ५०), **'नियतं कुरु कर्म'** (३। ८), **'समाचर'** (३। ९, १९), **'कुरु कर्मैव'** (४। १५) आदि-आदि। ज्ञानयोगके विषयमें ये आज्ञाएँ दी हैं— **'विद्धि'** (२। १७; ४। ३४; १३। २, १९, २६), **'शृणु'** (१३। ३) आदि-आदि। भक्तियोगके विषयमें ये आज्ञाएँ दी हैं—**'विद्धि'** (७। ५, १०, १२; १०। २४, २७), **'शृणु'** (७। १; १०। १), **'मामनुस्मर'** (८। ७), **'पश्य मे योगमैश्वरम्'** (९। ५; ११। ८), **'उपधारय'** (७। ६; ९। ६), **'कुरुष्व'** (९। २७), **'प्रतिजानीहि'** (९। ३१), **'भजस्व माम्'** (९। ३३), **'निवेशय'** (१२। ८), **'इच्छ'** (१२। ९), **'मा शुचः'** (१६। ५; १८। ६६) आदि-आदि। समतामें स्थित होनेके लिये ये आज्ञाएँ दी हैं—**'तस्माद्योगी भवार्जुन'** (६। ४६), **'योगयुक्तो भवार्जुन'** (८। २७)। इसके सिवाय अन्य विषयोंमें भी भगवान्‌ने कई आज्ञाएँ दी हैं, जैसे—**'कुरून् पश्य'** (१। २५), **'क्लैब्यं मा स्म गमः'** (२। ३), **तितिक्षस्व'** (२। १४), **'यशो लभस्व'** (११। ३३) आदि-आदि।

उपर्युक्त आज्ञाओंके विषयमें कुछ बातें समझनेकी हैं—जहाँ अर्जुन प्रश्न करते हैं, वहाँ भगवान् उस प्रश्नका उत्तर देते हुए उसके अनुसार ही आज्ञा देते हैं; परंतु जहाँ भगवान् अपनी ओरसे आज्ञा देते हैं, वहाँ अर्जुनके लिये भक्तियोगकी ही आज्ञा देते हैं।

भगवान् जहाँ आज्ञा देते हैं, वहाँ अपनेमें लगनेकी बात भी कह देते हैं और संसारके रागको हटानेकी बात भी कह देते हैं। जहाँ भगवान् केवल संसारका राग हटानेकी आज्ञा देते हैं; वहाँ भी भगवान्‌का उद्देश्य सांसारिक रागको हटाकर अपनेमें लगानेका ही रहता है। दूसरी दृष्टिसे देखा जाय तो भगवान् जहाँ भक्तिकी (अपनेमें लगनेकी) आज्ञा देते हैं, वहाँ तो भक्ति है ही, पर जहाँ कर्मयोगकी (सांसारिक रागको हटानेकी) आज्ञा देते हैं, वहाँ भी भगवान्‌की आज्ञा होनेसे भक्ति ही है।

भगवान् जहाँ ज्ञानकी आज्ञा देते हैं, वहाँ भी संसारसे राग हटानेका और अपनेमें लगानेका भाव रहता ही है। यही भाव गीतामें कहीं आज्ञारूपसे, कहीं विवेकरूपसे और कहीं भावरूपसे देखनेको मिलता है।

गीतामें विभिन्न मान्यताएँ

कृष्णस्य फाल्गुनस्यास्ति सिद्धस्य संजयस्य च।
भक्तसाधकयोश्चैवाभक्तासाधकयोर्मतम् ॥

१. भगवान्‌की मान्यता

भगवान्‌की मान्यतामें भक्तिका अधिक महत्त्व है अर्थात् भगवान् अपनी भक्तिको विशेष आदर देते हैं और उसको सर्वोपरि मानते हैं। ऐसे तो भगवान्‌ने ज्ञानयोग, कर्मयोग, ध्यानयोग, गीताध्ययन आदिमें भी अपनी मान्यता बतायी है, पर भक्ति-जैसी नहीं।

तीसरे अध्यायके तीसवें श्लोकमें भगवान्‌ने अपनी भक्तिकी बात कही और उसी बातको वे इकतीसवें-बत्तीसवें श्लोकोंमें अन्वय-व्यतिरेकसे पुष्ट करते हुए कहते हैं कि जो मनुष्य दोषदृष्टिरहित होकर श्रद्धापूर्वक मेरे इस मतका अनुष्ठान करते हैं, वे कर्मोंसे मुक्त हो जाते हैं, परंतु दोषदृष्टि और अश्रद्धा करनेवाले जो मनुष्य मेरे इस मतका अनुष्ठान नहीं करते, उनका पतन हो जाता है।

ध्यानयोगीकी दृष्टिका वर्णन करते हुए भगवान्

कहते हैं कि जो ध्यानयोगी अपने शरीरकी उपमासे सबको समान देखता है तथा सुख और दुःखको भी समान देखता है, वह योगी श्रेष्ठ माना गया है (६।३२)।

ध्यानयोगका वर्णन सुनकर जब अर्जुन मनकी चंचलताको दूर करना बड़ा कठिन बताते हैं, तब भगवान् मनकी चंचलताको दूर करनेके लिये अभ्यास और वैराग्य—ये दो उपाय बताकर इस विषयमें अपनी मान्यता बताते हैं कि 'जिसका मन वशमें (संयत) नहीं है, उसके द्वारा ध्यानयोग सिद्ध होना कठिन है और जिसका मन वशमें है, उसके द्वारा ध्यानयोग सिद्ध हो जाता है—ऐसा मेरा मत है' (६।३६)।

योगभ्रष्टके विषयमें अर्जुनका संदेह दूर करनेके बाद भगवान् कहते हैं कि जो मेरेमें तल्लीन हुए अन्तःकरणसे श्रद्धा-प्रेमपूर्वक मेरा भजन करता है, वह मेरा भक्त ज्ञानयोगी, कर्मयोगी आदि सम्पूर्ण योगियोंसे श्रेष्ठ है—ऐसा मेरा मत है (६।४७)।

अर्थार्थी, आर्त, जिज्ञासु और ज्ञानी (प्रेमी)—इन चारों भक्तोंको सुकृती और उदार बताकर भगवान् कहते हैं कि ज्ञानी (प्रेमी) भक्त तो मेरी आत्मा (स्वरूप) ही है—ऐसा मेरा मत है; क्योंकि उसकी कोई अन्य कामना नहीं है, वह केवल मेरेमें ही लगा हुआ है (७।१८)।

बारहवें अध्यायके आरम्भमें अर्जुनने पूछा कि भक्तियोग और ज्ञानयोगके उपासकोंमें कौन श्रेष्ठ है? तो भगवान् कहते हैं कि मेरेमें मन लगानेवाले, परम श्रद्धासे युक्त होकर मेरी उपासना करनेवाले भक्त सर्वश्रेष्ठ हैं— ऐसा मेरा मत है (१२।२)।

सांसारिक जितने भी ज्ञान हैं, उन सबमें क्षेत्र-क्षेत्रज्ञ, देह-देही, शरीर-शरीरी, अनित्य-नित्य, असत्-सत्का ज्ञान (विवेक) श्रेष्ठ है। यह ज्ञान सम्पूर्ण साधनोंका आधार है, मूल है; क्योंकि साधक कोई भी साधन करेगा तो उसमें यह विवेक रहेगा ही। अतः भगवान् कहते हैं कि क्षेत्र-क्षेत्रज्ञका ज्ञान ही मेरे मतमें यथार्थ ज्ञान है (१३।२)।

अठारहवें अध्यायके आरम्भमें भगवान्ने सांख्ययोग और कर्मयोगके विषयमें अन्य दार्शनिकोंके चार मत बताये। उन चारों मतोंकी तुलनामें भगवान् कहते हैं कि कर्म और उसके फलमें आसक्तिका त्याग करके कर्तव्य-कर्म करना चाहिये—यह मेरा निश्चित किया हुआ उत्तम मत है (१८।६)।

गीताके अध्ययन, पठन-पाठनकी महिमाका वर्णन करते हुए भगवान् कहते हैं कि जो इस गीता-ग्रन्थका केवल अध्ययन भी करेगा, पाठ भी करेगा, उसके द्वारा मैं ज्ञानयज्ञसे पूजित हो जाऊँगा—ऐसी मेरी मान्यता है (१८।७०)।

—इस तरह भक्तिके विषयमें चार, ध्यानयोगके विषयमें दो, ज्ञानयोगके विषयमें एक, कर्मयोगके विषयमें एक और गीताध्ययनके विषयमें एक—इन सम्पूर्ण मान्यताओंका तात्पर्य है कि भगवान्ने भक्तिको ही ज्यादा मान्यता दी है, आदर दिया है।

२. अर्जुनकी मान्यता

अर्जुन ध्यानयोगके सिद्ध न होनेमें चित्तकी चंचलताको कारण मानते हुए कहते हैं कि यह मन बड़ा चंचल, प्रमथनशील, बलवान् और जिद्दी है। मैं इस मनको रोकना वायुकी तरह कठिन मानता हूँ (६।३४)।

भगवान्के प्रभावकी बातें सुनकर और उनसे प्रभावित होकर अर्जुन भगवान्से कहते हैं कि हे भगवन्! आप मेरे प्रति जो कुछ भी कह रहे हैं, वह सब मैं सत्य मानता हूँ (१०।१४)।

भगवान्के विश्वरूपको देखते हुए अर्जुनको भगवान्के निर्गुण-निराकार, सगुण-निराकार और सगुण-साकार रूपका विशेष बोध हुआ। अतः अर्जुन अपनी मान्यता बताते हुए कहते हैं कि आप ही जाननेयोग्य अक्षरब्रह्म हैं, आप ही इस विश्वके परम आधार हैं, आप ही सनातनधर्मके रक्षक हैं और आप ही सनातन पुरुष हैं—ऐसा मेरा मत है (११।१८)।

विश्वरूपको देखकर अर्जुनको भगवान्के

प्रभावका, उनकी महिमाका ज्ञान हुआ कि भगवान् कितने प्रभावशाली हैं। अतः उनको अपनी पूर्वकृत भूलोंकी याद आती है और वे कहते हैं कि मैंने आपको अपना सखा मानकर धृष्टतासे 'हे कृष्ण! हे यादव! हे सखे!' इस तरह कह दिया है, उसके लिये मैं आपसे क्षमा चाहता हूँ (११।४१)।

अर्जुनकी मान्यताओंका तात्पर्य है कि उनको एक तो अपनी कमजोरी समझमें आयी और दूसरा भगवान्का माहात्म्य समझमें आया। ये दोनों बातें यदि साधककी समझमें आ जायँ तो उसका बेड़ा पार है।

३. संजयकी मान्यता

संजय भगवान्के प्रभावको पहलेसे ही जानते थे, पर अर्जुनपर भगवान्की विशेष कृपाको देखकर वे विशेष प्रभावित हुए। अतः वे अपना निर्णय सुनाते हैं कि जहाँ योगेश्वर भगवान् श्रीकृष्ण और गाण्डीव धनुर्धारी अर्जुन हैं, वहाँ ही श्री, विजय, विभूति और अचल नीति है—ऐसा मेरा मत है (१८।७८)।

संजयकी मान्यताका तात्पर्य है कि युद्धके परिणाममें पाण्डुपुत्रोंकी ही विजय होगी, इसमें कोई संदेह नहीं है।

४. सिद्धकी मान्यता

भगवान् ध्यानयोगका फल बताते हुए कहते हैं कि आत्यन्तिक सुखको, लाभको प्राप्त होकर सिद्ध महापुरुष फिर उससे बढ़कर दूसरा कोई लाभ नहीं मानता (६।२२)।

जो तत्त्वको जाननेवाले होते हैं, उनकी यथार्थ मान्यता होती है कि 'गुण ही गुणोंमें बरत रहे हैं' अर्थात् प्रकृतिजन्य गुणोंमें ही सम्पूर्ण क्रियाएँ हो रही हैं। ऐसा मानकर वे क्रियाओं और पदार्थोंमें आसक्त नहीं होते (३।२८)। सिद्धकी मान्यताका तात्पर्य है कि उसमें कर्तृत्व-भोक्तृत्व नहीं रहते।

५. साधक और असाधककी मान्यता

सांख्ययोगी साधककी ऐसी मान्यता होती है कि 'इन्द्रियाँ ही इन्द्रियोंके विषयोंमें बरत रही हैं अर्थात् इन्द्रियोंमें ही सम्पूर्ण क्रियाएँ हो रही हैं, मैं कुछ भी नहीं करता हूँ' (५।८-९)। तात्पर्य है कि वह अपनेमें कर्तृत्व नहीं मानता।

जो संसारमें रचे-पचे हैं, तत्त्वको नहीं जानते, ऐसे अहंकारसे मोहित अन्तःकरणवाले मनुष्योंकी मान्यता होती है कि 'मैं कर्ता हूँ' (३।२७)। अपनेको कर्ता माननेवालेको भोक्ता बनना ही पड़ता है और भोगके लिये आगे जन्म लेना ही पड़ता है। असाधककी मान्यताका तात्पर्य है कि वह अपनेको कर्म करनेवाला मानता है और कर्मोंके फलरूपमें सुख तथा भोग भोगना चाहता है।

६. भक्त और अभक्तकी मान्यता

भगवान् ही सबके मूल कारण हैं और भगवान्से सत्ता-स्फूर्ति पाकर ही संसारमें सम्पूर्ण क्रियाएँ हो रही हैं—ऐसा मानकर भक्तलोग श्रद्धा-प्रेमपूर्वक भगवान्का ही भजन करते हैं (१०।८)। परंतु जो अभक्त होते हैं, वे भगवान्को साधारण मनुष्योंकी तरह शरीर धारण करनेवाला, जन्मने-मरनेवाला मानते हैं (७।२४)।

७. दैवी और आसुरी प्रकृतिवालोंकी मान्यता

दैवी प्रकृतिवाले मनुष्य भगवान्को सम्पूर्ण प्राणियोंका आदि और अविनाशी मानकर अनन्यमनसे (इस लोकके और परलोकके भोगोंका त्याग करके) भगवान्का भजन करते हैं (९।१३)।

आसुरी प्रकृतिवाले मनुष्य मानते हैं कि सुख भोगने और संग्रह करनेके सिवाय और कुछ है ही नहीं (१६।११)।

तात्पर्य है कि जो संसारके भोग और संग्रहमें लग जाते हैं, उनके मनमें संसारका महत्त्व, संसारकी मान्यता आ जाती है; परंतु जो भगवान्में लग जाते हैं, उनमें संसारकी मान्यता मिटकर भगवान्की मान्यता आ जाती है। संसारकी मान्यता पर-धर्म है; क्योंकि संसार अपना नहीं है और भगवान्की मान्यता स्व-धर्म है; क्योंकि भगवान् अपने हैं।

[दूसरे अध्यायके छब्बीसवें श्लोकमें तथा अठारहवें अध्यायके उनसठवें श्लोकमें आया **'मन्यसे'** पद भगवान्‌ने मान्यताके आरोपमें कहा है, मान्यतामें नहीं। तीसरे अध्यायके पहले श्लोकमें आया **'मता'** पद भी अर्जुनने मान्यताके आरोपमें कहा है, मान्यतामें नहीं। इसी तरह दूसरे अध्यायके पैंतीसवें श्लोकमें आया **'मंस्यन्ते'** पद भगवान्‌के द्वारा और ग्यारहवें अध्यायके चौथे श्लोकमें आया **'मन्यसे'** पद अर्जुनके द्वारा सम्भावनाके अर्थमें कहा गया है, मान्यताके अर्थमें नहीं।]

गीतामें स्वाभाविक और नये परिवर्तनका वर्णन

प्रकृतौ जायते यत्तत् सहजं परिवर्तनम्।
मनुष्यः कुरुते यत्तन्नूतनं परिवर्तनम्॥

प्रकृति और प्रकृतिके कार्य संसारमें बढ़ना-घटना आदि जो कुछ परिवर्तन हो रहा है, वह 'स्वाभाविक परिवर्तन' है; और मनुष्य जो नये कर्म करता है, वह 'नया परिवर्तन' है।

स्वाभाविक परिवर्तन निरन्तर होता ही रहता है। यह परिवर्तन मनुष्य, देवता, भूत-प्रेत, गन्धर्व, यक्ष आदिके शरीरोंमें तथा सूर्य, चन्द्र, तारे, नक्षत्र, वृक्ष, लता, जन्तु आदिमें और पृथ्वी, समुद्र, पहाड़ आदिमें भी होता रहता है। इसी स्वाभाविक परिवर्तनको कहीं प्रकृतिमें होनेवाला कहा है (१३। २९) और कहीं गुणोंमें होनेवाला कहा है (३। २७)। तात्पर्य है कि त्रिलोकीके स्थावर-जंगम प्राणियोंके शरीरोंमें तथा जड़ पदार्थोंमें जो कुछ परिवर्तन हो रहा है, वह स्वाभाविक परिवर्तन है।

मनुष्यका शरीर जन्मता है, बचपनसे युवा होता है, युवासे वृद्ध होता है और फिर मर जाता है (२। १३)—यह स्वाभाविक परिवर्तन होते हुए भी मनुष्यमें नया परिवर्तन भी होता है। जैसे, मनुष्य सात्त्विक संग, स्वाध्याय, जप, ध्यान आदि करता है तो उसकी गति सात्त्विकताकी तरफ; राजस संग, स्वाध्याय आदि करता है तो उसकी गति राजसकी तरफ; और तामस संग, स्वाध्याय आदि करता है तो उसकी गति तामसकी तरफ हो जाती है। मरनेके बाद सात्त्विक मनुष्य ऊर्ध्वगतिमें, राजस मनुष्य मध्यगतिमें और तामस पुरुष अधोगतिमें जाते हैं (१४। १८)।

नया परिवर्तन पशु-पक्षी आदिमें भी देखनेमें आता है; जैसे—शिक्षा देनेपर बन्दर भी सैनिकका काम करने लगता है, साइकिल चलाने लगता है आदि-आदि; परन्तु जिससे कल्याण हो जाय, ऐसा पारमार्थिक परिवर्तन उसमें नहीं होता। कारण कि वह भोगयोनि है और उसमें जो कुछ होता है, वह सब भोगके लिये ही होता है। जैसे, सिंह किसी पशुको मारकर खा जाता है तो उसको पाप नहीं लगता; क्योंकि उसमें सब भोग-ही-भोग है। अतः पशु, पक्षी आदि योनियोंमें नया कर्म नहीं बनता। मनुष्ययोनि कर्मयोनि है; अतः मनुष्य नया कर्म (नया परिवर्तन) कर सकता है।

मनुष्यके जो जन्मारम्भक कर्म हैं, वे पुराने कर्म हैं। उन कर्मोंसे जो परिवर्तन होता है, उससे भी विलक्षण परिवर्तन नये कर्मोंसे होता है। ऐसा देखनेमें आता है कि उत्तम जातिमें जन्म लेनेपर भी अच्छा संग, शिक्षा आदि न मिलनेसे मनुष्य दुराचारी हो जाता है। अतः जन्मारम्भक (पुराने) कर्म अच्छे होनेपर भी नये कर्म अच्छे न होनेसे मनुष्यका पतन हो जाता है। इसके विपरीत नीच जातिमें जन्म लेनेपर भी अच्छा संग, शिक्षा आदि मिलनेसे मनुष्य सदाचारी हो जाता है, सन्त-महात्मा बन जाता है, दूसरोंके लिये आदर्श हो जाता है। अतः जन्मारम्भक कर्म अच्छे न

होनेपर भी नये कर्म अच्छे होनेसे मनुष्यमें बहुत विलक्षणता आ जाती है।

गीताने स्थितप्रज्ञ, गुणातीत और भक्तोंके लक्षणोंके रूपमें नये परिवर्तनका ही वर्णन किया है। मनुष्य नया परिवर्तन इतना कर सकता है कि जिसका कोई पार नहीं है। नये परिवर्तनसे मनुष्य भगवान्‌का भी आदरणीय हो सकता है। इस नये परिवर्तनसे भक्तोंका शरीर चिन्मय हो जाता है; जैसे तुकारामजी महाराज सशरीर वैकुण्ठ चले गये, कबीरजीका शरीर पुष्पोंमें परिणत हो गया, मीराबाईका शरीर भगवान्‌के विग्रहमें समा गया। जनाबाई और फूलीबाईकी थेपड़ियोंसे नाम-ध्वनि निकलती थी। तुकारामजीके चरणचिह्नोंसे विट्ठल नामकी ध्वनि निकलती थी। मरनेके बाद भी चोखामेलाकी हड्डियोंसे विट्ठल नामकी ध्वनि सुनायी पड़ती थी।

भगवान्‌ने गीतामें भक्तोंके चार प्रकार बताये हैं—अर्थार्थी, आर्त, जिज्ञासु और प्रेमी (७।१६)। ये चार प्रकार जन्मसे नहीं हैं, प्रत्युत कर्मसे हैं। इनमें पुराने कर्म नहीं हैं, प्रत्युत नये कर्म हैं, नया परिवर्तन है। इस नये परिवर्तनका अवसर इस मनुष्यशरीरमें ही है, अन्य शरीरोंमें नहीं। कहीं-कहीं अपवादरूपसे पशु-पक्षी आदिमें भी नया परिवर्तन देखनेमें आता है।

बालकका पालन-पोषण और रक्षण करना—यह माँके द्वारा किया गया नया परिवर्तन (कर्म) है; परन्तु बालकका बढ़ना नया परिवर्तन नहीं है। कारण कि माँने बालकको बड़ा नहीं किया, प्रत्युत वह स्वाभाविक बड़ा हो गया। भोजन करना नया परिवर्तन है, पर भोजनका पचना स्वाभाविक परिवर्तन है। दवाई लेना नया परिवर्तन है, पर दवाईसे रोग शान्त हो जाना स्वाभाविक परिवर्तन है। ऐसे ही शरीरका जन्मना, बढ़ना आदि तो स्वतः-स्वाभाविक होता है, पर मनुष्यशरीरमें शुभाशुभ कर्म करके स्वर्ग, नरक अथवा चौरासी लाख योनियोंमें जाना, भगवद्भजन करना, प्राणियोंकी सेवा करना, अपने कर्तव्यका पालन करना, अपने विवेकका आदर करना आदि नया परिवर्तन (कर्म) है। इस नये परिवर्तनके कारण ही पापी-से-पापी, दुराचारी-से-दुराचारी मनुष्य भी ज्ञान प्राप्त करके अपना उद्धार कर सकता है (४।३६), भगवान्‌को प्राप्त करनेका एक निश्चय करके अनन्यभक्त बन सकता है तथा सदा रहनेवाली शान्तिको प्राप्त कर सकता है (९।३०-३१), और केवल लोकसंग्रहके लिये, कर्तव्य-परम्पराको सुरक्षित रखनेके लिये, केवल दूसरोंके हितके लिये कर्तव्य-कर्म करके सम्पूर्ण पापोंको नष्ट कर सकता है (४।२३)।

गीतामें स्वभावका वर्णन

चतुर्विधः स्वभावश्च प्राकृतो वर्णगस्तथा।
उत्पादितश्च संगेन शुद्धश्च ज्ञानिनां स्मृतः॥

गीतामें चार प्रकारके स्वभावका वर्णन हुआ है, जो इस प्रकर है—

(१) समष्टि प्रकृतिगत स्वभाव—पेड़-पौधोंका उत्पन्न होना, बड़ा होना, फल-फूलोंका लगना आदि; और ऐसे ही मनुष्य, पशु, पक्षी आदिके शरीरोंका उत्पन्न होना, बच्चेसे जवान होना, जवानसे बूढ़ा होना तथा शरीरोंमें बलका घटना, बढ़ना आदि जो कुछ परिवर्तन संसारमें हो रहा है, वह सब समष्टि प्रकृतिका स्वभाव है।

समष्टि प्रकृतिगत स्वभाव किसीके लिये भी दोषी और अहितकर नहीं होता, प्रत्युत शुद्ध, पवित्र करनेवाला होता है। बचपनसे जवान और जवानसे बूढ़ा

होना एवं रोगीसे नीरोग और निरोगसे रोगी होना[१] क्या दोषी होगा? नहीं, यह तो पाप-पुण्यका फल भुगताकर शुद्ध करता है। परंतु प्रकृतिके इस स्वभाव (स्वाभाविक परिवर्तन)-में मनुष्य अपनी मनमानी करने लग जाता है अर्थात् राग-द्वेषपूर्वक शास्त्रकी आज्ञासे विरुद्ध मनमाने ढंगसे कर्म करने लग जाता है, जिससे वह बन्धनमें पड़ जाता है।

इस स्वभावका वर्णन गीतामें कई जगह हुआ है; जैसे—प्रकृतिके गुणोंद्वारा ही सब क्रियाएँ होती हैं (३। २७); गुण ही गुणोंमें बरत रहे हैं (३।२८; १४।२३); इन्द्रियाँ ही इन्द्रियोंके विषयोंमें बरत रही हैं (५।८-९); प्रकृतिके द्वारा ही सब कर्म होते हैं (१३।२९)। तात्पर्य यह है कि समष्टि प्रकृतिके द्वारा होनेवाली क्रियाओंमें मनुष्यको न तो अपनी मनमानी करनी चाहिये और न उनसे सुखी-दुःखी ही होना चाहिये।

(२) वर्णगत-स्वभाव—यह स्वभाव व्यक्तिगत होता है; क्योंकि यह पूर्वकर्मोंके अनुसार तथा इस जन्ममें माता-पिताके रज-वीर्यके अनुसार बनता है। अतः यह स्वभाव भी किसी व्यक्तिके लिये दोषी और पापजनक नहीं होता। जैसे—ब्राह्मण, क्षत्रिय, वैश्य और शूद्र—इन चारोंके जो अलग-अलग कर्म होते हैं, उन कर्मोंकी भिन्नतामें वर्णगत स्वभाव ही कारण है। ब्राह्मणके खान-पान आदि कर्मोंमें स्वाभाविक ही पवित्रता रहती है, क्षत्रियके युद्ध करना, दान करना आदि कर्मोंमें स्वाभाविक ही निर्भयता, शूरवीरता, उदारता रहती है, वैश्यकी खेती करना, गायोंका पालन करना, व्यापार करना आदि कर्मोंमें स्वाभाविक ही प्रवृत्ति रहती है और शूद्रकी सभी वर्णोंकी सेवा करनेमें स्वाभाविक ही प्रवृत्ति रहती है। वर्तमानमें अगर इन चारों वर्णोंमें कहीं ऐसा स्वभाव देखनेमें न आये तो इसमें संग-दोष ही कारण है। इसलिये मनुष्यको अच्छे संगका ग्रहण और बुरे संगका त्याग करना चाहिये।

इस वर्णगत (जातिगत) स्वभावका वर्णन गीताके अठारहवें अध्यायमें विस्तारसे हुआ है (१८।४२—४८, ५९-६०)। तात्पर्य यह है कि मनुष्यको अपने वर्णगत स्वभावके अनुसार अपने-अपने शास्त्रविहित कर्तव्यका तत्परतासे निष्कामभावपूर्वक पालन करना चाहिये और कुसंगका सर्वथा त्याग कर देना चाहिये। ऐसा करनेसे मनुष्यका स्वतः कल्याण हो सकता है।[२]

(३) उत्पादित स्वभाव—यह स्वभाव मनुष्यका अपना बनाया हुआ होता है और सबका अलग-अलग होता है। मनुष्य जैसा शास्त्र पढ़ता है, जैसे लोगोंका संग करता है, जैसे वातावरणमें रहता है, वैसा ही उसका स्वभाव बन जाता है। तात्पर्य है कि विहित कर्म, सत्संग तथा पवित्र आचरणोंसे स्वभाव सुधरता है और निषिद्ध कर्म, कुसंग तथा अपवित्र आचरणोंसे स्वभाव बिगड़ता है (१६।१—१८)। इस स्वभावको सुधारनेके लिये भगवान्‌ने गीतामें जगह-जगह आज्ञा दी है (३।३०, ३४; १६।२१, २४ आदि)। तात्पर्य है कि अपने स्वभावको शुद्ध, पवित्र बनानेमें अथवा उसको बिगाड़नेमें मनुष्य स्वतन्त्र और सबल है, इसमें कोई भी पराधीन और निर्बल नहीं है। अतः मनुष्यको बड़ी सावधानीसे अपने स्वभावको शुद्ध बनाना चाहिये। स्वभावके बिगड़नेका कभी अवसर ही नहीं आने देना चाहिये। इसीमें मनुष्यजन्मकी सफलता है।

(४) ज्ञानीका स्वभाव—ज्ञानीका स्वभाव

१- रोग दो प्रकारका होता है—प्रारब्धजन्य और कुपथ्यजन्य। प्रारब्धजन्य रोग दवासे नहीं मिटता। जबतक प्रारब्धका वेग होगा, तबतक वह रहेगा ही। कुपथ्यजन्य रोग पथ्यका सेवन करनेसे और दवा लेनेसे मिट जाता है। यहाँ (समष्टि प्रकृतिगत स्वभावमें) प्रारब्धजन्य रोग ही लिया गया है।

२- जो मनुष्य अपना कल्याण चाहता है, उसे शास्त्रविहित भोगोंका भी त्याग कर देना चाहिये और परंपरागत स्वाभाविक दोषी आचरणोंका भी त्याग करके शुद्ध, पवित्र आचरणोंको ग्रहण करना चाहिये।

महान् शुद्ध होता है। सभी ज्ञानी (तत्त्वज्ञ जीवन्मुक्त) महापुरुषोंके स्वभावमें शुद्धि, निर्मलता, त्याग, वैराग्य आदि तो समानरूपसे रहते हैं, पर वर्ण, आश्रम, साधना-पद्धति आदिको लेकर उनके स्वभाव और आचरण एक समान नहीं होते, प्रत्युत भिन्न-भिन्न होते हैं (३।३३)। उनके लिये यह भिन्नता दोषी नहीं होती; क्योंकि उनमें राग-द्वेष, अभिमान आदि दोषोंका अभाव रहता है। तात्पर्य है कि तत्त्वज्ञान होनेपर भी ज्ञानी-महात्मा अपने वर्ण, आश्रम, साधनपद्धति आदिके अनुसार ही आचरण, कर्तव्य-कर्म करते हैं।

उपर्युक्त सभी स्वभावोंके वर्णनका तात्पर्य यही लेना चाहिये कि मनुष्य अपने स्वभावका सुधार करे, उसको बिगाड़े नहीं और किसीके स्वभावको लेकर दोषदृष्टि न करे। वह सावधानीपूर्वक दुष्कर्मोंका त्याग करे और सत्कर्मोंको ग्रहण करे। ऐसा करनेमें वह सर्वथा स्वतन्त्र है। सत्-शास्त्र, सत्पुरुषोंका संग और खुदका उत्साह एवं धैर्य इसमें सहायक होता है।

ज्ञातव्य

मनुष्यलोकमें स्वभावकी ही मुख्यता है। यह सज्जन है, यह बड़ा अच्छा है, यह दुष्ट है, यह द्रोही है, यह बड़ा बुरा है, यह चोर-डाकू है, यह बड़ा ठग है, यह बड़ा धोखेबाज है आदि जितनी भी संज्ञाएँ होती हैं, वे सभी स्वभावको लेकर होती हैं। परलोकमें भी स्वभावके अनुसार ही गति होती है। मनुष्य अपना स्वभाव जैसा बना लेता है, उसके अनुसार ही भगवान् उसको योनि देते हैं।

मनुष्ययोनि केवल स्वभावको शुद्ध बनानेके लिये ही है। अतः बुरे स्वभावको बदलकर भला बनाना मनुष्यका खास कर्तव्य है। अपने स्वभावको बदलनेमें मनुष्यमात्र स्वतन्त्र है। धनी बनने, ऊँचा पद प्राप्त करने आदिमें उसकी ऐसी स्वतन्त्रता नहीं है, जैसी अपने स्वभावको शुद्ध बनानेमें है। अगर मनुष्य अच्छा संग करे, अच्छी पुस्तकें पढ़े, स्वभाव सुधारनेका उद्योग करे तो वह अपने स्वभावको बहुत जल्दी और सुगमतापूर्वक शुद्ध बना लेगा। परन्तु अगर वह कुसंग करेगा, खराब पुस्तकें पढ़ेगा, बुरे विचारोंको प्रोत्साहित करेगा तो वह बुरे स्वभाववाला बन जायगा।

मनुष्ययोनि पाकर भी अपने स्वभावको शुद्ध न बनाना बहुत बड़ी हानि है; क्योंकि यही एक ऐसी जगह है, जिसमें मनुष्य अपने स्वभावको शुद्ध बनाकर ऊँचा उठ सकता है, जीवन्मुक्त बन सकता है, तत्त्वज्ञ बन सकता है, भगवद्भक्त बन सकता है। दूसरी योनियोंमें ऐसा मौका मिलना कठिन है; क्योंकि उन योनियोंमें न तो ऐसी समझ है, न ऐसी सामग्री है, न ऐसी सामर्थ्य ही है, जिसका उपयोग करके जीव अपना स्वभाव शुद्ध बना सके, अपना उद्धार कर सके।

मनुष्यकी जो कुछ इज्जत, प्रतिष्ठा है, वह सब स्वभावके कारण ही है। अगर कोई मनुष्य वर्ण, आश्रम आदिमें ऊँचा हो, ऊँचे पदपर हो, पर उसका स्वभाव खराब हो तो लोग अपना काम बनानेके लिये उसके सामने चुप रह सकते हैं, उससे डरते हुए उसकी प्रशंसा कर सकते हैं, उसको आदर दे सकते हैं, पर हृदयसे वे उसको आदर नहीं दे सकते। उनके भीतर यह बात रहती है कि 'क्या करें, यह आदमी तो बड़ा दुष्ट है, पर अपने कामके लिये इसकी गुलामी करनी पड़ती है!' लोगोंके हृदयमें युधिष्ठिर महाराजके प्रति बड़ा आदर है और दुर्योधनके प्रति घृणा है तो यह स्वभावके कारण ही है।

मनुष्य स्वार्थ और अभिमानका त्याग करके दूसरोंकी सेवा करे, दूसरोंका हित चाहे तो उसका स्वभाव बहुत जल्दी सुधर सकता है। स्वभाव सुधरनेपर वह अपना तथा दुनियाका उद्धार करनेवाला बन सकता है। जैसे आकाशमें पीपल आदि वृक्ष खूब बढ़ जाते हैं और दूब छोटी ही रह जाती है, पर आकाशकी तरफसे किसीको मना नहीं है, ऐसे ही मनुष्य अपना स्वभाव सुधारकर ऊँचा उठ सकता है, इसके लिये भगवान्‌की तरफसे किसीको

मना नहीं है। तात्पर्य है कि जैसे वृक्ष आदिके लिये आकाशमें बढ़नेकी कोई सीमा नहीं है, ऐसे ही मनुष्यके लिये उन्नतिकी कोई सीमा नहीं है।

मुख्यरूपसे स्वभाव दो तरहका होता है—समष्टि स्वभाव और व्यष्टि स्वभाव। जिसमें किसी तरहका उद्योग, परिश्रम नहीं करना पड़ता और जिसमें स्वतः परिवर्तनरूप क्रिया होती है, वह 'समष्टि (प्राकृत) स्वभाव' है। जैसे, गरमीके दिनोंमें कभी ज्यादा गरमी पड़ती है, कभी कम गरमी पड़ती है; कभी हवा चलती है, कभी हवा नहीं चलती। सरदीके दिनोंमें कभी ज्यादा ठण्डी पड़ती है, कभी कम ठण्डी पड़ती है; कभी वर्षा होती है, कभी हवा चलती है। वर्षाके दिनोंमें कभी वर्षा ज्यादा होती है, कभी वर्षा कम होती है; कभी एकदम सूखा रहता है। बालक जन्मता है, बड़ा होता है, जवान होता है, बूढ़ा होता है और मर जाता है। वृक्ष-लताएँ पैदा होती हैं, बढ़ती हैं, गिरती हैं, सूख जाती हैं। नये मकान पुराने हो जाते हैं। यह सब समष्टि प्रकृतिका स्वभाव है। इस प्राकृत स्वभावमें परिवर्तन किया जा सकता है; जैसे—परमाणु बम आदिके विस्फोटसे समष्टि प्रकृतिमें विकृति आ जाती है।

व्यष्टि स्वभाव किसी भी व्यक्तिका समान नहीं होता। किसीका शान्त स्वभाव होता है, किसीका घोर (भयानक) स्वभाव होता है और किसीका मूढ़ (तमोगुणी) स्वभाव होता है। जिसका शान्त स्वभाव है, वह सत्संग, सच्छास्त्र, सद्विचार आदिसे अपने शान्त स्वभावको विशेषतासे बढ़ा सकता है। जिसका घोर स्वभाव है, वह अगर यह विचार कर ले कि मेरेको अपना स्वभाव सुधारना है, शान्त बनाना है तो वह सत्संग, सद्विचार आदिसे अपने स्वभावको शान्त, सौम्य बना सकता है। जिसका मूढ़ स्वभाव है, वह भी अगर अच्छा संग करे, सच्छास्त्र पढ़े, अच्छा अभ्यास करे तो अपने स्वभावको अच्छा बना सकता है, पर ऐसा करनेमें उसे कठिनता पड़ती है। कठिनता पड़नेपर भी वह अपना स्वभाव बदलनेमें, स्वभावको अच्छा बनानेमें स्वतन्त्र है।

गीतामें दैवी और आसुरी सम्पत्ति

अभयादिगुणैर्युक्ता सम्पद् दैवीति कथ्यते।
दम्भदर्पाभिमानादिरासुरी सम्पदा मता॥

दैवी और आसुरी—इन दोनों शब्दोंमें '**देव**' नाम देवताओंका नहीं है, प्रत्युत परमात्माका है; और '**असुर**' नाम राक्षसोंका नहीं है, प्रत्युत प्राणोंमें रमण करनेवालोंका है। गीतामें '**देवदेव**' (१०। १५); '**देवम्**' (११। ११, १४); '**देवदेवस्य**' (११। १३); '**देव**' (११। १५) आदि पदोंमें परमात्माके लिये 'देव' शब्दका प्रयोग हुआ है। '**आसुरं भावम्**' (७। १५); '**आसुरः**' (१६। ६); '**आसुर-निश्चयान्**' (१७। ६) आदि पदोंमें प्राणोंमें आसक्ति रखनेवालोंके लिये 'असुर' शब्दका प्रयोग हुआ है।

'देव' अर्थात् परमात्माके जितने गुण हैं, वे सभी 'दैवी गुण' कहलाते हैं। ये दैवी गुण परमात्माकी प्राप्ति करानेवाली पूँजी होनेसे '**दैवी सम्पत्ति**' कहलाते हैं—'**दैवी सम्पद्विमोक्षाय**' (१६। ५)। साधकलोग इसी दैवी सम्पत्तिका आश्रय लेकर भगवान्‌का भजन करते हैं (९। १३)।

'**असु**' नाम प्राणोंका है। उन प्राणोंमें ही जो रमण करनेवाले हैं, प्राणोंका भरण-पोषण-रक्षण करना चाहते हैं, वे असुर कहलाते हैं; और उन असुरोंका जो स्वभाव है, उनके जो गुण हैं, वे 'आसुरी गुण' कहलाते हैं। ये आसुरी गुण बार-बार जन्म-मरण देनेवाली चौरासी लाख योनियोंमें और नरकोंमें ले जानेवाली पूँजी होनेसे '**आसुरी सम्पत्ति**'

कहलाते हैं—**'निबन्धायासुरी मता'** (१६।५)। मूढ़लोग इसी आसुरी सम्पत्तिका आश्रय लेते हैं (९।१२)।

संसारसे विमुख होकर और दैवी सम्पत्तिका आश्रय लेकर परमात्माकी प्राप्ति चाहनेवाले दो प्रकारके होते हैं—

(१) सगुणोपासक (भक्त)—सगुणोपासकमें श्रद्धा-विश्वासकी, भावकी प्रधानता होती है; अतः वह **'अभयं सत्त्वसंशुद्धिः.............नातिमानिता'** (१६।१—३)—इन छब्बीस गुणोंको धारण करता है। यह साधक भगवान्‌को सब जगह देखकर सबसे पहले अभय हो जाता है, फिर इसमें अमानित्व स्वतः आ जाता है।

(२) निर्गुणोपासक (ज्ञानी)—निर्गुणोपासकमें शरीर-शरीरीके विवेक-विचारकी प्रधानता होती है; अतः वह **'अमानित्वमदम्भित्व....... तत्त्वज्ञानार्थदर्शनम्'** (१३।७—११)—इन बीस गुणोंको धारण करता है। इस साधकमें सबसे पहले अमानित्व आता है, फिर सब जगह परमात्माका अनुभव करनेसे वह अभय हो जाता है।

उपर्युक्त दोनों ही प्रकारके साधकोंमें दैवी सम्पत्ति साधनरूपसे रहती है। सिद्ध महापुरुषोंमें यह दैवी सम्पत्ति स्वतः-स्वाभाविक रहती है। वास्तवमें सिद्ध महापुरुष गुणोंसे अतीत होते हैं, परंतु उन्होंने पहले साधन-अवस्थामें दैवी सम्पत्तिको लेकर साधन किया है; अतः सिद्ध होनेपर भी उनमें दैवी सम्पत्तिका स्वभाव बना हुआ रहता है। उन सिद्धोंमेंसे सिद्ध भक्तोंके स्वाभाविक दैवी सम्पत्तिके गुणोंका वर्णन बारहवें अध्यायके तेरहवेंसे उन्नीसवें श्लोकतक हुआ है और सिद्ध ज्ञानियोंके स्वाभाविक दैवी सम्पत्तिके गुणोंका वर्णन चौदहवें अध्यायके बाईसवेंसे पचीसवें श्लोकतक हुआ है।

आसुरी सम्पत्तिको धारण करनेवाले भी दो प्रकारके होते हैं—

(१) सकामभावसे देवताओंकी उपासना करनेवाले—सकामभावसे देवता आदिकी उपासना करके ब्रह्मलोकतक जानेवाले सभी मनुष्य आसुर सम्पत्तिवाले हैं। कारण कि उनका उद्देश्य भोग भोगनेका है, वे भोगोंमें ही आसक्त, तन्मय रहते हैं (२।४२—४४; ७।२०—२३; ९।२०-२१)। ऐसे मनुष्योंको अन्तवाला फल ही मिलता है—**'अन्तवत्तु फलं तेषाम्'** (७।२३) और वे बार-बार जन्म-मरणको प्राप्त होते हैं—**'गतागतं कामकामा लभन्ते'** (९।२१)।

तात्पर्य है कि जिनका उद्देश्य सुख, आराम, भोग भोगनेका है, नाशवान् पदार्थोंका है, वे सभी आसुरी सम्पत्तिवाले हैं और जिनका उद्देश्य भगवान्‌की प्रसन्नताके लिये, लोकसंग्रहके लिये, संसारके हितके लिये कर्म करनेका है, वे सभी दैवी सम्पत्तिवाले हैं।

(२) काम-क्रोधादिका आश्रय लेकर दुर्गुण दुराचारोंमें प्रवृत्त होनेवाले—जो मनुष्य काम, क्रोध, अहंकार आदिका आश्रय लेते हैं, वे झूठ, कपट, जालसाजी, बेईमानी, धोखेबाजी, हिंसा आदिके द्वारा दूसरोंको दुःख देते हैं। ऐसे मनुष्य पापोंके तारतम्यसे पशु, पक्षी, कीट, पतंग, वृक्ष, लता आदि आसुरी योनियोंमें (१६।१९) और कुम्भीपाक, रौरव आदि नरकोंमें (१६।१६) जाते हैं।

तात्पर्य यह है कि भगवत्परायण होनेसे दैवी सम्पत्ति प्रकट होती है, जो कि मुक्त करनेवाली है। पिण्डपोषणपरायण, भोगपरायण होनेसे और 'नयी-नयी चीज मिलती रहे तथा मिली हुई बनी रहे'—ऐसा भाव होनेसे आसुरी सम्पत्ति आती है, जो कि बाँधनेवाली और पतन करनेवाली है। अतः साधकको चाहिये कि वह दैवी सम्पत्तिका आदर करते हुए आसुरी सम्पत्तिका त्याग करता चला जाय, तो फिर अन्तमें उद्देश्यकी जरूर सिद्धि हो जायगी।

गीताका योग

योगशब्दस्य गीतायामर्थस्तु त्रिविधो मतः।
सामर्थ्ये चैव सम्बन्धे समाधौ हरिणा स्वयम्॥

'योग' नाम मिलनेका है। जब दो सजातीय तत्त्व मिल जाते हैं, तब उसका नाम 'योग' हो जाता है। आयुर्वेदमें दो ओषधियोंके परस्पर मिलनेको 'योग' कहा है। व्याकरणमें शब्दोंकी संधिको 'योग' (प्रयोग) कहा है। पातंजलयोगदर्शनमें चित्तवृत्तियोंके निरोधको 'योग' कहा है। इस तरह 'योग' शब्दके अनेक अर्थ होते हैं, पर गीताका 'योग' विलक्षण है।

गीतामें 'योग' शब्दके बड़े विचित्र-विचित्र अर्थ हैं। उनके हम तीन विभाग कर सकते हैं—

(१) **'युजिर् योगे'** धातुसे बना 'योग' शब्द, जिसका अर्थ है—समरूप परमात्माके साथ नित्य सम्बन्ध; जैसे—**'समत्वं योग उच्यते'** (२।४८) आदि। यही अर्थ गीतामें मुख्यतासे आया है।

(२) **'युज् समाधौ'** धातुसे बना 'योग' शब्द, जिसका अर्थ है—चित्तकी स्थिरता अर्थात् समाधिमें स्थिति; जैसे—**'यत्रोपरमते चित्तं निरुद्धं योगसेवया'** (६।२०) आदि।

(३) **'युज् संयमने'** धातुसे बना 'योग' शब्द, जिसका अर्थ है—सामर्थ्य, प्रभाव; जैसे—**'पश्य मे योगमैश्वरम्'** (९।५) आदि।

पातंजलयोगदर्शनमें चित्तवृत्तियोंके निरोधको 'योग' नामसे कहा गया है—**'योगश्चित्तवृत्तिनिरोधः'** (१।१२) और उस योगका परिणाम बताया है—द्रष्टाकी स्वरूपमें स्थिति हो जाना—**'तदा द्रष्टुः स्वरूपेऽवस्थानम्। वृत्तिसारूप्यमितरत्र।'** (१।३-४)। इस प्रकार पातंजलयोगदर्शनमें योगका जो परिणाम बताया गया है, उसीको गीतामें 'योग' के नामसे कहा गया है (२।४८; ६।२३)। तात्पर्य है कि गीता चित्तवृत्तियोंसे सर्वथा सम्बन्ध-विच्छेदपूर्वक स्वतःसिद्ध सम-स्वरूपमें स्वाभाविक स्थितिको 'योग' कहती है। उस समतामें स्थित (नित्ययोग) होनेपर फिर कभी उससे वियोग नहीं होता, कभी वृत्तिरूपता नहीं होती, कभी व्युत्थान नहीं होता। वृत्तियोंका निरोध होनेपर तो 'निर्विकल्प अवस्था' होती है, पर समतामें स्थित होनेपर 'निर्विकल्प बोध' होता है। 'निर्विकल्प बोध' अवस्थातीत और सम्पूर्ण अवस्थाओंका प्रकाशक तथा सम्पूर्ण योगोंका फल है।

जीवका परमात्माके साथ सम्बन्ध (योग) नित्य है, जिसका कभी किसी भी अवस्थामें, किसी भी परिस्थितिमें वियोग नहीं होता। कारण कि परमात्माका ही अंश होनेसे इस जीवका परमात्माके साथ सम्बन्ध नित्य-निरन्तर ज्यों-का-त्यों ही रहता है। शरीर-संसारके साथ संयोग होनेसे अर्थात् सम्बन्ध मान लेनेसे उस सम्बन्ध (नित्ययोग)-का अनुभव नहीं होता। शरीर-संसारके साथ माने हुए संयोगका वियोग (विमुखता, सम्बन्ध-विच्छेद) होते ही उस नित्ययोगका अनुभव हो जाता है—**'तं विद्याद् दुःखसंयोगवियोगं योगसंज्ञितम्'** (६।२३) अर्थात् दुःखोंके साथ संयोगका वियोग हो जानेका नाम 'योग' है*। तात्पर्य है कि भूलसे शरीर-संसारके साथ माने हुए संयोगका वियोग हो जाने और समरूप परमात्माके साथ सम्बन्धका उद्देश्य हो जाने, उसका अनुभव हो जानेका नाम 'योग' है। यह योग सब समयमें है, सब देशमें है, सब वस्तुओंमें है, सम्पूर्ण शरीरोंमें है, सम्पूर्ण घटनाओंमें है, सम्पूर्ण क्रियाओंमें है और तो क्या कहें, इस नित्ययोगका वियोग है ही

* गीतामें 'योगः कर्मसु कौशलम्' (२।५०)—ऐसा वाक्य भी आया है, पर यह वाक्य योगकी परिभाषा नहीं है, प्रत्युत इसमें योगकी महिमा बतायी गयी है कि कर्मोंमें योग ही कुशलता है। कर्मोंमें योगके सिवाय और कोई महत्त्व नहीं है।

नहीं, कभी हुआ नहीं, होगा नहीं और हो सकता ही नहीं। यही गीताका मुख्य योग है। इसी योगकी प्राप्तिके लिये गीताने कर्मयोग, ज्ञानयोग, भक्तियोग, ध्यानयोग, अष्टांगयोग, प्राणायाम, हठयोग आदि साधनोंका वर्णन किया है। पर इन साधनोंको योग तभी कहा जायगा, जब असत्‌से सम्बन्ध-विच्छेद और परमात्माके साथ नित्य-सम्बन्धका अनुभव होगा।

इस नित्ययोगका अनुभव होनेमें असत्‌का संग ही बाधक है। कारण कि असत्‌के संगसे ही राग-द्वेष, अनुकूलता-प्रतिकूलता, अच्छा-मन्दा आदि द्वन्द्व पैदा होते हैं। असत्‌से असंग होते ही, असत्‌का सम्बन्ध-विच्छेद होते ही योगकी प्राप्ति हो जाती है।

योगकी प्राप्तिके लिये भगवान्‌ने मुख्यरूपसे दो निष्ठाएँ बतायी हैं—कर्मयोग और सांख्ययोग (३। ३)। असत्‌से सम्बन्ध-विच्छेद करना कर्मयोग है और सत्‌के साथ योग होना सांख्ययोग है; परंतु ये दोनों ही निष्ठाएँ साधकोंकी अपनी हैं। भक्तियोग साधककी अपनी निष्ठा नहीं है, प्रत्युत भगवन्निष्ठा है[1]। भक्त केवल भगवान्‌के सम्मुख हो जाता है तो उसपर सांसारिक सिद्धि-असिद्धिका कोई असर नहीं पड़ता। उसमें समता स्वतः आ जाती है।

तीनों योगोंसे कर्मों (पापों)-का नाश

कर्मज्ञानभक्तियोगाः[2] सर्वेऽपि कर्मनाशकाः।
तस्मात् केनापि युक्तः स्यान्निष्कर्मा मनुजो भवेत्॥

गीतामें भगवान्‌ने कर्मयोग, ज्ञानयोग और भक्तियोग—तीनों ही योगोंसे सर्वथा कर्मों (पापों)-का नाश होनेकी बात कही है; जैसे—

(१) कर्मयोग—जो साधक केवल यज्ञ (कर्तव्य-कर्म)- की परम्परा सुरक्षित रखनेके लिये, लोक-संग्रहके लिये, सृष्टि-चक्रकी परम्परा चलानेके लिये ही कर्तव्य-कर्मका पालन करता है अर्थात् कर्मोंको केवल दूसरोंके लिये ही करता है, अपने लिये नहीं, वह सम्पूर्ण पापोंसे मुक्त हो जाता है (३। १३)।

(२) ज्ञानयोग—देखने, सुनने और समझनेमें जो कुछ दृश्य आता है, वह सब अदृश्यतामें परिवर्तित हो रहा है। इन्द्रियों और अन्तःकरणके जितने विषय हैं, वे सब-के-सब पहले नहीं थे और फिर आगे नहीं रहेंगे तथा अभी वर्तमानमें भी प्रतिक्षण 'नहीं' में भरती हो रहे हैं। परंतु विषय तथा उसके अभावको जाननेवाला तत्त्व सदा ज्यों-का-त्यों ही रहता है। उस तत्त्वका कभी अभाव हुआ नहीं, होता नहीं, होगा नहीं और हो सकता भी नहीं। उसी तत्त्वसे मैं-मेरा, तू-तेरा, यह-इसका और वह-उसका—ये चारों प्रकाशित होते हैं। वह तत्त्व (प्रकाश) इन सबमें ज्यों-का-त्यों परिपूर्ण है। जैसे प्रज्वलित अग्नि काठको भस्म कर देती है, ऐसे ही ज्ञानरूपी अग्नि सब कर्मोंको, पापोंको भस्म कर देती है (४। ३७)। तात्पर्य है कि उस ज्ञानरूपी अग्निमें मैं-मेरा, तू-तेरा, यह-इसका और वह-उसका—ये सभी लीन हो जाते हैं।

(३) भक्तियोग—जो संसारसे विमुख होकर केवल भगवान्‌की ही शरण हो जाता है, उसको

१- गीतामें जहाँ कर्मयोग और सांख्ययोग—ये दो ही निष्ठाएँ मानी गयी हैं, वहाँ भक्तियोगको स्वतन्त्र न मानकर उपर्युक्त दोनों निष्ठाओंके अन्तर्गत ही माना गया है। अतः वहाँ सांख्ययोगके दो भेद हो जाते हैं—विचारप्रधान सांख्ययोग (१३। १९—३४) और भक्तिमिश्रित सांख्ययोग (१३। १—१८)। इसी तरह कर्मयोगके भी तीन भेद हो जाते हैं—कर्मप्रधान कर्मयोग (१८। ४—१२), भक्तिमिश्रित कर्मयोग (१८। ४१—४८) और भक्तिप्रधान कर्मयोग (१८। ५६—६६)। परंतु जहाँ भक्तियोगको दो निष्ठाओंके अन्तर्गत न मानकर स्वतन्त्र माना जाता है, वहाँ सांख्ययोग और कर्मयोग—ये दोनों निष्ठाएँ साधकोंकी अपनी हैं और भक्तियोग भगवन्निष्ठा है। फिर तीनों योग स्वतन्त्र माने जाते हैं, उनमें किसीका मिश्रण नहीं रहता।

२- (यहाँ इस श्लोकमें) 'र-विपुला' का प्रयोग हुआ है। ऐसे ही प्रत्येक लेखके आरम्भमें दिये हुए अन्य श्लोकोंमें कहीं-कहीं 'र-विपुला' का प्रयोग हुआ है। इस प्रकारके प्रयोगको 'पिङ्गलच्छन्दःसूत्रम्' ग्रन्थके अनुसार 'पथ्यावक्त्र' नामक छन्दके अन्तर्गत ही माना गया है।

भगवान् सम्पूर्ण पापोंसे मुक्त कर देते हैं। भगवान् अर्जुनसे कहते हैं कि तू सम्पूर्ण धर्मोंका आश्रय छोड़कर एक मेरी शरण हो जा, मैं तुझे सम्पूर्ण पापोंसे मुक्त कर दूँगा, तू चिन्ता मत कर (१८।६६)।

तीनों योगोंसे निर्वाण-पदकी प्राप्ति

कर्मज्ञानभक्तियोगैर्निर्वाणब्रह्म गम्यते।
उक्तमेतल्लक्ष्यसाम्यं साधकानां तु गीतया॥

सब साधकोंका प्रापणीय तत्त्व एक ही है। केवल साधकोंकी श्रद्धा, विश्वास, योग्यता, स्वभाव, रुचि आदि भिन्न-भिन्न होनेसे उनकी उपासनाओंमें, साधन-पद्धतियोंमें भिन्नता होती है। जैसे मनुष्योंमें भाषाभेद, वेशभेद, सम्प्रदायभेद आदि कई तरहके भेद होते हैं, पर सुख-दुःखका अनुभव सबको समान ही होता है अर्थात् अनुकूलताके आनेपर सुखी होनेमें और प्रतिकूलताके आनेपर दुःखी होनेमें सब समान ही होते हैं, ऐसे ही संसारसे विमुख होकर परमात्माके सम्मुख होनेके साधन अलग-अलग हैं, पर परमात्माकी प्राप्तिमें सब एक हो जाते हैं अर्थात् परमात्मा, सुख-शान्ति सबको एक समान ही प्राप्त होते हैं।

भगवान्‌ने गीतामें कर्मयोग, ज्ञानयोग और भक्तियोग—इन तीनों योगोंसे निर्वाण-पदकी प्राप्ति बतायी है; जैसे—

(१) कर्मयोग—जो मनुष्य कामना, स्पृहा, ममता, अहंतासे रहित होता है, उसको शान्तिकी प्राप्ति होती है। यह ब्राह्मी स्थिति कहलाती है। इस ब्राह्मी स्थितिमें यदि कोई अन्तकालमें भी स्थित हो जाय तो भी उसे निर्वाण ब्रह्मकी प्राप्ति हो जाती है (२।७१-७२)।

(२) ज्ञानयोग—जिसका बाह्य पदार्थोंका सम्बन्धजन्य सुख मिट गया है, जिसको केवल परमात्मतत्त्वमें ही सुख मिलता है, जो परमात्मतत्त्वमें ही रमण करता है, ऐसा ब्रह्मभूत साधक निर्वाण ब्रह्मको प्राप्त होता है। जिनके सब पाप नष्ट हो गये हैं, जिनकी द्विविधा मिट गयी है और जो सम्पूर्ण प्राणियोंके हितमें रत हैं, वे निर्वाण ब्रह्मको प्राप्त होते हैं। जो काम-क्रोधसे रहित हो चुके हैं, जिनका मन अपने अधीन है और जो तत्त्वको जान गये हैं—ऐसे साधकोंको जीते-जी और मरनेके बाद निर्वाण ब्रह्म प्राप्त है (५।२४—२६)।

(३) भक्तियोग—शान्त अन्तःकरणवाला, भयरहित और ब्रह्मचारिव्रतमें स्थित साधक मनका संयमन करके चित्तको मुझमें लगाकर मेरे परायण हो जाय तो उसको मेरेमें रहनेवाली निर्वाणपरमा शान्ति प्राप्त हो जाती है (६।१४-१५)।

तीनों योगोंकी एकता

वस्तुतस्तु त्रयो योगा अभिन्नास्ते परस्परम्।
साधकानां रुचेर्भेदात् त्रिविधा योगसंज्ञिताः॥

गीतामें तीनों योगोंमें तीनों योगोंकी बात आयी है; जैसे—

(१) कर्मयोग—इसमें **'युक्त आसीत मत्परः'** (२।६१), **'मयि सर्वाणि कर्माणि संन्यस्याध्यात्मचेतसा'** (३।३०), **'ब्रह्मण्याधाय कर्माणि'** (५।१०)—यह भक्तियोगकी बात आयी है। **'सर्वभूतात्मभूतात्मा'** (५।७)—यह ज्ञानयोगकी बात आयी है; क्योंकि ज्ञानयोगमें परमात्मतत्त्वके साथ अभिन्नताकी बात मुख्य रहती है।

(२) ज्ञानयोग—इसमें **'सर्वभूतहिते रताः'** (५।२५; १२।४)—यह कर्मयोगकी बात आयी है; क्योंकि सब प्राणियोंके हितमें रति कर्मयोगकी मुख्य बात है। **'मयि चानन्ययोगेन भक्तिरव्यभिचारिणी'** (१३।१०), **'मां च योऽव्यभिचारेण भक्तियोगेन सेवते'** (१४। २६)—यह भक्तियोगकी बात आयी है; क्योंकि भक्तियोगमें भगवान्‌की अनन्यता मुख्य है।

(३) भक्तियोग—इसमें **'सर्वकर्मफल-त्यागम्'** (१२।११) और **'स्वकर्मणा तमभ्यर्च्य'** (१८। ४६)—यह कर्मयोगकी बात आयी है, क्योंकि कर्मयोगमें कर्मफलका त्याग और अपने कर्मोंके

द्वारा जनता-जनार्दनका पूजन (सेवा) करना मुख्य होता है। **'अध्यात्मनित्याः'** (१५। ५)—यह ज्ञानयोगकी बात आयी है; क्योंकि ज्ञानयोगमें चिन्मय तत्त्वमें स्थित रहना मुख्य है। **'ते ब्रह्म तद्विदुः'** (७। २९)—यह भी ज्ञानयोगकी बात है; क्योंकि ज्ञानयोगमें जानना मुख्य रहता है।

इस प्रकार तीनों योगोंका तीनों योगोंमें आनेका तात्पर्य है कि कोई भी व्यक्ति इन तीनों योगोंको परस्पर सर्वथा भिन्न न समझे; क्योंकि ये तीनों योग वास्तवमें भिन्न नहीं हैं, प्रत्युत एक ही हैं। इनमें केवल प्रणालीका भेद है।

एक दृष्टिसे कर्मयोग और भक्तियोग पासमें पड़ते हैं; क्योंकि कर्मयोगी सब कुछ (पदार्थ और क्रिया) संसारको देना चाहता है और भक्तियोगी सब कुछ भगवान्‌को देना चाहता है (९। २६-२७)।

एक दृष्टिसे कर्मयोग और ज्ञानयोग पासमें पड़ते हैं; क्योंकि कर्मयोगी पदार्थ और क्रियाकी आसक्ति छोड़कर संसारसे अलग होता है (६। ४); और ज्ञानयोगी पदार्थ और क्रियाको प्रकृतिमात्र समझकर और अपनेमें असंगताका अनुभव करके संसारसे अलग होता है। तात्पर्य है कि कर्मयोगी 'क्रिया' के द्वारा संसारसे अलग होता है और ज्ञानयोगी 'विचार' के द्वारा संसारसे अलग होता है।

एक दृष्टिसे भक्तियोग और ज्ञानयोग पासमें पड़ते हैं; क्योंकि भक्तियोगी सब कुछ भगवान्‌से पैदा हुआ मानता है (७। १२; १०। ५, ६, ८, ३९) और सब कुछ भगवान्‌में मानता है (६। ३०; ७। ७; ८। २२) तथा ज्ञानयोगी सब कुछ प्रकृतिसे उत्पन्न हुआ मानता है (१४। १९; १८। ४०) और सब कुछ प्रकृतिमें मानता है (१३। ३०)।

तीनों योगोंमें कर्मोंका हेतु बननेका निषेध

हेतोः कथनतात्पर्यं सम्बन्धः स्यान्न कुत्रचित्।
तस्मान्निमित्तमात्रं वै भवेयुः साधकाः सदा॥

गीतामें भगवान्‌ने कर्मयोग, ज्ञानयोग और भक्तियोग—इन तीनों योगोंमें हेतुओंका वर्णन किया है। जैसे—

(१) कर्मयोग—जब मनुष्य कर्मफलके साथ, कर्म करनेके करणोंके साथ, कर्म करनेकी सामग्रीके साथ अपना सम्बन्ध जोड़ता है, तब वह कर्मका हेतु बन जाता है। ऐसे तो संसारमें बहुत-से कर्म होते रहते हैं, पर उन कर्मोंके हम हेतु नहीं बनते और उन कर्मोंका फल हमें नहीं मिलता; क्योंकि उन कर्मोंके साथ हमने सम्बन्ध नहीं जोड़ा। कर्मोंका फल तो उन्हींको मिलता है, जो कर्मफलके साथ सम्बन्ध जोड़ लेते हैं। अतः कर्मयोगके प्रकरणमें भगवान् अर्जुनको मनुष्यमात्रका प्रतिनिधि बनाकर कहते हैं कि 'तुम कर्मफलके हेतु मत बनो'—**'मा कर्मफलहेतुर्भूः** (२। ४७) अर्थात् अपने कर्तव्यका पालन तो तत्परतासे करो, पर कर्म, कर्मफल, करण आदिके साथ अपना सम्बन्ध मत जोड़ो। तात्पर्य है कि कर्मयोगी साधक कर्म, कर्मफल, शरीर आदि करणोंके साथ अपना सम्बन्ध नहीं मानता, इसलिये वह कर्मोंका हेतु नहीं बनता।

(२) ज्ञानयोग—प्रकृतिके राज्यमें, संसारमें, शरीरमें जितनी भी क्रियाएँ होती हैं, सांख्ययोगी उन सबको प्रकृतिमें, गुणोंमें और इन्द्रियोंमें होनेवाली ही मानता है, अपनेमें होनेवाली नहीं। भगवान् कहते हैं कि प्रकृतिके द्वारा ही सब कर्म किये जाते हैं—ऐसा जो देखता है, वह अपनेमें अकर्तृत्वका अनुभव करता है (१३। २९)। गुण ही गुणोंमें बरत रहे हैं अर्थात् क्रियामात्र गुणोंमें ही हो रही है—ऐसा मानकर तत्त्ववित् पुरुष उसमें आसक्त नहीं होता (३। २८)। देखना, सुनना, स्पर्श करना आदि सभी क्रियाएँ इन्द्रियोंमें ही हो रही हैं, स्वरूपभूत मैं कुछ नहीं करता हूँ—ऐसा वह मानता है (५। ८-९)। अतः सांख्ययोगके प्रकरणमें भगवान्‌ने कार्य और करणके द्वारा होनेवाली क्रियाओंको उत्पन्न करनेमें प्रकृतिको हेतु बताया है—**'कार्यकरणकर्तृत्वे हेतुः प्रकृतिरुच्यते'** (१३। २०)। सम्पूर्ण कर्मोंके होनेमें शरीर, कर्ता, करण, चेष्टा और संस्कार—ये पाँच हेतु बताये गये हैं (१८। १४)।

तेरहवें अध्यायमें बीसवें श्लोकके उत्तरार्धमें जो सुख-दुःखके भोक्तापनमें पुरुषको हेतु बताया है, वहाँ भी वास्तवमें सुखी-दुःखी होनेमात्रमें पुरुष हेतु है, भोक्तापनमें हेतु नहीं; क्योंकि भोग भी क्रियाजन्य ही होता है। अतः क्रियाजन्य भोगमें भी प्रकृति ही हेतु है। जो अपनेको प्रकृतिमें स्थित मानता है, वही पुरुष सुखी-दुःखी होता है (१३।२१); परंतु जो तत्त्वज्ञ जीवन्मुक्त होते हैं, वे सुखी-दुःखी नहीं होते। तात्पर्य है कि सांख्ययोगी साधक सम्पूर्ण क्रियाओंको प्रकृतिमें ही मानता है, अतः वह न कर्म करता है और न कर्म करवाता है (५।१३) अर्थात् वह किसी भी कर्म, कर्मफल आदिका हेतु नहीं बनता।

(३) भक्तियोग—जब भक्त भगवान्‌के प्रति सर्वथा समर्पित हो जाता है, अपने-आपको भगवान्‌को दे देता है, तो फिर करना-करवाना सब भगवान्‌के द्वारा ही होता है। भक्त तो केवल निमित्तमात्र बनता है। अतः भक्तियोगके प्रकरणमें भगवान्‌ने अपने प्रिय भक्त अर्जुनसे कहा कि यहाँ सेनामें जितने भी योद्धालोग खड़े हैं, वे सब मेरे द्वारा पहलेसे ही मारे हुए हैं। इनके मारनेमें तू निमित्तमात्र बन जा—'**निमित्तमात्रं भव**' (११।३३)।

—इस प्रकार तीनों योगोंमें तीन हेतु देनेका तात्पर्य है कि तीनों ही योगोंके साधक कर्मोंको करनेमें अपनेको हेतु नहीं बनाते, प्रत्युत निमित्तमात्र ही रहते हैं। हाँ, लोगोंको वे हेतु बनते हुए दीख सकते हैं, पर वास्तवमें वे हेतु नहीं बनते।

गीतोक्त योगके सब अधिकारी

सर्वे मानवदेहत्वात् प्रभुप्राप्त्यधिकारिणः।
तस्मात् केनापि मार्गेण हरिं प्राप्नोति मानवः॥

अन्य शास्त्रोंमें ज्ञान, योग आदि मार्गोंके अलग-अलग अधिकारी बताये गये हैं; जैसे—जो साधन-चतुष्टयसे सम्पन्न है, वह ज्ञानका अधिकारी है; जो मूढ़ और क्षिप्त वृत्तिवाला नहीं है, प्रत्युत विक्षिप्त वृत्तिवाला है, वह पातंजलयोगका अधिकारी है आदि-आदि। परंतु भगवान्‌की यह एक विचित्र उदारता, दयालुता है कि उन्होंने गीतामें मनुष्यमात्रको भक्तियोग, ज्ञानयोग और कर्मयोगका अधिकारी बताया है। तात्पर्य है कि भगवान्‌की प्राप्ति चाहनेवाले सब-के-सब मनुष्य गीतोक्त योगके अधिकारी हैं।

भक्तियोगके अधिकारी

सप्ताधिकारिणो भक्तेर्ब्राह्मणाः क्षत्रियाः स्त्रियः।
वैश्याः शूद्रा दुराचारा येऽपि स्युः पापयोनयः॥

भगवान्‌ने भक्तिके अधिकारियोंका वर्णन करते हुए पहले नंबरमें दुराचारीका नाम लिया कि अगर दुराचारी-से-दुराचारी मनुष्य भी अनन्यभावसे मेरा भजन करता है तो उसको साधु ही मानना चाहिये; क्योंकि उसने मेरी तरफ चलनेका निश्चय कर लिया है। वह शीघ्र ही धर्मात्मा हो जाता है और सदा रहनेवाली शान्तिको प्राप्त हो जाता है (९।३०-३१)।

दूसरे नंबरमें पापयोनिका नाम लिया, जिनका जन्म पूर्वकृत पापोंके कारण चाण्डाल आदिकी योनिमें हुआ है (९।३२)।

तीसरे नंबरमें चारों वर्णोंकी स्त्रियाँ, वैश्य और शूद्रोंका नाम लिया, जो कि मध्यम श्रेणीके हैं (९।३२)।

चौथे नंबरमें पवित्र ब्राह्मण और राजर्षि क्षत्रियोंका नाम लिया, जो कि जन्म और आचरणकी दृष्टिसे उत्तम हैं (९।३३)।

इस प्रकार दुराचारी, पापयोनि, स्त्री, वैश्य, शूद्र, ब्राह्मण और क्षत्रिय—इन भक्तिके सात अधिकारियोंके अन्तर्गत मात्र प्राणी आ जाते हैं। इससे सिद्ध हुआ कि मात्र प्राणी भक्तिके अधिकारी हैं। कारण कि भगवान्‌का अंश होनेसे मात्र प्राणियोंका भगवान्‌के साथ अखण्ड, अटूट और नित्य सम्बन्ध है। उनसे यही गलती हुई कि उन्होंने जो अपना नहीं है, उसको तो अपना मान लिया और जो खास अपना है, उसको अपना मानना छोड़ दिया।

भक्तिके अधिकारी तो सात हैं, पर भावोंके अनुसार उनके चार प्रकार हैं—अर्थार्थी, आर्त, जिज्ञासु और ज्ञानी (७।१६)। जो धनप्राप्तिके लिये भगवान्‌का भजन करते हैं और धन केवल भगवान्‌से ही चाहते हैं, धनप्राप्तिके लिये अन्यका सहारा नहीं लेते, वे (सांसारिक पदार्थोंकी कामना होनेके कारण) 'अर्थार्थी भक्त' कहलाते हैं। जिनमें अर्थार्थी भक्तों-जैसी सांसारिक कामना तो नहीं है, पर सामने दुःख आनेपर उसे सह नहीं सकते और भगवान्‌को पुकार उठते हैं अर्थात् अपना दुःख दूर करनेके लिये भगवान्‌के सिवाय अन्य किसीका सहारा नहीं लेते, वे (दुःख दूर करनेकी कामना होनेके कारण) 'आर्त भक्त' कहलाते हैं। जिनमें न तो सांसारिक पदार्थोंकी और न दुःख दूर करनेकी ही कामना है, पर जो भगवत्तत्त्व जाननेके लिये भगवान्‌का भजन करते हैं और उसको केवल भगवान्‌से ही जानना चाहते हैं, वे (तत्त्व जाननेकी कामना होनेके कारण) 'जिज्ञासु भक्त' कहलाते हैं। जो भगवान्‌से कुछ भी नहीं चाहते, केवल भगवान्‌को ही चाहते हैं और नित्य-निरन्तर भगवान्‌में ही लगे रहते हैं, वे (अपनी कुछ भी कामना न होनेके कारण) 'ज्ञानी भक्त' अर्थात् प्रेमी भक्त कहलाते हैं। ये प्रेमी भक्त भगवान्‌को अत्यन्त प्यारे होते हैं और इन प्रेमी भक्तोंको भगवान् अत्यन्त प्यारे होते हैं (७।१७)। इन प्रेमी भक्तोंको भगवान्‌ने अपनी आत्मा (स्वरूप) बताया है (७।१८)। इन्हीं भक्तोंको भगवान्‌ने पंद्रहवें अध्यायके उन्नीसवें श्लोकमें 'सर्ववित्' कहा है। तात्पर्य है कि जिन मनुष्योंका उद्देश्य केवल भगवान् ही हैं, उनमें चाहे लौकिक कामना हो, चाहे पारमार्थिक कामना हो, चाहे कोई भी कामना न हो, वे सब-के-सब भक्तिके अधिकारी हैं। श्रीमद्भागवतमें भी आया है—

अकामः सर्वकामो वा मोक्षकाम उदारधीः।
तीव्रेण भक्तियोगेन यजेत पुरुषं परम्॥

(२।३।१०)

'जो बुद्धिमान् मनुष्य है, वह चाहे सम्पूर्ण कामनाओंसे रहित हो, चाहे सम्पूर्ण कामनाओंसे युक्त हो, चाहे मोक्षकी कामनावाला हो, उसे तो केवल तीव्र भक्तियोगके द्वारा परमपुरुष भगवान्‌का ही भजन करना चाहिये।'

ज्ञानयोगके अधिकारी

ये नरा ज्ञातुमिच्छन्ति स्वरूपं संशयात्मकाः।
सर्वे ते ज्ञानयोगस्य भवेयुरधिकारिणः॥

जैसे भक्तिके सभी अधिकारी हैं, ऐसे ही ज्ञानके भी सभी अधिकारी हैं। भगवान्‌ने गीतामें बताया है कि जिस ज्ञानको मनुष्य श्रोत्रिय और ब्रह्मनिष्ठ गुरुकी सेवा करके, उनके अनुकूल बनकर जिज्ञासापूर्वक प्रश्न करके प्राप्त करता है और जिस ज्ञानको प्राप्त करके फिर कभी मोह हो ही नहीं सकता तथा जिस ज्ञानसे साधक पहले सम्पूर्ण प्राणियोंको अपनेमें और फिर परमात्मामें देखता है, वही ज्ञान (तीव्र जिज्ञासा होनेपर) अत्यन्त पापीको भी प्राप्त हो सकता है (४।३४—३६)।

भगवान् कहते हैं कि जगत्‌के सम्पूर्ण पापियोंसे भी अधिक पापी अगर ज्ञान प्राप्त करना चाहता है तो वह भी ज्ञानको प्राप्त करके ज्ञानरूपी नौकाके द्वारा सम्पूर्ण पाप-समुद्रको तर जाता है। जैसे प्रदीप्त अग्नि लकड़ियोंके ढेरको जलाकर भस्म कर देती है, ऐसे ही ज्ञानरूपी अग्नि सम्पूर्ण पापोंको सर्वथा भस्म कर देती है (४।३६-३७)।

जब पापी-से-पापीको भी ज्ञान हो सकता है, तब

जो श्रद्धावान् है, अपने साधनमें तत्पर है, और जितेन्द्रिय है, उसको ज्ञान हो जाय—इसमें तो कहना ही क्या है (४।३९)!

कई तो ध्यानयोगके द्वारा, कई सांख्ययोगके द्वारा और कई कर्मयोगके द्वारा अपने-आपमें उस परमात्मतत्त्वका अनुभव करते हैं (१३।२४)। परंतु जो इन साधनोंको नहीं जानते, वे मनुष्य केवल तत्त्वज्ञ महापुरुषोंसे सुनकर, उनकी आज्ञाके अनुसार चलकर ही ज्ञान प्राप्त कर लेते हैं (१३।२५)।

तात्पर्य है कि मनुष्य चाहे श्रद्धावान् साधक हो, चाहे पापी-से-पापी हो, चाहे अनज़ान-से-अनजान हो, अगर वह ज्ञान चाहता है तो उसे ज्ञान हो सकता है।

कर्मयोगके अधिकारी

ये निर्ममास्तु निष्कामा इच्छन्ति भवितुं नराः।
सर्वे ते कर्मयोगस्य भवेयुरधिकारिणः॥

जैसे भक्तियोग और ज्ञानयोगके सभी अधिकारी हैं, ऐसे ही कर्मयोगके भी सभी अधिकारी हैं। जो सांसारिक कामनाओंसे रहित होना चाहता है अर्थात् जो अपना उद्धार चाहता है, वह चाहे किसी भी वर्ण, आश्रम, सम्प्रदाय आदिका हो और जहाँ-कहीं भी रहता हो, अगर वह निष्कामभावसे अपने कर्तव्यका तत्परतासे पालन करता है तो उसको परमात्माकी प्राप्ति हो जाती है (१८।४५)। जो फलासक्तिका त्याग करके ममतारहित शरीर-इन्द्रियाँ-मन-बुद्धिसे अन्तःकरणकी शुद्धिके लिये कर्म करते हैं; वे कर्मयोगी हैं (५।११)। ऐसे कर्मयोगियोंके सम्पूर्ण (क्रियमाण, संचित और प्रारब्ध) कर्म लीन हो जाते हैं (४।२३)।

तात्पर्य है कि जो फलासक्तिका त्याग करके दूसरोंके हितके लिये अपने कर्तव्यका पालन करते हैं, वे सभी कर्मयोगके अधिकारी हैं।

गीतामें तीनों योगोंकी समानता

कर्मयोगे ज्ञानयोगे भक्तियोगे तथैव च।
अस्ति साधनसिद्धौ च गीतायां तु समानता॥

गीतामें भगवान्‌ने कर्मयोग, ज्ञानयोग और भक्तियोग—तीनों ही योगोंमें एक-जैसी बात कही है; जैसे—

कर्मयोगमें—

कर्मण्यकर्म यः पश्येदकर्मणि च कर्म यः।
(४।१८)

'जो मनुष्य कर्ममें अकर्म और अकर्ममें कर्म देखता है।'

ज्ञानयोगमें—

सर्वभूतस्थमात्मानं सर्वभूतानि चात्मनि।
(६।२९)

'जो आत्माको सम्पूर्ण प्राणियोंमें और सम्पूर्ण प्राणियोंको आत्मामें देखता है।'

और भक्तियोगमें—

यो मां पश्यति सर्वत्र सर्वं च मयि पश्यति।
(६।३०)

'जो सब जगह मुझे देखता है और मुझमें सबको देखता है।'

इस प्रकार तीनों योगोंमें एक ही तरहकी बात कहनेका तात्पर्य यह है कि साधक जिस योगका अधिकारी हो, उस योगके तत्त्वको वह असंदिग्धरूपसे समझ ले। कर्मयोगमें 'अकर्म', ज्ञानयोगमें 'आत्मा' और भक्तियोगमें 'भगवान्' मुख्य हैं। तात्पर्य है कि अकर्म, आत्मा और भगवान्—तीनों तत्त्वसे एक ही हैं।

कर्मयोगमें 'कर्म' का अभाव और 'अकर्म' का भाव है। जैसे, प्रत्येक कर्मका आरम्भ और समाप्ति होती है; परंतु कर्मके आरम्भ होनेसे पहले भी अकर्म

था और कर्मके समाप्त होनेके बाद भी अकर्म रहेगा। यह सिद्धान्त है कि जो वस्तु आदि और अन्तमें रहती है, वह मध्यमें भी रहती है। इसलिये कर्म करते समय भी अकर्म ज्यों-का-त्यों ही है।

ज्ञानयोगमें 'सर्वभूत' का अभाव और 'आत्मा'-का भाव है। जैसे, सब शरीरोंका जन्म और मरण होता है; परंतु शरीरोंके जन्मसे पहले भी आत्मा थी और शरीरोंके मरनेके बाद भी आत्मा रहेगी। इसलिये शरीरोंके रहते हुए भी आत्मा ज्यों-की-त्यों ही है।

भक्तियोगमें 'सर्व' का अभाव और 'भगवान्'-का भाव है। जैसे, संसार उत्पन्न और नष्ट होता है; परंतु संसारके उत्पन्न होनेसे पहले भी भगवान् थे और संसारके नष्ट होनेके बाद भी भगवान् रहेंगे। इसलिये संसारके रहते हुए भी भगवान् ज्यों-के-त्यों ही हैं।

अकर्म (निर्लिप्तता), आत्मा और भगवान्— ये तीनों स्वत:सिद्ध हैं। जो वस्तु स्वत:सिद्ध होती है, वह सदाके लिये होती है, सभीके लिये होती है और सब जगह होती है। परंतु पूर्वोक्त कर्म, सर्वभूत और सर्व (वस्तु, व्यक्ति, योग्यता, परिस्थिति, अवस्था आदि)— ये तीनों स्वत:सिद्ध नहीं हैं; अत: ये सदाके लिये, सभीके लिये और सब जगह नहीं हैं।

जो वस्तु कभी है और कभी नहीं है, किसीको मिलती है और किसीको नहीं मिलती, कहीं है और कहीं नहीं है, उसकी प्राप्ति क्रिया और पदार्थसे होती है। इसलिये कर्म, सर्वभूत और सर्वकी प्राप्ति क्रिया और पदार्थके आश्रित है अर्थात् इनकी प्राप्ति अभ्याससाध्य है। परंतु अकर्म, आत्मा और भगवान्‌की प्राप्ति अभ्याससाध्य नहीं है, प्रत्युत निष्कामभाव, विवेक और विश्वासके द्वारा साध्य है। यदि इनकी प्राप्ति अभ्याससाध्य होती तो ये सदाके लिये, सभीको और सब जगह प्राप्त नहीं होते।

कर्म, सर्वभूत और सर्व कभी होते हैं और कभी नहीं होते, किसीको मिलते हैं और किसीको नहीं मिलते, कहीं होते हैं और कहीं नहीं होते, इसलिये स्वयंको इनकी किंचिन्मात्र भी आवश्यकता नहीं है। इनकी आवश्यकताका अनुभव करना अकर्म, आत्मा और भगवान्‌से विमुख होना है। अकर्म, आत्मा और भगवान्—इन तीनोंका अनुभव करनेके लिये उत्पत्ति-विनाशशील शरीर, इन्द्रियाँ, मन, बुद्धि, योग्यता, परिस्थिति आदिकी किंचिन्मात्र भी आवश्यकता नहीं है। परंतु यह बात मनुष्यकी समझमें इसलिये नहीं आती कि वह इस वास्तविकताको स्वयंसे अनुभव न करके इन्द्रियोंसे एवं अन्त:करणसे अनुभव करनेकी चेष्टा करता है। कारण कि ऐसा करनेका उसका स्वभाव पड़ा हुआ है।

अकर्म, आत्मा और भगवान्—ये तीनों तत्त्वसे एक ही हैं और इनका हमारे साथ नित्य-सम्बन्ध है। परंतु कर्म, सर्वभूत और सर्व—इन तीनोंसे हमारा नित्य सम्बन्ध-विच्छेद है। कर्मसे सम्बन्ध-विच्छेदका अनुभव होनेपर 'अकर्म' शेष रह जाता है। अकर्ममें आत्मा भी है और भगवान् भी। सर्वभूतसे सम्बन्ध-विच्छेदका अनुभव होनेपर 'आत्मा' शेष रह जाती है। आत्मामें अकर्म भी है और भगवान् भी। सर्वसे सम्बन्ध-विच्छेदका अनुभव होनेपर 'भगवान्' शेष रह जाते हैं। भगवान्‌में अकर्म भी है और आत्मा भी।

कर्ममें अकर्मका अनुभव करनेवाला 'कृतकृत्य' हो जाता है—'**स बुद्धिमान्मनुष्येषु स युक्तः कृत्स्नकर्मकृत्**' (४।१८)। सर्वभूतमें आत्माका अनुभव करनेवाला 'ज्ञातज्ञातव्य' हो जाता है—'**ईक्षते योगयुक्तात्मा सर्वत्र समदर्शनः**' (६।२९)। सर्वमें भगवान्‌का अनुभव करनेवाला 'प्राप्तप्राप्तव्य' हो जाता है—'**तस्याहं न प्रणश्यामि स च मे न प्रणश्यति**' (६।३०)।

कृतकृत्यता, ज्ञातज्ञातव्यता और प्राप्तप्राप्तव्यता—इन तीनोंमेंसे एकको भी प्राप्ति होनेसे शेष दोनों बातें स्वत: आ जाती हैं अर्थात् कृतकृत्य होनेसे कर्मयोगी ज्ञातज्ञातव्य और प्राप्तप्राप्तव्य भी हो

जाता है, ज्ञातज्ञातव्य होनेसे ज्ञानयोगी कृतकृत्य और प्राप्तप्राप्तव्य भी हो जाता है तथा प्राप्तप्राप्तव्य होनेसे भक्तियोगी कृतकृत्य और ज्ञातज्ञातव्य भी हो जाता है।

कृतकृत्यता (कुछ करना शेष न रहना), ज्ञातज्ञातव्यता (कुछ जानना शेष न रहना) और प्राप्तप्राप्तव्यता (कुछ पाना शेष न रहना)—ये तीनों होनेसे पूर्णावस्था प्राप्त हो जाती है अर्थात् मनुष्यजन्म सर्वथा सार्थक हो जाता है।

मनुष्य जबतक अपने लिये कुछ भी करता है, तबतक वह कृतकृत्य नहीं होता। परन्तु जब वह अपने लिये कुछ नहीं करता, केवल दूसरोंके लिये सब कर्म करता है, तब वह कृतकृत्य हो जाता है। जब साधक अपने स्वरूपको यथार्थरूपसे जान लेता है, अनुभव कर लेता है, तब वह ज्ञातज्ञातव्य हो जाता है। केवल भगवान्‌को अपना माननेसे, दूसरोंको अपना न माननेसे साधक प्राप्तप्राप्तव्य हो जाता है। तात्पर्य है कि करनेके लिये केवल सेवा है, जाननेके लिये केवल अपना स्वरूप है और पानेके लिये केवल भगवान् हैं।

गीतामें तीनों योगोंकी महत्ता

त्रयो हि योगाः सुगमा वरिष्ठाः सिद्धिप्रदाः पापनिवारकाश्च।
तुष्टिप्रशान्तिप्रदसाम्यदाश्च ज्ञानाच्छदातार उदीरिताश्च॥

भगवान्‌ने गीतामें तीनों योगोंको स्वतन्त्र साधन बताया है और उनकी नौ-नौ बातें बताकर उनकी महत्ता प्रकट की है—

कर्मयोग

(१) **श्रेष्ठ**—कर्मयोग ज्ञानयोगसे श्रेष्ठ है—**'तयोस्तु कर्मसंन्यासात्कर्मयोगो विशिष्यते'** (५।२)। कारण कि कर्मयोगमें सम्पूर्ण कर्म कर्तव्य-परम्परा सुरक्षित रखनेके लिये अर्थात् दूसरोंके लिये ही किये जाते हैं। अतः अपने सुख-आराम, आदर-महिमा, विद्या-बुद्धिका अभिमान, भोग और संग्रहकी इच्छा आदिका त्याग सुगमतासे हो जाता है, जब कि ज्ञानयोगमें विवेक-विचारके द्वारा अपने सुख-आरामका त्याग करनेमें कठिनता पड़ती है।

कर्मयोग ध्यानयोगसे भी श्रेष्ठ है—**'ध्यानात्कर्मफलत्यागः'** (१२।१२)। कारण कि कर्मयोगमें सम्पूर्ण कर्मोंके फलका अर्थात् फलेच्छाका त्याग है, जब कि ध्यानयोगमें कर्मफलका त्याग नहीं है।

कर्मोंका त्याग करनेकी अपेक्षा आसक्तिरहित होकर कर्म करनेवाला कर्मयोगी श्रेष्ठ है—**'कर्मेन्द्रियैः कर्मयोगमसक्तः स विशिष्यते'** (३।७)। कारण कि आसक्तिरहित होकर कर्म करना योग (समता)-पर आरूढ़ होनेमें कारण है (६।३) और कर्मोंका त्याग करनेमात्रसे सिद्धिकी प्राप्ति नहीं होती (३।४)।

(२) **सुगम**—कर्मयोगी सुखपूर्वक बन्धनसे मुक्त हो जाता है—**'सुखं बन्धात्प्रमुच्यते'** (५।३)। कारण कि उसमें राग-द्वेष नहीं होते, प्रत्युत समता रहती है। ऐसे तो सम्पूर्ण मनुष्य कर्म करते ही हैं, पर राग-द्वेष होनेसे, सिद्धि-असिद्धिमें सुखी-दुःखी होनेसे वे बन्धनसे मुक्त नहीं हो पाते।

(३) **शीघ्र सिद्धि**—समतायुक्त कर्मयोगी बहुत जल्दी परमात्मतत्त्वको प्राप्त हो जाता है—**'योगयुक्तो मुनिर्ब्रह्म नचिरेणाधिगच्छति'** (५।६)। कारण कि उसमें कर्म और कर्मफलकी आसक्ति नहीं होती और संसारका आश्रय नहीं रहता (४। २०)।

(४) **पापोंका नाश**—जो केवल यज्ञके लिये अर्थात् कर्तव्य-परम्पराको सुरक्षित रखनेके

उद्देश्यसे ही कर्म करता है, उसके सम्पूर्ण कर्म, पाप विलीन हो जाते हैं—'**यज्ञायाचरतः कर्म समग्रं प्रविलीयते**' (४।२३)। कारण कि यज्ञार्थ कर्म करनेसे अपनेमें कर्मोंके फलकी आसक्ति, कामना आदि नहीं रहते।

कर्म क्या है और अकर्म क्या है—इसको ठीक-ठीक जानकर कर्म करनेसे कर्मयोगीके सम्पूर्ण कर्म जल जाते है—'**ज्ञानाग्निदग्धकर्माणम्**' (४।१९)। कारण कि उसके सम्पूर्ण कर्म कामना और संकल्पसे रहित होते है। अतः उन कर्मोंकी बाँधनेकी शक्ति नष्ट हो जाती है।

(५) संतुष्टि—कर्मयोगी अपने-आपमें संतुष्ट हो जाता है—'**आत्मन्येवात्मना तुष्टः**' (२।५५), '**आत्मन्येव च संतुष्टः**' (३।१७)। कारण कि उसमें सम्पूर्ण कामनाओंका सर्वथा त्याग होता है। अतः उसकी संतुष्टि पराधीन नहीं होती।

(६) शान्तिकी प्राप्ति—कर्मयोगी शान्तिको प्राप्त हो जाता है—'**स शान्तिमधिगच्छति**' (२।७१), '**शान्तिमाप्नोति नैष्ठिकीम्**' (५।१२)। कारण कि उसमें कामना, ममता आदि नहीं रहते अर्थात् उसका संसारसे सम्बन्ध नहीं रहता।

(७) समताकी प्राप्ति—कर्मयोगी सिद्धि और असिद्धिमें सम हो जाता है—'**समः सिद्धावसिद्धौ च**' (४।२२)। कारण कि उसको कर्मकी सिद्धि-असिद्धि, पूर्ति-अपूर्तिमें हर्ष-शोक, राग-द्वेष नहीं होते।

(८) ज्ञानकी प्राप्ति—कर्मयोगसे सिद्ध हुए मनुष्यको अपने स्वरूपका ज्ञान (बोध) अपने-आप हो जाता है—'**तत्स्वयं योगसंसिद्धः कालेनात्मनि विन्दति**' (४।३८)। कारण कि उसमें संसारका आकर्षण, जड़ता नहीं रहती। जड़ता न रहनेसे स्वतःसिद्ध स्वरूप रह जाता है।

(९) प्रसन्नता (स्वच्छता)-की प्राप्ति—कर्मयोगी अन्तःकरणकी प्रसन्नताको प्राप्त हो जाता है—'**प्रसादमधिगच्छति**' (२।६४)। कारण कि राग-द्वेषपूर्वक विषयोंका सेवन करनेसे ही अन्तःकरणमें अशान्ति, हलचल होती है; परंतु कर्मयोगी साधक राग-द्वेषरहित होकर विषयोंका सेवन करता है; अतः उसका अन्तःकरण स्वच्छ, निर्मल हो जाता है।

ज्ञानयोग

(१) श्रेष्ठ—द्रव्यमय (आहुति देकर किये जानेवाले) यज्ञसे ज्ञानयज्ञ श्रेष्ठ है—'**श्रेयान्द्रव्यमयाद्यज्ञाज्ज्ञानयज्ञः**' (४।३३)। कारण कि द्रव्यमय यज्ञमें पदार्थों और क्रियाओंकी मुख्यता रहती है, जबकि ज्ञानयज्ञमें विवेक-विचारकी मुख्यता रहती है। विवेक-विचारमें मनुष्यकी जितनी स्वतन्त्रता है, उतनी स्वतन्त्रता पदार्थों और क्रियाओंमें नहीं है।

(२) सुगम—ज्ञानयोगी साधक निर्गुण-निराकार-का ध्यान करते-करते सम्पूर्ण पापोंसे रहित होकर सुखपूर्वक परमात्माको प्राप्त हो जाता है—'**सुखेन ब्रह्मसंस्पर्शमत्यन्तं सुखमश्नुते**' (६।२८)। कारण कि उसमें देहाभिमान नहीं रहता।

(३) शीघ्र सिद्धि—श्रद्धावान् सांख्ययोगी ज्ञानको प्राप्त होकर शीघ्र ही परम गतिको प्राप्त हो जाता है—'**ज्ञानं लब्ध्वा परां शान्तिमचिरेणाधिगच्छति**' (४।३९)। कारण कि वह इन्द्रियोंको वशमें किये हुए होता है।

(४) पापोंका नाश—पापी-से-पापी भी ज्ञानरूपी नौकासे सम्पूर्ण पापोंसे तर जाता है—'**सर्वं ज्ञानप्लवेनैव वृजिनं संतरिष्यसि**' (४।३६)। ज्ञानरूपी अग्नि सम्पूर्ण पापोंको भस्म कर देती है—'**ज्ञानाग्निः सर्वकर्माणि भस्मसात्कुरुते**' (४।३७)। कारण कि स्वरूपका बोध होनेसे शरीर-संसारसे सम्बन्ध-विच्छेद हो जाता है।

(५) संतुष्टि—अपने स्वरूपका ध्यान करनेवाला सांख्ययोगी अपने-आपमें संतुष्ट हो जाता है—'**पश्यन्नात्मनि तुष्यति**' (६।२०)। कारण कि उसका जड़ता अर्थात् शरीर, मन, बुद्धि आदिके साथ सम्बन्ध नहीं रहता।

(६) शान्तिकी प्राप्ति—ज्ञानयोगी परम शान्तिको प्राप्त हो जाता है—**'ज्ञानं लब्ध्वा परां शान्तिमचिरेणाधिगच्छति'** (४।३९)। कारण कि वह तत्त्वको जान जाता है। फिर उसके लिये कुछ भी जानना शेष नहीं रहता।

(७) समताकी प्राप्ति—जो सम्पूर्ण प्राणियोंमें अपनेको और अपनेमें सम्पूर्ण प्राणियोंको देखता है, वह समदर्शी हो जाता है अर्थात् उसे समताकी प्राप्ति हो जाती है—**'सर्वत्र समदर्शनः'** (६।२९)। वह सुख-दुःखमें सम हो जाता है—**'समदुःखसुखः'** (१४।२४)। कारण कि उसकी तत्त्वसे अभिन्नता हो जाती है।

(८) ज्ञानकी प्राप्ति—क्षेत्र अलग है और क्षेत्रज्ञ अलग है—ऐसा विवेक होनेपर सांख्ययोगीको स्वरूपका बोध अर्थात् परमतत्त्वकी प्राप्ति हो जाती है—**'यान्ति ते परम्'** (१३।३४)। कारण कि उसका प्रकृति और उसके कार्यसे सम्बन्ध-विच्छेद हो जाता है।

(९) प्रसन्नता (स्वच्छता)-की प्राप्ति—सांख्ययोगी अन्तःकरणकी प्रसन्नताको प्राप्त हो जाता है—**'ब्रह्मभूतः प्रसन्नात्मा'** (१८।५४)। कारण कि वह अहंकार, कामना आदिसे रहित होता है।

भक्तियोग

(१) श्रेष्ठ—भगवान्में तल्लीन अन्तः-करणवाला श्रद्धावान् भक्त सम्पूर्ण योगियोंमें श्रेष्ठ है—**'स मे युक्ततमो मतः'** (६।४७)। कारण कि उसके श्रद्धा-विश्वास भगवान्पर ही होते हैं, उसका आश्रय भगवान् ही रहते हैं। सांख्ययोगी और भक्तियोगी इन दोनोंमें भक्तियोगी श्रेष्ठ है—**'ते मे युक्ततमा मताः'** (१२।२)। कारण कि वह नित्य-निरन्तर भगवान्में ही लगा रहता है।

(२) सुगम—भक्त श्रद्धा-भक्तिसे जो पत्र, पुष्प, फल, जल आदि भगवान्को अर्पण करता है, उसको भगवान् खा लेते हैं। इतना ही नहीं, किसीके पास अगर पत्र, पुष्प आदि भी न हो तो वह जो कुछ करता है, उसे भगवान्के अर्पण करनेसे वह सम्पूर्ण बन्धनोंसे मुक्त होकर भगवान्को प्राप्त हो जाता है—**'पत्रं पुष्पं फलं तोयं ...... मामुपैष्यसि'** (९।२६—२८)। कारण कि भक्तमें भगवान्को अर्पण करनेका भाव रहता है, और भगवान् भी भावग्राही हैं।

(३) शीघ्र सिद्धि—भगवान्में लगे हुए चित्तवाले भक्तका उद्धार भगवान् बहुत जल्दी कर देते हैं—**'तेषामहं समुद्धर्ता ...... नचिरात्पार्थ मय्यावेशितचेतसाम्'** (१२।७)। कारण कि वह केवल भगवान्के ही परायण रहता है; अतः उसका उद्धार करनेकी जिम्मेवारी भगवान्पर आ जाती है।

(४) पापोंका नाश—भगवान् अपने शरणागत भक्तको सम्पूर्ण पापोंसे मुक्त कर देते हैं—**'अहं त्वा सर्वपापेभ्यो मोक्षयिष्यामि'** (१८।६६)। कारण कि सर्वथा शरणागत भक्तकी सम्पूर्ण जिम्मेवारी भगवान्पर ही आ जाती है।

(५) संतुष्टि—भगवान्में मन लगानेपर भक्त संतुष्ट हो जाता है—**'तुष्यन्ति'** (१०।९)। कारण कि भगवान्में ज्यों-ज्यों मन लगता है, त्यों-त्यों उसे संतोष होता है कि मेरा समय भगवान्के चिन्तनमें लग रहा है। सिद्धावस्थामें वह संतोष भक्तमें स्वतः रहता है—**'संतुष्टः सततं योगी'** (१२।१४)। कारण कि उसको भगवत्प्राप्ति हो गयी होती है।

(६) शान्तिकी प्राप्ति—भक्त परमशान्तिको प्राप्त हो जाता है—**'शान्तिं निर्वाणपरमाम्'** (६।१५), **'शश्वच्छान्तिं निगच्छति'** (९।३१)। कारण कि उसका आश्रय केवल भगवान् ही रहते हैं।

(७) समताकी प्राप्ति—भगवान् अपने भक्तको वह समता देते हैं, जिससे वह भगवान्को प्राप्त हो जाता है—**'ददामि बुद्धियोगं तं येन मामुपयान्ति ते'** (१०।१०)। कारण कि वे केवल भगवान्में ही लगे रहते हैं, भगवान्के सिवाय कुछ भी नहीं चाहते।

(८) ज्ञानकी प्राप्ति—भगवान् स्वयं अपने भक्तके अज्ञानका नाश करते हैं—**'तेषामेवानुकम्पार्थ ...... ज्ञानदीपेन भास्वता'** (१०।११)। कारण कि

भक्त केवल भगवान्‌में ही लगा रहता है, भगवान्‌के सिवाय कुछ चाहता ही नहीं। अतः भगवान् अपनी ओरसे ही उसके अज्ञानका नाश करके भगवत्तत्त्वका ज्ञान करा देते हैं।

(९) प्रसन्नता (स्वच्छता)-की प्राप्ति—भक्तका अन्तःकरण प्रसन्न, स्वच्छ हो जाता है—'**प्रशान्तात्मा**' (६। १४)। कारण कि वह भगवान्‌का ध्यान करता रहता है।

गीतामें योग और भोग

प्रभुणा सह सम्बन्धो जीवानां योग उच्यते।
प्रकृत्या कृतसम्बन्धः प्राणिनां भोग उच्यते॥

जीवका परमात्माके साथ जो स्वतःसिद्ध सम्बन्ध है, वह 'योग' है और वस्तु, व्यक्ति, क्रिया, पदार्थ, घटना, परिस्थिति आदि प्राकृत वस्तुओंके साथ जो माना हुआ सम्बन्ध है, वह 'भोग' है। संसारके रागका त्याग होनेसे 'योग' होता है और संसारमें राग होनेसे 'भोग' होता है। योग नित्य और भोग अनित्य है।

भोजन केवल निर्वाहबुद्धिसे किया जाय; भोजनके पदार्थोंमें राग न हो, खिंचाव न हो, तो ऐसे भोजनसे भी 'योग' हो जाता है। परन्तु शरीर पुष्ट हो जाय, बल अधिक हो जाय—इस दृष्टिसे तथा स्वादकी दृष्टिसे भोजन करनेसे, भोजनका रस लेनेसे 'भोग' होता है। तात्पर्य है कि रागरहित होकर, निर्लिप्ततापूर्वक भोजन करनेसे पुराना राग मिट जाता है और स्वादबुद्धि, सुखबुद्धि न होनेसे नया राग पैदा नहीं होता, जिससे 'योग' हो जाता है। रागपूर्वक भोजन करनेसे पुराना राग पुष्ट होता रहता है और स्वादबुद्धि, सुखबुद्धि होनेसे नया राग पैदा होता रहता है, जिससे 'भोग' होता है।

सांसारिक वस्तु, पदार्थ आदिके रागके त्यागसे जो सुख होता है, उससे योग होता है (१२। १२) और भोगमें जो तात्कालिक सुख होता है, उससे बन्धन होता है (१८। ३८)।

एक कहावत है—'एकगुणा दान, सहस्रगुणा पुण्य'। फलकी इच्छासे एक रुपया दान किया जाय तो हजारगुणा पुण्य होता है अर्थात् हजार रुपयोंके साथ सम्बन्ध जुड़ता है। अतः ऐसा दान सम्बन्धजन्य भोग पैदा करता है। तात्पर्य है कि सकामभावपूर्वक दिये हुए दानसे वर्तमानमें वस्तु आदिका तात्कालिक सम्बन्ध-विच्छेद दीखनेपर भी परिणाममें वस्तु आदिका सम्बन्ध बना रहता है (२। ४२—४४)। दान देना कर्तव्य है—इस भावसे, प्रत्युपकारकी भावनासे रहित होकर अर्थात् निष्कामभावपूर्वक दान दिया जाय तो वस्तु आदिसे सम्बन्ध-विच्छेद होता है (१७। २०); क्योंकि यह त्याग है। त्यागका अनन्तगुणा पुण्य होता है। त्यागसे महान् पवित्रता आती है। त्यागसे तत्काल योग होता है (६। २३)। योगमें संसारका वियोग है (६। २३) और भोगमें संसारका योग है (५। २२)।

दूसरोंको निष्कामभावसे सुख पहुँचानेके लिये, उनका हित करनेके लिये ही उनके साथ जो सम्बन्ध जोड़ा जाता है, उससे 'योग' होता है; क्योंकि उससे अपने राग, सुख, आराम आदिका त्याग होता है। परन्तु किसी वस्तु, व्यक्तिसे सुख लेनेके लिये उसके साथ जो सम्बन्ध जोड़ा जाता है, उससे 'भोग' होता है। वस्तु, व्यक्तिसे रागपूर्वक सम्बन्ध जोड़नेसे परमात्माके नित्य-सम्बन्धका अनुभव नहीं होता।

वस्तु, व्यक्तिसे सम्बन्ध-विच्छेद होनेपर एक सुख होता है। अगर साधक उस सुखका भोग न करे तो

'योग' हो जायगा। अगर वह उस सुखका भोग करेगा, उस सुखमें राजी हो जायगा तो योग नहीं होगा, प्रत्युत 'भोग' हो जायगा।

अगर साधक भोगबुद्धिका सर्वथा त्याग कर दे तो सभी साधनोंसे 'योग' (परमात्माके नित्य-सम्बन्धका अनुभव) हो जाता है। जैसे—कर्मयोगमें केवल सृष्टिचक्रकी मर्यादाको सुरक्षित रखनेके लिये, केवल कर्तव्य-परम्पराकी रक्षाके लिये ही निष्कामभावपूर्वक कर्तव्य-कर्म करनेसे कर्मोंका प्रवाह केवल संसारकी तरफ हो जाता है और स्वयंका कर्मोंसे सम्बन्ध-विच्छेद होकर, भोगका त्याग होकर परमात्माके साथ योग हो जाता है (४। २३)।

ज्ञानयोगमें सत्-असत्के विवेक-विचारसे वस्तु, व्यक्ति, क्रिया आदि परिवर्तनशीलसे सम्बन्ध-विच्छेद होता है, जिससे परमात्माके साथ योग हो जाता है अर्थात् परमात्माके साथ अपनी स्वतःसिद्ध अभिन्नताका अनुभव हो जाता है (१३। २३, ३४)।

भक्तियोगमें सम्पूर्ण क्रिया, पदार्थ आदिको भगवान्का ही समझकर भगवान्के अर्पित किया जाता है, जिससे उन क्रिया, पदार्थ आदिसे सम्बन्ध-विच्छेद होकर भगवान्के साथ योग हो जाता है अर्थात् भगवान्में आत्मीयता हो जाती है (९। २७-२८)।

ध्यानयोगमें निरन्तर परमात्मामें मन लगाते-लगाते जब मन संसारसे सर्वथा उपराम हो जाता है, केवल ध्येय वस्तु रह जाती है, तब परमात्माके साथ योग हो जाता है, अपने स्वरूपका अनुभव हो जाता है (६। २०, २८)।

अष्टांगयोगमें क्रमशः यम, नियम आदि आठों अंगोंका निष्कामभावपूर्वक पालन किया जाय तो उससे संसारके सम्बन्धका त्याग हो जाता है और परमात्माके साथ योग हो जाता है (५। २७-२८)। परन्तु उसमें साधकको विशेष सावधानी रखनी चाहिये कि कहीं वह सिद्धियोंमें न फँस जाय। अगर वह सिद्धियोंमें फँस जायगा तो भोग होगा, योग नहीं होगा।

तात्पर्य यह है कि किसी भी मार्गसे चलनेवाले साधकको व्यवहार-अवस्थामें अथवा साधन-अवस्थामें हरदम सावधान रहना चाहिये। उसको किसी भी अवस्थामें वस्तु, व्यक्ति, क्रिया, पदार्थ, योग्यता, स्थिरता आदिका सुख नहीं लेना चाहिये; क्योंकि सुख लेनेसे भोग हो जायगा, योग नहीं होगा (१४। ६)।

सात्त्विक सुख संगसे, राजस सुख कर्मोंकी आसक्तिसे और तामस सुख निद्रा, आलस्य एवं प्रमादसे बाँधता है (१४। ६—८)। अतः साधक सावधानीपूर्वक सात्त्विक, राजस और तामस सुखसे बँधे नहीं, उसका संग न करे, तो फिर उसका परमात्माके साथ योग हो जायगा।

गीतामें बन्ध और मोक्षका स्वरूप

गुणसंगो हि जीवानां बन्धनं कथ्यते महत्।
गुणसंगपरित्यागो जीवानां मोक्ष उच्यते॥

रसोईके स्वच्छ बर्तनको चूल्हेपर चढ़ाते हैं, तो उसपर बाहरसे धुआँ और भीतरसे अन्न चिपक जाता है और इस तरह उस बर्तनके साथ विजातीय द्रव्य (धुआँ और अन्न)-का सम्बन्ध हो जाता है। स्वच्छ कपड़ेको मैल लग जाता है, दर्पणपर मैल आ जाता है, मकानमें कूड़ा-कचरा आ जाता है तो कपड़े, दर्पण और मकानके साथ विजातीय द्रव्यका सम्बन्ध हो जाता है। परन्तु बर्तनको मिट्टी और जलसे साफ कर दिया जाय तो वह स्वच्छ (निर्मल) हो जाता है अर्थात् उसपर

चिपका हुआ धुआँ और अन्न निकल जानेसे वह अपने स्वरूपमें आ जाता है। कपड़ेको साबुन और जलसे धोनेपर उसका मैल निकल जाता है और वह स्वच्छ हो जाता है, अपने स्वरूपमें आ जाता है। दर्पणको कपड़ेसे पोंछ दिया जाय तो उसका मैल उतर जानेसे वह स्वच्छ हो जाता है। मकानमें झाड़ू लगानेसे कूड़ा-करकट दूर हो जाता है तो वह स्वच्छ हो जाता है। इसी तरह यह जीवात्मा (स्वयं) प्रकृति और उसके कार्य शरीर आदिके साथ अपना सम्बन्ध मान लेता है, उनके परवश हो जाता है तो इसमें अशुद्धि आ जाती है; यही बन्धन है। परन्तु जब यह प्रकृति और उसके कार्यके साथ माने हुए सम्बन्धको छोड़ देता है, तब यह स्वच्छ (निर्मल) हो जाता है, इसको अपने स्वरूपका बोध हो जाता है; यही मोक्ष है।

जैसे, बर्तनपर धुआँ और अन्न न लगे तो बर्तन साफ ही है, कपड़ेको मैल न लगे तो कपड़ा साफ ही है, दर्पणपर मैल न होनेसे दर्पण साफ ही है, मकानमें कूड़ा-करकट न हो तो मकान साफ ही है। ऐसे ही यह जीवात्मा प्रकृतिके कार्य स्थूल, सूक्ष्म और कारणशरीरको न पकड़े, उनके साथ अपनापन न करे, उनको अपना न माने तो यह मुक्त ही है। इन बर्तन, कपड़ा, दर्पण आदिसे इस जीवात्माकी यह विलक्षणता है कि ये बर्तन आदि मैलको स्वयं नहीं पकड़ते; किन्तु इनपर मैल आ जाता है, चिपक जाता है। परन्तु यह जीवात्मा प्रकृतिके कार्य शरीर-इन्द्रियाँ आदिके साथ सम्बन्ध जोड़ता है, उनको अपना मानता है, जिससे यह बँध जाता है। सत्-असत्, शुभ-अशुभ योनियोंमें जन्म होनेका कारण गुणोंका संग ही है (१३।२१)। सम्पूर्ण प्राणी क्षेत्र-क्षेत्रज्ञके संयोगसे ही पैदा होते हैं (१३।२६), पर यह संयोग (सम्बन्ध) क्षेत्र नहीं करता, क्षेत्रज्ञ ही करता है। क्षेत्रके साथ सम्बन्ध जोड़ना ही बन्धन है और सम्बन्ध न जोड़ना ही मोक्ष है।

भगवान्‌ने कहा है कि पृथ्वी, जल, तेज आदि आठ भेदोंवाली मेरी 'अपरा प्रकृति' है और इससे भिन्न जीव बनी हुई मेरी 'परा प्रकृति' है। इस परा प्रकृति (जीवात्मा)-ने ही अहंता-ममता, कामना-आसक्ति आदि करके इस जगत्‌को धारण कर रखा है (७।४-५)। इस जीवालोकमें जीव बना हुआ यह आत्मा मेरा ही सनातन अंश है, पर यह भूलसे प्रकृतिमें स्थित मन-इन्द्रियोंको खींचता है, उनको अपनी मानता है (१५।७)। तात्पर्य है कि यह जीवात्मा स्वरूपसे स्वतः असंग है, पर यह प्रकृतिके कार्य गुण, इन्द्रियाँ, शरीर आदिको स्वीकार कर लेता है, उनके साथ अपनापन कर लेता है; अतः यह बन्धनमें आ जाता है। यह स्त्री, पुत्र, धन आदिको जितना-जितना अपना मान लेता है, उतना-उतना यह बन्धनमें आ जाता है, परवश हो जाता है। परन्तु यह उनके साथ माने हुए सम्बन्धका जितना-जितना त्याग कर देता है, उतना-उतना यह उनसे मुक्त हो जाता है।

यह स्वयं (जीवात्मा) प्रकृतिके सम्बन्धके बिना कुछ भी सांसारिक काम नहीं कर सकता। जब कुछ कर ही नहीं सकता, तो फिर यह (प्रकृतिके सम्बन्धके बिना) बन्धनमें पड़ ही नहीं सकता। प्रकृतिके सम्बन्धके बिना कुछ भी नहीं कर सकनेके कारण इसपर करनेकी जिम्मेवारी भी नहीं रहती और इसमें कर्तृत्व भी नहीं रहता। अतः गीताने जगह-जगह इसको अकर्ता बताया है (१३।२९, ३२-३३ आदि)।

प्रकृतिके साथ माने हुए सम्बन्धको तोड़नेके तीन उपाय हैं—

(१) कर्मयोग—कर्मयोगके द्वारा बन्धनसे मुक्त होनेका तरीका यह है कि मनुष्य स्थूल, सूक्ष्म और कारण-शरीरसे जो कुछ करता है, उसको केवल लोकसंग्रहके लिये, कर्तव्य-परम्पराको सुरक्षित रखनेके लिये, मनुष्योंको उन्मार्गसे हटाकर सन्मार्गपर लगानेके लिये, प्राणिमात्रका हित करनेके लिये ही करे, अपने लिये न करे (३।९,२०)। ऐसा करनेसे

उसको अपनी असंगताका, अपने स्वरूपका बोध हो जायगा।

(२) ज्ञानयोग—ज्ञानयोगके द्वारा बन्धनसे छूटनेका तरीका यह है कि मनुष्य सत्-असत्, नित्य-अनित्यके विवेकद्वारा असत् (शरीर आदि)-से अपने-आपको अलग अनुभव कर ले। ऐसा करनेसे वह मोक्ष पा लेता है, बन्धनसे रहित हो जाता है (१३। २३, ३४)।

(३) भक्तियोग—भक्तियोगके द्वारा बन्धनसे मुक्त होनेका तरीका यह है कि मनुष्य अपनेसहित संसारमात्रको भगवान्‌का ही मानकर केवल भगवान्‌की प्रसन्नताके लिये ही सब कार्य करे, सब कुछ भगवान्‌के ही अर्पण करे। ऐसा करनेसे वह सांसारिक बन्धनसे मुक्त हो जाता है (९। २६—२८)।

वास्तवमें बन्धन है ही नहीं! अगर वास्तवमें बन्धन होता तो उसका कभी अभाव नहीं होता—**'नाभावो विद्यते सतः'** (२। १६) और जीव कभी बन्धनसे मुक्त नहीं होता। परन्तु वास्तवमें यह बन्धन स्वयंका किया हुआ है, माना हुआ है। अतः यह जब चाहे, तब बन्धनको छोड़ सकता है। बन्धनको छोड़नेमें यह स्वतन्त्र है, सबल है, समर्थ है, योग्य है, अधिकारी है। अतः गीता कहती है कि पापी-से-पापी मनुष्य भी ज्ञान प्राप्त कर सकता है (४। ३६) और दुराचारी-से-दुराचारी मनुष्य भी अनन्यभावसे भगवान्‌का भजन कर सकता है (९। ३०)। अतः किसी देशका, किसी वेशका, किसी वर्णका, किसी सम्प्रदायका कैसा ही व्यक्ति (स्त्री या पुरुष) क्यों न हो, वह संसारके बन्धनसे रहित हो सकता है, मोक्ष प्राप्त कर सकता है।

सभी साधक अपने-अपने सम्प्रदायके अनुसार द्वैत, अद्वैत, विशिष्टाद्वैत, अचिन्त्यभेदाभेद, द्वैताद्वैत आदि किसी एक धारणाको लेकर पारमार्थिक मार्गपर चलते हैं और उस धारणाके अनुसार ही वे परमात्मतत्त्वका, अपने स्वरूपका अनुभव करते हैं। परन्तु उन सबका परिवर्तनशील संसारसे सम्बन्ध-विच्छेद हो जाता है। सम्बन्ध-विच्छेद होनेपर उनके लिये संसारकी स्वतन्त्र सत्ता नहीं रहती; क्योंकि वास्तवमें संसारकी स्वतन्त्र सत्ता है ही नहीं।

भगवान्‌ने अपरा (जड़) और परा (चेतन)—दोनोंको अपनी प्रकृति बताया है। अपरा प्रकृतिमें निरन्तर परिवर्तन होता है, वह कभी एकरूप नहीं रहती और परा प्रकृति परिवर्तनरहित है। परा प्रकृति परमात्मासे अभिन्न है; अतः वह चाहे भिन्न होकर लीला करे, चाहे अभिन्न रहे, परमात्माके सिवाय उसकी कोई अलग (स्वतन्त्र) सत्ता नहीं होती। लीलाके कारण उसमें द्वैतपना दीखता है, पर वास्तवमें अद्वैत ही रहता है। उसका परमात्मासे नित्ययोग रहता है। तात्पर्य है कि प्रेम-रसकी अनुभूतिके लिये परा प्रकृति परमात्मासे अलग होकर लीला करती है, पर वास्तवमें वह अलग नहीं होती। इस विषयमें आचार्योंमें मतभेद है। कई आचार्य अद्वैत मानते हैं, कई द्वैत मानते हैं, कई द्वैताद्वैत मानते हैं, कई विशिष्टाद्वैत मानते हैं, आदि-आदि। उन आचार्योंके मतके, मान्यताके, सम्प्रदायके अनुसार साधकोंकी साधना चलती है अर्थात् कई साधक द्वैत मानकर चलते हैं और कई साधक अद्वैत आदि मानकर चलते हैं, पर वास्तविक अनुभव होनेपर पहले जैसी मान्यता थी, वैसी नहीं रहती। साधकको उस मान्यतासे विलक्षण तत्त्व मिलता है। जैसे, किसीने बदरीनारायण जानेका विचार किया तो वह बदरीनारायणके विषयमें (सुने हुएके अनुसार) कई कल्पनाएँ करने लगता है कि वहाँ ऐसा मन्दिर होगा, मन्दिरके पासमें अलकनन्दा बहती होगी, बर्फके पहाड़ होंगे आदि-आदि। पर जब वह वहाँ जाकर देखता है तो उसको वैसा नहीं मिलता, जैसा कल्पनामें था, प्रत्युत उससे विलक्षण ही मिलता है। हम किसी महात्माके विषयमें सुनते हैं, उनकी महिमा, उनके गुण सुनते हैं तो उनका ऐसा शरीर है, उनके ऐसे सफेद बाल हैं आदि कितनी ही बातें सुननेपर और वैसी धारणा कर

लेनेपर भी जब प्रत्यक्ष उनसे मिलते हैं, तब वे महात्मा उस धारणासे विलक्षण मिलते हैं। ऐसे ही साधक पहले अपने सम्प्रदायके अनुसार, अपनी धारणाके अनुसार साधन करता है, पर वास्तविकताका अनुभव उस धारणासे विलक्षण होता है। अगर हम वास्तविकताके अनुभवको अपनी पूर्वधारणासे विलक्षण न स्वीकार करें, जैसा साधक-अवस्थामें मानते थे, वैसा ही स्वीकार करें तो साधक और सिद्धका भेद नहीं हो सकता। साधक और सिद्धके भेदसे ही यह सिद्ध होता है कि साधकको धारणाके अनुसार तत्त्व नहीं है। वह तत्त्व वर्णनातीत है; उसका वर्णन नहीं होता, प्रत्युत अनुभव होता है। अतः उस तत्त्वका वर्णन, विवेचन करते समय जैसी मान्यता रहती है, वैसी मान्यता अनुभव होनेपर नहीं रहती। जैसे, कोई साधक विवेक (प्रकृति पुरुषके भेद)-की प्रधानता रखकर साधन करता है। जब उसको वास्तविक तत्त्वका अनुभव हो जाता है, तब उसके लिये प्रकृतिकी स्वतन्त्र सत्ता नहीं रहती और विवेक वास्तविक तत्त्वमें परिणत हो जाता है। फिर उसका नाम 'विवेक' नहीं होता, प्रत्युत बोध होता है। वह बोध ही वास्तविक अनुभव है। तात्पर्य है कि साधनावस्थामें साधककी जो धारणा रहती है, वह वास्तविक तत्त्वका अनुभव होनेपर नहीं रहती। कारण कि साधकके पास विचार करनेकी जो सामग्री—इन्द्रियाँ, मन, बुद्धि, अन्तःकरण आदि हैं, वे सब अपरा प्रकृतिके अंश हैं। अतः ये सब मिलकर भी प्रकृतिसे अतीत तत्त्वको पहचान नहीं सकते।

जो साधक दास्य, सख्य, वात्सल्य आदि भावकी प्रधानता रखकर साधन करता है, उसको जब अनुभव हो जाता है, तब वैसा भाव (अलगपना) नहीं रहता। उसका भगवान्‌से नित्ययोग हो जाता है। जैसे, रामलला वनवासमें पधारे तो माता कौसल्या सुमित्रासे पूछती हैं कि 'बहन! तुम सच्ची बात बताओ, रामलला वनमें चले गये या यहाँ ही हैं? अगर वे वनमें चले गये तो वे मेरी आँखोंके सामने कैसे दीखते हैं; और अगर वे वनमें नहीं गये तो फिर मेरे हृदयमें व्याकुलता क्यों है?' इस अवस्थामें माता कौसल्याका रामजीसे नित्ययोग है। यह नित्ययोग कभी स्मृतिरूपसे होता है और कभी स्वरूपसे। 'वियोग हो जायगा'—ऐसा भाव रहता है तो यह 'योगमें वियोग' हुआ; और वियोगमें प्रेमास्पद सदा सामने दीखते रहते हैं—यह 'वियोगमें योग' हुआ। इस तरह योगमें वियोग और वियोगमें योग पुष्ट होते रहते हैं। योग और वियोगके रससे प्रेम प्रतिक्षण वर्धमान होता रहता है। इसमें कई आचार्योंने योगको और कई आचार्योंने वियोगको मुख्यता दी है।

जो अद्वैतमतको माननेवाले हैं, उनको जो आनन्द प्राप्त होता है, वह अखण्ड (शान्त) होता है। परन्तु जो द्वैतमतको, प्रेमको माननेवाले हैं, उनको जो आनन्द प्राप्त होता है, वह अनन्त (प्रतिक्षण वर्धमान) होता है। उस प्रेमके आनन्दमें ही योगमें वियोग और वियोगमें योग—यह प्रवाह चलता रहता है, जिसका कभी अन्त नहीं आता।

प्रश्न—पाँच प्रकारकी मुक्ति क्या है?

उत्तर—सालोक्य, सार्ष्टि, सामीप्य, सारूप्य और सायुज्य (एकत्व)—ये पाँच प्रकारकी मुक्तियाँ हैं। भगवद्धाममें जाकर निवास करना **'सालोक्य'** है। भगवद्धाममें एक विशेष आनन्द है। वहाँ सुख-दुःखवाला सुख नहीं है, प्रत्युत सुख-दुःखसे अतीत आनन्द है। सालोक्यसे आगेकी मुक्ति है—**'सार्ष्टि'**। इस मुक्तिमें भक्तको भगवद्धाममें भगवान्‌के समान ऐश्वर्य प्राप्त हो जाता है अर्थात् जैसा भगवान्‌का ऐश्वर्य है, वैसा ही ऐश्वर्य भक्तको प्राप्त हो जाता है। संसारकी उत्पत्ति करना, संहार करना आदि ऐश्वर्यको छोड़कर सम्पूर्ण ऐश्वर्य, धर्म, यश, श्री, ज्ञान और वैराग्य—ये सभी भगवान्‌के समान भक्तको भी प्राप्त हो जाते हैं। सार्ष्टिसे आगेकी मुक्ति है—**'सामीप्य'**। इस मुक्तिमें भक्त

भगवद्धाममें रहते हुए भी भगवान्‌के समीप रहता है और भगवान्‌के माँ-बाप, सखा, पुत्र, स्त्री आदि सम्बन्धी होकर रहता है। सामीप्यसे भी आगेवाली मुक्ति है—**'सारूप्य'**। इस मुक्तिमें भक्तका रूप भगवान्‌के समान हो जाता है। भगवान्‌के वक्ष:स्थलमें स्थित श्रीवत्स (लक्ष्मीका निवास), भृगुलता (भृगुजीका चरणचिह्न) और कौस्तुभमणि—इन तीन चिह्नोंको छोड़कर शेष शंख, चक्र, गदा, पद्म आदि सभी चिह्न भक्तके भी हो जाते हैं। सारूप्यसे भी आगेकी मुक्ति है—**'सायुज्य'** अर्थात् एकत्व। इस मुक्तिमें भक्त भगवान्‌से अभिन्न हो जाता है अर्थात् वह अपना स्वतन्त्र अस्तित्व ही नहीं मानता।

उपर्युक्त पाँचों मुक्तियाँ सगुण-साकारको माननेवालोंकी होती हैं। इन पाँचों मुक्तियोंमेंसे 'सायुज्य' (एकत्व) मुक्तिको निर्गुण-निराकारको माननेवाले, अद्वैत-सिद्धान्तमें चलनेवाले भी मान सकते हैं।

प्रेमी भक्त भगवान्‌की सेवाको छोड़कर इन पाँच प्रकारकी मुक्तियोंको भगवान्‌के द्वारा दिये जानेपर भी स्वीकार नहीं करता—

सालोक्यसार्ष्टिसामीप्यसारूप्यैकत्वमप्युत ।
दीयमानं न गृह्णन्ति विना मत्सेवनं जनाः॥

(श्रीमद्भा० ३। २९। १३)

कारण कि वह केवल भगवान्‌को सुख देना चाहता है। संसारमें जन्म-मरण होता रहे, संसार-बन्धनसे मुक्ति न हो—इसकी वह परवाह नहीं करता। बन्धनमें अपना दु:ख और मुक्तिमें अपना सुख होता है, पर भगवान्‌की सेवामें अपने सुख-दु:खकी परवाह नहीं होती, प्रत्युत केवल भगवान्‌की प्रसन्नताकी तरफ दृष्टि रहती है।

बद्ध अवस्थामें हम ब्रह्म, जीव आदिको विलक्षण रीतिसे देखते हैं और प्रकृतिको भी कार्य-कारणरूपसे विलक्षण रीतिसे देखते हैं। परन्तु साधन करते-करते साधकको ब्रह्म, जीव आदिका विलक्षण ही अनुभव होता है। सिद्ध-अवस्थामें तो उससे भी विलक्षण अनुभव होता है। अद्वैत-सिद्धान्तसे जो मोक्ष होता है, उसमें जड़तासे सम्बन्ध-विच्छेदकी मुख्यता रहती है और भक्तिसे जो मोक्ष होता है, उसमें चिन्मय-तत्त्वके साथ एकताकी मुख्यता रहती है।

गीतामें समता

सिद्धसाधकयोः प्रोक्ता गीतायां समता द्विधा।
मानसी साधकानां च सिद्धानां सहजा स्मृता॥

गीतामें अगर कोई प्रभावशाली लक्षण है तो वह है—समता। वह समता किसी भी साधनसे आ जाय तो बेड़ा पार है! साधकमें एक समताके आनेपर गीता दूसरे लक्षणोंको देखती ही नहीं; क्योंकि समता साक्षात् परमात्माका स्वरूप है—**'निर्दोषं हि समं ब्रह्म'** (५। १९); **'समोऽहं सर्वभूतेषु'** (९। २९) और समतामें ही साधनकी पूर्णता है। अत: समता आनेपर दूसरे लक्षण अपने-आप आ जाते हैं। अगर किसी मनुष्यमें समता नहीं है, पर दूसरे बहुत-से लक्षण हैं, तो वह अधूरा है, उसमें पूर्णता नहीं है। समताके बिना दूसरे सब लक्षण—विद्या, योग्यता, आदर, नीरोगता, धन-सम्पत्ति आदि कुछ नहीं है। वह सब विषमता है। यह समता मनुष्यमात्रको स्वत: प्राप्त है। विषमता तो मनुष्योंकी अपनी बनायी हुई है। अत: विषमता कृत्रिम है, प्राकृत है, टिकनेवाली नहीं है; क्योंकि यह असत् (शरीर आदि)-के संगसे पैदा होती है।

प्रत्येक क्रियाका आरम्भ होता है और समाप्ति होती है। कर्मफलका भी संयोग होता है और वियोग

होता है, पर स्वयं ज्यों-का-त्यों रहता है। यह सबके अनुभवकी बात है। संयोग-वियोग तो व्यक्ति, क्रिया और पदार्थोंका हुआ, पर स्वयंका कोई संयोग-वियोग नहीं हुआ, वह ज्यों-का-त्यों ही रहा। संयोगमात्रका वियोग होना अवश्यम्भावी है अर्थात् जिसका संयोग हुआ है, उसका वियोग होगा ही। परंतु जिसका वियोग हुआ है, उसका संयोग होगा—यह नियम नहीं है। अतः संयोग अनित्य है और वियोग नित्य है। अगर इस वियोगपर मनुष्यकी हरदम दृष्टि रहे तो मनुष्यमें कभी विषमता आ ही नहीं सकती। कारण कि विषमता तो उसमें आयी हुई है और समता उसमें स्वतःसिद्ध है। इसी समताका नाम 'योग' है (२।४८)।

परमात्मा सम हैं। उनमें विषमताके लिये कोई अवकाश नहीं है। परंतु प्रकृति विषम है। अतः परमात्माकी ओर जो दृष्टि होती है, वह समदृष्टि होती है। तात्पर्य है कि सब जगह समरूप परमात्माको देखना समदृष्टि है और प्रकृति तथा उसके कार्य (शरीर-संसार)-को देखना विषम दृष्टि है। प्रकृति और उसके कार्यमें समदृष्टि कभी हो ही नहीं सकती। अतः प्रकृतिकी ओर दृष्टि रखनेवाले कभी समदर्शी नहीं हो सकते और परमात्माकी तरफ दृष्टि रखनेवाले कभी विषमदर्शी नहीं हो सकते। इसलिये गीताने परमात्माकी तरफ दृष्टि रखनेवालोंको **'समदर्शिनः'** (५।१८), **'सर्वत्र समबुद्धयः'** (१२।४) आदि पदोंसे कहा है।

परमात्माके साथ स्वयंका नित्ययोग है और मन, बुद्धि आदिके साथ स्वयंका नित्य वियोग है (६।२३)। परमात्माके साथ नित्ययोग होते हुए भी जबतक स्वयं संसारके साथ संयोग मानता रहता है, तबतक उसको उस नित्ययोगकी अनुभूति नहीं होती। परंतु जब नित्ययोगकी अनुभूति हो जाती है अर्थात् परमात्माके साथ योग हो जाता है, तब वह योग अर्थात् समता उसके मन, बुद्धि, अन्तःकरणमें भी आ जाती है (५।१९)। फिर वह सुख-दुःख आदिमें सम हो जाता है (१४।२४-२५)। फिर उसकी समता पुण्यात्मा-पापात्मा आदि व्यक्तियोंमें भी हो जाती है (६।९)। फिर वही समता व्यवहारमें भी आ जाती है अर्थात् व्यवहारमें उसके राग-द्वेष नहीं होते (५।१८)। फिर उसकी समता पदार्थोंमें भी हो जाती है अर्थात् पदार्थोंमें उसकी प्रियता-अप्रियता नहीं होती (६।८)। तात्पर्य है कि परमात्मतत्त्वको लेकर उसकी सब जगह समता हो जाती है अर्थात् वर्ण, आश्रम, परिस्थिति, साधन आदिको लेकर उसका व्यवहार (बर्ताव) तो यथायोग्य ही होता है, पर हृदयमें राग-द्वेष, हर्ष-शोक आदि नहीं होते।*

समता दो तरहकी होती है—साधनरूपा और साध्यरूपा। साधनरूपा समता अन्तःकरणकी होती है और साध्यरूपा समता परमात्मतत्त्वकी होती है। इसे क्रमशः साधककी समता और सिद्धकी समता भी कह सकते हैं।

(१) साधककी समता—कर्मयोगी साधक सिद्धि-असिद्धिमें सम रहकर कर्म करता है (२।४८)। ज्ञानयोगी साधकमें सत्-असत्का विवेक मुख्य रहता है। सत्का कभी वियोग होता नहीं और असत् कभी नित्य रहता नहीं; अतः ज्ञानयोगीमें सत्-स्वरूपसे सदा ही समता रहती है (२।१५)। भक्तियोगी साधक भगवन्निष्ठ होता है। वह भगवान्‌की मरजीमें सदा ही प्रसन्न रहता है। अतः उसका सांसारिक पदार्थ, वस्तु, परिस्थिति आदिके संयोग-वियोगसे, आने-जानेसे कोई मतलब नहीं रहता। उसका केवल भगवान्‌से ही मतलब रहता है। ऐसे भक्तोंको भगवान् स्वयं समता देते हैं (१०।१०)।

---

* इसे विस्तारसे समझनेके लिये गीताकी 'साधक-संजीवनी' नामक हिंदी टीकामें पाँचवें अध्यायके अठारहवें श्लोककी व्याख्या देखनी चाहिये।

अगर कर्मयोगीमें समता नहीं आ रही है तो सिद्धि-असिद्धिमें उसकी महत्त्वबुद्धि है। अगर ज्ञानयोगीमें समता नहीं आ रही है तो असत् पदार्थोंमें उसकी महत्त्वबुद्धि है। अगर भक्तियोगीमें समता नहीं आ रही है तो भगवान्‌की कृपाकी तरफ उसकी दृष्टि नहीं है। निष्कर्ष यह निकला कि विनाशी पदार्थोंका महत्त्व अन्तःकरणमें होनेसे ही स्वतःसिद्ध समताका अनुभव नहीं होता। उस महत्त्वके हटते ही समता आ जाती है।

तात्पर्य है कि समताके साथ मनुष्यका नित्ययोग है। केवल असत्‌को महत्त्व देनेसे ही उसमें विषमता आती है। अतः मनुष्य असत्‌को महत्त्व न दे।

(२) **सिद्धकी समता**—सिद्ध कर्मयोगी (६।८-९), सिद्ध ज्ञानयोगी (१४।२४) और सिद्ध भक्तियोगी (१२।१८-१९)—तीनोंमें समता स्वतः रहती है।

तात्पर्य है कि किसी भी मार्गके साधकपर जबतक अनुकूलता-प्रतिकूलता, सुख-दुःख आदिका किंचिन्मात्र भी असर पड़ता है और वह उनसे विचलित होता है, तबतक साधकमें साधनरूपा समता रहती है। जब साधकको अनुकूलता-प्रतिकूलता आदिका ज्ञान तो होता है, पर उसका उसपर किंचिन्मात्र भी असर नहीं पड़ता, तब साधकमें साध्यरूपा समता अटलरूपसे रहती है। उस साध्यरूपा समताके प्राप्त होनेपर अन्तःकरणमें स्वतः समता आ जाती है और अन्तःकरणकी समतासे यह मालूम होता है कि साध्यरूपा समता प्राप्त हो गयी है (५।१९)।

गीतामें क्रिया, कर्म और भाव

कर्तृत्वभावेन सकामभावात्सर्वाः क्रिया बन्धनकारिकाश्च।
कर्तृत्वहीना अपि कामहीनाः सर्वाः क्रिया निष्फलतां प्रयान्ति॥

जड़ (प्रकृति)-में केवल परिवर्तनरूप क्रिया है, कर्म नहीं और चेतन अक्रिय है अर्थात् उसमें न क्रिया है और न कर्म है। परन्तु जब चेतन क्रियाशील प्रकृतिके साथ अपना सम्बन्ध जोड़कर उसकी क्रियाको अपनेमें आरोपित कर लेता है अर्थात् 'मैं करता हूँ'—ऐसा अहंकृतभाव कर लेता है (३।२७), तब प्रकृतिकी क्रिया इसके लिये कर्म बन जाती है, जो कि शुभ-अशुभ फल देनेवाली होती है। क्रिया कभी भी बाँधनेवाली नहीं होती, प्रत्युत अहंकृतभावपूर्वक किया हुआ कर्म ही बाँधनेवाला होता है। अतः गीतामें कहा गया है कि जिसमें अहंकृतभाव और फलेच्छा नहीं है, वह अगर सम्पूर्ण प्राणियोंको मार दे तो भी वह न मारता है और न बँधता ही है (१८।१७); क्योंकि उसके द्वारा केवल क्रिया होती है। जैसे, गंगाजीके द्वारा बहुतोंका पालन-पोषण होता है; ब्राह्मण, गायें आदि सब उसका जल पीते हैं, पर इससे गंगाजीको कोई पुण्य नहीं होता; और गंगाजीके प्रवाहमें बहुत-से जीव बह जाते हैं, मर जाते हैं, पर इससे गंगाजीको कोई पाप नहीं लगता। कारण कि गंगाजीमें 'मैं सबका पालन-पोषण करती हूँ' आदि अहंकृतभाव नहीं होता; अतः उनके द्वारा क्रियामात्र होती है, कर्म नहीं होता। सूर्यके प्रकाशमें वेदोंका पाठ होता है, यज्ञ आदि अनुष्ठान होते हैं तो सूर्य पुण्यका भागी नहीं होता और सूर्यके प्रकाशमें कोई शिकारी पशुओंको मारता है तो सूर्य पापका भागी नहीं होता। कारण कि सूर्यमें 'मैं प्रकाश करता हूँ' ऐसा अहंकृतभाव न होनेसे उसके द्वारा केवल क्रिया होती है, कर्म नहीं होता। ऐसे ही संसारमें कई चोरियाँ होती हैं, डकैतियाँ होती हैं, हत्याएँ होती हैं, पर उनमें हमारा अनुमोदन न होनेसे, उनके साथ हमारा सम्बन्ध न होनेसे उनके

द्वारा किये गये कर्म हमारे लिये क्रियामात्र होते हैं अर्थात् हमें बाँधनेवाले नहीं होते। इसी प्रकार हमारे शरीर, इन्द्रियाँ, मन आदिके द्वारा जो क्रियाएँ होती हैं, उनमें अगर हमारा कर्तृत्वभाव और फलासक्ति नहीं है तो वे क्रियाएँ कर्म नहीं बनतीं, फलजनक नहीं बनतीं, जन्म-मरण देनेवाली नहीं बनतीं। परन्तु उन्हीं क्रियाओंमें अगर हमारा कर्तृत्वभाव और फलासक्ति हो जाती है तो वे ही क्रियाएँ कर्म बन जाती हैं, बन्धनकारक बन जाती हैं (५।१२)।

मनुष्य बालकसे जवान होता है तो कोई पाप-पुण्य नहीं लगता, केवल क्रियामात्र होती है। शरीरमें प्राण, अपान आदिके द्वारा जो क्रियाएँ होती हैं, उनका कोई पाप-पुण्य नहीं लगता। इन्द्रियोंके द्वारा जो स्वत:स्वाभाविक क्रियाएँ होती हैं, उनका भी हमें पाप-पुण्य नहीं लगता। परन्तु जब हम उन क्रियाओंमें कर्तृत्वभाव कर लेते हैं, तब वे क्रियाएँ हमारे लिये कर्म बन जाती हैं। जैसे, श्वास लेना क्रिया है, पर कोई प्राणायाम करता है तो वह क्रिया उसके लिये कर्म बन जाती है, फलजनक हो जाती है (४।३०)।

वास्तवमें सभी क्रियाएँ प्रकृतिके द्वारा ही होती हैं अर्थात् प्रकृतिमें ही होती हैं (१३।२९); सभी क्रियाएँ प्रकृतिके गुणोंद्वारा ही होती हैं (३।२७-२८); तथा सभी क्रियाएँ इन्द्रियोंके द्वारा ही होती हैं (५।९)। तात्पर्य है कि प्रकृति, प्रकृतिके कार्य गुण एवं गुणोंके कार्य इन्द्रियोंके द्वारा क्रियामात्र होती है, कर्म नहीं।

अठारहवें अध्यायके चौदहवें श्लोकमें कर्मोंकी सिद्धिमें अधिष्ठान, कर्ता आदि पाँच हेतु बताये गये हैं। उनमें जो कर्ता है, वह अहंकारसे मोहित अन्त:करणवाला है। इसी कर्तासे कर्मसंग्रह बनता है अर्थात् बन्धनकारक कर्म बनते हैं। परन्तु मनुष्य जहाँ अपनेको कर्ता नहीं मानता अर्थात् अपनेमें अकर्तापनका अनुभव करता है, वहाँ क्रियामात्र होती है, कर्म नहीं होता (१३।२९)।

कर्ताके भावके अनुसार ही क्रिया सात्त्विक, राजस और तामस कर्म बन जाती है अर्थात् कर्ता सात्त्विक होता है तो कर्म सात्त्विक बन जाता है; कर्ता राजस होता है तो कर्म राजस बन जाता है; और कर्ता तामस होता है तो कर्म तामस बन जाता है (१८।२३—२५)। परन्तु जब मनुष्य तीनों गुणोंसे अतीत हो जाता है, तो फिर उसके द्वारा केवल क्रिया होती है, कर्म नहीं होता।

हम जो कुछ देखते-सुनते हैं, उसमें अगर हमारी निर्लिप्तता है तो वह देखना-सुनना हमारे लिये क्रिया हो जाती है, जो कि बन्धनकारक नहीं होती। परन्तु अगर हम रागपूर्वक देखते-सुनते हैं तो वह देखना-सुननारूप क्रिया हमारे लिये कर्म बन जाती है। यही बात सभी इन्द्रियोंकी क्रियाओंके विषयमें समझनी चाहिये।

कर्मयोगी साधक केवल लोकसंग्रहार्थ कर्म करता है, अपने लिये कुछ नहीं करता; अत: उसके द्वारा क्रियामात्र होती है, जो कि बन्धनसे मुक्त करनेवाली होती है (३।२०)।

ज्ञानयोगी साधक अपने-आपको अकर्ता अनुभव करता है; अत: उसके द्वारा क्रियामात्र होती है (१३।२९)।

भक्तियोगी साधक केवल भगवान्‌की प्रसन्नताके लिये ही कर्म करता है (११।५५; १२।१०)। अत: उन क्रियाओंका भगवान्‌के साथ सम्बन्ध होनेसे वे क्रियाएँ कर्म नहीं बनतीं। इतना ही नहीं, उसकी क्रियाओंमें दिव्यता आ जाती है। वे क्रियाएँ दुनियाका हित करनेवाली हो जाती हैं।

ध्यानयोगी, लययोगी, हठयोगी आदि कोई भी साधक अगर प्रकृतिकी क्रियाओंके साथ अपना सम्बन्ध नहीं जोड़ता तो उसके द्वारा क्रियामात्र होती है, कर्म नहीं होता।

तात्पर्य यह हुआ कि कर्मयोगीमें निष्कामभाव होनेसे, ज्ञानयोगीमें प्रकृति और उसके कार्यकी क्रियाओंसे अपनी पृथक्ताका भाव होनेसे एवं

भक्तियोगीमें भगवान्‌की प्रसन्नताका भाव होनेसे उनके द्वारा क्रियामात्र होती है, कर्म नहीं होता। ज्ञानी महापुरुष भी जो कुछ करता है, उसको अपने शुद्ध (राग-द्वेषरहित) स्वभावके अनुसार ही करता है; अतः उसके द्वारा कर्म नहीं बनता, केवल चेष्टामात्र (क्रियामात्र) होती है (३। ३३)।

गीतामें कर्मकी व्यापकता

कायेन मनसा वाचा यत्किञ्चित्कुरुते नरः।
शुभाशुभं च तत्सर्वं कर्म वै गीतया मतम्॥

परमात्मा और परमात्माकी शक्ति प्रकृति—ये दो हैं। इनमें परमात्मा तो हरदम एकरूप, एकरस रहते हैं, उनमें कभी परिवर्तन नहीं होता और प्रकृति हरदम परिवर्तनशील है, वह कभी परिवर्तनरहित नहीं होती*। इस प्रकृतिमें जो कुछ परिवर्तन होता है, वह सब 'क्रिया' है और क्रियाओंका पुंज 'पदार्थ' है। प्रकृतिमें स्वाभाविक होनेवाली क्रियाओंके साथ जब अहंकार लग जाता है, तब उसकी 'कर्म' संज्ञा हो जाती है। वे ही कर्म (चाहे कायिक हों, चाहे वाचिक हों, चाहे मानसिक हों) इष्ट, अनिष्ट और मिश्रित फल देनेवाले होते हैं (१८। १२)। उन कर्मोंको करनेके जो भाव हैं, वे कर्तामें ही रहते हैं। ये 'कर्म' और 'भाव' शुभ तथा अशुभ—दोनों तरहके होते हैं। 'शुभ' कर्म और भाव मुक्ति देनेवाले तथा 'अशुभ' कर्म और भाव पतन करनेवाले होते हैं। इन्हीं कर्म और भावको भगवान्‌ने चौथे अध्यायके तेरहवें श्लोकमें 'कर्म' और 'गुण' नामसे कहा है और इन्हींसे चारों वर्णोंकी रचना करनेकी बात कही है। तात्पर्य है कि 'कर्म' नाम शुभ-अशुभ क्रियाओंका है और 'गुण' नाम शुभ-अशुभ भावोंका है। इन क्रियाओं और भावोंको लेकर ही चारों वर्णोंकी रचना हुई है।

भगवान्‌ने चारों वर्णोंके जो लक्षण बताये हैं, उन सबको 'स्वभावज कर्म' नामसे कहा है। उनमें ब्राह्मणके शम, दम, तप, शौच आदि नौ गुणोंको और क्षत्रियके शौर्य, तेज, धृति आदि सात गुणोंको भी कर्म कहा है तथा वैश्यके कृषि, गौरक्ष्य और वाणिज्य—इन तीन कर्मोंको और शूद्रके परिचर्यात्मक कर्मको भी कर्म कहा है। वैश्य और शूद्रके कर्मोंको तो कर्म कहना ठीक है; क्योंकि वे कर्म ही हैं, पर भगवान्‌ने ब्राह्मण और क्षत्रियके गुणोंको भी कर्म कहा है! गुणोंको भी कर्म कहनेका तात्पर्य यह है कि प्रकृतिके साथ सम्बन्ध रखते हुए मनुष्यके द्वारा जो कुछ भी होता है, वह सब कर्म ही है अर्थात् प्रकृतिके साथ सम्बन्ध जोड़नेसे भाव, क्रिया आदि भी कर्म ही कहे जाते हैं, जो कि जन्म और अनुकूल-प्रतिकूल परिस्थितियोंको देनेवाले हो जाते हैं। परंतु जो मनुष्य प्रकृतिसे सर्वथा सम्बन्ध-विच्छेद करके परमात्मतत्त्वको प्राप्त हो जाता है, उसके शरीरसे कर्म होते हुए भी वे कर्म 'अकर्म' कहलाते हैं। अपने स्वरूपमें स्थित रहना 'अकर्म' है और अकर्ममें स्थित रहते हुए शरीर, मन, बुद्धि आदिके द्वारा जो कर्म होते हैं, वे सभी कर्म 'अकर्म' होते हैं। इसका वर्णन भगवान्‌ने चौथे अध्यायके अठारहवें श्लोकमें किया

* यद्यपि प्रकृति सर्ग और महासर्गकी अवस्थामें सक्रिय तथा प्रलय और महाप्रलयकी अवस्थामें अक्रिय कही जाती है, तथापि यह अक्रिय-अवस्था सक्रिय-अवस्थाकी अपेक्षा कही जाती है। वास्तवमें प्रकृति कभी अक्रिय नहीं रहती। इसमें सूक्ष्म परिवर्तन होता ही रहता है, तभी तो प्रलय और महाप्रलयके बाद सर्ग और महासर्ग होता है। जब प्रलय और महाप्रलय होता है, तब आधे प्रलय और महाप्रलयतक प्रकृति प्रलय और महाप्रलयकी तरफ जाती है और आधे प्रलय और महाप्रलयके बाद प्रकृति सर्ग और महासर्गकी तरफ जाती है।

है कि जो कर्ममें अकर्म और अकर्ममें कर्म देखता है, वह योगी है, बुद्धिमान् है और उसके लिये कुछ भी करना बाकी नहीं है।

इस विवेचनसे यह सिद्ध हुआ कि प्रकृतिके साथ सम्बन्ध रखते हुए मनुष्य जो कुछ भी करता है, वह सब कर्म ही है। वह स्थूलशरीरसे सम्बन्ध रखते हुए स्थूल क्रियाएँ करता है, सूक्ष्मशरीरसे सम्बन्ध रखते हुए चिन्तन, ध्यान आदि करता है और कारणशरीरसे सम्बन्ध रखते हुए समाधि लगाता है। गीताके अनुसार ये सभी कर्म हैं; क्योंकि इनमें प्रकृतिके साथ सम्बन्ध है। भगवान्ने अठारहवें अध्यायके पंद्रहवें श्लोकमें कहा है कि मनुष्य अपने शरीर, वाणी और मनसे जो कुछ भी करता है, वह सब कर्म ही है। चौथे अध्यायके चौबीसवेंसे तीसवें श्लोकतक जितने यज्ञोंका वर्णन हुआ है, उन सबको भगवान्ने कर्मजन्य बताया है—'**कर्मजान्विद्धि तान्सर्वान्**' (४। ३२)।

कर्मोंसे छूटनेके लिये फलासक्तिका त्याग करके केवल यज्ञ अर्थात् कर्तव्य-परम्परा सुरक्षित रखनेके लिये ही कर्म किये जायँ तो वह 'कर्मयोग' हो जाता है (३। ९; १८। ९); विवेकके द्वारा कर्मोंसे सम्बन्ध-विच्छेद किया जाय तो वह 'ज्ञानयोग' हो जाता है (१३। २३, ३४) और कर्मोंको भगवान्के अर्पण किया जाय तो वह 'भक्तियोग' हो जाता है (९। २७; १२। ६)।

गीतामें 'यज्ञ' शब्दकी व्यापकता

गीताया यज्ञशब्दस्तु कर्तव्यकर्मवाचकः।
पालनीयस्ततो यज्ञो निष्कामैर्मानवैः सदा॥

गीताजीके श्लोकोंपर विचार किया जाय तो यह बात सिद्ध होती है कि निष्कामभावसे किये गये शास्त्रविहित सभी शुभकर्मोंका नाम 'यज्ञ' है। यज्ञोंका विशेष वर्णन चौथे अध्यायमें आता है। उसमें भगवान् कहते हैं कि केवल यज्ञके लिये कर्म करनेवाले मनुष्यके सम्पूर्ण कर्म विलीन हो जाते हैं अर्थात् बन्धनकारक नहीं होते—'**यज्ञायाचरतः कर्म समग्रं प्रविलीयते**' (४। २३)। इसी बातको भगवान् तीसरे अध्यायके नवें श्लोकमें दूसरे ढंगसे कहते हैं कि 'यज्ञके लिये किये जानेवाले कर्मोंके अतिरिक्त जो भी कर्म होते हैं, वे सभी बन्धनकारक होते हैं'—'**यज्ञार्थात् कर्मणोऽन्यत्र लोकोऽयं कर्मबन्धनः।**' चौथे अध्यायके चौबीसवेंसे तीसवें श्लोकतक भगवान् बारह प्रकारके यज्ञोंका वर्णन करते हैं—१. ब्रह्मयज्ञ, २. भगवदर्पणरूप यज्ञ, ३. अभिन्नतारूप यज्ञ, ४. संयमरूप यज्ञ, ५. विषय-हवनरूप यज्ञ, ६. समाधिरूप यज्ञ, ७. द्रव्ययज्ञ, ८. तपोयज्ञ, ९. योगयज्ञ, १०. स्वाध्यायरूप ज्ञानयज्ञ, ११. प्राणायामरूप यज्ञ और १२. स्तम्भवृत्ति प्राणायामरूप यज्ञ। फिर इकतीसवें श्लोकमें भगवान् कहते हैं कि यज्ञसे बचे हुए अमृतका अनुभव करनेवाले सनातन परब्रह्मको प्राप्त होते हैं—'**यज्ञशिष्टामृतभुजो यान्ति ब्रह्म सनातनम्**' (४। ३१)। इसी बातको भगवान्ने तीसरे अध्यायके तेरहवें श्लोकमें '**यज्ञशिष्टाशिनः सन्तो मुच्यन्ते सर्वकिल्बिषैः**' पदोंसे कहा है कि 'यज्ञशेषका अनुभव करनेवाले श्रेष्ठ मनुष्य सम्पूर्ण पापोंसे मुक्त हो जाते हैं।' इस प्रकार तीसरे अध्यायके नवें और तेरहवें तथा चौथे अध्यायके तेईसवें और इकतीसवें—इन चारों ही श्लोकोंमें यज्ञका फल बताया गया है—सम्पूर्ण पापोंका नाश; संसारसे सम्बन्ध-विच्छेद और परमात्मतत्त्वकी प्राप्ति। अतः परमात्मतत्त्वकी प्राप्तिके जितने भी उपाय हैं, वे

सब-के-सब गीताके 'यज्ञ' शब्दके अन्तर्गत आ जाते हैं।

गीताका 'यज्ञ' शब्द इतना व्यापक है कि इसमें यज्ञ, दान, तप, तीर्थ, व्रत, होम आदि सभी शास्त्रविहित शुभकर्म आ जाते हैं। चौथे अध्यायके बत्तीसवें श्लोकमें वेदकी वाणीमें बहुत-से यज्ञोंका विस्तारसे वर्णन हुआ है—ऐसा कहकर भगवान्‌ने दहरादिकी उपासनाका भी 'यज्ञ' शब्दमें अन्तर्भाव कर दिया है, जिसका वर्णन गीतामें नहीं है, प्रत्युत उपनिषद्‌में है। फिर भगवान् कहते हैं कि 'इन सब यज्ञोंको तू कर्मजन्य जान और 'इस प्रकार जाननेसे तू मुक्त हो जायगा'—'**एवं ज्ञात्वा विमोक्ष्यसे**' (४। ३२)।

चौथे अध्यायके नवें श्लोकमें भगवान् कहते हैं कि 'मेरे जन्म और कर्म दिव्य हैं'—'**जन्म कर्म च मे दिव्यम्**'। अपने कर्मोंकी दिव्यताका वर्णन भगवान् तेरहवें-चौदहवें श्लोकोंमें करते हैं। उनमें भगवान् कहते हैं कि सृष्टि-रचना आदिका कर्ता होनेपर भी मुझे तू अकर्ता जान, क्योंकि कर्मफलमें मेरी कोई स्पृहा नहीं है, इसलिये मुझे कर्म बाँधते नहीं। इस प्रकार मुझे तत्त्वसे जाननेवाला भी कर्मोंसे नहीं बँधता। तात्पर्य है कि जो मेरी तरह कर्तृत्वाभिमान और फलासक्तिसे रहित होकर कर्म करेगा, वह भी कर्मोंसे नहीं बँधेगा। इस प्रकार भगवान्‌ने अपने कर्मोंकी दिव्यता बतायी। जो कर्म बाँधनेवाले हैं, वे ही कर्म मुक्त करनेवाले हो जायँ—यही कर्मोंकी दिव्यता है। फिर पंद्रहवें श्लोकमें भगवान् '**एवं ज्ञात्वा**......' पदोंसे कहते हैं कि इस प्रकार जानकर मुमुक्षु पुरुषोंने भी कर्म किये हैं, इसलिये तू भी कर्म ही कर—'**कुरु कर्मैव**'। सोलहवें श्लोकमें कर्मोंसे निर्लिप्त रहनेके इसी तत्त्वको विस्तारसे कहनेके लिये भगवान् प्रतिज्ञा करते हैं और '**यज्ज्ञात्वा मोक्ष्यसेऽशुभात्**' पदोंसे उसे जाननेका फल मुक्त होना बताते हैं। यही बात भगवान् उस विषयका उपसंहार करते हुए '**एवं ज्ञात्वा विमोक्ष्यसे**' (४। ३२) पदोंसे कहते हैं। इस प्रकार कर्तृत्वाभिमान और आसक्तिसे रहित होकर किये गये सम्पूर्ण शुभकर्म 'यज्ञ' के अन्तर्गत आ जाते हैं।

गीतामें कहीं तो यज्ञ, दान और तप—इन तीन शुभ कर्मोंका वर्णन आता है (१७। २४-२५, २७; १८। ३, ५), कहीं यज्ञ, दान, तप और वेदाध्ययन—इन चार शुभ कर्मोंका वर्णन आता है (८। २८; ११। ५३) और कहीं यज्ञ, दान, तप, वेदाध्ययन और क्रिया—इन पाँच शुभ कर्मोंका वर्णन आता है (११। ४८)। वास्तवमें तो एक यज्ञके उल्लेखसे ही सम्पूर्ण शुभ कर्मोंका उल्लेख हो जाता है।

तीसरे अध्यायके दसवें श्लोकमें भगवान् कहते हैं कि सृष्टिके आदिमें प्रजापति ब्रह्माजीने यज्ञोंके सहित प्रजाकी रचना की—'**सहयज्ञाः प्रजाः सृष्ट्वा**'। यहाँ '**प्रजाः**' पदके अन्तर्गत ब्राह्मण, क्षत्रिय, वैश्य, शूद्र आदि सभी आ जाते हैं और उसके साथ '**सहयज्ञाः**' विशेषण देनेसे यह शंका होती है कि यज्ञमें सबका अधिकार तो है नहीं, फिर भगवान्‌ने सारे प्रजाजनोंके साथ यह विशेषण क्यों लगाया? इसका समाधान यही है कि यहाँ उस यज्ञकी बात नहीं है, जिसमें सबका अधिकार नहीं। यहाँ 'यज्ञ' शब्द कर्तव्यकर्मोंका वाचक है। अपने वर्ण, आश्रम, धर्म, जाति, स्वभाव, देश, काल आदिके अनुसार प्राप्त सभी कर्तव्यकर्म 'यज्ञ' के अन्तर्गत आ जाते हैं। दूसरेके हितकी भावनासे किये जानेवाले सब कर्म भी 'यज्ञ' ही हैं। '**स्वकर्मणा तमभ्यर्च्य**' (१८। ४६) पदोंसे अपने कर्तव्यकर्मोंके द्वारा परमात्माका पूजन करनेकी जो बात कही गयी है, वह भी 'यज्ञ' के ही अन्तर्गत है।

संखिया, भिलावा आदि जो जहर हैं, उनको जब वैद्यलोग शुद्ध करके औषधरूपमें देते हैं, तब वे जहर भी अमृतकी तरह होकर बड़े-बड़े रोगोंको दूर करनेवाले बन जाते हैं। इसी तरह कामना, ममता, आसक्ति, पक्षपात, विषमता, स्वार्थ, अभिमान आदि

सब जहररूप हैं। कर्मोंमेंसे इस जहरके भागको निकाल देनेसे वे कर्म अमृतमय होकर जन्म-मरणरूप महान् रोगको दूर करनेवाले बन जाते हैं। ऐसे अमृतमय कर्म ही 'यज्ञ' कहलाते हैं।

सबके मूल हैं—परमात्मा। परमात्मासे वेद प्रकट होते हैं। वेद कर्तव्यपालनकी विधि बताते हैं। मनुष्य उस विधिसे कर्तव्यपालन करते हैं। कर्तव्यपालनसे यज्ञ होता है और यज्ञसे वर्षा होती है। वर्षासे अन्न होता है, अन्नसे प्राणी होते हैं और उन्हीं प्राणियोंमेंसे मनुष्य कर्तव्यपालनसे यज्ञ करते हैं (३।१४-१५)। इस तरह यह सृष्टि-चक्र चल रहा है। परमात्मा सर्वव्यापी होनेपर भी कर्तव्य-कर्मरूप यज्ञमें नित्य विद्यमान रहते हैं—**'तस्मात्सर्वगतं ब्रह्म नित्यं यज्ञे प्रतिष्ठितम्'** (३।१५)। तात्पर्य है कि जहाँ निष्कामभावसे अपने कर्तव्यका पालन किया जाता है, वहाँ परमात्मा रहते हैं। अतः परमात्मप्राप्तिके इच्छुक मनुष्य अपने कर्तव्य-कर्मोंके द्वारा उन्हें सुगमतापूर्वक प्राप्त कर सकते हैं। परंतु जो मनुष्य यज्ञ नहीं करता, अपने कर्तव्यका पालन नहीं करता, उसके लिये भगवान् कहते हैं कि 'वह तो चोर ही है'—**'स्तेन एव सः'** (३।१२); 'वह पापका भी भक्षण करता है'—**'भुञ्जते ते त्वघम्'** (३।१३); 'वह इन्द्रियोंके द्वारा भोगोंमें रमण करनेवाला अघायु (पापमय जीवन बितानेवाला) मनुष्य व्यर्थ ही जीता है'—**'अघायुरिन्द्रियारामो मोघं पार्थ स जीवति'** (३।१६)।

यज्ञ अर्थात् कर्तव्यपालनकी जिम्मेवारी मनुष्यपर ही है। अतः मनुष्यको चाहिये कि वह निष्कामभावसे या भगवत्पूजनके भावसे अपने कर्तव्यका तत्परतापूर्वक पालन करे। अपने-अपने कर्तव्य-कर्ममें तत्परतापूर्वक लगा हुआ मनुष्य परमात्मतत्त्वको प्राप्त कर लेता है—**'स्वे स्वे कर्मण्यभिरतः संसिद्धिं लभते नरः'** (१८।४५)।

गीतामें लोकसंग्रह

साधकात् प्रभुसिद्धाभ्यां जायते लोकसंग्रहः।
येनोन्मार्गं परित्यज्य भवन्ति धार्मिका जनाः॥

'लोक' शब्द स्वर्ग, मृत्यु और पाताल—इन तीन लोकोंका वाचक है। इन तीनों लोकोंकी मर्यादाको स्थायी रखनेके लिये कर्म करना 'लोकसंग्रह' है। यह लोकसंग्रह मनुष्यके ही अधीन है; क्योंकि मनुष्यशरीरमें किये गये कर्मोंके फलरूपमें ही ये स्वर्ग, मृत्यु और पाताल—तीनों लोक होते हैं (१४।८)।

जिसको लोग आदरकी दृष्टिसे देखते हैं, आदर्श मानते हैं, और जिसके आचरणों तथा वचनोंसे लोग उन्मार्गसे बचकर सन्मार्गपर चलते हैं, उसके द्वारा लोकसंग्रह होता है। यह लोकसंग्रह साधक, सिद्ध और भगवान्—इन तीनोंके द्वारा होता है; जैसे—

(१) साधकके द्वारा लोकसंग्रह—भगवान्‌ने अर्जुनको साधकमात्रका प्रतिनिधि बनाकर कहा कि पहले राजा जनक-जैसे महापुरुष कर्मोंके द्वारा ही परमसिद्धिको प्राप्त हुए हैं; अतः लोकसंग्रहको देखते हुए तू भी उनकी तरह अनासक्तभावसे कर्म करनेके योग्य है (३।२०)।

(२) सिद्धके द्वारा लोकसंग्रह—सिद्ध महापुरुष जो-जो आचरण करते हैं, अन्य मनुष्य भी वैसा-वैसा ही आचरण करते हैं और वे अपनी वाणीसे जो कुछ कह देते हैं, दूसरे लोग भी उसीका अनुवर्तन करते हैं (३।२१)। कर्मोंमें आसक्त मनुष्य जिस प्रकार सावधानी और तत्परतापूर्वक कर्म करते हैं, सिद्ध

महापुरुष भी लोकसंग्रहकी इच्छासे अनासक्तभावसे उसी प्रकार कर्म करे (३। २५)।

(३) भगवान‍्के द्वारा लोकसंग्रह—भगवान् अपने विषयमें कहते हैं कि त्रिलोकीमें मेरे लिये न तो कुछ करना बाकी है और न कुछ पाना बाकी है, तो भी मैं कर्तव्य-कर्म करता हूँ। यदि मैं निरालस्य होकर कर्तव्य-कर्म न करूँ तो लोग मेरा ही अनुवर्तन करेंगे अर्थात् वे भी अपना कर्तव्य-कर्म छोड़ देंगे, जिससे उनका पतन हो जायगा। अतः यदि मैं कर्तव्य-कर्म न करूँ तो मैं संकरताको उत्पन्न करनेवाला और प्रजाका नाश करनेवाला बन जाऊँगा (३। २२—२४)।

तात्पर्य है कि वास्तवमें लोकसंग्रह भगवान् और सिद्धके द्वारा ही होता है; क्योंकि उनका अपना कोई स्वार्थ नहीं होता। ऐसे तो साधक भी मर्यादामें चलता है और उसके द्वारा भी लोकसंग्रह होता है, पर वैसा लोकसंग्रह नहीं होता; क्योंकि साधकमें अपने कल्याणका प्रयोजन भी रहता है।

ज्ञातव्य

भगवान् और सिद्ध महापुरुषका भाव सर्वथा निष्काम होनेसे उनके द्वारा शुद्ध, आदर्श लोकसंग्रह होता है। साधकका भाव सर्वथा निष्काम नहीं होता, प्रत्युत उसका उद्देश्य निष्काम होनेका होता है; अतः उसके द्वारा गौणरीतिसे लोकसंग्रह होता है। सामान्य मनुष्यमें सकामभाव रहता है; अतः उसके द्वारा विशेष लोकसंग्रह नहीं होता। वह जो शास्त्रविहित क्रिया करता है, केवल उस क्रियासे ही सामान्य लोकसंग्रह होता है।

लोकसंग्रह दो तरहसे होता है—

(१) आचरणसे—मनुष्य जिस वर्ण, आश्रममें स्थित है, उसके अनुसार शास्त्रने जिसके लिये जिस कर्मकी आज्ञा दी है, उस कर्मको निष्कामभावसे केवल संसारके हितके लिये ही करना।

(२) वचनसे—अपने सिवाय दूसरे वर्णों एवं आश्रमोंमें रहनेवाले जितने लोग हैं, उनको उन्मार्गसे बचाकर सन्मार्गपर लाना।

इन दोनों तरहसे होनेवाले लोकसंग्रहमें अपने आचरणोंसे लोगोंपर जो असर पड़ता है, वह असर केवल वचनोंसे नहीं पड़ता। जिसके आचरण अपने वर्ण-आश्रमकी मर्यादाके अनुसार होते हैं; उसीके वचनोंका असर दूसरोंपर पड़ता है। इन्हीं बातोंको बतानेके लिये भगवान‍्ने तीसरे अध्यायके इक्कीसवें श्लोकके पूर्वार्धमें **'यत्'-'यत्'**, **'तत्'-'तत्'** और **'एव'**—ये पाँच शब्द दिये हैं; और उत्तरार्धमें **'यत्'** तथा **'तत्'**—ये दो ही शब्द दिये हैं*। इसका तात्पर्य यह है कि अपने आचरणका प्रभाव दूसरोंपर अधिक पड़ता है और वचनोंका प्रभाव दूसरोंपर कम पड़ता है; अतः आचरण करना मुख्य है। हाँ, कोई बहुत श्रद्धालु हो तो उसपर केवल वचनोंका भी असर पड़ सकता है।

मनुष्य अपने आचरण लोकमर्यादाके अनुसार ही करे। उनमें किसी प्रकारका दिखावटीपन न हो। उन आचरणोंको कोई देखे या न देखे, कोई माने या न माने, इसकी परवाह न करके वह समुदायमें अथवा एकान्तमें सुचारुरूपसे अपने कर्तव्यका पालन करता रहे। उन कर्मोंको करनेमें किंचिन्मात्र भी व्यक्तिगत स्वार्थका भाव न हो, प्रत्युत विश्वमात्रके हितका भाव हो। तात्पर्य है कि सम्पूर्ण कर्म संसारमात्रके हितकी दृष्टिसे ही करे।

अपने कल्याणका भाव रखकर कर्म करना भी स्वार्थ है। अतः लोकसंग्रह करनेवाले मनुष्यको इस भावका भी त्याग कर देना चाहिये और केवल संसारमात्रके कल्याणका भाव रखना चाहिये। यद्यपि अपने कल्याणका भाव रखना सकामभाव नहीं है, तो

* यद्यदाचरति श्रेष्ठस्तत्तदेवेतरो जनः।
स यत्प्रमाणं कुरुते लोकस्तदनुवर्तते॥ (गीता ३। २१)

भी व्यक्तिगत कल्याणका भाव लोकसंग्रहको पूरा नहीं होने देता। जो मनुष्य अपने कल्याणका भी भाव न रखकर, केवल दूसरोंके कल्याणका भाव रखकर अपने कर्तव्यका पालन करता है, उसके द्वारा स्वतः ही लोगोंका हित होता है। जैसे बर्फके पास जानेपर ठण्डक मिलती है, आगके पास जानेपर गरमी मिलती है, ऐसे ही उस मनुष्यके पास जानेपर, उसको याद करनेपर भी लोगोंका कल्याण होता है। अगर ऐसा मनुष्य गृहस्थाश्रममें हो तो उसके घरका अन्न-जल लेनेवालेका भी कल्याण हो जाता है और अगर वह संन्यासाश्रममें हो तो वह जिसके अन्न-जल आदिको ग्रहण करता है, उस (अन्न-जल देनेवाले)-का भी कल्याण हो जाता है। ऐसे लोकसंग्रही महापुरुषके दर्शन, भाषण और चिन्तनसे भी लोगोंका कल्याण होता है। उसके जीवित रहनेपर उसके आचरणों, वचनों, भावोंका प्राणियोंपर जैसा असर पड़ता है, वैसा ही असर उसका शरीर न रहनेपर भी पड़ता है। जिस स्थानपर वह महापुरुष रहता था, उस स्थानपर कोई अपरिचित व्यक्ति भी चला जाय तो उस व्यक्तिको वहाँ बड़ी शान्ति मिलती है। उस महापुरुषके दिये हुए उपदेश आकाशमें स्थायीरूपसे रहते हैं, जो अधिकारी व्यक्तिको उसकी जिज्ञासा, उत्कण्ठाके अनुसार मिलते रहते हैं। अधिकारी व्यक्तिको इस बातका पता नहीं लगता कि वे भाव कहाँसे आये, पर वह उन भावोंके आनेमें भगवान् या सन्तोंकी कृपाको ही कारण मानता है।

महापुरुषके द्वारा जो भी क्रियाएँ होती हैं, वे सब आदर्शरूपसे होती हैं। कहीं-कहीं उनकी क्रियाएँ अनुयायीरूपसे भी दीखती हैं। जिस तरह आस्तिक लोग शास्त्रविहित कर्मोंमें एवं उन कर्मोंके फलोंमें दृढ़ श्रद्धा-विश्वास रखते हुए सकामभावसे तत्परतापूर्वक कर्म करते हैं, उसी तरह ज्ञानी महापुरुष भी तत्परतासे कर्म करता है (३। २५)।

कर्मयोगी साधकमें कर्म करनेका जो स्वभाव होता है, वही स्वभाव सिद्धावस्थामें भी रहता है। अतः कर्मयोगसे सिद्ध महापुरुषमें स्वाभाविक ही कर्म करनेकी प्रवृत्ति दीखती है। परन्तु ज्ञानयोगसे सिद्ध महापुरुषमें वैसी प्रवृत्ति नहीं दीखती। कारण कि ज्ञानयोगी पहलेसे ही अपनेको असंग अनुभव करता है। अतः सिद्धावस्थामें उसकी कर्मों और पदार्थोंसे स्वाभाविक ही उपरति रहती है, जो ज्ञानमार्गके साधकोंके लिये आदर्श होती है; और उस महापुरुषकी पदार्थ आदिसे जो तटस्थता है, वह दुनियामात्रके लिये हितकारी होती है।

प्रश्न—सिद्ध महापुरुषमें अहंभाव नहीं रहता, फिर उसके द्वारा लोकसंग्रह, क्रियाएँ कैसे होती हैं?

उत्तर—उस महापुरुषके शरीरद्वारा क्रिया होनेमें दो कारण हैं—एक उनका प्रारब्ध और दूसरा प्राणियोंका भाव। जिस प्रारब्धके प्रवाहसे उसको शरीर मिला है, उसी प्रारब्धसे उसके द्वारा सभी क्रियाएँ होती हैं; और उसके सामने जो प्राणी आते हैं, उन प्राणियोंके भावोंके अनुसार ही उसके द्वारा क्रियाएँ होती हैं। अगर उसके पास प्रेमभाव रखनेवाला, श्रद्धालु मनुष्य आता है तो उसके साथ उस महापुरुषका बर्ताव भी प्रेमयुक्त होता है; और अगर उदासीन अथवा वैरभाव रखनेवाला मनुष्य आता है तो उस महापुरुषका बर्ताव भी उदासीनकी तरह होता है (वैरभाव महापुरुषमें होता ही नहीं)।

संसारमें ज्ञानयोग, भक्तियोग, कर्मयोग आदि जिस योगसाधनकी जिस समय आवश्यकता होती है, उस समय सन्त-महापुरुषोंके द्वारा उसी योगसाधनका प्रचार होता है। जैसे, जिस समय संसारके लिये ज्ञानयोगकी आवश्यकता थी, उस समय श्रीशंकराचार्यजीके द्वारा विशेषतासे ज्ञानयोगका प्रचार हुआ; और जिस समय संसारके लिये भक्तियोगकी आवश्यकता थी, उस समय श्रीरामानुजाचार्यजीके द्वारा विशेषतासे भक्तियोगका प्रचार हुआ। जैसे भगवान्के द्वारा होनेवाली सभी

क्रियाएँ प्राणिमात्रके हितके लिये ही होती हैं, ऐसे ही महापुरुषके द्वारा होनेवाली सभी क्रियाएँ प्राणिमात्रके हितके लिये स्वतः होती हैं। उसके आचरण एवं वचन (उपदेश)—दोनों ही प्राणिमात्रके हितके लिये होते हैं, पर उसके भीतर हित करनेका अभिमान नहीं होता। जैसे सूर्यभगवान्से दुनियामात्रको प्रकाश एवं कर्म करनेकी प्रेरणा मिलती है, ऐसे ही उस महापुरुषके आचरणों तथा वचनोंसे दुनियामात्रको प्रकाश (ज्ञान) एवं कर्तव्य-कर्म करनेकी प्रेरणा मिलती है, चाहे उसका शरीर रहे अथवा न रहे। जब भगवान् श्रीराम और श्रीकृष्णके अवतार हुए, तब उनको साक्षात् भगवान् माननेवाले मनुष्य बहुत कम थे, पर आज उनको भगवान् माननेवाले मनुष्योंकी संख्या ज्यादा है। कलियुगके कारण मनुष्योंके आचरणोंमें तो शिथिलता आयी है, पर उनको भगवान् माननेका भाव बढ़ा है। ऐसे ही महापुरुषोंका शरीर न रहनेके बाद उनके सिद्धान्तोंका, उनके वचनोंका विशेष प्रचार होता है।

जबतक मनुष्यमें अहंभाव रहता है, तबतक उसकी सम्पूर्ण क्रियाएँ दुनियाके लिये हितकारी नहीं होती। अहंभाव मिटनेपर उसकी सम्पूर्ण क्रियाएँ दुनियाके लिये हितकारी, आदर्श हो जाती हैं। हाँ, सकामभावसे कर्म करनेवाले मनुष्योंके कर्म भी दूसरोंके लिये आदर्श होते हैं, पर वे कर्म कल्याण करनेवाले नहीं होते। सकामभावसे कर्म करनेवाले मनुष्योंमें उतनी ही शुद्धि आती है, जितनेसे वे भोगोंको भोग सकें। उनमें वह शुद्धि नहीं आती, जिससे कल्याण हो जाय।

जिन गाँवोंमें, प्रान्तोंमें सन्त-महापुरुष हुए हैं अथवा गये हैं, वे गाँव आज भी शुद्ध हैं अर्थात् आज भी वहाँके लोगोंमें आस्तिकता, अच्छे विचार, अच्छे आचरण आदि देखनेको मिलते हैं। परन्तु जिन गाँवोंमें न तो कोई सन्त हुआ है और न कोई सन्त गया ही है, उन गाँवोंके लोग भूत-प्रेतोंकी तरह ही होते हैं।

गीतोक्त प्रवृत्ति और आरम्भ

वर्णाश्रमाभ्यां नियतं हि कर्म कार्यं प्रवृत्तिः कथिता बुधैश्च।
कर्माणि भोगाय नवानि चैव कार्याणि चारम्भ उदीरितो वै॥

भगवान्ने रजोगुणकी वृद्धिके लक्षण बताते हुए 'प्रवृत्ति' और 'आरम्भ'—इन दोनोंका एक साथ प्रयोग किया है—**'लोभः प्रवृत्तिरारम्भः कर्मणामशमः स्पृहा'** (१४।१२)। यद्यपि स्थूलदृष्टिसे प्रवृत्ति और कर्मोंका आरम्भ—ये दोनों एक समान ही दीखते हैं, तथापि इन दोनोंमें बड़ा भारी अन्तर है। अपने-अपने वर्ण, आश्रम, देश, वेश आदिमें रहते हुए प्राप्त परिस्थितिके अनुसार जो कर्तव्य सामने आ जाय, उसको सुचारुरूपसे सांगोपांग कर देना 'प्रवृत्ति' है; और भोग तथा संग्रहको बढ़ानेके उद्देश्यसे नये-नये कर्म प्रारम्भ करना 'आरम्भ' है। अतः प्रवृत्तिको तो निष्कामभावसे निर्लिप्ततापूर्वक करना चाहिये, उसका त्याग नहीं करना चाहिये; क्योंकि निष्कामभावपूर्वक प्रवृत्ति करना योगारूढ़ होनेमें कारण है (६।३); परंतु आरम्भका तो त्याग ही कर देना चाहिये; क्योंकि वह भोग और संग्रहकी आसक्ति बढ़ाकर पतन करनेवाला है।

गीता परिस्थितिका परिवर्तन करनेके लिये नहीं कहती, प्रत्युत उसका परिमार्जन करनेके लिये कहती है, जिससे मनुष्य किसी परिस्थितिमें फँसे भी नहीं और वह जिस परिस्थितिमें स्थित है, वही परिस्थिति उसके कल्याणका साधन बन जाय। उसको अपने कल्याणके लिये नये कर्मोंका आरम्भ न करना पड़े और वर्ण, आश्रम, देश, काल, परिस्थिति आदिका परिवर्तन न करना पड़े। कारण कि परमात्मा सब वर्ण,

आश्रम, देश, काल, परिस्थिति, घटना आदिमें पूर्णरूपसे व्याप्त हैं।

प्रवृत्ति (अपने कर्तव्यका पालन) तो सभी वर्ण-आश्रमोंमें होती है और होनी भी चाहिये; क्योंकि अपने-अपने कर्तव्यका पालन किये बिना सृष्टि-चक्रकी मर्यादा चलेगी ही नहीं और अपने कर्तव्यका त्याग करनेसे उद्धार नहीं होगा। अतः जो मनुष्य जिस-किसी वर्ण, आश्रम, परिस्थिति आदिमें स्थित है, उसको निष्कामभावपूर्वक अपने कर्तव्यका पालन जरूर करना चाहिये।

प्रवृत्ति (अपने कर्तव्यका पालन) तो गुणातीत मनुष्यके द्वारा भी होती है (१४। २२), पर उसके द्वारा भोग और संग्रहके उद्देश्यसे कर्मोंका आरम्भ नहीं होता। कहीं-कहीं गुणातीत मनुष्यके द्वारा भी नये-नये कर्मोंका आरम्भ देखनेमें आता है; परंतु उन कर्मोंके आरम्भमें उसके किंचिन्मात्र भी राग-द्वेष नहीं होते। भोग और संग्रहके उद्देश्यसे नये-नये कर्मोंका आरम्भ करनेवाले मनुष्य 'हमें तो परमात्मप्राप्ति ही करनी है'—ऐसा एक निश्चय कर ही नहीं सकते (२। ४४)।

तात्पर्य है कि अपने वर्ण-आश्रमके अनुसार निष्कामभावपूर्वक की गयी प्रवृत्ति बाधक नहीं है, प्रत्युत मुक्तिमें हेतु है। ऐसे ही अपने स्वार्थ, अभिमान, कामना, आसक्तिका त्याग करके केवल प्राणिमात्रके हितके लिये किये गये नये-नये कर्मोंका आरम्भ भी बाधक नहीं है। परंतु इन आरम्भोंमें साधकको यह विशेष सावधानी रखनी चाहिये कि कर्मोंका आरम्भ करते हुए कहीं हृदयमें पदार्थों और क्रियाओंका महत्त्व अंकित न हो जाय। अगर हृदयमें पदार्थों और क्रियाओंका महत्त्व अंकित हो जायगा तो उन कर्मोंमें साधककी निर्लिप्तता नहीं रहेगी अर्थात् वह साधक अपने पास रुपये-पैसे भी न रखता हो, पदार्थोंका संग्रह भी न करता हो, तो भी उसके हृदयमें धन, पदार्थ और क्रियाओंका महत्त्व अंकित हो ही जायगा तथा कार्य करते हुए और न करते हुए भी उन कार्योंका चिन्तन हो ही जायगा।

भगवान्‌ने कर्मयोगी, ज्ञानयोगी और भक्तियोगी—तीनों ही साधकोंके लिये प्रवृत्ति (कर्म)-से निर्लिप्त रहनेकी बात कही है। कर्मयोगी साधकमें फलासक्ति न होनेसे वह कर्म करता हुआ भी लिप्त नहीं होता—**'कुर्वन्नपि न लिप्यते'** (५। ७)। ज्ञानयोगी साधक 'सम्पूर्ण कर्म प्रकृतिके द्वारा ही हो रहे हैं'—ऐसा देखता है और स्वयंको अकर्ता अनुभव करता है (१३। २९)। इसलिये वह कर्म करता हुआ भी लिप्त नहीं होता। भक्तियोगी साधक सम्पूर्ण कर्मोंको भगवान्‌के अर्पण कर देता है; अतः वह कर्म करता हुआ भी कर्मोंसे लिप्त नहीं होता।

भगवान्‌ने कर्मयोगमें कर्मोंके आरम्भमें कामनाओं और संकल्पोंका त्याग तो बताया है, पर कर्मोंके आरम्भका त्याग नहीं बताया; क्योंकि कर्मयोगमें निष्कामभावसे कर्म करना आवश्यक है। कर्मोंको किये बिना कर्मयोगकी सिद्धि ही नहीं हो सकती (६। ३)। परंतु ज्ञानयोग और भक्तियोगमें भगवान्‌ने सम्पूर्ण कर्मोंके आरम्भका त्याग बताया है; जैसे—जो सम्पूर्ण कर्मोंके आरम्भका त्यागी है, वह गुणातीत कहा जाता है (१४। २५); और जो सम्पूर्ण कर्मोंके आरम्भका त्यागी है, वह भक्त मुझे प्रिय है (१२। १६)। कारण कि ज्ञानयोगी और भक्तियोगीकी सांसारिक कर्मोंसे उपरति रहती है।

गीतामें त्यागका स्वरूप

बाह्यव्यक्तिपदार्थानां न त्यागस्त्याग उच्यते।
कामादीनां परित्यागं प्राहुस्त्यागं विचक्षणाः॥

त्यागके विषयमें प्रायः लोगोंकी ऐसी धारणा बनी हुई है कि जो घर-परिवार, स्त्री-पुत्र, माता-पिता आदिको छोड़कर साधु-संन्यासी हो जाते हैं, वे त्यागी हैं। परन्तु वास्तवमें यह त्याग नहीं है; क्योंकि जबतक अन्तःकरणमें सांसारिक वस्तु, व्यक्ति, पदार्थ आदिमें राग है, प्रियता है, उनका महत्त्व है, तबतक बाहरसे घर-परिवार, गृहस्थको छोड़नेपर भी त्याग नहीं होता। अगर बाहरसे घर-परिवार छोड़नेमात्रसे त्याग हो जाता तो फिर सब मरनेवालोंका कल्याण हो जाना चाहिये; क्योंकि वे अपने घर-परिवारको और खास अपने कहलानेवाले शरीरको भी छोड़ देते हैं! परन्तु उनका कल्याण नहीं होता; क्योंकि उन्होंने सांसारिक राग, आसक्ति, ममता आदिका त्याग नहीं किया, प्रत्युत इनके रहते हुए उनको मरना पड़ा।

जो चीज अपनी नहीं होती, उसका भी त्याग नहीं होता और जो अपना स्वरूप है, उसका भी त्याग नहीं होता; जैसे—अग्नि अपनी दाहिका और प्रकाशिका शक्तिका त्याग नहीं कर सकती; क्योंकि दाहिका और प्रकाशिका शक्ति अग्निका स्वरूप है। फिर त्याग किसका होता है? जो चीज अपनी नहीं है, उसको अपना मान लिया—इस झूठी मान्यताका, बेईमानीका ही त्याग होता है। जिसके साथ अपना सम्बन्ध कभी था नहीं, अभी है नहीं, आगे होगा नहीं और कभी हो सकता भी नहीं तथा बिना त्याग किये ही जिसका प्रतिक्षण हमारेसे सम्बन्ध-विच्छेद हो रहा है, उसके साथ माने हुए सम्बन्धका त्याग करना ही वास्तविक त्याग है। तात्पर्य है कि वस्तु आदिका अभाव नहीं करना है, प्रत्युत उन वस्तुओंसे जो सम्बन्ध मान रखा है, उनमें जो आसक्ति, ममता कर रखी है, उसका त्याग करना है। यह त्याग ही वास्तविक त्याग है, जिससे तत्काल शान्ति मिलती है, —'**त्यागाच्छान्तिरनन्तरम्**' (१२।१२)।

त्यागके विषयमें मुख्य बात है कि संसारमें केवल संसारके लिये ही रहना है, अपने लिये नहीं। सात्त्विक त्यागका स्वरूप बताते हुए भगवान् कहते हैं कि केवल कर्तव्यमात्र करना है, पर उसमें आसक्ति, ममता, फलेच्छा न हो। आसक्ति आदि न होनेसे शरीर-संसारसे सम्बन्ध-विच्छेद हो जाता है (१८।९)। कर्तव्यका पालन करनेमें कष्ट होता है, परिश्रम होता है, आराम नहीं मिलता—ऐसा समझकर अर्थात् शारीरिक कष्टके भयसे कर्तव्यका त्याग किया जाय तो वह राजस त्याग होता है। राजस त्यागसे शान्ति नहीं मिलती (१८।८)। मोहके कारण, बिना विचार किये कर्तव्यका, क्रियाओंका, पदार्थोंका त्याग किया जाय तो वह तामस त्याग होता है (१८।७)। तामस त्याग मनुष्यको प्रमाद और आलस्यमें लगाता है, जिससे उसकी अधोगति होती है।

साधक वही होता है, जो त्यागी होता है अर्थात् जो संसारको देता-ही-देता है, लेता है ही नहीं। वह लेता है, तो भी देता है और देता है, तो भी देता है अर्थात् वह अन्न-जल, वस्त्र आदि लेता है तो दुनियाके हितके लिये ही लेता है और अन्न-जल आदि देता है तो दुनियाके हितके लिये ही देता है। ऐसे ही वह चुपचाप बैठा रहता है, कुछ भी नहीं करता, तो भी वह देता है; क्योंकि उसके जीनेमात्रसे, दर्शनमात्रसे दुनियाका स्वतः हित होता है। उसका शरीर न रहनेके बाद भी उसके भावोंसे, उसके आचरणोंको पढ़ने-सुनने-स्मरण करनेसे और उसके रहनेके स्थानसे दुनियाका हित होता है। तात्पर्य है कि वह '**सर्वभूतहिते रताः**' (५।२५; १२।४) होता

है, उसका जीवन त्यागमय होता है; अत: वह लेता कुछ नहीं और सब कुछ देता है।

गीतामें सांख्ययोगको 'संन्यास' और कर्मयोगको 'त्याग' नामसे भी कहा गया है (१८। १)। जिसकी धरोहर है, उसको दे देनेका नाम 'संन्यास' है। शरीर और संसार प्रकृतिकी धरोहर हैं; अत: उनको प्रकृतिको दे देना अर्थात् उनसे अपना सम्बन्ध नहीं रखना 'संन्यास' है। जो अपना नहीं है, उससे सम्बन्ध-विच्छेद कर देनेका नाम 'त्याग' है। मन, बुद्धि, इन्द्रियाँ, शरीर आदिमें ममताका, अपनेपनका सम्बन्ध न रखना 'त्याग' है; क्योंकि वे सभी संसारके हैं, अपने नहीं। उन मन, बुद्धि आदिमें ममता-आसक्ति न रखकर केवल संसारके लिये ही कर्म करना चाहिये, अपने लिये नहीं। अपने लिये, अपने व्यक्तिगत स्वार्थके लिये कर्म करनेसे मनुष्य बँधता है—'**यज्ञार्थात्कर्मणोऽन्यत्र लोकोऽयं कर्मबन्धन:**' (३। ९); और केवल यज्ञके लिये, दूसरोंके लिये, संसारके लिये कर्म करनेसे मनुष्यके सम्पूर्ण कर्म विलीन हो जाते हैं—'**यज्ञायाचरत: कर्म समग्रं प्रविलीयते**' (४। २३)।

कर्मोंका आरम्भ न करनेसे भी सिद्धि नहीं मिलती और कर्मोंका स्वरूपसे त्याग करनेमात्रसे भी सिद्धि नहीं मिलती (३। ४)। कर्मोंका आरम्भ न करनेसे सिद्धि नहीं होती; क्योंकि कर्मोंका आरम्भ किये बिना कर्मयोगकी सिद्धि नहीं होती। जो योगपर आरूढ़ होना चाहता है, अपनेमें समताको लाना चाहता है, उसके लिये निष्कामभावसे कर्म करना कारण है (६। ३)। तात्पर्य है कि कर्म किये बिना मनुष्य योगपर आरूढ़ नहीं होता, क्योंकि कर्म करनेसे ही कर्मोंकी सिद्धि-असिद्धि, फलकी प्राप्ति-अप्राप्तिमें सम रहनेका अनुभव होता है।

कर्मोंका स्वरूपसे त्याग करनेमात्रसे भी सिद्धि नहीं होती; क्योंकि जबतक कर्तृत्व-अभिमान (करनेका भाव) रहता है, तबतक सांख्ययोगकी सिद्धि नहीं होती। कर्तृत्व-अभिमानका त्याग करनेसे ही सिद्धि होती है; क्योंकि वास्तवमें 'करना' प्रकृतिमें ही है, अपनेमें नहीं (१३। ३१)। तात्पर्य है कि सांख्ययोगी कर्तृत्व-अभिमानका त्याग कर दे, तो फिर कर्मोंका स्वरूपसे त्याग कर देनेपर भी उसके साधनकी सिद्धि हो जाती है। परन्तु कर्मयोगमें तो कर्तव्य-कर्म करनेसे सिद्धि होती है।

जिनसे संसारके साथ सम्बन्ध जुड़ता है, ऐसे कर्म 'अकुशल' कहलाते हैं। कर्मयोगी अकुशल कर्मोंका त्याग तो करता है, पर द्वेषपूर्वक नहीं। इसमें देखा जाय तो त्याज्य वस्तु इतनी बन्धनकारक नहीं है, जितना द्वेष बन्धनकारक है। ऐसे ही कर्मयोगी कुशल कर्मोंको तो करता है, पर रागपूर्वक नहीं। इसमें भी देखा जाय तो कुशल कर्मोंको करनेसे जितना लाभ होता है, उससे अधिक दोष रागपूर्वक कर्म करनेसे होता है। इस तरह कर्म करना ही वास्तवमें त्याग है (१८। १०)।

जो कर्मफलका आश्रय न लेकर, कर्मफलकी आसक्ति-कामना न रखकर, कर्मफलके साथ अपना सम्बन्ध न जोड़कर कर्तव्य-कर्म करता है, वही वास्तवमें त्यागी है। केवल अग्निका त्याग करनेवाला या कर्मोंको छोड़नेवाला त्यागी नहीं है (६। १)। अपने संकल्पको छोड़े बिना, अपने मनकी बात छोड़े बिना मनुष्य कोई-सा भी योगी नहीं हो सकता (६। २)। जो कर्म एवं कर्मफलकी आसक्तिका त्याग कर देता है, वह कर्मोंमें अच्छी तरह प्रवृत्त होनेपर भी वास्तवमें कुछ नहीं करता (४। २०)। जो कर्म करते हुए भी निर्लिप्त (कामना, ममता, आसक्तिसे रहित) रहता है और निर्लिप्त रहते हुए ही कर्म करता है, वही योगी है, बुद्धिमान् है और सम्पूर्ण कर्मोंको करनेवाला (कृतकृत्य) है (४। १८)। तात्पर्य है कि कर्मयोगी कर्मोंका स्वरूपसे त्याग नहीं करता, प्रत्युत कर्म और कर्मफलकी कामना, ममता, आसक्तिका त्याग करता है। भक्तियोगी भी कर्मोंका स्वरूपसे त्याग नहीं करता, प्रत्युत कर्म और कर्मफलको भगवान्‌के

अर्पण करता है अर्थात् उनमें कामना, ममता, आसक्तिका त्याग करता है (३।३०; १२।६; १८।५७)।

भक्तमें कुछ भी लेनेकी इच्छा कभी होती ही नहीं। उसमें मुक्तिकी भी इच्छा नहीं होती; क्योंकि उसमें बन्धन है ही नहीं। जहाँ जड़, असत् वस्तुओंको स्वीकार करते हैं, वहीं बन्धन होता है। भक्त असत्को कभी स्वीकार करता ही नहीं। वह भगवान्से भी कुछ लेता नहीं, प्रत्युत भगवान्को भी देता-ही-देता है। उसमें 'मैं प्रभुसे भी कुछ नहीं चाहता, मुक्ति भी नहीं चाहता'—ऐसा अभिमान भी नहीं होता। जैसे भगवान् किसीसे कुछ भी नहीं लेते, केवल देते-ही-देते हैं, फिर भी उनमें कोई कमी नहीं आती, ऐसे ही उस त्यागी भक्तमें भी कोई कमी नहीं आती। भक्त अपने लिये भगवान्को भी नहीं चाहता। वह तो स्वयं भगवान्के समर्पित होना चाहता है, अपना अलग अस्तित्व नहीं रखना चाहता।

अद्वैत सिद्धान्तमें तो साधक ब्रह्मरूप हो जाता है, पर भक्त ब्रह्मरूपसे भी विलक्षण हो जाता है; जिसमें भगवान् भी भक्तके भक्त बन जाते हैं, जबकि भक्त नहीं चाहता कि भगवान् मेरे भक्त बनें। ऐसे भक्तोंके बिना भगवान्का मन नहीं लगता। भगवान्को भी ऐसे भक्तोंकी गरज होती है, चाहना होती है। जैसे, हनुमान्जी भगवान्से कुछ भी नहीं चाहते; न रहनेके लिये स्थान चाहते हैं, न भोजन चाहते हैं, न कपड़ा चाहते हैं, न सहायता चाहते हैं, न मान चाहते हैं, पर भगवान्का काम करनेके लिये वे सदा आतुर रहते हैं—**'राम काज करिबे को आतुर'** अतः भगवान् रामजी, सीताजी, लक्ष्मणजी, भरतजी, अयोध्यावासी आदि सब-के-सब हनुमान्जीके ऋणी हो जाते हैं! हनुमान्जी त्यागके कारण इतने ऊँचे हो गये कि जहाँ रामजीका मन्दिर होता है, वहाँ हनुमान्जीका मन्दिर होता ही है, पर जहाँ रामजीका मन्दिर नहीं होता, वहाँ भी स्वतन्त्ररूपसे हनुमान्जीका मन्दिर होता है अर्थात् हनुमान्जीके बिना रामजीके मन्दिर नहीं हैं, पर रामजीके बिना हनुमान्जीके मन्दिर हैं।

त्यागी भक्तोंको भगवान् अपने माता-पिता, भाई-बन्धु, कुटुम्बी बना लेते हैं और उनके अधीन हो जाते हैं। भक्तसे प्रेम पानेके लिये भगवान् भी लालायित रहते हैं। व्रजकी गोपियोंमें ऐसा ही प्रेम था। वे अपने लिये कुछ नहीं चाहती थीं, केवल भगवान्को ही सुख देना चाहती थीं। उनका अपना कोई अलग व्यक्तित्व नहीं था। उन्होंने भगवान्में ही अपने व्यक्तित्वकी आहुति दे दी थी।

ब्रह्म तो एकरस है। वह न किसीको रस देता है और न रस लेता है। परन्तु भक्त तो भगवान्को भी रस देता है और देता ही रहता है; उसका देना समाप्त होता ही नहीं। जैसे समुद्रमें मिलनेपर भी गंगाजीका प्रवाह समुद्रमें बहता ही रहता है, भले ही उस प्रवाहका भान न हो, ऐसे ही भक्तका देनेका प्रवाह चलता ही रहता है।

गीतामें निर्द्वन्द्व होनेकी महत्ता

रागद्वेषादयो द्वन्द्वाः शत्रवः सन्ति देहिनाम्।
तन्मुक्ताः साधकाः शीघ्रं भवेयुः सममाश्रिताः॥

सांसारिक कर्ममें संसारका सम्बन्ध रहता है और पारमार्थिक साधनमें संसारसे विमुख होकर भगवान्के सम्मुख होना पड़ता है; अतः संसारका काम करें या पारमार्थिक साधन करें—यह द्वन्द्व है। इस द्वन्द्वके निवारणका उपाय यह है कि सांसारिक काम संसारके लिये न करके केवल भगवान्के लिये किया जाय। केवल भगवत्प्रीत्यर्थ करनेसे सब-का-सब काम-

धन्धा, सब-की-सब क्रियाएँ साधन हो जाती हैं। गीतामें नवें अध्यायके सत्ताईसवें श्लोकमें भगवान्ने **'यत्करोषि'** (तू जो कुछ करता है), **'यदश्नासि'** (तू जो कुछ खाता-पीता है), **'यज्जुहोषि'** (तू जो कुछ यज्ञ आदि करता है), **'ददासि यत्'** (तू जो कुछ दान देता है) और **'यत्तपस्यसि'** (तू जो कुछ तप करता है)—ये पाँच क्रियाएँ दी हैं। इनमेंसे **'करोषि'** और **'अश्नासि'**—ये दो क्रियाएँ सांसारिक हैं तथा **'जुहोषि', 'ददासि'** और **'तपस्यसि'**—ये तीन क्रियाएँ शास्त्रीय हैं, पर इन पाँचों क्रियाओंका सम्बन्ध **'मदर्पणम्'** (भगवदर्पण)-के साथ है। कारण कि पाँचों क्रियाओंके साथ **'यत्'** शब्द लगा हुआ है और अर्पण करनेके साथ **'तत्'** पद लगा हुआ है—**'तत्कुरुष्व मदर्पणम्'।** अतः ये पाँचों क्रियाएँ केवल भगवत्प्रीत्यर्थ करनी चाहिये। इनमें किंचिन्मात्र भी अपनापन नहीं रहना चाहिये।

अर्पण दो तरहसे होता है—(१) क्रिया करके भगवान्के अर्पण कर देना और (२) शरीर-इन्द्रियाँ-मन-बुद्धि आदि सब भगवान्के ही हैं—ऐसा मान लेना। इन दोनोंमेंसे दूसरा अर्पण श्रेष्ठ है; क्योंकि इसमें सब कुछ भगवान्के ही समर्पित है। इस तरह अर्पण करनेवाले भक्तकी लौकिक और शास्त्रीय सभी क्रियाएँ पारमार्थिक हो जाती हैं, भगवत्प्रीत्यर्थ हो जाती हैं। फिर उसमें द्वन्द्व नहीं रहता।

अनुकूल परिस्थितिमें राजी और प्रतिकूल परिस्थितिमें नाराज होना भी द्वन्द्व है। इस द्वन्द्वसे व्यवहार बिगड़ता है, दुःख होता है और बन्धन दृढ़ होता है। परन्तु जो अनुकूल-प्रतिकूल परिस्थितियोंमें राजी-नाराज नहीं होता, इनमें सम रहता है, उसका व्यवहार ठीक तरहसे होता है, उसको दुःख नहीं होता और उसका कर्मबन्धन कट जाता है (२। ३८)। जैसे, जो माँ अपने बच्चोंमें द्वन्द्व रखती है, पक्षपात या विषमता रखती है, वह माँ होते हुए भी बच्चोंको प्रसन्न नहीं रख सकती, जिससे कुटुम्बमें कलह होता है, अशान्ति रहती है, मनमुटाव रहता है। द्वन्द्व, पक्षपात न रहनेसे कलह मिट जाता है और कुटुम्बमें शान्ति रहती है।

द्वन्द्व, विषमता, पक्षपात—ये जन्म-मरणके, दुःखोंके मूल हैं। इनके सर्वथा मिटनेपर परमात्मतत्त्वकी प्राप्ति हो जाती है। अतः भगवान्ने द्वन्द्वोंमें सम रहनेको **'योग'** कहा है (२। ४८)।

हम युद्ध करें या न करें, जीत हमारी होगी या उनकी (२। ६)—यह भी द्वन्द्व है; परन्तु यह राग-द्वेषवाला द्वन्द्व नहीं है, प्रत्युत भविष्यकी चिन्तावाला द्वन्द्व है। इसी द्वन्द्वसे मोहित हुए अर्जुन भगवान्के शरण होकर उनसे अपना कर्तव्य पूछते हैं (२। ७)। उत्तरमें भगवान् कहते हैं—अगर तू युद्धमें मारा जायगा तो स्वर्गको प्राप्त होगा और युद्धमें जीत जायगा तो पृथ्वीका राज्य भोगेगा (२। ३७)। अतः जय-पराजय, लाभ-हानि और सुख-दुःखमें सम होकर युद्ध कर, फिर तुझे पाप नहीं लगेगा (२। ३८)। कर्म करनेमें ही तेरा अधिकार है, कर्मके फलमें नहीं (२। ४७)। तू सिद्धि-असिद्धिमें सम होकर कर्म कर (२। ४८); क्योंकि समबुद्धिसे युक्त मनुष्य इस जीवित-अवस्थामें ही पाप-पुण्यसे रहित हो जाता है (२। ५०)।

ये हमारे श्रोता हैं और ये हमारे श्रोता नहीं हैं, ये हमारे अनुयायी हैं और ये हमारे अनुयायी नहीं हैं, ये हमारे शिष्य हैं और ये हमारे शिष्य नहीं हैं; अतः जो हमारे श्रोता, अनुयायी और शिष्य हैं, उनको तो हम साधनकी बात बतायेंगे और जो हमारे श्रोता आदि नहीं हैं, उनको हम साधनकी बात नहीं बतायेंगे—इस तरह वक्ताके भीतर द्वन्द्व, विषमता, पक्षपात रहेगा तो उसमें राग-द्वेष होंगे। जबतक राग-द्वेष होते हैं, तबतक कल्याण नहीं होता; क्योंकि कल्याणके मार्गमें राग और द्वेष—ये दोनों शत्रु हैं (३। ३४)।

कर्मयोग, ज्ञानयोग और भक्तियोग—तीनों ही योग-मार्गोंमें साधकके लिये निर्द्वन्द्व होना बहुत आवश्यक है। अतः भगवान्ने गीतामें जगह-जगह निर्द्वन्द्व होनेके लिये विशेष जोर दिया है; जैसे—निर्द्वन्द्व होनेपर साधक कर्म करता हुआ भी

बँधता नहीं (४।२२), द्वन्द्वोंसे मनुष्य संसारमें बँध जाता है (७।२७); परंतु निर्द्वन्द्व होनेसे मनुष्य सुखपूर्वक संसारसे मुक्त हो जाता है (५।३); निर्द्वन्द्व होनेपर ही साधक दृढ़व्रती होकर भगवान्‌का भजन कर सकते हैं (७।२८)। तात्पर्य है कि साधककी साधना निर्द्वन्द्व होनेसे ही दृढ़ होती है। इसीलिये भगवान् अर्जुनको निर्द्वन्द्व होनेकी आज्ञा देते हैं (२।४५)।

गीतामें अहंता-ममताका त्याग

अहंताममतात्यागः कथितो हरिणा स्वयम्।
कर्मयोगे ज्ञानयोगे भक्तियोगे समानतः॥

गीतामें भगवान्‌ने कर्मयोग, ज्ञानयोग और भक्तियोग—इन तीनों ही मार्गोंमें अहंता-ममताके त्यागकी बात कही है; जैसे—कर्मयोगमें **'निर्ममो निरहंकारः'** (२।७१) पदोंसे, ज्ञानयोगमें **'अहंकारं......विमुच्य निर्ममः'** (१८।५३) पदोंसे और भक्तियोगमें **'निर्ममो निरहंकारः'** (१२।१३) पदोंसे साधकका अहंता-ममतासे रहित होना बताया गया है। परंतु तीनों योगमार्गोंमें अहंता-ममताका त्याग करनेके प्रकारमें अन्तर है; जैसे—

कर्मयोगमें पहले कामनाका त्याग होता है; क्योंकि कर्मयोगी आरम्भमें ही निष्कामभावसे कर्म करना शुरू कर देता है। जब कामनाका सर्वथा त्याग हो जाता है, तो फिर स्पृहा, ममता और अहंताका भी स्वतः त्याग हो जाता है। दूसरे अध्यायके इकहत्तरवें श्लोकमें भगवान्‌ने कर्मयोगीमें पहले कामनाओंका त्याग बताया है, फिर स्पृहा, ममता और अहंताका त्याग बताया है।

ज्ञानयोगमें पहले अहंताका त्याग होता है। जब मूल अहंताका ही त्याग हो जाता है, तो फिर ममता, स्पृहा और कामनाका भी स्वाभाविक ही त्याग हो जाता है। अठारहवें अध्यायके सत्रहवें श्लोकमें भगवान्‌ने ज्ञानयोगीमें पहले अहंताका त्याग बताया है, फिर लिप्तता (फलेच्छा)-का त्याग बताया है।

भक्तियोगमें भगवान्‌की शरण होनेपर 'मैं भगवान्‌का हूँ और भगवान् मेरे हैं'—इस तरह अहंता बदल जाती है, फिर भगवान्‌की कृपासे भक्तियोगी अहंता, ममता, स्पृहा और कामनासे रहित हो जाता है। अठारहवें अध्यायके छाछठवें श्लोकमें भगवान् कहते हैं कि तू सब धर्मोंका आश्रय छोड़कर केवल एक मेरी शरणमें आ जा; मैं तुझे सम्पूर्ण पापों (अहंता-ममता आदि दोषों)-से मुक्त कर दूँगा।

तात्पर्य यह है कि प्रत्येक मनुष्य अहंता-ममतासे रहित हो सकता है; क्योंकि अहंता-ममता इसके स्वरूप नहीं हैं। अगर अहंता-ममता इसके स्वरूप होते तो इनका कभी त्याग नहीं होता और भगवान् भी इनसे रहित होनेकी बात न कहते।

यह स्वयं (जीवात्मा) जब शरीरके साथ 'यह शरीर मैं हूँ' ऐसा अभिन्नताका सम्बन्ध मान लेता है, तब 'अहंता' पैदा हो जाती है और जब शरीरके साथ 'यह शरीर मेरा है', ऐसा भिन्नताका सम्बन्ध मान लेता है, तब 'ममता' पैदा हो जाती है। इस प्रकार अहंता और ममता—ये दोनों ही मान्यताएँ हैं, स्वरूप नहीं हैं—इस बातको विवेकपूर्वक दृढ़तासे मानकर साधक सुगमतापूर्वक इन दोनोंसे रहित हो सकता है।

साधकको शरीर आदिमें मानी हुई अहंता-ममताका ही त्याग करना है; क्योंकि वह उसका स्वरूप नहीं है। भगवान्‌ने स्वरूपका वर्णन करते हुए कहा है कि 'यह पुरुष स्वयं अनादि और निर्गुण होनेसे परमात्मस्वरूप ही है, और यह शरीरमें रहता हुआ भी न करता है तथा न लिप्त होता है' (१३।३१)। परन्तु यह अपनेमें 'मैं करता हूँ और

मैं चाहता हूँ'—ऐसा मान लेता है। इन्हीं दोनों मान्यताओंका निषेध करते हुए भगवान्‌ने कहा है—'जिसका अहंकृतभाव नहीं है और जिसकी बुद्धि लिप्त नहीं होती, वह अगर सम्पूर्ण प्राणियोंको मार दे, तो भी वह न मारता है और न लिप्त होता है' (१८।१७)। कारण कि वास्तवमें इसके स्वरूपमें कर्तृत्वाभिमान और लिप्तता है ही नहीं।

रामचरितमानसमें जहाँ लक्ष्मणजीने मायाका स्वरूप पूछा, वहाँ उत्तरमें भगवान्‌ने कहा—

मैं अरु मोर तोर तैं माया। जेहिं बस कीन्हे जीव निकाया॥

(३। १५। १)

तात्पर्य है कि अहंता (मैं-पन) और ममता (मेरा-पन)—यह मायाका स्वरूप है, अपना स्वरूप नहीं। परन्तु यह जीव इस मायाके वशमें हो गया है, बँध गया है। इस बन्धनसे ही मुक्त होना है। सन्तोंकी वाणीमें भी आया है—

मैं मेरेकी जेवरी, गल बँध्यो संसार।
दास कबीरा क्यों बँधे, जाके राम अधार॥

शरीर आदिमें अहंता-ममता करनेसे स्वयं पराधीन हो जाता है और इसमें परिच्छिन्नता, मलिनता आ जाती है। अहंता-ममता छूटनेसे स्वतः ही स्वरूपका बोध हो जाता है। अहंता-ममताको छोड़नेसे पहले ही साधक यह दृढ़ विचार कर ले कि अहंता-ममता अपना स्वरूप नहीं है। त्याग उसीका होता है, जो अपना स्वरूप नहीं है। जो अपना स्वरूप होता है, उसका कभी त्याग नहीं होता।

व्यवहारमें भी देखनेमें आता है कि मनुष्य जितनी अहंता-ममता करता है, उतना ही वह संसारमें आदर नहीं पाता; और जितनी अहंता-ममता छोड़ता है, उतना ही वह संसारमें आदर पाता है, स्थान पाता है। साधकका भी यह अनुभव होता है कि वह साधनमें ज्यों-ज्यों ऊँचा बढ़ता है, त्यों-ही-त्यों अहंता-ममता छूटती जाती है। अहंता-ममताके सर्वथा मिटनेपर साधक जीवन्मुक्त हो जाता है।

अहंता-ममतासे मनुष्य महान् अपवित्र हो जाता है और इनके छूटनेसे महान् पवित्र हो जाता है। जैसे, कोई अहंता-ममतावाला सामान्य व्यक्ति मर जाता है तो लोग उसके कपड़े आदिको छूना भी नहीं चाहते। परन्तु जिसकी अहंता-ममता मिट गयी है, ऐसे सन्त-महापुरुषका शरीर छूटनेपर लोग उसके कपड़े आदि वस्तुओंको आदरसहित रखना चाहते हैं; क्योंकि अहंता-ममता न रहनेसे उसकी वस्तुएँ महान् पवित्र हो जाती हैं। केवल पवित्र ही नहीं होतीं, प्रत्युत औरोंको भी पवित्र करनेवाली हो जाती हैं। दूसरी बात, जहाँ अहंता-ममतावाले सामान्य मनुष्योंकी दाह-क्रिया की जाती है, वहाँपर यदि भजन-ध्यान किया जाय तो विक्षेप होगा, भय लगेगा, भजन नहीं बनेगा। परन्तु जहाँ अहंता-ममतासे रहित सन्त-महापुरुषोंकी दाहक्रिया की जाती है, वहाँ बैठकर यदि भजन-ध्यान किया जाय तो मन ठीक लगेगा, भजन-ध्यानमें मदद मिलेगी, शान्ति मिलेगी, पवित्रता आयेगी।

अहंता-ममतासे रहित सन्त-महापुरुषोंको याद करनेसे घर पवित्र हो जाता है—**'येषां संस्मरणात् पुंसां सद्यः शुद्ध्यन्ति वै गृहाः'** (श्रीमद्भा० १।१९।३३)। परन्तु अहंता-ममतावाले मनुष्योंको याद करनेसे मलिनता आती है, जिससे अहंता-ममताको छोड़ना कठिन मालूम देता है।

जिनमें अहंता-ममता नहीं है, उनमें भगवान् विशेषतासे प्रकट हो जाते हैं। उनके शरीरका स्पर्श करनेवाली वायुसे, उनके वचनोंसे, उनके सम्पर्कमें आनेसे जीवमात्रमें पवित्रता आ जाती है। परन्तु उस पवित्रताको स्वीकार नहीं करनेसे अर्थात् उनमें दोषारोपण करनेसे उस पवित्रताके आनेमें आड़ लग जाती है।

अपना जो होनापन (सत्ता) है, वह निरपेक्ष है, उसमें कभी परिवर्तन नहीं होता। परिवर्तन मैं-पन (अहंता)-में ही होता है, जैसे—मैं विद्वान् हूँ; मैं मूर्ख हूँ; मैं ब्राह्मण हूँ; मैं क्षत्रिय हूँ; मैं वैश्य हूँ; मैं शूद्र हूँ; मैं देवता हूँ; मैं राक्षस हूँ आदि रूपसे मैं-पनमें ही परिवर्तन हुआ है, 'हूँ' (सत्ता)-में

परिवर्तन नहीं हुआ है। मैं-पन तो बदलता रहा, पर 'हूँ' सबमें एक ही रहा। किसी-न-किसी वर्ण, आश्रम, योग्यता आदिके साथ सम्बन्ध जुड़नेसे 'मैं' होता है; अतः 'मैं' सापेक्ष है और सत्ता स्वतः रहती है; अतः सत्ता निरपेक्ष है।

मैं सुखी हूँ; मैं दुःखी हूँ; मैं धनी हूँ; मैं निर्धन हूँ; मैं रोगी हूँ; मैं नीरोग हूँ—यह सब तो पुराने कर्मोंके कारण है, पर अपनी सत्ता ('हूँ') किसी कारणसे नहीं है। अपनी सत्ता किसी कर्मका फल नहीं है; किसी वर्ण, आश्रम, योग्यता आदिका फल नहीं है। 'मैं' का त्याग करनेपर 'हूँ' नहीं रहता, प्रत्युत 'है' ही रहता है; क्योंकि 'मैं' के कारण ही 'हूँ' है।

सुख-दुःख स्वयंमें नहीं हैं, प्रत्युत 'मैं' में ही हैं। 'मैं' के साथ मिलनेसे, अहंतामें स्थित होनेसे, प्रकृतिमें स्थित होनेसे ही यह स्वयं 'मैं सुखी हूँ' अथवा 'मैं दुःखी हूँ'—ऐसा मान लेता है। परन्तु जब यह 'मैं' का त्याग कर देता है, 'स्व' में स्थित हो जाता है, तब यह सुखी-दुःखी नहीं होता, सुख-दुःखमें सम हो जाता है—'**समदुःखसुखः स्वस्थः**'(१४।२४)।

जो मिटनेवाला होता है, वह बदलनेवाला होता है और जो मिटनेवाला नहीं होता, वह बदलनेवाला नहीं होता। जैसे, सुषुप्तिमें मैं-पनका भान नहीं होता, पर अपनी सत्ताका भान होता है कि 'मैं बड़े सुखसे सोया'। तात्पर्य है कि सभी अवस्थाओं, परिस्थितियों आदिमें अपनी सत्ताका अखण्ड अनुभव होता है, पर मैं-पनका अखण्ड अनुभव नहीं होता।

कोई कहे कि ज्ञान (मुक्ति) होनेपर आसुरी-सम्पत्तिवाला अहम् (१६।१३—१५) ही मिटता है, सर्वथा अहम् नहीं मिटता, प्रत्युत सूक्ष्मरूपसे अहम् रहता है, तो उसका यह कहना ठीक नहीं है। कारण कि अहम्‌की उत्पत्ति अविद्यासे होती है* और ज्ञान होनेपर अविद्याका नाश हो जाता है। जब अविद्या नहीं रहेगी, तब अविद्यासे होनेवाला अहम् कैसे रहेगा? जिस ज्ञानसे अविद्या न मिटे, वह ज्ञान कैसे? वह तो सीखा हुआ शास्त्रज्ञान है, वास्तविक ज्ञान (बोध) नहीं। दूसरी बात, अगर सर्वथा अहम् नहीं मिटेगा तो जैसे बीजसे वृक्ष पैदा हो जाता है, ऐसे ही सूक्ष्म अहम् भी प्राकृत पदार्थ, व्यक्ति आदिका संग पाकर महान् हो जायगा, आसुरी-सम्पत्तिवाला हो जायगा।

अहम् भोगेच्छा और मोक्षेच्छापर टिका रहता है। भोगेच्छा मिटनेपर मोक्षेच्छाकी पूर्ति हो जाती है अर्थात् चिन्मयताकी प्राप्ति हो जाती है, जिसमें अहम् था नहीं, है नहीं और होगा नहीं।

गीतामें कर्तृत्व-भोक्तृत्वका निषेध

प्रकृतौ प्रकृतेः कार्ये भवन्ति विविधाः क्रियाः।
शरीरवाङ्मनोभिस्ताः प्रकटन्त्यखिलाः सदा॥
आत्मनि नैव कर्तृत्वं भोक्तृत्वं नैव कर्हिचित्।
प्रकृतेरेव सम्बन्धान्मन्यते द्वे तु पूरुषः॥

एक परमात्मा हैं और एक परमात्माकी शक्ति प्रकृति है। उस प्रकृतिमें ही मात्र परिवर्तन होता है, और उस प्रकृतिका जो आधार, प्रकाशक, आश्रय है, उसमें कभी किंचिन्मात्र भी परिवर्तन नहीं होता। जिस प्रकृतिमें परिवर्तन होता है, उसीको गीताने कई तरहसे बताया है; जैसे—सम्पूर्ण क्रियाएँ प्रकृतिके द्वारा ही होती हैं (१३।२९); गुण ही गुणोंमें बरत

*'अविद्यास्मितारागद्वेषाभिनिवेशाः क्लेशाः। अविद्या क्षेत्रमुत्तरेषां'......... (पातंजलयोगदर्शन २।३-४)

रहे हैं अर्थात् सम्पूर्ण क्रियाएँ प्रकृतिके गुणोंके द्वारा ही होती हैं (३।२७-२८; १४।२३); इन्द्रियाँ ही इन्द्रियोंके विषयोंमें बरत रही हैं अर्थात् सम्पूर्ण क्रियाएँ इन्द्रियोंके द्वारा ही होती हैं (५।९)। इन्द्रियोंके द्वारा क्रियाएँ होनेकी बातको भी गीताने कई तरहसे बताया है—कहीं शरीर, इन्द्रियाँ, मन और बुद्धिके द्वारा क्रियाओंका होना बताया है (५।११), कहीं शरीर, कर्ता, करण, चेष्टा और दैव (संस्कार)-को क्रियाओंके होनेमें हेतु बताया है (१८।१४), कहीं शरीर, वाणी और मनको क्रियाओंके प्रकट होनेके द्वार बताया है (१८।१५) और कहीं क्रियाओंके होनेमें स्वभावको हेतु बताया है (५।१४)। वास्तवमें प्रकृति, गुण और इन्द्रियाँ—ये तीनों तत्त्वसे एक ही हैं; क्योंकि प्रकृति मूल है, प्रकृतिका कार्य गुण है और गुणोंका कार्य इन्द्रियाँ हैं। इससे यही सिद्ध हुआ कि कर्तृत्व अर्थात् मात्र करना प्रकृतिमें ही है, परमात्माके अंश जीवात्मा (पुरुष)-में नहीं है; क्योंकि कार्य और करणके द्वारा होनेवाली क्रियाओंको उत्पन्न करनेमें प्रकृतिको हेतु बताया गया है—'**कार्यकरणकर्तृत्वे हेतुः प्रकृतिरुच्यते**' (१३।२०)।

भोक्तृत्वमें पुरुषको हेतु बताया गया है—'**पुरुषः सुखदुःखानां भोक्तृत्वे हेतुरुच्यते**' (१३।२०)। परंतु वास्तवमें प्रकृतिस्थ पुरुष ही हेतु बनता है—'**पुरुषः प्रकृतिस्थो हि भुङ्क्ते**' (१३।२१) अर्थात् प्रकृतिमें स्थित होनेसे ही पुरुष भोक्तृत्वमें हेतु बनता है। यदि पुरुष (स्वयं) प्रकृतिमें स्थित न होकर अपने स्वरूपमें ही स्थित रहे तो वह भोक्ता नहीं बन सकता। अतः भगवान् कहते हैं कि 'यह पुरुष स्वयं अनादि और निर्गुण होनेसे अविनाशी परमात्मस्वरूप ही है; यह शरीरमें रहता हुआ भी न करता है और न लिप्त होता है' (१३।३१)। यहाँ 'न करता है'—इसका अर्थ है कि इसमें कर्तृत्व नहीं है, और 'न लिप्त होता है'—इसका अर्थ है कि इसमें भोक्तृत्व नहीं है।

जब स्वयं कर्मेन्द्रियों (शरीर आदि)-के साथ मिल जाता है, तब यह कर्ता बन जाता है और जब ज्ञानेन्द्रियों (मन, वाणी आदि)-के साथ मिल जाता है, तब यह भोक्ता बन जाता है। पर इसका अर्थ यह नहीं है कि कर्मेन्द्रियोंके साथ मिलनेके समय यह भोक्ता नहीं है और ज्ञानेन्द्रियोंके साथ मिलनेके समय यह कर्ता नहीं है, प्रत्युत यह कर्मेन्द्रियोंकी प्रधानतासे अपनेको कर्ता और ज्ञानेन्द्रियोंकी प्रधानतासे अपनेको भोक्ता मान लेता है। जबतक बोध (तत्त्वज्ञान) नहीं हो जाता, तबतक यह माना हुआ कर्तृत्व-भोक्तृत्व रहता है।

भोक्ता, भोग्य वस्तु और भोगरूपी क्रिया—इन तीनोंमें कारणरूप प्रकृतिकी एकता रहती है। भोक्तामें जो प्रकृतिका अंश है, वही भोग्य वस्तु और भोगरूपी क्रियाके साथ एक होता है। उस प्रकृतिके अंशके साथ तादात्म्य कर लेनेसे, उसके साथ घुल-मिल जानेसे यह पुरुष (चेतन) भोक्ता बनता है। भोक्ता बननेपर भी इसका भोगोंमें जो आकर्षण होता है, वह आकर्षण वास्तवमें प्रकृतिके अंशका ही होता है; परंतु शरीरके साथ तादात्म्य होनेके कारण यह पुरुष प्रकृतिके अंशके आकर्षणको अपना आकर्षण मान लेता है। इसमें अगर यह सावधान रहे अर्थात् यह खिंचाव केवल जड़ अंशका ही है, स्वयंका नहीं—ऐसा विवेकपूर्वक अनुभव कर ले तो यह परमात्मतत्त्वको प्राप्त हो जाता है। अतः भगवान् कहते हैं कि विचारकुशल मनुष्य जब गुणोंके सिवाय अन्यको कर्ता नहीं देखता और अपने-आपको गुणोंसे पर अनुभव करता है, तब यह मेरे स्वरूपको प्राप्त हो जाता है (१४।१९)। प्राप्त क्यों हो जाता है? कारण कि यह स्वयं स्वतः ही गुणोंसे निर्लिप्त है (१३।३१)। तात्पर्य यह हुआ कि पुरुषने जिस जड़-अंशके साथ तादात्म्य करके अपनेको भोक्ता माना है, उसी जड़-अंशमें भोगरूपी क्रिया भी है। अतः भोक्ता भी जड़-अंश ही हुआ; भोगरूपी क्रिया भी जड़-अंशमें ही हुई, भोगकी सामर्थ्य भी जड़-अंशमें ही रही और

भोग्य पदार्थ भी जड़ प्रकृतिका ही कार्य हुआ। इसलिये भोक्ता, भोगरूपी क्रिया, भोगकी सामर्थ्य और भोग्य पदार्थ—ये सब-के-सब प्रकृतिमें ही हैं (१३।३०)। भोगके समय पुरुषमें कोई विकार भी नहीं होता (१३।३१); परंतु तादात्म्यके कारण पुरुष अपनेमें अहंभावका आरोप कर लेता है अर्थात् 'मैं सुखी हूँ' और 'मैं दुःखी हूँ'—ऐसा मान लेता है; और इसी कारणसे अर्थात् अपनेमें जड़-अंशको माननेसे भोक्ताका भोगोंमें आकर्षण होता है, अन्यथा स्वयं चेतनका भोगोंमें आकर्षण हो ही नहीं सकता।

भगवान्‌ने गुणोंको कर्ता कहा है, तो उस कर्तामें भोक्तृत्व भी साथमें रहता है; क्योंकि भोग भी क्रियाजन्य होता है (५।८-९)। क्रियाके बिना भोग नहीं होता। इससे भी यही सिद्ध होता है कि स्वयंमें कर्तृत्व और भोक्तृत्व—दोनों ही नहीं हैं।

कर्तृत्वमें ही भोक्तृत्व होता है अर्थात् जो कर्ता होता है, वही भोक्ता बनता है। कारण कि स्वयं किसी प्रयोजनको लेकर, फलकी इच्छाको लेकर ही कर्म करनेमें प्रवृत्त होता है अर्थात् भोक्तृत्वभावसे ही यह कर्ता कहलाता है। अतः कर्तृत्व और भोक्तृत्व दो चीजें नहीं हैं, प्रत्युत दोनों एक ही हैं*। हाँ, यदि सूक्ष्मदृष्टिसे देखा जाय तो कर्तृत्वमें स्थूलता है और भोक्तृत्वमें सूक्ष्मता है, पर तात्त्विक दृष्टिसे दोनों एक ही हैं; क्योंकि दोनों ही प्रकृतिके सम्बन्धसे होते हैं। अतः कर्तृत्व मिटनेसे भोक्तृत्व भी मिट जाता है और भोक्तृत्व मिटनेसे कर्तृत्व भी मिट जाता है।

शंका—गीतामें आया है कि साधक 'मैं कुछ भी नहीं करता हूँ'—ऐसा माने (५।८); जिसका अहंकृतभाव नहीं है (१८।१७) आदि-आदि। अगर स्वयंमें कर्तृत्व नहीं होता तो फिर 'मैं कुछ भी नहीं करता हूँ; जिसका अहंकृतभाव नहीं है'—ऐसा कहने (स्वयंमें कर्तृत्वका निषेध करने)-की जरूरत ही नहीं थी। कारण कि किसी चीजकी प्राप्ति होनेपर ही उसका निषेध किया जाता है—**'प्राप्तौ सत्यां निषेधः'।** जहाँ प्राप्ति है ही नहीं, वहाँ निषेध करना बनता ही नहीं। अतः उपर्युक्त वाक्योंमें कर्तृत्वका निषेध करनेसे सिद्ध होता है कि स्वयंमें कर्तृत्व रहता है, तो फिर यह कैसे मानें कि कर्तृत्व प्रकृतिमें ही है, स्वयं (चेतन)-में नहीं?

समाधान—वास्तवमें मात्र क्रियाएँ प्रकृतिमें ही होती हैं, पर 'मैं कर्म करता हूँ'—यह कर्तृत्वकी मान्यता स्वयंमें रहती है अर्थात् स्वयं अपनेमें कर्तृत्व मान लेता है; क्योंकि मानना अथवा न मानना चेतन (स्वयं)-में ही होता है, जड़ प्रकृति (शरीर)-में नहीं। स्वयं अपनेमें कर्तृत्वकी मान्यता (कर्तृत्वभाव) करता है, तभी वह भोक्तापनमें हेतु बनता है। अगर स्वयंमें कर्तृत्वकी मान्यता नहीं हो तो 'पुरुष भोक्तृत्वमें हेतु बनता है' (१३।२०)—यह कहना ही नहीं बनेगा। जबतक स्वयंका प्रकृतिके साथ सम्बन्ध रहता है, तबतक कर्तृत्व और भोक्तृत्वकी मान्यता स्वयंमें ही रहती है। अतः कर्तृत्व-भोक्तृत्वकी मान्यता प्रकृतिके सम्बन्धसे ही स्वयंमें रहती है (३।२७)। अगर प्रकृतिसे सर्वथा सम्बन्ध-विच्छेद हो जाय तो कर्तृत्व-भोक्तृत्वकी मान्यता मिट जाती है; फिर स्वयं शरीरमें रहता हुआ भी न करता है और न लिप्त होता है (१३।३१)।

भगवान्‌ने गीतामें इस जीवात्माको परा (चेतन) प्रकृति और संसारको अपरा (जड़) प्रकृति कहा है। इन परा और अपराके संयोगसे ही सम्पूर्ण प्राणी पैदा होते हैं। वे प्राणी चाहे मनुष्यलोकके हों, चाहे स्वर्गलोकके हों, चाहे नरकोंके हों, चाहे चौरासी लाख योनियोंके हों, चाहे भूत-पिशाच आदि योनियोंके हों, वे सभी परा-अपराके सम्बन्धसे ही पैदा होते हैं (७।६)। इसी बातको तेरहवें अध्यायके छब्बीसवें श्लोकमें कहा है कि सम्पूर्ण स्थावर-जंगम प्राणी क्षेत्रज्ञ और क्षेत्रके संयोगसे ही पैदा होते हैं। संयोग

* अपनेमें कर्तृत्व माने बिना भी क्रिया तो होती है, पर अपनेको सुखी-दुःखी माने बिना भोक्तृत्व सिद्ध नहीं होता।

करनेकी, सम्बन्धको माननेकी योग्यता, सामर्थ्य चेतनमें ही है, जड़ प्रकृतिमें नहीं। सम्बन्धको स्वीकार करने अथवा न करनेमें, मानने अथवा न माननेमें यह स्वयं सर्वथा स्वतन्त्र है। जब यह अविवेकके कारण प्रकृति और उसके कार्य शरीरके साथ अपना सम्बन्ध मान लेता है, तब इसको अपनेमें कमीका अनुभव होने लगता है। जैसे मनुष्य विवाह कर लेता है, स्त्रीके साथ सम्बन्ध जोड़ लेता है तो उसको स्त्रीके कपड़े, गहने आदिकी कमी अपनी कमी मालूम देने लगती है, ऐसे ही यह स्वयं शरीरके साथ सम्बन्ध जोड़ लेता है तो इसको शरीरकी कमी अपनी कमी मालूम देने लगती है। उस कमीकी पूर्तिके लिये यह शरीर, इन्द्रियोंके द्वारा कामना-आसक्तिपूर्वक जो कुछ चेष्टा करता है, उसमें उसका कर्तृत्वभाव हो जाता है, अर्थात् उसमें 'मैं कर्म करता हूँ'—ऐसा भाव आ जाता है। परन्तु उसमें कर्तृत्वभाव आनेपर भी क्रिया, पदार्थ, वस्तु आदिके रूपमें प्रकृति ही परिणत होती है। तात्पर्य है कि क्रियामात्र प्रकृतिसे और प्रकृतिमें ही होती है (१३।३०)। स्वयंमें कभी कोई क्रिया होती ही नहीं; क्योंकि वह सर्वथा असंग, निर्लिप्त है। उसकी असंगता कभी मिटती ही नहीं, ज्यों-की-त्यों ही रहती है (१३।३१)।

प्रकृतिके साथ सम्बन्ध जोड़नेके कारण अपनेमें कमीका अनुभव होनेपर यह पुरुष जो कुछ चेष्टा करता है, उस चेष्टा अर्थात् कार्यकी पूर्ति-अपूर्ति, सिद्धि-असिद्धि और फलकी प्राप्ति-अप्राप्ति होती है। जब कार्यकी पूर्ति, सिद्धि और फलकी प्राप्ति होती है, तब यह सुखका अनुभव करता है और अपनेको सुखी मानने लगता है। परन्तु जब कार्यकी अपूर्ति, असिद्धि और फलकी अप्राप्ति होती है, तब यह दुःखका अनुभव करता है और अपनेको दुःखी मानने लगता है। इस प्रकार सुख-दुःखका अनुभव करनेसे, अपनेको सुखी और दुःखी माननेसे यह पुरुष सुख-दुःखका भोक्ता बन जाता है (१३।२१)। भोक्ता बननेपर अर्थात् अपनेको भोक्ता मान लेनेपर भी भोगरूपी क्रिया तो प्रकृतिमें ही होती है, स्वयंमें नहीं।

कर्तृत्व और भोक्तृत्वमें जो क्रिया-भाग है, वह प्रकृतिका ही है; क्योंकि करना और भोगना-रूप क्रिया प्रकृतिमें ही होती है। परन्तु प्रकृतिके साथ, शरीरके साथ तादात्म्यके कारण पुरुष अपनेमें कर्तृत्व और भोक्तृत्वभाव स्वीकार कर लेता है, और इसीसे यह अपनेमें प्राकृत पदार्थोंका आकर्षण अनुभव करता है। जब विवेकके द्वारा प्रकृतिसे अपने अलगावका अनुभव हो जाता है, तब पुरुषमें कर्तृत्व-भोक्तृत्वभाव नहीं रहता। फिर यह कभी सुखी-दुःखी नहीं होता; क्योंकि शुद्ध स्वरूपमें सुख-दुःख हैं ही नहीं। अगर स्वरूपमें सुख होता तो फिर यह कभी दुःखी नहीं होता और दुःख होता तो फिर यह कभी सुखी नहीं होता। सुख और दुःख—ये दोनों आते-जाते हैं, पर स्वयं ज्यों-का-त्यों रहता है। सुख और दुःखकी अवस्थाएँ बदलती हैं, पर स्वयं नहीं बदलता। कर्तृत्व-भोक्तृत्व भाव भी बदलता है, पर स्वयं कभी नहीं बदलता। स्वयं समानरूपसे दोनोंको प्रकाशित करता है।

यह एक सच्ची और सर्वानुभूत बात है कि जो पढ़ा-लिखा होता है, उसकी ही पढ़ाई बाकी रहती है अर्थात् उसको ही पढ़ाईकी कमीका अनुभव होता है। परन्तु जो सर्वथा अपढ़ है, उसको पढ़ाईकी कमीका अनुभव नहीं होता। जो धन, मान, प्रतिष्ठा आदिके साथ सम्बन्ध जोड़ लेता है, वही धन, मान आदिकी कमीका अनुभव करता है। परन्तु जो धन, मान आदिको स्वीकार नहीं करता, उसको उनकी कमीका अनुभव नहीं होता। ऐसे ही यह स्वयं जब शरीर, परिवार, धन, मान, प्रतिष्ठा आदिके साथ अपना सम्बन्ध मान लेता है, तब इसको अपनेमें कमीका अनुभव होने लगता है। यह जितना-जितना शरीरादिके साथ अपना सम्बन्ध मानता चला जाता है, उतना-उतना ही यह अपनेमें अभावका अनुभव करता चला जाता है। उस अभावकी पूर्तिके लिये

यह कर्म करता है—यह कर्तृत्व है और उन कर्मोंकी पूर्ति-अपूर्तिमें सुखी-दुःखी होता है—यह भोक्तृत्व है। इसका तात्पर्य है कि कर्तृत्व और भोक्तृत्व न स्वयं (चेतन)-में हैं और न जड़ प्रकृतिमें हैं। चेतन प्रकृति (शरीर)-के साथ अपना सम्बन्ध मान लेता है, इस मान्यतामें ही कर्तृत्व-भोक्तृत्व रहते हैं (५।१४)।

शरीरके साथ अपना सम्बन्ध माननेमें क्या कारण है? इसमें मूल कारण अज्ञान ही है। अज्ञान नाम ज्ञानके अभावका नहीं है, प्रत्युत अधूरे ज्ञानका नाम ही अज्ञान है। तात्पर्य है कि अपनी जानकारीको महत्त्व न देना ही अज्ञान है। जैसे, मनुष्य जानता है कि मैं शरीर नहीं हूँ और शरीर मेरा नहीं है, फिर भी वह शरीरको 'मैं' और 'मेरा' मान लेता है; शरीरके साथ सम्बन्ध न होते हुए भी शरीरके साथ सम्बन्ध मान लेता है—यही अज्ञान है। जो चीज उत्पन्न होती है, वह नष्ट होती ही है—यह नियम है; अतः शरीर उत्पन्न हुआ है तो यह मरेगा ही—इस बातको सब जानते हैं, फिर भी मेरा शरीर बना रहे, मरे नहीं—ऐसी इच्छा होना ही अज्ञान है।

यह अज्ञान कबसे हुआ? जबसे पुरुषने अपने विवेकका अनादर किया, विवेकको महत्त्व नहीं दिया, तबसे अज्ञान हुआ है। तात्पर्य है कि मात्र क्रियाएँ प्रकृतिमें ही होती हैं, फिर भी पुरुषने उनको अपनेमें मान लिया, तभीसे अज्ञान हुआ है।

कर्तृत्व-भोक्तृत्व अपनेमें नहीं हैं, माने हुए हैं, तभी ये मिटते हैं। अगर कर्तृत्व-भोक्तृत्व स्वयंमें होते तो फिर ये कभी मिटते नहीं—**'नाभावो विद्यते सतः'** (२।१६)। मिटनेवाली चीज वही होती है, जो वास्तवमें नहीं होती।

तेरहवें अध्यायके इक्कीसवें श्लोकमें पुरुषको 'प्रकृतिस्थ' और इकतीसवें श्लोकमें पुरुषको 'शरीरस्थ' कहा गया है। इसका तात्पर्य है कि जिसने एक शरीरके साथ अपना सम्बन्ध (तादात्म्य) मान लिया है, उसका सम्पूर्ण प्रकृति और उसके कार्य संसारके साथ सम्बन्ध हो गया। जैसे मनुष्यका किसी एक स्त्रीके साथ सम्बन्ध (विवाह) हो जाता है तो उसका उस स्त्रीके सम्पूर्ण परिवारके साथ सम्बन्ध हो जाता है, ऐसे ही पुरुष एक शरीरके साथ सम्बन्ध मान लेता है तो उसका मात्र प्रकृतिके साथ, मात्र शरीरोंके साथ सम्बन्ध हो जाता है। प्रकृतिके साथ सम्बन्ध माननेसे ही वह गुणोंका, सुख-दुःखोंका भोक्ता बनता है (१३।२०) अर्थात् सुखी-दुःखी होता है।

वास्तविक स्वरूपमें सुख-दुःख नहीं हैं। यह सुख-दुःखसे अलग है, आनन्दस्वरूप है। परन्तु जब यह प्रकृतिके साथ अपनी एकता मान लेता है, तब यह अनुकूल परिस्थिति आनेपर 'मैं सुखी हूँ' और प्रतिकूल परिस्थितिके आनेपर 'मैं दुःखी हूँ'—ऐसा मान लेता है*। जब यह प्रकृतिसे सम्बन्ध-विच्छेद करके अपने स्वरूपमें स्थित हो जाता है, तब यह सुख-दुःखमें सम हो जाता है। फिर जो एकदेशीय अहम् है, जिसको **'अहंकारविमूढात्मा कर्ताहमिति मन्यते'** पदोंसे (३।२७) कहा है, वह मिट जाता है और उसकी बुद्धि साम्यावस्थामें स्थित हो जाती है, मन निर्विकल्प हो जाता है, इन्द्रियाँ निर्विषय हो जाती हैं अर्थात् उनमें राग-द्वेष नहीं रहते तथा स्थूलशरीरमें मैं-मेरापन मिट जाता है। ऐसे महापुरुष संसारको जीत लेते हैं अर्थात् सांसारिक संयोग-वियोगसे ऊँचे उठ जाते हैं; क्योंकि वे अपने स्वरूपमें स्थित हो गये हैं। वास्तवमें वे स्वरूपमें स्थित हो नहीं गये, प्रत्युत वे तो स्वरूपमें सदा ही स्थित थे। जिस समय वे शरीरमें अपनी स्थिति मानते थे, उस समय भी वे शरीरमें स्थित नहीं थे, उस समय भी वे कर्तृत्व-भोक्तृत्वसे रहित थे—**'शरीरस्थोऽपि कौन्तेय**

* प्रकृतिका स्वरूप है—क्रिया और पदार्थ अर्थात् प्रकृति ही क्रिया और पदार्थरूपसे प्रकट होती है। क्रिया और पदार्थके सम्बन्धसे जो सुख होता है, वह 'भोग' है, योग नहीं। परन्तु परमात्माके सम्बन्धसे जो सुख होता है, वह 'योग' है, भोग नहीं; अतः इस सुखमें भोक्ता नहीं रहता।

न करोति न लिप्यते' (१३। ३१)। तात्पर्य है कि स्वयंमें कर्तृत्व-भोक्तृत्व है ही नहीं। अगर वास्तवमें यह कर्ता-भोक्ता होता तो भगवान् '**न करोति न लिप्यते**' कैसे कहते? अगर इसकी तीनों गुणोंके साथ एकता होती तो भगवान् '**निस्त्रैगुण्यो भव**' (२। ४५) कहकर तीनों गुणोंसे रहित होनेकी आज्ञा क्यों देते? निषेध उसीका होता है, जो वास्तवमें नहीं होता।

ज्ञानयोगी साधक 'प्रकृतिजन्य गुण ही गुणोंमें बरत रहे हैं'—ऐसा जानकर अपनेको उन क्रियाओंका कर्ता नहीं मानता (५। ८-९; १३। २९)। अतः उसके कर्तृत्व-भोक्तृत्व मिट जाते हैं।

कर्मयोगी साधक केवल यज्ञ-परम्परा अर्थात् कर्तव्य-कर्मकी परम्परा सुरक्षित रखनेके लिये ही कर्म करता है। केवल दूसरोंके हितके लिये ही कर्तव्य-कर्म करनेसे उसका कर्तृत्व कर्तव्य-कर्मके साथ ही दूसरोंकी सेवामें प्रवाहित हो जाता है। फिर केवल सेवा रह जाती है, सेवक नहीं रहता। अतः उसमें कर्तृत्व नहीं रहता। ऐसे ही कर्मयोगी फलेच्छा, कामना, आसक्तिसे रहित होकर तत्परतापूर्वक अपने कर्तव्यका पालन करता है (२। ५१)। फलेच्छा न रहनेसे उसमें भोक्तृत्व भी नहीं रहता। तात्पर्य है कि दूसरोंके हितके लिये कर्म करनेसे कर्तृत्व और फलेच्छा न रहनेसे भोक्तृत्व मिट जाता है (४। २०)।

भक्तियोगी साधक शरीर-इन्द्रियाँ-मन-बुद्धिसहित अपने-आपको भगवान्‌के अर्पित कर देता है (१८। ६६)। उसके द्वारा जो कुछ होता है, वह सब भगवान्‌का किया-कराया ही होता है; अतः उसमें कर्तृत्व नहीं रहता। वह वस्तु, व्यक्ति आदि मात्र संसारका भोक्ता भगवान्‌को ही मानता है (५। २९); अतः उसमें भोक्तृत्व भी नहीं रहता।

गीतामें गुणोंका वर्णन

गुणवर्णनतात्पर्यं ग्रहणत्यागयोर्मतम्।
सत्त्वं ग्राह्यं रजस्त्याज्यं त्यजनीयं तमः सदा॥

दूसरे अध्यायके ग्यारहवेंसे तीसवें श्लोकतक भगवान्‌ने सत्‌की महिमा बतानेके लिये और असत्‌से अलग होनेके लिये सत्-असत्‌का वर्णन किया। ऐसे ही दूसरे अध्यायके उनतालीसवेंसे तिरपनवें श्लोकतक भगवान्‌ने निष्कामभावकी महिमा बतानेके लिये और कामनाका त्याग करनेके लिये व्यवसायी (निष्काम) और अव्यवसायी (सकाम) मनुष्योंका वर्णन किया। वेदोंमें वर्णित भोग और ऐश्वर्यको प्राप्त करनेमें लगे हुए मनुष्य अव्यवसायी हैं। वेदोंके जिस भागमें भोग और ऐश्वर्यका वर्णन हुआ है, उस भागको '**त्रैगुण्यविषयाः**' (२। ४५) कहा गया है। उस भोग और ऐश्वर्यसे हटाकर अर्जुनको व्यवसायी (निष्काम) बनानेके लिये भगवान् कहते हैं कि हे अर्जुन! तू तीनों गुणोंके कार्यरूप संसारसे अर्थात् भोग और ऐश्वर्यसे अलग हो जा—'**निस्त्रैगुण्यो भवार्जुन**' (२। ४५)।

प्रकृतिके परवश हुए प्राणियोंसे प्रकृतिजन्य गुण कर्म कराते हैं, जिससे उनको क्रिया करनी ही पड़ती है अर्थात् वे कर्म किये बिना नहीं रह सकते—'**कार्यते ह्यवशः कर्म सर्वः प्रकृतिजैर्गुणैः**' (३। ५)।

प्रकृतिके गुणोंके द्वारा ही सम्पूर्ण क्रियाएँ होती हैं—'**प्रकृतेः क्रियमाणानि गुणैः कर्माणि सर्वशः**' (३। २७) अर्थात् स्वयंका इन क्रियाओंके साथ कोई सम्बन्ध नहीं है। परंतु अहंकारसे मोहित अन्तःकरणवाला मनुष्य अपनेको कर्ता मान लेता है; अतः वह बँध जाता है। गुणों और कर्मोंके

विभाँगको जाननेवाला मनुष्य 'गुण ही गुणोंमें बरत रहे हैं'—'**गुणा गुणेषु वर्तन्ते**' (३।२८) अर्थात् सब परिवर्तन गुणोंमें ही हो रहा है, क्रिया और कर्तापन केवल गुणोंमें ही है, अपनेमें नहीं—ऐसा जानकर उनमें आसक्त नहीं होता; अत: वह बन्धनसे छूट जाता है। परंतु गुणोंसे मोहित हुआ पुरुष उनमें आसक्त होनेसे बँध जाता है—'**प्रकृतेर्गुणसम्मूढाः सज्जन्ते गुणकर्मसु**' (३।२९)।

तीसरे अध्यायके पैंतीसवें श्लोकमें आया '**विगुणः**' शब्द सत्त्व, रज और तम—इन तीनों गुणोंसे रहितका वाचक नहीं है, प्रत्युत सद्गुण-सदाचारोंकी कमीका वाचक है।

चौथे अध्यायके तेरहवें श्लोकमें सृष्टिरचना-कालका वर्णन करते हुए भगवान् कहते हैं कि पूर्वमें प्राणियोंके जैसे गुण, स्वभाव थे और जैसे कर्म थे, उनके अनुसार ही मैंने ब्राह्मण, क्षत्रिय, वैश्य और शूद्र—इन चारों वर्णोंकी विभागपूर्वक रचना की—'**चातुर्वर्ण्यं मया सृष्टं गुणकर्मविभागशः**' (४।१३)। परंतु मैं इस रचनारूप कर्मसे सर्वथा निर्लिप्त ही रहता हूँ। ऐसे ही मनुष्योंको भी सब काम करते हुए निर्लिप्त रहना चाहिये।

सातवें अध्यायके बारहवें श्लोकमें भगवान् कहते हैं कि संसारमें सात्त्विक, राजस और तामस जितने भी भाव हैं, वे सब मेरेसे ही होते हैं, पर वे मेरेमें और मैं उनमें नहीं हूँ अर्थात् सब कुछ मैं-ही-मैं हूँ। कारण कि गुणोंकी मेरे सिवाय स्वतन्त्र सत्ता ही नहीं है। अत: साधककी दृष्टि मेरी तरफ ही रहनी चाहिये, गुणोंकी तरफ नहीं। जिनकी दृष्टि गुणोंकी तरफ रहती है, वे इन सात्त्विक, राजस और तामस भावोंसे मोहित हो जाते हैं, इनमें ही रच-पच जाते हैं। अत: वे गुणोंसे परे मेरेको नहीं जानते (७।१३)। मेरी यह गुणमयी माया तरनेमें बड़ी ही कठिन है—'**दैवी ह्येषा गुणमयी मम माया दुरत्यया**'; परंतु जो केवल मेरी ही शरण हो जाते हैं, मेरे ही आश्रित रहते हैं, वे इस मायाको तर जाते हैं—'**मामेव ये प्रपद्यन्ते मायामेतां तरन्ति ते**' (७।१४)। तात्पर्य यह हुआ कि जो मनुष्य इन गुणोंसे सर्वथा विमुख होकर केवल मेरे ही सम्मुख हो जाता है, वह गुणोंसे तर जाता है।

तेरहवें अध्यायके चौदहवें श्लोकमें आये '**सर्वेन्द्रियगुणाभासम्**' पदमें 'सर्वेन्द्रियगुण' शब्द इन्द्रियोंके पाँचों विषयों (शब्द, स्पर्श, रूप, रस और गन्ध)-का वाचक है। इन इन्द्रियोंको और इनके विषयोंको ज्ञेयतत्त्व परमात्मा ही प्रकाशित करता है। वह ज्ञेयतत्त्व सत्त्व, रज और तम—इन तीनों गुणोंसे रहित भी है और इन गुणोंका भोक्ता भी है अर्थात् वह तत्त्व निर्गुण भी है और सगुण भी है—'**निर्गुणं गुणभोक्तृ च**'।

तेरहवें अध्यायके उन्नीसवें श्लोकमें प्रकृति (क्षेत्र) और पुरुष (क्षेत्रज्ञ)-का वर्णन करते हुए भगवान् कहते हैं कि प्रकृति और पुरुष—दोनों अलग-अलग हैं अर्थात् प्रकृतिसे पुरुष (चेतन) अलग है। उस प्रकृतिसे ही विकार, गुण और कार्य एवं करणके द्वारा होनेवाली क्रियाएँ—ये तीनों होते हैं। अत: इन तीनोंमेंसे किसीके भी साथ पुरुषका सम्बन्ध नहीं है। परंतु पुरुष जब प्रकृतिमें स्थित होता है, प्रकृतिके साथ तादात्म्य कर लेता है, तब वह (प्रकृतिस्थ पुरुष) प्रकृतिके गुणोंका भोक्ता बन जाता है। यह गुणोंका भोक्ता बनना, गुणोंका संग करना ही उसको ऊँच-नीच योनियोंमें ले जानेका कारण बनता है (१३।१९—२१)। परंतु जो पुरुष अपनेको और गुणोंके सहित प्रकृतिको अलग ठीक तरहसे जान लेता है अर्थात् प्रकृतिके साथ अपना सम्बन्ध है ही नहीं—इस वास्तविकताका अनुभव कर लेता है, वह मुक्त हो जाता है (१३।२३)। तात्पर्य है कि पुरुषका न तो प्रकृतिके साथ सम्बन्ध है और न प्रकृतिजन्य गुणोंके साथ ही सम्बन्ध है।

* गुणोंका कार्य होनेसे शरीर-इन्द्रियाँ-मन-बुद्धि आदि सब 'गुण-विभाग' है और इन शरीरादिसे होनेवाली क्रिया 'कर्म-विभाग' है।

गुण तो प्रकृतिजन्य हैं और पुरुष (स्वयं) गुणोंसे रहित हैं—यह बतानेके लिये भगवान्‌ने तेरहवें अध्यायके इकतीसवें श्लोकमें पुरुषको 'निर्गुण' कहा है।

तेरहवें अध्यायमें गुणोंका वर्णन संक्षेपसे हुआ है। अत: चौदहवें अध्यायमें उनका विस्तारसे वर्णन करनेके लिये भगवान् बताते हैं कि सत्त्व, रज और तम—ये तीनों गुण प्रकृतिसे उत्पन्न होते हैं (१४।५)। इनमेंसे सत्त्वगुणका स्वरूप निर्मल, प्रकाशक तथा अनामय है, रजोगुणका स्वरूप रागात्मक है और तमोगुणका स्वरूप मोहनात्मक है। सत्त्वगुण सुख तथा ज्ञानके संगसे, रजोगुण कर्मकी आसक्तिसे और तमोगुण निद्रा, आलस्य तथा प्रमादसे बाँधता है (१४।६—८)। सत्त्वगुण सुखमें लगाकर, रजोगुण कर्मोंमें लगाकर और तमोगुण ज्ञानको ढककर एवं प्रमादमें लगाकर मनुष्यपर विजय करता है। इन तीनों गुणोंमेंसे एक बढ़ता है तो बाकी दो दब जाते हैं। रजोगुण और तमोगुणको दबाकर सत्त्वगुण बढ़ता है, सत्त्वगुण तथा तमोगुणको दबाकर रजोगुण बढ़ता है तथा सत्त्वगुण और रजोगुणको दबाकर तमोगुण बढ़ता है (१४।९-१०)।

सम्पूर्ण इन्द्रियोंमें प्रकाश और बुद्धिमें विवेककी जागृति हो जाय तो ये बढ़े हुए सत्त्वगुणके लक्षण हैं। अन्त:करणमें लोभ, कर्म करनेकी प्रवृत्ति, नये-नये कर्म करना, अशान्ति और स्पृहा उत्पन्न हो जाय तो ये बढ़े हुए रजोगुणके लक्षण हैं। अन्त:करणमें अप्रकाश, अप्रवृत्ति, प्रमाद और मोह आ जाय तो ये बढ़े हुए तमोगुणके लक्षण हैं (१४।११—१३)।

मृत्युके समय सत्त्वगुणकी तात्कालिक वृत्तिके बढ़नेपर मनुष्य स्वर्गादि ऊँचे लोकोंमें जाता है, रजोगुणकी तात्कालिक वृत्तिके बढ़नेपर मनुष्य मृत्युलोकमें मनुष्य बनता है और तमोगुणकी तात्कालिक वृत्तिके बढ़नेपर मनुष्य पशु, पक्षी आदि मूढ़ योनियोंमें पैदा होता है (१४।१४-१५)।

श्रेष्ठ कर्मोंका फल सात्त्विक तथा निर्मल होता है, राजस कर्मका फल दु:ख होता है और तामस कर्मका फल अज्ञान (मूढ़ता) होता है (१४।१६)। सत्त्वगुणसे ज्ञान, रजोगुणसे लोभ और तमोगुणसे प्रमाद, मोह तथा मूढ़ता पैदा होती है (१४।१७)। सत्त्वगुणमें स्थित मनुष्य ऊर्ध्वलोकोंमें जाते हैं, रजोगुणमें स्थित मनुष्य मध्यलोक (मृत्युलोक)-में ही रहते हैं और तमोगुणमें स्थित मनुष्य अधोगतिमें जाते हैं (१४।१८)।

जब विचारशील मनुष्य इन तीनों गुणोंके सिवाय अन्य किसीको कर्ता नहीं देखता अर्थात् सम्पूर्ण क्रियाएँ और परिवर्तन गुणोंमें ही हो रहे हैं—ऐसा दृढ़ बोध हो जाता है, तब उसे अपनेमें स्वत:सिद्ध अकर्तृत्वका, असंगताका, निर्लिप्तताका अनुभव हो जाता है और वह भगवद्भावको प्राप्त हो जाता है (१४।१९) । देहके उत्पादक इन तीनों गुणोंका अतिक्रमण करके जन्म-मरणसे रहित हुआ वह मनुष्य अमरताका अनुभव करता है, जो कि स्वयंमें स्वत:सिद्ध है (१४।२०)।

गुणातीत हुए अर्थात् अमरताको प्राप्त हुए मनुष्यमें सात्त्विकी, राजसी अथवा तामसी वृत्तियोंके आने-जानेसे राग-द्वेष नहीं होते। इतना ही नहीं, वह उदासीनकी तरह रहता है, गुणोंसे विचलित नहीं होता तथा 'गुण ही गुणोंमें बरत रहे हैं'—ऐसा अनुभव करके अपनेमें कभी किंचिन्मात्र भी परिवर्तनका अनुभव नहीं करता (१४।२२-२३)। यह बात तो ज्ञानयोगकी दृष्टिसे कही गयी। भक्तियोगकी दृष्टिसे जब साधकका ध्येय, लक्ष्य केवल भगवान् ही रह जाते हैं, तब वह स्वत: गुणोंसे उपराम (अतीत) होकर ब्रह्मप्राप्तिका पात्र हो जाता है (१४।२६)।

जैसे जलके द्वारा वृक्षकी शाखाएँ बढ़ती हैं, ऐसे ही सत्त्व, रज और तम—इन तीनों गुणोंके द्वारा संसारवृक्षकी शाखाएँ नीचे, मध्य और ऊपरके

लोकोंमें फैली हुई हैं (१५।२)। तात्पर्य है कि गुणोंके संगसे ही यह जीव अधोलोक, मध्यलोक और ऊर्ध्वलोकमें जन्म लेता है। गुणोंके संगसे ही यह भोक्ता बनता है, पर स्वयं निर्लिप्त ही रहता है—इस बातको विवेकी मनुष्य ही जानते हैं, अविवेकी मनुष्य नहीं (१५।१०)। मनुष्योंकी स्वभावसे उत्पन्न हुई श्रद्धा तीन तरहकी होती है—सात्त्विकी, राजसी और तामसी (१७।२)। जिनकी जैसी श्रद्धा होती है, वैसी ही उनकी निष्ठा होती है और निष्ठाके अनुसार ही उनकी प्रवृत्ति होती है। सात्त्विक मनुष्य देवताओंका पूजन करते हैं, राजस मनुष्य यक्ष-राक्षसोंका पूजन करते हैं और तामस मनुष्य भूत-प्रेतोंका पूजन करते हैं (१७।३-४)। अगर कोई मनुष्य पूजन न करता हो तो भोजनकी रुचिसे उसकी पहचान हो सकती है। सात्त्विक मनुष्यको रसयुक्त, स्निग्ध आदि भोजनके पदार्थ प्रिय लगते हैं, राजस मनुष्यको अधिक कड़वे, खट्टे आदि भोजनके पदार्थ प्रिय लगते हैं और तामस मनुष्यको अधपके, रसरहित, अपवित्र आदि भोजनके पदार्थ प्रिय लगते हैं (१७।८—१०)।

फलेच्छारहित मनुष्यके द्वारा विधिपूर्वक सात्त्विक यज्ञ, फलेच्छावाले मनुष्यके द्वारा विधिपूर्वक राजस यज्ञ और अविवेकी मनुष्यके द्वारा विधि, मन्त्र, अन्न, दक्षिणा एवं श्रद्धासे रहित तामस यज्ञ होता है (१७।११—१३)। फलेच्छारहित मनुष्य सात्त्विक तप करते हैं, आदर-सत्कार चाहनेवाले मनुष्य दम्भपूर्वक राजस तप करते हैं और मूढ़ मनुष्य खुद कष्ट उठाकर भी दूसरोंको दु:ख देनेके लिये तामस तप करते हैं (१७।१७—१९)। देश, काल और पात्रके प्राप्त होनेपर प्रत्युपकारकी आशा न रखकर दिया हुआ दान सात्त्विक है, प्रत्युपकार और फलका उद्देश्य रखकर दिया हुआ दान राजस है तथा देश, काल और पात्रका विचार न करके अवज्ञापूर्वक दिया हुआ दान तामस है (१७। २०—२२)।

मोहपूर्वक नियत कर्मोंको छोड़ देना तामस त्याग है, शारीरिक क्लेशके भयसे नियत कर्मोंको छोड़ देना राजस त्याग है, और आसक्ति एवं फलेच्छाको छोड़कर नियत कर्मोंको करना सात्त्विक त्याग है (१८।७—९)।

सम्पूर्ण विभक्त (अलग-अलग) प्राणियोंमें विभागरहित एक अविनाशी भावको देखना सात्त्विक ज्ञान है, सम्पूर्ण विभक्त प्राणियोंमें परमात्माको अलग-अलग देखना राजस ज्ञान है, और पांचभौतिक शरीरको ही अपना स्वरूप मानना तामस ज्ञान है (१८।२०—२२)। फलेच्छारहित मनुष्यके द्वारा कर्तृत्वाभिमान और राग-द्वेषसे रहित होकर किया हुआ कर्म सात्त्विक है, फलेच्छावाले मनुष्यके द्वारा अहंकार अथवा परिश्रमपूर्वक किया हुआ कर्म राजस है और परिणाम, हानि, हिंसा तथा अपनी सामर्थ्यको न देखकर मोहपूर्वक किया हुआ कर्म तामस है (१८।२३—२५)। रागरहित, अहंकृतभावरहित, धृति और उत्साहसे युक्त तथा सिद्धि-असिद्धिमें निर्विकार रहनेवाला कर्ता सात्त्विक है; रागी, फलेच्छावाला, लोभी, हिंसात्मक, अपवित्र और हर्ष-शोकसे युक्त कर्ता राजस है और असावधान, अशिक्षित, ऐंठ-अकड़वाला, जिद्दी, कृतघ्नी, आलसी, विषादी और दीर्घसूत्री कर्ता तामस है (१८।२६—२८)।

प्रवृत्ति-निवृत्ति, कर्तव्य-अकर्तव्य, भय-अभय और बन्धन-मोक्षको ठीक जाननेवाली बुद्धि सात्त्विकी होती है; धर्म-अधर्म, कर्तव्य-अकर्तव्यको ठीक-ठीक न जाननेवाली बुद्धि राजसी होती है और अधर्मको धर्म तथा सम्पूर्ण बातोंको उलटा माननेवाली बुद्धि तामसी होती है (१८।३०—३२)। समतापूर्वक मन, प्राण और इन्द्रियोंकी क्रियाओंको धारण करनेवाली धृति सात्त्विक है, फलेच्छा और आसक्ति-पूर्वक धर्म, काम (भोग) और अर्थको धारण करनेवाली धृति राजसी है और निद्रा, भय, शोक आदिको धारण करनेवाली धृति तामसी है (१८।३३—३५)।

परमात्मविषयक बुद्धिसे पैदा होनेवाला जो सुख सांसारिक आसक्तिके कारण पहले जहरकी तरह और परिणाममें अमृतकी तरह है, वह सुख सात्त्विक है। आरम्भमें अमृतकी तरह और परिणाममें जहरकी तरह विषयों और इन्द्रियोंके संयोगसे उत्पन्न हुआ सुख राजस है। आरम्भमें और परिणाममें मोहित करनेवाला, केवल निद्रा, आलस्य और प्रमादसे उत्पन्न सुख तामस है (१८। ३७—३९)।

प्रकृतिसे उत्पन्न गुणोंके द्वारा ही सबकी रचना की गयी है। इसलिये इस त्रिलोकीमें गुणोंसे रहित कोई भी वस्तु और प्राणी नहीं है। स्वभावसे उत्पन्न हुए गुणोंके द्वारा ही ब्राह्मण, क्षत्रिय, वैश्य और शूद्र—इन चारों वर्णोंके कर्मोंका विभाग किया गया है (१८। ४०-४१)।[१]

अठारहवें अध्यायके सैंतालीसवें श्लोकमें आया **'विगुणः'** शब्द भी तीनों गुणोंसे रहितका वाचक नहीं है, प्रत्युत सद्गुण-सदाचारोंकी कमीका वाचक है।[२]

—इस प्रकार गीतामें भाव, गुणोंकी वृत्तियाँ, श्रद्धा, पूजन, भोजन, यज्ञ, तप, दान, त्याग, ज्ञान, कर्म, कर्ता, बुद्धि, धृति और सुख—इन पंद्रह रूपोंमें गुणोंका वर्णन हुआ है।

उपर्युक्त तीनों गुणोंमेंसे सत्त्वगुणका तात्पर्य प्रकृति और प्रकृतिके कार्यसे सम्बन्ध-विच्छेद करानेमें है, रजोगुणका तात्पर्य प्राकृत पदार्थोंके साथ सम्बन्ध दृढ़ करनेमें है और तमोगुणका तात्पर्य मूढ़ताके बढ़ जानेमें है।

गीताके सत्त्वगुणका स्वरूप प्रकाशक और अनामय है (१४। ६)। 'प्रकाश' नाम अन्तःकरणकी स्वच्छता, निर्मलताका है अर्थात् अन्तःकरणमें सत्-असत् और कर्तव्य-अकर्तव्यका विवेक होना 'प्रकाश' है। 'अनामय' नाम रोगरहित अर्थात् विकाररहित होनेका है। मनुष्य विकाररहित होता है—जड़ताका त्याग करनेसे। गीतामें जैसे सत्त्व-गुणको 'अनामय' कहा गया है, ऐसे ही निर्गुण तत्त्वको भी 'अनामय' कहा गया है (२। ५१)। दोनोंको अनामय कहनेका तात्पर्य है कि परमात्म-प्राप्तिमें हेतु होनेके कारण सत्त्वगुण निर्गुण तत्त्वके नजदीक है।

रजोगुणका स्वरूप रागात्मक है (१४। ७)। उत्पन्न और नष्ट होनेवाले पदार्थोंमें आकर्षण, प्रियता होनेका नाम 'राग' है, जिससे कामना पैदा होती है। यह कामना ही सम्पूर्ण पापोंका कारण है (३। ३७)। तमोगुणका स्वरूप मोहनात्मक है, जिसमें मूढ़ता मुख्य है (१४। ८)। गीतामें राजस कर्ताको हिंसात्मक कहा गया है (१८। २७) और तामस कर्ममें भी हिंसा बतायी गयी है (१८। २५)। दोनोंमें हिंसा बतानेका तात्पर्य है कि रजोगुण और तमोगुण—दोनों एक-दूसरेके नजदीक हैं।[३]

अन्य ग्रन्थोंमें ऐसा आता है कि सत्त्वगुणसे पुण्य होता है—**'सात्त्विकैः पुण्यनिष्पत्तिः'**, जिसका सुखरूप फल जन्म-जन्मान्तरमें, लोक-लोकान्तरमें भोगा जाता है, पर गीताका सत्त्वगुण सांसारिक सुख देनेवाला नहीं है, प्रत्युत अविनाशी सुखकी प्राप्तिमें, मुक्तिमें सहायक है। परंतु इस सत्त्वगुणके साथ जब रजोगुण मिल जाता है, तब यह सत्त्वगुण बाँधनेवाला हो जाता है। तात्पर्य है कि सत्त्वगुणका उपभोग करनेसे, इससे होनेवाले सुख और ज्ञानका संग (राग) करनेसे यह मनुष्यको बाँध देता है (१४। ६)।

१-किसी एक वस्तुपर एक चोट मारनेसे दो टुकड़े होते हैं, दो चोट मारनेपर तीन टुकड़े होते हैं और तीन चोट मारनेपर चार टुकड़े होते हैं। ऐसे ही तीन गुणोंसे चार ही वर्णोंका विभाग होता है।

२-गीतामें जिन अध्यायोंमें तथा जिन श्लोकोंमें गुणोंका वर्णन आया है, उन्हींका यहाँ संकेत किया गया है।

३- तमोगुण, रजोगण और सत्त्वगुण—तीनोंमें परस्पर (१, १० और १०० की तरह) दसगुनेका अन्तर है। फिर भी तमोगुण (१)-से रजोगुण (१०) निकट है और सत्त्वगुण (१००) इन दोनोंसे दूर है।

गीतामें जहाँ-कहीं सात्त्विक, राजस और तामस—इन तीनों गुणोंका वर्णन हुआ है, वहाँ एक दृष्टिसे तो सात्त्विक और राजस एक (समान) हैं, एक दृष्टिसे राजस और तामस एक हैं तथा एक दृष्टिसे सात्त्विक और तामस एक हैं। जैसे—शास्त्रविधिके अनुसार कर्म करनेमें सात्त्विक और राजस एक हैं; परंतु इनमें फर्क यह है कि सात्त्विकमें निष्कामभाव रहता है और राजसमें सकामभाव रहता है। संसारके साथ सम्बन्ध जोड़नेमें राजस और तामस एक हैं; परंतु इनमें फर्क यह है कि राजसमें सावधानी होती है और तामसमें मूढ़ता होती है। क्रियारहित होनेमें सात्त्विक और तामस एक हैं; परंतु इनमें फर्क यह है कि सात्त्विकमें विवेककी जागृति रहती है और तामसमें मूढ़ता रहती है।

वास्तवमें देखा जाय तो एक ही प्रकृतिसे उत्पन्न होनेके कारण सात्त्विक, राजस और तामस—तीनों ही गुणोंका आपसमें सम्बन्ध है (१४।५)। इन गुणोंसे अपना सम्बन्ध न रहनेपर प्रकृतिसे अतीत परमात्मतत्त्व अथवा स्वरूपका अनुभव हो जाता है, जो तीनों गुणोंसे रहित है तथा न तो कुछ करता है और न लिप्त ही होता है (१३।३१)।

गीतामें परमात्मा और जीवात्माका स्वरूप

जीवात्मा परमात्मा च तत्त्वतोऽभिन्न एव च।
लक्षणेषु द्वयोः साम्यं कृष्णेन कथितं स्वयम्॥

उपासनाकी दृष्टिसे परमात्माके तीन स्वरूप माने गये हैं—सगुण-निराकार, निर्गुण-निराकार और सगुण-साकार। सौन्दर्य, माधुर्य, ऐश्वर्य आदि दिव्य गुणोंसे युक्त और प्रकृति तथा उसके कार्य संसारमें परिपूर्णरूपसे व्यापक परमात्मा **'सगुण-निराकार'** कहलाते हैं। जब साधक परमात्माको दिव्य गुणोंसे रहित मानता है अर्थात् उसकी दृष्टि केवल निर्गुण परमात्माकी तरफ रहती है, तब परमात्माका वह स्वरूप **'निर्गुण-निराकार'** कहलाता है। सगुण-निराकार परमात्मा जब अपनी दिव्य प्रकृतिको अधिष्ठित करके अपनी योगमायासे लोगोंके सामने प्रकट हो जाते हैं, तब वे **'सगुण-साकार'** कहलाते हैं। इन तीनों स्वरूपोंका वर्णन गीतामें इस प्रकार हुआ है—

(१) सगुण-निराकार—अभ्यासयोगसे युक्त एकाग्र-मनसे परम पुरुषका चिन्तन करते हुए शरीर छोड़नेवाला मनुष्य उसीको प्राप्त होता है (८।८)। जो सर्वज्ञ, पुराण, सबका शासक, सूक्ष्म-से-सूक्ष्म, सबको धारण करनेवाला, अचिन्त्यरूप, अज्ञानसे अत्यन्त परे और सूर्यकी तरह प्रकाशस्वरूप है, उसका चिन्तन करते हुए अचल मन एवं योगबलके द्वारा प्राणोंको भृकुटीके मध्यमें लगाकर शरीर छोड़नेवाला मनुष्य उसी परम दिव्य पुरुषको प्राप्त हो जाता है (८।९-१०)। जिसके अन्तर्गत सब प्राणी हैं और जो सबमें व्याप्त है, उस परम पुरुषको अनन्यभक्तिसे प्राप्त करना चाहिये (८।२२)। जिससे सम्पूर्ण प्राणियोंकी उत्पत्ति होती है और जिससे यह सम्पूर्ण संसार व्याप्त है, उस परमात्माका अपने कर्मोंके द्वारा पूजन करके मनुष्य सिद्धिको प्राप्त हो जाता है (१८।४६); आदि-आदि।

(२) निर्गुण-निराकार—जिसको वेदवेत्तालोग अक्षर कहते हैं, वीतराग यतिलोग जिसमें प्रवेश करते हैं और जिसको प्राप्त करनेकी इच्छासे ब्रह्मचारीलोग ब्रह्मचर्यका पालन करते हैं, उस पदको मैं कहूँगा (१८।११)। जो अक्षर, अनिर्देश्य, अव्यक्त, सर्वव्यापी, अचिन्त्य, कूटस्थ, अचल और ध्रुव तत्त्वकी उपासना करते हैं (१२। ३); आदि-आदि।

(३) सगुण-साकार—अनन्यचित्तवाले जो

भक्त नित्य-निरन्तर मेरा चिन्तन करते हैं, उनके लिये मैं सुलभ हूँ (८।१४)। महात्मालोग मेरेको प्राप्त होकर फिर दुःखालय और अशाश्वत पुनर्जन्मको प्राप्त नहीं होते (८।१५)। दैवी प्रकृतिके आश्रित महात्मालोग मेरेको सम्पूर्ण प्राणियोंका आदि और अव्यय मानकर अनन्यचित्तसे मेरा भजन करते हैं (९।१३)। जो भक्त भक्तिपूर्वक पत्र, पुष्प, फल, जल आदि मुझे अर्पण करता है, प्रेमपूर्वक दिये हुए उस उपहारको मैं खा लेता हूँ (९।२६)। अनन्यभक्तिसे ही मैं जाना जा सकता हूँ, देखा जा सकता हूँ और प्राप्त किया जा सकता हूँ (११।५४); आदि-आदि।

सगुण-निराकार, निर्गुण-निराकार और सगुण-साकारकी एकता—तेरहवें अध्यायके चौदहवें श्लोकमें भगवान्‌ने इन तीनों रूपोंकी एकता की है; जैसे—'**सर्वेन्द्रियगुणाभासम्**' अर्थात् वह तत्त्व सम्पूर्ण इन्द्रियोंके विषयोंको प्रकाशित करनेवाला होनेसे सगुण-निराकार है; '**सर्वेन्द्रियविवर्जितम्, निर्गुणम्**' अर्थात् सम्पूर्ण इन्द्रियोंसे और सत्त्व-रज-तम तीनों गुणोंसे रहित होनेसे निर्गुण-निराकार है; '**सर्वभृत्, गुणभोक्तृ**' अर्थात् सम्पूर्ण संसारका भरण-पोषण करनेवाला तथा गुणोंका भोक्ता होनेसे सगुण-साकार है। इसके सिवाय और जगह भी तीनों रूपोंकी एकता बतायी गयी है; जैसे—उसीको अव्यक्त और अक्षर कहा गया है तथा उसीको परमगति कहा गया है और जिसको प्राप्त होनेपर जीव फिर लौटकर नहीं आते, वह मेरा परमधाम है (८।२१)। ब्रह्म, अविनाशी, अमृत, शाश्वत धर्म और ऐकान्तिक सुखका आश्रय मैं ही हूँ (१४।२७)।

अर्जुनने भी विराट्‌रूप भगवान्‌की स्तुति करते हुए ग्यारहवें अध्यायके अठारहवें श्लोकमें तीनों रूपोंकी एकता की है; जैसे—'**त्वमक्षरं परमं वेदितव्यम्**' अर्थात् आप ही जाननेयोग्य परम अक्षर (अक्षरब्रह्म) होनेसे निर्गुण-निराकार हैं; '**त्वमस्य विश्वस्य परं निधानम्**' अर्थात् आप ही इस विश्वके परम आश्रय होनेसे सगुण-निराकार हैं; '**त्वं शाश्वतधर्मगोप्ता**' अर्थात् आप ही सनातनधर्मके रक्षक होनेसे सगुण-साकार हैं।

जीवात्माका स्वरूप—गीतामें जीवात्माके स्वरूपके विषयमें भगवान् कहते हैं कि यह जीव मेरा ही सनातन अंश है; परंतु मेरा अंश होकर भी यह इस जीवलोकमें जीव बना हुआ है और प्रकृतिमें स्थित इन्द्रियाँ, मन आदिको अपना मानता है (१५।७)। प्रकृतिमें स्थित होकर अर्थात् शरीरको 'मैं' और 'मेरा' मानकर यह सुख-दुःखका भोक्ता बन जाता है। प्रकृतिजन्य गुणोंका, विषयोंका संग ही इसे ऊँच-नीच योनियोंमें ले जानेका कारण बनता है (१३।२१)। यह जीवात्मा मेरी 'परा प्रकृति' है, पर इसने 'अपरा प्रकृति' (शरीर-संसार)-के साथ अहंता-ममता करके इस जगत्‌को धारण कर रखा है (७।५)। अपरा प्रकृतिके साथ इस परा प्रकृतिका सम्बन्ध होनेसे ही सम्पूर्ण प्राणियोंकी उत्पत्ति होती है (७।६; १३।२६)।

इस जीवात्माका वर्णन दूसरे अध्यायके ग्यारहवेंसे तीसवें श्लोकतक देही, शरीरी, नित्य, अविनाशी, अप्रमेय आदि शब्दोंसे किया गया है। तेरहवें अध्यायके पहले-दूसरे श्लोकोंमें इसको 'क्षेत्रज्ञ' और उन्नीसवें श्लोकमें 'पुरुष' कहा गया है। इसीको पंद्रहवें अध्यायके सोलहवें श्लोकमें 'अक्षर' कहा गया है। तात्पर्य यह है कि वास्तवमें यह परमात्माका अंश होनेसे परमात्मस्वरूप ही है। रागके कारण प्रकृतिके कार्य शरीर-संसारके साथ सम्बन्ध जोड़नेसे ही यह जीव बना है। वास्तवमें यह शरीरमें स्थित रहता हुआ भी न करता है और न लिप्त होता है (१३।३१)।

सगुण-निराकारके साथ जीवात्माकी एकता—जीवात्माके लिये कहा गया है कि उसको तुम अविनाशी समझो, जिससे यह सम्पूर्ण संसार व्याप्त है (२।१७) और सगुण-निराकार परमात्माके लिये कहा गया है कि जिसके अन्तर्गत

सम्पूर्ण प्राणी हैं और जिससे यह सम्पूर्ण संसार व्याप्त है, वह परम पुरुष अनन्यभक्तिसे प्राप्त होता है (८।२२)। मुझ अव्यक्तमूर्तिसे यह सम्पूर्ण जगत् व्याप्त है (९।४); जिस परमात्मासे यह सम्पूर्ण जगत् व्याप्त है, उसका अपने कर्मोंके द्वारा पूजन करना चाहिये (१८।४६)।

जीवात्माको भी 'ईश्वर' कहा गया है (१५।८) और सगुण-निराकार परमात्माको भी 'ईश्वर' कहा गया है (१८।६१)।

निर्गुण-निराकारके साथ जीवात्माकी एकता—जीवात्माको भी सम्पूर्ण जगत्में व्याप्त बताया गया है (२।१७) और निर्गुण-निराकार परमात्माको भी सम्पूर्ण चराचर प्राणियोंमें व्याप्त बताया गया है (१३।१५)।

जीवात्माको नित्य, सर्वव्यापी, स्थाणु, अचल, अव्यक्त और अचिन्त्य (२।२४-२५), अप्रमेय (२।१८) तथा कूटस्थ (१५।१६) कहा गया है और निर्गुण-निराकार परमात्माको अनिर्देश्य, अव्यक्त, सर्वव्यापी, अचिन्त्य, कूटस्थ, अचल और ध्रुव कहा गया है (१२।३)।

जीवात्माको भी 'परमात्मा' कहा गया है (१३।२२) और निर्गुण-निराकार परमात्माको भी 'परमात्मा' कहा गया है (६।७)।

जीवात्माको भी 'निर्गुण' कहा गया है (१३।३१) और निर्गुण-निराकार परमात्माको भी 'निर्गुण' कहा गया है (१३।१४)।

सगुण-साकारके साथ जीवात्माकी एकता—जीवात्माको भी 'महेश्वर' कहा गया है (१३।२२) और सगुण-साकार परमात्माको भी 'महेश्वर कहा गया है (५।२९; ९।११; १०।३)।

तेरहवें अध्यायके दूसरे श्लोकमें भगवान्ने 'तू सम्पूर्ण क्षेत्रोंमें क्षेत्रज्ञ मेरेको ही जान'—ऐसा कहकर जीवात्माकी अपने (सगुण-साकारके) साथ एकता बतायी है।

सब स्वरूपोंके साथ जीवात्माकी एकता बतानेका तात्पर्य यह है कि इस जीवात्माकी परमात्माके साथ एकता स्वतः है; परंतु शरीरके साथ एकता माननेसे परमात्माके साथ एकताका अनुभव नहीं होता। अतः साधकको चाहिये कि वह शरीरके साथ अपनी एकता न माने, प्रत्युत परमात्माके साथ दृढ़तासे एकता मानकर साधनपरायण हो जाय, तो फिर उस एकताका अनुभव हो जायगा।

परमात्माके सगुण-निराकार, निर्गुण-निराकार और सगुण-साकार—इन तीनों रूपोंके साथ जीवात्माकी तात्त्विक एकता और मानी हुई भिन्नता है। मानी हुई भिन्नता मिटनेपर तात्त्विक एकताका स्वतः अनुभव हो जाता है। कई आचार्य जीवात्मा और परमात्मामें अभेद मानते हैं और कई आचार्य भेद मानते हैं। भेद माननेवाले आचार्य भी तात्त्विक भेद नहीं मान सकते। हाँ, वे 'जीव अनेक हैं'—इस दृष्टिसे जीवात्मा और परमात्मामें जातीय एकता कह देते हैं, पर वास्तवमें यह तात्त्विक एकता ही है। कारण कि जाति वह होती है, जो एक होते हुए भी सबमें अलग-अलग रहे। चेतन-तत्त्व एक ही है और उसमें कोई भेद (अनेकता) नहीं है, फिर उसमें जाति कैसे हो सकती है? अतः जीवात्मा और परमात्मामें तात्त्विक एकता है अर्थात् दोनों तत्त्वरूपसे एक हैं।

जीवात्मा अल्पज्ञ है और परमात्मा सर्वज्ञ है। जीवात्माकी अल्पज्ञता अविद्याके कारण है और परमात्माकी सर्वज्ञता उनकी शक्ति प्रकृतिके कारण है। अगर जीवात्मा अविद्याको मिटा दे तो उसकी अल्पज्ञता नहीं रहेगी और अगर परमात्मा अपनी शक्तिकी उपेक्षा कर दे, अपनी शक्तिकी तरफ दृष्टि न डाले तो परमात्माकी सर्वज्ञता नहीं रहेगी।

गीता शब्दमय ग्रन्थ है; अतः इस लेखमें गीताके शब्दोंको लेकर ही जीवात्मा और परमात्माकी एकता की गयी है। वास्तवमें जीवात्मा और परमात्माकी तात्त्विक एकता किसी ग्रन्थ आदिको लेकर नहीं है, प्रत्युत स्वतःसिद्ध है। अगर साधक किसी ग्रन्थको महत्त्व देता है तो वह उस

ग्रन्थमें वर्णित तत्त्वके साथ अभिन्न होनेके लिये, उसमें अपनेको लीन करनेके लिये ही देता है। जब साधकमें सांसारिक वस्तु, व्यक्ति आदिका महत्त्व नहीं रहता, तब तत्त्वसे मानी हुई भिन्नता मिट जाती है अर्थात् परमात्मासे अपनी तात्त्विक एकताका अनुभव हो जाता है। तात्त्विक एकताका अनुभव होनेपर व्यक्तित्वका अभिमान नहीं रहता; क्योंकि वास्तविक तत्त्वमें व्यक्तित्वका अभिमान नहीं है। लोगोंकी दृष्टिमें तो वह योगी, ज्ञानी अथवा प्रेमी कहा जाता है, पर वास्तवमें वह योगी, ज्ञानी और प्रेमी नहीं रहता, प्रत्युत वह योग-स्वरूप, ज्ञान-स्वरूप और प्रेम-स्वरूप हो जाता है। तत्त्वसे एक होनेके बाद अर्थात् व्यक्तित्वका अभिमान मिटनेके बाद योग और योगी, ज्ञान और ज्ञानी, प्रेम और प्रेमी—ये दो भेद नहीं रहते। जबतक दो भेद अर्थात् व्यक्तित्वका अभिमान है, तबतक तत्त्वके साथ एकता नहीं हुई।

गीतामें ईश्वर और जीवात्माकी स्वतन्त्रता

कर्तुं तथान्यथाकर्तुं स्वतन्त्रो हीश्वरः सदा।
प्रकृतेर्वशतात्यागे जीवात्मा स्ववशः सदा॥

स्व नाम स्वयंका है, 'पर' नाम दूसरेका है और 'तन्त्र' नाम अधीनका है। अतः जो स्वयंके अधीन होता है, उसको 'स्वतन्त्र' (स्वाधीन) कहते हैं और जो दूसरोंके अधीन होता है, उसको 'परतन्त्र' (पराधीन) कहते हैं। स्वतन्त्र और परतन्त्रके भावका नाम ही स्वतन्त्रता और परतन्त्रता है।

यद्यपि ईश्वरमें कर्तृत्व नहीं है और ईश्वरके अंश इस जीवात्मामें भी तत्त्वतः कर्तृत्व नहीं है, तथापि ईश्वरमें प्रकृतिको लेकर कर्तृत्व है और जीवात्मामें शरीर-इन्द्रियाँ-मन-बुद्धि आदिको लेकर कर्तृत्व है। परंतु इन दोनोंके कर्तृत्वमें बड़ा भारी अन्तर है। ईश्वर तो प्रकृतिके अधिपति होते हुए ही प्रकृतिको अपने वशमें करके स्वतन्त्रतासे संसारकी उत्पत्ति, स्थिति, प्रलय आदि कार्य करते हैं (४।६; ९।८) और यह जीवात्मा सुखासक्तिके कारण शरीर आदिके वशीभूत होकर परतन्त्रतासे कार्य करता है (१५।७—९)। जैसे भगवान् प्रकृतिको स्वीकार करने और न करनेमें स्वतन्त्र हैं और स्वीकार करनेपर भी भगवान् परतन्त्र नहीं होते, ऐसे ही यह जीवात्मा भी शरीर आदिको 'मैं-मेरा' मानने और न माननेमें स्वतन्त्र है, पर उनको 'मैं-मेरा' माननेपर जीवात्मा अपनी स्वतन्त्रताको भूलकर उनके अधीन (परतन्त्र) हो जाता है। अतः परिणाममें यह जन्म-मरणके चक्करमें पड़ जाता है।

जीवात्माकी यह परतन्त्रता स्वाभाविक नहीं है, प्रत्युत खुदकी बनायी हुई, खुदकी मानी हुई है। तात्पर्य यह है कि जब यह जीवात्मा स्वयं रागके कारण प्रकृतिके कार्य शरीरादिकी अधीनता स्वीकार कर लेता है, तब यह परतन्त्र हो जाता है; और जब यह प्रकृतिके कार्यकी अधीनताको अस्वीकार कर देता है, तब यह स्वतन्त्र हो जाता है अर्थात् अपनी स्वतःसिद्ध स्वतन्त्रताका, अपने स्वरूपका अनुभव कर लेता है। ऐसा अनुभव करनेमें वह स्वतन्त्र है।

जब यह जीवात्मा अपनी स्वतःसिद्ध स्वतन्त्रताका अनुभव करके भी संतुष्ट नहीं होता, तब उसका भगवान्‌के चरणोंमें प्रेम हो जाता है। प्रेम होनेपर भगवान् उसके वशमें हो जाते हैं। तात्पर्य यह है कि जब यह प्रकृतिके कार्यको छोड़कर भगवान्‌को स्वीकार कर लेता है, तब सर्वस्वतन्त्र भगवान् भी इसके अधीन हो जाते हैं। इतना ही नहीं, इसके अधीन होकर वे आनन्दका अनुभव करते हैं। इतनी स्वतन्त्रता भगवान्‌ने इस जीवात्माको दे रखी है।

गीतामें सत्, चित् और आनन्द

द्वावेव सच्चिदानन्दौ प्रोक्तौ जगज्जनार्दनौ।
द्वयोरन्तरमेतत्तु सदाऽस्थिरं सदा स्थिरः॥

गीतामें सत्, चित् और आनन्द—इन तीनोंका वर्णन आता है। परन्तु वेदान्त-ग्रन्थोंमें इन तीनोंका जैसा क्रमसे वर्णन आता है, वैसा क्रमसे वर्णन गीतामें नहीं आता; क्योंकि गीता एक सिद्धान्त-ग्रन्थ है, प्रक्रिया-ग्रन्थ नहीं है।

'सत्' शब्द सत्ताका वाचक, 'चित्' शब्द ज्ञानका वाचक और 'आनन्द' शब्द सर्वोपरि सुखका वाचक है।

'सत्'—

सत्ता दो प्रकारकी होती है—स्वतःसिद्ध अविकारी सत्ता और उत्पन्न होनेवाली विकारी सत्ता। अविकारी सत्ता परमात्मा एवं जीवात्माकी है और विकारी सत्ता संसार एवं शरीरकी है। अविकारी सत्ताका कभी अभाव नहीं होता—'**नाभावो विद्यते सतः**' (२।१६) और विकारी सत्ताका कभी भाव नहीं होता—'**नासतो विद्यते भावः**' (२।१६)।

उत्पन्न होना, 'है'-रूपसे दीखना, बढ़ना, परिवर्तित होना, क्षीण होना और नष्ट होना—ये छः विकार अविकारी सत्तामें नहीं होते अर्थात् वह सत्ता इन छः भावविकारोंसे रहित है। ये छः भावविकार विकारी सत्तामें होते हैं; जैसे—संसार एवं शरीर उत्पन्न होता है, उत्पन्न होनेके बाद 'है'-रूपसे दीखता है, बढ़ता है, परिवर्तित होता है अर्थात् एक अवस्थाको छोड़कर दूसरी अवस्थाको प्राप्त होता है, क्षीण होता है और नष्ट हो जाता है।

गीतामें उपर्युक्त दोनों सत्ताओंका वर्णन एक साथ ही हुआ है; जैसे—गतिशील प्राणियोंमें जो गतिरहित है, विषम प्राणियोंमें जो समरूपसे स्थित है और नष्ट होनेवाले प्राणियोंमें जो विनाशरहित है (१३।२७)। सम्पूर्ण विभक्त प्राणियोंमें जो विभागरहित है (१३।१६)। जिसके अन्तर्गत सम्पूर्ण प्राणी हैं और जो सम्पूर्ण प्राणियोंमें ओतप्रोत है (८।२२), आदि।

'चित्'—

ज्ञान दो प्रकारका होता है—करण-निरपेक्ष और करण-सापेक्ष। परमात्मा और अपने स्वरूपका ज्ञान (बोध) करण-निरपेक्ष है; क्योंकि वह ज्ञान स्वयंसे ही होता है, इन्द्रियाँ, मन आदि करणोंसे नहीं। संसार और शरीरका ज्ञान करण-सापेक्ष है; क्योंकि यह ज्ञान इन्द्रियाँ, मन आदि करणोंसे होता है। करण-निरपेक्ष ज्ञान सबका प्रकाशक है। इसी ज्ञानसे सबको प्रकाश मिलता है। इसीसे मन, बुद्धि, इन्द्रियाँ आदि सब प्रकाशित होते हैं। परन्तु करण-सापेक्ष ज्ञान प्रकाश्य है।

गीतामें उपर्युक्त दोनों ज्ञानोंका वर्णन भी प्रायः एक साथ ही हुआ है; जैसे—वह परमात्मा सम्पूर्ण ज्योतियोंका ज्योति है अर्थात् सम्पूर्ण ज्ञानोंका ज्ञान है (१३।१७)। वह परमात्मा सम्पूर्ण इन्द्रियोंसे रहित होनेपर भी सम्पूर्ण विषयोंको प्रकाशित करता है (१३।१४)। उस परमपदरूप परमात्माको सूर्य (नेत्र), चन्द्रमा (मन) और अग्नि (वाणी) प्रकाशित नहीं करते (१५।६); किन्तु उससे ये सूर्य (नेत्र) आदि प्रकाशित होते हैं (१५।१२), आदि।

'आनन्द'—

सुख भी दो प्रकारका होता है—पारमार्थिक और लौकिक। पारमार्थिक सुख परमात्मस्वरूप है। यह सुख तीनों गुणोंसे अतीत है। यह सुख सांसारिक सुख-दुःखसे रहित है। इसी सुखको गीतामें अक्षय सुख, आत्यन्तिक सुख और अत्यन्त सुख कहा गया है (५।२१; ६।२१, २८)। परन्तु लौकिक सुख

नाशवान् और तीनों गुणोंवाला है। राजस और तामस सुख तो लौकिक हैं ही, उत्पन्न होनेवाला होनेसे सात्त्विक सुख भी लौकिक ही है। गीतामें लौकिक सुखका वर्णन प्रायः दुःखके साथ ही हुआ है; जैसे **'शीतोष्णसुखदुःखदाः'**, **'समदुःखसुखम्'** (२। १४-१५); **'सुखेषु विगतस्पृहः'** (२। ५६); **'शीतोष्णसुखदुःखेषु'** (६। ७); **'समदुःखसुखः', शीतोष्णसुखदुःखेषु'** (१२। १३, १८); **'समदुःखसुखः'** (१४। २४); **'सुखदुःखसंज्ञैः'** (१५। ५); आदि।

तात्पर्य है कि परमात्मतत्त्व भी सच्चिदानन्द (सत्, चित् और आनन्द) है और संसार भी सच्चिदानन्द है; परंतु इन दोनोंके सच्चिदानन्दपनेमें अन्तर है। परमात्मतत्त्वका सच्चिदानन्दपना सबके लिये अनुभूत नहीं है। मनुष्य जब साधन करता है, सत्संग करता है, परमात्माकी तरफ चलता है, तब परमात्माका सच्चिदानन्दपना उसके अनुभवमें आने लगता है। पारमार्थिक मार्गमें वह ज्यों-ज्यों आगे बढ़ता है, त्यों-त्यों उसमें विलक्षणता आती ही रहती है। परन्तु संसारका जो सच्चिदानन्दपना है, वह सबके अनुभवसिद्ध है। संसारकी जो सत्ता ('है'-पना) है, ज्ञान (समझ) है, सुख है, वे सभी उत्पन्न और नष्ट होनेवाले हैं। वे पहले भी नहीं थे और पीछे भी नहीं रहेंगे तथा जिस समय उनका भान होता है, उस समय भी वे प्रतिक्षण नष्ट हो रहे हैं, अभावमें जा रहे हैं। अतः बुद्धिमान् मनुष्यको चाहिये कि वह उत्पन्न और नष्ट होनेवाले सांसारिक सत्-चित्-आनन्दमें न फँसे।

परमात्माको 'सत्' कहनेका तात्पर्य है कि वह परमात्मा असत्से विलक्षण है; वहाँ असत् है ही नहीं। जैसे उत्पन्न होनेवाली वस्तुको अंगुलिनिर्देश करके बता सकते हैं; ऐसे उस परमात्माको अंगुलिनिर्देश करके नहीं बता सकते।

उस परमात्माको 'चित्' कहा जाता है, पर यह 'चित्' सांसारिक प्रकाश-अप्रकाश, ज्ञान-अज्ञान, चेतन-जड़की तरह नहीं है। कारण कि सांसारिक प्रकाश अप्रकाशकी अपेक्षासे है अर्थात् जहाँ नेत्र काम करते हैं, वह प्रकाश है और जहाँ नेत्र काम नहीं करते, वह अप्रकाश है। सांसारिक ज्ञान अज्ञानकी अपेक्षासे है अर्थात् जहाँ बुद्धि काम करती है, वह ज्ञान है और जहाँ बुद्धि काम नहीं करती, वह अज्ञान है। सांसारिक चेतन जड़की अपेक्षासे है। परन्तु परमात्मा इस तरह अप्रकाश, अज्ञान और जड़की अपेक्षा 'चित्' नहीं है; वहाँ अप्रकाश, अज्ञान और जड़ताका अत्यन्त अभाव है। तात्पर्य है कि उस परमात्मामें अप्रकाश, अज्ञान और जड़ता है ही नहीं।

संसारमें एक सुख होता है और एक दुःख होता है। एक शान्ति होती है और एक अशान्ति होती है। ये सभी द्वन्द्व हैं। पारमार्थिक सुख (आनन्द)-में दुःख-अशान्तिका अत्यन्त अभाव है। वह सुख सांसारिक सुख-शान्तिसे सर्वथा अतीत है। तात्पर्य है कि पारमार्थिक सत्, चित् और आनन्द—ये तीनों ही द्वन्द्वातीत हैं।

गीतामें अष्टांगयोगका वर्णन

सर्वयोगमयी गीता सर्वसाधनसिद्धिदा।
तस्मादष्टाङ्गयोगस्य वर्णनं न यथाक्रमम्॥

पातंजलयोगदर्शनमें यम, नियम, आसन, प्राणायाम, प्रत्याहार, धारणा, ध्यान और समाधि—इन आठ अंगोंवाले 'अष्टांगयोग' का वर्णन आया है—**'यमनियमासनप्राणायामप्रत्याहारधारणाध्यान-समाधयोऽष्टावङ्गानि'** (२। २९)। गीतामें भगवान्ने इस अष्टांगयोगका क्रमपूर्वक वर्णन तो नहीं किया है, पर भगवान्की वाणी इतनी विलक्षण है कि इसमें

अन्य योग-साधनोंके साथ अष्टांगयोगका भी वर्णन आ गया है; जैसे—

(१) यम—अहिंसा, सत्य, अस्तेय, ब्रह्मचर्य और अपरिग्रह—ये पाँच 'यम' कहलाते हैं—'**अहिंसासत्यास्तेयब्रह्मचर्यापरिग्रहा यमाः**' (पातंजल० २।३०)। गीतामें '**अहिंसा**' (१०।५; १३।७; १६।२; १७।१४) पदसे 'अहिंसा' का; '**सत्यम्**' (१६।२; १७।१५) पदसे 'सत्य' का; '**स्तेन एव सः**' (३।१२) पदोंमें विधिमुखसे 'अस्तेय' का; '**ब्रह्मचारिव्रते स्थितः**' (६।१४); '**ब्रह्मचर्यं चरन्ति**' (८।११); '**ब्रह्मचर्यम्**' (१७।१४) पदोंसे 'ब्रह्मचर्य' का और '**त्यक्तसर्वपरिग्रहः**' (४।२१), '**अपरिग्रहः**' (६।१०), '**अहंकारं······· परिग्रहम्। विमुच्य·······**'(१८।५३) पदोंसे 'अपरिग्रह' का वर्णन हुआ है।

(२) नियम—शौच, संतोष, तप, स्वाध्याय और ईश्वर-प्रणिधान—ये पाँच 'नियम' कहलाते हैं—'**शौचसंतोषतपःस्वाध्यायेश्वरप्रणिधानानि नियमाः**' (पातंजल० २।३२)। गीतामें '**शौचम्**' (१३।७; १६।३; १७।१४; १८।४२) पदसे 'शौच' का; '**यदृच्छालाभसंतुष्टः**' (४।२२) '**आत्मन्येव च संतुष्टः**' (३।१७), '**तुष्यन्ति**' (१०।९), '**संतुष्टः**' (१२।१४), '**संतुष्टो येन केनचित्**' (१२।१९) पदोंसे 'संतोष' का; **यत्तपस्यसि**' (९।२७), '**तपः**' (१६।१; १७।१४—१६) पदोंसे 'तप' का; '**स्वाध्यायज्ञान-यज्ञाश्च**' (४।२८), '**स्वाध्यायाभ्यसनम्**' (१७।१५), '**अध्येष्यते च य इमं धर्म्यं संवादमावयोः**' (१८।७०) पदोंसे 'स्वाध्याय' का; '**मामाश्रित्य यतन्ति**' (७।२९), '**तमेव शरणं गच्छ**' (१८।६२), '**मामेकं शरणं व्रज**' (१८।६६), पदोंसे 'ईश्वर-प्रणिधान' का वर्णन हुआ है।

(३) आसन—स्थिर और सुखपूर्वक बैठनेका नाम 'आसन' है—'**स्थिरसुखमासनम्**' (पातंजल० २।४६)। गीतामें '**समं कायशिरोग्रीवं धारयन्नचलं स्थिरः। सम्प्रेक्ष्य नासिकाग्रं स्वं दिशश्चानवलोकयन्**' (६।१३)—इस श्लोकमें 'आसन' का वर्णन हुआ है।

(४) प्राणायाम—श्वास-प्रश्वासकी गतिको रोकना 'प्राणायाम' कहलाता है—'**तस्मिन् सति श्वास-प्रश्वासयोर्गतिविच्छेदः प्राणायामः**' (पातंजल० २।४९)। गीतामें '**प्राणापानगती रुद्ध्वा प्राणायामपरायणाः**' (४।२९), **प्राणापानौ समौ कृत्वा**' (५।२७) '**भ्रुवोर्मध्ये प्राणमावेश्य सम्यक्**' (८।१०), '**मूर्ध्न्याधायात्मनः प्राणम्**' (८।१२) पदोंसे 'प्राणायाम'-का वर्णन हुआ है।

(५) प्रत्याहार—इन्द्रियोंको अपने-अपने विषयोंसे हटाना 'प्रत्याहार' है—'**स्वविषयासम्प्रयोगे चित्तस्वरूपानुकार इवेन्द्रियाणां प्रत्याहारः**' (पातंजल० २।५४)। गीतामें '**इन्द्रियाणीन्द्रियार्थेभ्यः**' (२।५८, ६८), '**तानि सर्वाणि संयम्य**' (२।६१), '**श्रोत्रादीनीन्द्रियाण्यन्ये संयमाग्निषु जुह्वति**' (४।२६) पदोंसे 'प्रत्याहार' का वर्णन हुआ है।

(६) धारणा—परमात्मामें मन लगानेका नाम 'धारणा' है—'**देशबन्धश्चित्तस्य धारणा**' (पातंजल० ३।१)। गीतामें '**मनः संयम्य**' (६।१४), '**यतो यतो निश्चरति मनश्चंचलमस्थिरम्। ततस्ततो नियम्यैतदात्मन्येव वशं नयेत्**' (६।२६), '**मच्चित्ताः**' (१०।९), '**मय्येव मन आधत्स्व**' (१२।८), '**मच्चित्तः सततं भव**' (१८।५७), '**मच्चित्तः**' (१८।५८) पदोंसे 'धारणा' का वर्णन हुआ है।

(७) ध्यान—चित्तको जिसमें लगाया जाय, उसीमें उसका एकाग्र हो जाना 'ध्यान' कहलाता है—**तत्र प्रत्ययैकतानता ध्यानम्** (पातंजल० ३।२) गीतामें '**तत्रैकाग्रं मनः कृत्वा**' (६।१२), '**चेतसा नान्यगामिना**' (८।८), '**मां ध्यायन्तः**' (१२।६), '**ध्यानेनात्मनि पश्यन्ति**' (१३।२४), '**ध्यानयोगपरो नित्यम्**' (१८।५२), आदि पदोंसे 'ध्यान' का वर्णन हुआ है।

(८) समाधि—ध्यान करते-करते जब चित्त ध्येयाकारमें परिणत हो जाता है, चित्तके अपने स्वरूपका अभाव-सा हो जाता है, उस समय उस ध्यानका ही नाम 'समाधि' हो जाता है—'**तदेवार्थमात्रनिर्भासं**

स्वरूपशून्यमिव समाधिः' (पातंजल० ३।३)। गीतामें '**आत्मसंयमयोगाग्नौ जुह्वति ज्ञानदीपिते**' (४।२७) पदोंसे 'समाधि' का वर्णन हुआ है।

उपर्युक्त 'अष्टांगयोग' के वर्णनमें गीताने सार बात यह बतायी है कि मनुष्य संसारसे हटकर परमात्मामें लग जाय।

गीतामें द्विविधा भक्ति

भक्तिर्द्विधाऽमन्यत कृष्णगीता भक्तस्य भावेन च योग्यतायाः।
कृष्णे रतिस्तस्य जपादिकर्म संसारकर्म प्रभुभक्तिभावः॥

भगवान्ने गीतामें अपनी भक्तिके कई प्रकार बताते हुए भी मुख्यतासे दो प्रकार बताये हैं—

भक्तिका पहला प्रकार वह है, जिसमें क्रिया भी भगवद्‌विषयक है और भाव भी भगवद्‌विषयक है; जैसे—जप-ध्यान, पाठ-पूजा, सत्संग-स्वाध्याय, भगवत्सम्बन्धी ग्रन्थोंका पठन-पाठन, श्रवण-मनन आदि सभी क्रियाएँ भगवत्सम्बन्धी हैं और उनको करनेमें भगवद्भाव है ही (१०।८-९)।

भक्तिका दूसरा प्रकार वह है, जिसमें क्रिया तो सांसारिक है, पर भाव भगवद्‌विषयक है; जैसे—अपने-अपने वर्ण-आश्रमके अनुसार कर्तव्यका पालन आदि 'जीविका-सम्बन्धी' क्रियाएँ हैं, तथा खाना-पीना, उठना-बैठना, चलना-फिरना, सोना-जागना, हँसना-बोलना आदि 'शरीर-सम्बन्धी' क्रियाएँ हैं, पर उनको करनेमें भाव भगवत्प्रसन्नताका—भगवत्पूजनका है (९।२७; १८।४६; ३।३०) आदि।

तात्पर्य यह हुआ कि भक्तिके उपर्युक्त दोनों प्रकारोंकी क्रियाओंमें अन्तर—भिन्नता है अर्थात् एककी क्रिया भगवत्सम्बन्धी है और दूसरेकी क्रिया संसार-सम्बन्धी है, पर दोनों ही क्रियाएँ भगवदर्थ होनेसे, भगवान्की प्रसन्नताके लिये होनेसे दोनोंका भाव एक ही है। क्रियाएँ चाहे भगवत्सम्बन्धी हों, चाहे संसार-सम्बन्धी हों, पर सांसारिक आकर्षण न होनेसे, केवल भगवान्में आकर्षण होनेसे दोनों ही प्रकारकी भक्ति भगवान्में एक हो जाती है। जैसे सबकी भूख एक होती है और भोजनके बाद तृप्ति भी एक होती है, पर भोजनकी रुचि सबकी अलग-अलग होती है। ऐसे ही दोनों प्रकारके भक्तोंका उद्देश्य आरम्भमें एक भगवत्प्राप्तिका ही रहनेसे अन्तमें प्राप्ति भी दोनोंको एक ही होती है, पर साधनोंमें अन्तर रहता है।

गीतामें नवधा भक्ति

कथिता नवधा भक्तिः श्रवणादिस्वरूपिणी।
यया कयाऽपि संयुक्तो हरिं प्राप्नोति मानवः॥

श्रीमद्भागवतमें साधन-भक्तिके नौ प्रकार बताये गये हैं, जो 'नवधा भक्ति' के नामसे प्रसिद्ध हैं[१]। गीतामें भगवान्‌ने इस नवधा भक्तिका क्रमपूर्वक वर्णन तो नहीं किया है, पर भगवान्‌की वाणी इतनी विलक्षण है कि इसमें अन्य साधनोंके साथ-साथ नवधा भक्तिका भी वर्णन आ गया है; जैसे—

(१) **श्रवण**—जो मनुष्य तत्त्वज्ञ जीवन्मुक्त महापुरुषोंसे सुनकर उपासना करते हैं, ऐसे वे सुननेके परायण हुए मनुष्य मृत्युको तर जाते हैं (१३।२५)।

(२) **कीर्तन**—भक्त प्रेमपूर्वक मेरे नाम, रूप, लीला आदिका कीर्तन करते हैं (९।१४); हे हृषीकेश! आपके नाम, रूप आदिका कीर्तन करनेसे यह सम्पूर्ण जगत् हर्षित हो रहा है और अनुराग (प्रेम)-को प्राप्त हो रहा है (११।३६)।

(३) **स्मरण**—जो मनुष्य अनन्यचित्त होकर नित्य-निरन्तर मेरा स्मरण करते हैं (८।१४); महात्मा-लोग अनन्य होकर मेरा स्मरण करते हुए मेरी उपासना करते हैं (९।१३); तू निरन्तर मुझमें चित्तवाला हो जा (१८।५७); मुझमें चित्तवाला होनेसे तू मेरी कृपासे सम्पूर्ण विघ्नोंको तर जायगा (१८।५८)।

(४) **पादसेवन**—भक्त प्रेमपूर्वक मुझे नमस्कार करते हुए मेरी उपासना करते हैं (९।१४)।

(५) **अर्चन**—जिससे सम्पूर्ण प्राणियोंकी उत्पत्ति हुई है और जो सबमें व्याप्त है, उस परमात्माका अपने कर्मोंके द्वारा अर्चन (पूजन) करके मनुष्य सिद्धिको प्राप्त हो जाता है (१८।४६); तू मेरा पूजन करनेवाला हो जा, फिर तू मेरेको ही प्राप्त होगा (९।३४; १८।६५)।

(६) **वन्दन**—तू मेरेको नमस्कार कर, फिर तू मेरेको ही प्राप्त होगा (९।३४; १८।६५); हे प्रभो! आपको हजारों बार नमस्कार हो! नमस्कार हो!! और फिर भी आपको बार-बार नमस्कार हो! नमस्कार हो!! (११।३९); हे सर्वात्मन्! आपको आगेसे, पीछेसे, सब ओरसे ही नमस्कार हो (११।४०); हे प्रभो! मैं शरीरसे लम्बा पड़कर आपको दण्डवत् प्रणाम करके प्रसन्न करना चाहता हूँ (११।४४)।

(७) **दास्य**—तू मेरा भक्त हो जा, फिर तू मुझे ही प्राप्त होगा (९।३४; १८।६५); हे कृष्ण! मैं आपका शिष्य (दास) हूँ (२।७); हे पार्थ ! तू मेरा भक्त है (४।३)।

(८) **सख्य**—तू मेरा प्रिय सखा है (४।३); हे कृष्ण! जैसे सखा सखाके अपमानको सह लेता है अर्थात् क्षमा कर देता है, ऐसे ही आप मेरे द्वारा किये गये अपमानको सहनेमें समर्थ हैं (११।४४)।

(९) **आत्मनिवेदन**—उस आदिपुरुष परमात्माकी ही शरणमें हो जाना चाहिये (१५।४); तू सर्वभावसे उसी अन्तर्यामी परमात्माकी ही शरणमें चला जा (१८।६२); तू सब धर्मोंका आश्रय छोड़कर केवल एक मेरी शरणमें आ जा (१८।६६)।

इस प्रकार उपर्युक्त स्थलोंमें भगवान्‌ने साधन-भक्तिका वर्णन किया है; और '**संसिद्धिं परमां गताः**' (८।१५), '**मद्भक्तिं लभते पराम्**' (१८।५४), '**भक्तिं मयि परां कृत्वा**' (१८।६८)—इन पदोंमें भगवान्‌ने साध्य (परा)-भक्तिका वर्णन किया है।[२]

१-श्रवणं कीर्तनं विष्णोः स्मरणं पादसेवनम्। अर्चनं वन्दनं दास्यं सख्यमात्मनिवेदनम्॥ (श्रीमद्भा० ७।५।२३)

२-साधन-भक्तिसे साध्य-भक्ति प्राप्त होती है।
'भक्त्या संजातया भक्त्या०' (श्रीमद्भा० ११।३।३१)

गीतामें भक्तियोगकी मुख्यता

सर्वाध्यायेषु गीतायां स्वभक्तिगौरवान्विता।
तस्माद्धि भगवन्निष्ठा सर्वयोगेषु सत्तमा॥

विचारपूर्वक देखा जाय तो गीतामें भगवान्‌ने भक्तिकी बात विशेषरूपसे कही है। जहाँ अर्जुनका भक्तिविषयक प्रश्न नहीं है और जहाँ कर्मयोग, ज्ञानयोग आदिका प्रसंग चल रहा है, वहाँ भी भगवान्‌ने अपनी ओरसे भक्तिकी बात कह दी है; जैसे—

दूसरे अध्यायमें कर्मयोगकी बात कहते-कहते जहाँ स्थितिप्रज्ञके लक्षणोंका वर्णन आया है, वहाँ भगवान् **'मत्परः'** (२।६१) पदसे अपने परायण होनेकी बात कहते हैं। भगवान् भक्तिको अपनी निष्ठा मानते हैं, साधककी निष्ठा नहीं। इसलिये तीसरे अध्यायके तीसरे श्लोकमें भगवान्‌ने साधककी दो निष्ठाओं—सांख्ययोग और कर्मयोगका ही वर्णन किया और भक्तिकी बात अपने मनमें रखी। कर्मयोगका वर्णन करते हुए भगवान्‌ने उसी भक्तिकी बात **'मयि सर्वाणि कर्माणि संन्यस्य'** (३।३०) पदोंसे कह दी। चौथे अध्यायमें योगकी परम्परा बताते हुए 'मैंने ही सृष्टिके आदिमें योगका उपदेश दिया था'—इसको भगवान्‌ने परम रहस्यकी बात कही। अतः वहाँ **'भक्तोऽसि मे सखा चेति रहस्यं ह्येतदुत्तमम्'** (४।३) पदोंमें भी भक्ति ही झलकती है। चौथे श्लोकमें अर्जुनके प्रश्न करनेपर भगवान्‌ने पाँचवें श्लोकसे चौदहवें श्लोकतक अवतारके प्रसंगमें भक्तिकी बात विशेषतासे कही। फिर पाँचवें अध्यायमें दोनों निष्ठाओंकी बात कहकर पहले दसवें श्लोकमें (**'ब्रह्मण्याधाय कर्माणि'**) और फिर उनतीसवें श्लोकमें (**'भोक्तारं यज्ञतपसां.............'**) अपनी तरफसे भगवन्निष्ठाका वर्णन किया।

छठे अध्यायमें ध्यानयोगका वर्णन करते हुए **'मच्चित्तो युक्त आसीत मत्परः'** (६।१४); **'यो मां पश्यति सर्वत्र..........'** (६।३०); **'सर्वभूतस्थितं यो मां भजत्येकत्वमास्थितः'** (६।३१) और **'श्रद्धावान्भजते यो माम्'** (६।४७)—इन श्लोकोंमें भगवान्‌ने भक्तिकी बात कही है। सातवें अध्यायसे लेकर बारहवें अध्यायतक तो मुख्यरूपसे भगवन्निष्ठाका ही वर्णन है। तेरहवें अध्यायमें ज्ञानयोगका वर्णन करते हुए **'मयि चानन्ययोगेन भक्तिरव्यभिचारिणी'** (१३।१०) और **'मद्भक्तः'** (१३।१८) पदोंसे भक्तिकी बात कही गयी है। फिर चौदहवें अध्यायमें **'मां च योऽव्यभिचारेण भक्तियोगेन सेवते'** (१४।२६) और **'ब्रह्मणो हि प्रतिष्ठाहम्............'** (१४।२७)—इन श्लोकोंमें भक्तिका वर्णन किया गया है। पंद्रहवाँ अध्याय तो भक्तिका है ही। सोलहवें अध्यायमें दैवी सम्पत्तिके रूपमें भक्तियोगके साधकोंके लक्षणोंका वर्णन किया गया है। सत्रहवें अध्यायमें तेईसवें श्लोकसे सत्ताईसवें श्लोकतक 'ॐ तत्, सत्'—इन नामोंके रूपमें भक्तिका वर्णन हुआ है। अठारहवें अध्यायमें **'स्वकर्मणा तमभ्यर्च्य'** (१८।४६), **'मद्भक्तिं लभते पराम्'** (१८।५४) और **'भक्त्या मामभिजानाति'** (१८।५५)—इन पदोंसे भक्तिकी बात कही गयी है। अठारहवें अध्यायके ही छप्पनवें श्लोकसे छाछठवें श्लोकतक तो भगवन्निष्ठाका ही मुख्यरूपसे वर्णन किया गया है।

ज्ञानयोगी और कर्मयोगीके भीतर अपने कल्याणकी इच्छा रहती है और उसी उद्देश्यसे वे साधनमें लगते हैं। भक्तियोगी भी आरम्भमें चाहता तो कल्याण ही है, पर जब भगवान्‌में श्रद्धा-भक्ति बढ़ती है, तब उसकी दृष्टि अपने कल्याणकी ओर नहीं रहती, प्रत्युत भगवान्‌की ओर ही रहती है।

अतः उसके कल्याणकी जिम्मेवारी भगवान्‌पर ही होती है (१०।८—११; १२।६-७; १८।६६)।

गीताके भक्तियोगमें ज्ञानयोग और कर्मयोगकी बात भी आ जाती है; जैसे—'जो अव्यभिचारी भक्तियोगसे मेरा सेवन करता है, वह गुणोंसे अतीत होकर ब्रह्मप्राप्तिका पात्र हो जाता है' (१४।२६) अर्थात् मनुष्य जैसे ज्ञानयोगसे गुणातीत होता है, ऐसे ही भक्तियोगसे भी गुणातीत हो जाता है। 'उन भक्तोंपर कृपा करनेके लिये उनके स्वरूपमें रहनेवाला मैं उनके अज्ञानजन्य अन्धकारको देदीप्यमान ज्ञानस्वरूप दीपकके द्वारा सर्वथा नष्ट कर देता हूँ' (१०।११) अर्थात् भक्तियोगसे भी तत्त्वका बोध (स्वरूपज्ञान) हो जाता है। भगवान्‌ने तेरहवें अध्यायमें जहाँ ज्ञानके साधनोंका वर्णन किया है, वहाँ अपनी अव्यभिचारिणी भक्तिको भी तत्त्वज्ञान होनेमें कारण बताया है (१३।१०)। 'जो सम्पूर्ण कर्मोंको परमात्माके अर्पण करके करता है, वह जलमें कमलके पत्तेकी तरह पापसे लिप्त नहीं होता' (५।१०); क्योंकि कमलका पत्ता जलमें रहता हुआ भी निर्लिप्त रहता है और निर्लिप्त रहता हुआ ही जलमें रहता है। यह कर्मयोगकी बात है, जो भगवान्‌ने कर्मयोगीके लिये भी कही है कि वह कर्म करते हुए भी निर्लिप्त रहता है और निर्लिप्त रहते हुए ही कर्म करता है (४।१८)। ऐसे ही **'सर्वकर्मफलत्यागम्'** (१२।११), **'संगवर्जितः'** (११।५५) और **'स्वकर्मणा'** (१८।४६) रूपसे कर्मयोगकी बात भक्तियोगमें आ गयी।

गीतामें ज्ञानयोगसे पराभक्ति (प्रेम)-की प्राप्ति (१८।५४) और कर्मयोगसे ज्ञानकी प्राप्ति (४।३८) बतायी गयी है; परंतु भक्तिसे भगवान्‌के दर्शन, भगवत्तत्त्वका ज्ञान और भगवत्तत्त्वमें प्रवेश—ये तीनों हो जाते हैं (११।५४)। यह विशेषता भक्तियोगमें ही है, दूसरे योगमें नहीं।

गीताका आरम्भ और पर्यवसान शरणागतिमें

आदावन्ते च गीतायां प्रोक्ता वै शरणागतिः।
आदौ शाधि प्रपन्नं मामन्ते मां शरणं व्रज॥

भगवान् श्रीकृष्ण और अर्जुन साथ-साथ ही रहते थे। साथ-साथ रहनेपर भी जबतक अर्जुनने भगवान्‌की शरण होकर अपने कल्याणकी बात नहीं पूछी, तबतक भगवान्‌ने उपदेश नहीं दिया। मनुष्य शरण कब होता है? जब मनुष्य सच्चे हृदयसे अपना कल्याण चाहता है, पर उसको अपने कल्याणका कोई रास्ता नहीं दीखता और उसका बल, बुद्धि, योग्यता आदि काम नहीं करते, तब वह गुरु, ग्रन्थ अथवा भगवान्‌की शरण होता है। अर्जुनकी भी ऐसी ही दशा थी। उनको क्षात्रधर्मकी दृष्टिसे तो युद्ध करना ठीक मालूम देता है, पर कुलनाशकी दृष्टिसे युद्ध न करना ही ठीक जँचता है। इसलिये युद्ध करना ठीक है अथवा न करना ठीक है—इसका वे निर्णय नहीं कर पाये। अगर भगवान्‌की सम्मतिसे युद्ध किया भी जाय तो हमारी विजय होगी अथवा पराजय होगी—इसका भी उन्हें पता नहीं और युद्धमें कुटुम्बियोंको मारकर वे जीना भी नहीं चाहते (२।६)। ऐसी अवस्थामें अर्जुन भगवान्‌की शरण होते हैं (२।७)।

भगवान्‌की शरण होनेपर भी अर्जुनके मनमें यह बात जँची हुई है कि युद्ध करनेसे हमें अधिक-से-अधिक पृथ्वीका धन-धान्यसम्पन्न राज्य ही मिल सकता है। अगर इससे भी अधिक माना जाय तो देवताओंका आधिपत्य मिल सकता है; परंतु इससे इन्द्रियोंको सुखानेवाला मेरा शोक दूर नहीं हो

सकता (२।८)। दूसरी बात, मैं भगवान्‌की शरण हो गया हूँ; अतः अब भगवान् चट कह देंगे कि 'तू युद्ध कर', जबकि युद्धसे मेरेको कोई लाभ नहीं दीखता। अतः अर्जुन भगवान्‌के कुछ बोले बिना अपनी तरफसे साफ-साफ कह देते हैं कि 'मैं युद्ध नहीं करूँगा'—**'न योत्स्ये'** (२।९)।

मनुष्य जिसके शरण हो जाय, उसकी बात यदि समझमें न भी आये, तो भी उसमें यह दृढ़ विश्वास रहना चाहिये कि इनकी बात माननेसे मेरा भला ही होगा। अर्जुनका भी भगवान्‌पर दृढ़ विश्वास था कि यद्यपि मेरेको अपनी दृष्टिसे युद्ध करनेमें किसी तरहका लाभ नहीं दीखता, तथापि भगवान् जो भी कह रहे हैं, वह ठीक ही है। इसलिये गीतामें अर्जुन तरह-तरहकी शंकाएँ तो करते रहे, पर वे भगवान्‌से विमुख नहीं हुए।

अर्जुनके पूछनेपर तथा अपनी तरफसे भी भगवान्‌ने बहुत मार्मिक बातें कहीं और अपनी शरणागतिकी बातें भी कहीं, पर अर्जुनको वे बातें पूरी तरह जँची नहीं। अन्तमें भगवान्‌ने कहा कि तू सबके हृदयमें विराजमान सर्वव्यापी ईश्वरकी शरणमें चला जा; उसकी कृपासे तेरेको संसारसे सर्वथा उपरति और अविनाशी पदकी प्राप्ति होगी (१८।६२)। मैंने तो यह गोपनीय-से-गोपनीय बात तेरेसे कह दी, अब जैसी तेरी मरजी हो, वैसा कर—**'यथेच्छसि तथा कुरु'** (१८।६३)।

अर्जुनमें यह एक बहुत बड़ी विलक्षणता थी कि वे भगवान्‌को छोड़ना नहीं चाहते थे। अतः जब भगवान्‌ने कहा कि 'जैसी तेरी मरजी हो, वैसा कर'। तब अर्जुन बहुत घबरा गये, व्याकुल हो गये, अतः भगवान्‌ने सर्वगुह्यतम उपदेश देते हुए कहा कि 'तू सम्पूर्ण धर्मोंके आश्रयको छोड़कर केवल एक मेरी शरणमें आ जा, मैं तुझे सम्पूर्ण पापोंसे मुक्त कर दूँगा, तू चिन्ता-शोक मत कर*।' भगवान्‌की इस बातको सुनकर अर्जुन सर्वथा भगवान्‌की शरण हो गये और उनको अपनी बुद्धिका भरोसा नहीं रहा। अर्जुन बोले कि 'हे अच्युत! केवल आपकी कृपासे मेरा मोह सर्वथा नष्ट हो गया'। 'अब मैं केवल आपकी आज्ञाका ही पालन करूँगा'—**'करिष्ये वचनं तव'** (१८।७३)। ऐसा कहकर अर्जुन चुप हो गये और भगवान् भी कुछ नहीं बोले अर्थात् अपनी सर्वथा शरण हो जानेपर भगवान्‌को अर्जुनके लिये कोई विषय कहना बाकी नहीं रहा।

गीतामें आश्रयका वर्णन

यावज्जीवो न गृह्णीयाद्धरेश्च चरणाश्रयम्।
तावन्न च तरेत् कश्चिन्मृत्युसंसारसागरात्॥

जीवमात्रका यह स्वभाव है कि वह किसी-न-किसीका आश्रय लेना चाहता है और लेता भी है। मनुष्य, पशु, पक्षी, वृक्ष, लता आदि सभी किसी-न-किसीका आश्रय लेते ही हैं; क्योंकि जीवमात्र साक्षात् परमात्माका अंश है। अतः जबतक यह जीव अपने अंशी परमात्माका आश्रय नहीं लेगा, तबतक यह दूसरोंका आश्रय लेता ही रहेगा, पराधीन होता ही रहेगा, दुःख पाता ही रहेगा।

मनुष्य तो विवेकप्रधान प्राणी है पर अपने

* सर्वधर्मान् परित्यज्य मामेकं शरणं व्रज।
अहं त्वा सर्वपापेभ्यो मोक्षयिष्यामि मा शुचः॥ (गीता १८।६६)
—यह शरणागतिका मुख्य श्लोक है।

विवेकको महत्त्व न देकर यह स्वयं साक्षात् अविनाशी परमात्माका चेतन अंश होता हुआ भी नाशवान् जड़का आश्रय ले लेता है अर्थात् शरीर, बल, बुद्धि, योग्यता, कुटुम्ब-परिवार, धन-सम्पत्ति आदिका आश्रय ले लेता है—यह इसकी बड़ी भारी गलती है।

गीतामें अर्जुनने भगवान्का आश्रय लेकर ही अपने कल्याणकी बात पूछी है (२।७)। अर्जुनने जबतक भगवान्का आश्रय नहीं लिया, तबतक गीताके उपदेशका आरम्भ ही नहीं हुआ। उपदेशके अन्तमें भी भगवान्ने अपना आश्रय लेनेकी ही बात कही है(१८।६६)। इस प्रकार गीताके उपदेशका आरम्भ और उपसंहार भगवदाश्रयमें ही हुआ है।

भगवान्से मिली हुई स्वतन्त्रताके कारण मनुष्य किसीका भी आश्रय ले सकता है। अतः कई मनुष्य अपनी कामनाओंकी पूर्तिके लिये देवताओंका आश्रय लेते हैं (७।२०), पर परिणाममें उनको नाशवान् फल ही मिलता है (७।२३)। कई मनुष्य भोगोंकी कामनासे वेदोंमें कहे हुए सकाम अनुष्ठानोंका आश्रय लेते हैं, पर परिणाममें वे आवागमनको प्राप्त होते हैं (९।२१)।

कई मनुष्य न तो भगवान्का आश्रय लेते हैं और न भगवान्को भगवान्रूपसे ही जानते हैं। अतः ऐसे मनुष्योंमेंसे कई तो आसुरभावका आश्रय लेते हैं (७।१५); कई आसुरी, राक्षसी और मोहिनी प्रकृतिका आश्रय लेते हैं (९।१२); कई कभी पूरी न होनेवाली कामनाओंका आश्रय लेते हैं (१६।१०); कई मृत्युपर्यन्त रहनेवाली अपार चिन्ताओंका आश्रय लेते हैं (१६।११); कई अहंकार, दुराग्रह, घमंड, कामना और क्रोधका आश्रय लेते हैं (१६।१८)। इन आश्रयोंके फलस्वरूप उनको बार-बार चौरासी लाख योनियों और नरकोंमें जाना पड़ता है (१६।१९-२०)।

भगवान्की ओर चलनेवाले मनुष्य भगवान्का और उनके दया, क्षमा, समता आदि गुणोंका (दैवी सम्पत्तिका) आश्रय लेते हैं तथा परिणाममें भगवान्को प्राप्त कर लेते हैं। अतः गीतामें **'मामुपाश्रिताः'** (४।१०); **'मदाश्रयः'** (७।१); **'मामेव ये प्रपद्यन्ते'** (७।१४); **'मामाश्रित्य यतन्ति ये'** (७।२९); **'मां हि पार्थ व्यपाश्रित्य'** (९।३२); **'मद्व्यपाश्रयः'** (१८।५६); **'तमेव शरणं गच्छ'** (१८।६२); **'मामेकं शरणं व्रज'** (१८।६६) आदि पदोंमें भगवान्के आश्रयकी बात कही गयी है; और **'दैवीं प्रकृतिमाश्रिताः'** (९।१३) तथा **'बुद्धियोगमुपाश्रित्य'** (१८।५७) पदोंमें दैवी सम्पत्तिके आश्रयकी बात कही गयी है।*

तात्पर्य है कि गीतामें जितने भी साधन बताये गये हैं, उन सबमें श्रेष्ठ और सुगम साधन भगवान्का आश्रय लेना ही है। जो भगवान्का आश्रय लेकर साधन करता है, उसके साधनकी सिद्धि बहुत शीघ्र और सुगमतापूर्वक हो जाती है। इस बातको भगवान्ने गीतामें स्पष्ट शब्दोंमें कहा है कि जो मेरे आश्रित होकर सम्पूर्ण कर्मोंको मेरेमें अर्पण करते हैं, उन भक्तोंका मैं मृत्युरूप संसार-समुद्रसे बहुत जल्दी उद्धार करनेवाला बन जाता हूँ (१२।६-७)। जो मेरा आश्रय लेकर यत्न करते हैं, वे ब्रह्म, अध्यात्म और सम्पूर्ण कर्म तथा अधिभूत, अधिदैव और अधियज्ञसहित मेरेको जान जाते हैं अर्थात् मेरे समग्र रूपको जान जाते हैं (७।२९-३०)। अपना आश्रय लेनेवाले भक्तोंको भगवान्ने सम्पूर्ण योगियोंमें श्रेष्ठ बताया है (६।४७)। अतः साधकोंको चाहिये कि वे जो भी साधन करें, भगवान्का आश्रय लेकर ही करें।

यह स्वयं परमात्माका अंश है और स्थूल, सूक्ष्म तथा कारण-शरीर प्रकृतिके अंश हैं। क्रिया और पदार्थका जो आश्रय है, वह स्थूलशरीरका आश्रय है (स्थूलशरीरसे भी दूर धन, मकान, बेटे-पोते,

* दैवी सम्पत्ति (भगवान्के गुणों)-का आश्रय लेना भी भगवान्का ही आश्रय लेना है।

कुटुम्बी, जमीन-जायदाद आदिका जो आश्रय है, वह तो बहुत ही जड़ताका आश्रय है)। विद्याका, अपनी योग्यताका, अपने सद्‌गुणोंका, अपनी बुद्धिका जो आश्रय है तथा चिन्तनका, ध्यानका, मननका जो आश्रय है, वह सब सूक्ष्मशरीरका आश्रय है। जिसमें व्युत्थान होता है, उस समाधिका आश्रय लेना कारणशरीरका आश्रय है; और समाधि-अवस्थामें जो सिद्धियाँ प्राप्त होती हैं, अपनेमें जो महत्ता प्रतीत होती है, वह समाधिके कार्यका आश्रय है। ये सभी आश्रय नाशवान्‌के हैं।

जप-ध्यान, कथा-कीर्तन आदिका आश्रय साधनका आश्रय है। 'मैं भगवान्‌का ही हूँ'—इस प्रकार एकमात्र भगवान्‌से सम्बन्ध जोड़ना साध्य (भगवान्)-का आश्रय है। साधनका आश्रय लेनेसे साधन करना पड़ता है, पर साध्यका आश्रय लेनेसे साधन स्वतः स्वाभाविक होता है, करना नहीं पड़ता। नाशवान्‌का आश्रय सर्वथा छूटते ही भगवत्प्राप्तिका अनुभव स्वतः हो जाता है। कारण कि भगवान् तो नित्यप्राप्त ही हैं, केवल नाशवान्‌का आश्रय ही उनके अनुभवमें बाधक है।

गीतामें भगवान्‌का आश्वासन

सर्वेभ्यः साधकेभ्यश्चाश्वासनं दत्तवान् हरिः।
जनः कल्याणकृत्कश्चिद् दुर्गतिं नैव गच्छति॥

परमात्मप्राप्तिके मार्गमें कोई विघ्न-बाधा है ही नहीं। यह मार्ग सम्पूर्ण विघ्न-बाधाओंसे रहित है—'**एष निष्कण्टकः पन्थाः**।' इस मार्गमें आँखें मीचकर दौड़नेपर भी मनुष्य न तो ठोकर खाता है और न गिरता ही है।

जिस साधकका अपने कल्याणका, परमात्म-प्राप्तिका ही उद्देश्य, लक्ष्य, ध्येय बन जाता है, उसका बहुत काम हो जाता है। स्वयं भगवान्‌ने साधकमात्रको आश्वासन देते हुए कहा है कि अपने कल्याणके लिये कर्म करनेवालेकी दुर्गति नहीं होती—'**न हि कल्याणकृत्कश्चिद्दुर्गतिं तात गच्छति**' (६।४०)। जो केवल परमात्माके लिये ही सब काम करता है, उसके सम्पूर्ण कर्म सत् हो जाते हैं (१७।२७) और सत्‌का कभी अभाव (नाश) नहीं होता। समताका थोड़ा-सा भी अनुष्ठान जन्म-मरणरूप महान् भयसे रक्षा कर लेता है—'**स्वल्पमप्यस्य धर्मस्य त्रायते महतो भयात्**' (२।४०)। वेदोंमें, यज्ञोंमें, तपोंमें और दानोंमें जो पुण्यफल कहे गये हैं, उन सबको योगी अतिक्रमण कर जाता है (८।२८)। योगी ही नहीं, योग (समता)-का जिज्ञासु भी वेदोंमें कहे गये सकाम अनुष्ठानोंका अतिक्रमण कर जाता है—'**जिज्ञासुरपि योगस्य शब्दब्रह्मातिवर्तते**' (६।४४)।

जिन्होंने अपनी कहलानेवाली वस्तुओंसहित अपने-आपको भगवान्‌के समर्पित कर दिया है, ऐसे अनन्य भक्तोंका उद्धार भगवान् बहुत जल्दी कर देते हैं (१२।७)। ऐसे भक्तोंका योगक्षेम (अप्राप्तकी प्राप्ति कराना और प्राप्तकी रक्षा करना) भी भगवान् स्वयं वहन करते हैं—'**तेषां नित्याभियुक्तानां योगक्षेमं वहाम्यहम्**' (९। २२)।

अपने अनन्य भक्तोंको भगवान् अर्जुनके माध्यमसे आश्वासन देते हैं कि तुमलोग साधन और सिद्धि—दोनोंके ही विषयमें चिन्ता मत करो। यदि साधक अपनेमें दैवी सम्पत्तिके गुणोंकी कमीको लेकर साधनके विषयमें हताश होता है तो उसके लिये भगवान् आश्वासन देते हैं कि तुम दैवी सम्पत्तिके गुणोंको प्राप्त हो गये हो; अतः तुम चिन्ता

मत करो—'**मा शुचः सम्पदं दैवीमभिजातोऽसि पाण्डव**' (१६।५)। अगर साधक अपने पापोंको लेकर सिद्धिके विषयमें हताश होता है तो उसके लिये भगवान् आश्वासन देते हैं कि मैं तुम्हें सम्पूर्ण पापोंसे मुक्त कर दूँगा; अतः तुम चिन्ता मत करो—'**अहं त्वा सर्वपापेभ्यो मोक्षयिष्यामि मा शुचः**' (१८।६६)।*

साधकमें साधन और सिद्धिके विषयमें चिन्ता तो नहीं होनी चाहिये, पर भगवान्‌की प्राप्तिके लिये व्याकुलता जरूर होनी चाहिये। कारण कि चिन्ता भगवान्‌से दूर करनेवाली है और व्याकुलता भगवान्‌की प्राप्ति करानेवाली है। चिन्तामें निराशा होती है और व्याकुलतामें भगवान्‌की आशा दृढ़ होती है। अतः साधकको चिन्ता कभी करनी ही नहीं चाहिये और अपने साधनमें तत्परतासे लगे रहना चाहिये।

गीतामें सगुणोपासनाके नौ प्रकार

स्वकीयोपासना प्रोक्ता नवधा फाल्गुनं प्रति।
तासां यया कया युक्तो हरिं प्राप्नोति मानवः॥

गीतामें सगुण-उपासनाका नौ प्रकारसे वर्णन किया गया है, जो इस प्रकार है—

(१) सबके आदिमें भगवान् हैं—जो मनुष्य मेरेको अजन्मा, अनादि (सबका आदि) और सम्पूर्ण लोकोंका महान् ईश्वर मानता है, वह सम्पूर्ण पापोंसे मुक्त हो जाता है (१०।३); मैं सम्पूर्ण जगत्‌का प्रभव (निमित्त कारण) तथा प्रलय (उपादान कारण) हूँ अर्थात् सबका आदि कारण हूँ (७।६); दैवी प्रकृतिके आश्रित महात्मालोग मुझे सम्पूर्ण प्राणियोंका आदि और अविनाशी जानकर अनन्यमनसे मेरा भजन करते हैं (९।१३); आदि-आदि।

(२) सबमें भगवान् हैं—जो सबमें मेरेको देखता है, उसके लिये मैं कभी अदृश्य नहीं होता (६।३०); जो सम्पूर्ण प्राणियोंमें मेरेको स्थित देखता है (६।३१); मैं अव्यक्तरूपसे सम्पूर्ण जगत्‌में व्याप्त हूँ (९।४); प्राणियोंके अन्तःकरणमें आत्मारूपसे मैं ही स्थित हूँ (१०।२०); वह परमात्मा सबके हृदयमें स्थित है (१३।१७); मैं ही सब प्राणियोंके हृदयमें अन्तर्यामीरूपसे स्थित हूँ (१५।१५); ईश्वर सम्पूर्ण प्राणियोंके हृदयमें स्थित है (१८।६१); आदि-आदि।

(३) सब भगवान्‌में हैं—जो सबको मेरेमें देखता है, वह मेरे लिये कभी अदृश्य नहीं होता (६।३०); यह सम्पूर्ण संसार सूत (धागे)-में सूतकी मणियोंकी तरह मेरेमें ही ओतप्रोत है (७।७); जिसके अन्तर्गत सम्पूर्ण प्राणी हैं (८।२२); सब प्राणी मेरेमें ही स्थित हैं (९।६); हे अर्जुन! तू मेरे इस शरीरके एक देशमें चर-अचरसहित सम्पूर्ण जगत्‌को अभी देख ले (११।७); अर्जुनने देवोंके देव भगवान्‌के शरीरमें एक जगह स्थित अनेक प्रकारके विभागोंमें विभक्त

---

* भगवान्‌के आश्वासनकी बात इन श्लोकोंमें भी आयी है—दूसरे अध्यायका बहत्तरवाँ श्लोक, चौथे अध्यायका छत्तीसवाँ श्लोक, पाँचवें अध्यायका उनतीसवाँ श्लोक, छठे अध्यायका इकतीसवाँ श्लोक, सातवें अध्यायका चौदहवाँ श्लोक, आठवें अध्यायका पाँचवाँ और चौदहवाँ श्लोक, नवें अध्यायका तीसवाँ और इकतीसवाँ श्लोक, दसवें अध्यायका नवाँ, दसवाँ और ग्यारहवाँ श्लोक, ग्यारहवें अध्यायका पचपनवाँ श्लोक, बारहवें अध्यायका सातवाँ श्लोक, तेरहवें अध्यायका पचीसवाँ और चौंतीसवाँ श्लोक, चौदहवें अध्यायका छब्बीसवाँ श्लोक, पंद्रहवें अध्यायका उन्नीसवाँ श्लोक और अठारहवें अध्यायका अट्ठावनवाँ श्लोक।

सम्पूर्ण जगत्को देखा (११।१३); हे देव! मैं आपके शरीरमें सम्पूर्ण देवताओंको, प्राणियोंको, कमलासनपर बैठे हुए ब्रह्माजीको, शंकरजीको, ऋषियोंको और दिव्य सर्पोंको देखता हूँ (११।१५); आदि-आदि।

(४) सबके मालिक भगवान् हैं—मैं अजन्मा, अविनाशी और सम्पूर्ण प्राणियोंका ईश्वर (मालिक) होता हुआ भी अपनी प्रकृतिको अधीन करके योगमायासे प्रकट होता हूँ (४।६); जो मुझे सब यज्ञों और तपोंका भोक्ता, सम्पूर्ण लोकोंके ईश्वरोंका भी ईश्वर (मालिक) तथा सम्पूर्ण प्राणियोंका सुहृद् मानता है, वह शान्तिको प्राप्त हो जाता है (५।२९); प्रकृति मेरी अध्यक्षतामें सम्पूर्ण चराचर जगत्को रचती है (९।१०); मूढ़लोग मुझ सम्पूर्ण प्राणियोंके महान् ईश्वरको साधारण मनुष्य मानकर मेरी अवज्ञा करते हैं (९।११); सम्पूर्ण योगोंके महान् ईश्वर भगवान् श्रीकृष्णने अर्जुनको अपना परम ऐश्वर्ययुक्त विराट्रूप दिखाया (११।९); आदि-आदि।

(५) सब कुछ भगवान्से ही होता है—सात्त्विक, राजस और तामस भाव मेरेसे ही होते हैं (७।१२); बुद्धि, ज्ञान, असम्मोह आदि बीस भाव मेरेसे ही होते हैं (१०।४-५); मेरेसे ही सारा संसार प्रवृत्त होता है (१०।८); स्मृति, ज्ञान और अपोहन मेरेसे ही होते हैं (१५।१५); परमात्मासे ही सम्पूर्ण प्राणियोंकी उत्पत्ति होती है (१८।४६); आदि आदि।

(६) सबके विधायक भगवान् हैं—जो मनुष्य श्रद्धापूर्वक अन्य देवताओंकी उपासना करता है, उस उपासनाके फलका विधान मैं ही करता हूँ (७।२२); भक्तोंका योगक्षेम मैं वहन करता हूँ (९।२२); मेरा आश्रय लेनेवाला भक्त मेरी कृपासे अविनाशी पदको प्राप्त होता है (१८।५६); ईश्वर सम्पूर्ण प्राणियोंके हृदयमें रहता हुआ शरीररूपी यन्त्रपर आरूढ़ हुए सम्पूर्ण प्राणियोंको घुमाता है (१८।६१); आदि-आदि।

(७) सबके आराध्य भगवान् ही हैं—तीनों वेदोंमें कहे हुए सकाम अनुष्ठानको करनेवाले मनुष्य यज्ञोंके द्वारा इन्द्ररूपसे मेरा ही पूजन करते हैं (९।२०); जो मनुष्य अन्य देवताओंकी उपासना करते हैं, वे वास्तवमें मेरी ही उपासना करते हैं, पर करते हैं अविधिपूर्वक अर्थात् वे उन देवताओंके रूपमें मुझे नहीं मानते (९।२३); निर्गुण-निराकारकी उपासना करनेवाले मुझे ही प्राप्त होते हैं (१२।३-४); आदि-आदि।

(८) सबके प्रकाशक भगवान् हैं—सूर्य, चन्द्रमा और अग्निमें मेरा ही तेज है अर्थात् इनको मैं ही प्रकाशित करता हूँ (१५।१२)।

(९) सब कुछ भगवान् ही हैं—सब कुछ वासुदेव ही है (७।१९); इस सम्पूर्ण जगत्की गति, भर्ता, प्रभु, साक्षी, निवास, शरण, सुहृद्, प्रभव, प्रलय, स्थान, निधान तथा अविनाशी बीज मैं ही हूँ (९।१८); सत् और असत् भी मैं ही हूँ (९।१९); हे जगन्निवास! सत् और असत् आप ही हैं तथा सत्-असत्से परे भी आप ही हैं (११।३७); आदि-आदि*।

उपर्युक्त सभी उपासनाओंका तात्पर्य यह है कि सबके बीज, आधार, प्रकाशक, स्वामी, शासक एक भगवान् ही हैं; परंतु साधकोंकी रुचि, योग्यता और श्रद्धा-विश्वासकी विभिन्नताके कारण उनकी उपासनाओंमें भेद हो जाता है। तत्त्वसे कोई भेद नहीं है; क्योंकि परिणाममें सम्पूर्ण उपासनाएँ एक हो जाती हैं।

जैसे भूख सबकी एक ही होती है और भोजन

* यहाँ उपासनाके जो अलग-अलग नौ प्रकार बताये गये हैं, इनमेंसे कई प्रकार गीतामें कहीं-कहीं एक ही श्लोकमें आ गये हैं।

करनेपर तृप्ति भी सबको एक ही होती है, पर भोजनकी रुचि सबकी अलग-अलग होनेके कारण भोज्य पदार्थ अलग-अलग होते हैं; और जैसे मनुष्योंके वेश-भूषा, रहन-सहन, भाषा आदि तो अलग-अलग होते हैं, पर रोना और हँसना सबका एक ही होता है अर्थात् दुःख और सुख सबको समान ही होते हैं। ऐसे ही भगवत्प्राप्तिकी भूख (अभिलाषा) और भगवान्‌की अप्राप्तिका दुःख सभी साधकोंका एक ही होता है और साधनकी पूर्णता होनेपर भगवत्प्राप्तिका आनन्द भी सबको एक ही होता है, पर साधकोंकी रुचि, योग्यता और विश्वास अलग-अलग होनेसे उपासनाएँ अलग-अलग होती हैं।

उपासनाके आरम्भमें साधकके भाव और योग्यताकी प्रधानता होती है और अन्तमें (सिद्धिमें) तत्त्वकी प्रधानता होती है। भाव और योग्यता तो व्यक्तिगत हैं, पर तत्त्व व्यक्तिगत नहीं है, प्रत्युत सर्वगत है।

गीताका गोपनीय विषय

पुरोऽर्जुनस्य कृष्णेन स्वात्मा हि प्रकटीकृतः।
विषयो गोपनीयोऽयं गीताया मन्यते बुधैः॥

भगवान्‌के द्वारा आत्मीय भक्त अर्जुनके सामने अपने-आपको प्रकट करना ही गीताका मुख्य गोपनीय विषय है। भगवान् अवतार लेकर अपने-आपको छिपाते हैं, सबके सामने अपनी भगवत्ता प्रकट नहीं करते (७।२५); परंतु अपने अन्तरंग प्यारे भक्तोंके सामने वे छिप ही नहीं सकते, अपने-आपको प्रकट कर ही देते हैं।

भगवान्‌ने गीतामें अपने प्यारे भक्त अर्जुनके सामने अपनी भगवत्ता, महत्ता, प्रभुताकी बहुत-सी बातें कही हैं; जैसे—

इस योग (कर्मयोग)-को मैंने पहले सूर्यसे कहा था। फिर सूर्यने मनुसे और मनुने इक्ष्वाकुसे कहा। इस प्रकार परम्परासे प्राप्त इस योगको समस्त राजर्षियोंने काममें लिया। परंतु इसको जाननेवाले न होनेसे बहुत कालसे यह योग लुप्तप्राय हो गया है। उसी इस पुरातन योगको मैंने तेरेसे कहा है, यह बड़े रहस्यकी बात है। तात्पर्य है कि जिसने पहले सूर्यको उपदेश दिया, वही मैं आज तुझे उपदेश दे रहा हूँ—यह अत्यन्त गोपनीय बात है (४।१—३)।

मेरे और तेरे बहुत-से जन्म हो गये हैं; उन सबको मैं जानता हूँ, तू नहीं (४।५)। मैं अजन्मा, अव्ययात्मा और सम्पूर्ण प्राणियोंका स्वामी रहता हुआ ही प्रकृतिको अपने वशमें करके प्रकट होता हूँ (४।६)। मैं ही धर्मकी स्थापना, भक्तोंकी रक्षा और दुष्टोंका विनाश करनेके लिये युग-युगमें अवतार लेता हूँ (४।७-८)। महासर्गके आदिमें मैंने ही चारों वर्णोंकी रचना की है। रचना करनेपर भी मैं अकर्ता ही रहता हूँ (४।१३)। मेरेको सम्पूर्ण यज्ञों तथा तपोंका भोक्ता, सम्पूर्ण लोकोंका महान् ईश्वर और सम्पूर्ण प्राणियोंका सुहृद् जानकर मनुष्य शान्तिको प्राप्त हो जाता है (५।२९)। जो मेरेको सबमें और सबको मेरेमें देखता है, उसके लिये मैं अदृश्य नहीं होता और मेरे लिये वह अदृश्य नहीं होता (६।३०)।

इस संसारका मेरे सिवाय दूसरा कोई कारण नहीं है। यह सम्पूर्ण संसार मेरेमें ही ओत-प्रोत है। जलमें रस, चन्द्र-सूर्यमें प्रभा आदिमें कारणरूपसे मैं ही हूँ। सात्त्विक, राजस और तामस भाव मेरेसे ही होते हैं; परंतु मैं उनमें और वे मेरेमें नहीं हैं अर्थात् सब कुछ मैं-ही-मैं हूँ (७।७—१२)। मैं सम्पूर्ण संसारमें व्याप्त हूँ और सम्पूर्ण प्राणी मेरेमें स्थित हैं, पर मैं उन प्राणियोंमें नहीं हूँ और वे प्राणी मेरेमें नहीं हैं—यह मेरा ईश्वर-सम्बन्धी योग (सामर्थ्य) देख (९।४-५)। महाप्रलयमें सम्पूर्ण

प्राणी मेरी प्रकृतिको प्राप्त होते हैं और महासर्गके आदिमें मैं फिर उनकी रचना करता हूँ (९।७)।

इस सम्पूर्ण जगत्‌का माता, धाता, पिता, पितामह आदि मैं ही हूँ (९।१७)। सत्-असत्, जड़-चेतन आदि जो कुछ है, वह सब मैं ही हूँ (९।१९)। मैं ही अनन्यभक्तोंका योगक्षेम वहन करता हूँ (९।२२)। मैं ही सम्पूर्ण यज्ञोंका भोक्ता तथा सम्पूर्ण जगत्‌का मालिक हूँ; परंतु जो मेरेको तत्त्वसे नहीं जानते, उनका पतन हो जाता है (९।२४)। मैं सम्पूर्ण प्राणियोंमें समान हूँ। कोई भी प्राणी मेरे राग-द्वेषका विषय नहीं है; परंतु जो भक्तिपूर्वक मेरा भजन करते हैं, मैं उनमें और वे मेरेमें विशेषतासे हैं (९।२९)।

मेरे प्रकट होनेको न देवता जानते हैं और न महर्षि ही; क्योंकि मैं सब तरहसे देवताओं और महर्षियोंका भी आदि हूँ (१०।२)। प्राणियोंके बुद्धि, ज्ञान आदि भाव मेरेसे ही होते हैं (१०।४-५)। मैं ही सबका मूल कारण हूँ और मेरेसे ही सब सत्ता-स्फूर्ति पाते हैं (१०।८)। मैं ही भक्तोंपर कृपा करके उनके अज्ञानजन्य अन्धकारका नाश कर देता हूँ (१०।११)।

सम्पूर्ण प्राणियोंका बीज मैं ही हूँ। मेरे बिना कोई भी प्राणी नहीं है (१०।३९)। मैं अपने किसी एक अंशमें सम्पूर्ण संसारको व्याप्त करके स्थित हूँ (१०।४२)। तू अपने इन चर्मचक्षुओंसे मेरे विराट्‌रूपको नहीं देख सकता; अतः मैं तुझे दिव्यचक्षु देता हूँ; जिससे तू मेरे इस ईश्वर-सम्बन्धी योग (प्रभाव)-को देख (११।८)। मैं सम्पूर्ण प्राणियोंका क्षय करनेके लिये बढ़ा हुआ काल हूँ और यहाँ इन सम्पूर्ण योद्धाओंका नाश करनेके लिये आया हूँ। तेरे युद्ध किये बिना भी यहाँ कोई नहीं बचेगा। इन सबको मैंने पहलेसे ही मार रखा है। अतः तू निमित्तमात्र बनकर युद्ध कर, तेरी विजय होगी (११।३२—३४)।

मेरे परायण हुए जो भक्त सम्पूर्ण कर्मोंको मेरेमें अर्पण करके अनन्यभावसे मेरा भजन करते हैं, उनका मैं स्वयं संसार-सागरसे उद्धार करनेवाला बन जाता हूँ (१२।६-७)। जो अव्यभिचारिणी भक्तिसे मेरा भजन करता है, वह गुणोंसे अतीत हो जाता है (१४।२६)। मैं ही ब्रह्म, अविनाशी अमृत, शाश्वतधर्म और ऐकान्तिक सुखका आश्रय हूँ (१४।२७)। चन्द्र, सूर्य और अग्निमें मेरा ही तेज है। मैं ही अपने ओजसे पृथ्वीको धारण करता हूँ। मैं ही वैश्वानररूपसे प्राणियोंके खाये हुए अन्नको पचाता हूँ। मैं सबके हृदयमें रहता हूँ। सम्पूर्ण वेदोंमें जाननेयोग्य मैं ही हूँ (१५।१२—१५)। मैं क्षरसे अतीत और अक्षरसे उत्तम हूँ; अतः वेदमें और शास्त्रमें मैं ही पुरुषोत्तम नामसे प्रसिद्ध हूँ (१५।१८)। जो अनन्यभावसे मेरा ही भजन करता है, वह सर्ववित् है (१५।१९)। मैंने यह अत्यन्त गोपनीय शास्त्र कहा है, जिसको जानकर मनुष्य ज्ञानवान् और कृतकृत्य हो जाता है (१५।२०)।

मनुष्य सम्पूर्ण कर्मोंको सदा करता हुआ भी मेरी कृपासे अविनाशी पदको प्राप्त हो जाता है (१८।५६)। तू मेरे परायण होकर सम्पूर्ण कर्मोंको मेरे अर्पण कर दे तो तू मेरी कृपासे सम्पूर्ण विघ्न-बाधाओंको तर जायगा (१८।५७-५८)। तू सम्पूर्ण धर्मोंके आश्रयोंको छोड़कर केवल एक मेरी शरणमें आ जा। मैं तेरेको सम्पूर्ण पापोंसे मुक्त कर दूँगा, तू चिन्ता मत कर (१८।६६)।

—इस प्रकार भगवान्‌ने रहस्यकी, अपने-आपको भक्तोंके सामने प्रकट करनेकी जितनी भी बातें कही हैं, वे सभी गोपनीय विषय हैं।

गीतामें साधकोंकी दो दृष्टियाँ

गीतायां द्विविधा दृष्टिर्दृश्यते ज्ञानिभक्तयोः।
ज्ञानी गुणमयं सर्वं भक्तः प्रभुमयं जगत्॥

(१)

परमात्मा और संसारका वर्णन गीतामें विविध प्रकारसे हुआ है। वह विविध प्रकार भी साधकोंकी दृष्टिसे ही है। जिन साधकोंकी दृष्टिमें सब कुछ भगवान् ही हैं, भगवान्‌के सिवाय कुछ है ही नहीं, वे 'भक्तियोगी' कहलाते हैं। जिन साधकोंकी दृष्टिमें सब संसार गुणमय है, प्रकृतिजन्य गुणोंके सिवा कुछ है ही नहीं, वे 'ज्ञानयोगी' कहलाते हैं। इस तरह साधकोंकी दो दृष्टियाँ हैं—भक्तिदृष्टि और ज्ञानदृष्टि। श्रद्धा-विश्वासकी मुख्यतासे भक्तियोग चलता है और विवेक-विचारकी मुख्यतासे ज्ञानयोग चलता है।

भक्तियोगमें भक्त ऐसा मानता है कि सब कुछ भगवान् ही हैं—**'वासुदेवः सर्वम्'** (७।१९)। भगवान्‌ने भी कहा है कि मेरे बिना कोई भी चर-अचर प्राणी नहीं है अर्थात् चर-अचर सब कुछ मैं ही हूँ (१०।३९)। सूतसे बनी हुई मालाकी तरह यह सब संसार मुझमें ही ओतप्रोत है (७।७)। ये सात्त्विक, राजस और तामस भाव भी मेरेसे ही होते हैं, पर मैं उनमें और वे मेरेमें नहीं हैं अर्थात् सब कुछ मैं-ही-मैं हूँ (७।१२)। सत् और असत् अर्थात् जड़ और चेतन जो कुछ है, वह सब मैं ही हूँ (९।१९)। बुद्धि, ज्ञान, असम्मोह आदि भाव मेरेसे ही होते हैं (१०।४-५)। मैं सबका प्रभव अर्थात् मूल कारण हूँ और सब मेरेसे ही चेष्टा करते हैं (१०।८)। दसवें अध्यायमें भगवान्‌ने अर्जुनसे कहा कि तेरेको जहाँ-कहीं, जिस-किसीमें महत्ता, विलक्षणता, अलौकिकता आदि दीखे उसको मेरी ही समझ (१०।४१)। तात्पर्य है कि वहाँ महत्ता आदिके रूपमें मैं ही हूँ—ऐसा मानकर तेरी दृष्टि केवल मेरी तरफ ही जानी चाहिये।

ज्ञानयोगमें साधक ऐसा मानता है कि प्रकृतिजन्य गुणोंके द्वारा ही सब क्रियाएँ हो रही हैं (३।२७); गुण ही गुणोंमें बरत रहे हैं (३।२८, १४।२३)। इसी दृष्टिसे भगवान्‌ने अठारहवें अध्यायमें सत्त्व, रज और तम—इन तीनों गुणोंके अनुसार ज्ञान, कर्म, कर्ता, बुद्धि, धृति और सुखके तीन-तीन भेद बताये और अन्तमें तीनों गुणोंके प्रकारका उपसंहार करते हुए कहा कि त्रिलोकीमें तीनों गुणोंके सिवाय कुछ नहीं है; जो कुछ दीख रहा है, वह सब त्रिगुणात्मक है (१८।४०)।

(२)

गीतामें भगवान्‌ने एक स्थानपर यह कहा है कि सात्त्विक, राजस और तामस भाव मेरेसे ही होते हैं (७।१२) और दूसरे स्थानपर कहा है कि सत्त्व, रज और तम—ये तीनों गुण प्रकृतिसे उत्पन्न होते हैं (१३।१९; १४।५)। इनमें पहली बात तो भक्तिमार्गकी है और दूसरी बात ज्ञानमार्गकी है। भक्तिमार्गमें भगवान्‌के सिवाय गुणोंकी, भावोंकी स्वतन्त्र सत्ता नहीं होती अर्थात् गुण, पदार्थ, क्रिया आदि सब भगवत्स्वरूप ही होते हैं। इसलिये भगवान्‌ने गुणोंको अपनेसे उत्पन्न बताया है। ज्ञानमार्गमें निर्गुण ब्रह्मकी उपासना होती है। निर्गुण ब्रह्म गुणोंसे अतीत है, निर्लेप है, निष्क्रिय है, निराकार है; अतः उसमें प्रकृति और प्रकृतिजन्य गुणोंकी किंचिन्मात्र भी सम्भावना नहीं है। इसलिये भगवान्‌ने गुणोंको प्रकृतिसे उत्पन्न बताया है। तात्पर्य यह हुआ कि गुणोंको चाहे भगवान्‌से उत्पन्न हुआ मानें अथवा प्रकृतिसे उत्पन्न हुआ मानें, उनका हमारे साथ सम्बन्ध नहीं है।

गीतामें साध्य और साधनकी सुगमता

साध्यसाधनयोः प्रोक्तं सौलभ्यं हरिणा स्वयम्।
मोहितं हि विना तस्मादनुत्साही भवेत्तु कः॥

गीतामें साधकोंकी दृष्टिसे साध्यके दो भेद माने जा सकते हैं—

(१) सगुण—सगुणकी उपासनामें अनन्यभावकी मुख्यता होती है। अनन्यभाववाले भक्तोंके लिये भगवान् सुलभ हैं। वह अनन्यभाव क्या है? अन्यका न होना। अन्य क्या है? भगवान्‌के सिवाय धन, सम्पत्ति, वैभव, घटना, परिस्थिति, स्त्री, पुत्र, परिवार, मन, बुद्धि, इन्द्रियाँ, शरीर आदि जो कुछ भी है, वह सब 'अन्य' है। उन सबसे विमुख होकर अर्थात् उनके आश्रयका, महत्त्वका, प्रियताका त्याग करके केवल भगवान्‌के सम्मुख हो जाना, भगवान्‌की शरण हो जाना और उनमें ही महत्त्व, प्रियताका हो जाना 'अनन्यभाव' है। मैं भगवान्‌का ही हूँ और भगवान् ही मेरे हैं, मैं संसारका नहीं हूँ और संसार मेरा नहीं है—इस तरह अपनी कहलानेवाली वस्तु, शरीर आदिको और अपने-आपको भी भगवान्‌के अर्पण कर देना 'अनन्यभाव' है। अनन्यभावसे भगवान् सुलभ हो जाते हैं (८।१४), भक्तोंके योगक्षेमका वहन करते हैं (९।२२), भक्तोंका बहुत जल्दी मृत्युरूपी संसार-सागरसे उद्धार कर देते हैं (१२।७)। इसी अनन्यभावसे भक्त भगवान्‌को देख सकते हैं, जान सकते हैं और प्राप्त कर सकते हैं (११।५४)। इसलिये भगवान् कहते हैं कि तुम मेरेमें ही मन और बुद्धिको लगा दो, फिर तुम मेरेमें ही निवास करोगे (१२।८); तुम मेरेमें ही मन और बुद्धिको अर्पण कर दो, फिर तुम निःसंदेह मेरेको प्राप्त हो जाओगे (८।७)।

(२) निर्गुण—निर्गुणकी उपासनामें विवेककी मुख्यता होती है। इसमें विवेकपूर्वक जड़ताका त्याग होता है। निर्गुणोपासकको भी परमात्मतत्त्वकी प्राप्ति सुगमतासे हो जाती है (४।३९; ६।२८ आदि)।

साधनके भी तीन भेद माने जाते हैं—

(१) कर्मयोग—जो भी परिस्थिति कर्तव्यरूपसे सामने आ जाय, उस कर्तव्यको तत्परतासे करना और उस कर्मके फलकी इच्छाका त्याग कर देना—इसमें क्या कठिनता है? कारण कि कर्तव्य नाम ही उसीका है, जो करनेयोग्य है और जिसको सुगमतासे कर सकते हैं। ऐसे प्राप्त कर्तव्यका पालन करनेकी बात भगवान्‌ने दूसरे अध्यायके सैंतालीसवें श्लोकमें बतायी है।

(२) ज्ञानयोग—यह शरीर प्रतिक्षण बदल रहा है, मृत्युकी ओर जा रहा है; क्योंकि यह असत् है। पर इस असत्‌को जाननेवाला अर्थात् शरीर-संसारके परिवर्तनको, उत्पन्न और नष्ट होनेको जाननेवाला सत् है—ऐसा जाननेमें क्या कठिनता है? इस बातको प्रायः सभी आस्तिकलोग जानते हैं कि यह शरीर तो मरेगा ही, पर इस शरीरमें रहनेवाला तो रहेगा ही। इसी बातको भगवान्‌ने दूसरे अध्यायके ग्यारहवें श्लोकसे तीसवें श्लोकतक विस्तारपूर्वक कहा है।

(३) भक्तियोग—जिसके पास भगवान्‌को अर्पण करनेके लिये बढ़िया-बढ़िया पदार्थ नहीं है, वह केवल पत्र, पुष्प, फल, जल आदिको ही प्रेमपूर्वक भगवान्‌के अर्पण कर दे तो भगवान् 'यह पत्ता है, यह फूल है, इन्हें मैं कैसे खाऊँ?' ऐसा कुछ भी विचार न करके उनको खा लेते हैं (९।२६)। परंतु किसीके पास ये पत्र, पुष्प आदि भी न हों तो जो कुछ भी क्रिया करता है अर्थात् खाना-पीना, चलना-फिरना, उठना-बैठना, यज्ञ, तप आदि जो कुछ भी करता है, उन सबको भगवान्‌के अर्पण कर

कर दे (९।२७)। ऐसा करनेसे वह सम्पूर्ण शुभ-अशुभ कर्मोंसे, कर्मबन्धनोंसे मुक्त होकर भगवान्‌को प्राप्त हो जाता है (९।२८)। इससे अधिक सुगमता और क्या हो सकती है?

गीतामें सर्वश्रेष्ठ साधन

वरं कर्मत्यागाज्जगति सततं कर्मकरणं
स्वधर्मो हि श्रेयान् सगुणपरधर्माच्च विगुणः।
वरं क्षेत्रज्ञानं द्रविणमययज्ञाद्धि शतश-
स्तपस्विज्ञानिभ्यः समनिरतयोगी वरतमः॥
ज्ञानध्यानादितः कर्मफलत्यागो विशिष्यते। सर्वेभ्यः साधनेभ्यश्च प्रभुभक्तिर्गरीयसी॥

गीतामें परमात्मप्राप्तिके लिये बहुत-से साधन बताये गये हैं और उनको श्रेष्ठ भी बताया गया है। जिस साधनमें साधकको रुचि, विश्वास और योग्यता है, वही साधन उस साधकके लिये श्रेष्ठ है; क्योंकि उसी साधनको करनेसे उसको परमात्माकी प्राप्ति हो जाती है। गीतामें जहाँ-कहीं जिस-किसी साधनको श्रेष्ठ बताया गया है, वह श्रेष्ठता वहाँके प्रसंग या अधिकारको लेकर बतायी गयी है। बहुत-से साधनोंके श्रेष्ठ होनेपर भी भगवान्‌ने सर्वश्रेष्ठ साधन भक्तिको ही माना है।

गीताके अनुसार कर्म न करनेकी अपेक्षा अपने कर्तव्यका पालन करना श्रेष्ठ है (३।८); क्योंकि जबतक मनुष्यका प्रकृति (शरीर)-के साथ सम्बन्ध है, तबतक वह कर्म किये बिना नहीं रह सकता। वह शरीर, मन और वाणीसे कुछ-न-कुछ कर्म तो करेगा ही। अगर वह कर्तव्य-कर्म नहीं करेगा तो अकर्तव्य करेगा, विपरीत काम करेगा, जिससे वह बँध जायगा। अतः कर्म न करनेकी अपेक्षा कर्तव्य-कर्म करना श्रेष्ठ है।

शास्त्रोंने वर्णाश्रमके अनुसार जिस मनुष्यके लिये जिस कर्मको करनेकी आज्ञा दी है, उसके लिये वह स्वधर्म है; और जिस मनुष्यके लिये उस कर्मको करनेका निषेध किया है, उसके लिये वह परधर्म है। अधिक गुणोंवाले परधर्मकी अपेक्षा गुणोंकी कमीवाला भी अपना धर्म (स्वधर्म) श्रेष्ठ है। अपने धर्मका पालन करनेसे मनुष्यको पाप नहीं लगता और अपने धर्मका पालन करते हुए मृत्यु भी हो जाय तो भी अपना धर्म कल्याण करनेवाला है (१८।४७; ३।३५)।

द्रव्यमय यज्ञसे ज्ञानयज्ञ श्रेष्ठ है (४।३३)। कारण कि द्रव्ययज्ञमें पदार्थ, व्यक्ति, देश, काल, परिस्थिति, अवस्था आदिकी आवश्यकता रहती है और इनके द्वारा ही द्रव्ययज्ञ पूरा होता है; अतः द्रव्ययज्ञमें परतन्त्रता है। परन्तु ज्ञानयज्ञमें पदार्थ, व्यक्ति आदिकी आवश्यकता नहीं होती; अतः ज्ञानयज्ञमें स्वतन्त्रता रहती है। इसलिये ज्ञानयज्ञ श्रेष्ठ है।

तपस्वी, ज्ञानी और कर्मीसे समतायुक्त मनुष्य श्रेष्ठ है (६।४६)। कारण यह है कि तपस्वी, ज्ञानी और कर्मीमें सकामभाव है; तपस्वी तपस्या करके अणिमादि सिद्धियाँ चाहता है, ज्ञानी शास्त्रका ज्ञान सम्पादन करके मान-बड़ाई, सुख-आराम चाहता है और कर्मी कर्म करके धन, संग्रह, भोग, स्वर्ग आदि चाहता है। परन्तु समतायुक्त मनुष्य कुछ भी नहीं चाहता; अतः वह तीनोंसे श्रेष्ठ है।

अभ्याससे ज्ञान, ज्ञानसे ध्यान और ध्यानसे सर्वकर्मफलत्याग श्रेष्ठ है (१२।१२); क्योंकि अभ्यास, ज्ञान और ध्यानमें समता नहीं है। समताके

बिना ये तीनों ही अधूरे रह जाते हैं। सर्वकर्मफलत्यागमें समता रहती है; अतः यह श्रेष्ठ है।

सांख्ययोगसे कर्मयोग श्रेष्ठ है (३। ७; ५। २)। कारण कि सांख्ययोगमें नया विचार करना पड़ता है; और तेजीका वैराग्य होनेसे, कहीं भी राग नहीं होनेसे ही कल्याण होता है। वैराग्यके बिना ज्ञान (विवेक-विचार) केवल तोतेकी तरह सीखी हुई बातोंमें रह जाता है। परन्तु कर्मयोगमें मनुष्य जिस कामको करता आया है, उसमें केवल सुधार करना है अर्थात् मनुष्यका कर्म करनेका स्वभाव तो है ही, उसमें केवल कामना-आसक्तिका त्याग करना है। जैसे—पत्नी पतिकी, पुत्र माँ-बापकी, शिष्य गुरुकी, नौकर मालिककी और नीचे वर्णवाला ऊँचे वर्णवालेकी सेवा करते आये ही हैं; इसमें केवल अपने सुख-आराम, स्वार्थभाव, कामना-आसक्तिका त्याग करना है। यह त्याग करना सुगम है। अतः कर्मयोग श्रेष्ठ है।

उपर्युक्त साधनोंसे तथा इनके अतिरिक्त गीतामें कहे हुए ध्यानयोग, लययोग, हठयोग आदि सभी साधनोंसे भक्तियोग श्रेष्ठ है (६। ४७)। कारण कि दूसरे साधकोंमें अपने साधनके बलका आश्रय रहता है; अतः उनके गिरनेकी सम्भावना रहती है। परन्तु भक्तियोगी साधकमें केवल भगवान्‌का ही आश्रय रहता है, वह केवल भगवन्निष्ठ रहता है; अतः उसके गिरनेकी सम्भावना रहती ही नहीं। भक्तका उद्धार स्वयं भगवान् करते हैं (१२। ७)। उसके अज्ञानका नाश स्वयं भगवान् करते हैं (१०। ११)। उसके योगक्षेमका वहन स्वयं भगवान् करते हैं (९। २२)। उसको भगवान् सुगमतासे मिल जाते हैं (८। १४)। वह अनन्यभक्तिसे भगवान्‌के प्रत्यक्ष दर्शन कर सकता है, भगवान्‌को तत्त्वसे जान सकता है और भगवान्‌में प्रवेश कर सकता है (११। ५४)। तात्पर्य है कि दूसरे साधकोंमें तो कमी भी रह सकती है और अन्तसमयमें अन्यचिन्तन, मूर्च्छा आदि किसी कारणसे साधनसे विचलित होकर वे योगभ्रष्ट भी हो सकते हैं, उनका फिर दूसरा जन्म भी हो सकता है; परन्तु भक्तमें कोई कमी रह जाय तो उसको दूर करनेकी जिम्मेवारी भगवान्‌की होती है। भगवान् उस कमीको दूर कर देते हैं। अन्तसमयमें भक्तको किसी कारणसे भगवान्‌की स्मृति न रहे तो स्वयं भगवान् उसको याद करते हैं। अतः भक्त योगभ्रष्ट नहीं होता, उसका दूसरा जन्म नहीं होता। इसलिये भगवान्‌ने भक्तियोगको सम्पूर्ण साधनोंसे और भक्तियोगीको सम्पूर्ण साधकोंसे श्रेष्ठ बताया है (६। ४७; १२। २)।

गीतामें प्रवृत्ति और निवृत्तिपरक साधन

न प्रवृत्तिर्निवृत्तिश्च बाधिका साधिका मता।
द्वयोर्मध्ये तु जीवानां रागो वै बाधको मतः॥

लौकिक दृष्टिसे किसी क्रियामें प्रवृत्त होना 'प्रवृत्ति' और क्रियासे निवृत्त होना 'निवृत्ति' कहलाती है। ऐसे ही लौकिक दृष्टिसे गृहस्थाश्रम प्रवृत्तिपरक और संन्यासाश्रम निवृत्तिपरक कहलाता है। परन्तु गीताकी दृष्टिसे अगर भीतरमें विषयोंका राग, कामना, आसक्ति है तो बाहरकी निवृत्ति भी प्रवृत्ति है और भीतरमें राग, कामना, आसक्ति नहीं है तो बाहरकी प्रवृत्ति भी निवृत्ति है। जो बाहरकी क्रियाओंसे तो निवृत्त हो गया है, पर मनसे रागपूर्वक विषयोंका चिन्तन करता है, उसकी इस निवृत्तिको गीताने मिथ्याचार (पाखण्ड) बताया है (३। ६)।

गीतामें कर्मयोग, ज्ञानयोग और भक्तियोग—इन तीनों ही साधनोंको प्रवृत्ति और निवृत्तिपरक

बताया गया है। तात्पर्य है कि ये तीनों ही साधन प्रवृत्तिमें रहते हुए, गृहस्थमें रहते हुए, सब काम करते हुए भी किये जा सकते हैं और निवृत्तिमें रहते हुए, सांसारिक कामोंसे निवृत्त होकर भी किये जा सकते हैं; जैसे—

कर्मयोग

(१) प्रवृत्तिपरक कर्मयोग—जिसमें कर्मफलकी इच्छा, कामना, आसक्ति न हो और अपने कर्तव्यका तत्परतासे पालन किया जाय, वह प्रवृत्तिपरक कर्मयोग है। तात्पर्य है कि शास्त्रविहित कर्म करते हुए, सांसारिक प्रवृत्तिमें रहते हुए भी निर्लिप्त रहना प्रवृत्तिपरक कर्मयोग है। जैसे, कर्म करनेमें तेरा अधिकार है, फलमें नहीं (२। ४७); योगमें अर्थात् समतामें स्थित होकर तू कर्म कर (२। ४८); न तो कर्मोंका आरम्भ किये बिना निष्कर्मताकी प्राप्ति होती है और न कर्मोंके त्यागसे ही (३। ४); तुझे नियत कर्मोंका त्याग नहीं करना चाहिये; क्योंकि कर्म न करनेकी अपेक्षा कर्म करना श्रेष्ठ है (३। ८); ब्रह्माजीने भी सृष्टिरचनाके समय प्रजासे कर्तव्यपालनके लिये कहा (३। १०—१२); भगवान् भी लोकसंग्रहके लिये कर्म करते हैं (३। २२—२४); आदि।

(२) निवृत्तिपरक कर्मयोग—जिसमें कर्मोंसे उपरति रहती है और पदार्थोंका त्याग रहता है, वह निवृत्तिपरक कर्मयोग है। यह कर्मोंसे उपराम होना और पदार्थोंका त्याग करना भी केवल लोगोंके हित (कल्याण)-के लिये ही होता है अर्थात् निवृत्तिरूप कर्म भी संसारके हितके लिये ही होता है, इसमें अपना कुछ भी मतलब नहीं होता। जैसे, शरीर और अन्तःकरणको वशमें करनेवाला, सब प्रकारके संग्रहका त्याग करनेवाला और संसारकी आशासे रहित कर्मयोगी केवल शरीर-सम्बन्धी कर्म करता हुआ भी बँधता नहीं (४। २१)।

ज्ञानयोग

(१) प्रवृत्तिपरक ज्ञानयोग—गुण ही गुणोंमें बरत रहे हैं; गुणोंके सिवाय अन्य कोई कर्ता नहीं है; सम्पूर्ण क्रियाएँ गुणोंमें, इन्द्रियोंमें ही हो रही हैं—ऐसा समझकर कर्तृत्वाभिमानसे रहित होकर क्रियाएँ करना प्रवृत्तिपरक ज्ञानयोग है। जैसे, गुण-कर्मके विभागको जाननेवाला ज्ञानयोगी 'सम्पूर्ण क्रियाएँ गुणोंमें ही हो रही हैं'—ऐसा मानकर कर्म करते हुए भी उनमें आसक्त नहीं होता (३। २८); जो पुरुषको और गुणोंके सहित प्रकृतिको ठीक-ठीक जानता है, वह सब तरहका बर्ताव करता हुआ भी बन्धनको प्राप्त नहीं होता (१३। २३); जिसमें अहंकृतभाव और फलेच्छा नहीं है, वह सम्पूर्ण प्राणियोंको मारनेपर भी अर्थात् घोर-से-घोर कर्म करनेपर भी उस कर्मसे बँधता नहीं (१८। १७); आदि।

(२) निवृत्तिपरक ज्ञानयोग—सांसारिक प्रवृत्तिसे, कर्मोंसे निवृत्त होकर एकान्तमें केवल अपने स्वरूपका, परमात्माका ध्यान-चिन्तन करना निवृत्तिपरक ज्ञानयोग है। जैसे, सात्त्विकी बुद्धिसे युक्त वैराग्यके आश्रित, एकान्तमें रहनेके स्वभाववाला और नियमित भोजन करनेवाला ज्ञानयोगी साधक धैर्यपूर्वक इन्द्रियोंका नियमन करके, शरीर-वाणी-मनको वशमें करके, शब्दादि विषयोंका त्याग करके और राग-द्वेषको छोड़कर निरन्तर परमात्माके ध्यानमें लगा रहता है, वह अहंकार, हठ, घमण्ड, काम, क्रोध और संग्रहका त्याग करके तथा ममतारहित एवं शान्त होकर ब्रह्मप्राप्तिका पात्र हो जाता है (१८। ५१—५३)।

भक्तियोग

(१) प्रवृत्तिपरक भक्तियोग—जिसमें कर्म तो सांसारिक होते हैं, पर वे भगवान्‌की प्रसन्नताके लिये, भगवान्‌के आश्रित होकर, भगवत्पूजनकी दृष्टिसे किये जाते हैं, वह प्रवृत्तिपरक भक्तियोग है। जैसे, तू जो कुछ कर्म करता है, वह सब मेरे अर्पण कर (९। २७); मेरे लिये कर्म करता हुआ तू सिद्धिको प्राप्त हो जायगा (१२। १०); मनुष्य अपने-अपने कर्मोंके द्वारा उस परमात्माका पूजन करके सिद्धिको

प्राप्त हो जाता है (१८। ४६); मेरा भक्त मेरे आश्रित होकर सब कर्म सदा करता हुआ मेरी कृपासे अविनाशी पदको प्राप्त हो जाता है (१८।५६); आदि।

(२) निवृत्तिपरक भक्तियोग—जिसमें सांसारिक कर्मोंसे उपराम होकर केवल भगवत्सम्बन्धी जप-ध्यान, कथा-कीर्तन आदि कर्म किये जाते हैं, वह निवृत्तिपरक भक्तियोग है। जैसे, निरन्तर मेरेमें लगे हुए वे दृढ़व्रती भक्त भक्तिपूर्वक मेरे नामका कीर्तन करते हैं, मेरी प्राप्तिके लिये उत्कण्ठापूर्वक साधन करते हैं और मेरेको नमस्कार करते हुए मेरी उपासना करते हैं (९।१४); तू मेरा भक्त हो जा, मेरेमें ही मनवाला हो जा, मेरा ही पूजन करनेवाला हो जा और मेरेको ही नमस्कार कर (९।३४); मेरेमें मनवाले, मेरेमें ही प्राणोंको अर्पण करनेवाले भक्त आपसमें मेरे गुण, प्रभाव आदिको जनाते हुए और उनका कथन करते हुए नित्य-निरन्तर सन्तुष्ट रहते हैं (१०।९); आदि।

तात्पर्य यह है कि साधन करनेकी शैली दो तरहकी है, एकमें तो व्यवहारको रखते हुए परमात्माकी तरफ चलते हैं और एकमें व्यवहारका त्याग करके परमात्माकी तरफ चलते हैं। व्यवहारको रखते हुए साधन करना प्रवृत्तिपरक है और व्यवहारका त्याग करके साधन करना निवृत्तिपरक है। जैसे मनु, जनक आदि राजा प्रवृत्तिपरक हुए हैं और सनकादि, शुकदेवजी आदि निवृत्तिपरक हुए हैं। वास्तवमें देखा जाय तो कर्मयोग, ज्ञानयोग और भक्तियोग—इन तीनों ही साधनोंमें निवृत्ति है अर्थात् प्रवृत्तिमें भी निवृत्ति है और निवृत्तिमें भी निवृत्ति है। कारण कि इन तीनों ही साधनोंमें संसारके सम्बन्ध (राग)-का त्याग और परमात्मासे सम्बन्ध होता है।

गीतामें सिद्धोंके लक्षण

समतादिषु चिह्नेषु सिद्धानां तु समानता।
तदीयव्यवहारे तु क्रियाभावविभिन्नता॥

'कर्मयोग' कामना (फलेच्छा)-के त्यागसे आरम्भ होता है (२।४८) और कामनाके सर्वथा त्यागमें ही समाप्त होता है (२।५५)। अतः कर्मयोगमें कामनाके त्यागकी बात मुख्य रहती है।

'ज्ञानयोग' असत्-सत्, प्रकृति-पुरुष, क्षेत्र-क्षेत्रज्ञके विवेकसे आरम्भ होता है (१३।१९) और असत्से सर्वथा सम्बन्ध-विच्छेदमें ही समाप्त होता है (१३।३४)। अतः ज्ञानयोगमें असत्-सत्का विवेक मुख्य रहता है।

'भक्तियोग' भगवान्की परायणतासे आरम्भ होता है (१२।६) और भगवत्परायणतामें ही समाप्त होता है (१२।१४)। अतः भक्तियोगमें भगवत्परायणता मुख्य रहती है।

उपर्युक्त तीनों योग जिससे आरम्भ होते हैं, उसीमें उनकी पूर्णता होती है। अतः गीतामें जहाँ कर्मयोगसे सिद्ध महापुरुषोंका वर्णन आया है (२।५५—७२), वहाँ कर्मयोगी साधकोंका भी वर्णन आया है (२।५९, ६४-६५ आदि)। जहाँ ज्ञानयोगसे सिद्ध महापुरुषोंका वर्णन आया है (१४। २२—२५), उससे पहले ज्ञानयोगी साधकोंका वर्णन आया है (१४।१९-२०)। ऐसे ही जहाँ भक्तियोगसे सिद्ध महापुरुषोंका वर्णन आया है (१२।१३—१९), उससे पहले भक्तियोगी साधकोंका वर्णन आया है (१२।६—१०)।

साधनावस्थामें कर्मयोगीकी कर्म करनेमें ज्यादा प्रवृत्ति रहती है; अतः सिद्धावस्थामें भी उसकी कर्मोंमें

स्वाभाविक प्रवृत्ति रहती है। इसलिये कर्मयोगसे सिद्ध महापुरुषोंके लक्षणोंमें उदासीनताका वर्णन नहीं आया है (६।७—९)। ज्ञानयोगी असत्का त्याग करके अपने स्वरूपमें स्थित रहता है; अत: उसकी संसारसे स्वाभाविक उदासीनता रहती है (१४।२३)। भक्तियोगीका भगवान्में प्रेम होनेसे वह संसारसे उदासीन हो जाता है (१२।१६)।

तीनों ही योगोंसे सिद्ध महापुरुष अहंता-ममतासे रहित हो जाते हैं (कर्मयोगी २।७१; ज्ञानयोगी १८।५३; भक्तियोगी १२।१३)। तीनों ही सिद्धोंमें राग-द्वेषका अभाव हो जाता है (कर्मयोगी २।५७; ज्ञानयोगी १४।२२; भक्तियोगी १२।१७)। तीनोंमें ही समता रहती है (कर्मयोगी ६।७—९; ज्ञानयोगी १४।२४-२५; भक्तियोगी १२।१८)।

भक्तियोगमें सब कुछ वासुदेव ही हैं (७।१९)— ऐसा अनुभव होनेसे प्राणिमात्रके प्रति मित्रता और करुणाका भाव विशेषतासे प्रकट होता है (१२।१३), जब कि कर्मयोग और ज्ञानयोगमें वैसा नहीं होता।

कोई भी साधक किसी भी मार्गसे चले, अन्तमें उसकी पूर्णता होनेपर सब एक हो जाते हैं। ऐसा होनेपर भी कर्मयोगीको ज्ञानयोगकी बातें विशेषरूपसे समझमें आ जाती हैं और भक्तियोगकी बातें साधारणरूपसे (थोड़ी) समझमें आती हैं। ज्ञानयोगीको कर्मयोग और भक्तियोग—इन दोनोंकी ही बातोंका ज्ञान नहीं होता; परंतु भक्तियोगीको कर्मयोग और ज्ञानयोग—इन दोनोंकी ही बातोंका प्राय: ज्ञान हो जाता है।

कर्मयोगमें कामनाओंके त्यागकी कुछ कमी रहनेसे और ज्ञानयोगमें अपनेमें कुछ विशेषता दीखनेसे अभिमान रह सकता है; क्योंकि कर्मयोगी और ज्ञानयोगीकी अपनी निष्ठा होती है। अत: अभिमानको दूर करनेकी जिम्मेवारी खुद उनपर ही रहती है। परंतु भक्तियोगीमें अभिमान रह ही नहीं सकता; क्योंकि वह पहलेसे ही भगवान्के परायण रहता है। हाँ, भगवत्परायणतामें कमी रहनेसे भक्तियोगीमें भी अभिमान रह सकता है, पर उस अभिमानको दूर करनेकी जिम्मेवारी भगवान्पर ही रहती है, भक्तपर नहीं; क्योंकि वह भगवन्निष्ठ होता है।

तात्पर्य है कि तीनों योगोंकी अपनी-अपनी मुख्यता होनेसे तीनों योग अलग-अलग हैं। ऐसा होनेपर भी तत्त्व, समता, निर्विकारता आदिकी प्राप्तिमें तो तीनों योगोंसे सिद्ध महापुरुषोंमें एकता रहती है, पर उनके व्यवहारमें भिन्नता रहती है।

गीतामें भगवान् और महापुरुषका साधर्म्य

अन्वभूयत यैस्तत्त्वं ते मुक्ता एव बन्धनात्।
तस्मात् प्रोक्तं तु साधर्म्यं निजस्य च महात्मनाम्॥

गीतामें भगवान् और सिद्ध महापुरुषोंके लक्षणोंमें साधर्म्य (सधर्मता)-का वर्णन हुआ है; जैसे—

(१) भगवान् कहते हैं कि त्रिलोकीमें मेरे लिये कुछ भी कर्तव्य नहीं है—**'न मे पार्थास्ति कर्तव्यं त्रिषु लोकेषु किञ्चन'** (३।२२)। ऐसे ही महापुरुषके लिये भी कोई कर्तव्य शेष नहीं रहता—**'तस्य कार्यं न विद्यते'** (३।१७)।

(२) भगवान् कहते है कि मेरे लिये प्राप्त होनेयोग्य कोई भी वस्तु अप्राप्त नहीं है—**'नानवाप्तमवाप्तव्यम्'** (३।२२)। इसी प्रकार महापुरुषका भी किसी प्राणीके साथ किंचिन्मात्र भी स्वार्थका सम्बन्ध नहीं रहता अर्थात् किसी भी प्राणीसे कुछ भी पाना शेष नहीं रहता—**'न चास्य सर्वभूतेषु कश्चिदर्थव्यपाश्रय:'** (३।१८)।

(३) कर्तव्य और प्राप्तव्य न रहते हुए भी भगवान् लोकसंग्रहार्थ कर्म करते हैं। भगवान् कहते हैं कि यदि मैं सावधान होकर कर्म न करूँ तो ये सब मनुष्य नष्ट-भ्रष्ट हो जायँ और मैं संकरता उत्पन्न करनेवाला तथा सारी प्रजाका हनन करनेवाला बनूँ (३। २३-२४)। इसी प्रकार भगवान् महापुरुषको भी उसके अपने लिये कर्तव्य और प्राप्तव्य न रहते हुए भी तत्परतापूर्वक लोकसंग्रहार्थ कर्म करनेकी आज्ञा देते हैं—**'कुर्याद्विद्वांस्तथासक्तश्चिकीर्षुर्लोकसंग्रहम्'** (३। २५)। अत: वे भी आसक्तिरहित होकर लोकहितार्थ कर्म करते हैं।

(४) भगवान् कहते हैं कि मुझे सब कुछ करते हुए भी अकर्ता ही जानो अर्थात् मैं कर्तृत्वाभिमानसे रहित हूँ—**'तस्य कर्तारमपि मां विद्ध्यकर्तारमव्ययम्'** (४। १३)। इसी प्रकार महापुरुषके लिये भी कहा है कि वह कर्मोंको भलीभाँति करता हुआ भी वास्तवमें कुछ नहीं करता अर्थात् वह कर्तृत्वाभिमानसे रहित है—**'कर्मण्यभिप्रवृत्तोऽपि नैव किञ्चित्करोति सः'** (४। २०)।

(५) भगवान् कहते हैं कि सम्पूर्ण कर्म करते हुए भी मेरेको कर्म लिप्त नहीं करते **'न मां कर्माणि लिम्पन्ति'** (४। १४) और इनके फलोंमें मेरी स्पृहा (इच्छा) नहीं है—**'न मे कर्मफले स्पृहा'** (४। १४)। इसी प्रकार महापुरुषको भी कर्म लिप्त नहीं करते—**'न निबध्यते'** (१८। १७) और कर्मफलमें भी उनकी स्पृहा नहीं होती—**'विगतस्पृहः'** (२। ५६); **'पुमांश्चरति निःस्पृहः'** (२। ७१)।

(६) भगवान् स्वभावसे ही प्राणिमात्रके सुहृद् हैं—**'सुहृदं सर्वभूतानाम्'** (५। २९)। इसी तरह महापुरुष भी स्वभावसे सम्पूर्ण प्राणियोंके हितमें प्रीति रखते हैं—**'सर्वभूतहिते रताः'** (५। २५; १२। ४)।

(७) भगवान्ने अपने-आपको तीनों गुणोंसे अतीत कहा है—**'मामेभ्यः परमव्ययम्'** (७। १३)। इसी प्रकार महापुरुषको भी तीनों गुणोंसे अतीत कहा गया है—**'गुणातीतः स उच्यते'** (१४। २५)।

(८) भगवान् कर्मोंमें आसक्तिरहित तथा उदासीनके सदृश स्थित हैं और उन्हें कर्म नहीं बाँधते—**'उदासीनवदासीनमसक्तं तेषु कर्मसु'** (९। ९)। इसी तरह महापुरुषका भी कर्मोंमें राग नहीं होता; अत: उनको भी कर्म नहीं बाँधते—**'उदासीनवदासीनो गुणैर्यो न विचाल्यते'** (१४। २३)।

(९) भगवान्की दृष्टिमें तो सत् और असत् सब कुछ मैं ही हूँ—**'सदसच्चाहम्'** (९। १९) और महापुरुषकी दृष्टिमें सब कुछ वासुदेव ही है—**'वासुदेवः सर्वम्'** (७। १९)।

(१०) भगवान् कहते हैं कि वेदोंको जाननेवाला मैं ही हूँ—**'वेदविदेव चाहम्'** (१५। १५)। इसी तरह महापुरुषको भी वेदोंको जाननेवाला कहा गया है—**'स वेदवित्'** (१५। १)।

—इस प्रकार भगवान्से साधर्म्य होनेपर भी महापुरुष भगवान्की तरह ऐश्वर्य-सम्पन्न नहीं होता। पूर्ण ऐश्वर्य तो केवल भगवान्में ही है—**'ऐश्वर्यस्य समग्रस्य'** (विष्णुपुराण ६। ५। ७४)। जगत्की उत्पत्ति, पालन और संहारका कार्य भी केवल भगवान्के द्वारा होता है, महापुरुषके द्वारा नहीं— **'जगद्व्यापारवर्जम्'** (ब्रह्मसूत्र ४। ४। १७)।

भगवान् और महापुरुषके लक्षणोंमें साधर्म्य बतानेका तात्पर्य है कि अनादिकालसे स्वर्ग, नरक और चौरासी लाख योनियोंमें भटकनेवाला साधारण प्राणी भी यदि मनुष्यजन्मका सदुपयोग करे तो परमात्माके जो लक्षण हैं, वे ही लक्षण जीवन्मुक्त होनेपर उसमें आ जाते हैं। जो उन्नति ब्रह्मलोकतक जानेपर भी नहीं होती, वही उन्नति जीव मनुष्यशरीरके रहते हुए कर सकता है।

गीताका तात्पर्य

श्रीकृष्णगीतगीतायास्तात्पर्यं दृश्यते बुधैः।
विवेकभावयोर्मध्ये तावपि द्विविधौ स्मृतौ॥

गीताका तात्पर्य सम्पूर्ण जीवोंके कल्याणमें है, जिसके लिये गीताने विवेक और भावपरक साधनोंका वर्णन किया है।

गीताने विवेक दो तरहका बताया है—

(१) सत्-असत्का विवेक—जो सदा रहनेवाला है, अपरिवर्तनशील है, जिसका कभी नाश नहीं होता, वह शरीरी और परमात्मा 'सत्' है और जो सदा हमारे साथ नहीं रहता, परिवर्तनशील है, नाशवान् है, वह शरीर और संसार 'असत्' है (२। ११—३०; १३। १९—२३, २९—३४; १४। ५—२० आदि)।

(२) कर्तव्य-अकर्तव्यका विवेक—कर्तव्य क्या है और अकर्तव्य क्या है; प्रवृत्ति क्या है और निवृत्ति क्या है; धर्म क्या है और अधर्म क्या है; अपना धर्म क्या है और दूसरोंका धर्म क्या है—यह कर्तव्य-अकर्तव्यका ज्ञान (विवेक) है (२। ३१—५३; ३। ८—१६, ३५; ४। १५; १८। ४१—४८ आदि)।

ऐसे ही भाव भी दो तरहका बताया है—

(१) निष्कामभाव (त्यागभाव)—इस भावमें कर्मोंकी और कर्मोंके फलकी आसक्ति, कामनाका त्याग होता है। गीतामें '**सङ्गं त्यक्त्वा**' (२। ४८); '**प्रजहाति यदा कामान्**' (२। ५५); '**विहाय कामान्यः सर्वान्**' (२। ७२); '**त्यक्त्वा कर्मफलासङ्गम्**' (४। २०); '**सङ्गं त्यक्त्वा**' (५। ११); '**सङ्गं त्यक्त्वा फलानि**' (१८। ६); '**सङ्गं त्यक्त्वा फलं चैव**' (१८। ९); '**यस्तु कर्मफलत्यागी**' (१८। ११) आदि पदोंमें निष्कामभावका वर्णन हुआ है।

(२) अनन्यभाव (प्रेमभाव)—संसार अन्य है। उस संसारके आश्रयका, महत्त्वका त्याग करना, उससे विमुख हो जाना अनन्यभाव है। गीतामें '**अनन्यचेताः सततम्**' (८। १४), '**भक्त्या लभ्यस्त्वनन्या**' (८। २२), '**अनन्याश्चिन्तयन्तो माम्**' (९। २२) '**अनन्येनैव योगेन**' (१२। ६) आदि पदोंमें अनन्यभावका वर्णन हुआ है।

विवेक और भाव—इन दोनोंकी मुख्यताका हरेक साधनमें होनी जरूरी है। कारण कि इन दोनोंके बिना मनुष्य संसारमें फँस जायगा, जन्म-मरणमें चला जायगा। तात्पर्य है कि 'विवेक' को महत्त्व न देनेसे मनुष्यमें जड़ता (मूढ़ता) आ जायगी और वह अकर्तव्यमें लग जायगा तथा 'भाव' (निष्कामभाव और अनन्यभाव) न होनेसे मनुष्यकी संसारमें आसक्ति—कामना हो जायगी और वह भगवान्से विमुख हो जायगा।

विवेकमें निष्कामभावका होना भी जरूरी है (५। २३, २६); क्योंकि अगर निष्कामभाव नहीं होगा तो मनुष्य कामनाओंमें फँस जायगा, जिससे संसारका त्याग नहीं होगा। ऐसे ही विवेकमें अनन्यभाव अर्थात् प्रेमभावका होना भी जरूरी है, चाहे वह प्रेमभाव स्वरूपमें हो (५। २४); चाहे कर्तव्य-कर्ममें हो (१८। ४५)।

निष्कामभावमें भी विवेकका होना बहुत आवश्यक है (४। १९, ४१; ६। ८ आदि); क्योंकि अगर विवेक नहीं होगा तो मनुष्य निष्काम कैसे होगा? ऐसे ही अनन्यभावमें भी विवेकका होना जरूरी है (५। २९; ९। १३; १०। ७ आदि); क्योंकि विवेकके बिना अन्यका त्याग कैसे होगा?

इस प्रकार गीताने मनुष्योंके कल्याणके लिये विवेक और भावपरक साधनोंका वर्णन किया है। जहाँ क्रियापरक साधनोंका वर्णन किया है वहाँ भी क्रियापरक साधनोंपर इतना जोर नहीं दिया है, जितना जोर विवेक और भावपरक साधनोंपर दिया है। जहाँ क्रियापरक साधनोंपर जोर दिया है, वहाँ भी वास्तवमें निष्कामभावकी ही प्रधानता है (२। ४७; ३। ८, १७-१८; ४। १५ आदि)।

गीतामें संवाद

सञ्जयस्याम्बिकेयस्य श्रीकृष्णस्यार्जुनस्य च।
द्विधैव मुख्यसंवादो गीतया मन्यते स्वयम्॥

गीतामें दो संवाद हैं—धृतराष्ट्र और संजयका संवाद तथा श्रीकृष्ण और अर्जुनका संवाद।

गीताके पहले अध्यायके पहले श्लोकमें ही धृतराष्ट्र बोले हैं, उसके बाद अठारह अध्यायतक धृतराष्ट्र बोले ही नहीं। संजय बीच-बीचमें कई बार बोले हैं।

पहले अध्यायमें **'हृषीकेशं तदा वाक्यमिदमाह'** (१।२१), **'उवाच पार्थ पश्यैतान् समवेतान् कुरूनिति'** (१।२५) आदि वचनोंके रूपमें श्रीकृष्ण और अर्जुनका संवाद तो आया है, पर यह आया है संजयके वचनोंके अन्तर्गत ही। श्रीकृष्ण और अर्जुनका संवाद दूसरे अध्यायके दूसरे श्लोकसे आरम्भ होता है।

उपर्युक्त दोनों संवादोंके अतिरिक्त दुर्योधन और प्रजापति ब्रह्माजीके वचन भी गीतामें आते हैं; जैसे—पहले अध्यायके तीसरे श्लोकसे ग्यारहवें श्लोकतक (कुल नौ श्लोकोंमें) दुर्योधनके वचन हैं और तीसरे अध्यायके दसवें श्लोकके उत्तरार्धसे बारहवें श्लोकके पूर्वार्धतक ब्रह्माजीके वचन हैं। इनमेंसे दुर्योधनके वचन तो संजयके वचनोंके अन्तर्गत हैं और ब्रह्माजीके वचन भगवान्‌के वचनोंके अन्तर्गत हैं। इसीलिये यहाँ **'दुर्योधन उवाच'** और **'प्रजापतिरुवाच'** नहीं दिया गया।

दूसरी बात, सम्पूर्ण महाभारत वैशम्पायन और जनमेजयका संवाद है। उसके अन्तर्गत गीतामें धृतराष्ट्र और संजयका संवाद है*, जिसमें संजय श्रीकृष्ण और अर्जुनका संवाद सुना रहे हैं, न कि दुर्योधन आदिका। प्रत्येक अध्यायके अन्तमें जो पुष्पिका दी गयी है, उसमें भी **'श्रीकृष्णार्जुनसंवादे'** पद दिया गया है। अतः गीतामें दो ही संवाद हैं।

---

* महाभारतके वक्ता वैशम्पायन ऋषि हैं और श्रोता राजा जनमेजय हैं। महाभारतमें कुल अठारह पर्व हैं। उनमेंसे भीष्मपर्वके आरम्भमें राजा जनमेजय वैशम्पायनजीसे प्रश्न करते हैं कि कौरवों और पाण्डवोंने युद्ध कैसे किया? इसके उत्तरमें वैशम्पायनजीने दोनों सेनाओंके हर्षोल्लास आदिकी बातें बतायीं। फिर वेदव्यासजी धृतराष्ट्रके पास आये और उन्होंने धृतराष्ट्रको अवश्यम्भावी युद्धके विषयमें बहुत-सी बातें कहीं तथा संजयको दिव्यदृष्टि दी; जिससे वे धृतराष्ट्रको युद्ध आदिकी सभी बातें सुनाते रहें। वेदव्यासजीके चले जानेपर धृतराष्ट्रने संजयसे कहा कि जिस भूमिके लिये मेरे और पाण्डुके पुत्र लड़नेके लिये तैयार हो रहे हैं, उसका मुझे विस्तारसे वर्णन सुनाइये। इसपर संजयने भारतवर्षकी भूमिका; द्वीपों, नदियों, पहाड़ों आदिका वर्णन किया। फिर श्रीमद्भगवद्गीतापर्वके आरम्भमें (जो कि भीष्मपर्वका तेरहवाँ अध्याय है) वैशम्पायनजीने राजा जनमेजयसे कहा कि एक दिनकी बात है, संजयने युद्धभूमिसे लौटकर धृतराष्ट्रको भीष्म पितामहको शरशय्यापर गिरा दिये जानेका समाचार दिया। इसको लेकर धृतराष्ट्र और संजयके बीच दोनों सेनाओंकी बहुत-सी बातें होती रहीं। अन्तमें भीष्मपर्वके पचीसवें अध्यायके आरम्भमें (जो कि गीताका पहला अध्याय है) धृतराष्ट्रने युद्धका क्रमशः विस्तारपूर्वक वर्णन सुनानेके लिये संजयसे प्रश्न किया।

गीतामें अर्जुनद्वारा स्तुति, प्रार्थना और प्रश्न

यत्र यत्र च गीतायां प्रोक्तं कृष्णसखेन वै।
प्रार्थना कुत्रचित्तत्र क्वचित्प्रश्नः क्वचित्स्तुतिः॥

स्तुतिमें भगवान्‌की महिमा, गुण, प्रभाव आदिका कथन (गान) होता है। प्रार्थनामें भगवान्‌के गुणों आदिको तत्त्वसे जाननेकी अथवा भगवान्‌से कुछ पानेकी इच्छा होती है। अपने हृदयमें कोई हलचल, संदेह, जिज्ञासा होती है, उसे दूर करनेके लिये प्रश्न होता है।

स्तुतिमें भगवान्‌के प्रति आस्तिकभाव अधिक होता है। प्रार्थनामें आस्तिकभावके साथ-साथ अपनी इच्छा भी रहती है। प्रश्नमें केवल अपनी जिज्ञासाकी पूर्ति करना होता है।

स्तुतिमें पूज्यभाव अधिक होता है। प्रार्थनामें पूज्यभावके साथ-साथ विश्वास और अपनी इच्छा भी होती है। प्रश्नमें केवल विषयका समाधान करनेकी इच्छा रहती है।

स्तुतिमें भगवान्‌के गुणगानकी मुख्यता रहती है। प्रार्थनामें गुणगानकी मुख्यता होते हुए भी साथमें अपनी माँग रहती है। प्रश्नमें भी गुणगान होता है, पर उसमें जिज्ञासाकी पूर्ति करना, संदेह दूर करना मुख्य रहता है। इस दृष्टिसे प्रश्नमें जितने अंशमें भगवान्‌की विशेषता दीखती है, उतना अंश स्तुति है और जितने अंशमें समाधानकी इच्छा है, उतना अंश प्रार्थना है।*

गीतामें अर्जुन जहाँ-जहाँ बोले हैं, वहाँ किसमें स्तुति है, किसमें प्रार्थना है और किसमें प्रश्न है—इसको संक्षेपसे नीचे दिया जाता है—

दूसरे अध्यायके सातवें श्लोकके पूर्वार्धमें अपनी कमजोरीके कारण 'मुझे क्या करना चाहिये और क्या नहीं करना चाहिये'—इस विषयमें अर्जुनका प्रश्न है और उत्तरार्धमें 'मेरा निश्चित कल्याण हो जाय'—इसके लिये अर्जुनकी भगवान्‌से शरणागतिपूर्वक प्रार्थना है। फिर चौवनवें श्लोकमें 'स्थितप्रज्ञके क्या लक्षण हैं? वह कैसे बोलता है? कैसे बैठता है? और कैसे चलता है?'—इस तरह जिज्ञासापूर्वक चार प्रश्न हैं।

तीसरे अध्यायके पहले और दूसरे श्लोकमें 'जब कर्मसे बुद्धि ही श्रेष्ठ है, तो फिर मेरेको घोर कर्ममें क्यों लगाते हैं? जिससे मैं कल्याणको प्राप्त हो जाऊँ, वह एक बात कहिये'—इस तरह प्रार्थनापूर्वक प्रश्न है। छत्तीसवें श्लोकमें 'पाप करना न चाहते हुए भी मनुष्यके द्वारा पाप करानेवाला कौन है?'—इस तरह जिज्ञासापूर्वक प्रश्न है।

चौथे अध्यायके चौथे श्लोकमें 'आपने सूर्यको उपदेश कैसे दिया?'—इस तरह भगवान्‌के अवतारके विषयमें अर्जुनका जिज्ञासापूर्वक प्रश्न है।

पाँचवें अध्यायके पहले श्लोकमें संन्यास और योगके विषयमें अर्जुनका प्रार्थनापूर्वक प्रश्न है।

छठे अध्यायके तैंतीसवें-चौंतीसवें श्लोकोंमें अर्जुनका मनके निग्रहके विषयमें (अपनी मान्यता प्रकट करते हुए) प्रश्न है। फिर सैंतीसवें-अड़तीसवें श्लोकोंमें योगभ्रष्टकी गतिके विषयमें अर्जुनका संदेहपूर्वक प्रश्न है। उन्तालीसवें श्लोकमें संदेहको दूर करनेके लिये अर्जुनने (भगवान्‌की महत्ताको समझते हुए) भगवान्‌से प्रार्थना की है।

* जहाँ भक्तका भगवान्‌के साथ घनिष्ठ अपनापन (सख्यभाव) होता है, वहाँ भगवान्‌के गुण दीखते हुए भी स्तुति, प्रार्थना और प्रश्न नहीं होते। कारण कि जब 'मैं भगवान्‌का हूँ' और 'भगवान् मेरे हैं', तब भगवान्‌में क्या विशेषता है और मुझमें क्या कमी है? भक्तका भगवान्‌के साथ जो घनिष्ठ अपनापन, आत्मीयता, एकता, प्रेम है, उससे भगवान्‌को विशेष आनन्द मिलता है (भगवान्‌का यह विशेष आनन्द ही भक्तका आनन्द होता है; भक्तका अपना कोई विशेष आनन्द नहीं होता)। इस प्रेमका नाम ही माधुर्य है। इसमें स्तुति, प्रार्थना और प्रश्न—ये तीनों ही नहीं होते।

आठवें अध्यायके पहले-दूसरे श्लोकोंमें ब्रह्म, अध्यात्म आदिके विषयमें अर्जुनका जिज्ञासापूर्वक प्रश्न है।

दसवें अध्यायके बारहवेंसे पंद्रहवें श्लोकतक अर्जुनने भगवान्‌के प्रभावको लेकर उनकी स्तुति की है। फिर सोलहवेंसे अठारहवें श्लोकतक अर्जुनका प्रार्थनापूर्वक प्रश्न है (सोलहवें और अठारहवें श्लोकमें प्रार्थना है तथा सत्रहवें श्लोकमें प्रश्न है)।

ग्यारहवें अध्यायके पहलेसे चौथे श्लोकतक विश्वरूप दिखानेके लिये अर्जुनकी भगवान्‌से नम्रतापूर्वक प्रार्थना है। पंद्रहवेंसे तीसवें श्लोकतक भगवान्‌के अलौकिक प्रभावको लेकर स्तुति है और इकतीसवें श्लोकमें प्रार्थनापूर्वक प्रश्न है। छत्तीसवेंसे चालीसवें श्लोकतक नमस्कारपूर्वक स्तुति है और इकतालीसवेंसे चौवालीसवें श्लोकतक पूर्वकृत तिरस्कारको क्षमा करनेके लिये प्रार्थना है। पैंतालीसवें-छियालीसवें श्लोकोंमें भगवान्‌से चतुर्भुजरूप दिखानेके लिये प्रार्थना है।

बारहवें अध्यायके पहले श्लोकमें 'सगुण और निर्गुण उपासकोंमें कौन श्रेष्ठ है'—इस विषयमें अर्जुनका जिज्ञासापूर्वक प्रश्न है।

चौदहवें अध्यायके इक्कीसवें श्लोकमें गुणातीतके विषयमें अर्जुनका प्रश्न है।

सत्रहवें अध्यायके पहले श्लोकमें निष्ठाको लेकर अर्जुनका प्रश्न है।

अठारहवें अध्यायके पहले श्लोकमें संन्यास और योगके विषयमें अर्जुनका जिज्ञासापूर्वक प्रश्न है।*

गीतामें अर्जुनकी युक्तियाँ और उनका समाधान

यावत्यो युक्तयः सन्ति शोकमग्नार्जुनस्य च।
तासां प्रत्युत्तरं दत्तं कृष्णेन कृपया स्वयम्॥

पहले और दूसरे अध्यायमें अर्जुनने युद्ध न करनेके विषयमें जितनी भी युक्तियाँ (दलीलें) दी हैं, वे सभी शोक और मोहसे आविष्ट होनेके कारण अविवेकपूर्ण हैं। गीतामें भगवान्‌ने ऐसा विवेचन किया है, जिससे अर्जुनकी युक्तियोंका स्वाभाविक ही समाधान हो जाता है। भगवान्‌के विवेकपूर्ण विवेचनके सामने केवल अर्जुनकी ही नहीं, किसीकी भी अविवेकपूर्ण युक्तियाँ नहीं टिक सकतीं।

अर्जुन कहते हैं—मैं शकुनोंको, लक्षणोंको विपरीत देखता हूँ (१। ३१), तो भगवान् कहते हैं—कर्मयोगी शकुनोंकी परवाह नहीं करता, प्रत्युत वह तो शुभ-अशुभ परिस्थितियोंसे भी राग-द्वेष नहीं करता (२। ५७); मेरा भक्त शुभ-अशुभ शकुनोंका, परिस्थितियोंका त्यागी होता है (१२। १७); तू मेरेमें चित्तवाला होकर मेरी कृपासे सम्पूर्ण विघ्नोंको तर जायगा (१८। ५८)।

अर्जुन कहते हैं—मैं युद्धमें स्वजनोंको मारकर परिणाममें अपना कल्याण नहीं देखता (१। ३१), तो भगवान् कहते हैं—क्षत्रियके लिये धर्ममय युद्धसे

* अर्जुनके प्रश्नके सिवाय गीतामें धृतराष्ट्र और भगवान्‌के भी प्रश्न हैं। पहले अध्यायके पहले श्लोकमें धृतराष्ट्रने संजयसे प्रश्न किया कि 'हे संजय! धर्मभूमि कुरुक्षेत्रमें युद्धकी इच्छासे इकट्ठे हुए मेरे और पाण्डुके पुत्रोंने क्या किया?' और अठारहवें अध्यायके बहत्तरवें श्लोकमें भगवान्‌ने (पूरी गीता सुनानेके बाद) अर्जुनसे प्रश्न किया कि 'हे धनंजय! क्या तुमने एकाग्रचित्तसे गीता सुनी? और क्या तुम्हारा अज्ञानसे उत्पन्न हुआ मोह नष्ट हुआ?'

बढ़कर दूसरा कोई कल्याणका साधन नहीं है (२। ३१); क्योंकि अपने धर्मका पालन करते हुए यदि मृत्यु भी हो जाय, तो भी कल्याण हो जाता है (३। ३५)।

अर्जुन कहते हैं—मैं न तो विजय चाहता हूँ, न राज्य चाहता हूँ और न सुख ही चाहता हूँ (१। ३२), तो भगवान् कहते हैं—तेरेको किसी प्रकारकी कामना न रखकर जय-पराजय, लाभ-हानि और सुख-दु:खको समान करके युद्ध करना चाहिये (२। ३८)।

अर्जुन कहते हैं—मैं जिनके लिये राज्य, भोग आदि चाहता हूँ, वे ही मरनेके लिये सामने खड़े हैं (१। ३३), तो भगवान् कहते हैं—तू सम्पूर्ण कर्मोंको मेरेमें अर्पण करके संताप (शोक) और ममतासे रहित होकर युद्ध कर (३। ३०)। जो सम्पूर्ण कामनाओंको और स्पृहाको छोड़ देता है तथा अहंता-ममतारहित हो जाता है, वह शान्तिको प्राप्त होता है (२। ७१)।

अर्जुन कहते हैं—युद्धमें इन धृतराष्ट्रके सम्बन्धियोंको मारकर हमें क्या प्रसन्नता होगी? (१। ३६), तो भगवान् कहते हैं—प्रसन्नता युद्ध करने अथवा न करनेसे नहीं होती, प्रत्युत राग-द्वेषसे रहित अपने वशमें की हुई इन्द्रियोंके द्वारा व्यवहार करनेसे होती है (२। ६४)।

अर्जुन कहते हैं—युद्धमें इन कुटुम्बियोंको मारनेसे हमें पाप लगेगा (१। ३६), तो भगवान् कहते हैं—जब तू इस स्वत:प्राप्त धर्ममय युद्धको नहीं करेगा, तब तेरेको पाप लगेगा (२। ३३)।

अर्जुन कहते हैं—युद्धमें स्वजनोंको मारकर हम सुखी कैसे होंगे? (१। ३७), तो भगवान् कहते हैं—जिन क्षत्रियोंको अनायास ही ऐसा धर्ममय युद्ध प्राप्त हो जाता है, वे ही सुखी होते हैं (२। ३२)।

अर्जुन कहते हैं—हम कुलके नाशसे होनेवाले दोषोंको जानते हैं, इसलिये हमें तो युद्धसे निवृत्त हो जाना चाहिये (१। ३९), तो भगवान् कहते हैं—यह तेरी नपुंसकता है, कायरता है, हृदयकी तुच्छ दुर्बलता है, इसे तू स्वीकार मत कर और अपने कर्तव्यका पालन करनेके लिये खड़ा हो जा (२। ३)।

अर्जुन कहते हैं—युद्ध करनेसे परिणाममें धर्मका नाश हो जायगा (१। ४०), तो भगवान् कहते हैं—युद्ध न करनेसे धर्मका नाश होगा (२। ३३)।

अर्जुन कहते हैं—युद्ध करनेसे परिणाममें वर्णसंकरता पैदा हो जायगी, जिससे पितरोंका पतन हो जायगा और कुलधर्म तथा जातिधर्म नष्ट हो जायँगे (१। ४१—४३), तो भगवान् कहते हैं— यदि मैं सावधान होकर अपने कर्तव्य-कर्मका पालन न करूँ तो संकरताको पैदा करनेवाला बनूँ अर्थात् युद्धरूप कर्तव्य-कर्म न करनेसे ही वर्णसंकरता पैदा होगी (३। २४)।*

अर्जुन कहते हैं—युद्धके परिणाममें नरककी प्राप्ति होगी (१। ४४), तो भगवान् कहते हैं—कर्तव्य-कर्मरूप युद्ध करनेसे परिणाममें नरककी प्राप्ति नहीं होगी, प्रत्युत स्वर्गकी प्राप्ति होगी (२। ३२, ३७)।

अर्जुन कहते हैं—हमलोग लोभके कारण महापाप करनेमें प्रवृत्त हो गये हैं (१। ४५), तो भगवान् कहते हैं—इस कामरूप लोभका त्याग करना चाहिये; क्योंकि यह मनुष्यका शत्रु है, पाप करानेमें हेतु है (३। ३७)।

---

* अर्जुनकी युक्तिके अनुसार भी यदि विचार किया जाय तो वास्तवमें कर्तव्यका पालन न करना ही वर्णसंकरताका कारण है। युद्धमें कुलका नाश होनेपर स्त्रियोंका दूषित होना उनका कर्तव्यच्युत होना ही है और कर्तव्यच्युत होनेसे ही वर्णसंकरता आती है। यदि स्त्रियोंमें यह भाव रहे कि हमारे पतियोंने युद्धरूप कर्तव्यका पालन करते हुए अपने प्राणोंका त्याग कर दिया, पर अपने कर्तव्यका त्याग नहीं किया, फिर हम अपने कर्तव्यका त्याग क्यों करें? तो वे कर्तव्यच्युत नहीं होंगी। कर्तव्यच्युत न होनेसे उनका सतीत्व सुरक्षित होगा, जिससे वर्णसंकरता आयेगी ही नहीं।

अर्जुन कहते हैं—मैं भीष्म और द्रोणको बाणोंसे कैसे मारूँ? (२।४), तो भगवान् कहते हैं—ये सभी कालरूपसे मेरे द्वारा मारे हुए हैं, तू केवल अपना कर्तव्यपालन करता हुआ निमित्तमात्र बन जा (११।३३)।

अर्जुन कहते हैं—मैं गुरुजनोंको न मारकर अर्थात् युद्ध न करके भिक्षाका अन्न खाना श्रेष्ठ मानता हूँ (२।५), तो भगवान् कहते हैं—दूसरेका धर्म भय देनेवाला है और अपने धर्मका पालन करते हुए यदि मृत्यु भी हो जाय, तो भी अपना धर्म कल्याण करनेवाला है (३।३५)।

अर्जुन कहते हैं—हमलोग यह भी नहीं जानते कि युद्ध करना ठीक है या युद्ध न करना ठीक है (२।६), तो भगवान् कहते हैं—तू नियत कर्म कर; क्योंकि कर्म न करनेकी अपेक्षा कर्म करना श्रेष्ठ है (३।८); युद्धमें तू वैरियोंको जीतेगा (११।३४)।

गीतामें भगवान्‌के विवेचनकी विशेषता

पृच्छति त्वर्जुनो यावत्प्रयच्छति तदुत्तरम्।
अपृष्टोऽपि स्वमन्तव्यं कृपया भाषते स्वयम्॥

गीतामें प्राय: भगवान्‌का यह स्वभाव देखनेको मिलता है कि अर्जुन जो प्रश्न करते हैं, उसका उत्तर तो भगवान् दे ही देते हैं, पर उसके सिवाय भगवान् अपनी तरफसे और भी बातें कह देते हैं; जैसे—

दूसरे अध्यायके चौवनवें श्लोकमें अर्जुनने स्थितप्रज्ञके विषयमें चार प्रश्न किये, तो भगवान्‌ने उन प्रश्नोंका उत्तर देते हुए स्थितप्रज्ञके वर्णनके साथ-साथ साधकोंकी बातें अपनी ओरसे बतायीं।

तीसरे अध्यायमें अर्जुनने पूछा कि यदि कर्मोंकी अपेक्षा ज्ञान ही श्रेष्ठ है तो फिर आप मेरेको घोर कर्ममें क्यों लगाते हैं? उत्तरमें भगवान्‌ने बताया कि कर्मोंके त्यागसे कोई भी सिद्धि नहीं होती। ऐसा कहकर सिद्धिके लिये कर्तव्य-कर्म करनेकी आवश्यकता बतायी। फिर ब्रह्माजीकी दृष्टिसे, सृष्टिचक्रकी दृष्टिसे, सिद्धोंकी दृष्टिसे, साधकोंकी दृष्टिसे, अपनी दृष्टिसे और ज्ञानीकी दृष्टिसे लोकसंग्रहके लिये कर्तव्य-कर्म करनेकी आवश्यकताकी बात अपनी ओरसे बतायी। तीसरे अध्यायके ही छत्तीसवें श्लोकमें अर्जुनने पूछा कि न चाहते हुए भी बलपूर्वक पाप करानेवाला कौन है? उत्तरमें भगवान्‌ने काम (कामना)-को पाप करानेवाला बताया और उसको जीतनेकी, उसके रहनेके स्थानकी और उसको मारनेकी बातें अपनी ओरसे बतायीं।

चौथे अध्यायके आरम्भमें 'मैंने ही यह उपदेश सूर्यको दिया था'—यह बात भगवान्‌ने अपनी ओरसे ही कही। इसपर अर्जुनने प्रश्न किया, तो उत्तरमें भगवान्‌ने अपने अवतार और कर्मोंकी बात कहकर कर्मोंके तत्त्वको जाननेकी और यज्ञोंकी बहुत-सी बातें अपनी ओरसे ही कहीं।

पाँचवें अध्यायमें अर्जुनने पूछा कि सांख्य और योगमें श्रेष्ठ कौन है? उत्तरमें भगवान्‌ने कर्मयोगको श्रेष्ठ बताया तथा सांख्ययोग और कर्मयोगके विषयमें बहुत गहरी बातें बिना पूछे बतायीं। इसमें संतोष नहीं हुआ तो छठे अध्यायका विषय अपनी तरफसे ही आरम्भ किया और कर्मयोगकी बात बताकर ध्यानयोगका वर्णन खूब विस्तारसे किया, जिसके विषयमें अर्जुनने पूछा ही नहीं था।

छठे अध्यायके तैंतीसवें-चौंतीसवें श्लोकोंमें अर्जुनने मनकी चंचलताके विषयमें पूछा तो भगवान्‌ने आधे श्लोकमें उसका उत्तर देकर छत्तीसवाँ श्लोक अपनी ओरसे ही कहा। फिर अर्जुनने पूछा कि जिसका अन्तकालमें साधन छूट जाता है, उसकी क्या गति होती

है? उत्तरमें भगवान्‌ने कहा कि कल्याणकारी काम करनेवालेका यहाँ और मरनेके बाद भी पतन नहीं होता। यह बात बताकर भगवान्‌ने बयालीसवें श्लोकमें वैराग्यवान् योगभ्रष्टकी बात अपनी ओरसे ही कही। भक्तिके विषयमें अर्जुनका प्रश्न न होनेपर भी भगवान्‌ने छठे अध्यायके अन्तमें भक्तिकी बात अपनी ओरसे कही। फिर सातवें अध्यायका विषय भी अपनी ओरसे आरम्भ करके भक्तोंकी विलक्षणता बतायी।

सातवें अध्यायके अन्तमें कही बातोंपर ही आठवें अध्यायके आरम्भमें अर्जुनने सात प्रश्न किये। उनमेंसे छः प्रश्नोंका उत्तर संक्षेपसे देकर अन्तकालीन गतिविषयक सातवें प्रश्नका उत्तर विस्तारसे दिया और अन्तमें शुक्ल और कृष्ण-मार्गका वर्णन भगवान्‌ने अपनी ओरसे ही किया। फिर नवें अध्यायका विषय भी अपनी ओरसे शुरू करके भगवान्‌ने उसमें भक्ति और उसके सात अधिकारियोंकी बातें अपनी ओरसे ही बतायीं। इतना कहनेपर भी भगवान्‌को संतोष नहीं हुआ तो फिर दसवें अध्यायका विषय अपनी ओरसे ही आरम्भ करके उसमें योग और विभूतियोंको जाननेका फल अपनेमें दृढ़ भक्तिका होना बताया। फिर भक्तोंपर कृपा करनेकी विशेष बात अपनी ओरसे ही कही। इसको सुनकर अर्जुन बहुत प्रसन्न हुए और उन्होंने भगवान्‌की स्तुति की तथा योग और विभूतियोंको कहनेके लिये प्रार्थना की। भगवान्‌ने विभूतियोंका वर्णन करके 'अन्तमें तेरेको बहुत जाननेकी क्या जरूरत है, मेरे एक अंशमें अनन्त संसार है'—यह बात अपनी ओरसे ही कही। इसपर अर्जुनको विश्वरूप देखनेकी इच्छा हुई तो भगवान्‌ने अपनी तरफसे उनको दिव्यचक्षु देकर अपना विश्वरूप दिखाया और ग्यारहवें अध्यायके अन्तमें अनन्यभक्तिकी महिमा कही, जिसके विषयमें अर्जुनने पूछा ही नहीं था।

बारहवें अध्यायके आरम्भमें अर्जुनने पूछा कि व्यक्त (सगुण-साकार) और अव्यक्त (निर्गुण-निराकार)—दोनोंकी उपासना करनेवालोंमें श्रेष्ठ कौन है? उत्तरमें भगवान्‌ने व्यक्तकी उपासना करनेवाले भक्तोंको श्रेष्ठ बताया। फिर भक्तिके प्रकार और सिद्ध भक्तोंके लक्षण अपनी ओरसे कहे। अव्यक्तकी उपासनामें विवेककी मुख्यता होती है। अतः भगवान्‌ने तेरहवें अध्यायमें अपनी ओरसे क्षेत्र-क्षेत्रज्ञ, प्रकृति-पुरुष आदिका विवेचन करके विवेकका वर्णन किया। इतना वर्णन करनेपर भी भगवान्‌को संतोष नहीं हुआ तो चौदहवें अध्यायमें फिर उसी विवेकका प्रकारान्तरसे विस्तारपूर्वक वर्णन किया।

चौदहवें अध्यायके इक्कीसवें श्लोकमें अर्जुनने गुणातीतके विषयमें तीन प्रश्न किये। उनका उत्तर देते हुए भगवान्‌ने गुणातीत होनेका उपाय अपनी अव्यभिचारिणी भक्ति बताया और अपनी ओरसे अपना विशेष प्रभाव कहा। फिर पंद्रहवें अध्यायमें अपनी ओरसे ही अव्यभिचारिणी भक्तिका विस्तारसे वर्णन किया, जिसके लिये अर्जुनका कोई प्रश्न नहीं था। इसी प्रकार भगवान्‌ने अपनी ही ओरसे भक्तिके अधिकारी और अनधिकारीका सोलहवें अध्यायमें विस्तारसे वर्णन किया।

सत्रहवें अध्यायके आरम्भमें अर्जुनने निष्ठा (स्थिति)-के विषयमें प्रश्न किया। उसके उत्तरमें तीन तरहकी श्रद्धा बताकर भगवान्‌ने अपनी ही ओरसे आहार, यज्ञ, तप और दानकी बात कही तथा '**ॐ तत्सत्**' नामकी व्याख्या भी की।

अठारहवें अध्यायके आरम्भमें अर्जुनने संन्यास और त्यागका तत्त्व पूछा। उत्तरमें भगवान्‌ने पहले त्यागका और फिर संन्यासका विचित्र ढंगसे वर्णन किया। फिर अपनी ओरसे ही शरणागतिकी और अपने संवादकी महिमाकी बात विशेषतासे कही।

—इस प्रकार अर्जुन ज्यों-ज्यों सुनते गये, त्यों-ही-त्यों भगवान् अपनी तरफसे कहते गये। [यहाँ तो केवल दिग्दर्शन कराया गया है। पूरी बातका पता तो इन अध्यायोंको मननपूर्वक पढ़नेसे ही लगेगा।]

गीतामें भगवान्‌की विषय-प्रतिपादन-शैली

विवेचनस्य या शैली गीतायां विद्यते प्रभोः।
दृश्यते नहि चान्यत्र शास्त्रेषु निगमेषु च॥

(क)

गीतामें भगवान्‌की यह शैली देखनेमें आती है कि वे भिन्न-भिन्न साधनोंसे परमात्माकी ओर चलनेवाले साधकोंके लक्षणोंके अनुसार ही परमात्माको प्राप्त सिद्ध महापुरुषोंके लक्षणोंका वर्णन करते हैं; क्योंकि जो साधन जहाँसे आरम्भ होता है, अन्तमें वहीं उसकी समाप्ति होती है। जैसे—

(१) दूसरे अध्यायके सैंतालीसवें श्लोकमें भगवान्‌ने कर्मयोगके साधकोंके लिये चार बातें (चार चरणोंमें) बतायी हैं—

१—**'कर्मण्येवाधिकारस्ते'** (तेरा कर्म करनेमें ही अधिकार है)।

२—**'मा फलेषु कदाचन'** (कर्मफलोंमें तेरा कभी भी अधिकार नहीं है)।

३—**'मा कर्मफलहेतुर्भूः'** (तू कर्मफलका हेतु मत बन)।

४—**'मा ते सङ्गोऽस्त्वकर्मणि'** (तेरी कर्म न करनेमें आसक्ति न हो)।

तीसरे अध्यायके अठारहवें श्लोकमें ठीक उपर्युक्त साधनाकी सिद्धिकी बात (कर्मयोगसे सिद्ध हुए महापुरुषके लक्षणोंमें) कही गयी है। यहाँ दूसरे और तीसरे चरणमें साधकके लिये जो बात कही गयी है, वह तीसरे अध्यायके अठारहवें श्लोकके उत्तरार्धमें सिद्ध महापुरुषके लिये कही गयी है कि उसका किसी भी प्राणी और पदार्थसे किंचिन्मात्र भी कोई सम्बन्ध नहीं रहता—**'न चास्य सर्वभूतेषु कश्चिदर्थव्यपाश्रयः'**। यहाँ पहले और चौथे चरणमें साधकके लिये जो बात कही गयी है, वह तीसरे अध्यायके अठारहवें श्लोकके पूर्वार्द्धमें सिद्ध महापुरुषके लिये कही गयी है कि उसका कर्म करने अथवा न करने—दोनोंसे ही कोई मतलब नहीं रहता—**'नैव तस्य कृतेनार्थो नाकृतेनेह कश्चन'**।

(२) चौदहवें अध्यायके उन्नीसवें-बीसवें श्लोकोंमें भगवान्‌ने ज्ञानयोगके साधकका वर्णन करते हुए कहा है कि वह तीनों गुणोंके सिवाय अन्य किसीको कर्ता नहीं देखता। सम्पूर्ण क्रियाएँ गुणोंमें ही हो रही हैं, मेरा उनसे कोई सम्बन्ध नहीं है—इस तरह अपनेको गुणोंसे सर्वथा निर्लिप्त जानकर वह मेरे स्वरूपको प्राप्त हो जाता है। वह शरीरकी उत्पत्तिके कारणरूप तीनों गुणोंका उल्लंघन करके जन्म, मृत्यु और वृद्धावस्थारूप दुःखोंसे मुक्त होकर अमरताका अनुभव कर लेता है।

चौदहवें अध्यायके ही बाईसवें-तेईसवें श्लोकोंमें भगवान् तीनों गुणोंको लेकर ही सिद्ध महापुरुषके लक्षणोंका वर्णन करते हैं कि तीनों गुणोंकी प्रकाश, प्रवृत्ति और मोहरूप वृत्तियोंके आ जानेपर वह उनसे द्वेष नहीं करता और उन वृत्तियोंके चले जानेपर उनके फिर आनेकी इच्छा नहीं करता। वह गुणों तथा उनकी वृत्तियोंसे उदासीनकी तरह स्थित रहता है। वह गुणोंके द्वारा विचलित नहीं किया जा सकता और गुण ही गुणोंमें बरत रहे हैं—ऐसा अनुभव करते हुए अपने स्वरूपमें स्थित रहता है।

(३) साधकके लिये भगवान्‌ने कहा है कि जो मेरेको सब जगह देखता है और सबको मेरेमें देखता है, उस भक्तके लिये मैं अदृश्य नहीं होता और वह मेरे लिये अदृश्य नहीं होता (६। ३०)। सिद्ध भक्तके लिये भगवान् कहते हैं कि उसकी दृष्टिमें सब कुछ वासुदेव ही है—**'वासुदेवः सर्वम्'** (७। १९),

भगवान्‌के सिवाय दूसरा कोई तत्त्व है ही नहीं*।

(४) भगवान्‌ने साधक भक्तके लक्षणोंमें कहा है कि वह **'सङ्गवर्जितः'** अर्थात् आसक्तिसे रहित और **'निर्वैरः सर्वभूतेषु'** अर्थात् सम्पूर्ण प्राणियोंमें वैरभावसे रहित हो जाता है (११।५५)। यही लक्षण भगवान्‌ने सिद्ध भक्तके भी बताये हैं—**'सङ्गविवर्जितः'** (१२।१८) और **'अद्वेष्टा सर्वभूतानाम्'** (१२।१३)। अपनेमें आसक्ति और वैरभाव न आ जाय—इस विषयमें साधक तो सावधान रहता है, पर सिद्ध भक्तमें ये दोष स्वाभाविक ही नहीं रहते।

(ख)

गीता किसीके भी मतका खण्डन नहीं करती; परंतु अपने मतका मण्डन करनेसे दूसरोंके मतोंका खण्डन स्वतः हो जाता है। जैसे—अठारहवें अध्यायके दूसरे-तीसरे श्लोकोंमें भगवान्‌ने 'संन्यास' और 'त्याग' के विषयमें दार्शनिकोंके चार मत बताये। दो मत संन्यासके विषयमें बताये—काम्य कर्मोंके त्यागका नाम संन्यास है और सब कर्मोंको दोषकी तरह छोड़ देना चाहिये। दो मत त्यागके विषयमें बताये—सम्पूर्ण कर्मोंके फलका त्याग करनेका नाम त्याग है और यज्ञ-दान-तपरूप कर्मोंका त्याग नहीं करना चाहिये। परंतु आगे भगवान्‌के द्वारा अपने मतका मण्डन करनेसे दार्शनिकोंके इन चारों मतोंका स्वतः खण्डन हो जाता है। इन चारों मतोंका स्वतः खण्डन कैसे होता है अर्थात् इन मतोंकी अपेक्षा भगवान्‌का मत श्रेष्ठ कैसे है, इसका विवेचन इस प्रकार है—

(१) संन्यासके पहले मतमें केवल काम्य कर्मोंका त्याग बताया गया है; परंतु इन काम्य कर्मोंके सिवाय नित्य, नैमित्तिक आदि आवश्यक कर्तव्य-कर्म बाकी रह जाते हैं। इस मतमें न तो कर्तृत्वाभिमानका त्याग बताया गया है और न स्वरूपमें स्थिति बतायी गयी है। अतः यह मत पूर्ण नहीं है, परंतु भगवान्‌ने अपने मतमें कर्तृत्वाभिमानका त्याग भी बताया है और स्वरूपमें स्थिति भी बतायी है; जैसे—अठारहवें अध्यायके सत्रहवें श्लोकमें 'जिसमें अहंकृतभाव नहीं है और जिसकी बुद्धि कर्मफलमें लिप्त नहीं होती'—ऐसा कहकर कर्तृत्वाभिमानका त्याग बताया है और 'अगर वह सम्पूर्ण प्राणियोंको मार दे, तो भी वह न मारता है और न बँधता है'—ऐसा कहकर स्वरूपमें स्थिति बतायी है। तात्पर्य है कि जैसे सर्वव्यापक परमात्मा न करता है और न लिप्त होता है, ऐसे ही जिसमें कर्तृत्व और भोक्तृत्व नहीं है, वह महापुरुष भी न करता है और न लिप्त होता है।

(२) संन्यासके दूसरे मतमें सब कर्मोंको दोषकी तरह छोड़ना बताया गया है; परंतु सब कर्मोंका त्याग कोई कर ही नहीं सकता (३।५; १८।११)। अतः भगवान्‌ने नियत कर्मोंका स्वरूपसे त्याग करनेको राजस-तामस त्याग बताया है। (१८।७-८)

(३) त्यागके पहले मतमें केवल कर्मोंके फलका त्याग बताया गया है; परंतु कर्मफलका त्याग करनेपर भी कर्मोंमें आसक्ति रह सकती है। अतः भगवान्‌ने अपने मतमें कर्मासक्ति और फलासक्ति—दोनोंके त्यागकी बात कही है (१८।६)।

(४) त्यागके दूसरे मतमें यज्ञ, दान और तपरूप कर्मोंका त्याग न करनेकी बात कही गयी है, परंतु भगवान् अपने मतमें कहते हैं कि यज्ञ, दान और तपरूप कर्मोंको छोड़ना नहीं चाहिये—केवल इतना ही नहीं, प्रत्युत इनको न करते हों तो जरूर करना चाहिये और इन तीनोंके अतिरिक्त तीर्थ, व्रत आदि कर्मोंको भी

* मनुष्य ऊँची अवस्थावाले साधक और सिद्धके लक्षणोंमें अन्तर नहीं जान सकता; क्योंकि दोनोंके लक्षण मिलते-जुलते ही होते हैं। दोनोंमें अन्तर इतना ही रहता है कि साधकमें सबको भगवत्स्वरूप देखनेका भाव रहता है और सिद्धमें 'सब कुछ भगवत्स्वरूप है'—यह भाव स्वतः रहता है।

फल और आसक्तिका त्याग करके करना चाहिये (१८। ५-६)।

(ग)

भगवान् किसी विषयको समझानेके लिये पहले उस विषयके लाभका, बीचमें हानियोंका और अन्तमें फिर उसके लाभका वर्णन करके विषयका उपसंहार करते हैं। जैसे, दूसरे अध्यायके इकतीसवें-बत्तीसवें श्लोकोंमें पहले भगवान् युद्धरूप कर्तव्य-कर्मसे होनेवाले लाभका वर्णन करते हैं कि क्षत्रियके लिये स्वधर्मसे बढ़कर दूसरा कोई कल्याणकारक कर्म नहीं है। अपने-आप प्राप्त हुआ युद्ध स्वर्गका खुला हुआ दरवाजा है और ऐसा अनायास प्राप्त युद्ध जिन क्षत्रियोंको प्राप्त होता है, वे ही वास्तवमें सुखी हैं। फिर बीचके चार (२। ३३—३६) श्लोकोंमें युद्ध न करनेसे होनेवाली हानियोंका वर्णन करते हैं कि तू स्वधर्मका पालन नहीं करेगा तो तेरेको धर्मके त्यागका पाप लगेगा तथा तेरी अपकीर्ति भी होगी। संसारके सभी लोग तेरी सदा रहनेवाली अपकीर्तिको कहेंगे। वह अपकीर्ति सम्मानित मनुष्यके लिये मरनेसे भी बढ़कर दुःखदायिनी होती है। तेरेको महारथीलोग भयके कारण युद्धसे निवृत्त हुआ मानेंगे। तू जिनकी दृष्टिमें बहुमान्य है, उनकी दृष्टिमें तू गिर जायगा। वैरीलोग तेरेको न कहनेलायक वचन कहेंगे। इससे बढ़कर दुःख तेरेको और क्या होगा? फिर अन्तके दो (२। ३७-३८) श्लोकोंमें पुनः लाभका वर्णन करते हैं कि अगर तू युद्धमें मारा भी जायगा तो स्वर्गको प्राप्त होगा और अगर तू जीत जायगा तो पृथ्वीका राज्य भोगेगा। तू जय-पराजय, लाभ-हानि और सुख-दुःखको समान करके युद्ध करेगा तो तेरेको पाप नहीं लगेगा; अतः तू युद्ध कर।

(घ)

भगवान् जिस विषयको पहले विस्तारसे कहते हैं, आगे उसी विषयको संक्षेपसे कह देते हैं; जैसे—

(१) तीसरे अध्यायके उन्नीसवें श्लोकमें भगवान्ने कहा कि तू निरन्तर आसक्तिरहित होकर कर्तव्य-कर्म कर; क्योंकि आसक्तिरहित होकर कर्म करता हुआ मनुष्य परमात्माको प्राप्त हो जाता है। फिर इसी बातको बीसवें श्लोकके पूर्वार्धमें संक्षेपसे कहा कि जनकादि भी कर्मयोगसे ही परमसिद्धिको प्राप्त हुए हैं।

(२) आठवें अध्यायके चौदहवें श्लोकमें भगवान्ने **'अनन्यचेताः सततं यो मां स्मरति नित्यशः'** पदोंसे जो बात विस्तारसे कही, वही बात फिर **'नित्ययुक्तस्य'** पदसे संक्षेपमें कही।

(३) नवें अध्यायके सोलहवें श्लोकसे लेकर उन्नीसवें श्लोकतक भगवान्ने कार्य-कारणरूपसे अपनी विभूतियोंका विस्तारसे वर्णन किया और उसीको अन्तमें **'सदसच्चाहम्'** पदसे संक्षेपमें बता दिया।

(४) नवें अध्यायके चौंतीसवें श्लोकमें भगवान्ने **'मन्मना भव मद्भक्तो मद्याजी मां नमस्कुरु'** पदोंसे जो बात विस्तारसे कही, वही बात फिर **'मत्परायणः'** पदसे संक्षेपमें कही।

(५) दसवें अध्यायके आठवें-नवें श्लोकोंमें भगवान्ने कहा कि 'मैं संसारका मूल कारण हूँ और मेरेसे ही संसार प्रवृत्त हो रहा है—ऐसा मेरेको मानकर मेरेमें ही श्रद्धा-प्रेम रखते हुए बुद्धिमान् भक्त मेरा ही भजन करते हैं। मेरेमें चित्तवाले, मेरेमें प्राणोंको अर्पण करनेवाले भक्तजन आपसमें मेरे गुण, प्रभाव आदिको जनाते हुए और उनका कथन करते हुए ही नित्य-निरन्तर संतुष्ट रहते हैं और मेरेसे प्रेम करते हैं।' इसी बातको फिर दसवें श्लोकके पूर्वार्धमें संक्षेपसे कहते हैं—'उन नित्य-निरन्तर मेरेमें लगे हुए और प्रेमपूर्वक मेरा भजन करनेवाले भक्तोंको मैं बुद्धियोग प्रदान करता हूँ।'

(६) दसवें अध्यायके बीसवें श्लोकसे लेकर अड़तीसवें श्लोकतक भगवान्ने विस्तारसे अपनी विभूतियोंका वर्णन किया और फिर उनतालीसवें श्लोकमें उसको संक्षेपसे बता दिया।

(७) बारहवें अध्यायके छठें श्लोकमें भगवान्ने कहा कि 'जो भक्त मेरे परायण होकर सम्पूर्ण

कर्मोंको मेरेमें अर्पण करके अनन्यभक्तिसे मेरा ध्यान करते हुए मेरी उपासना करते हैं'। फिर इसी बातको सातवें श्लोकमें **'मय्यावेशितचेतसाम्'** (मेरेमें आसक्त हुए चित्तवालोंका) पदसे संक्षेपमें कहा।

(ङ)

भगवान् जिस विषयको पहले संक्षेपसे कहते हैं, आगे उसी विषयको विस्तारसे कह देते हैं; जैसे—

(१) तीसरे अध्यायके आठवें श्लोकमें भगवान्‌ने संक्षेपसे नियत-कर्मकी बात कही और उसीको अठारहवें अध्यायके बयालीसवेंसे अड़तालीसवें श्लोकतक विस्तारसे कहा।

(२) चौथे अध्यायके तेरहवें श्लोकमें भगवान्‌ने संक्षेपसे चारों वर्णोंकी बात कही और उसीको अठारहवें अध्यायके इकतालीसवेंसे चौवालीसवें श्लोकतक विस्तारसे कहा।

(३) सातवें अध्यायके बारहवें श्लोकमें भगवान्‌ने **'न त्वहं तेषु ते मयि'** पदोंसे जो बात संक्षेपसे कही, उसीको नवें अध्यायके चौथे-पाँचवें श्लोकोंमें विस्तारसे कहा।

(च)

भगवान् किसी विषयको पहले जिस रूपसे कहते हैं, आगे उसी विषयको प्रकारान्तरसे अर्थात् दूसरे प्रकारसे कह देते हैं; जैसे—

(१) दूसरे अध्यायसे पाँचवें अध्यायकी समाप्तितक भगवान्‌ने जिस विषय—कर्मयोगका वर्णन किया, उसीको अठारहवें अध्यायके चौथेसे बारहवें श्लोकतक प्रकारान्तरसे कहा।

(२) पाँचवें अध्यायके तेरहवेंसे छब्बीसवें श्लोकतक और तेरहवें अध्यायके उन्नीसवेंसे चौंतीसवें श्लोकतक भगवान्‌ने जिस विषय—सांख्ययोगका वर्णन किया, उसीको अठारहवें अध्यायके तेरहवेंसे अठारहवें श्लोकतक प्रकारान्तरसे कहा।

(३) सातवें अध्यायसे बारहवें अध्यायतक भगवान्‌ने जिस विषय—भक्तियोगका वर्णन किया, उसीको अठारहवें अध्यायके छप्पनवेंसे छाछठवें श्लोकतक प्रकारान्तरसे कहा।

(४) भगवान्‌ने कहा कि प्रकृति और उसके गुणोंके द्वारा ही सब कर्म किये जाते हैं (३। २७; ५। ९; १३। २९ आदि)। इसी बातको भगवान्‌ने अठारहवें अध्यायके तेरहवेंसे अठारहवें श्लोकतक प्रकारान्तरसे कहा।

(५) चौदहवें अध्यायके पाँचवेंसे अठारहवें श्लोकतक भगवान्‌ने गुणोंका जो विषय कहा है, उसीको अठारहवें अध्यायके बीसवेंसे चालीसवें श्लोकतक प्रकारान्तरसे कहा।

(छ)

अर्जुन क्रियापरक प्रश्न करते हैं तो भगवान् उसका भावपरक उत्तर देते हैं; जैसे—

(१) दूसरे अध्यायके चौवनवें श्लोकमें अर्जुनने क्रियापरक प्रश्न किये कि परमात्माको प्राप्त पुरुष कैसे बोलता है? कैसे बैठता है? और कैसे चलता है? इनका उत्तर भगवान्‌ने भावपरक दिया—

वह कैसे बोलता है? अर्थात् धीरे बोलता है या जोरसे बोलता है? इसके उत्तरमें भगवान्‌ने कहा कि उसका बोलना ऐसा नहीं होता; किंतु वह दुःखोंकी प्राप्तिमें उद्विग्न नहीं होता और सुखोंकी प्राप्तिमें स्पृहा नहीं करता तथा वह राग, भय और क्रोधसे रहित होता है। शुभ-अशुभ परिस्थितियोंके आनेपर वह राग-द्वेष नहीं करता (२। ५६-५७)।

वह कैसे बैठता है? अर्थात् सिद्धासनसे बैठता है या पद्मासन आदिसे बैठता है? इसके उत्तरमें भगवान्‌ने कहा कि उसका बैठना ऐसा नहीं होता; किंतु वह कछुएकी तरह अपनी सम्पूर्ण इन्द्रियोंको उनके विषयोंसे समेट लेता है, हटा लेता है। सम्पूर्ण इन्द्रियोंको वशमें करके वह मेरे परायण हो जाता है (२। ५८, ६१)।

वह कैसे चलता है? अर्थात् धीरे चलता है या

तेजीसे चलता है? इसके उत्तरमें भगवान्‌ने कहा कि उसका चलना ऐसा नहीं होता; किंतु वह राग-द्वेषसे रहित और कामना, अहंता, ममता तथा स्पृहासे रहित होकर आचरण करता है (२। ६४—७१)।

(२) तीसरे अध्यायके छत्तीसवें श्लोकमें अर्जुनने पूछा कि भगवन्! मनुष्य न चाहता हुआ भी पाप क्यों कर बैठता है? भगवान्‌ने कहा कि भीतरमें कामना रहनेसे ही पापकी क्रिया होती है (३। ३७)। यदि भीतरमें कामना न रहे तो पापकी क्रिया हो ही नहीं सकती और कोई क्रिया ऊपरसे पापकी दीखनेपर भी उसको पाप नहीं लगता (१८। १७)।

(३) चौदहवें अध्यायके इक्कीसवें श्लोकमें अर्जुनने पूछा कि गुणातीतके क्या चिह्न (लक्षण) होते हैं? अर्थात् उसकी आकृति, रंग-रूप कैसा होता है? भगवान्‌ने कहा कि गुणोंकी वृत्तियोंके प्रवृत्त और निवृत्त होनेपर वह इनसे न राग करता है और न द्वेष करता है अर्थात् निर्लिप्त रहता है। वह उदासीनकी तरह रहता है और गुणोंसे विचलित न होकर अपने स्वरूपमें ही स्थित रहता है (१४। २२-२३)।

अर्जुनने पूछा कि गुणातीतके आचरण कैसे होते हैं? अर्थात् वह सबके साथ एकता करता है या अलग रहता है? छुआछूत रखता है या समान व्यवहार करता है? भगवान्‌ने कहा कि उसके भीतर समभाव रहता है अर्थात् बाहरसे शास्त्र और लोकमर्यादाके अनुसार कई तरहका आचरण करते हुए भी उसके भीतर समता अटल बनी रहती है (१४। २४-२५)।

अर्जुनने पूछा कि गुणातीत होनेका क्या उपाय है? अर्थात् जप करना चाहिये या ध्यान करना चाहिये? किसीके पास जाना चाहिये या तीर्थोंमें जाना चाहिये? भगवान्‌ने कहा कि जो मनुष्य अव्यभिचारी भक्तियोगसे मेरेमें लग जाता है, वह गुणोंका अतिक्रमण कर जाता है अर्थात् गुणातीत हो जाता है (१४। २६)।

—इस प्रकार अर्जुनके द्वारा क्रियापरक प्रश्न करनेपर भगवान्‌ने उसका भावपरक उत्तर दिया है।

तात्पर्य है कि भगवान् बाहरी आचरणों, वेश-भूषा, रहन-सहन, आश्रम-परिवर्तन आदिको महत्त्व नहीं देते, प्रत्युत भावको ही महत्त्व देते हैं। कारण कि भाव बदलनेसे क्रिया अपने-आप ठीक हो जाती है। विशेषता तो भावमें ही है, क्रियामें नहीं; क्योंकि क्रिया तो मनुष्य पाखण्डसे भी कर सकता है।

गीतामें भगवान्‌की वर्णन-शैली

चित्रा वर्णनशैली तु नटनाथस्य विद्यते।
भक्तौ ज्ञानं च संन्यासे भक्तिश्च कथिता स्वयम्॥

भगवान् जहाँ ज्ञानका वर्णन करते हैं, वहाँ फलमें भक्तिका वर्णन करते हैं; जैसे—अठारहवें अध्यायके उनचासवें श्लोकसे पचपनवें श्लोकतक ज्ञानका प्रकरण है, पर ज्ञानके फलके रूपमें भगवान्‌ने अपनी पराभक्तिकी प्राप्ति बतायी है—'**मद्भक्तिं लभते पराम्**'। ऐसे ही भगवान् जहाँ भक्तिका वर्णन करते हैं, वहाँ फलमें ज्ञानका वर्णन करते हैं; जैसे—दसवें अध्यायके आठवें श्लोकसे ग्यारहवें श्लोकतक भक्तिका प्रकरण है, पर भक्तिके फलके रूपमें भगवान्‌ने ज्ञानकी प्राप्ति बतायी है—'**अज्ञानजं तमः········ज्ञानदीपेन भास्वता**'।

जहाँ ज्ञानके साधनोंका वर्णन है, वहाँ भगवान्‌ने अपनी अनन्य अव्यभिचारिणी भक्तिको ज्ञानका

साधन बताया है (१३। १०); जहाँ गुणातीत होनेका वर्णन है, वहाँ भगवान्ने गुणातीत होनेका उपाय भक्तिको बताया है (१४। २६) और जहाँ भक्तिका प्रकरण है, वहाँ भगवान्ने तत्त्वसे जाननेकी बात अर्थात् ज्ञानकी बात बतायी है (१०। १०)।

तात्पर्य यह हुआ कि ज्ञानमें भक्ति और भक्तिमें ज्ञान आवश्यक है। अतः ज्ञानमार्गी साधकको चाहिये कि वह भक्तिका और भक्तिमार्गीका तिरस्कार, निरादर आदि न करे; और भक्तिमार्गी साधकको चाहिये कि वह ज्ञानका और ज्ञानमार्गीका तिरस्कार, निरादर आदि न करे। कारण कि यदि ज्ञानमार्गी और भक्तिमार्गी एक-दूसरेका तिरस्कार, निन्दा करेंगे तो उनका साधन सिद्ध नहीं होगा, उसमें बाधा लग जायगी अर्थात् उनके द्वारा साधकका और उसके साधनका जो तिरस्कार होगा, वह उनके साधनकी सिद्धिमें बाधक हो जायगा। अतः सभी साधकोंको चाहिये कि वे साधकमात्रके प्रति सद्भाव रखें। ऐसे तो परमात्माका अंश होनेसे प्राणिमात्रके प्रति सद्भाव होना ही चाहिये, पर उन प्राणियोंमेंसे जो ज्ञानयोग, भक्तियोग आदि किसी भी साधनसे भगवान्में लगे हुए हैं, उन साधकोंका तो विशेष आदर होना चाहिये। ऐसा करनेसे साधकके साधनकी सिद्धि शीघ्र हो जायगी। गीतामें भगवान्ने भी किसीके मतका खण्डन या निन्दा न करके अपना मत बताया है (१८। २—६ आदि)।

गीतोक्त अन्वय-व्यतिरेक वाक्योंका तात्पर्य

अन्वयव्यतिरेकाभ्यां विषयस्तु दृढायते।
स्पष्टरूपेण सा शैली गीतायां दृश्यते प्रभोः॥

जिन बातोंको काममें लानेसे कार्य सिद्ध होता है, वे बातें 'अन्वय' कहलाती हैं और जिन बातोंको काममें न लानेसे कार्य सिद्ध नहीं होता, प्रत्युत बाधा लगती है, वे बातें 'व्यतिरेक' कहलाती हैं। ऐसी अन्वय और व्यतिरेककी बातोंसे विषय स्पष्ट होता है। अतः गीतामें विषयको स्पष्ट करनेके लिये भगवान्ने अनेक अन्वय और व्यतिरेक वाक्य कहे हैं; जैसे—

(१) दूसरे अध्यायके चौबीसवें-पचीसवें श्लोकोंमें भगवान्ने कहा कि शरीरी (आत्मा)-को नित्य, सर्वगत आदि समझनेसे शोक नहीं हो सकता और छब्बीसवें-सत्ताईसवें श्लोकोंमें कहा कि अगर तू शरीरीको नित्य जन्मने-मरनेवाला मान ले, तो भी शोक नहीं हो सकता; क्योंकि जन्मनेवालेकी निश्चित मृत्यु होगी और मरनेवालेका निश्चित जन्म होगा।

—इसका तात्पर्य है कि किसी भी दृष्टिसे मनुष्यके लिये शोक करना उचित नहीं है।

(२) दूसरे अध्यायके इकतीसवें श्लोकमें भगवान्ने कहा कि अपने धर्मको देखकर भी तुझे भयभीत नहीं होना चाहिये; क्योंकि क्षत्रियके लिये धर्ममय युद्धसे बढ़कर दूसरा कोई कल्याणका साधन नहीं है; और तैंतीसवें श्लोकमें कहा कि अगर तू इस धर्ममय युद्धको नहीं करेगा तो तेरेको पाप लगेगा।

—इसका तात्पर्य है कि मनुष्यको किसी भी दृष्टिसे, किसी भी अवस्था, परिस्थितिमें, किसी भी संकटमें अपने कर्तव्य-कर्मका त्याग नहीं करना चाहिये, प्रत्युत अपने कल्याणके लिये निष्कामभावपूर्वक अपने कर्तव्य-कर्मका तत्परतासे पालन करना चाहिये।

(३) दूसरे अध्यायके बासठवें-तिरसठवें श्लोकोंमें भगवान्ने बताया कि रागपूर्वक विषयोंका चिन्तन करनेमात्रसे पतन हो जाता है और चौंसठवें-पैंसठवें श्लोकोंमें बताया कि रागरहित होकर विषयोंका सेवन करनेसे स्थितप्रज्ञताकी अर्थात् परमात्माकी प्राप्ति हो जाती है।

—इसका तात्पर्य है कि साधकको राग-द्वेष

मिटाने चाहिये; क्योंकि ये दोनों ही साधकके शत्रु हैं (३।३४)।

(४) दूसरे अध्यायके बासठवें-तिरसठवें श्लोकोंमें भगवान्ने कहा कि जो विषयोंका चिन्तन करता है, उसका पतन हो जाता है; और छठे अध्यायके चालीसवें श्लोकमें कहा कि कल्याणकारी काम करनेवालेका पतन नहीं होता।

—इसका तात्पर्य है कि जो संसारके सम्मुख हो जाता है, उसका पतन हो जाता है; और जो किसी भी तरहसे भगवान्के सम्मुख हो जाता है, पारमार्थिक मार्गमें लग जाता है, उसका पतन नहीं होता।

(५) दूसरे अध्यायके चौंसठवें-पैंसठवें श्लोकोंमें भगवान्ने कहा कि जिसका मन और इन्द्रियाँ वशमें होती हैं, उसकी बुद्धि प्रतिष्ठित होती है; और छाछठवें-सड़सठवें श्लोकोंमें कहा कि जिसका मन और इन्द्रियाँ वशमें नहीं होतीं, उसकी बुद्धि प्रतिष्ठित नहीं होती। असंयमी होनेके कारण उसका मन उसकी बुद्धिको हर लेता है।

—इसका तात्पर्य है कि कर्मयोगीके लिये मन और इन्द्रियोंको वशमें रखना बहुत आवश्यक है।

(६) तीसरे अध्यायके नवें श्लोकमें भगवान्ने कहा कि यज्ञके अतिरिक्त कर्म अर्थात् अपने लिये किये गये कर्म बन्धनकारक हो जाते हैं—**'यज्ञार्थात्कर्मणोऽन्यत्र लोकोऽयं कर्मबन्धनः'** और चौथे अध्यायके तेईसवें श्लोकमें कहा कि यज्ञके लिये अर्थात् दूसरोंके हितके लिये कर्म करनेवाले मनुष्यके सम्पूर्ण कर्म विलीन हो जाते हैं—**'यज्ञायाचरतः कर्म समग्रं प्रविलीयते।'**

—इसका तात्पर्य है कि मनुष्यको केवल दूसरोंके हितके लिये ही सम्पूर्ण कर्म करने चाहिये, अपने स्वार्थके लिये नहीं।

(७) तीसरे अध्यायके तेरहवें श्लोकके पूर्वार्धमें भगवान्ने कहा कि यज्ञशेषका अनुभव करनेवाले सब पापोंसे मुक्त हो जाते हैं; और उत्तरार्धमें कहा कि जो केवल अपने लिये ही पकाते अर्थात् सब कर्म करते हैं, वे पापी पाप ही कमाते हैं।

—इसका तात्पर्य है कि मनुष्यको निष्कामभावसे अपने कर्तव्यका पालन करना चाहिये। कारण कि निष्कामभावपूर्वक कर्तव्य-कर्म करनेसे मुक्ति हो जाती है (३।१९) और सकामभावपूर्वक कर्तव्य-कर्म करनेसे बन्धन हो जाता है (५।१२)।

(८) तीसरे अध्यायके इक्कीसवें श्लोकमें भगवान्ने कहा कि श्रेष्ठ मनुष्य जैसा आचरण करते हैं, वैसा ही आचरण दूसरे मनुष्य करते हैं; और पचीसवें श्लोकमें कहा कि कर्मविधायक शास्त्रों, कर्मों और कर्मफलोंपर आस्था रखनेवाले आसक्तियुक्त अज्ञानी मनुष्य जैसे तत्परतापूर्वक कर्म करते हैं, वैसे ही आसक्तिरहित होकर विद्वान् (ज्ञानी) मनुष्यको भी तत्परतापूर्वक कर्म करने चाहिये। इस प्रकार इक्कीसवें श्लोकमें श्रेष्ठ (ज्ञानी) मनुष्यको साधारण मनुष्योंके लिये आदर्श बताया है और पचीसवें श्लोकमें अज्ञानी मनुष्योंको ज्ञानी मनुष्यके लिये आदर्श बताया है।*

—इसका तात्पर्य है कि ज्ञानी महापुरुष 'आदर्श' रहे अथवा 'अनुयायी' बने, उसके द्वारा स्वतः लोकसंग्रह होता है।

(९) तीसरे अध्यायके बाईसवें श्लोकमें भगवान्ने कहा कि मेरे लिये त्रिलोकीमें कोई कर्तव्य नहीं है, फिर भी मैं कर्तव्य-कर्म करता हूँ; और तेईसवें श्लोकमें कहा कि अगर मैं निरालस्य होकर कर्तव्य-कर्म न करूँ तो लोग भी कर्तव्य-कर्म छोड़कर आलसी हो जायँगे।

—इसका तात्पर्य है कि ज्ञानी महापुरुषके लिये कोई कर्तव्य न होनेपर भी उसको लोकसंग्रहके

* विद्वान् मनुष्यके लिये अज्ञानी मनुष्योंके कर्म करनेका प्रकारमात्र आदर्श है, उनका भाव नहीं। इसीलिये विद्वान् मनुष्यके लिये 'असक्तः' (आसक्तिरहित) पद आया है।

लिये लोकमर्यादाको अटल रखनेके लिये कर्तव्य-कर्म करने चाहिये; क्योंकि स्वयं भगवान् भी निरालस्य होकर तत्परतापूर्वक लोकसंग्रहके लिये कर्तव्य-कर्मका पालन करते हैं।

(१०) तीसरे अध्यायके सत्ताईसवें श्लोकमें भगवान्‌ने कहा कि सम्पूर्ण क्रियाएँ प्रकृतिके गुणोंद्वारा होती हैं; परंतु मूढ़ मनुष्य अपनेको उन क्रियाओंका कर्ता मान लेते हैं; और अट्ठाईसवें श्लोकमें कहा कि तत्त्ववेत्ता मनुष्य अपनेको उन क्रियाओंका कर्ता नहीं मानता। अत: मूढ़ मनुष्य तो क्रियाओंमें आसक्त होकर बँध जाते हैं और तत्त्ववेत्ता मनुष्य क्रियाओंमें आसक्त न होकर मुक्त हो जाते हैं।

—इसका तात्पर्य है कि ज्ञानयोगी साधक अपनेको किसी भी क्रियाका कर्ता न माने। वास्तवमें क्रियामात्र प्रकृतिमें ही है। आत्मा अकर्ता ही है। आत्मामें कर्तापन कभी हुआ नहीं, है नहीं और होना सम्भव भी नहीं; परंतु जो मनुष्य संसारमें मोहित होते हैं, वे आत्माको कर्ता मान लेते हैं और जो तत्त्वको यथार्थरूपसे जाननेवाले हैं, वे आत्माको कर्ता नहीं मानते।

(११) तीसरे अध्यायके अट्ठाईसवें श्लोकमें 'गुण ही गुणोंमें बरत रहे हैं', ऐसा कहकर गुणोंको कर्ता बताया; और चौदहवें अध्यायके उन्नीसवें श्लोकमें गुणोंके सिवाय अन्य कर्ताका निषेध किया।

—इसका तात्पर्य है कि गुण ही कर्ता है, स्वयं (आत्मा) नहीं अर्थात् सम्पूर्ण क्रियाएँ गुणोंके द्वारा और गुणोंमें ही होती हैं, स्वयंके द्वारा और स्वयंमें नहीं।

(१२) तीसरे अध्यायके इकतीसवें श्लोकमें भगवान्‌ने कहा कि जो दोषदृष्टिसे रहित होकर श्रद्धापूर्वक मेरे मतका अनुष्ठान करते हैं, वे सम्पूर्ण कर्मोंसे छूट जाते हैं, मुक्त हो जाते हैं और बत्तीसवें श्लोकमें कहा कि जो मेरेमें दोषदृष्टि करके मेरे मतका अनुष्ठान नहीं करते, उनका पतन हो जाता है।

—इसका तात्पर्य है कि मनुष्यमात्रको अपना उद्धार करनेके लिये दोषदृष्टिरहित होकर श्रद्धापूर्वक भगवान्‌की कही हुई बातों (मत)-का निष्कामभावपूर्वक अनुष्ठान करना चाहिये।

(१३) चौथे अध्यायके उनतालीसवें श्लोकमें आया है कि श्रद्धावान् मनुष्यको ज्ञान हो जाता है, और चालीसवें श्लोकमें आया है कि अश्रद्धावान् मनुष्यको संशय रहता है अर्थात् उसे ज्ञान नहीं होता।

—इसका तात्पर्य है कि जो इन्द्रियाँ, अन्त:करण आदिका विषय नहीं है, उस परमात्मापर श्रद्धा करनी चाहिये; क्योंकि उसकी प्राप्तिका मुख्य साधन श्रद्धा ही है।

(१४) पाँचवें अध्यायके चौथे श्लोकमें भगवान्‌ने कहा कि जो सांख्य और योगको फलमें अलग-अलग मानते हैं, वे बालक अर्थात् बेसमझ हैं और पाँचवें श्लोकमें कहा कि जो सांख्य और योगको फलमें एक मानते हैं, वे ही वास्तवमें सही देखते हैं अर्थात् वे ही पण्डित हैं।

—इसका तात्पर्य है कि सांख्ययोग और कर्मयोग—ये दोनों अनुष्ठान करनेमें दो (अलग-अलग) हैं, पर फलमें दोनों एक ही हैं अर्थात् सांख्ययोगसे जिस तत्त्वकी प्राप्ति होती है, उसी तत्त्वकी प्राप्ति कर्मयोगसे होती है।

(१५) पाँचवें अध्यायके बारहवें श्लोकके पूर्वार्धमें भगवान्‌ने कहा कि योगी कर्मफलका त्याग करके कर्म करता है तो सदा रहनेवाली शान्तिको प्राप्त होता है; और उत्तरार्धमें कहा कि अयोगी (भोगी) अपने स्वार्थके लिये कर्म करता है तो बँध जाता है, जन्म-मरणके चक्करमें चला जाता है।

—इसका तात्पर्य है कि मनुष्यको सदा योगी अर्थात् कर्मफलका त्यागी होना चाहिये। उसको कर्मफलका भोगी नहीं बनना चाहिये।

(१६) पाँचवें अध्यायके उनतीसवें श्लोकमें भगवान्‌ने कहा कि जो मेरेको सब कर्मोंका भोक्ता और सब लोकोंका मालिक मानते हैं, वे शान्तिको प्राप्त हो जाते हैं; और नवें अध्यायके चौबीसवें श्लोकमें कहा

कि जो मेरेको सब कर्मोंका भोक्ता और सब लोकोंका मालिक नहीं मानते, उनका पतन हो जाता है।

—इसका तात्पर्य है कि सम्पूर्ण शुभ कर्मोंके भोक्ता और सारे संसारके मालिक भगवान् ही हैं। अतः मनुष्य अपनेको किसी भी कर्मका भोक्ता और किसी भी वस्तु, व्यक्ति आदिका मालिक न माने, प्रत्युत भगवान्‌को ही माने।

(१७) छठे अध्यायके दूसरे श्लोकमें भगवान्‌ने कहा कि संकल्पोंका त्याग किये बिना मनुष्य कोई-सा भी योगी नहीं हो सकता; और चौथे श्लोकमें कहा कि सम्पूर्ण संकल्पोंका त्याग करनेवाला मनुष्य योगारूढ़ (योगी) हो जाता है।

—इसका तात्पर्य है कि मनुष्यको अपना संकल्प नहीं रखना चाहिये, प्रत्युत भगवान्‌के संकल्पमें अपना संकल्प मिला देना चाहिये अर्थात् भगवान्‌के विधानमें परम प्रसन्न रहना चाहिये।

(१८) छठे अध्यायके सोलहवें श्लोकमें भगवान्‌ने कहा कि जिसका आहार और सोना-जागना नियमित नहीं है, उसका योग सिद्ध नहीं होता; और सत्रहवें श्लोकमें कहा कि जिसका आहार-विहार और सोना-जागना नियमित है, उसका योग सिद्ध होता है।

—इसका तात्पर्य है कि साधकको अपना जीवन नियमित बनाना चाहिये; क्योंकि जो मनमाने ढंगसे आचरण करता है, उसको सुख और सिद्धि नहीं मिलती।

(१९) छठे अध्यायके छत्तीसवें श्लोकके पूर्वार्धमें भगवान्‌ने कहा कि जिसका मन संयत नहीं है, उसके द्वारा योगका प्राप्त होना कठिन है; और उत्तरार्धमें कहा कि जिसका मन अपने वशमें है, उसके द्वारा योगका प्राप्त होना सुलभ है।

—इसका तात्पर्य है कि मनुष्यको अपनी इन्द्रियों और मनको अपने वशमें कर ही लेना चाहिये, उनके वशमें कभी नहीं होना चाहिये।

(२०) नवें अध्यायके चौबीसवें श्लोकमें भगवान्‌ने कहा कि जो मेरेको तत्त्वसे नहीं जानते, उनका पतन हो जाता है; और इकतीसवें श्लोकमें कहा कि मेरे भक्तका पतन नहीं होता।

—इसका तात्पर्य है कि सकामभावसे ऊँचा-से-ऊँचा शुभ कर्म करनेवाला भी अगर भगवान्‌से विमुख है तो उसका पतन हो जाता है; और पापी-से-पापी भी अगर भगवान्‌के सम्मुख (शरण) हो जाता है तो उसका पतन नहीं होता।

(२१) ग्यारहवें अध्यायके तिरपनवें श्लोकमें भगवान्‌ने कहा कि वेदाध्ययन, दान और तपके द्वारा मैं देखा नहीं जा सकता, और चौवनवें श्लोकमें कहा कि अनन्यभक्तिके द्वारा मैं देखा जा सकता हूँ।

—इसका तात्पर्य है कि वेदाध्ययन, दान आदि शुभ कर्मोंमें क्रियाकी प्रधानता है और अनन्यभक्तिमें भावकी प्रधानता है। क्रियाएँ सीमित होती हैं और भाव असीम होता है। क्रियाओंका तो आरम्भ और अन्त होता है, पर भावका आरम्भ और अन्त नहीं होता। भाव अनन्त होता है। जीव भी नित्य है और भगवान् भी नित्य हैं; अतः नित्यके प्रति जो भाव होता है, वह भी नित्य ही होता है। इसलिये मनुष्य क्रियाओंसे भगवान्‌को देख नहीं सकता, प्रत्युत भाव (अनन्यभक्ति)-से ही भगवान्‌को देख सकता है, प्राप्त कर सकता है। अगर यज्ञ, दान आदिमें भी भावकी प्रधानता हो जाय तो वे क्रियाएँ भी भक्तिमें परिणत हो जाती हैं। भगवान् भावग्राही हैं, क्रियाग्राही नहीं—'**भावग्राही जनार्दनः**'; अतः भावसे ही भगवान् दर्शन देते हैं, क्रियासे नहीं।

(२२) अठारहवें अध्यायके अट्ठावनवें श्लोकके पूर्वार्धमें भगवान्‌ने कहा कि अगर (मेरी आज्ञाके अनुसार) तू मेरेमें अपना चित्त लगा देगा तो मेरी कृपासे तू सम्पूर्ण विघ्नोंको तर जायगा और उत्तरार्धमें कहा कि अगर तू अहंकारके आश्रित

होकर मेरी बात (आज्ञा) नहीं सुनेगा तो तेरा पतन हो जायगा।

—इसका तात्पर्य है कि भगवान्‌के सम्मुख होनेसे उद्धार होता है और विमुख होनेसे पतन होता है। अतः साधकको चाहिये कि वह भगवान्‌के ही आश्रित रहे, अहंकारका आश्रय कभी न ले।

गीतामें आये परस्पर-विरोधी पदोंका तात्पर्य

वस्तुतो न विरोधोऽस्ति स्वाल्पबुद्ध्यैव दृश्यते।
तस्मात् पदानां तात्पर्यं कथ्यते च विरोधिनाम्॥

(१) इस तत्त्वको सुनकर भी कोई नहीं जानता (२।२९) और यत्न करनेवालोंमेंसे कोई एक भगवान्‌को तत्त्वसे जानता है (७।३)—यह कैसे?

यहाँ और वहाँका प्रसंग अलग-अलग है। यहाँ (२।२९ में) ज्ञानयोगका प्रसंग है; अतः सुननेमात्रसे कोई भी अपने स्वरूपको नहीं जान सकता, प्रत्युत अपने-आपसे ही अपने-आपको जान सकता है। वहाँ (७।३ में) भक्तियोगका प्रसंग है; अतः भगवान्‌की कृपासे साधक भगवान्‌के तत्त्वको जान लेता है।

(२) मैं अज (अजन्मा) रहता हुआ ही जन्म लेता हूँ, प्राणियोंका ईश्वर (मालिक) रहता हुआ ही दास बन जाता हूँ और अव्ययात्मा रहता हुआ ही अन्तर्धान हो जाता हूँ (४।६), तो अजका जन्म कैसे? मालिकका दास होना कैसे? और अव्ययात्माका अन्तर्धान होना कैसे?

यह तो भगवान्‌की लीला है। जन्म लेते हुए भी भगवान्‌का अजपना मिटता नहीं, प्रत्युत अखण्डित ही रहता है। भगवान् भक्तोंके दास भी बन जाते हैं, पर उनका ईश्वरपना मिटता नहीं। भगवान् जिनके दास बनते हैं, उनपर भी भगवान्‌का शासन ज्यों-का-त्यों ही रहता है। ऐसे ही अव्ययात्मा रहते हुए ही भगवान् अन्तर्धानकी लीला करते हैं; भक्तोंका प्रेम बढ़ानेके लिये छिप जाते हैं। तात्पर्य है कि यह सब लीलापुरुषोत्तमकी लीला है; अतः इसमें कोई विरोध या आश्चर्य नहीं है।

(३) मैं चारों वर्णोंकी रचना करता हूँ, पर तुम मेरेको अकर्ता ही समझो (४।१३), तो भगवान् कर्ता होते हुए भी अकर्ता कैसे?

भगवान् तो केवल संसारकी व्यवस्था करने और अपने भक्तोंकी सेवा करनेके लिये ही संसारकी रचना करते हैं। इसमें भगवान्‌का अपना कोई भी प्रयोजन, स्वार्थका सम्बन्ध नहीं है। सब प्राणियोंका कर्मबन्धन नष्ट हो जाय, सब मुक्त हो जायँ, इसी दृष्टिसे भगवान् संसारकी व्यवस्था करते हैं। भक्तोंका भगवान्‌में और भगवान्‌का भक्तोंमें प्रेमका आदान-प्रदान हो, दोनोंमें प्रेमकी लीला हो, इसके लिये ही भगवान् सृष्टिकी रचना करते हैं। अतः सृष्टिकी रचना करनेपर भी भगवान् अकर्ता ही रहते हैं।

(४) कर्मोंमें अच्छी तरहसे प्रवृत्त होता हुआ भी अर्थात् कर्मोंको सांगोपांग करता हुआ भी वह (कर्मयोगसे सिद्ध महापुरुष) कुछ भी नहीं करता (४।२०)—यह कैसे?

(५) जो अपने भीतर किसी बातकी कमीका अनुभव करता है, जिसके भीतर फलकी इच्छा होती है और जो जड़ताका आश्रय लेकर कर्म करता है, वह कर्म करता हुआ भी कर्म करता है और कर्म न करता हुआ भी कर्म करता है; क्योंकि उसका जड़ताके साथ सम्बन्ध है। परंतु जो अपनेमें किंचिन्मात्र भी कमीका अनुभव नहीं करता, जिसके भीतर फलकी इच्छा नहीं है और जिसके भीतर जड़ताका आश्रय नहीं है, वह कर्म करता हुआ भी कर्म नहीं करता और

कर्म न करता हुआ भी कर्म नहीं करता; क्योंकि उसका जड़ताके साथ सम्बन्ध नहीं है।

(६) ज्ञान होनेपर तत्काल परमशान्तिरूप परमात्माकी प्राप्ति हो जाती है (४।३९) और ज्ञानवान् पुरुष भगवान्‌की शरण हो जाता है (७। १९)। ज्ञान होनेपर जब परमात्माकी प्राप्ति हो जाती है, तो फिर भगवान्‌की शरण होना कैसे?

जिज्ञासु दो प्रकारके होते हैं—(१) जो संसारसे दुःखी होकर तत्त्वको जानना चाहते हैं। तत्त्वज्ञान होनेपर उनका दुःख मिट जाता है और परमशान्तिकी प्राप्ति हो जाती है और (२) जो भगवत्तत्त्वको जाननेके साथ-साथ भगवान्‌का प्रेम भी चाहते हैं, उनको 'सब कुछ वासुदेव ही है' ऐसा अनुभव होनेपर भी वे भगवान्‌की शरणमें रहते हैं, भगवान्‌के प्रेमी बने रहते हैं। वास्तवमें दोनोंको एक ही तत्त्वका अनुभव होता है, केवल साधनमें भेद रहता है।

(७) देखना, सुनना, स्पर्श करना आदि क्रियाएँ करता हुआ भी ऐसा मानता है कि मैं कुछ भी नहीं करता हूँ (५।८-९)—यह कैसे?

सांख्ययोगीको यही अनुभव होता है कि वास्तवमें इन्द्रियाँ ही इन्द्रियोंके विषयोंमें बरत रही हैं अर्थात् सभी क्रियाएँ इन्द्रियोंमें ही हो रही हैं। करनामात्र प्रकृतिमें ही है; क्योंकि मात्र क्रियाएँ और पदार्थ प्रकृतिके ही हैं। स्वरूपमें न क्रिया है, न पदार्थ। अतः 'मैं स्वयं प्रकृतिसे अतीत चिन्मय तत्त्व हूँ; मेरे स्वरूपके साथ इनका कोई सम्बन्ध था नहीं, है नहीं, होगा नहीं और होना सम्भव ही नहीं, इसलिये मैं कुछ भी नहीं करता हूँ'—इस प्रकार अपने स्वरूपकी दृष्टिसे कहना वास्तविक ही है।

(८) भगवान् किसीके पाप-पुण्यको ग्रहण नहीं करते (५। १५) तू जो कुछ करता है, वह सब मेरे अर्पण कर दे अर्थात् भगवान् सब कुछ ग्रहण करते हैं (९।२७)—यह कैसे?

ये विषय दो हैं, एक नहीं। पाँचवें अध्यायके पंद्रहवें श्लोकमें सामान्य प्राणियोंकी बात है और नवें अध्यायके सत्ताईसवें श्लोकमें भक्तोंकी बात है। सामान्य प्राणी तो स्वयं ही कर्ता और भोक्ता बनते हैं अर्थात् अपने किये हुएका फल स्वयं ही भोगते हैं, इसलिये भगवान् उनके पाप-पुण्यको ग्रहण नहीं करते। परंतु जो सर्वथा भगवान्‌की शरण हो जाते हैं, वे भक्त भगवान्‌को ही सबका भोक्ता और मालिक मानते हैं। अतः वे भक्त भावपूर्वक भगवान्‌को जो कुछ देते हैं, अर्पण करते हैं, उसको भगवान् ग्रहण करते हैं। उन भक्तोंके भावके कारण ही भगवान्‌को भूख लग जाती है, प्यास लग जाती है (९। २६)। कारण कि भगवान् भावके ही भोक्ता हैं।

(९) कर्मोंमें आसक्ति न रहनेपर मनुष्य योगारूढ़ हो जाता है (६। ४); अपने-अपने कर्ममें अभिरत रहता हुआ मनुष्य सिद्धिको प्राप्त हो जाता है (१८।४५)—यह कैसे?

योगारूढ़ होना और सिद्धिको प्राप्त होना—ये दोनों एक ही हैं; परंतु कर्मोंमें आसक्ति और कर्मोंमें अभिरति—ये दोनों अलग-अलग हैं। फलेच्छापूर्वक अर्थात् अपने लिये कर्म करनेसे कर्मोंमें आसक्ति हो जाती है और भगवान्‌के लिये कर्म करनेसे कर्मोंमें अभिरति (तत्परता) हो जाती है। आसक्तिमें कर्मों तथा पदार्थोंके साथ सम्बन्ध जुड़ता है और अभिरतिमें कर्मों तथा पदार्थोंसे सम्बन्ध टूटता है और भगवान्‌में प्रीति हो जाती है, भगवत्सम्बन्धकी जागृति हो जाती है। अतः कर्मोंमें अभिरति तो होनी चाहिये, पर आसक्ति नहीं होनी चाहिये।

(१०) कोई एक मेरेको तत्त्वसे जानता है (७। ३), मेरेको कोई नहीं जानता (७। २६)—यह कैसे?

सातवें अध्यायके तीसरे श्लोकमें साधकोंकी बात है। जो संसारसे उपराम होकर भगवान्‌में लग जाते हैं, वे भगवान्‌की कृपासे भगवान्‌को जान जाते हैं। सातवें अध्यायके छब्बीसवें श्लोकमें सामान्य प्राणियोंकी बात है। जो प्राणी जन्म-मृत्युके प्रवाहमें पड़े हुए हैं, उनको भगवान् तो जानते हैं, पर वे

प्राणी मूढ़ताके कारण भगवान्‌को नहीं जानते। तात्पर्य है कि उपर्युक्त दोनों श्लोकोंमें साधक-असाधकका भेद है अर्थात् तीसरे श्लोकमें जाननेके कर्ता साधक हैं और छब्बीसवें श्लोकमें जाननेके कर्ता असाधक हैं।

(११) यत्न (भजन) करनेवालोंमें कोई एक मेरेको तत्त्वसे जानता है (७।३); भक्त मेरेको सम्पूर्ण प्राणियोंका आदि जानकर मेरा भजन करते हैं (९।१३), तो बिना जाने भजन कैसे? और बिना भजन किये जानना कैसे?

सातवें अध्यायके तीसरे श्लोकमें भगवान्‌को तत्त्वसे जाननेकी बात है। भगवान्‌को जानना साधकके बलसे नहीं होता, प्रत्युत भगवान्‌की कृपासे ही वह भगवान्‌को तत्त्वसे जानता है। नवें अध्यायके तेरहवें श्लोकमें भगवान्‌को श्रद्धा-भक्तिपूर्वक माननेकी बात है अर्थात् वहाँ श्रद्धा-भक्तिपूर्वक मानना ही जानना है। अतः भगवान् सम्पूर्ण प्राणियोंके आदि हैं—ऐसा मानकर ही वे भजन करते हैं।

(१२) सात्त्विक, राजस और तामसभाव (पदार्थ, क्रिया आदि) मेरेमें नहीं हैं और मैं उनमें नहीं हूँ (७।१२); सम्पूर्ण प्राणी उस परमात्मामें हैं और परमात्मा उन प्राणियोंमें हैं (८।२२)—यह कैसे?

जिन साधकोंकी दृष्टिमें भगवान्‌के सिवाय संसारकी स्वतन्त्र सत्ता नहीं है, उनकी दृष्टिसे कहा गया है कि सात्त्विक, राजस और तामसभाव भगवान्‌में और भगवान् उनमें नहीं हैं, प्रत्युत सब कुछ भगवान्-ही-भगवान् हैं (७।१२)। परंतु जिन साधकोंकी दृष्टिमें संसारकी पृथक् सत्ता है, उनकी दृष्टिसे कहा गया है कि सम्पूर्ण प्राणी परमात्मामें और परमात्मा सम्पूर्ण प्राणियोंमें हैं (८।२२)।

(१३) तीनों गुणोंसे सभी मोहित हैं (७।१३); तमोगुण सबको मोहित करनेवाला है (१४।८)—यह कैसे?

सत्त्वगुणका स्वरूप निर्मल, रजोगुणका स्वरूप रागात्मक और तमोगुणका स्वरूप मोहनात्मक कहा गया है। तात्पर्य है कि जहाँ तीनों गुणोंका भेद किया गया है, वहाँ तमोगुणका स्वरूप मोहनात्मक बताया गया है। वास्तवमें तो सत्त्व, रज और तम—ये तीनों ही गुण मोहित करनेवाले हैं। सत्त्वगुण ज्ञान और सुखकी आसक्तिसे, रजोगुण कर्मोंकी आसक्तिसे और तमोगुण स्वरूपसे ही मनुष्योंको मोहित करता है (१४।६—८)। अतः जो ऊँचा-से-ऊँचा ब्रह्मलोकतकका भी सुख चाहता है, वह भी गुणोंसे मोहित है।

(१४) जिनका ज्ञान मायाके द्वारा हरा गया है, जिन्होंने आसुरभावका आश्रय ले रखा है, ऐसे दुराचारी (पापी) भगवान्‌की शरण नहीं होते (७।१५); दुराचारी-से-दुराचारी भी भगवान्‌की शरण होता है (९।३०)—यह कैसे?

जो वेद, शास्त्र, पुराण, भगवान् और उनके सिद्धान्तसे विरुद्ध चलनेवाला है, दुर्गुणी है, दुराचारी है, ऐसे मनुष्यका स्वाभाविक भगवान्‌की तरफ चलनेका, भगवान्‌की शरण होनेका स्वभाव नहीं होता। परंतु वह भी किसी कारणविशेषसे अर्थात् किसी संतकी कृपासे, किसी स्थान या तीर्थके प्रभावसे, किसी पूर्वपुण्यके उदय होनेसे अथवा किसी विपत्तिमें फँस जानेसे भगवान्‌की शरण हो सकता है। तात्पर्य यह है कि सामान्य रीतिसे तो पापी मनुष्य भगवान्‌की शरण नहीं होता (७।१५), पर किसी कारणविशेषसे वह भगवान्‌की शरण हो सकता है (९।३०)।

(१५) परमात्मा अचिन्त्य है—**'अचिन्त्यम्'**, उसका जो चिन्तन (स्मरण) करता है—**'अनुस्मरेत्'** (८।९), तो जो अचिन्त्य है, उसका चिन्तन कैसे? और जिसका चिन्तन होता है, वह अचिन्त्य कैसे?

यद्यपि वह परमात्मा चिन्तनका विषय नहीं है, तथापि उस परमात्माका अभाव नहीं है। वह परमात्मा भावरूपसे सब जगह परिपूर्ण है। अतः 'वह परमात्मतत्त्व अचिन्त्य है'—ऐसी दृढ़ धारणा ही उस

परमात्माका चिन्तन है। तात्पर्य है कि यद्यपि वह परमात्मा चिन्तनका विषय नहीं है, तथापि चिन्तन करनेवाला उस तत्त्वको लक्ष्य बना सकता है।

(१६) यह सब संसार मेरेमें अव्यक्तरूपसे व्याप्त है और सम्पूर्ण प्राणी मेरेमें स्थित हैं; परंतु मैं उनमें स्थित नहीं हूँ और वे प्राणी भी मेरेमें स्थित नहीं हैं (९। ४-५)—यह कैसे?

जहाँ प्राणियोंकी स्वतन्त्र सत्ता मानकर चलते हैं, वहाँ तो सब प्राणियोंमें भगवान् हैं और सब प्राणी भगवान्में हैं। परंतु जहाँ प्राणियोंकी, संसारकी स्वतन्त्र सत्ता नहीं मानी जाती, वहाँ प्राणियोंमें भगवान् नहीं हैं और भगवान्में प्राणी नहीं हैं, प्रत्युत सब कुछ भगवान् ही हैं।

(१७) मैं अव्यक्तरूपसे सब जगह व्याप्त हूँ (९। ४); भक्त भक्तिपूर्वक पत्र, पुष्प, फल आदि जो कुछ भी देता है, उसको मैं खा लेता हूँ (९। २६); तो जो अव्यक्त है, उसका खाना-पीना कैसे? और जो खाता-पीता है, वह अव्यक्त कैसे?

'पृथ्वी' स्थूलरूपसे व्यक्त और गन्धरूपसे अव्यक्त है। 'जल' नदी, ओले, बर्फ आदिके रूपसे व्यक्त और परमाणुरूपसे (आकाशमें रहते हुए) अव्यक्त है। 'तेज' सूर्य, चन्द्रमा और अग्निरूपसे व्यक्त तथा दियासलाई, काष्ठ आदिमें अव्यक्त है। इस प्रकार जब पृथ्वी, जल, तेज आदि भौतिक पदार्थ भी व्यक्त और अव्यक्त—दोनों होते हैं, तो फिर भगवान् व्यक्त और अव्यक्त—दोनों होते हों, इसमें आश्चर्य ही क्या है? तात्पर्य है कि भगवान् अव्यक्तरूपसे व्यापक भी हैं और भक्तोंके भावोंके अनुसार व्यक्त भी हैं; क्योंकि भगवान्का यह नियम है—**'ये यथा मां प्रपद्यन्ते तांस्तथैव भजाम्यहम्'** (४। ११)।

(१८) भगवान् सम्पूर्ण जगत्में व्याप्त हैं (९। ४); भगवान् सम्पूर्ण प्राणियोंके हृदयमें अच्छी तरहसे स्थित हैं (१५। १५); तो जो सर्वव्यापक है, वह एक देश हृदयमें अच्छी तरहसे स्थित कैसे?

भगवान् तो सब जगह व्यापक, सबमें ओतप्रोत हैं ही, पर सब जगह, सब चीजोंमें भगवान्का अनुभव करनेके लिये हृदयके समान इतनी स्वच्छता नहीं है। हृदय स्वच्छ होनेपर हृदयमें भगवान्का अनुभव होता है और हृदयमें अनुभव होनेपर 'भगवान् सब जगह हैं'—इसका अनुभव हो जाता है। तात्पर्य है कि जैसे तारमें सब जगह विद्युत् होनेपर भी लट्टू-(बल्ब)-के बिना प्रकाश नहीं होता, ऐसे ही भगवान्के सब जगह व्यापक होनेपर भी हृदयके बिना उनका अनुभव नहीं होता। इसी आशयसे 'मैं सबके हृदयमें अच्छी तरहसे स्थित हूँ' यह कहा गया है।

(१९) सत् और असत् भी मैं ही हूँ (९। १९), उस परमात्माको न सत् कहा जा सकता है और न असत् ही कहा जा सकता है (१३। १२)—यह कैसे?

भगवान् जहाँ कार्य-कारणरूपसे अपनी विभूतियोंका वर्णन करते हैं, वहाँ कहते हैं कि सत् और असत् जो कुछ भी है, वह सब मैं ही हूँ, मेरे सिवाय कुछ भी नहीं है। परंतु जहाँ ज्ञेय-तत्त्वका वर्णन करते हैं वहाँ कहते हैं कि उस तत्त्वको न सत् कहा जा सकता है और न असत् ही कहा जा सकता है; क्योंकि उस तत्त्वका किसी शब्दके द्वारा वर्णन नहीं हो सकता। तात्पर्य यह है कि सगुणकी दृष्टिसे सब कुछ भगवान् ही हैं; निर्गुणकी दृष्टिसे वे न सत् कहे जा सकते हैं और न असत् ही; और भक्तिकी दृष्टिसे सत् और असत् भी वे ही हैं तथा सत्-असत्से परे भी वे ही हैं—**'सदसत्तत्परं यत्'** (११। ३७)।

(२०) मेरे भक्तका विनाश (पतन) नहीं होता (९। ३१), तू मेरा भक्त है (४। ३); और यदि तू मेरी बात नहीं सुनेगा तो तेरा विनाश (पतन) हो जायगा (१८। ५८)—यह कैसे?

यद्यपि भक्त भगवान्की बात न सुने, उनकी आज्ञाके विरुद्ध चले—ऐसा सम्भव नहीं है, तथापि अगर वह भगवान्की बात नहीं सुनेगा तो वह भगवान्का भक्त नहीं रहेगा अर्थात् भक्तपनसे छूट जायगा। फिर उसके पतनको रोकनेवाला कौन

है? तात्पर्य है कि जबतक वह भगवान्‌का भक्त है, तबतक उसका पतन हो तो नहीं सकता; परंतु जब वह भक्तपनको छोड़ देता है, अभक्त हो जाता है, तब उसका पतन हो जाता है।

(२१) जन्म, मृत्यु, जरा और व्याधिरूप दुःखको बार-बार देखना चाहिये (१३। ८); कर्तव्य-कर्ममें दुःख देखनेवाले तथा शरीरके भयसे कर्म छोड़नेवाले राजस मनुष्यको त्यागका फल नहीं मिलता (१८।८)—यह कैसे?

यहाँ विषय दो हैं। भोगोंमें जन्म, मृत्यु, जरा और व्याधिरूप दुःखको देखना वैराग्यमें हेतु है अर्थात् अभी भोग भोगेंगे तो उसके परिणाममें बार-बार जन्मना-मरना पड़ेगा, शरीरमें रोग होंगे, वर्तमानमें भय और चिन्ता होगी, परलोकमें दुर्दशा होगी—इस प्रकार भोगोंमें दुःखको देखनेसे भोगोंसे वैराग्य हो जायगा। अतः भोगोंमें दुःख-दृष्टि जरूर करनी चाहिये। परंतु कर्तव्य-कर्ममें दुःख देखना पतनमें हेतु है; अतः कर्तव्य-कर्ममें दुःखदृष्टि कभी करनी ही नहीं चाहिये, प्रत्युत कर्तव्य-कर्मको उत्साहपूर्वक तत्परतासे करना चाहिये। तात्पर्य है कि भोगोंमें राग नहीं होना चाहिये और कर्तव्य-कर्मका त्याग नहीं करना चाहिये।

(२२) परमात्मा 'ज्ञेय' अर्थात् जाननेयोग्य है (१३। १२); परमात्मा 'अविज्ञेय' अर्थात् जाननेका विषय नहीं है (१३। १५)—यह कैसे?

जानना दो तरहका होता है—करण-निरपेक्ष और करण-सापेक्ष। जो इन्द्रियाँ, मन, बुद्धि आदि करणोंके द्वारा नहीं जाना जा सकता, वह करण-निरपेक्ष होता है और जो करणोंके द्वारा जाना जा सकता है, वह करण-सापेक्ष होता है। परमात्मतत्त्वका ज्ञान करण-निरपेक्ष होता है अर्थात् वह स्वयंके द्वारा ही जाना जाता है, इसलिये वह 'ज्ञेय' है और वह करणोंके द्वारा जाननेमें नहीं आता, इसलिये वह 'अविज्ञेय' है।

(२३) वह परमात्मा सम्पूर्ण इन्द्रियों और उनके विषयोंको प्रकाशित करनेवाला है तथा वह सम्पूर्ण इन्द्रियोंसे रहित है (१३।१४)—यह कैसे?

जैसे एक-एक इन्द्रियसे एक-एक विषयका ज्ञान होता है, पर मनको पाँचों इन्द्रियोंका, उनके विषयोंका और उन विषयोंमें एक-एक विषयमें क्या कमी है, क्या घटिया है, क्या बढ़िया है आदिका ज्ञान होता है अर्थात् मन पाँचों इन्द्रियोंको तथा उनके विषयोंको प्रकाशित करता है। मनको ऐसा ज्ञान होते हुए भी मनमें पाँचों इन्द्रियाँ नहीं हैं। ऐसे ही वह परमात्मा सबको, संसारमात्रको प्रकाशित करता है, पर वह इन्द्रियोंसे रहित है अर्थात् उस परमात्मामें इन्द्रियाँ नहीं है।

(२४) वह परमात्मा आसक्तिरहित है और वह सबका भरण-पोषण करनेवाला है (१३। १४)— यह कैसे?

जैसे माता-पिता अपनी संतानका पालन-पोषण करते हैं, उसकी रक्षा करते हैं, पर करते हैं आसक्तिपूर्वक ही। ऐसे ही परमात्मा सबका भरण-पोषण करता है, उनकी रक्षा करता है, पर करता है आसक्तिरहित होकर ही। तात्पर्य है कि उस परमात्माकी किसीमें भी आसक्ति नहीं है, सबसे निर्लिप्तता है।

(२५) वह परमात्मा गुणोंसे रहित है और वह गुणोंका भोक्ता है (१३।१४)—यह कैसे?

वह परमात्मा सत्त्व, रज और तम—इन तीनों गुणोंको काममें लाता है अर्थात् तीनों गुणोंको लेकर सृष्टि-रचना आदि सब कार्य करता है। अतः उसको गुणोंका भोक्ता कहा गया है। परंतु उस परमात्माकी किसी भी गुणके साथ किंचिन्मात्र भी लिप्तता नहीं होती, इसलिये उसको गुणोंसे रहित कहा गया है।

(२६) वह परमात्मा दूर-से-दूर भी है और वह नजदीक-से-नजदीक भी है (१३। १५)—यह कैसे?

नाशवान् पदार्थोंके संग्रह और सुखभोगकी इच्छा करनेवाले तथा परमात्मासे विमुख मनुष्योंके लिये तो परमात्मा दूर-से-दूर हैं, पर जो केवल परमात्माके ही सम्मुख है, जो सब जगह परमात्माको ही देखता है, जिसके ज्ञानमें एक परमात्माके सिवाय दूसरोंकी और अपने-आपकी भी कोई अलग सत्ता नहीं है, उसके लिये परमात्मा नजदीक-से-नजदीक हैं।

(२७) वह परमात्मा स्वयं विभागरहित होते हुए भी सम्पूर्ण प्राणियोंमें विभक्तकी तरह स्थित है (१३। १६)—यह कैसे?

जैसे सोनेसे बने हुए गहनोंके नाम, आकृति, माप, तौल और मूल्य अलग-अलग होते हुए भी धातुरूपसे सबमें एक सोना ही है, ऐसे ही परमात्मतत्त्व वस्तु, व्यक्ति आदिके अनेक रूपोंमें होता हुआ भी तत्त्वसे एक ही है। जैसे मनोराज्यमें स्थावर-जंगम, जड़-चेतन आदि जो कुछ दीखता है, वह सब एक मन ही होता है, ऐसे ही एक परमात्मतत्त्व सृष्टिके अनेक रूपोंमें दीखता है, पर अनेक होते हुए भी वह तत्त्वतः एक ही है।

(२८) प्रकृतिमें स्थित पुरुष ही भोक्ता बनता है (१३।२१); शरीरमें स्थित होता हुआ भी पुरुष भोक्ता नहीं बनता (१३।३१)—यह कैसे?

तेरहवें अध्यायके इक्कीसवें श्लोकमें तो जो प्रकृतिमें स्थित* है अर्थात् जिसने प्रकृति (शरीर)-के साथ अपना सम्बन्ध जोड़ लिया है, वही प्रकृतिजन्य गुणोंका भोक्ता बनता है और इकतीसवें श्लोकमें जो शरीरसे सम्बन्ध-विच्छेद करके अपने स्वरूपमें स्थित हो गया है, वह शरीरमें रहता हुआ भी भोक्ता नहीं बनता। तात्पर्य है कि इक्कीसवें श्लोकमें तो प्रकृति (शरीर)-के साथ सम्बन्ध जोड़े हुए पुरुषका वर्णन है और इकतीसवें श्लोकमें शरीरके साथ सम्बन्ध तोड़े हुए पुरुषका वर्णन है।

(२९) प्रकृतिमें स्थित (प्रकृतिस्थः) पुरुष ही प्रकृतिजन्य गुणोंका भोक्ता बनता है (१३। २१) धीर पुरुष सुख-दुःखमें सम तथा स्वरूपमें स्थित (स्वस्थ) रहता है (१४। २४), तो जो प्रकृतिमें स्थित है, वह स्वरूपमें स्थित कैसे? और जो स्वरूपमें स्थित है, वह प्रकृतिमें स्थित कैसे?

वास्तवमें यह पुरुष प्रकृतिमें स्थित है ही नहीं, प्रत्युत स्वतः अपने स्वरूपमें ही स्थित है। परन्तु जब यह अपनी स्थिति प्रकृतिमें अर्थात् एक शरीरमें मान लेता है अर्थात् शरीरमें अहंता-ममता कर लेता है, तब यह कर्ता-भोक्ता बन जाता है, सुखी-दुःखी हो जाता है, इसपर शुभ-अशुभ कर्म लागू हो जाते हैं, यह जन्म-मरणमें पड़ जाता है। परन्तु जब यह अपनी स्थिति प्रकृतिमें नहीं मानता, तब इसकी स्थिति स्वरूपमें ही होती है और यह कर्ता-भोक्ता नहीं बनता, सुखी-दुःखी नहीं होता, इसपर शुभ-अशुभ कर्म लागू नहीं होते, यह जन्म-मरणसे मुक्त हो जाता है।

(३०) संसार-वृक्ष ऊपरकी ओर मूलवाला है—**'ऊर्ध्वमूलम्'** (१५। १) और संसार-वृक्षके मूल नीचे हैं—**'अधश्च मूलानि'** (१५। २), तो एक ही संसार-वृक्षके ऊर्ध्वमूल और अधोमूल कैसे?

ऊर्ध्वमूल परमात्माका वाचक है, जो कि संसार-वृक्षका आधार है और अधोमूल तादात्म्य, ममता और कामनाके वाचक हैं, जिनसे ऊर्ध्व, मध्य और अधोगतिरूप शाखाएँ निकलती हैं। तात्पर्य है कि मनुष्यको इन तादात्म्य, ममता और कामनारूप मूलोंका तो छेदन करना है और ऊर्ध्वमूल परमात्माकी शरण लेना है।

(३१) वह सम्पूर्ण प्राणियोंको मार करके भी न मारता है और न बँधता है (१८। १७) अर्थात् वह क्रिया करके भी क्रिया नहीं करता और उसके फलका भी भागी नहीं होता—यह कैसे?

* यहाँ व्यष्टि शरीरमें स्थित रहनेको ही 'प्रकृतिमें स्थित' कहा गया है; क्योंकि प्रकृति अर्थात् समष्टि शरीरमें स्थित होकर कोई भोक्ता बनता ही नहीं।

अहंकृतभाव अर्थात् 'मैं कर्म करता हूँ'—ऐसा भाव होनेसे ही मनुष्य कर्मोंका कर्ता बनता है और फलकी इच्छासे उसको फलका भागी होना पड़ता है। परंतु जिसके भीतर अहंकृतभाव नहीं है और फलकी इच्छा भी नहीं है, वह सब कुछ करता हुआ भी वास्तवमें कुछ नहीं करता और किसी भी कर्मके फलका भागी नहीं होता (१३। ३१)।

(३२) सात्त्विक सुख आरम्भमें विषकी तरह है और परिणाममें अमृतकी तरह है (१८। ३७); राजस सुख आरम्भमें अमृतकी तरह है और परिणाममें विषकी तरह है (१८। ३८)—यह कैसे?

वास्तवमें सात्त्विक सुख आरम्भमें विषकी तरह नहीं है। जब मनुष्य सात्त्विक सुखकी तरफ चलता है, तब उसको भोग, सुख-आराम, मान-बड़ाई आदि राजस सुखका और निद्रा, आलस्य, प्रमाद, खेल-तमाशा आदि तामस सुखका त्याग करना विषकी तरह मालूम देता है। परंतु सात्त्विक सुखमें प्रवेश होनेपर परमात्मविषयक बुद्धिसे पैदा हुआ वह सुख अमृतकी तरह दीखता है। अतः सात्त्विक सुख आरम्भमें विषकी तरह और परिणाममें अमृतकी तरह है।

भोगोंको भोगनेमें, विषयोंका सेवन करनेमें पहले एक सुख मालूम देता है, एक रस आता है; अतः राजस सुख पहले अमृतकी तरह दीखता है। परंतु भोगोंके, विषय-सेवनके परिणाममें शरीरकी, इन्द्रियोंकी शक्तिका ह्रास होता है, बल-बुद्धिका ह्रास होता है, शरीरमें रोग होते हैं, थकावट आती है। अतः राजस सुख परिणाममें विषकी तरह है।

तात्पर्य है कि बुद्धिमान् मनुष्य परिणामकी तरफ देखते हैं और अज्ञानी मनुष्य परिणामकी तरफ नहीं देखते। अतः साधकको चाहिये कि वह परिणामकी तरफ ही ध्यान दे।

(३३) सब कर्मोंका त्याग करके संयमपूर्वक एकान्तमें रहकर ध्यान करनेसे जिस तत्त्व (पद)-की प्राप्ति होती है (१८। ५१—५४), उसी तत्त्वकी प्राप्ति सब कर्मोंको मशीनकी तरह सदा करते हुए होती है (१८। ५६)—यह कैसे?

पहली बात (१८। ५१—५४ में) सांख्ययोगकी है और उसमें अभ्यासकी मुख्यता है; अतः तत्परतापूर्वक अभ्यास करनेसे सांख्ययोगीको तत्त्वकी प्राप्ति हो जाती है। दूसरी बात (१८। ५६में) भक्तियोगकी है और उसमें भगवान्‌के आश्रयकी मुख्यता है; अतः भगवान्‌का आश्रय लेनेसे भक्तको भगवत्कृपासे शाश्वत अविनाशी पदकी प्राप्ति हो जाती है।

गीतामें आये समान चरणोंका तात्पर्य

समानाः श्लोकपादा हि गीतायां सन्ति यत्र च।
तात्पर्यं कथ्यते तेषां पूर्वापरप्रसङ्गतः॥

'**सेनयोरुभयोर्मध्ये**' (१। २१, २४; २। १०)—एक बार तो अर्जुनने भगवान्‌से अपना रथ दोनों सेनाओंके मध्यभागमें खड़ा करनेके लिये कहा (१। २१), एक बार भगवान्‌ने दोनों सेनाओंके बीचमें रथ खड़ा कर दिया (१। २४) और एक बार वहीं (दोनों सेनाओंके बीचमें) अर्जुनको उपदेश दिया (२। १०)। इस प्रकार तीन तरहकी परिस्थितियाँ हुईं। रथ खड़ा करो—ऐसा कहते समय अर्जुनका भाव और ही था अर्थात् वे अपनेको रथी और भगवान्‌को सारथि मानते थे; दोनों सेनाओंके बीचमें रथ खड़ा करके भगवान्‌ने

कहा कि इन कुरुवंशियोंको देखो तो अर्जुनका भाव और ही हुआ अर्थात् उनमें कौटुम्बिक मोह जाग्रत् हो गया; और भगवान्‌ने उपदेश दिया तो अर्जुनका भाव और ही हुआ अर्थात् वे शिष्यभावसे उपदेश सुनने लगे।

(२) 'कुलक्षयकृतं दोषम्' (१।३८-३९)—ये पद कुलका नाश करनेसे होनेवाले दोषको न देखने और देखनेके अर्थमें आये हैं। जिन मनुष्योंपर लोभ सवार हो जाता है और लोभके कारण जिनका कर्तव्य-अकर्तव्यका विवेक ढक जाता है, वे अपने व्यवहारमें होनेवाले दोषोंको नहीं जानते। परन्तु जो लोभके वशीभूत नहीं हैं और जिनमें कर्तव्य-अकर्तव्यका, धर्म-अधर्मका विवेक है, वे अपने व्यवहारमें होनेवाले दोषोंको अच्छी तरह जानते हैं। दुर्योधन आदिपर राज्यका लोभ छाया हुआ होनेसे वे कुलके नाशसे होनेवाले दोषोंको नहीं देख रहे थे; परंतु पाण्डवोंपर राज्यका लोभ नहीं छाया हुआ होनेसे वे कुलके नाशसे होनेवाले दोषोंको स्पष्ट देख रहे थे। तात्पर्य है कि मनुष्यको कभी लोभके वशीभूत नहीं होना चाहिये।

(३) 'येन सर्वमिदं ततम्' (२।१७; ८।२२; १८।४६)—एक बार तो शरीरी (जीवात्मा)-की व्यापकता बतायी (२।१७) और दो बार परमात्माकी व्यापकता बतायी (८।२२; १८।४६)। तात्पर्य है कि साधकको अपने स्वरूपको भी सर्वत्र व्यापक मानना चाहिये और परमात्माको भी सब देश, काल, वस्तु, व्यक्ति, घटना, परिस्थिति आदिमें व्यापक मानना चाहिये। इससे बहुत जल्दी साधनकी सिद्धि होती है।

(४) 'न त्वं शोचितुमर्हसि' (२।२७, ३०)—दोनों सेनाओंमें अपने स्वजनोंको देखकर अर्जुनको शोक हो रहा था; अतः भगवान् उनको बार-बार चेताते हैं। अगर लौकिक दृष्टिसे देखा जाय तो जिसका जन्म होता है, उसकी मृत्यु अवश्य होगी और जिसकी मृत्यु होगी, उसका जन्म अवश्य होगा—इस निश्चित नियमको लेकर भी शोक नहीं हो सकता (२।२७)। यदि चेतन तत्त्वको लेकर देखा जाय तो उसका कभी नाश होता ही नहीं; अतः उसके लिये भी शोक करना बनता नहीं (२।३०)। तात्पर्य है कि शरीर और शरीरी—दोनोंको लेकर शोक नहीं करना चाहिये।

(५) 'व्यवसायात्मिका बुद्धिः' (२।४१, ४४)—जिसके अन्तःकरणमें संसारका महत्त्व नहीं होता, उसकी तो व्यवसायात्मिका (एक निश्चयवाली) बुद्धि होती है (२।४१) और जिसके भीतर संसारका, भोगोंका महत्त्व होता है, उसकी व्यवसायात्मिका बुद्धि नहीं होती (२।४४)। तात्पर्य है कि निष्काम मनुष्यकी तो एक बुद्धि होती है पर सकाम मनुष्यकी एक बुद्धि नहीं होती, प्रत्युत अनन्त बुद्धियाँ होती हैं।

(६) 'तस्य प्रज्ञा प्रतिष्ठिता' (२।५७, ६१)—ये पद दूसरे अध्यायके सत्तावनवें श्लोकमें सिद्ध कर्मयोगीके लिये और इकसठवें श्लोकमें कर्मयोगी साधकके लिये आये हैं। साधककी भी प्रज्ञा (बुद्धि) स्थिर हो जाती है। प्रज्ञा स्थिर होनेपर साधकको भी सिद्धके समान ही समझना चाहिये। गीतामें सिद्धोंको भी महात्मा कहा गया है (७।१९) और साधकोंको भी महात्मा कहा गया है (९।१३)।

(७) 'इन्द्रियाणीन्द्रियार्थेभ्यस्तस्य प्रज्ञा प्रतिष्ठिता' (२।५८, ६८)—दूसरे अध्यायके अट्ठावनवें श्लोकमें तो एकान्तमें बैठकर वृत्तियोंका संयम करनेका वर्णन है; अतः वहाँ **'संहरते'** क्रियाका प्रयोग हुआ है; और अड़सठवें श्लोकमें व्यवहारमें अर्थात् सांसारिक कार्य करते हुए भी इन्द्रियोंके वशमें रहनेकी बात आयी है; अतः वहाँ **'निगृहीतानि'** पद आया है। तात्पर्य है कि एकान्त स्थानमें अथवा व्यवहारकालमें भी साधकका अपनी इन्द्रियोंपर आधिपत्य रहना चाहिये। एकान्तमें तो मानसिक वृत्ति भी नहीं रहनी चाहिये और व्यवहारमें इन्द्रियोंके

वशीभूत नहीं होना चाहिये, भोगोंमें आसक्ति नहीं रहनी चाहिये, तभी साधककी एक निश्चयात्मिका बुद्धि स्थिर, दृढ़ होगी*।

(८) **'युक्त आसीत मत्परः'** (२।६१; ६।१४)—इन पदोंके द्वारा एक बार तो कर्मयोगमें भगवत्परायण होनेकी बात कही गयी है (२।६१) और एक बार ध्यानयोगमें भगवत्परायण होनेकी बात कही गयी है (६।१४)। कर्मयोगमें भी भगवत्परायण होना आवश्यक है; क्योंकि भगवत्परायणता होनेसे कर्मयोगकी जल्दी विशेष सिद्धि होती है। ऐसे ही ध्यानयोगमें भी भगवान्‌के परायण होना आवश्यक है; क्योंकि ध्यानयोगमें भगवत्परायणता न होनेसे सकामभावके कारण सिद्धियाँ तो प्रकट हो सकती हैं, पर मुक्ति नहीं हो सकती।

(९) **'निर्ममो निरहङ्कारः'** (२।७१; १२।१३)—ये पद एक बार तो कर्मयोगीके लिये आये हैं (२।७१) और एक बार भक्तियोगीके लिये आये हैं (१२।१३) कर्मयोगी केवल अपना कर्तव्य समझकर कामना-आसक्तिका त्याग करके कर्म करता है; अतः वह अहंता-ममतासे रहित हो जाता है। भक्तियोगी सर्वथा भगवान्‌के समर्पित हो जाता है; अतः उसमें अहंता-ममता नहीं रहती। तात्पर्य है कि कामना-आसक्ति न रखनेसे भी वही स्थिति होती है और भगवान्‌के समर्पित होनेसे भी वही स्थिति होती है अर्थात् दोनों ही अहंता-ममतासे रहित हो जाते हैं।

(१०) **'मम वर्त्मानुवर्तन्ते मनुष्याः पार्थ सर्वशः'** (३।२३; ४।११)—मैं कर्म नहीं करूँगा तो सभी लोग मेरे मार्गका ही अनुसरण करेंगे अर्थात् वे भी कर्म नहीं करेंगे, अपने कर्तव्यसे च्युत हो जायँगे (३।२३)—ऐसा कहकर भगवान्‌ने कर्मयोगकी बात कही और जो जैसे मेरी शरण होते हैं, मैं उनके साथ वैसा ही प्रेमका बर्ताव करता हूँ; अतः मेरा यह बर्ताव देखकर मनुष्य भी दूसरोंके साथ वैसा ही यथायोग्य प्रेमका बर्ताव करेंगे—ऐसा कहकर भगवान्‌ने भक्तियोगकी बात कही। तात्पर्य है कि भगवान् कर्मयोग और भक्तियोग—इन दोनोंमें आदर्श हैं।

(११) **'श्रेयान्स्वधर्मो विगुणः परधर्मात्स्वनुष्ठितात्'** (३।३५; १८।४७)—अर्जुन युद्ध करनेकी अपेक्षा भिक्षा माँगने (परधर्म)-को श्रेष्ठ समझते थे; अतः पहली बार इन पदोंसे भगवान्‌ने अर्जुनको परधर्मसे हटकर युद्ध करना श्रेष्ठ बताया (३।३५) और दूसरी बार इन पदोंसे अपने धर्ममें कमी होनेपर भी अपने धर्मका अनुष्ठान करना श्रेष्ठ बताया (१८।४७)। इस प्रकार पहली बार आये पदोंसे परधर्ममें गुणोंकी अधिकता होनेसे परधर्ममें रुचि बतायी गयी है और दूसरी बार आये पदोंसे अपने धर्ममें गुणोंकी कमी होनेसे अपने धर्ममें अरुचि बतायी गयी है। तात्पर्य है कि न तो अपने कर्तव्य-कर्मको निकृष्ट समझकर उससे अरुचि होनी चाहिये और न दूसरोंके कर्तव्य-कर्मको श्रेष्ठ समझकर उसपर दृष्टि जानी चाहिये, प्रत्युत प्राप्त परिस्थितिके अनुसार अपने कर्तव्य-कर्मका उत्साह और तत्परतापूर्वक पालन करना चाहिये।

(१२) **'यज्ज्ञात्वा मोक्ष्यसेऽशुभात्'** (४।१६; ९।१)—चौथे अध्यायके सोलहवें श्लोकमें इन पदोंके द्वारा कर्मयोगके विषयमें कहा है कि कर्मके तत्त्वको जाननेसे तू अशुभ संसारसे मुक्त हो जायगा; और नवें अध्यायके पहले श्लोकमें इन पदोंके द्वारा भक्तियोगके विषयमें कहा है कि भगवान्

---

* चौथे अध्यायके छब्बीसवें श्लोकमें एकान्तमें इन्द्रियोंके संयमको ही 'श्रोत्रादीनीन्द्रियाण्यन्ये संयमाग्निषु जुह्वति' पदोंद्वारा 'संयमरूप यज्ञ' बताया है और व्यवहारमें इन्द्रियोंके संयमको ही 'शब्दादीन्विषयानन्य इन्द्रियाग्निषु जुह्वति' पदोंद्वारा 'विषयहवनरूप यज्ञ' बताया है अर्थात् व्यवहारमें विषयोंका सेवन करते हुए भी विषयोंमें भोग-बुद्धि (राग-द्वेष) न हो।

सब जगह हैं, भगवान्‌से ही संसार उत्पन्न हुआ है, उन्हींमें रहता है और उन्हींमें लीन होता है तथा सब कुछ भगवान् ही बने हैं, भगवान्‌के सिवाय दूसरा कुछ है ही नहीं—इस विज्ञानसहित ज्ञानको जानने अर्थात् अनुभव करनेसे तू अशुभ संसारसे मुक्त हो जायगा। तात्पर्य है कि चौथे अध्यायके सोलहवें श्लोकमें निष्कामताकी मुख्यता है और नवें अध्यायके पहले श्लोकमें सब जगह भगवान्‌को देखनेकी मुख्यता है। कर्मके तत्त्वको जानकर निष्कामभावपूर्वक कर्म करनेसे जड़ता मिट जाती है और चिन्मयता आ जाती है। (४।१६) तथा चिन्मय भगवान्‌को जाननेसे चिन्मयता आ जाती है और जड़ता मिट जाती है।

(१३) '(कर्म) कुर्वन्नाप्नोति किल्बिषम्' (४।२१; १८।४७)—केवल शरीर-निर्वाहकी दृष्टिसे कर्म करते हुए भी पाप नहीं लगता (४। २१) और अपने कर्तव्य (स्वधर्म)-का पालन करते हुए भी पाप नहीं लगता (१८।४७)। तात्पर्य है कि साधकमें जो कुछ विलक्षणता आती है, वह एक निश्चयात्मिका बुद्धि होनेसे ही आती है। निश्चयात्मिका बुद्धिके होनेमें भोग और संग्रहकी आसक्ति ही बाधक है। इसलिये भगवान्‌ने चौथे अध्यायके इक्कीसवें श्लोकमें शरीर-निर्वाह अर्थात् भोगोंमें भोगबुद्धि न करनेमें सावधान किया है। संग्रहके लोभमें मनुष्य कर्तव्य-अकर्तव्यका ख्याल नहीं रखता; अतः अठारहवें अध्यायके सैंतालीसवें श्लोकमें अकर्तव्यका त्याग करके कर्तव्य-कर्म करनेमें सावधान किया है।

(१४) '(कर्माणि) निबध्नन्ति धनंजय' (४।४१; ९।९)—चौथे अध्यायके इकतालीसवें श्लोकमें ये पद कर्मयोगीके लिये आये हैं। तात्पर्य है कि कर्म करते हुए भी कर्मयोगीका कर्मोंके साथ और कर्मफलोंके साथ किंचिन्मात्र भी सम्बन्ध नहीं रहता; अतः उसे कर्म नहीं बाँधते। नवें अध्यायके नवें श्लोकमें ये पद भगवान्‌के लिये आये हैं। तात्पर्य है कि भगवान् सृष्टिकी रचना करते हैं, पर उन कर्मोंसे वे बँधते नहीं; क्योंकि भगवान्‌में कर्तृत्वाभिमान और फलासक्ति होती ही नहीं (४।१३-१४)।

(१५) 'यः पश्यति स पश्यति' (५।५; १३।२७)—पहली बार ये पद साधनके विषयमें आये हैं और दूसरी बार ये पद साध्य (परमात्मा)-के विषयमें आये हैं। सांख्ययोग और कर्मयोग—ये दोनों ही साधन परमात्माकी प्राप्ति करानेवाले हैं, इनमें कोई छोटा-बड़ा नहीं, दोनों समान हैं—इस प्रकार जो देखता है, वही ठीक देखता है (५। ५)। जो परमात्माको सब जगह समानरूपसे व्यापक देखता है, वही वास्तवमें सही देखता है (१३। २७)। तात्पर्य है कि साधनोंमें तो भिन्नताकी मान्यता नहीं होनी चाहिये और साध्य (परमात्मा)-को सब जगह परिपूर्ण मानना चाहिये। साधन और साध्यको छोटा-बड़ा नहीं मानना चाहिये अर्थात् साधनमें भी छोटे-बड़ेका भाव न हो और साध्यमें भी छोटे-बड़ेका भाव न हो। दोनोंको पूर्ण मानना चाहिये।

(१६) 'सर्वभूतहिते रताः' (५।२५; १२।४)—ये पद दोनों ही बार सांख्ययोगमें आये हैं; परंतु पाँचवें अध्यायके पचीसवें श्लोकमें इन पदोंसे निर्वाण ब्रह्म अर्थात् निर्गुण-निराकारकी प्राप्ति बतायी गयी है और बारहवें अध्यायके चौथे श्लोकमें इन पदोंसे **'माम्'** अर्थात् सगुण-साकारकी प्राप्ति बतायी गयी है। तात्पर्य है कि सांख्ययोगी निर्गुणकी प्राप्ति चाहे या सगुणकी प्राप्ति चाहे, पर उसके लिये सम्पूर्ण प्राणियोंके हितमें रत होना आवश्यक है। कारण कि जड़ पदार्थोंका त्याग करनेमें दूसरोंके हितकी भावना बड़ी सहायक होती है। सांख्ययोगी (ज्ञानमार्गी) प्रायः संसारसे उपराम रहता है, इसलिये उसकी जल्दी सिद्धि नहीं होती; परंतु प्राणिमात्रके हितमें रति होनेसे जल्दी सिद्धि हो जाती है।

(१७) **'युञ्जन्नेवं सदाऽऽत्मानं योगी'** (६।१५, २८)—ये पद छठे अध्यायके पंद्रहवें श्लोकमें तो सगुण-साकारके ध्यानके विषयमें और अट्ठाईसवें श्लोकमें निर्गुण-निराकारके ध्यानके विषयमें आये हैं। पंद्रहवें श्लोकमें तो निर्वाणपरमा शान्तिकी प्राप्ति बतायी है और अट्ठाईसवें श्लोकमें अत्यन्त सुखकी प्राप्ति बतायी है। तात्पर्य है कि ध्यान चाहे सगुणका करें, चाहे निर्गुणका करें, दोनोंसे एक ही तत्त्वकी प्राप्ति होगी।

(१८) **'शीतोष्णसुखदुःखेषु'** (६।७; १२।१८)—यह पद छठे अध्यायके सातवें श्लोकमें सिद्ध कर्मयोगीके लक्षणोंमें और बारहवें अध्यायके अठारहवें श्लोकमें सिद्ध भक्तोंके लक्षणोंमें आया है। तात्पर्य है कि शीत-उष्ण (अनुकूलता-प्रतिकूलता) और सुख-दुःखमें कर्मयोगी भी प्रशान्त (निर्विकार) रहता है और भक्तियोगी भी सम (निर्विकार) रहता है।

(१९) **'तथा मानापमानयोः'** (६।७; १२।१८)—ये पद छठे अध्यायके सातवें श्लोकमें सिद्ध कर्मयोगीके लक्षणोंमें और बारहवें अध्यायके अठारहवें श्लोकमें सिद्ध भक्तोंके लक्षणोंमें आये हैं। इन दोनों सिद्धोंके लिये तो मान-अपमानमें सम रहना स्वाभाविक होता है, पर साधकको इनमें विशेष सावधान रहना चाहिये।* तात्पर्य है कि सांसारिक आसक्ति तो पतन करनेवाली है ही पर मान-अपमान अच्छे-अच्छे साधकोंको भी विचलित कर देते हैं। अतः साधकोंको मान-अपमानके विषयमें विशेष सावधान रहना चाहिये कि वे शरीर आदिके साथ अपना सम्बन्ध न जोड़ें; क्योंकि शरीर आदिके साथ सम्बन्ध जोड़नेसे ही मान-अपमानका असर पड़ता है।

(२०) **'समलोष्टाश्मकांचनः'** (६।८; १४।२४)—यह पद छठे अध्यायके आठवें श्लोकमें सिद्ध कर्मयोगीके लिये आया है और चौदहवें अध्यायके चौबीसवें श्लोकमें सिद्ध सांख्ययोगीके लिये आया है। तात्पर्य है कि कर्मयोगी और सांख्ययोगी—दोनोंको एक ही स्थितिकी प्राप्ति होती है (५।५)।

(२१) **'सर्वथा वर्तमानोऽपि'** (६।३१; १३।२३)—ये पद छठे अध्यायके इकतीसवें श्लोकमें भक्तियोगीके लिये और तेरहवें अध्यायके तेईसवें श्लोकमें सांख्ययोगीके लिये आये हैं। भगवान्‌के साथ सम्बन्ध (अपनापन) हो जानेसे भक्त सदा ही भगवान्‌के साथ रहता है (६।३१)। प्रकृति और पुरुषके अलगावका ठीक-ठीक अनुभव हो जानेसे सांख्ययोगीका फिर जन्म नहीं होता (१३।२३)। तात्पर्य है कि चाहे भगवान्‌के साथ सम्बन्ध जोड़ लो, चाहे प्रकृतिके साथ सम्बन्ध तोड़ लो, दोनोंका परिणाम एक ही होगा।

(२२) **'ततो याति परां गतिम्'** (६।४५; १३।२८; १६।२२)—जो साधनमें लग गया है, अपने मुख्य ध्येयमें लग गया है, उसकी परमगतिमें कभी संदेह नहीं करना चाहिये। किसी कारणसे उसका दूसरा जन्म भी हो जाय तो भी उसकी परमगति होगी ही (६।४५)। जो विनाशी देश, काल, वस्तु, व्यक्ति, घटना आदिमें समरूपसे रहनेवाले एक परमात्माको ही देखता है, वह परमगतिको प्राप्त होता है (१३।२८)। काम, क्रोध और लोभ—इन तीनोंमें पतन करनेवाला काम (कामना) ही है; क्योंकि कामनासे ही क्रोध और लोभ पैदा होते हैं। इस कामनासे छूटा हुआ व्यक्ति परमगतिको प्राप्त हो जाता है (१६।२२)। इस प्रकार भगवान्‌ने कामनाका त्याग करना और सब जगह परमात्माको देखना—ये दो साधन बताये तथा साधनमें लगनेवालेकी परमगति होनेकी बात बतायी।

* सिद्ध ज्ञानयोगीके लिये भी **'मानापमानयोस्तुल्यः'** (१४।२५) पद आया है अर्थात् वह भी मान और अपमानमें स्वाभाविक सम रहता है।

(२३) '(अस्मि) तेजस्तेजस्विनामहम्' (७। १०; १०। ३६)—इन पदोंसे सातवें अध्यायके दसवें श्लोकमें कारणरूपसे तेजका वर्णन हुआ है, जो कि भगवान्‌से उत्पन्न हुआ है; और दसवें अध्यायके छत्तीसवें श्लोकमें कार्यरूपसे तेजका वर्णन हुआ है, जो कि संसारमें देखनेमें आता है। तात्पर्य है कि मूल (भगवान्)-की तरफ दृष्टि करनेके लिये कारणरूपसे तेजका वर्णन किया गया है और संसारमें जो तेज (प्रभाव) दीखता है, उसमें भगवद्‌बुद्धि करनेके लिये कार्यरूपसे (विभूतिके रूपमें) तेजका वर्णन किया गया है।

(२४) 'परं भावमजानन्तो मम' (७। २४; ९। ११)—सातवें अध्यायके चौबीसवें श्लोकमें कहा कि जो कामनापूर्तिके लिये देवताओंकी उपासना करते हैं और भगवान्‌के परम अविनाशी भावको न जानते हुए भगवान्‌को साधारण मनुष्य मानते हैं, वे बुद्धिहीन हैं। नवें अध्यायके ग्यारहवें श्लोकमें कहा कि आसुरी, राक्षसी और मोहिनी प्रकृतिवाले मनुष्य भगवान्‌के अज, अविनाशी और सम्पूर्ण प्राणियोंके महान् ईश्वरभावको न जानते हुए उनको साधारण मनुष्य मानकर उनकी अवहेलना करते हैं। तात्पर्य है कि सातवें अध्यायके चौबीसवें श्लोकमें वर्णित लोग तो भगवान्‌को साधारण मनुष्य मानकर उनकी उपेक्षा करते हैं और नवें अध्यायके ग्यारहवें श्लोकमें वर्णित लोग भगवान्‌को साधारण मनुष्य मानकर उनका तिरस्कार करते हैं। वहाँ उपेक्षा मुख्य है और यहाँ तिरस्कार मुख्य है।

परम भाव दो तरहका होता है—पहला, वह अविनाशी है, उत्तम है और दूसरा, वह सबका ईश्वर (स्वामी) है, शासक है। यह बतानेके लिये ही भगवान्‌ने दोनों जगह (७। २४ और ९। ११में) 'परं भाव' पदका प्रयोग किया अर्थात् इस पदसे पहली बार अपनेको अविनाशी (जन्म-मरणसे रहित) बताया (७। २४) और दूसरी बार अपनेको सबका स्वामी, शासक बताया (९। ११)। इन दोनों भावोंके मिलनेसे ही परम भाव पूर्ण होता है। ऐसे परम भावको न जाननेवाले लोग बुद्धिहीन हैं, मूढ़ हैं।

(२५) 'तस्मात्सर्वेषु कालेषु' (८। ७, २७)—आठवें अध्यायके सातवें श्लोकमें सब समय भगवान्‌को याद रखनेकी बात है; क्योंकि युद्ध अर्थात् कर्तव्य-कर्म तो सब समय नहीं हो सकता, पर भगवान्‌का स्मरण सब समय हो सकता है। सत्ताईसवें श्लोकमें अनुकूल-प्रतिकूल देश, काल, वस्तु, व्यक्ति, घटना, परिस्थिति आदिमें सम रहनेकी बात है अर्थात् अनुकूलता-प्रतिकूलतामें राग-द्वेष, हर्ष-शोक आदि नहीं होने चाहिये; किंतु सम रहना चाहिये। समता परमात्माका स्वरूप है; अतः समरूप परमात्माकी आराधना भी समता ही है—**'समत्वमाराधनमच्युतस्य'** (विष्णुपुराण १। १७। ९०)। तात्पर्य है कि चाहे सब समयमें भगवान्‌का स्मरण करें, चाहे योग अर्थात् समतासे समरूप परमात्माकी आराधना करें, एक ही बात है।

(२६) 'मय्यर्पितमनोबुद्धिः' (८।७; १२।१४)—यह पद आठवें अध्यायके सातवें श्लोकमें साधक भक्तके लिये और बारहवें अध्यायके चौदहवें श्लोकमें सिद्ध भक्तके लिये आया है। साधक भक्त तो अपने मन और बुद्धिको भगवान्‌के अर्पित करता है, पर सिद्ध भक्तके मन और बुद्धि स्वतः स्वाभाविक भगवान्‌के अर्पित होते हैं—यह अन्तर बतानेके लिये यह चरण दो बार आया है। तात्पर्य है कि मनुष्यके पास बड़े-से-बड़े दो ही औजार हैं—मन और बुद्धि। ये दोनों औजार जबतक जड़ता (संसार)-में लगे रहते हैं, तबतक यह स्वयं इन मन-बुद्धिके साथ जड़तामें आबद्ध रहता है। परंतु जब इनका मुख भगवान्‌की तरफ हो जाता है अर्थात् इनमेंसे ममता छूट जाती है, तब स्वयं भगवान्‌के साथ अभिन्न हो जाता है।

(२७) 'न निवर्तन्ते तद्धाम परमं मम' (८। २१; १५। ६)—आठवें अध्यायके इक्कीसवें श्लोकमें परमात्मविषयक वर्णनकी एकता करते

हुए कहते हैं कि जिसको प्राप्त होनेपर जीव फिर लौटकर नहीं आते, उसीको परमधाम कहते हैं; और पंद्रहवें अध्यायके छठे श्लोकमें अपनी महिमाका वर्णन करते हुए कहते हैं कि जो संसारसे सम्बन्ध-विच्छेद करके परमात्माकी शरण हो जाता है, उसको परमधामकी प्राप्ति हो जाती है, जहाँसे फिर लौटकर नहीं आना पड़ता। तात्पर्य है कि चाहे उस परमात्मतत्त्वको प्राप्त हो जाय, चाहे उस परमात्माके परमधाममें चला जाय अर्थात् चाहे यहाँ जीते-जी परमात्माको प्राप्त हो जाय, चाहे शरीर छोड़नेके बाद परमात्माके परमधाममें पहुँच जाय—दोनों बातें एक ही हैं, दोनोंमें कोई फर्क नहीं है; क्योंकि दोनोंमें प्रकृति और उसके कार्यसे सम्बन्ध छूट जाता है।

(२८) 'पश्य मे योगमैश्वरम्' (९।५; ११।८)—**'पश्य'** क्रियाके दो अर्थ होते हैं— जानना और देखना। नवें अध्यायके पाँचवें श्लोकमें बुद्धिसे जाननेकी बात आयी है कि सब कुछ भगवत्स्वरूप है; और ग्यारहवें अध्यायके आठवें श्लोकमें विराट्रूपको देखनेकी बात आयी है। गुरु, संत, भगवान् जना दें तो मनुष्य बुद्धिसे जान सकता है, पर भगवान्का दिव्य विराट्रूप तभी देखा जा सकता है, जब भगवान् कृपा करके नेत्रोंमें दिव्यता देते हैं। तात्पर्य है कि नवें अध्यायके पाँचवें श्लोकमें **'ज्ञानचक्षु'** का वर्णन है और ग्यारहवें अध्यायके आठवें श्लोकमें **'दिव्यचक्षु'**का वर्णन है।

(२९) 'नित्ययुक्ता उपासते' (९।१४; १२।२)—नवें अध्यायके चौदहवें श्लोकमें तो दैवी सम्पत्तिका आश्रय लेनेवालोंके नित्य-निरन्तर भगवान्में लगे रहनेकी बात कही है और बारहवें अध्यायके दूसरे श्लोकमें भगवान्के लिये कर्म करनेवाले तथा उन्हींके परायण रहनेवालोंके नित्य-निरन्तर भगवान्में लगे रहनेकी बात कही है। तात्पर्य है कि भगवान्की उपासना दो तरहसे होती है—एकमें सभी कर्म भगवत्सम्बन्धी ही होते हैं और दूसरीमें कर्म संसार-सम्बन्धी भी होते हैं और भगवत्सम्बन्धी भी होते हैं। दोनों तरहकी उपासनामें क्रियाओंका भेद तो है, पर भावोंका भेद नहीं है अर्थात् भक्तिके साधनमें क्रियाभेद तो हो सकता है, पर भावभेद नहीं होता। भगवान्का ही भाव होनेके कारण दोनों ही साधक नित्य-निरन्तर भगवान्में ही लगे रहते हैं। दूसरा भाव यह है कि भगवान्के साथ अपने वास्तविक सम्बन्धको चाहे दैवी सम्पत्तिका आश्रय लेकर पहचान ले, चाहे साधनपंचक (११।५५)-से पहचान ले, फिर साधक नित्य-निरन्तर भगवान्में ही लगा रहता है।

(३०) 'यजन्ते श्रद्धयान्विताः' (९।२३; १७।१)—नवें अध्यायके तेईसवें श्लोकमें सकाम मनुष्योंके द्वारा सत्-असत्रूप भगवान्का अविधिपूर्वक पूजन करनेकी बात आयी है। सकाम मनुष्य अपने इष्टको भगवान्से अलग मानते हैं, उसको भगवद्रूप नहीं मानते, इसलिये उनके द्वारा किया गया पूजन अविधिपूर्वक होता है। सत्रहवें अध्यायके पहले श्लोकमें शास्त्रविधिका त्याग करके श्रद्धासे पूजन करनेवालोंकी निष्ठाके विषयमें अर्जुनका प्रश्न है कि वे कौन-सी निष्ठा (श्रद्धा)-वाले हैं। उसके उत्तरमें भगवान्ने सम्पूर्ण प्राणियोंकी स्वभावसे उत्पन्न तीन प्रकारकी श्रद्धा बतायी। तात्पर्य है कि नवें अध्यायके तेईसवें श्लोकमें देवताओंमें भगवद्बुद्धि न होनेसे उनका पूजन श्रद्धापूर्वक किये जानेपर भी उसको अविधिपूर्वक कहा गया है, जिससे वे जन्म-मरणको प्राप्त होते हैं; और सत्रहवें अध्यायके पहले श्लोकमें शास्त्रविधिका अज्ञतापूर्वक त्याग होनेपर भी तीन प्रकारकी श्रद्धाकी बात कही गयी है, जिसमें सात्त्विकी श्रद्धा होनेसे वे दैवी-सम्पत्तिको प्राप्त हो जाते हैं, जो मोक्षके लिये होती है।

(३१) 'मन्मना भव मद्भक्तो मद्याजी मां नमस्कुरु' (९। ३४; १८। ६५)—नवें अध्यायके चौंतीसवें श्लोकमें तो पहले राजविद्या, राज्यगुह्य और भक्तिके अधिकारियोंका वर्णन करके फिर **'मन्मना भव……'** आदिकी आज्ञा दी; और अठारहवें अध्यायके पैंसठवें श्लोकमें पहले गुह्य, गुह्यतर और सर्वगुह्यतम बात बताकर फिर **'मन्मना भव……'** आदिकी आज्ञा दी। तात्पर्य है कि नवें अध्यायमें भगवान् अपनी तरफसे ही नवें अध्यायका विषय शुरू करते हैं, भगवान्की तरफसे कृपाका स्रोत बहता है; परंतु अर्जुनके मनमें अपने साधनका, पुरुषार्थका कुछ अभिमान है, अतः भगवान्ने कहा—**'मन्मना भव मद्भक्तः…… मत्परायणः'** (९। ३४) 'तू मेरा भक्त हो जा, मेरेमें मनवाला हो जा, मेरा पूजन करनेवाला हो जा और मेरेको नमस्कार कर। इस प्रकार मेरे साथ अपने-आपको लगाकर, मेरे परायण हुआ तू मेरेको ही प्राप्त होगा।' अतः यहाँ भगवत्प्राप्तिमें भगवत्परायणता हेतु है और वहाँ (१८। ६५में) भगवत्प्राप्तिमें केवल भगवत्कृपा ही हेतु है। कारण कि भगवान्ने पहले (१८।५७में) **'मच्चित्तः सततं भव'** कह दिया, पर उस बातको अर्जुनने स्वीकार नहीं किया तो भगवान्ने **'अथ चेत्त्वमहंकारान्न श्रोष्यसि विनङ्क्ष्यसि'** (१८।५८) कहकर अर्जुनको धमकाया कि यह तेरा अहंकारका आश्रय है, जिससे तू मेरी बात नहीं सुन रहा है। जब भगवान्ने साफ कह दिया कि 'तू जैसी मरजी आये, वैसा कर' (१८। ६३), तब अर्जुनके मनमें धक्का लगा। अतः अर्जुनके भीतर कुछ पुरुषार्थका अभिमान था, जो भगवत्कृपासे नष्ट हुआ। इसलिये भगवान्ने कहा—**'मन्मना भव मद्भक्तः……प्रियोऽसि मे'** (१८। ६५) 'तू मेरा भक्त हो जा, मेरेमें मनवाला हो जा, मेरा पूजन करनेवाला हो जा और मेरेको नमस्कार कर। ऐसा करनेसे तू मेरेको ही प्राप्त हो जायगा—यह मैं सत्य प्रतिज्ञा करता हूँ; क्योंकि तू मेरा अत्यन्त प्रिय है'। तात्पर्य है कि वहाँ (९। ३४ में) अर्जुनके भीतर कुछ पुरुषार्थका अभिमान था, जो यहाँ (१८। ६५में) नष्ट हो गया।

(३२) 'शृणु मे परमं वचः' (१०।१; १८। ६४) ये पद दोनों ही बार भक्तिके विषयमें आये हैं। दसवें अध्यायके पहले श्लोकमें भगवान्ने परम वचन कहकर अपना महत्त्व, प्रभाव, सामर्थ्य, ऐश्वर्य सुननेके लिये आज्ञा दी है और अठारहवें अध्यायके चौंसठवें श्लोकमें परम वचन कहकर अपने शरण होनेके लिये आज्ञा दी है। तात्पर्य है कि भगवान्ने यहाँ (१०। १में) अपनी तरफसे ही बात कही, पर वह अर्जुनको जँची नहीं; और वहाँ (१८। ६४में) अर्जुन विशेषतासे भगवान्के सम्मुख हो गये अर्थात् बात अर्जुनको जँच गयी।

(३३) 'दिव्या ह्यात्मविभूतयः' (१०।१६,१९)—दसवें अध्यायके सोलहवें श्लोकमें तो अर्जुनने भगवान्से अपनी दिव्य विभूतियोंको सम्पूर्णतासे कहनेकी प्रार्थना की है और उन्नीसवें श्लोकमें भगवान् अर्जुनकी प्रार्थनाको स्वीकार करते हुए कहते हैं कि तू मेरी जिन दिव्य विभूतियोंको सुनना चाहता है, उनको मैं संक्षेपसे कहूँगा। तात्पर्य है कि विभूति और योगको जाननेसे भगवान्में अविकम्प भक्तियोग होनेकी बात सुनकर अर्जुनने कह दिया कि आप अपनी सब-की-सब दिव्य विभूतियाँ कह दीजिये (१०।१६); क्योंकि अर्जुनका ध्यान भगवान्की विभूतियोंकी अनन्तताकी तरफ नहीं था। परन्तु भगवान् तो अपनी विभूतियोंकी अनन्तताको जानते हैं; अतः भगवान् अपनी दिव्य विभूतियोंको संक्षेपसे कहनेकी बात कहते हैं। विभूतियोंको दिव्य कहनेका तात्पर्य है कि साधकको भगवान्के द्वारा कही हुई विभूतियोंको दिव्य अर्थात् भगवत्स्वरूप ही मानना चाहिये; क्योंकि विभूतियोंको भगवत्स्वरूप मानना ही दिव्यता है और संसारके रूपमें देखना ही अदिव्यता है, लौकिकता है।

(३४) 'त्वमस्य विश्वस्य परं निधानम्' (११। १८, ३८)—ग्यारहवें अध्यायके अठारहवें श्लोकमें तो इन पदोंसे देवरूपमें विराट् भगवान्‌की स्तुति की गयी है और अड़तीसवें श्लोकमें अत्युग्ररूपमें विराट् भगवान्‌की स्तुति की गयी है। तात्पर्य है कि जैसे सोनेसे बने हुए गहनोंकी आकृति, माप, तौल, उपयोग और नाम अलग-अलग होनेपर भी सुनारकी दृष्टि केवल सोनेपर ही रहती है, ऐसे ही भगवान् सौम्यरूप, उग्ररूप, अत्युग्ररूप, संसाररूप आदि किसी भी रूपसे हों, पर भक्तकी दृष्टि एक भगवान्‌पर ही रहनी चाहिये।

(३५) 'प्रसीद देवेश जगन्निवास' (११। २५, ४५)—ग्यारहवें अध्यायके पचीसवें श्लोकमें तो भगवान्‌के अत्युग्र (अत्यन्त भयानक) विराट्‌रूपको देखकर अर्जुन भयभीत हो जाते हैं और भगवान्‌से प्रसन्न होनेके लिये प्रार्थना करते हैं; और पैंतालीसवें श्लोकमें अर्जुन भयभीत और हर्षित होते हुए भगवान्‌से विष्णुरूप दिखानेके लिये प्रार्थना करते हैं।

(३६) 'सर्वकर्मफलत्यागम्' (१२। ११; १८। २)—बारहवें अध्यायके ग्यारहवें श्लोकमें तो भगवान्‌ने सम्पूर्ण कर्मोंके फलका त्याग करनेको भक्तियोगका एक साधन बताया और अठारहवें अध्यायके दूसरे श्लोकमें दूसरोंके मतमें सम्पूर्ण कर्मोंके फलका त्याग बताया। तात्पर्य है कि बारहवें अध्यायके ग्यारहवें श्लोकमें तो यह पद सम्पूर्ण कर्म और उनके फल—दोनोंमें आसक्तिका त्याग करनेके लिये आया है; क्योंकि यह भगवान्‌का मत है (१८। ६), पर अठारहवें अध्यायके दूसरे श्लोकमें यह पद केवल सम्पूर्ण कर्मोंके फलकी इच्छाका त्याग करनेके लिये आया है; क्योंकि यह दूसरे विद्वानोंका मत है।

(३७) 'यो मद्भक्तः स मे प्रियः' (१२। १४, १६)—ये पद दोनों जगह सिद्ध भक्तोंके लिये आये हैं। बारहवें अध्यायके चौदहवें श्लोकमें तो भगवान्‌की निर्भरता विशेष है और सोलहवें श्लोकमें संसारसे उपरामता विशेष है। तात्पर्य है कि भक्तमें ये दोनों ही होने चाहिये।

(३८) 'सर्वारम्भपरित्यागी' (१२। १६; १४। २५)—यह पद बारहवें अध्यायके सोलहवें श्लोकमें तो सिद्ध भक्तोंके लक्षणोंमें आया है और चौदहवें अध्यायके पचीसवें श्लोकमें गुणातीतके लक्षणोंमें आया है। तात्पर्य है कि भगवद्भक्त और गुणातीत—दोनोंकी सिद्धावस्थामें अन्तर नहीं होता; क्योंकि भगवान्‌में अनुराग होनेपर संसारका त्याग स्वतः होता है और संसारका त्याग होनेपर स्वरूपमें स्थिति स्वतः होती है।

(३९) 'न शोचति न काङ्क्षति'—(१२। १७; १८। ५४)—ये पद बारहवें अध्यायके सत्रहवें श्लोकमें सिद्ध भक्तके लिये आये हैं अर्थात् जो भक्त भगवन्निष्ठ हो जाता है, उसको हर्ष-शोक नहीं होते। अठारहवें अध्यायके चौवनवें श्लोकमें ये पद ब्रह्मभूत-अवस्थाको प्राप्त सांख्ययोगीके लिये आये हैं अर्थात् जो सांख्ययोगी अपने मार्गपर ठीक आरूढ़ हो जाता है, जिसका विवेक जाग्रत् हो जाता है, उसको हर्ष-शोक नहीं होते। तात्पर्य है कि भक्त और सांख्ययोगी—दोनोंमें ही सांसारिक पदार्थोंकी महत्ता न होनेसे हर्ष-शोक, राग-द्वेष नहीं होते।

(४०) 'ब्रह्मभूयाय कल्पते' (१४। २६; १८। ५३)—इन पदोंसे भगवान्‌ने चौदहवें अध्यायके छब्बीसवें श्लोकमें बताया कि सर्वथा मेरी शरण हो जानेपर शरणागत भक्तको मेरी कृपासे ब्रह्मभूत-अवस्था स्वतः प्राप्त हो जाती है, इसके लिये उसे कुछ करना नहीं पड़ता; और अठारहवें अध्यायके तिरपनवें श्लोकमें बताया कि अहंता-ममतासे सर्वथा रहित होनेपर सांख्ययोगीको ब्रह्मभूत-अवस्था प्राप्त हो जाती है अर्थात् ब्रह्मभूत-अवस्था प्राप्त करनेके लिये उसे साधन करना पड़ता है। तात्पर्य है कि विश्वास और विवेक-विचारसे एक ही अवस्थाकी प्राप्ति होती है।

(४१) 'सर्वभावेन भारत' (१५।१९; १८।६२)—ये पद पंद्रहवें अध्यायके उन्नीसवें श्लोकमें सगुण-साकार भगवान्‌की शरणागतिके विषयमें कहे गये हैं और अठारहवें अध्यायके बासठवें श्लोकमें सगुण-निराकार (अन्तर्यामी) भगवान्‌की शरणागतिके विषयमें कहे गये हैं। तात्पर्य है कि रुचिभेदसे साध्यमें तो अन्तर है, पर शरण्यभावमें कोई अन्तर नहीं है। शरणागति चाहे सगुण-साकारकी हो, चाहे सगुण-निराकारकी हो, पर दोनोंमें संसारका आश्रय किंचिन्मात्र भी नहीं होना चाहिये।

(४२) 'प्रवृत्तिं च निवृत्तिं च' (१६।७; १८।३०)—सोलहवें अध्यायके सातवें श्लोकमें तो आसुरी सम्पत्तिवालोंका वर्णन है, जो प्रवृत्ति और निवृत्तिको नहीं जानते। अठारहवें अध्यायके तीसवें श्लोकमें सात्त्विक बुद्धिवालोंका वर्णन है, जो प्रवृत्ति और निवृत्तिको ठीक-ठीक जानते हैं। तात्पर्य है कि पहले (१६।७में) तो प्रवृत्ति-निवृत्तिको न जाननेकी बात आयी है और फिर (१८।३०में) प्रवृत्ति-निवृत्तिको जाननेकी बात आयी है।

(४३) 'अहंकारं बलं दर्पं कामं क्रोधम्' (१६।१८; १८।५३)—सोलहवें अध्यायके अठारहवें श्लोकमें तो अहंकार आदिका आश्रय लेनेकी बात कही है; क्योंकि आसुर स्वभाववाले मनुष्योंके लिये अहंकार आदि ही आश्रय होते हैं, इष्टदेव होते हैं। अठारहवें अध्यायके तिरपनवें श्लोकमें अहंकार आदिका त्याग करनेकी बात कही है; क्योंकि साधकोंके लिये अहंकार आदिका त्याग करना विशेष रहता है। तात्पर्य है कि अहंकार आदिका आश्रय लेनेसे पतन होता है और त्याग करनेसे उत्थान होता है; अतः सभीको अहंकार आदिका त्याग करना चाहिये।

(४४) 'तत्तामसमुदाहृतम्' (१७।१९, २२; १८।२२, ३९)—सत्रहवें अध्यायके उन्नीसवें और बाईसवें श्लोकमें यह पद श्रद्धाकी पहचानके प्रकरणमें तथा तप और दानके विषयमें आया है अर्थात् दूसरोंको पीड़ा पहुँचानेके उद्देश्यसे किया हुआ तप तामस है और तिरस्कारसे तथा कुपात्रको दिया हुआ दान तामस है। अठारहवें अध्यायके बाईसवें और उनतालीसवें श्लोकमें यह पद विवेक-विचारके प्रकरणमें तथा ज्ञान और सुखके विषयमें आया है अर्थात् शरीरको 'मैं यही हूँ' ऐसा मानना और उसमें आसक्त होना तामस ज्ञान है* और निद्रा, आलस्य तथा प्रमादसे उत्पन्न होनेवाला सुख तामस है। तात्पर्य है कि साधकके लिये हानिकारक होनेसे तामस तप, दान, ज्ञान और सुख सर्वथा त्याज्य हैं।

(४५) 'यज्ञदानतपःकर्म न त्याज्यम्' (१८।३, ५)—अठारहवें अध्यायके तीसरे श्लोकमें अन्य दार्शनिकोंका मत कहा गया है और पाँचवें श्लोकमें भगवान्‌का मत कहा गया है। तीसरे श्लोकमें यज्ञ, दान और तपरूप कर्मका त्याग न करनेकी बात कही गयी है और पाँचवें श्लोकमें यज्ञ, दान और तपरूप कर्मको विशेषतासे करनेकी बात कही गयी है। तात्पर्य है कि शास्त्रविहित यज्ञ, दान और तपरूप कर्मको साधनावस्थामें अपने कल्याणके लिये और सिद्धावस्थामें लोकसंग्रहके लिये अवश्य करना चाहिये।

---

* तामस ज्ञानको वास्तवमें 'ज्ञान' कहा ही नहीं जा सकता। इसी कारण भगवान्‌ने यहाँ (१८।२२में) ज्ञान शब्द नहीं दिया है।

गीतामें आये समानार्थक पदोंका तात्पर्य

समानार्थानि चोक्तानि पदानि यत्र यत्र वै।
तात्पर्यं तत्र तत्रापि तेषां प्रोक्तं प्रसंगतः॥

पदों (शब्दों)-का अर्थ प्रसंगके अनुसार किया जाता है। जहाँ एक ही अर्थके दो पद आते हैं, वहाँ दोनों पदोंका अलग-अलग अर्थ होता है और जहाँ एक पद आता है, वहाँ उसीके अन्तर्गत दोनों अर्थ आ जाते हैं। गीतामें कई जगह समानार्थक पद (एक ही अर्थके दो पद) आये हैं, जिनका अलग-अलग अर्थ और तात्पर्य इस प्रकार है—

(१) **'नानाशस्त्रप्रहरणाः'** अर्थात् 'शस्त्र' और 'प्रहरण' (१।९)—जिसको हाथमें रखकर प्रहार किया जाता है, वह **'शस्त्र'** है; जैसे—तलवार, भाला, छुरी, कटार, बघनखा आदि। जिसको हाथसे फेंककर प्रहार किया जाता है, वह **'प्रहरण'** (अस्त्र) है; जैसे—बाण, चक्र, गोली आदि। शस्त्र भी कभी-कभी प्रहरण बन जाता है; जैसे—तलवार, भाला आदिको फेंककर भी प्रहार किया जा सकता है। तात्पर्य है कि शस्त्र और प्रहरण—दोनों शब्दोंका प्रयोग करके दुर्योधन अपनी सेनाकी महत्ता बता रहा है।

(२) **'नित्यस्य'** और **'अनाशिनः'** (२।१८)—जो निरन्तर निर्विकार रहे, उसको **'नित्य'** कहते हैं; और जिसका कभी नाश न हो, जो कभी मारा न जाय, उसको **'अनाशी'** कहते हैं। तात्पर्य है कि इस शरीरीमें किसी भी तरहसे कोई विकार पैदा नहीं किया जा सकता तथा इसका किसी भी तरहसे अभाव नहीं हो सकता।

(३) **'नित्यः'** और **'शाश्वतः'** (२।२०)—जो निरन्तर रहता है, जिसमें कभी अन्तर नहीं पड़ता, जो कभी छिपता नहीं, वह **'नित्य'** है; और जो प्रकट होने तथा छिपनेपर भी ज्यों-का-त्यों रहता है, वह **'शाश्वत'** है। तात्पर्य है कि इस शरीरीमें जन्मना, बढ़ना आदि कोई भी विकार नहीं है।

(४) **'नित्यः'** और **'सनातनः'** (२।२४)—जो सदा रहनेवाला है, जिसका आदि (उत्पत्ति) नहीं है, उसको **'नित्य'** कहते हैं; और जो नित्य-निरन्तर रहता हुआ ही कभी प्रकट हो जाता है और कभी छिप जाता है, उसको **'सनातन'** कहते हैं। तात्पर्य है कि इस शरीरीमें देश, काल, वस्तु, व्यक्ति, घटना, परिस्थिति आदिका कोई विकार नहीं आता।

(५) **'स्थाणुः'** और **'अचलः'** (२।२४)—देही (आत्मा) **'स्थाणुः'** अर्थात् हिलनेकी क्रियासे रहित है और **'अचलः'** अर्थात् स्थिर स्वभाववाला (आने-जानेकी क्रियासे रहित) है। तात्पर्य है कि अपने स्वरूपमें हलन-चलनरूपी क्रिया नहीं होती। क्रियामात्र प्रकृतिमें होती है। प्रकृतिसे अतीत तत्त्वमें कोई क्रिया नहीं है।

(६) **'विजानतः'** और **'ब्राह्मणस्य'** (२।४६)—जो श्रोत्रिय अर्थात् शास्त्रोंका जानकार है, उसके लिये **'विजानतः'** पद आया है; और जो तत्त्वज्ञ अर्थात् तत्त्वका अनुभव करनेवाला है, उसके लिये **'ब्राह्मणस्य'** पद आया है। तात्पर्य है कि ऐसे तो श्रोत्रिय और ब्रह्मनिष्ठ (तत्त्वज्ञ)—दोनोंका होना आवश्यक है, पर वास्तवमें देखा जाय तो ब्रह्मनिष्ठ होना ही अत्यावश्यक है, श्रोत्रिय होना अत्यावश्यक नहीं है। कारण कि बोध होनेपर तो मुक्ति हो ही जाती है, पर केवल शास्त्रोंकी जानकारी होनेसे मुक्ति नहीं होती। दूसरी बात, ब्रह्मनिष्ठ पुरुष श्रोत्रिय न होनेपर भी उत्तम जिज्ञासुको बोध करा सकता है। हाँ, यह बात अलग है कि उत्तम जिज्ञासु न हो और उस जिज्ञासुमें शास्त्रीय प्रक्रियाका आग्रह हो तो उसको समझानेमें ब्रह्मनिष्ठ पुरुषको कठिनता पड़ती है, पर बोध करानेमें कठिनता नहीं पड़ती। परन्तु जो श्रोत्रिय

है, वह शास्त्रीय प्रक्रियाके अनुसार जिज्ञासुको ठीक तरह समझा सकता है, पर उसको बोध नहीं करा सकता।

(७) '**निश्चला**' और '**अचला**' (२। ५३)—संसारसे हटनेमें तो बुद्धि '**निश्चला**' अर्थात् एक निश्चयवाली होनी चाहिये और परमात्मामें लगनेमें बुद्धि '**अचला**' अर्थात् स्थिर रहनेवाली होनी चाहिये। तात्पर्य है कि संसारमें राग न रहनेपर किसी भी सांसारिक संयोग-वियोगसे बुद्धि विचलित नहीं होती; और परमात्मतत्त्वमें बुद्धि अचल होनेपर बुद्धिमें संशय, सन्देह आदिकी रेखा आ ही नहीं सकती। अचल बुद्धि तो सुषुप्ति-अवस्थामें भी हो जाती है, पर उसमें सन्देह निवृत्त नहीं होता, जागनेपर वैसा-का-वैसा ही सन्देह रहता है।

(८) '**विहाय कामान्**' और '**निःस्पृहः**' (२। ७१)—मेरेको अमुक वस्तु मिल जाय—इस कामनाका न रहना '**विहाय कामान्**' पदोंसे और जीवन-निर्वाहकी भी आवश्यकताका न रहना '**निःस्पृहः**' पदसे कहा गया है। तात्पर्य है कि वैराग्य होनेपर कामना तो नहीं रहती, पर 'शरीर-निर्वाह हो जाय'—ऐसी स्पृहा रह सकती है। परन्तु बोध होनेपर स्पृहा भी नहीं रहती। वह सर्वथा निःस्पृह हो जाता है।

(९) '**आत्मतृप्तः**' और '**आत्मन्येव च संतुष्टः**' (३। १७)—जबतक मनुष्यका सम्बन्ध संसारसे रहता है, तबतक वह भोजन-(अन्न-जल-)से '**तृप्ति**' और धन आदिकी प्राप्तिसे '**संतुष्टि**' मानता है। परन्तु कर्मयोगसे सिद्ध महापुरुषका संसारसे सम्बन्ध न रहनेसे उसकी 'तृप्ति' और 'संतुष्टि'— दोनों एक ही तत्त्व (आत्मा)-में हो जाती है। तात्पर्य है कि उस महापुरुषको किसी देश, काल, वस्तु, व्यक्ति आदिकी अपेक्षा, आवश्यकता रहती ही नहीं; क्योंकि वह जड़तासे अलग होकर चिन्मय-तत्त्वमें स्थित हो गया है।

(१०) '**सर्वज्ञानविमूढान्**' और '**अचेतसः**' (३। ३२)—जो मनुष्य भगवान्के मतका अनुसरण नहीं करते, वे सब प्रकारके सांसारिक ज्ञानों (विद्याओं, कलाओं आदि)-में मोहित रहते हैं—इस बातको '**सर्वज्ञानविमूढान्**' पदसे कहा गया है। उन मनुष्योंमें सत्-असत्, धर्म-अधर्म, सार-असार आदि पारमार्थिक बातोंका भी ज्ञान (विवेक) नहीं होता—इस बातको '**अचेतसः**' पदसे कहा गया है। तात्पर्य है कि उनकी सांसारिक उत्पत्ति-विनाशशील पदार्थोंकी तरफ सम्मुखता और वास्तविक तत्त्वकी तरफसे सर्वथा विमुखता रहती है।

(११) '**त्यक्त्वा कर्मफलासङ्गम्**' और '**निराश्रयः**' (४। २०)—कर्मफलका त्याग करना अथवा कर्मका आश्रय न लेना एक ही बात है; क्योंकि आगे (६। १में) यही बात कही गयी है कि कर्मफलका आश्रय न लेकर कर्तव्य-कर्म करना चाहिये—'**अनाश्रितः कर्मफलम्**'। अतः '**त्यक्त्वा कर्मफलासङ्गम्**' पदोंसे कर्म और कर्मफलकी आसक्तिका त्याग लेना चाहिये और '**निराश्रयः**' पदसे प्राप्त देश, काल आदिके आश्रयसे रहित होना लेना चाहिये। तात्पर्य है कि साधकको व्यष्टि कर्म-सामग्रीकी आसक्तिसे भी रहित होना चाहिये और समष्टि देश, काल आदिके आश्रयसे भी रहित होना चाहिये।

(१२) '**सर्वम्**' और '**अखिलम्**' (४। ३३)—प्रकृति दो ही रूपोंसे प्रकट होती है—क्रियारूपसे और पदार्थरूपसे। अतः '**सर्वम्**' पदका अर्थ है—सम्पूर्ण क्रियाएँ; और '**अखिलम्**' पदका अर्थ है—सम्पूर्ण पदार्थ। तात्पर्य है कि परमात्मतत्त्वकी जिज्ञासा जाग्रत् होनेपर क्रियाओं और पदार्थोंमें मन आकृष्ट नहीं होता अर्थात् भोग भोगने और संग्रह करनेकी लालसा समाप्त हो जाती है।

(१३) '**तत्त्वदर्शिनः**' और '**ज्ञानिनः**' (४। ३४)—जो परमात्मतत्त्वके अनुभवी हैं, उनको '**तत्त्वदर्शिनः**' पदसे और जो वेदों तथा शास्त्रोंको भलीभाँति जाननेवाले हैं, उनको '**ज्ञानिनः**' पदसे

कहा गया है। तात्पर्य है कि ज्ञानमार्गी साधकको परमात्मतत्त्वकी प्राप्तिके लिये श्रोत्रिय (ज्ञानी) और ब्रह्मनिष्ठ (तत्त्वदर्शी) गुरुकी शरणमें जाना चाहिये—इसी बातको लेकर उपर्युक्त दो विशेषण आये हैं। परन्तु दोनोंमें भी जिसकी शरणमें जाय, उसका ब्रह्मनिष्ठ होना बहुत आवश्यक है।

(१४) 'शीतोष्णसुखदुःखेषु' अर्थात् 'शीत-उष्ण' और 'सुख-दुःख' (६।७; १२।१८)—यहाँ **'शीत-उष्ण'** पदसे प्रारब्धके अनुसार मिलनेवाली अनुकूल और प्रतिकूल परिस्थिति ली गयी है; और **'सुख-दुःख'** पदसे वर्तमानमें किये जानेवाले क्रियमाण कर्मोंकी तात्कालिक सिद्धि-असिद्धि ली गयी है। तात्पर्य है कि कर्मयोग, भक्तियोग आदि किसी भी मार्गका साधक क्यों न हो, उसको पुराने कर्मोंके फलमें और वर्तमानमें किये हुए कर्मोंके तात्कालिक फलमें सदा प्रसन्न तथा सम रहना चाहिये।

(१५) 'सुहृद्' और **'मित्र'** (६।९)—जो ममतारहित होकर बिना कारण सबका हित चाहनेवाला और हित करनेवाला है, वह **'सुहृद्'** है; और जो उपकारके बदलेमें उपकार करनेवाला है, वह **'मित्र'** है। तात्पर्य है कि सुहृद् और मित्रके प्राप्त होनेपर साधकके अन्तःकरणमें विषमता नहीं होनी चाहिये अर्थात् 'यह सुहृद् है और यह मित्र है'—ऐसा भिन्न-भिन्न ज्ञान होनेपर भी समता बनी रहनी चाहिये, विकार नहीं होना चाहिये। ज्ञान होना दोषी नहीं है, विकार होना दोषी है।

(१६) 'अरि' और **'द्वेष्य'** (६।९)—जो बिना कारण अहित करनेवाला है, वह **'अरि'** है; और जो अपने स्वार्थको लेकर अहित (अपकार) करनेवाला है, वह **'द्वेष्य'** है। तात्पर्य है कि कोई व्यक्ति चाहे किसी कारणको लेकर हमारा अनिष्ट करे, चाहे बिना कारण हमारा अनिष्ट करे, उसको दोषी नहीं मानना चाहिये। कारण कि हमारा जो कुछ अनिष्ट हो रहा है, वह हमारे ही कर्मोंका फल है। वह बेचारा तो उसमें निमित्तमात्र बन रहा है। अतः उसपर दया आनी चाहिये।

(१७) 'सर्वान्' और **'अशेषतः'** (६।२४)—यहाँ सम्पूर्ण कामनाओंके लिये **'सर्वान्'** पद आया है; और जिनसे कामनाएँ उत्पन्न होती हैं, उन सम्पूर्ण संकल्पोंके लिये **'अशेषतः'** पद आया है। तात्पर्य है कि ध्यानयोगीमें किसी घटना, परिस्थिति आदिको लेकर कोई संकल्प तथा कामना पैदा नहीं होनी चाहिये।

(१८) 'शनैः शनैरुपरमेत्' और **'न किञ्चिदपि चिन्तयेत्'** (६।२५)—संसारका चिन्तन न करे, उससे उपराम हो जाय—यह बात **'शनैः शनैरुपरमेत्'** पदोंसे कही गयी है; और कुछ भी चिन्तन न करे, न संसारका चिन्तन करे, न परमात्माका—यह बात **'न किञ्चिदपि चिन्तयेत्'** पदोंसे कही गयी है। तात्पर्य है कि ध्यानयोगका साधक चिन्तन करने अथवा न करने—दोनोंसे तटस्थ, उपराम हो जाय। वह संसारसे तो सर्वथा उपराम रहे ही, परमात्मतत्त्वका अनुभव करके चिन्तनरहित हो जाय। कारण कि परमात्मतत्त्वका चिन्तन करनेसे परमात्मतत्त्व और अपने स्वरूपका भेद रहता है और कुछ भी चिन्तन न करनेसे स्वतःसिद्ध अभिन्नता प्राप्त हो जाती है। तटस्थ होनेपर वास्तविक तत्त्वका जो लाभ होता है, वह किसीमें आग्रह रहनेपर नहीं होता; क्योंकि आग्रह रहनेके कारण साधककी विषमता मिटती नहीं। जो कुछ महिमा है, वह समताकी ही है।

(१९) 'अस्थिरम्' और **'चंचलम्'** (६।२६)—यह मन ध्येय (साध्य)-में टिकता नहीं, लगता नहीं, इसलिये इसको **'अस्थिरम्'** कहा गया है। यह मन तरह-तरहके सांसारिक पदार्थोंका चिन्तन करता रहता है, इसलिये इसको **'चंचलम्'** कहा गया है। तात्पर्य है कि समाधि लगनेमें कई दोष बाधक होते हैं, जिनमें चार दोष मुख्य हैं—विक्षेप (चंचलता), लय (निद्रा-आलस्य), कषाय

(अन्त:करणकी अशुद्धि) और रसास्वाद (ध्यानावस्थामें जो सुख मिलता है, उसमें अटक जाना)। ये चार दोष रहनेसे समाधिकी सिद्धि नहीं होती। परन्तु गीताने इनमेंसे दो दोषोंका ही वर्णन किया है; क्योंकि चारों दोषोंमें लय (अस्थिरता) और विक्षेप (चंचलता)—ये दो दोष मुख्य हैं। अत: समाधि लगानेवाले साधकको इन दो दोषोंसे सदा सावधान रहना चाहिये।

(२०) 'बलवत्' और **'दृढम्'** (६।३४)—कामना, ममता, आसक्तिके कारण मनका पदार्थों, व्यक्तियोंके प्रति गाढ़ खिंचाव रहता है। इससे मन किसी तरह भी उनकी ओर जाना छोड़ता नहीं, हठ कर लेता है; अत: मनको **'दृढम्'** (जिद्दी) कहा गया है। मनका यह हठ बहुत बलवान् होता है; अत: मनको **'बलवत्'** कहा गया है। तात्पर्य है कि मनको वशमें करना बड़ा कठिन है, पर यह कठिन तभी होता है, जब साधक मनको अपना मानता है। ममतारूपी मल रहते हुए मन शुद्ध नहीं होता। अगर साधक विवेकपूर्वक ममताका त्याग कर दे तो मनको वशमें करना सुगम हो जायगा।

(२१) 'परम्' और **'अनुत्तमम्'** (७।२४)—भगवान् अजन्मा और अविनाशी होते हुए तथा सम्पूर्ण प्राणियोंके ईश्वर होते हुए भी अपनी प्रकृतिको वशमें करके योगमायासे प्रकट होते हैं (४।६)—यह भगवान्का **'परम्'** भाव है, और भगवान्से उत्तम, श्रेष्ठ दूसरा कोई है ही नहीं (१५।१७-१८)—यह भगवान्का **'अनुत्तमम्'** भाव है। तात्पर्य है कि भगवान् सर्वश्रेष्ठ हैं, उत्तम-से-उत्तम हैं। भगवान्के समान श्रेष्ठ कोई था नहीं, है नहीं, होगा नहीं और हो सकता भी नहीं।

(२२) 'अत्र' और **'अस्मिन्'** (८।२)—यहाँ **'अत्र'** पद प्रकरणका वाचक है और **'अस्मिन्'** पद मनुष्यशरीरका वाचक है। तात्पर्य है कि सम्पूर्ण स्थावर-जंगम प्राणियोंमें रहते हुए भी परमात्माका अनुभव मनुष्यशरीरमें ही हो सकता है, दूसरे शरीरोंमें नहीं।

(२३) 'सततम्' और **'नित्यशः'** (८।१४)—यहाँ **'सततम्'** पदका अर्थ है—निरन्तर स्मरण करना अर्थात् जबसे नींद खुले, तबसे लेकर रातमें नींद आनेतक स्मरण करते रहना; और **'नित्यशः'** पदका अर्थ है—सदा स्मरण करना अर्थात् जबसे इस बातकी तरफ वृत्ति हुई, खयाल हुआ, तबसे लेकर मृत्युतक स्मरण करते रहना। तात्पर्य है कि साधकका साधन नित्य-निरन्तर होना चाहिये, जिससे भगवान् सुलभ हो जाते हैं।

(२४) 'क्रतुः' और **'यज्ञः'** (९।१६)—जिसमें वैदिक मन्त्रों और विधियोंकी मुख्यता होती है, वह **'क्रतु'** कहलाता है; और जिसमें पौराणिक, स्मार्त मन्त्रों और विधियोंकी मुख्यता होती है, वह **'यज्ञ'** कहलाता है। तात्पर्य है कि वैदिक तथा पौराणिक—दोनों प्रकारके यज्ञोंको निष्कामभावसे तथा उत्साह और तत्परतासे विधिपूर्वक करना चाहिये।

(२५) 'निवासः', 'स्थानम्' और **'निधानम्'** (९।१८)—भगवान्के चिदंश ये सभी जीव स्वरूपसे नित्य-निरन्तर भगवान्में ही रहते हैं; अत: भगवान् सब जीवोंके **'निवास'** हैं। प्रलय होनेपर प्रकृतिसहित सारा संसार भगवान्में ही रहता है; अत: भगवान् इस संसारके **'स्थान'** हैं। संसारकी चाहे सर्ग-अवस्था हो, चाहे प्रलय-अवस्था हो, इन सब अवस्थाओंमें प्रकृति, संसार, जीव तथा जो कुछ देखने, सुनने, समझनेमें आता है, वह सब-का-सब भगवान्में ही रहता है; अत: भगवान् सबके **'निधान'** हैं। तात्पर्य है कि भगवान्के सिवाय जीवात्मा और प्रकृति (संसार)-का दूसरा कोई आधार, अधिष्ठान, आश्रय है ही नहीं। सबके आधार, आश्रय भगवान् ही हैं—ऐसा मान लेनेपर भगवान्की तरफ स्वत: आकर्षण हो जाता है। फिर साधन स्वत: चल पड़ता है।

(२६) 'बुद्धिः', 'ज्ञानम्' और **'असम्मोहः'** (१०।४)—जैसे बल्बमें बिजली प्रकट होती है, ऐसे ही जिसमें विवेक प्रकट होता है, उसका नाम

'**बुद्धि**' है। सत्-असत्, नित्य-अनित्यके विवेकका नाम '**ज्ञान**' है। अज्ञानसे जो मूढ़ता होती है, उसके अभावका नाम '**असम्मोह**' है। तात्पर्य है कि ये सब भगवान्‌से ही प्रकट होते हैं। अतः साधक इनको अपना गुण मानकर अभिमान न करे।

(२७) 'विभूतिमत्', 'श्रीमत्' और '**ऊर्जितम्**' (१०। ४१)—ऐश्वर्ययुक्त, वस्तु, व्यक्ति आदिका नाम '**विभूतिमत्**' है; शोभायुक्त वस्तु, व्यक्ति आदिका नाम '**श्रीमत्**' है; और बलयुक्त वस्तु, व्यक्ति आदिका नाम '**ऊर्जित**' है। तात्पर्य है कि ये सभी भगवान्‌के गुण हैं, किसीके व्यक्तिगत गुण नहीं। इनको व्यक्तिगत माननेसे ही अभिमान पैदा होता है। अतः इनको कभी व्यक्तिगत न माने।

(२८) 'करालानि' और '**भयानकानि**' (११। २७)—अर्जुनको विराट्‌रूप भगवान्‌के मुख दाढ़ोंके कारण बहुत बड़े-बड़े, विस्तृत दीख रहे थे—इस बातको '**करालानि**' पदसे कहा गया है; और उनको देखकर भय पैदा हो रहा था—इस बातको '**भयानकानि**' पदसे कहा गया है। तात्पर्य है कि भगवान्‌का विराट्‌रूप कराल तथा भयानक नहीं है; किंतु अपने मूढ़भावके कारण ही वह कराल तथा भयानक दीखता है। इसीलिये भगवान्‌ने '**मा ते व्यथा मा च विमूढभावः**' (११।४९) कहा है।

(२९) 'अचलम्' और '**ध्रुवम्**' (१२। ३)—जो चलन-क्रियासे रहित है, कहीं आता-जाता नहीं, उसका नाम '**अचल**' है; और जो अटल एवं निश्चितरूपसे रहता है, जिसकी सत्ता अखण्ड रहती है, उसका नाम '**ध्रुव**' है। तात्पर्य है कि परमात्मतत्त्वको कोई चलायमान नहीं कर सकता और वह स्वयं भी स्वरूपसे कभी विचलित नहीं होता, नित्य अटलरूपसे ज्यों-का-त्यों रहता है।

(३०) 'असक्तिः' और '**अनभिष्वङ्गः**' (१३।९)—चित्तपर अनुकूल वस्तु, व्यक्ति, परिस्थिति आदिका रंग चढ़ जाना, उनमें प्रियता पैदा हो जाना '**सक्तिः**' है और उसके अभावका नाम '**असक्तिः**' है। वस्तु, व्यक्ति आदिके बनने-बिगड़नेसे, रहने-न-रहनेसे स्वयं (कर्ता)-पर उसका असर पड़नेका नाम '**अभिष्वङ्गः**' है और उसके अभावका नाम '**अनभिष्वङ्गः**' है। तात्पर्य है कि साधककी किसी व्यक्ति, पदार्थ आदिमें आसक्ति नहीं होनी चाहिये तथा किसी पदार्थ और व्यक्तिसे अपनी अभिन्नता, घनिष्ठता, एकरूपता भी नहीं होनी चाहिये। कारण कि जड़ताके साथ स्वयंकी एकता कभी थी नहीं, है नहीं, होगी नहीं, हो सकती नहीं और होनी सम्भव ही नहीं।

(३१) 'अनन्ययोगेन' और '**भक्तिरव्यभिचारिणी**' (१३। १०)—यहाँ ज्ञानयोगका प्रकरण है; अतः 'अनन्ययोग' को साधनके विषयमें और 'अव्यभिचारिणी भक्ति' को साध्यके विषयमें लेना चाहिये। तात्पर्य है कि साधनमें परमात्माके सिवाय किसी दूसरेकी सहायताकी किंचिन्मात्र भी आवश्यकता न हो और परमात्माके सिवाय कोई लक्ष्य, ध्येय, उद्देश्य न हो—ऐसी अनन्यतासे साधनकी सिद्धि शीघ्र और अनायास हो जाती है। ऐसी अनन्यता न होनेसे ही साधनकी सिद्धि शीघ्र नहीं होती और होनेमें कठिनता भी होती है।

(३२) 'विविक्तदेशसेवित्वम्' और '**अरतिर्जनसंसदि**' (१३। १०) एकान्तमें रहकर साधन करनेकी रुचि होना '**विविक्तदेशसेवित्वम्**' है; और साधारण मनुष्य-समुदायमें प्रीति न होना '**अरतिर्जनसंसदि**' है। तात्पर्य है कि साधकको संसारसे सदा विरक्त रहना चाहिये।

(३३) 'उत्तमम्' और '**परम्**' (१४।१)—यहाँ '**उत्तमम्**' पदका अर्थ है कि यह ज्ञान प्रकृति और उसके कार्य संसार-शरीरसे सम्बन्ध-विच्छेद करानेवाला होनेसे श्रेष्ठ है; और '**परम्**' पदका अर्थ है कि यह ज्ञान परमात्माकी प्राप्ति करानेवाला होनेसे सर्वोत्कृष्ट है। तात्पर्य है कि

साधककी पूर्णता तभी होती है, जब वह संसारसे सर्वथा ऊँचा उठ जाय और परमात्मतत्त्वको जाननेमें कोई कमी न रहे।

(३४) 'प्रकाशः' और **'ज्ञानम्'** (१४। ११)—इन्द्रियों तथा अन्तःकरणमें स्वच्छता, निर्मलता होनेका नाम **'प्रकाश'** है, जिससे पाँचों ज्ञानेन्द्रियोंके द्वारा पाँचों विषयोंका साफ-साफ ज्ञान होता है, मनसे किसी भी विषयका ठीक-ठीक मनन होता है और बुद्धिसे साफ-साफ निर्णय होता है। इन्द्रियों तथा अन्तःकरणमें स्वच्छता, निर्मलता होनेसे 'वे विषय शास्त्र और लौकिक मर्यादाके अनुकूल हैं या प्रतिकूल; उन विषयोंका परिणाम हमारे लिये, दुनियाके लिये हितकारक है या अहितकारक, उचित है या अनुचित, आदि बातोंका ठीक-ठीक विवेक होनेका नाम **'ज्ञान'** है। तात्पर्य है कि ज्ञानयोगी साधकमें प्रकाश और विवेक होना अत्यावश्यक है। परन्तु साधक उनका सुख लेगा तो वह अटक जायगा।

(३५) 'प्रवृत्तिः' और **'आरम्भः'**—(१४। १२)—अपने-अपने वर्ण, आश्रम, देश, वेश आदिमें रहते हुए प्राप्त परिस्थितिके अनुसार जो कर्तव्य-कर्म सामने आ जाय, उसको सुचारुरूपसे सांगोपांग करना **'प्रवृत्तिः'** है; और भोग तथा संग्रहके उद्देश्यसे नये-नये कर्म शुरू करना **'आरम्भः'** है। तात्पर्य है कि प्रवृत्ति दोषी नहीं है; क्योंकि प्रवृत्ति तो गुणातीत महापुरुषके द्वारा भी होती है, पर भोग और संग्रहको लेकर नये-नये कर्मोंका आरम्भ उसके द्वारा नहीं होता। अतः साधक प्रवृत्तिमें तो निर्लिप्त रहे और नये-नये कर्मोंका आरम्भ न करे।

(३६) 'मोहः' और **'अज्ञानम्'** (१४। १७)—विपरीत, उलटा मान लेनेका नाम **'मोह'** है और अधूरे ज्ञानको ज्ञान मान लेनेका नाम **'अज्ञान'** है। तात्पर्य है कि अकर्तव्य, अनित्य, अग्राह्य आदिको ठीक-ठीक न समझना 'मोह' है और इन्द्रिय, बुद्धिके ज्ञानको ही ज्ञान मानना अर्थात् अभीतक जितना समझा है, उसीको पूरा ज्ञान मानना 'अज्ञान' है।

(३७) 'समदुःखसुखः' और **'तुल्य-प्रिया प्रियः'** (१४। २४)—प्रारब्धके अनुसार प्राप्त अनुकूल-प्रतिकूल परिस्थितियोंमें सम रहना **'समदुःखसुखः'** है और क्रियमाण कर्मोंके तात्कालिक फलकी प्राप्ति-अप्राप्तिमें सम रहना **'तुल्यप्रियाप्रियः'** है। तात्पर्य है कि साधकको प्रत्येक परिस्थितिमें निर्विकार रहना चाहिये, किसी भी परिस्थितिमें राग या द्वेष नहीं करना चाहिये।

(३८) 'निर्मानमोहाः' और **'अमूढाः'** (१५।५)—मोह दो प्रकारका होता है— (१) परमात्माकी तरफ न लगकर संसारमें ही लग जाना और (२) परमात्माको ठीक तरहसे न जानना। यहाँ **'निर्मानमोहाः'** पदसे संसारका मोह चले जानेकी बात और **'अमूढाः'** पदसे परमात्माको ठीक तरहसे जान लेनेकी बात कही गयी है। तात्पर्य है कि संसारका मोह चले जानेसे, संसारका सम्बन्ध टूट जानेसे साधकके दुःखोंका अत्यन्ताभाव हो जाता है और परमात्माका ठीक बोध होनेसे साधकको परम आनन्दकी प्राप्ति हो जाती है।

(३९) 'अकृतात्मानः' और **'अचेतसः'** (१५।११)—जिन्होंने अपना अन्तःकरण शुद्ध नहीं किया है, वे **'अकृतात्मानः'** हैं; और जिन्होंने सत्-असत्के ज्ञान (विवेक)-को महत्त्व नहीं दिया है, वे **'अचेतसः'** हैं। तात्पर्य है कि जिनमें सांसारिक आसक्ति है और जिनको परमात्मतत्त्वका बोध नहीं हुआ है, ऐसे मनुष्य यत्न करते हुए भी परमात्मतत्त्वको नहीं जान सकते।

(४०) 'अक्रोधः' और **'क्षमा'** (१६।२-३)—**'अक्रोध'** में अपनी तरफ दृष्टि रहती है कि हमारेमें क्रोध न हो, हलचल न हो; और **'क्षमा'** में जिसने अपराध किया है, उसपर दृष्टि रहती है कि उसको कभी किसी प्रकारका दण्ड न मिले। तात्पर्य है कि स्वकृत क्रियाओंमें कोई गलती हो जाय तो अन्तःकरणमें हलचल, विक्षेप होता है और बिना कारण कोई हमारा अपकार करता है,

झूठा लांछन लगाता है तो 'उसको दण्ड मिले'—ऐसा भाव पैदा होता है; परन्तु दैवी-सम्पत्तिवाले साधकमें ये दोनों ही बातें नहीं होनी चाहिये अर्थात् स्वकृत और परकृत क्रियाओंसे अपनेमें कोई हलचल नहीं होनी चाहिये।

(४१) 'दर्पः' और **'अभिमानः'** (१६। ४)—ममताकी वस्तुओंको अर्थात् धन, पुत्र, परिवार आदि बाहरकी वस्तुओंको लेकर **'दर्प'** (घमंड) होता है; और अहंताकी वस्तुओंको अर्थात् विद्या, बुद्धि आदि भीतरकी वस्तुओंको लेकर **'अभिमान'** होता है। तात्पर्य है कि साधकमें ममतावाली और अहंतावाली चीजोंको लेकर घमंड और अभिमान नहीं होना चाहिये। उसको इन दोनोंसे सावधान रहना चाहिये।

(४२) 'दुःखम्' और **'शोकः'** (१७। ९)—राजस मनुष्यको प्रिय लगनेवाले अत्यन्त तीखे, गरम आदि भोजनके पदार्थ खानेसे मुख, पेट आदिमें जलन होनेको यहाँ **'दुःख'** कहा गया है; और चित्तमें अशान्ति, चिन्ता आदि होनेको यहाँ **'शोक'** कहा गया है। तात्पर्य है कि राजस भोजन शारीरिक और मानसिक पीड़ाका कारण होता है; अतः यह त्याज्य है।

(४३) 'अनुद्वेगकरम्' और **'प्रियम्'** (१७। १५)—जो वचन वर्तमान और भविष्यमें कभी किसीमें उद्वेग, विक्षेप और हलचल पैदा करनेवाला न हो, वह **'अनुद्वेगकर'** कहलाता है। जो वचन क्रूरता, रूखेपन, तीखेपन, ताने, निन्दा-चुगली और अपमानकारक शब्दोंसे रहित हो तथा जो प्रेमयुक्त, मीठा और सरल हो, वह **'प्रिय'** कहलाता है। तात्पर्य है कि मनुष्यको ऐसे वचन बोलने चाहिये, जो वर्तमानमें भी प्रिय लगें और परिणाममें भी हितकारक हों।

(४४) 'सत्कारमानपूजार्थम्' अर्थात् **'सत्कार', 'मान'** और **'पूजा'** (१७। १८)—बाहरकी क्रियाओंसे आदर करनेका नाम **'सत्कार'** है; भीतरके भावोंसे आदर करनेका नाम **'मान'** है; और माला पहनाने, पुष्प चढ़ाने, आरती उतारने आदिका नाम **'पूजा'** है। तात्पर्य है कि जब मनमें राग, आसक्ति, कामना होती है, तभी सत्कार, मान और पूजा पानेकी इच्छा होती है। अतः साधकको सावधान रहना चाहिये कि उसके चित्तपर संसारका रंग चढ़ने ही न पाये।

(४५) 'चलम्' और **'अध्रुवम्'** (१७। १८)—जो तप सत्कार, मान और पूजाके लिये किया जाता है, उसका फल **'चल'** अर्थात् नाशवान् होता है; और जो तप केवल दिखावटीपनके लिये किया जाता है, उसका फल **'अध्रुव'** अर्थात् अनिश्चित (फल मिले या न मिले, दम्भ सिद्ध हो या न हो) होता है। तात्पर्य है कि कामना रखनेसे ही कर्मोंका फल चल और अध्रुव होता है। अतः साधकको फलकी कामनाका त्याग कर देना चाहिये।

(४६) 'अकृतबुद्धित्वात्' और **'दुर्मतिः'** (१८। १६)—यहाँ **'अकृतबुद्धित्वात्'** पद हेतुके रूपमें आया है और **'दुर्मतिः'** पद कर्ताके विशेषणके रूपमें आया है अर्थात् कर्ताके दुर्मति होनेमें अकृतबुद्धि ही हेतु है। तात्पर्य है कि बुद्धिको शुद्ध न करनेसे अर्थात् उसमें विवेक जाग्रत् न करनेसे ही वह दुर्मति है। अगर वह विवेकको जाग्रत् करता, उसको महत्त्व देता तो वह दुर्मति नहीं रहता।

(४७) 'धर्मम्, अधर्मम्' और **'कार्यम्, अकार्यम्'** (१८। ३१)—शास्त्रोंने जिसकी आज्ञा दी है और जिससे परलोकमें सद्‌गति होती है, वह **'धर्म'** है; और शास्त्रोंने जिसकी आज्ञा नहीं दी है और निषेध किया है तथा जिससे परलोकमें दुर्गति होती है, वह **'अधर्म'** है। वर्ण, आश्रम, देश, काल, लोकमर्यादा, परिस्थितिके अनुसार शास्त्रोंने जिसके लिये जिस कर्मको करनेकी आज्ञा दी है, उसके लिये वह कर्म **'कार्य'** (कर्तव्य) है; और परिस्थितिके अनुसार प्राप्त हुए कर्तव्यका पालन न करना तथा न करनेलायक कामको करना **'अकार्य'** (अकर्तव्य)

है। तात्पर्य है कि रजोगुणसे बुद्धि आवृत होनेसे धर्म-अधर्म और कार्य-अकार्यका स्पष्ट विवेक नहीं होता। अतः साधकको चाहिये कि वह अविवेकको स्थान ही न दे। धर्म और अधर्म क्या है? कार्य और अकार्य क्या है?—इन बातोंको गहराईसे समझे। गहराईसे समझनेपर अविवेक मिट जाता है।

(४८) **'शोकम्'** और **'विषादम्'** (१८। ३५)—किसीके मरनेकी सम्भावनाको लेकर अथवा किसीके मरनेके बाद मनमें जो चिन्ता होती है, हलचल होती है, उसका नाम **'शोक'** है; और किसी बातको लेकर मनमें जो दुःख होता है, उसको **'विषाद'** कहते हैं। तात्पर्य है कि साधकको शोक और विषाद—दोनोंको सर्वथा छोड़ देना चाहिये। तामसी बुद्धिको छोड़ना तो सुगम है, पर तामसी धृतिको छोड़ना बड़ा कठिन है; क्योंकि यह स्वभावमें रहती है। इसको धारण करना नहीं पड़ता, प्रत्युत यह जन्मजात रहती है। अतः यहाँ (१८। ३५में) **'न विमुञ्चति'** पद दिये हैं। साधकको विशेष सावधानीसे इससे छुटकारा पाना चाहिये।

(४९) **'परां शान्तिम्'** और **'शाश्वतं स्थानम्'** (१८। ६२)—संसारसे सर्वथा उपरतिको **'परां शान्तिम्'** पदोंसे और परमधामको **'शाश्वतं स्थानम्'** पदोंसे कहा गया है। तात्पर्य है कि परमात्माके शरण होनेपर भगवत्कृपासे संसारसे उपरति और परमात्माकी प्राप्ति हो जाती है।

गीतामें आये पुनरुक्त समानार्थक वाक्योंका तात्पर्य

पुनरुक्तानि वाक्यानि समानार्थानि कुत्रचित्।
अत्र तेषां च तात्पर्यं कथ्यते भावपूर्वकम्॥

'सिद्ध्यसिद्ध्योः समो भूत्वा' (२। ४८); **'समः सिद्धावसिद्धौ च'** (४। २२); और **'सिद्ध्यसिद्ध्योर्निर्विकारः'** (१८। २६)—ये तीनों वाक्य समानार्थक हैं, फिर भी इनमें थोड़ा अन्तर है। पहलेके दोनों वाक्य कर्मयोगी साधकके हैं और अन्तिम वाक्य सांख्ययोगी साधकका है। कर्मयोगी साधक 'मुझे कर्मोंकी सिद्धि-असिद्धि', 'पूर्ति-अपूर्तिमें सम रहना है'—इस भावसे कर्तव्य-कर्म करता है (२। ४८)। इस तरह कर्म करनेसे वह सिद्धि-असिद्धिमें स्वतः सम हो जाता है (४। २२)। सांख्ययोगी साधक सम्पूर्ण विकारोंको प्रकृतिमें ही मानता है, अपनेमें नहीं। अतः वह सिद्धि-असिद्धिमें स्वतः निर्विकार रहता है। तात्पर्य है कि सिद्धि-असिद्धिमें सम कहो अथवा निर्विकार कहो, एक ही बात है। सिद्धि-असिद्धिमें सम, निर्विकार होनेपर दोनोंको तत्त्वकी प्राप्ति हो जाती है (५। ५)।

(२) **'वीतरागभयक्रोधः'** (२। ५६); **'वीतरागभयक्रोधाः'** (४। १०); और **'विगतेच्छाभयक्रोधः'** (५। २८)—ये तीनों वाक्य क्रमशः कर्मयोग, भक्तियोग और ध्यानयोगमें आये हैं। तात्पर्य है कि कर्मयोग, भक्तियोग, ध्यानयोग आदि कोई-सा भी योग (साधन) हो, उसके द्वारा साधक सांसारिक राग, इच्छा, भय, क्रोध आदिकी वृत्तियोंसे रहित हो जाता है। कारण कि ये राग आदिकी वृत्तियाँ संसारके साथ सम्बन्ध माननेसे ही पैदा हुई हैं। वास्तवमें ये साधकके स्वरूपमें हैं ही नहीं। अतः संसारसे सम्बन्ध-विच्छेद होते ही ये मिट जाती हैं और स्वतःसिद्ध निर्विकारताका अनुभव हो जाता है। इसलिये साधक किसी भी मार्गका अनुकरण करनेवाला हो, उसमें निर्विकारता आनी चाहिये।

(३) **'मयि सर्वाणि कर्माणि संन्यस्याध्यात्मचेतसा'** (३। ३०); **'ब्रह्मण्याधाय कर्माणि'** (५। १०); **'ये तु सर्वाणि कर्माणि मयि संन्यस्य'**

(१२।६); **'चेतसा सर्वकर्माणि मयि संन्यस्य'** (१८।५७); और **'सर्वकर्माणि मनसा संन्यस्यास्ते'** (५।१३)—पहलेके चार वाक्य भक्तियोगमें और अन्तिम वाक्य ज्ञानयोगमें आया है। तात्पर्य है कि भक्तियोगमें सब कर्म भगवान्‌के अर्पण होते हैं और ज्ञानयोगमें सब कर्म शरीर (प्रकृति)-के अर्पण होते हैं। वास्तवमें कर्मोंका अपने साथ सम्बन्ध किसी भी योगमें नहीं होता। कर्मोंका अपने साथ सम्बन्ध होनेपर भोग होता है, योग नहीं होता। साधकमें योग होना चाहिये, भोग नहीं।

(४) 'प्रकृतेः क्रियमाणानि गुणैः कर्माणि सर्वशः' (३।२७); **'गुणा गुणेषु वर्तन्ते'** (३।२८); **'इन्द्रियाणीन्द्रियार्थेषु वर्तन्ते'** (५।९); **'प्रकृत्यैव च कर्माणि क्रियमाणानि सर्वशः'** (१३।२९); **'नान्यं गुणेभ्यः कर्तारम्'** (१४।१९); **'गुणा वर्तन्त इत्येव'** (१४।२३)—इन सबका तात्पर्य है कि चाहे प्रकृतिके द्वारा सब कर्म होते हैं—ऐसा कह दो, चाहे प्रकृतिके कार्य गुणोंके द्वारा सब कर्म होते हैं—ऐसा कह दो, चाहे गुणोंके कार्य इन्द्रियोंके द्वारा सब कर्म होते हैं—ऐसा कह दो, तीनों बातें एक ही हैं। करनेवाली प्रकृति ही है, पुरुष (चेतन) नहीं। क्रियामात्र प्रकृतिमें ही होती है, पुरुष सर्वथा अक्रिय है। अतः साधकको अपने अक्रिय स्वरूपका बोध होना चाहिये।

(५) 'स मे युक्ततमो मतः' (६।४७) और **'ते मे युक्ततमा मताः'** (१२।२)—इन दोनोंमें एकवचन-बहुवचनका ही अन्तर है, शब्दोंका अन्तर नहीं है। पहली बार (६।४७में) तो भगवान्‌ने अर्जुनके बिना पूछे ही कहा कि सम्पूर्ण योगियोंमें भक्तियोगी युक्ततम (श्रेष्ठ) है और दूसरी बार (१२।२ में) अर्जुनके पूछनेपर कहा कि ज्ञानयोगी और भक्तियोगी—इन दोनोंमें भक्तियोगी युक्ततम है। तात्पर्य है कि बिना अपनी जिज्ञासाके जो बात सुनी जाती है, वह बात पकड़में नहीं आती। परंतु खुदकी जिज्ञासा होनेपर जो बात सुनी जाती है, वह बात दृढ़तासे पकड़में आ जाती है। जैसे पहली बार भगवान्‌ने भक्तियोगीको सम्पूर्ण योगियोंमें श्रेष्ठ बताया, पर अर्जुनने इस बातको नहीं पकड़ा। इसीलिये उन्होंने (१२।१ में) इसी विषयमें प्रश्न किया। अर्जुनके प्रश्न करनेपर भगवान्‌ने वही बात पुनः कही तो अर्जुनके द्वारा वह बात पकड़ी गयी; क्योंकि उसके बाद अर्जुनने पुनः इस विषयमें प्रश्न नहीं किया।

(६) 'यं प्राप्य न निवर्तन्ते तद्धाम परमं मम' (८।२१) और **'यद्गत्वा न निवर्तन्ते तद्धाम परमं मम'** (१५।६)—यद्यपि **'यं प्राप्य'** और **'यद्गत्वा'**—इन दोनों पदोंका अर्थ एक ही है; क्योंकि **'प्राप्य'** (**'आप्लृ व्याप्तौ'**) का अर्थ भी प्राप्त होना होता है और **'गत्वा'** (**'गम्लृ गतौ'**) का अर्थ भी प्राप्त होना होता है, तथापि पहले वाक्यमें सगुण-निराकार परमात्माके स्वरूपका वर्णन है, जिसका सम्पूर्ण प्राणियोंके नष्ट होनेपर भी नाश नहीं होता। उसकी सब जगह व्यापकता दीखती है, अपरोक्षता दीखती है। अतः उसको प्राप्त होनेकी बात कही गयी है। परंतु दूसरे वाक्यमें वैकुण्ठलोक, गोलोक, साकेतलोक आदि धामकी मुख्यताको लेकर वर्णन है, जिसको सूर्य आदि भी प्रकाशित नहीं कर सकते। वह धाम दूर, परोक्ष दीखता है। अतः वहाँ जानेकी बात कही गयी है। वास्तवमें परमात्माका स्वरूप और परमात्माका धाम—दोनों तत्त्वसे एक ही हैं।

(७) 'उदासीनवदासीनम्' (९।९) और **'उदासीनवदासीनः'** (१४।२३)—भगवान् प्राणियोंके स्वभावके अनुसार सृष्टिकी रचना करते हैं; परंतु वे उस सृष्टिरचना-रूप कर्मसे लिप्त नहीं होते, प्रत्युत उदासीनकी तरह रहते हैं (९।९)। ऐसे ही गुणातीत महापुरुष भी उदासीनकी तरह रहता है; क्योंकि वह गुणोंकी वृत्तियों आदिसे कभी किंचिन्मात्र भी विचलित नहीं होता (१४।२३)।

(८) 'अहमादिश्च मध्यं च भूतानामन्त एव च'

(१०।२०) और **'सर्गाणामादिरन्तश्च मध्यं चैवाहमर्जुन'** (१०।३२)—दसवें अध्यायमें भगवान् चिन्तनके लिये अपनी विभूतियोंका वर्णन कर रहे हैं। अतः पहले वाक्यका तात्पर्य है कि अगर साधककी दृष्टि प्राणियोंकी तरफ चली जाय तो वहाँ यही चिन्तन करे कि सम्पूर्ण प्राणियोंके आदि, मध्य और अन्तमें भगवान् ही हैं। दूसरे वाक्यका तात्पर्य है कि अगर साधककी दृष्टि सर्गों (सृष्टियों)-की तरफ चली जाय तो वहाँ भी यही चिन्तन करे कि अनन्त सृष्टियोंके आदि, मध्य और अन्तमें भगवान् ही रहते हैं।

(९) 'अविभक्तं च भूतेषु विभक्तमिव च स्थितम्' (१३।१६) और **'अविभक्तं विभक्तेषु तज्ज्ञानं विद्धि सात्त्विकम्'** (१८।२०)—पहले वाक्यमें ज्ञेय तत्त्व अर्थात् वास्तविक बोधका और दूसरे वाक्यमें सात्त्विक ज्ञानका वर्णन है। साधकके लिये सात्त्विक ज्ञान उपादेय है और राजस-तामस ज्ञान त्याज्य हैं। वास्तविक बोध सात्त्विक ज्ञानसे भी ऊँचा है अर्थात् वह सात्त्विक ज्ञानके द्वारा प्रापणीय है। वह वास्तविक बोध ही सात्त्विक ज्ञान (विवेक)-के रूपमें प्रकट होता है।

जैसे सिद्ध महापुरुष और ऊँचे साधकके लक्षणोंमें भेद करना कठिन होता है, ऐसे ही वास्तविक बोध और सात्त्विक ज्ञानमें भेद करना भी कठिन है। फिर भी वास्तविक बोध करण-निरपेक्ष, गुणातीत होता है और सात्त्विक ज्ञान करण-सापेक्ष होता है।

(१०) 'समं सर्वेषु भूतेषु तिष्ठन्तं परमेश्वरम्' (१३।२७) और **'सर्वभूतेषु येनैकं भावमव्ययमीक्षते'** (१८।२०)—पहले वाक्यमें तो ज्ञानयोगीकी दृष्टिका वर्णन है और दूसरे वाक्यमें सात्त्विक ज्ञानका वर्णन है। सब जगह परमात्माको देखनेसे साधकको परमात्माकी प्राप्ति होती है और सात्त्विक ज्ञानमें स्थित रहनेसे साधक गुणातीत हो जाता है। तात्पर्य है कि परिणाममें दोनों साधनोंसे परमात्मतत्त्वकी प्राप्ति हो जाती है*।

गीतामें आये विपरीत क्रमका तात्पर्य

पूर्वं यथाक्रमं प्रोक्तं पश्चान्न स्यात्तथाक्रमम्।
विपरीतक्रमस्यापि तात्पर्यं कथ्यतेऽधुना॥

पहले अध्यायके छब्बीसवें श्लोकमें **'पितॄनथ पितामहान्। आचार्यान् .....'** कहकर सबसे पहले पिता तथा पितामहोंका और तीसरे नम्बरमें आचार्योंका नाम लिया गया है। फिर चौंतीसवें श्लोकमें **'आचार्याः पितरः पुत्राः........'** कहकर सबसे पहले आचार्योंका और दूसरे नम्बरमें पिता आदिका नाम लिया गया है। यह विपरीत क्रम क्यों?

एक तो मोह-ममताका सम्बन्ध होता है और एक धर्मका सम्बन्ध होता है। जहाँ मोह-ममताका सम्बन्ध होता है, वहाँ पिता आदि कुटुम्बी पहले याद आते हैं, पीछे आचार्य आदि याद आते हैं; और जहाँ धर्मका सम्बन्ध होता है, वहाँ आचार्य आदि पहले याद आते हैं, पीछे पिता आदि कुटुम्बी याद आते हैं। जब अर्जुनमें कौटुम्बिक मोह-ममताकी मुख्यता रहती है, तब उनकी दृष्टि सबसे पहले पिताकी तरफ जाती है; और जब उनमें धर्मकी मुख्यता रहती है, तब

* इसी तरह 'बलं भीष्माभिरक्षितम्' और 'बलं भीमाभिरक्षितम्' (१।१०); 'प्रभवन्त्यहरागमे' और 'प्रभवत्यहरागमे' (८।१८-१९) आदि पुनरुक्त समानार्थक वाक्य भी गीतामें आये हैं, पर इनमें कोई विशेष विचारणीय विषय न होनेसे इन्हें यहाँ नहीं लिया गया है।

उनकी दृष्टि सबसे पहले आचार्यकी तरफ जाती है।

(२) दूसरे अध्यायके चौथे श्लोकमें अर्जुन सबसे पहले पितामह भीष्मजीका और बादमें आचार्य द्रोणका नाम लेते हैं—'**कथं भीष्ममहं संख्ये द्रोणं च**'। परंतु ग्यारहवें अध्यायके चौंतीसवें श्लोकमें भगवान् सबसे पहले द्रोणका और बादमें भीष्मजीका नाम लेते हैं—'**द्रोणं च भीष्मं च**'। यह विपरीत क्रम क्यों?

भीष्मजीके साथ अर्जुनका कौटुम्बिक सम्बन्ध था। भीष्मजी बालब्रह्मचारी थे। वे शास्त्र और धर्मके तत्त्वको जाननेवाले तथा लोकमात्रके आदरणीय थे। महाभारतमें भगवान्ने भीष्मजीको शास्त्रज्ञानका सूर्य बताया है। इस प्रकार भीष्मजीके ज्यादा आदरणीय, पूजनीय होनेसे अर्जुन सबसे पहले उन्हींका नाम लेते हैं। आचार्य द्रोण अर्जुनके विद्यागुरु थे। अर्जुनके मनमें गुरुजनोंको मारनेके पापका भय था। अतः भगवान् सबसे पहले आचार्य द्रोणका नाम लेकर अर्जुनको यह बताना चाहते हैं कि जिन्होंने तेरेको शस्त्र-अस्त्रकी विद्या सिखायी है, उनको क्षात्रधर्मकी दृष्टिसे मार भी दे, तो भी तेरेको पाप नहीं लगेगा। कारण कि मेरे द्वारा मारे हुए इन द्रोण आदिको मारनेसे तेरे द्वारा अपने प्राप्त कर्तव्यका पालन होगा।

(३) कर्मयोग और भक्तियोगमें तो '**निर्ममो निरहंकारः**' (२। ७१; १२। १३) कहकर पहले ममताका और फिर अहंताका त्याग बताया; और ज्ञानयोगमें '**अहंकारं······· विमुच्य निर्ममः**' (१८। ५३) कहकर पहले अहंताका और फिर ममताका त्याग बताया। यह विपरीत क्रम क्यों?

कर्मयोगमें पदार्थोंकी, कर्मफलकी कामनाका त्याग मुख्य है। परन्तु कामना छूटती है—संसारसे निर्मम (ममतारहित) होनेसे। ममताका त्याग होनेपर अहंताका त्याग स्वतः हो जाता है; क्योंकि अहंताके साथ भी ममता रहती है। भक्तियोगमें भक्त पदार्थ, व्यक्ति आदि सबको भगवान्के अर्पण कर देता है, उनको भगवान्के ही मानता है; अतः उसकी किसी भी पदार्थ, व्यक्ति आदिमें ममता नहीं रहती। ममता न रहनेपर अहंता भी नहीं रहती। अतः कर्मयोग और भक्तियोगमें पहले ममताका और फिर अहंताका त्याग बताया गया है।

ज्ञानयोगमें सत्-असत्, नित्य-अनित्यके विवेककी प्रधानता है। 'मैं' हूँ इसमें 'मैं'-पन (अहंता) प्रकृतिका कार्य है (१३। ५) और 'हूँ' परमात्माका अंश है (१५। ७)। 'मैं'-पन अपने स्वरूपमें आरोपित है, वास्तवमें है नहीं। इस तरह विवेकके द्वारा अपने स्वरूपमें स्थित होनेसे अहंताका त्याग हो जाता है। अहंताका त्याग होनेपर ममताका त्याग स्वतः हो जाता है। अतः ज्ञानयोगमें पहले अहंताका और फिर ममताका त्याग बताया गया है।

(४) तीसरे अध्यायके तीसवें श्लोकमें तथा पाँचवें अध्यायके दसवें श्लोकमें तो भगवान्ने पहले कर्म अर्पण करके फिर कर्म करनेकी आज्ञा दी; और नवें अध्यायके सत्ताईसवें श्लोकमें पहले कर्म करके फिर कर्म अर्पण करनेकी आज्ञा दी। यह विपरीत क्रम क्यों?

भक्तियोगमें भगवान्के साथ सम्बन्ध जोड़नेके दो तरीके हैं—(१) भक्त कर्मोंको भगवान्के अर्पण करते-करते स्वयं भगवान्के अर्पित हो जाते हैं, भगवान्के साथ अपनापन कर लेते हैं। भगवान्के अर्पित होनेपर फिर उनके द्वारा स्वतः ही भगवान्की प्रसन्नताके लिये कर्म होते हैं। (२) भक्त पहले स्वयं भगवान्के अर्पित हो जाते हैं। भगवान्के अर्पित होनेपर उनके द्वारा जो भी कर्म होते हैं, वे स्वतः ही भगवान्के अर्पित होते रहते हैं।

तात्पर्य है कि जिनकी कर्म करनेमें ज्यादा प्रवृत्ति होती है, वे कर्म करते-करते भगवान्के अर्पित होते हैं, और जिनकी भगवान्के परायण रहनेकी ज्यादा रुचि होती है, वे पहलेसे ही भगवान्के अर्पित हो जाते हैं।

(५) दसवें अध्यायके सातवें श्लोकमें भगवान्ने '**एतां विभूतिं योगं च**' पदोंमें विभूतिको

पहले तथा योगको पीछे कहा। परंतु दसवें अध्यायके ही अठारहवें श्लोकमें अर्जुनने **'विस्तरेणात्मनो योगं विभूतिं च'** पदोंमें योगको पहले तथा विभूतिको पीछे कहा। यह विपरीत क्रम क्यों?

मनुष्य पहले भगवान्‌की विभूतियोंको, विशेषताओंको ही देखता है, फिर वह भगवान्‌में आकृष्ट होता है। भगवान्‌के योग (सामर्थ्य)-को तो वह केवल मान ही सकता है। अतः भगवान्‌ने सबसे पहले विभूतिको कहा है। परंतु अर्जुन पहले भगवान्‌के योग-(सामर्थ्य, प्रभाव)-को सुनकर ही प्रभावित हुए थे और उन्होंने **'परं ब्रह्म परं धाम……'** (१०।१२) आदि पदोंसे भगवान्‌की स्तुति भी की थी। अतः वे सबसे पहले योगकी बात पूछते हैं।

(६) तेरहवें अध्यायके उन्नीसवें श्लोकमें भगवान्‌ने पहले प्रकृतिका और फिर पुरुषका नाम लिया—**'प्रकृतिं पुरुषं चैव'**; और तेईसवें श्लोकमें पहले पुरुषका और फिर प्रकृतिका नाम लिया—**'य एवं वेत्ति पुरुषं प्रकृतिं च'**। यह विपरीत क्रम क्यों?

तेरहवें अध्यायके उन्नीसवेंसे इक्कीसवें श्लोकतक बन्धनका विषय है और तेईसवें श्लोकमें बोधका विषय है। बन्धनमें प्रकृतिके मुख्य होनेसे उन्नीसवें श्लोकमें पहले प्रकृतिको और फिर पुरुषको बताया है। बोधमें पुरुषके मुख्य होनेसे तेईसवें श्लोकमें पहले पुरुषको और फिर प्रकृतिको बताया है। तात्पर्य यह है कि प्रकृति-पुरुषका विवेक होनेपर पहले प्रकृतिका, बन्धनका ही ज्ञान होता है, जिससे प्रकृति (बन्धन)-की निवृत्ति हो जाती है; अतः प्रकृतिको पहले बताया। जन्म-मरणसे रहित होनेमें, बोध होनेमें पुरुषका ही ज्ञान मुख्य है; क्योंकि पुरुषका जन्म-मरण होता ही नहीं, उसमें जन्म-मरणका अत्यन्त अभाव है; अतः पुरुषको पहले बताया।

(७) तेरहवें अध्यायके इकतीसवें श्लोकमें भगवान्‌ने **'न करोति न लिप्यते'** अर्थात् न करता है और न लिप्त होता है—ऐसा कहकर पहले कर्तृत्वका और फिर भोक्तृत्वका निषेध किया। परंतु इन दोनोंको समझानेके लिये बत्तीसवें-तैंतीसवें श्लोकोंमें पहले भोक्तृत्वका और फिर कर्तृत्वका उदाहरण दिया। यह विपरीत क्रम क्यों?

कर्तृत्वके बाद ही भोक्तृत्व आता है अर्थात् कर्म करनेके बाद ही उस कर्मके फलका भोग होता है—इस दृष्टिसे भगवान्‌ने इकतीसवें श्लोकमें पहले कर्तृत्वका और फिर भोक्तृत्वका निषेध किया है। परंतु मनुष्य जो कुछ भी करता है, पहले मनमें किसी फलकी इच्छा, उद्देश्य रखकर ही करता है। तात्पर्य है कि मनमें पहले लिप्तता (भोग और संग्रहकी इच्छा) अर्थात् भोक्तृत्व आता है और फिर कर्तृत्व आता है अर्थात् कर्म करने लगता है। अतः भगवान्‌ने पहले उदाहरणमें भोक्तृत्वका और दूसरे उदाहरणमें कर्तृत्वका निषेध किया है। कारण कि भोक्तृत्वका त्याग होनेपर कर्तृत्वका त्याग स्वतः हो जाता है अर्थात् फलेच्छाका सर्वथा त्याग होनेपर क्रिया करनेपर भी कर्तृत्व नहीं बनता।

(८) चौदहवें अध्यायके आठवें श्लोकमें भगवान्‌ने **'प्रमादालस्यनिद्राभिः'** पदमें प्रमादको सबसे पहले और निद्राको सबके अन्तमें दिया है; और अठारहवें अध्यायके उनतालीसवें श्लोकमें भगवान्‌ने **'निद्रालस्यप्रमादोत्थम्'** पदमें निद्राको सबसे पहले और प्रमादको सबके अन्तमें दिया है। यह विपरीत क्रम क्यों?

चौदहवें अध्यायके आठवें श्लोकमें बाँधनेका प्रकरण है; अतः प्रमादको सबसे पहले दिया। कारण कि प्रमादसे जितना बन्धन होता है, उतना आलस्यसे नहीं होता और आलस्यसे जितना बन्धन होता है, उतना निद्रासे नहीं होता अर्थात् प्रमादसे ज्यादा बन्धन होता है, उससे कम आलस्यसे और उससे कम अति निद्रासे होता है। परंतु अठारहवें अध्यायके उनतालीसवें श्लोकमें सुखका प्रकरण है; अतः निद्राको सबसे पहले दिया। कारण कि आवश्यक

निद्रासे शरीरमें हलकापन आता है, वृत्तियाँ स्वच्छ होती हैं, जो लिखने-पढ़ने-सुनने आदिमें सहायक होती हैं। अतः आवश्यक निद्राका सुख इतना त्याज्य नहीं है। इससे ज्यादा त्याज्य आलस्यका सुख है और आलस्यसे ज्यादा त्याज्य प्रमादका सुख है। इस प्रकार चौदहवें अध्यायके आठवें श्लोकमें प्रमादको आरम्भमें देनेसे और अठारहवें अध्यायके उनतालीसवें श्लोकमें प्रमादको अन्तमें देनेसे सबसे अधिक बन्धनका कारण प्रमाद ही सिद्ध होता है। महाभारतमें भी प्रमादको मृत्यु बताया गया है—**'प्रमादं वै मृत्युमहं ब्रवीमि'** (उद्योग० ४२।४)।

(९) तेरहवाँ और चौदहवाँ—ये दोनों अध्याय ज्ञानके हैं। तेरहवाँ अध्याय प्रकृतिसे सम्बन्ध-विच्छेद करनेके लिये और चौदहवाँ अध्याय प्रकृतिके कार्य गुणोंसे सम्बन्ध-विच्छेद करनेके लिये है। इन दोनों अध्यायोंके आरम्भके वर्णनको देखा जाय तो तेरहवें अध्यायके आरम्भमें क्षेत्र और क्षेत्रज्ञका तथा चौदहवें अध्यायके आरम्भमें महद्ब्रह्म (मूल प्रकृति) और परमात्माका वर्णन है; परंतु वास्तवमें होना चाहिये था तेरहवें अध्यायके आरम्भमें मूल प्रकृति और परमात्माका वर्णन और फिर चौदहवें अध्यायके आरम्भमें होना चाहिये था उस प्रकृतिके क्षुद्र अंश क्षेत्रका और परमात्माके अंश क्षेत्रज्ञका वर्णन; परंतु ऐसा क्रम न देनेका तात्पर्य है कि तत्त्वतः क्षेत्र और महद्ब्रह्म तथा क्षेत्रज्ञ और परमात्मा एक ही हैं, दो नहीं। अतः दोनोंका भेद मिटानेके लिये ही भगवान्ने ऐसा वर्णन किया है।

(१०) अठारहवें अध्यायके पहले श्लोकमें अर्जुनने पहले संन्यासका और पीछे त्यागका तत्त्व जाननेके लिये पूछा; परंतु उत्तरमें भगवान्ने पहले त्यागके विषयमें कहना शुरू किया। यह विपरीत क्रम क्यों?

अठारहवें अध्यायके पहले भगवान्ने 'संन्यास' शब्दका प्रयोग कर्मयोग (४।४१), ज्ञानयोग (५।१३) और भक्तियोग (९।२८; १२।६)—तीनोंमें किया था; और 'त्याग' शब्दका प्रयोग कर्मयोगमें किया था (२।४८; ४।२०; ५।११ आदि)। अर्जुन संन्यास और त्याग—दोनोंका तत्त्व जानना चाहते थे; परंतु तीनों योगोंमें 'संन्यास' पद आनेसे संन्यासका तत्त्व जानना अर्जुनके लिये जटिल हो गया। तात्पर्य है कि अर्जुनके मनमें संन्यासके विषयमें जितना अधिक संदेह था, उतना त्यागके विषयमें नहीं था। अतः अर्जुन मुख्यरूपसे संन्यासका ही तत्त्व जानना चाहते थे और त्यागका तत्त्व गौणतासे जानना चाहते थे। इसलिये भगवान्ने 'सूचीकटाहन्याय'* से पहले त्यागका वर्णन किया; क्योंकि त्यागके विषयमें भगवान्को थोड़ी ही बातें कहनी थीं, जबकि संन्यासके विषयमें बहुत बातें कहनी थीं, जिससे अर्जुनका संन्यासविषयक संदेह दूर हो जाय।

(११) गीतामें (७।१२; १४।५—१८, २२ आदि) सब जगह तीनों गुणोंका 'सात्त्विक, राजस और तामस'—ऐसा क्रम दिया है; परंतु अठारहवें अध्यायके सातवें श्लोकसे नवें श्लोकतक 'तामस, राजस और सात्त्विक'—ऐसा क्रम दिया है। यह विपरीत क्रम क्यों?

इसका कारण है कि (१) अगर भगवान् छठे श्लोकके बाद ही सातवें श्लोकमें सात्त्विक त्यागका वर्णन करते तो भगवान्के निश्चित मत और सात्त्विक त्यागमें पुनरुक्ति-दोष आ जाता; क्योंकि भगवान्का निश्चित मत और सात्त्विक त्याग एक ही है। (२) किसी वस्तुकी उत्तमता, श्रेष्ठता तभी सिद्ध

* किसीने लुहारके पास जाकर एक कड़ाह बनानेके लिये लोहा दिया। लुहार कड़ाह बनाने लगा। इतनेमें ही कोई सुई बनानेके लिये थोड़ा-सा लोहा लेकर लुहारके पास आ गया। लुहारने कड़ाह बनानेका बड़ा काम स्थगित कर दिया और सुई बनानेका छोटा-सा काम पहले कर दिया—यही 'सूचीकटाहन्याय' कहलाता है।

होती है, जब उस वस्तुके पहले अनुत्तम, निकृष्ट वस्तुका वर्णन किया जाय। अतः सात्त्विक त्यागकी उत्तमता सिद्ध करनेके लिये भगवान् पहले अनुत्तम तामस और राजस त्यागका वर्णन करते हैं।

(३) आगे दसवेंसे बारहवें श्लोकतक सात्त्विक त्यागीका वर्णन हुआ है। अगर सात्त्विक त्यागका वर्णन सात्त्विक त्यागीके पास (नवें श्लोकमें) न देते तो तामस त्याग पासमें होनेसे सात्त्विक त्यागीके श्लोकोंका नवें श्लोकसे सम्बन्ध नहीं जुड़ता। इन सभी दृष्टियोंसे भगवान्ने यहाँ गुणोंका विपरीत क्रम रखा है।

गीतामें आये 'मत्तः' पदका तात्पर्य

'मत्त' एतत्पदैः कृष्णो महिमानं स्वमब्रवीत्।
तेषां प्रोक्तं च तात्पर्यं भावगाम्भीर्यपूर्वकम्॥

सबके मूलमें परमात्मा ही हैं। परमात्माके सिवाय दूसरा कोई कारण है ही नहीं और हो सकता ही नहीं। सृष्टिकी रचना, प्रलय आदिका कार्य करनेमें परमात्मा किसीकी भी मदद नहीं लेते; क्योंकि वे सर्वदा-सर्वथा समर्थ और स्वतन्त्र हैं। वे सब कुछ करनेमें अथवा न करनेमें तथा उलट-पलट करनेमें सर्वथा स्वतन्त्र हैं। संसारमें जो कुछ प्रभाव देखनेमें आता है, वह सब परमात्माका ही है, वस्तु, व्यक्ति आदिका नहीं। रावणने हनुमान्‌जीसे पूछा—'हे बंदर! तुम किसके दूत हो? किसके बलसे तुमने वाटिका उजाड़ी है?' उत्तरमें हनुमान्‌जीने कहा—'जिनकी शक्तिसे तुमने सम्पूर्ण चर-अचरको जीत लिया है, सबको अपने वशमें कर लिया है, मैं उन्हींका दूत हूँ।' हिरण्यकशिपुने प्रह्लादजीसे पूछा—'तू जिसका नाम लेता है, वह कौन है?' उत्तरमें प्रह्लादजीने कहा—'पिताजी! जिनकी शक्तिसे आपने देवता, दानव आदि सबपर विजय की है, मैं उन्हींका नाम लेता हूँ।' तात्पर्य है कि सबमें उस परमात्माकी ही शक्ति है। उसके सिवाय दूसरा कोई ऐसा स्वतन्त्र शक्तिशाली है ही नहीं। इसी बातका वर्णन भगवान्ने गीतामें **'मत्तः'** पदसे किया है; जैसे—

'मत्तः परतरं नान्यत्किंचिदस्ति' (७।७)।

'मेरे सिवाय इस संसारका दूसरा कोई कारण है ही नहीं।'

'मत्त एवेति तान्विद्धि' (७।१२)।

'ये सात्त्विक, राजस और तामस भाव मेरेसे ही होते हैं।'

'भवन्ति भावा भूतानां मत्त एव पृथग्विधाः॥' (१०।५)

'प्राणियोंके बुद्धि, ज्ञान, असम्मोह आदि सभी भाव मेरेसे ही होते हैं।'

'मत्तः सर्वं प्रवर्तते' (१०।८)।

'यह सब संसार मेरेसे ही चेष्टा कर रहा है।'

'मत्तः स्मृतिर्ज्ञानमपोहनं च' (१५।१५)।

'स्मृति, ज्ञान आदि मेरेसे ही होते हैं।'

तात्पर्य है कि संसारमें जो कुछ अच्छा-मन्दा, सुख-दुःख आदि है, उन सबमें भगवान्‌का ही प्रभाव है, शक्ति है। वे सभी भगवान्‌से ही होते हैं, भगवान्‌में ही रहते हैं और भगवान्‌में ही लीन होते हैं।

संसारमें दो बातें होती हैं—करना और होना। मनुष्य कर्म 'करता' है और उसका फल 'होता' है। 'करना' मनुष्यके हाथमें है और 'होना' भगवान्‌के हाथमें है। अतः करनेमें सावधान और होनेमें प्रसन्न रहना चाहिये।

गीतामें आये 'अवशः' पदका तात्पर्य

सम्बन्धः प्रकृतेर्यावत्तावज्जीवोऽवशो भवेत्।
प्रकृतेर्वशतात्यागे जीवस्तु स्ववशस्तदा॥

शरीर, इन्द्रियों आदिसे सुख लेनेकी जो आदत पड़ी हुई है उसको स्वभाव कहते हैं। इस स्वभावके परवश, अवश, अधीन हुए प्राणियोंसे प्रकृतिजन्य गुण कर्म कराते हैं—'**कार्यते ह्यवशः कर्म सर्वः प्रकृतिजैर्गुणैः**' (३। ५) यह स्वभावकी अवशता है।

श्रीमानोंके घरमें जन्म लेनेवाला योगभ्रष्ट मनुष्य भोगोंकी बहुलताके कारण भोगोंके परवश हो जाता है, भोगोंकी तरफ खिंच जाता है, भोगोंके परवश होनेपर भी पूर्वजन्मकृत अभ्यासके कारण वह पुनः साधनमें खिंच जाता है—'**पूर्वाभ्यासेन तेनैव ह्रियते ह्यवशोऽपि सः**' (६। ४४)। यह भोगोंकी अवशता है।

एक हजार चतुर्युगी बीतनेपर जब ब्रह्माजीकी रातका आरम्भ होता है, तब प्रलय होता है। उस प्रलयमें प्रकृतिके, गुणोंके अथवा स्वभावके परवश हुए जीव ब्रह्माजीके सूक्ष्मशरीरमें लीन हो जाते हैं। फिर जब ब्रह्माजीके दिनका आरम्भ होता है, तब सर्ग होता है। उस सर्गमें सभी परवश जीव ब्रह्माजीके सूक्ष्मशरीरसे पैदा होते हैं—'**रात्र्यागमेऽवशः पार्थ प्रभवत्यहरागमे**' (८। १९)। यह प्रलय और सर्गकी अवशता है।

ब्रह्माजीके सौ वर्ष पूरे होनेपर जब महाप्रलय होता है, तब सम्पूर्ण जीव प्रकृतिमें लीन हो जाते हैं। जब प्रकृतिमें लीन उन जीवोंके कर्म परिपक्व हो जाते हैं, तब भगवान् प्रकृतिको अपने वशमें करके महासर्गके आदिमें उन परवश हुए जीवोंकी रचना कर देते हैं—'**भूतग्राममिमं कृत्स्नमवशं प्रकृतेर्वशात्**' (९। ८)। यह महाप्रलय और महासर्गकी अवशता है।

पूर्वकर्मोंके अनुसार यह जीव जिस वर्णमें जन्मा है और वहाँपर माता-पिताके रज-वीर्यके अनुसार इसका जैसा स्वभाव बना हुआ है, उस स्वभावके यह परवश रहता है और उसके अनुसार ही यह कर्म करनेमें बाध्य होता है—'**कर्तुं नेच्छसि यन्मोहात्करिष्यस्यवशोऽपि तत्**' (१८। ६०)। यह स्वभावकी अवशता है।

स्वभाव बनता है वृत्तियोंसे, वृत्तियाँ बनती हैं गुणोंसे और गुण पैदा होते हैं प्रकृतिसे। अतः चाहे स्वभावके परवश कहो, चाहे गुणोंके परवश कहो और चाहे प्रकृतिके परवश कहो, एक ही बात है। वास्तवमें सबके मूलमें प्रकृतिजन्य पदार्थोंकी परवशता ही है। इसी परवशतासे सभी परवशताएँ पैदा होती हैं। अतः प्रकृतिजन्य पदार्थोंकी परवशताको ही कहीं कालकी, कहीं स्वभावकी, कहीं कर्मकी और कहीं गुणोंकी परवशता कह दिया है।

तात्पर्य है कि यह जीव जबतक प्रकृति और उसके गुणोंसे अतीत नहीं होता, परमात्माकी प्राप्ति नहीं कर लेता, भगवान्‌की शरण नहीं लेता, तबतक यह गुण, काल, भोग और स्वभावके अवश (परवश) ही रहता है अर्थात् यह जीव जबतक प्रकृतिके साथ अपना सम्बन्ध मानता है, प्रकृतिमें स्थित रहता है, तबतक यह आसक्तिके कारण कभी गुणोंके, कभी कालके, कभी भोगोंके और कभी स्वभावके परवश होता रहता है, कभी स्ववश (स्वतन्त्र) नहीं रहता। इनके सिवाय यह परिस्थिति, व्यक्ति, स्त्री, पुत्र, धन, मकान आदिके भी परवश होता रहता है। परंतु जब यह गुणोंसे अतीत अपने स्वरूपका अथवा परमात्मतत्त्वका अनुभव कर लेता है, तो फिर इसकी यह परवशता नहीं रहती और यह स्वतःसिद्ध स्वतन्त्रताको प्राप्त हो जाता है।

यहाँ यह शंका होती है कि ज्ञानी तो स्ववश होता है पर भक्त स्ववश नहीं होता, प्रत्युत भगवान्‌के

परवश होता है। इसका समाधान यह है कि भगवान् 'पर' नहीं हैं, प्रत्युत 'स्व' हैं, स्वकीय हैं, आत्मीय हैं। अत: जो स्वकीय है, उसके परवश होना वास्तवमें स्ववश होना ही है। भक्तकी यह परवशता ज्ञानीकी स्ववशतासे भी श्रेष्ठ है। कारण कि ज्ञानीमें तो बहुत दूरतक सूक्ष्म अहंकार (व्यक्तित्व) रहनेकी सम्भावना रहती है, पर भक्तमें आरम्भसे ही अहंकार नहीं रहता। भगवान्पर ही निर्भर रहनेसे भक्तमें राग-द्वेष आदि नहीं होते। भगवान् स्वयं उसको ज्ञान देते हैं (१०। ११) और उसका उद्धार भी स्वयं कर देते हैं (१२। ७)।

गीतामें आये 'तत्त्वतः' पदका तात्पर्य

पञ्चकृत्वः पदं प्रोक्तं तत्त्वतः कृष्णगीतया।
उदीरितं चतुः कृष्णे सकृत्प्रोक्तं तथाऽऽत्मनि॥

चौथे अध्यायके नवें श्लोकमें '**तत्त्वतः**' पद भगवान्के अवतारको तत्त्वसे जानने अर्थात् दृढ़तापूर्वक माननेके अर्थमें आया है। इस पदकी व्याख्या चौथे अध्यायके ही छठे श्लोकमें की गयी है कि भगवान् अजन्मा रहते हुए ही जन्म लेते हैं अर्थात् भगवान्का अजपना निरन्तर रहता है, मिटता नहीं। वे अव्यय (अविनाशी)-स्वरूप रहते हुए ही अन्तर्धान हो जाते हैं अर्थात् उनका अव्ययपना निरन्तर रहता है। वे प्राणिमात्रके महान् ईश्वर (मालिक) होते हुए भी माता-पिताकी आज्ञाका पालन करते हैं, उनके अधीन हो जाते हैं, ऐसा होनेपर भी उनका ईश्वरपना (आधिपत्य) मिटता नहीं। वे प्रकृतिको अपने वशमें करके अपनी योगमायासे प्रकट होते हैं। उनका जन्म लेना जीवोंकी तरह कर्मोंके अधीन नहीं होता।

छठे अध्यायके इक्कीसवें श्लोकमें '**तत्त्वतः**' पद अपने स्वरूपको ठीक-ठीक जाननेके अर्थमें आया है। जिसको अपने स्वरूपका ठीक-ठीक बोध हो जाता है, वह फिर कभी भी अपनी स्थितिसे विचलित नहीं होता अर्थात् अनुकूल-से-अनुकूल और प्रतिकूल-से-प्रतिकूल परिस्थिति आनेपर भी वह अपनी स्थितिसे विचलित नहीं होता (६। २२)। कारण कि उसकी प्रकृतिकी, गुणोंकी परतन्त्रता मिट जाती है अर्थात् वह कभी किंचिन्मात्र भी प्रकृतिके गुणोंके परवश नहीं होता।

सातवें अध्यायके तीसरे श्लोकमें '**तत्त्वतः**' पद भगवत्तत्त्वका ठीक-ठीक अनुभव करनेके अर्थमें आया है कि सब कुछ भगवान् ही हैं। भगवान्के सिवाय दूसरे किसीकी भी स्वतन्त्र सत्ता नहीं है। इस तरह जो तत्त्वसे भगवान्को जानता है, उसके लिये कुछ भी जानना बाकी नहीं रहता।

दसवें अध्यायके सातवें श्लोकमें '**तत्त्वतः**' पद भगवान्के प्रभाव, सामर्थ्य आदिको तथा उससे प्रकट होनेवाली विभूतियोंको जानने अर्थात् अटलभावसे माननेके अर्थमें आया है। इस तरह जो अटलभावसे मान लेता है, उसकी भगवान्में अटल भक्ति हो जाती है अर्थात् उसकी मान्यतामें भगवान्के सिवाय दूसरी कोई स्वतन्त्र सत्ता, महत्ता, विलक्षणता स्वप्नमें भी नहीं रहती।

अठारहवें अध्यायके पचपनवें श्लोकमें '**तत्त्वतः**' पद दो बार आया है। पहली बार '**तत्त्वतः**' पद परमात्माको तत्त्वसे जाननेके अर्थमें आया है कि वे ही परमात्मा अनेक रूपोंमें, अनेक आकृतियोंमें, अनेक कार्य करनेके लिये बार-बार प्रकट होते हैं और साधकोंकी अपनी-अपनी भावनाओंके अनुसार अनेक इष्टदेवोंके रूपमें कहे जाते हैं, पर वास्तवमें वे परमात्मा एक ही हैं। दूसरी बात '**तत्त्वतः**' पद परमात्मप्राप्तिके लिये आया है अर्थात् परमात्माको तत्त्वसे जाननेके बाद भक्त तत्काल परमात्मामें प्रविष्ट हो जाता है, परमात्मासे अपनी वास्तविक अभिन्नताका अनुभव कर लेता है।

तात्पर्य है कि चौथे अध्यायके नवें श्लोकमें, सातवें अध्यायके तीसरे श्लोकमें, दसवें अध्यायके सातवें श्लोकमें और अठारहवें अध्यायके पचपनवें श्लोकमें आया हुआ **'तत्त्वतः'** पद भगवत्तत्त्वको ठीक-ठीक जाननेके अर्थमें आया है* और छठे अध्यायके इक्कीसवें श्लोकमें आया हुआ **'तत्त्वतः'** पद अपने स्वरूपको ठीक-ठीक जाननेके अर्थमें आया है।

तत्त्वसे जाननेका अर्थ है—जैसा है, वैसा जान लेना। वह जानना दो तरहका होता है—(१) अपने शुद्ध-बुद्ध स्वरूपका साक्षात्कार कर लेना, ठीक-ठीक अनुभव कर लेना और (२) सबके मूलमें परमेश्वर है, उसी परमेश्वरसे सम्पूर्ण सृष्टि उत्पन्न होती है—ऐसा दृढ़तासे मान लेना। ज्ञानयोगमें अपने स्वरूपका साक्षात्कार करना ही तत्त्वसे जानना है और भक्तियोगमें 'सबके मूलमें भगवान् ही हैं'—ऐसा दृढ़तासे मानना ही तत्त्वसे जानना है; क्योंकि यथार्थमें सबके मूलमें भगवान् ही हैं। दृढ़तासे मानना तत्त्वसे जाननेसे कम नहीं है अर्थात् तत्त्वसे जाननेका जो फल होता है, वही फल दृढ़तासे माननेका होता है। भक्तलोग पहले 'सबके मूलमें भगवान् ही हैं' ऐसा दृढ़तासे मान लेते हैं। फिर वे 'सब कुछ वासुदेव ही है' ऐसा तत्त्वसे जान लेते हैं अर्थात् उनको ऐसा अनुभव हो जाता है। सातवें अध्यायके दूसरे श्लोकमें इसी माननेको 'ज्ञान' नामसे और अनुभव करनेको 'विज्ञान' नामसे कहा है।

'सब कुछ वासुदेव ही है'—ऐसा अनुभव होनेपर भक्तको अपने स्वरूपका अनुभव अपने-आप हो जाता है। इसी बातको भगवान्ने गीतामें **'यज्ज्ञात्वा नेह भूयोऽन्यज्ज्ञातव्यमवशिष्यते'** (७। २), **'स सर्ववित्'** (१५। १९) पदोंसे कहा है। श्रीरामचरितमानसमें भगवान् रामने भी कहा है—**'मम दरसन फल परम अनूपा। जीव पाव निज सहज सरूपा।'** (३। ३६। ५)

गीतामें 'यत्' शब्दके दो बार प्रयोगका तात्पर्य

द्विर्यच्छब्दप्रयोगस्तु गीतायां यत्र कुत्रचित्।
यत्तदोर्नित्यसम्बन्धात्तात्पर्यमिह कथ्यते॥

'यत् यदाचरति श्रेष्ठः..............' (३। २१)—सामान्य जनताके सामने श्रेष्ठ पुरुषोंके आचरणोंका ही असर पड़ता है। कारण कि कौन-सा व्यक्ति किस समय, किस भावसे, कौन-सी क्रिया कर रहा है—इस तरफ जनताकी दृष्टि प्रायः जाती ही नहीं। इसीलिये भगवान्ने अपना उदाहरण दिया है कि 'त्रिलोकीमें मेरे लिये कोई कर्तव्य नहीं है, तो भी मैं कर्तव्य-कर्म करता हूँ' (३। ३२)। ज्ञानीको भी भगवान्ने लोकसंग्रहके लिये कर्तव्य-कर्म करनेकी आज्ञा दी है (३। २५)। अतः श्रेष्ठ पुरुष क्रियारूपसे जो-जो आचरण करते हैं, उन्हींका सामान्य जनतापर असर पड़ता है। दो नम्बरमें उनके वचनोंका असर पड़ता है। वह असर भी उन्हीं वचनोंका पड़ता है, जिन वचनोंके अनुसार वे आचरण करते हैं। जिन वचनोंके अनुसार उनका आचरण नहीं होता, उन वचनोंका इतना असर नहीं पड़ता; क्योंकि उन वचनोंमें शक्ति नहीं होती। परंतु साधक गुरु, संत-महात्माके वचनोंकी तरह केवल उनके वचनोंसे भी लाभ ले सकता है।

(२) 'यदा यदा हि धर्मस्य......' (४। ७)—भगवान् किसी एक युगमें एक या दो बार अवतार लेते होंगे अथवा किसी युगमें अवतार नहीं भी लेते होंगे—यह कोई नियम नहीं है। भगवान्के

---

* नवें अध्यायके चौबीसवें श्लोकमें तथा ग्यारहवें अध्यायके चौवनवें श्लोकमें आया 'तत्त्वेन' पद भी भगवत्तत्त्वको क्रमशः ठीक-ठीक न जानने और जाननेके अर्थमें आया है।

अवतार लेनेमें युग, वर्ष, महीना, दिन आदि कोई कारण नहीं है। जब-जब धर्मकी हानि और अधर्मका अभ्युत्थान होता है, तब-तब भगवान् प्रकट होते हैं अर्थात् जिस युगमें लोगोंका जैसा बर्ताव होना चाहिये, वैसा न होकर उससे ज्यादा गिर जाता है और अधर्म ज्यादा बढ़ जाता है, तब भगवान् अवतार लेते हैं। धर्मकी हानि और अधर्मका बढ़ना—इसका माप-तौल मनुष्य नहीं कर सकता कि अब तो धर्मका बहुत ह्रास हो गया, अब अधर्म बहुत बढ़ गया तो अब भगवान्‌का अवतार होना ही चाहिये। इस विषयको पूरा तो भगवान् ही जानते हैं। हाँ, ऐसा अनुमान लगाया जा सकता है कि जिस युगमें धर्मका जैसा बर्ताव होना चाहिये, वैसा न होकर उससे भी अधिक गिर जाता है, तब भगवान् अवतार लेते हैं। त्रेतायुगमें राक्षसोंने ऋषियोंको मारकर हड्डियोंके ढेर लगा दिये थे, पर वर्तमान कलियुगमें साधु-ब्राह्मण जीते-जागते स्वतन्त्रतासे घूमते-फिरते हैं और अपने धर्मका प्रचार करते हैं। अगर आफत आती भी है तो बहुत थोड़ोंपर आती है। कलियुगमें तो त्रेतायुगकी अपेक्षा बहुत अधिक पतन होना चाहिये, पर उतना पतन अभी नहीं दीखता।

(३) 'यतो यतो निश्चरति..........'(६। २६)—यहाँ **'यतः यतः'** पदोंमें केवल 'जहाँ-जहाँसे'—यह पंचमीका अर्थ ही नहीं है, प्रत्युत यह अर्थ है कि मन जब-जब, जहाँ-जहाँ, जिस-जिस प्रयोजनके लिये और जैसे-जैसे चला जाय, तब-तब मनको वहाँसे हटाकर परमात्मामें लगाना चाहिये। यहाँ यह बात साधककी विशेष सावधानी, सजगताके लिये कही गयी है; क्योंकि साधककी सावधानी ही सिद्धिमें कारण है।

(४) 'यो यो यां यां तनुं भक्तः............'(७। २१)—यहाँ **'यः यः'** पदोंसे उपासककी और **'यां यां'** पदोंसे उपास्यकी बात बतायी गयी है कि जो-जो उपासक जिस-जिस उपास्यका श्रद्धापूर्वक पूजन करना चाहता है, उस-उस साधककी श्रद्धाको भगवान् उस-उस उपास्यके प्रति दृढ़ करते हैं। ऐसा कहनेमें भगवान्‌का यह तात्पर्य मालूम देता है कि मैं सभी उपासकोंको केवल अपनी तरफ ही नहीं खींचता हूँ, अपना पक्ष ही नहीं रखता हूँ, प्रत्युत मैं यह देखता हूँ कि उपासककी रुचि, श्रद्धा किस उपास्यमें है। अन्तर्यामी और सर्वसमर्थ होते हुए भी मैं उस उपासकको वहाँसे विचलित न करके, उसकी श्रद्धाको वहाँसे न हटाकर उसी उपास्यमें उसकी श्रद्धाको दृढ़ कर देता हूँ। भगवान्‌की इस अत्यन्त कृपालुताको समझकर उपासकका आकर्षण, खिंचाव श्रद्धा, प्रेम केवल भगवान्‌में ही होना चाहिये; क्योंकि जीवका कल्याण, हित वास्तवमें भगवान्‌की तरफ चलनेमें ही है। उसको विचार करना चाहिये कि जब भगवान् कृपावश होकर मेरी ही रुचि रखते हैं, तो फिर मुझे भी भगवान्‌की ही रुचि रखनी चाहिये; क्योंकि भगवान्‌के समान दयालु, हितैषी और कौन होगा तथा कौन हो सकता है? तात्पर्य है कि भगवान्‌के इस निष्पक्ष व्यवहारसे उनकी निर्लिप्तता, कृपालुता और प्राणिमात्रके प्रति हितैषिताका ही ज्ञान होता है।

उपर्युक्त पदोंसे एक और बात मालूम होती है कि उपासनामें उपासककी रुचि, श्रद्धा ही मुख्य है। वह किसीकी भी उपासना कर सकता है; इसमें वह स्वतन्त्र है।

(५) 'यं यं वापि स्मरन्भावं..............'(८। ६)—भगवान्‌ने जीवको सम्पूर्ण जन्मोंका अन्त करनेवाला यह अन्तिम मनुष्यशरीर देकर यह स्वतन्त्रता दी है कि वह जीवनभर साधन करके, मेरी शरण होकर आगे होनेवाले सम्पूर्ण जन्मोंका अन्त कर ले, सम्पूर्ण बन्धनोंसे मुक्त हो जाय। अगर यह चेत जीवनभर नहीं भी हुआ, तो भी कोई बात नहीं, वह अन्तकालमें भी मेरा स्मरण कर ले, तो मेरेको प्राप्त हो जायगा! कारण कि जीव अन्तकालमें जिस-जिस भावका स्मरण करता हुआ शरीर छोड़ता है, वह उस स्मरणके अनुसार उस-उस भाव अर्थात् योनि

आदिको ही प्राप्त होता है। यह भगवान्‌की दयालुता ही है कि जिस अन्तकालीन चिन्तनसे अन्य (कुत्ते आदिकी) योनि आदिकी प्राप्ति हो जाय, उसी अन्तकालीन चिन्तनसे (भगवान्‌का चिन्तन करनेसे) भगवान्‌की प्राप्ति हो जाय!

(६) '**यत् यत् विभूतिमत्सत्त्वं**.......................' (१०। ४१)—सब साधकोंके भाव, रुचि, श्रद्धा, स्वभाव आदि भिन्न-भिन्न होते हैं; अतः किसीको किसीमें महत्ता दीखती है तो किसीको किसीमें महत्ता दीखती है। इसलिये भगवान्‌ने विभूतिके रूपमें अपने चिन्तनमें साधकोंको स्वतन्त्रता दी है कि साधकको जिस-किसीमें, जहाँ-जहाँ, जब-जब कोई महत्ता दीखती है, विशेषता दीखती है, उस महत्ता, विशेषताको उसकी न समझकर मेरी ही समझे। तात्पर्य है कि साधककी दृष्टि मेरी तरफ ही जानी चाहिये, वस्तु, व्यक्ति आदिकी तरफ नहीं।

गीतामें आये 'कृत्वा', 'ज्ञात्वा' और 'मत्वा' पदोंका तात्पर्य

त्रिषु योगेषु गीतायां मुख्यत्वेन पदत्रयम्।
ज्ञाने ज्ञात्वा व्रजेद् भक्तौ मत्वा कृत्वा च कर्मणि॥*

गीतामें '**कृत्वा**' (करना), '**ज्ञात्वा**' (जानना) और '**मत्वा**' (मानना)—ये तीनों पद मुख्यतासे आये हैं। कर्मयोगमें निष्कामभावसे कर्म करना मुख्य है। अतः गीतामें जहाँ-जहाँ कर्मयोगका प्रकरण आया है, वहाँ मुख्यरूपसे कर्तव्य-कर्म करनेकी बात आयी है, जैसे—'कर्म करते हुए भी नहीं बँधता' (४। २२) आदि। इसी तरह '**कुरु**', '**करोति**', '**कुर्वन्**' आदि पद भी 'करनेके' अर्थमें आये हैं।

यद्यपि कर्मयोगमें 'करना' मुख्य है, तथापि उसमें '**ज्ञात्वा**' अर्थात् जाननेकी बात भी आती है। कारण कि केवल कर्म करनेसे शरीर-संसारसे सम्बन्ध-विच्छेद नहीं होता। सम्बन्ध-विच्छेद तभी होता है, जब कर्म करनेके साथ-साथ निष्कामभाव और कर्मोंके तत्त्वको जानना भी हो। अतः गीतामें कर्मोंको तत्त्वसे जाननेकी बात आती है, जैसे—'इस तरह कर्मोंके तत्त्वको जानकर मुमुक्षुओंने कर्म किये हैं' (४। १५); जिसको जानकर तू अशुभ संसारसे मुक्त हो जायगा (४। १६); 'इस तरह सम्पूर्ण यज्ञोंको कर्मजन्य जानकर तू अशुभ संसारसे मुक्त हो जायगा' (४। ३२)।

ज्ञानयोगमें अपने स्वरूपको जानना मुख्य है। अतः गीतामें जहाँ-जहाँ ज्ञानयोगका प्रकरण आया है, वहाँ मुख्यरूपसे जाननेकी बात आयी है; जैसे—'जिसको जानकर फिर मोह नहीं होता' (४। ३५) आदि। ज्ञानयोगके प्रकरणमें जहाँ '**मत्वा**' अर्थात् माननेकी बात आयी है, वह भी वास्तवमें 'जानने'-के अर्थमें ही आयी है; जैसे—'गुण और कर्मके विभागको जाननेवाला मनुष्य गुण ही गुणोंमें बरत रहे हैं, ऐसा मानकर आसक्त नहीं होता' (३। २८)। इसी तरह '**वेत्ति**', '**पश्यति**' आदि पद भी 'जानने' के अर्थमें आये हैं।

भक्तियोगमें भगवान्‌को मानना मुख्य है। अतः गीतामें जहाँ-जहाँ भक्तियोगका प्रकरण आया है, वहाँ मुख्यरूपसे माननेकी बात आयी है; जैसे—सबके आदिमें भगवान् हैं (९। १३), तो मेरे आदिमें भी भगवान् हैं। सबमें भगवान् हैं (६। ३०; १०। २०; १५। १५), तो मेरेमें भी भगवान् हैं। सब भगवान्‌में हैं (७। ७; ८। २२), तो मैं भी भगवान्‌में हूँ। सबके मालिक भगवान् हैं (४। ६; ५। २९; ९। ११, २४),

* 'कर्मणि' इति कर्मयोगे।

तो मेरे मालिक भी भगवान् हैं। सब कुछ भगवान्‌से ही होता है (७। १२; १०। ५, ८), तो मेरे द्वारा भी जो कुछ होता है, वह भगवान्‌की सत्ता-स्फूर्तिसे ही होता है। सबके विधायक भगवान् हैं (७। २२; १८। ६१), तो मेरे विधायक भी भगवान् हैं। भगवान् प्राणिमात्रके सुहृद् हैं (५। २९), तो मेरे भी सुहृद् भगवान् हैं। भगवान् भक्तोंका योगक्षेम वहन करते हैं (९। २२), तो मेरा योगक्षेम भी भगवान् करेंगे ही; आदि-आदि। इन सब पदोंमें 'मानने' की ही मुख्यता है।

भक्तियोगके प्रकरणमें जहाँ **'ज्ञात्वा'** अर्थात् जाननेकी बात आयी है, वह भी वास्तवमें 'मानने'-के अर्थमें ही आयी है; जैसे—'भक्त मुझे सब यज्ञों और तपोंका भोक्ता, सम्पूर्ण लोकोंका महान् ईश्वर तथा सम्पूर्ण प्राणियोंका सुहृद् जानकर शान्तिको प्राप्त हो जाता है' (५। २९); 'महात्मालोग मेरेको सम्पूर्ण प्राणियोंका आदि और अविनाशी जानकर मेरा भजन करते हैं' (९। १३)। इसी तरह **'वेत्ति'**, **'जानाति'** आदि पद भी 'मानने' के अर्थमें आये हैं (१०। ७; १५। १९ आदि)।

भक्तोंकी यह जो दृढ़तापूर्वक मान्यता है, यह तत्त्वज्ञानसे कम नहीं है, प्रत्युत कुछ अंशमें तत्त्वज्ञानसे भी श्रेष्ठ है। कारण कि तत्त्वज्ञान होनेपर भी साधकमें सूक्ष्म अहंभाव रह सकता है, पर दृढ़ मान्यतामें अहंभाव रह ही नहीं सकता। भक्तोंकी इसी दृढ़ मान्यताको 'भगवन्निष्ठा' कहते हैं। जैसे भगवान् गुणोंसे परे हैं (७। १३), ऐसे ही यह भगवन्निष्ठा भी गुणातीत है। जैसे ज्ञानीको सब जगह परमात्मतत्त्वका अनुभव होता है, ऐसे ही भक्तोंकी 'सब जगह भगवान् ही हैं'—यह मान्यता केवल मान्यता ही नहीं रहती, प्रत्युत ऐसा प्रत्यक्ष दीखने लग जाता है।

ज्ञानमार्गमें 'जानने' की मुख्यता होनेसे ज्ञानयोगी साधक जड़तासे अलग होता है; अतः उसका शरीर चिन्मय नहीं होता। परंतु भक्तमें भगवान्‌की मान्यता, भगवद्भाव इतना उतर आता है कि उसके शरीरमें जड़ताका अभाव हो सकता है और शरीर चिन्मय हो सकता है। शरीर चिन्मय होनेके कारण ही भक्त प्रह्लादके शरीरको अग्नि जला नहीं सकी, शस्त्र काट नहीं सके, जहर मार नहीं सका; मीराबाईका शरीर भगवान्‌के विग्रहमें समा गया; तुकाराम सदेह वैकुण्ठ चले गये।

गीतामें 'तत्' और 'अस्मत्' पदसे भगवान्‌का वर्णन

अस्मच्छब्देन गीतायां श्रीकृष्णो वर्ण्यते स्वयम्।
तच्छब्देनापि तस्यैव वर्णनं वर्तते विभोः॥

गीतामें यह अलौकिकता है कि भगवान्‌ने एक ही तत्त्वका वर्णन कई रीतियोंसे किया है। जैसे, भगवान्‌ने 'तत्' पदसे भी अपना वर्णन किया है और 'अस्मत्' पदसे भी अपना वर्णन किया है। कारण कि साधकोंकी रुचि, विश्वास, योग्यता आदि अलग-अलग होते हैं; अतः किसीकी रुचि 'तत्'-पदवाची परमात्माकी प्राप्तिकी होती है और किसीकी रुचि 'अस्मत्'-पदवाची परमात्माकी प्राप्तिकी होती है।

'जिससे अनादिकालसे यह सृष्टि फैली हुई है, उसके शरणे हो जाना चाहिये' **'तमेव चाद्यं पुरुषं प्रपद्ये यतः प्रवृत्तिः प्रसृता पुराणी'** (१५। ४); 'जिस परमात्मासे सम्पूर्ण संसार पैदा हुआ है और जिससे यह सम्पूर्ण संसार व्याप्त है, उस परमात्माका अपने कर्मोंसे पूजन करना चाहिये' **'यतः प्रवृत्तिः········स्वकर्मणा तमभ्यर्च्य'** (१८। ४६)—ऐसा कहकर 'तत्' पदसे और 'मैं संसारका मूल कारण हूँ और मेरेसे ही सारा संसार चेष्टा कर रहा है, **'अहं सर्वस्य प्रभवो मत्तः सर्वं प्रवर्तते'** (१०। ८)—

ऐसा कहकर 'अस्मत्' पदसे भगवान्‌ने अपनेसे ही सम्पूर्ण संसारकी उत्पत्ति बतायी है तथा अपनेको ही संसारमें व्याप्त बताया है।

'तू अनन्यभावसे उस परमात्माकी शरणमें चला जा' **'तमेव शरणं गच्छ'** (१८। ६२)—ऐसा कहकर 'तत्' पदसे और 'तू अनन्यभावसे मेरी शरणमें आ जा' **'मामेकं शरणं व्रज'** (१८। ६६)—ऐसा कहकर 'अस्मत्' पदसे भगवान्‌ने अपने शरण होनेकी आज्ञा दी है।

'जिसके अन्तर्गत सम्पूर्ण प्राणी हैं और जिससे यह सम्पूर्ण संसार व्याप्त है, वह परमात्मा अनन्यभक्तिसे ही प्राप्त हो सकता है' **'पुरुषः स परः ...... सर्वमिदं ततम्'** (८। २२)—ऐसा कहकर 'तत्' पदसे और 'अव्यक्तमूर्ति मेरेसे ही यह सम्पूर्ण संसार व्याप्त है और सम्पूर्ण प्राणी मेरेमें स्थित हैं' **'मया ततमिदं ...... मत्स्थानि सर्वभूतानि'** (९। ४)—ऐसा कहकर 'अस्मत्' पदसे भगवान्‌ने अपनेमें सम्पूर्ण प्राणियोंको स्थित एवं अपनेको ही सम्पूर्ण संसारमें व्याप्त बताया है।

'जो ज्ञेय-तत्त्व है, उसका मैं वर्णन करूँगा, जिसको जाननेसे अमरताकी प्राप्ति हो जाती है' **'ज्ञेयं यत्तत्प्रवक्ष्यामि यज्ज्ञात्वामृतमश्नुते'** (१३। १२)—ऐसा कहकर 'तत्' पदसे और 'सम्पूर्ण वेदोंके द्वारा जाननेयोग्य मैं ही हूँ' **'वेदैश्च सर्वैरहमेव वेद्यः'** (१५। १५)—ऐसा कहकर 'अस्मत्' पदसे भगवान्‌ने अपनेको ज्ञेय-तत्त्वके रूपमें जाननेके लिये कहा है।

'ईश्वर सम्पूर्ण प्राणियोंके हृदयमें स्थित है' **'ईश्वरः सर्वभूतानां हृद्देशेऽर्जुन तिष्ठति'** (१८। ६१)—ऐसा कहकर 'तत्' पदसे और 'मैं ही सबके हृदयमें अच्छी तरहसे स्थित हूँ' **'सर्वस्य चाहं हृदि संनिविष्टः'** (१५। १५)—ऐसा कहकर 'अस्मत्' पदसे भगवान्‌ने अपनेको सम्पूर्ण प्राणियोंके हृदयमें स्थित बताया है।

'जो मनुष्य अन्तकालमें सर्वज्ञ, पुराण, अनुशासिता आदि विशेषणोंसे युक्त सगुण-निराकार परमात्माका चिन्तन करते हुए शरीर छोड़ता है, वह उस परम दिव्य पुरुषको प्राप्त होता है' **'कविं पुराणं ...... पुरुषमुपैति दिव्यम्'** (८। ९-१०)—ऐसा कहकर 'तत्' पदसे और 'जो मनुष्य अन्तकालमें मेरा स्मरण करते हुए शरीर छोड़ता है, वह मेरेको ही प्राप्त होता है' **'अन्तकाले च मामेव ...... मद्भावं याति'** (८। ५)—ऐसा कहकर 'अस्मत्' पदसे भगवान्‌ने अन्तसमयमें अपना स्मरण करनेवालेको अपनी प्राप्ति होनी बतायी है।

तात्पर्य है कि गीतामें 'तत्' और 'अस्मत्' पदसे एक ही परमात्माका वर्णन हुआ है। 'जिसको प्राप्त होनेपर जीव लौटकर संसारमें नहीं आते, वही मेरा परमधाम है' **'यं प्राप्य न निवर्तन्ते तद्धाम परमं मम'** (८। २१), **'यद्गत्वा न निवर्तन्ते तद्धाम परमं मम'** (१५। ६)—ऐसा कहकर 'तत्' और 'अस्मत्'-पदवाची परमात्माकी एकता बतायी गयी है।

गीतापर विहंगम दृष्टि

अष्टादशाद् ये विषयास्तु पूर्वमुक्ताश्च कृष्णेन किरीटिने वै।
अष्टादशे ते च विधान्तरेण व्यासेन सर्वे हि समासतश्च॥

गीताका अठारहवाँ अध्याय ही पूरी गीताका सार है। इसमें भगवान्‌द्वारा पहले कहे हुए विषयोंका उपसंहार किया गया है, जिसमें तीन बातें विशेषतासे मालूम देती हैं—(१) पहले अध्यायोंमें जो विषय संक्षेपसे कहा गया है, उसका यहाँ विस्तारसे उपसंहार किया गया है; (२) पहले अध्यायोंमें जो विषय विस्तारसे कहा गया है, उसका यहाँ संक्षेपसे उपसंहार किया

गया है; और (३) पहले अध्यायोंमें कहे हुए विषयोंको ही यहाँ प्रकारान्तरसे अर्थात् कुछ दूसरे ही प्रकारसे कहा गया है।

भगवान्‌के उपदेशमें मुख्यतासे दो निष्ठाओंका ही वर्णन हुआ है, जिनका भगवान्‌ने **'एषा तेऽभिहिता सांख्ये बुद्धिर्योगे त्विमां शृणु'** (२।३९) पदोंमें संकेतरूपसे और **'लोकेऽस्मिन्द्विविधा निष्ठा······ज्ञानयोगेन सांख्यानां कर्मयोगेन योगिनाम्'** (३।३) पदोंमें स्पष्टरूपसे वर्णन किया है। उन्हीं दो निष्ठाओंको तत्त्वसे जाननेके लिये अर्जुनने अठारहवें अध्यायके आरम्भमें प्रश्न किया। अतः उन्हीं दो निष्ठाओंमें आये हुए विषयोंका इस अठारहवें अध्यायमें संक्षेपसे, विस्तारसे अथवा प्रकारान्तरसे उपसंहार किया गया है।

जिस भगवद्भक्तिका सातवेंसे बारहवें अध्यायतक विशेषतासे वर्णन हुआ है, वह भगवान्‌के अपने हृदयकी बात है और दोनों निष्ठाओंसे विलक्षण है। वह सांख्यनिष्ठा या योगनिष्ठा नहीं है, प्रत्युत भगवन्निष्ठा है, जिसमें केवल भगवत्परायणता है। इसी भगवन्निष्ठाके वर्णनमें भगवान्‌ने अपने उपदेशका उपसंहार किया है।

दूसरे अध्यायके उनतालीसवें श्लोकसे लेकर अध्यायकी समाप्तितक कर्मयोगका वर्णन हुआ है। फिर तीसरे अध्यायमें भी प्रधानतासे उसीका वर्णन हुआ है। दूसरे अध्यायके इकसठवें श्लोकमें **'मत्परः'** पद भगवान्‌की परायणताके लिये आया है, उसीको तीसरे अध्यायके तीसवें श्लोकमें थोड़ा विस्तारसे कह दिया है। इस प्रकार कर्मयोगमें उपासनाका भी थोड़ा साथ हुआ है। चौथे अध्यायमें भगवान्‌ने कर्मयोगकी परम्परा बताते हुए अपने जन्मों और कर्मोंका तत्त्व बताया और अपने कर्मोंको आदर्श बताते हुए कर्मयोगका वर्णन किया। फिर पाँचवें अध्यायमें उसी कर्मयोग और सांख्ययोगकी बारी-बारीसे (एक बार कर्मयोगकी और एक बार सांख्ययोगकी) चर्चा की और अन्तमें भक्तिका विवेचन करते हुए अध्यायकी समाप्ति की। इस प्रकार दूसरे अध्यायसे पाँचवें अध्यायकी समाप्तितक कर्मयोगका वर्णन हुआ है, उसीको अठारहवें अध्यायके चौथेसे बारहवें श्लोकतक प्रकारान्तरसे कहा गया है।

पाँचवें अध्यायके तेरहवेंसे छब्बीसवें श्लोकतक और तेरहवें अध्यायके उन्नीसवेंसे चौंतीसवें श्लोकतक विचारप्रधान सांख्ययोगका वर्णन हुआ है, उसीका अठारहवें अध्यायके तेरहवेंसे अठारहवें श्लोकतक प्रकारान्तरसे वर्णन किया गया है।

तीसरे अध्यायके आठवें श्लोकमें जिस नियत कर्मकी बात आयी थी, उसीका अठारहवें अध्यायके बयालीसवेंसे अड़तालीसवें श्लोकतक विस्तारसे वर्णन किया गया है।

सातवें अध्यायसे लेकर बारहवें अध्यायतक भक्तियोगका जो विस्तारसे वर्णन हुआ है, उसीका अठारहवें अध्यायके छप्पनवेंसे छाछठवें श्लोकतक पहलेकी अपेक्षा कुछ संक्षेपसे और कुछ प्रकारान्तरसे वर्णन हुआ है।

चौथे अध्यायके तेरहवें श्लोकमें चारों वर्णोंका जो विषय संक्षेपसे कहा गया था, उसीको अठारहवें अध्यायके इकतालीसवेंसे चौवालीसवें श्लोकतक विस्तारसे कहा गया है। यहाँ (१८।४१—४४ में) सत्रहवें अध्यायके दूसरे-तीसरे श्लोकोंमें आयी स्वभावजा श्रद्धाका भी उपसंहार माना जा सकता है।

भगवान्‌ने गीतामें सांख्ययोगका वर्णन करते हुए कहीं कहा कि प्रकृति और उसके गुणोंद्वारा ही सब कर्म किये जाते हैं (३। २७; १३। २९), कहीं कहा कि द्रष्टा गुणोंके सिवाय अन्यको कर्ता नहीं देखता (१४। १९); और कहीं कहा कि इन्द्रियाँ इन्द्रियोंके विषयोंमें बरतती हैं (५। ९) आदि। उसीका अठारहवें अध्यायके तेरहवेंसे अठारहवें श्लोकतक संक्षेपसे और प्रकारान्तरसे वर्णन हुआ है।

चौदहवें अध्यायके पाँचवेंसे अठारहवें श्लोकतक जो गुणोंका वर्णन हुआ है, उसीको अठारहवें अध्यायके बीसवेंसे चालीसवें श्लोकतक विस्तारसे और प्रकारान्तरसे कहा गया है।

छठे और आठवें अध्यायमें जो ध्यानका विस्तारसे वर्णन हुआ है, उसीका अठारहवें अध्यायके इक्यावनवेंसे तिरपनवें श्लोकतक प्रकारान्तरसे और संक्षेपसे वर्णन हुआ है। यहाँ (१८। ५१—५३में) तेरहवें अध्यायके सातवेंसे ग्यारहवें श्लोकतक वर्णित ज्ञानयोगके बीस साधनोंका भी उपसंहार माना जा सकता है।

सातवें अध्यायके आठवेंसे बारहवें श्लोकतक, नवें अध्यायके सोलहवेंसे उन्नीसवें श्लोकतक, दसवें अध्यायके बीसवेंसे अड़तीसवें श्लोकतक और पंद्रहवें अध्यायके बारहवेंसे पंद्रहवें श्लोकतक जिन विभूतियोंका भगवान्ने वर्णन किया है, उन्हींका अठारहवें अध्यायके अठहत्तरवें श्लोकमें संजयने संक्षेपसे उपसंहार किया है।

ग्यारहवें अध्यायमें भगवान्के विश्वरूपका जो वर्णन हुआ है, उसीका अठारहवें अध्यायके सतहत्तरवें श्लोकमें संजयने स्मृतिरूपसे वर्णन करते हुए संक्षेपसे उपसंहार किया है।

तीसरे अध्यायके इकतीसवें श्लोकमें, चौथे अध्यायके उनतालीसवें श्लोकमें और सत्रहवें अध्यायके तीसरे श्लोकमें जिस श्रद्धाका वर्णन हुआ है, उसीका अठारहवें अध्यायके इकहत्तरवें श्लोकमें भगवान् संक्षेपसे वर्णन करते हैं।

दूसरे अध्यायके इकतीसवेंसे अड़तीसवें श्लोकतक जिस क्षात्रधर्मका वर्णन हुआ है, उसीका अठारहवें अध्यायके तैंतालीसवें श्लोकमें संक्षेपसे वर्णन हुआ है।

तीसरे अध्यायके तैंतीसवें श्लोकमें जिस स्वभावकी परवशता बतायी गयी है, उसीका अठारहवें अध्यायके उनसठवें-साठवें श्लोकोंमें उपसंहार किया गया है।

पहले अध्यायके इकतीसवेंसे छियालीसवें श्लोकतक जिस मोहकी बात आयी है, उसीका अठारहवें अध्यायके सातवें, साठवें, बहत्तरवें और तिहत्तरवें श्लोकमें संक्षेपसे उपसंहार हुआ है।

दूसरे अध्यायके पचपनवेंसे बहत्तरवें श्लोकतक स्थितप्रज्ञके जिन लक्षणोंका वर्णन हुआ है, उन्हींका अठारहवें अध्यायके दसवें-ग्यारहवें श्लोकोंमें संक्षेपसे उपसंहार हुआ है।

आठवें अध्यायमें अन्तकालके स्मरणकी जो बात आयी है, उसीका अठारहवें अध्यायके सत्तावनवें, अट्ठावनवें और पैंसठवें श्लोकमें संक्षेपसे उपसंहार किया गया है।

सोलहवें अध्यायके पहलेसे तीसरे श्लोकतक जिस दैवी सम्पत्तिके लक्षणोंका विस्तारसे वर्णन हुआ है, उन्हीं लक्षणोंका अठारहवें अध्यायके बयालीसवेंसे चौवालीसवें श्लोकतक प्रकारान्तरसे वर्णन हुआ है।

सोलहवें अध्यायके सातवेंसे बीसवें श्लोकतक जिस आसुरी सम्पत्तिका विस्तारसे वर्णन हुआ है, उसीका अठारहवें अध्यायके सड़सठवें श्लोकमें गीताश्रवणके अनधिकारीका वर्णन करते हुए संक्षेपसे वर्णन हुआ है।

चौथे अध्यायके अट्ठाईसवें श्लोकमें जिस स्वाध्यायरूप ज्ञानयज्ञकी बात आयी है, उसीका अठारहवें अध्यायके सत्तरवें श्लोकमें **'ज्ञानयज्ञेन'** पदसे उपसंहार हुआ है।

दूसरे अध्यायके ग्यारहवेंसे तीसवें श्लोकतक जिस शोकका निषेध किया है, उसीका अठारहवें अध्यायके छाछठवें श्लोकमें **'मा शुचः'** पदसे उपसंहार हुआ है।

इस प्रकार अठारहवाँ अध्याय गीताका सार है। इस अध्यायका ठीक मनन करनेसे गीताका सार समझमें आ जाता है।

सब ग्रन्थोंका सार है वेद, वेदोंका सार है उपनिषद्, उपनिषदोंका सार है भगवद्गीता और भगवद्गीताका सार है सर्वगुह्यतम तत्त्व अर्थात् सगुण भगवान्की शरणागति, जिसका वर्णन अठारहवें अध्यायके छाछठवें श्लोकमें हुआ है।

गीता-पाठकी विधियाँ

वाञ्छन्ति पठितुं गीतां क्रमेण विक्रमेण वा।
तदर्थं विधयः प्रोक्ताः करन्यासादिना सह॥

मनुष्यका यह स्वभाव है कि वह जब अति रुचिपूर्वक कोई कार्य करता है, तब वह उस कार्यमें तल्लीन, तत्पर, तत्स्वरूप हो जाता है। ऐसा स्वभाव होनेपर भी वह प्रकृति और उसके कार्य (पदार्थों, भोगों)-के साथ अभिन्न नहीं हो सकता; क्योंकि वह इनसे सदासे ही भिन्न है। परंतु परमात्माके नामका जप, परमात्माका चिन्तन, उसके सिद्धान्तोंका मनन आदिके साथ मनुष्य ज्यों-ज्यों अति रुचिपूर्वक सम्बन्ध जोड़ता है, त्यों-ही-त्यों वह इनके साथ अभिन्न हो जाता है, इनमें तल्लीन, तत्पर, तत्स्वरूप हो जाता है; क्योंकि वह परमात्माके साथ सदासे ही स्वतः अभिन्न है। अतः मनुष्य भगवच्चिन्तन करे; भगवद्विषयक ग्रन्थोंका पठन-पाठन करे; गीता, रामायण, भागवत आदि ग्रन्थोंका पाठ, स्वाध्याय करे, तो अति रुचिपूर्वक तत्परतासे करे, तल्लीन होकर करे, उत्साहपूर्वक करे। यहाँ गीताका पाठ करनेकी विधि बतायी जाती है।

गीताका पाठ करनेके लिये कुशका, ऊनका अथवा टाटका आसन बिछाकर उसपर पूर्व अथवा उत्तरकी ओर मुख करके बैठना चाहिये।

गीता-पाठके आरम्भमें इन मन्त्रोंका उच्चारण करे—

ॐ अस्य श्रीमद्भगवद्गीतामालामन्त्रस्य भगवान् वेदव्यास ऋषिः॥ अनुष्टुप् छन्दः॥ श्रीकृष्णः परमात्मा देवता॥ अशोच्यानन्वशोचस्त्वं प्रज्ञावादांश्च भाषसे इति बीजम्॥ सर्वधर्मान्परित्यज्य मामेकं शरणं व्रज इति शक्तिः॥ अहं त्वा सर्वपापेभ्यो मोक्षयिष्यामि मा शुच इति कीलकम्॥

इन मन्त्रोंकी व्याख्या इस प्रकार है—

जैसे मालामें अनेक मणियाँ अथवा पुष्प पिरोये जाते हैं, ऐसे ही भगवान्के गाये हुए जितने श्लोक अर्थात् मन्त्र हैं, वे सभी श्रीमद्भगवद्गीतारूपी मालाकी मणियाँ हैं। इस श्रीमद्भगवद्गीतारूपी मालाके मन्त्रोंके द्रष्टा अर्थात् सबसे पहले इन मन्त्रोंका साक्षात्कार करनेवाले ऋषि भगवान् वेदव्यास हैं—'**ॐ अस्य श्रीमद्भगवद्गीतामालामन्त्रस्य भगवान् वेदव्यास ऋषिः।**'

श्रीमद्भगवद्गीतामें अनुष्टुप् छन्द ही ज्यादा हैं। इसका आरम्भ ('**धर्मक्षेत्रे**.......') और अन्त ('**यत्र योगेश्वरः**.......') तथा उपदेशका भी आरम्भ ('**अशोच्यानन्वशोचस्त्वं**.......') और अन्त ('**सर्वधर्मान्परित्यज्य**.......') अनुष्टुप् छन्दमें ही हुआ है। अतः इसका छन्द अनुष्टुप् है—'**अनुष्टुप् छन्दः।**'

जो मनुष्यमात्रके परम प्रापणीय हैं, परम ध्येय हैं, वे परमात्मा श्रीकृष्ण इसके देवता (अधिपति) हैं—'**श्रीकृष्णः परमात्मा देवता।**'

मात्र उपदेश अज्ञानियोंको ही दिये जाते हैं और अज्ञानी ही उपदेशके अधिकारी होते हैं। अर्जुन भी बातें तो धर्मकी कर रहे थे, पर अपने कुटुम्बके मोहके कारण शोक कर रहे थे। जब वे शोकके कारण अपने कर्तव्य-कर्मरूप धर्मका निर्णय नहीं कर पाते, तब वे भगवान्की शरण हो जाते हैं। भगवान् अर्जुनका शोक दूर करनेके लिये उपदेश आरम्भ करते हैं, जो गीताका बीज है—'**अशोच्यानन्वशोचस्त्वं प्रज्ञावादांश्च भाषसे इति बीजम्।**'

भगवान्के शरण होना सम्पूर्ण साधनोंका, सम्पूर्ण उपदेशोंका सार है; क्योंकि भगवान्की शरण होनेके समान दूसरा कोई सुगम, श्रेष्ठ और

शक्तिशाली साधन नहीं है। अतः सम्पूर्ण साधनोंका आश्रय छोड़कर भगवान्‌के शरण हो जाना ही जीवकी सबसे बड़ी शक्ति, सामर्थ्य है—**'सर्वधर्मान्परित्यज्य मामेकं शरणं व्रज इति शक्तिः।'**

भगवान्‌ने यह बात प्रणपूर्वक, प्रतिज्ञापूर्वक कही है कि जो मेरे शरण हो जायगा, उसको मैं सम्पूर्ण पापोंसे मुक्त कर दूँगा, उसका मैं उद्धार कर दूँगा। भगवान्‌की यह प्रतिज्ञा कभी इधर-उधर नहीं हो सकती; क्योंकि यह कीलक है—**'अहं त्वा सर्वपापेभ्यो मोक्षयिष्यामि मा शुच इति कीलकम्।'**

—इस प्रकार **'ॐ अस्य श्रीमद्भगवद्गीता-मालामन्त्रस्य······ इति कीलकम्'** का उच्चारण करनेके बाद 'न्यास' (करन्यास और हृदयादिन्यास) करना चाहिये।

शास्त्रमें आता है कि देवता होकर अर्थात् शुद्ध, पवित्र होकर देवताका पूजन, ग्रन्थका पठन-पाठन करना चाहिये—**'देवो भूत्वा यजेद्देवम्'**। वह देवतापन, शुद्धता, पवित्रता, दिव्यता आती है अपने अंगोंमें मन्त्रोंकी स्थापना करनेसे। जिस मन्त्रका, जिस स्तोत्रका पाठ करना हो उसकी अपने अंगोंमें स्थापना करनी चाहिये; उसकी स्थापना करनेका नाम ही 'न्यास' (करन्यास और हृदयादिन्यास) है।

करन्यास—

दोनों हाथोंकी दस अंगुलियों और दोनों हाथोंके सामने तथा पीछेके भागोंको क्रमशः मन्त्रोच्चारणपूर्वक परस्पर स्पर्श करनेका नाम 'करन्यास' है; जैसे—

(१) **'नैनं छिन्दन्ति शस्त्राणि नैनं दहति पावक इत्यङ्गुष्ठाभ्यां नमः'**—ऐसा कहकर दोनों हाथोंके अंगुष्ठोंका परस्पर स्पर्श करे।

(२) **'न चैनं क्लेदयन्त्यापो न शोषयति मारुत इति तर्जनीभ्यां नमः'**—ऐसा कहकर दोनों हाथोंकी तर्जनी अंगुलियोंका परस्पर स्पर्श करे।

(३) **'अच्छेद्योऽयमदाह्योऽयमक्लेद्योऽशोष्य एव च इति मध्यमाभ्यां नमः'**—ऐसा कहकर दोनों हाथोंकी मध्यमा अंगुलियोंका परस्पर स्पर्श करे।

(४) **'नित्यः सर्वगतः स्थाणुरचलोऽयं सनातन इत्यनामिकाभ्यां नमः'**—ऐसा कहकर दोनों हाथोंकी अनामिका अंगुलियोंका परस्पर स्पर्श करे।

(५) **'पश्य मे पार्थ रूपाणि शतशोऽथ सहस्रश इति कनिष्ठिकाभ्यां नमः'**—ऐसा कहकर दोनों हाथोंकी कनिष्ठिका अंगुलियोंका परस्पर स्पर्श करे।

'नानाविधानि दिव्यानि नानावर्णाकृतीनि च इति करतलकरपृष्ठाभ्यां नमः'—ऐसा कहकर दोनों हाथोंकी हथेलियों और उनके पृष्ठभागोंका स्पर्श करे।

हृदयादिन्यास—

दाहिने हाथकी पाँचों अंगुलियोंसे क्रमशः मन्त्रोच्चारणपूर्वक हृदय आदिका स्पर्श करनेका नाम 'हृदयादिन्यास' है; जैसे—

(१) **'नैनं छिन्दन्ति शस्त्राणि नैनं दहति पावक इति हृदयाय नमः'**—ऐसा कहकर दाहिने हाथकी पाँचों अंगुलियोंसे हृदयका स्पर्श करे।

(२) **'न चैनं क्लेदयन्त्यापो न शोषयति मारुत इति शिरसे स्वाहा'**—ऐसा कहकर दाहिने हाथकी पाँचों अंगुलियोंसे मस्तकका स्पर्श करे।

(३) **'अच्छेद्योऽयमदाह्योऽयमक्लेद्योऽशोष्य एव च इति शिखायै वषट्'**—ऐसा कहकर दाहिने हाथकी पाँचों अंगुलियोंसे शिखा (चोटी)-का स्पर्श करे।

(४) **'नित्यः सर्वगतः स्थाणुरचलोऽयं सनातन इति कवचाय हुम्'**—ऐसा कहकर दाहिने हाथकी पाँचों अंगुलियोंसे बायें कंधेका और बायें हाथकी पाँचों अंगुलियोंसे दाहिने कंधेका स्पर्श करे।

(५) **'पश्य मे पार्थ रूपाणि शतशोऽथ सहस्रश इति नेत्रत्रयाय वौषट्'**—ऐसा कहकर दाहिने हाथकी पाँचों अंगुलियोंके अग्रभागसे दोनों नेत्रोंका तथा ललाटके मध्यभागका अर्थात् वहाँ गुप्तरूपसे स्थित रहनेवाले तृतीय नेत्र (ज्ञाननेत्र)-का स्पर्श करे।

(६) **'नानाविधानि दिव्यानि नानावर्णा-**

कृतीनि च इति अस्त्राय फट्'—ऐसा कहकर दाहिने हाथको सिरके ऊपरसे उलटा अर्थात् बायीं तरफसे पीछेकी ओर ले जाकर दाहिनी तरफसे आगेकी ओर ले आये तथा तर्जनी और मध्यमा अंगुलियोंसे बायें हाथकी हथेलीपर ताली बजाये।

करन्यास और हृदयादिन्यास करनेके बाद बोले—'**श्रीकृष्णप्रीत्यर्थे पाठे विनियोगः**' अर्थात् मैं यह जो गीताका पाठ करना चाहता हूँ, इसका उद्देश्य केवल भगवान्‌की प्रसन्नता ही है।

गीताका पाठ करनेके तीन प्रकार हैं—सृष्टिक्रम, संहारक्रम और स्थितिक्रम। गीताके पहले अध्यायके पहले श्लोकसे लेकर अठारहवें अध्यायके अन्तिम श्लोकतक सीधा पाठ करना अथवा प्रत्येक अध्यायके पहले श्लोकसे लेकर, उसी अध्यायके अन्तिम श्लोकतक सीधा पाठ करना '**सृष्टिक्रम**' कहलाता है। अठारहवें अध्यायके अन्तिम श्लोकसे लेकर पहले अध्यायके पहले श्लोकतक उलटा पाठ करना अथवा प्रत्येक अध्यायके अन्तिम श्लोकसे लेकर उसी अध्यायके पहले श्लोकतक उलटा पाठ करना '**संहारक्रम**' कहलाता है। छठे अध्यायके पहले श्लोकसे लेकर अठारहवें अध्यायके अन्तिम श्लोकतक सीधा पाठ करना और पाँचवें अध्यायके अन्तिम श्लोकसे लेकर पहले अध्यायके पहले श्लोकतक उलटा पाठ करना '**स्थितिक्रम**' कहलाता है। ब्रह्मचारी सृष्टिक्रमसे, संन्यासी संहारक्रमसे और गृहस्थ स्थितिक्रमसे पाठ कर सकते हैं। परन्तु यह कोई नियम नहीं है। वास्तवमें किसी भी प्रकारसे गीताका पाठ किया जाय, उससे लाभ-ही-लाभ है।

गीताका पाठ सम्पुटसे, सम्पुटवल्लीसे अथवा बिना सम्पुटके भी किया जाता है। गीताके जिस श्लोकका सम्पुट देना हो, पहले उस श्लोकका पाठ करके फिर अध्यायके एक श्लोकका पाठ करे। फिर सम्पुटके श्लोकका पाठ करके अध्यायके दूसरे श्लोकका पाठ करे। इस तरह सम्पुट लगाकर पूरी गीताका सीधा या उलटा पाठ करना '**सम्पुट-पाठ**' कहलाता है। सम्पुटके श्लोकका दो बार पाठ करके फिर अध्यायके एक श्लोकका पाठ करे। फिर सम्पुटके श्लोकका दो बार पाठ करके अध्यायके दूसरे श्लोकका पाठ करे। इस तरह सम्पुट लगाकर पूरी गीताका सीधा या उलटा पाठ करना '**सम्पुटवल्ली-पाठ**' कहलाता है। गीताके पूरे श्लोकोंका सम्पुट अथवा सम्पुटवल्लीसे पाठ करनेसे एक विलक्षण शक्ति आती है, गीताका विशेष मनन होता है, अन्तःकरण शुद्ध होता है, शान्ति मिलती है और परमात्मप्राप्तिकी योग्यता आ जाती है।

सम्पुट न लगाकर पाठ करना 'बिना सम्पुटका पाठ' कहलाता है। मनुष्य प्रतिदिन बिना सम्पुट अठारह अध्यायोंका पाठ करे अथवा नौ-नौ अध्याय करके दो दिनमें अथवा छः-छः अध्याय करके तीन दिनमें अथवा तीन-तीन अध्याय करके छः दिनमें अथवा दो-दो अध्याय करके नौ दिनमें गीताका पाठ करे। यदि पंद्रह दिनमें गीताका पाठ पूरा करना हो तो प्रतिपदासे एकादशीतक एक-एक अध्यायका, द्वादशीको बारहवें और तेरहवें अध्यायका, त्रयोदशीको चौदहवें और पंद्रहवें अध्यायका, चतुर्दशीको सोलहवें और सत्रहवें अध्यायका तथा अमावास्या और पूर्णिमाको अठारहवें अध्यायका पाठ करे। किसी पक्षमें तिथि घटती हो, तो सातवें और आठवें अध्यायका एक साथ पाठ कर ले। इसी तरह किसी पक्षमें तिथि बढ़ती हो, तो सोलहवें और सत्रहवें इन दोनों अध्यायोंका अलग-अलग दो दिनमें पाठ कर ले।

यदि पूरी गीता कण्ठस्थ हो तो क्रमशः प्रत्येक अध्यायके पहले श्लोकका पाठ करते हुए पूरे अठारहों अध्यायोंके पहले श्लोकोंका पाठ करे। फिर क्रमशः अठारहों अध्यायोंके दूसरे श्लोकोंका पाठ करे। इस प्रकार पूरी गीताका सीधा पाठ करे। इसके बाद अठारहवें अध्यायका अन्तिम श्लोक, फिर सत्रहवें अध्यायका अन्तिम श्लोक—इस तरह प्रत्येक अध्यायके अन्तिम श्लोकका पाठ करे। फिर अठारहवें अध्यायका उपान्त्य (अन्तिम श्लोकसे पीछेका) श्लोक, फिर सत्रहवें अध्यायका उपान्त्य श्लोक—इस तरह प्रत्येक अध्यायके उपान्त्य श्लोकका पाठ करे। इस प्रकार पूरी गीताका उलटा पाठ करे।

संस्कृत भाषाका शुद्ध उच्चारण करनेकी विधि

शब्दका जैसा रूप है, उसको बीचमेंसे तोड़कर न पढ़े एवं लघु और गुरुका, विसर्गों और अनुस्वारोंका तथा श, ष, स का लक्ष्य रख कर पढ़े तो संस्कृत भाषाका उच्चारण शुद्ध हो जाता है।

१—उच्चारणमें इ, उ, ऋ—इन तीन अक्षरोंके लघु और गुरुका ध्यान विशेष रखना चाहिये। क्योंकि अ और आ का उच्चारण-भेद तो स्पष्ट स्वतः ही हो जाता है और लृ का उच्चारण बहुत कम आता है तथा वह दीर्घ होता ही नहीं। ऐसे ही ए, ऐ, ओ, औ—ये अक्षर लघु होते ही नहीं।

२—संयोगके आदिका, विसर्गोंके आदिका स्वर गुरु हो जाता है; क्योंकि संयोगका उच्चारण करनेसे पिछले स्वरपर जोर लगेगा ही तथा विसर्ग जो कि आधे 'ह' की तरह बोले जाते हैं, उनके उच्चारणसे भी स्वरपर जोर लगता ही है। जिससे पीछेवाला स्वर गुरु हो जाता है। व्यंजनोंका उच्चारण बिना स्वरके सुखपूर्वक होता नहीं और व्यंजनके आगे दूसरा व्यंजन आ जानेसे पीछेवाले स्वरके अधीन ही उसका उच्चारण रहेगा; इसलिये पीछेवाला स्वर गुरु होता है।

३—अनुस्वार और विसर्ग किसी-न-किसी स्वरके ही अश्रित होते हैं; स्वरके बाद उच्चारित होनेसे ही उनकी अनुस्वार और विसर्ग संज्ञा होती है। अतः इनका उच्चारण करनेसे स्वाभाविक ही पिछला स्वर गुरु हो जाता है। यहाँ अनुस्वारके विषयमें यह ध्यान देनेकी बात है कि उसका उच्चारण आगे- वाले व्यंजनके अनरूप होता है अर्थात् आगेका व्यंजन जिस वर्गका होगा, उस वर्गके पंचम अक्षरके अनुसार अनुस्वारका उच्चारण होगा। जैसे क, ख, ग, घ, ङ परे होनेपर अनुस्वारका उच्चारण 'ङ्' की तरह, च, छ, ज, झ, ञ, परे होनेपर 'ञ्' की तरह, ट, ठ, ड, ढ, ण परे होनेपर 'ण्' की तरह, त, थ, द, ध, न, परे होनेपर 'न्' की तरह, प, फ, ब, भ, म, परे होनेपर 'म्' की तरह करना चाहिये। यह नियम केवल इन पचीस अक्षरोंके लिये ही है। य, र, ल, व, श, ष, स, ह—ये आठ अक्षर परे होनेपर शुद्ध अनुस्वारका ही उच्चारण करना ही चाहिये जो कि केवल नासिकासे होता है।

४—श, ष, स—इन तीनोंका उच्चारण-भेद समझते हुए इनको निम्नलिखित रीतिसे पढ़ना चाहिये। मूर्धासे ऊँचे तालुमें जीभ लगाकर 'श' का उच्चारण करनेसे तालव्य शकारका ठीक उच्चारण होगा तथा उससे दाँतोंकी तरफ थोड़ा नीचे लगाकर 'ष' का उच्चारण करनेसे मूर्धन्य षकारका ठीक उच्चारण होगा एवं दोनों दाँतोंको मिलाकर 'स' का उच्चारण करनेसे स्वाभाविक ही जीभ दाँतोंके लगेगी, तब दन्त्य सकारका ठीक उच्चारण होगा।

गीतोक्त श्लोकोंके अनुष्ठानकी विधि

श्लोका मन्त्रमयाः प्रोक्ताः सर्वे च सिद्धिदायकाः।
अभीष्टकार्यसिद्ध्यर्थं विधिस्तेषां निगद्यते॥

श्रीमद्भगवद्गीताके जिस श्लोकको सिद्ध करना हो, उसका सम्पुट लगाकर पूरी गीताका पाठ करना चाहिये। जैसे, हमें **'कार्पण्यदोषोपहतस्वभावः……शाधि मां त्वां प्रपन्नम्'** (२।७)—इस श्लोकको सिद्ध करना हो तो पहले इस श्लोकका एक बार पाठ करके फिर **'धर्मक्षेत्रे कुरुक्षेत्रे……'** (१।१)—इस श्लोकका पाठ करें। फिर **'कार्पण्यदोषोपहतस्वभावः……'** श्लोकका पुनः पाठ करके **'दृष्ट्वा तु……'** (१।२)—इस श्लोकका पाठ करें। इस तरह प्रत्येक श्लोकके पहले और पीछे सम्पुट लगाकर पूरी गीताका पाठ करें तो उपर्युक्त श्लोक (मन्त्र) सिद्ध हो जायगा।

सम्पुटसे भी सम्पुटवल्ली लगाकर गीताका पाठ करना बहुत बढ़िया है[1]। जैसे, **'कार्पण्यदोषोपहतस्वभावः……'** श्लोक सिद्ध करना हो तो पहले इस श्लोकका दो बार पाठ करके फिर **'धर्मक्षेत्रे कुरुक्षेत्रे……'** श्लोकका पाठ करें। फिर सम्पुटवल्लीवाले श्लोकका दो बार पाठ करके **'दृष्ट्वा तु……'** श्लोकका पाठ करें। इस तरह पूरी गीताका पाठ करके अभीष्ट श्लोकको सिद्ध कर लें[2]।

१- सिद्ध किये जानेवाले श्लोकका गीताके प्रत्येक श्लोकसे पहले और पीछे एक बार पाठ करना 'सम्पुट पाठ' और दो बार पाठ करना 'सम्पुटवल्ली पाठ' कहलाता है।

२- मन्त्रको किसी कारणसे सिद्ध न कर सकें और अभीष्ट कार्य सिद्ध करनेकी तीव्र उत्कण्ठा हो तो बिना सिद्ध किये मन्त्रका जप करनेसे भी कार्य सिद्ध हो सकता है।

अभीष्ट कार्यकी सिद्धिके लिये उपर्युक्त प्रकारसे सिद्ध किये हुए मन्त्रका जप गंगाजीके जलमें खड़े होकर करना चाहिये। ऐसा न कर सकें तो गंगाजीके जलमें पत्थरोंका आसन बनाकर उसपर ऊनका आसन बिछाकर, बैठकर जप करना चाहिये। यह भी न कर सकें तो गंगाजीके किनारेपर बालूमें अपना ऊनी आसन बिछाकर मन्त्रका जप करना चाहिये। अगर गंगाजीका सान्निध्य उपलब्ध न हो तो अपने घरमें ही किसी एकान्त कमरेमें गोबर और गोमूत्रको पानीमें मिलाकर आसन लगानेके स्थानपर लीप दें और उसपर अपना ऊनी आसन बिछाकर, बैठकर मन्त्रका जप करें।

गीतोक्त सिद्ध मन्त्रोंका निम्नलिखित कार्योंमें प्रयोग किया जा सकता है—

(१) कोई बात भगवान्‌से पूछनी हो, किसी समस्याका समाधान पाना हो, 'मैं ज्ञानमार्गमें चलूँ या भक्तिमार्गमें'—इस उलझनको मिटाना हो तो रात्रिके समय एकान्त कमरेमें आसन बिछाकर बैठ जायँ। कमरेकी बत्ती बुझा दें। केवल एक अगरबत्ती जलाकर रखें। अँधेरेमें चमकती हुई उस अगरबत्तीपर अपनी दृष्टि रखें और भगवान्‌का ध्यान करें। भगवान् मेरे सामने खड़े हैं और मैं अर्जुन भगवान्‌से पूछ रहा हूँ—ऐसा भाव रखकर **'कार्पण्यदोषोपहतस्वभावः पृच्छामि त्वां धर्मसम्मूढचेताः। यच्छ्रेयः स्यान्निश्चितं ब्रूहि तन्मे शिष्यस्तेऽहं शाधि मां त्वां प्रपन्नम्॥'** (२।७)—इस श्लोकका पाठ करें और साथमें अर्थका भी चिन्तन करते रहें। पाठ करते-करते श्लोकके जिस चरणमें अथवा जिन पदोंमें मन लग जाय, उसीका पाठ करना शुरू कर दें, जैसे— **'पृच्छामि त्वां धर्मसम्मूढचेताः; पृच्छामि त्वां धर्मसम्मूढचेताः'** अथवा **'निश्चितं ब्रूहि तन्मे; निश्चितं ब्रूहि तन्मे'** या **'शाधि मां त्वां प्रपन्नम्; शाधि मां त्वां प्रपन्नम्'** आदि किसी एकको बार-बार आवृत्ति करते रहें। इस तरह पाठ करते हुए नींद आने लगे तो पाठ करते हुए ही सो जायँ। ऐसा करनेसे स्वप्नमें भगवान्‌का संकेत मिलता है। उस संकेतसे समझ लेना चाहिये कि भगवान्‌का अमुक भाव है। अगर संकेत समझमें न आये तो दूसरे दिन पुनः रात्रिमें उपर्युक्त विधिसे पाठ करें और भगवान्‌से प्रार्थना करें कि महाराज! आप लिखकर बतायें। ऐसा करनेसे स्वप्नमें लिखकर सामने आ जायगा। लिखा हुआ भी समझमें न आये तो दूसरे दिन पुनः रात्रिमें उपर्युक्त विधिसे पाठ करें और भगवान्‌से प्रार्थना करें कि प्रभो! आप कहकर बतायें। ऐसा करनेसे स्वप्नमें आवाज आ जायगी और आवाजके साथ ही हमारी नींद खुल जायगी।

अगर एक रातमें ऐसा स्वप्न न आये तो जबतक स्वप्न न आये, तबतक उपर्युक्त विधिसे प्रतिदिन रातमें श्लोकका पाठ करते रहें। ग्यारह अथवा इक्कीस दिनतक पाठ किया जा सकता है। इसमें जितनी तेज लगन होगी, उतना ही जल्दी काम होगा।

(२) मनमें दो बातोंकी उलझन हो और उनका समाधान पाना हो तो उपर्युक्त विधिसे ही **'व्यामिश्रेणेव वाक्येन बुद्धिं मोहयसीव मे। तदेकं वद निश्चित्य येन श्रेयोऽहमाप्नुयाम्॥'** (३।२)— इस श्लोकका पाठ करना चाहिये।

(३) भूत-प्रेतकी बाधाको दूर करना हो तो **'स्थाने हृषीकेश तव प्रकीर्त्या जगत्प्रहृष्यत्यनुरज्यते च। रक्षांसि भीतानि दिशो द्रवन्ति सर्वे नमस्यन्ति च सिद्धसङ्घाः॥'** (११।३६)— इस मन्त्रको पहली कही गयी विधिसे सिद्ध कर लेना चाहिये। फिर जिस व्यक्तिको भूत-प्रेतने पकड़ा है, उसको इस मन्त्रका पाठ करते हुए मोरपंखसे झाड़ा दें अथवा अपने हाथमें शुद्ध जलसे भरा हुआ लोटा ले लें और इस मन्त्रको बोलकर जलमें फूँक मारते रहें, फिर वह जल उस व्यक्तिको पिला दें। इन दोनों प्रयोगोंमें इस मन्त्रका सात, इक्कीस या एक सौ आठ बार पाठ कर सकते हैं। इस मन्त्रको भोजपत्र या सफेद कागजपर अनारकी कलमके द्वारा अष्टगन्धसे लिखें और ताबीजमें डालकर रोगीके गलेमें लाल धागेसे पहना दें।

(४) शास्त्रार्थमें, वाद-विवादमें विजय पानेके लिये **'यत्र योगेश्वरः कृष्णो यत्र पार्थो धनुर्धरः। तत्र श्रीर्विजयो भूतिर्ध्रुवा नीतिर्मतिर्मम॥'** (१८।७८)—इस मन्त्रका जप करना चाहिये।

(५) सब जगह भगवद्भाव करनेके लिये सातवें अध्यायके सातवें अथवा उन्नीसवें श्लोकका पाठ करना चाहिये।

(६) भगवान्‌की भक्ति प्राप्त करनेके लिये नवें अध्यायका चौंतीसवाँ, ग्यारहवें अध्यायका चौवनवाँ अथवा पचपनवाँ, बारहवें अध्यायका आठवाँ और अठारहवें अध्यायका छाछठवाँ— इनमेंसे किसी एक श्लोकका पाठ करना चाहिये।

इस तरह जिस कार्यके लिये जो श्लोक ठीक मालूम दे, उसीका पाठ करते रहें तो कार्य सिद्ध हो जायगा। अगर वह श्लोक अर्जुनका हो तो अपनेमें अर्जुनका भाव लाकर भगवान्‌से प्रार्थना करें; और भगवान्‌का श्लोक हो तो 'भगवान् मेरेसे कह रहे हैं'—ऐसा भाव रखते हुए पाठ करें। गीताके श्लोकोंपर जितना अधिक श्रद्धा-विश्वास होगा, उतना ही जल्दी काम सिद्ध होगा।

उत्तरार्ध

॥ ॐ श्रीपरमात्मने नमः॥

गीतामें ईश्वर, जीवात्मा और प्रकृतिकी अलिंगता

ईश्वरश्चैव जीवात्मा तृतीया प्रकृतिस्तथा।
एते त्रयोऽपि गीतायां त्रिषु लिङ्गेषु दर्शिताः॥

सामान्य दृष्टिसे तो यही दीखता है कि ईश्वर और जीवात्मा पुरुषरूपसे हैं तथा प्रकृति स्त्रीरूपसे है; परंतु वास्तवमें 'ईश्वर', ईश्वरका अंश 'जीवात्मा' और ईश्वरकी शक्ति 'प्रकृति'—ये तीनों ही अलिंग हैं अर्थात् पुँल्लिंग, स्त्रीलिंग और नपुंसकलिंग—इन तीनों लिंगोंसे रहित हैं। अतः इन तीनोंको न पुरुषरूपसे कह सकते हैं, न स्त्रीरूपसे कह सकते हैं और न नपुंसकरूपसे कह सकते हैं।

पुँल्लिंग, स्त्रीलिंग और नपुंसकलिंग—इन तीनों लिंगोंका भेद तो स्थावर-जंगम प्राणियोंके शरीरोंको लेकर ही है, जिससे उन प्राणियोंमें 'यह पुरुष-जाति है, यह स्त्री-जाति है, यह नपुंसक-जाति है'—इस तरह व्यवहार होता है। परंतु ईश्वर, जीवात्मा और प्रकृति—ये तीनों ही लिंगातीत विलक्षण तत्त्व हैं। अतः गीतामें इन तीनोंके लिये पुँल्लिंग, स्त्रीलिंग और नपुंसकलिंग—इन तीनों ही लिंगोंका प्रयोग हुआ है; जैसे—

(१) ईश्वरके लिये—

पुँल्लिंग शब्दोंका प्रयोग—'पिता, पितामहः', (९। १७); 'भर्ता, प्रभुः' (९। १८); 'पुरुषः' (११। १८); 'आदिदेवः, पुरुषः' (११। ३८); 'ईश्वरः' (१५। १७); 'पुरुषोत्तमः' (१५। १८) आदि।

स्त्रीलिंग शब्दोंका प्रयोग—'अनुत्तमां गतिम्' (७। १८); 'माता' (९। १७); 'गतिः' (९। १८); विभूतिरूपसे 'कीर्तिः, श्रीः, वाक्, स्मृतिः, मेधा, धृतिः, क्षमा' (१०। ३४) आदि।

नपुंसकलिंग शब्दोंका प्रयोग—'ब्रह्मणि' (५। १०); 'बीजम्' (७। १०); 'शरणम्, स्थानम्, बीजम्, अव्ययम्' (९। १८); 'ब्रह्म, धाम, पवित्रम्' (१०। १२); 'अक्षरम्' (११। १८) आदि।

(२) जीवात्माके लिये—

पुँल्लिंग शब्दोंका प्रयोग—'अजः, नित्यः, शाश्वतः, पुराणः' (२। २०); 'सर्वगतः, स्थाणुः, अचलः, सनातनः' (२। २४); 'जीवभूतः', (१५। ७) आदि।

स्त्रीलिंग शब्दोंका प्रयोग—'परां प्रकृतिम्' 'जीवभूताम्' (७। ५) आदि।

नपुंसकलिंग शब्दोंका प्रयोग—'अविनाशि' (२। १७); 'अध्यात्मम्' (७। २९; ८। १,३) आदि।

(३) प्रकृतिके लिये—

पुँल्लिंग शब्दोंका प्रयोग—'क्षरो भावः' (८। ४); 'पुरुषौ, क्षरः' (१५। १६) आदि।

स्त्रीलिंग शब्दोंका प्रयोग—'प्रकृतिः' (७। ४; ९। १०); 'अपराम्' (७। ५); 'प्रकृतिम्' (९। ७) आदि।

नपुंसकलिंग शब्दोंका प्रयोग—'अधिभूतम्' (८। १, ४); 'अव्यक्तम्' (१३। ५); 'महद्ब्रह्म' (१४। ३-४) आदि।

गीताका अनुबन्ध-चतुष्टय

विषयश्चाधिकारी च ग्रन्थस्य च प्रयोजनम्।
सम्बन्धश्च चतुर्थोऽस्तीत्यनुबन्धचतुष्टयम्॥

प्रत्येक ग्रन्थमें चार बातें होती हैं—ग्रन्थका विषय, उसका प्रयोजन, उसका अधिकारी और प्रतिपाद्य-प्रतिपादकका सम्बन्ध। इन चारोंको 'अनुबन्ध-चतुष्टय' नामसे कहा जाता है। गीताका अनुबन्ध-चतुष्टय इस प्रकार है—

(१) **विषय**—जिनसे जीवका कल्याण हो, वे कर्मयोग, ज्ञानयोग, ध्यानयोग, भक्तियोग आदि सब विषय (साधन) गीतामें आये हैं।

(२) **प्रयोजन**—जिसको प्राप्त होनेपर करना, जानना और पाना बाकी नहीं रहता, उसकी प्राप्ति कराना अर्थात् जीवका उद्धार करना गीताका प्रयोजन है।

(३) **अधिकारी**—जो अपना कल्याण चाहते हैं, वे सब-के-सब गीताके अधिकारी हैं। मनुष्य चाहे किसी देशमें रहनेवाला हो, किसी वेशको धारण करनेवाला हो, किसी सम्प्रदायको माननेवाला हो, किसी वर्ण-आश्रमका हो, किसी अवस्थावाला हो और किसी परिस्थितिमें स्थित हो, वह गीताका अधिकारी है।

(४) **सम्बन्ध**—गीताके विषय और गीतामें परस्पर प्रतिपाद्य-प्रतिपादकका सम्बन्ध है अर्थात् गीताका विषय 'प्रतिपाद्य' है और गीताग्रन्थ स्वयं 'प्रतिपादक' है। जिसको समझाया जाता है, वह विषय 'प्रतिपाद्य' कहलाता है और जो समझानेवाला होता है, वह 'प्रतिपादक' कहलाता है। जीवका कल्याण कैसे हो—यह गीताका प्रतिपाद्य विषय है और कल्याणकी युक्तियाँ बतानेवाली होनेसे गीता स्वयं प्रतिपादक है।

गीताका षड्लिंग

उपक्रमोपसंहारावभ्यासोऽपूर्वता फलम्।
अर्थवादोपपत्ती च लिंगं तात्पर्यनिर्णये॥

किसी ग्रन्थके प्रतिपाद्य विषयका निर्णय करनेके लिये उपक्रम-उपसंहार, अभ्यास, अपूर्वता, फल, अर्थवाद और उपपत्ति—ये छः लिंग होते हैं अर्थात् ग्रन्थका उपक्रम और उपसंहार किसमें हुआ है, ग्रन्थमें बार-बार कौन-सी बात कही गयी है, ग्रन्थमें कौन-सी अलौकिकता है, फलरूपमें क्या बताया गया है, किसकी प्रशंसा की गयी है और कौन-सी युक्तियाँ दी गयी हैं—ये छः बातें होती हैं। इन छहों लिंगोंसे गीताके प्रतिपाद्य विषयका भी निर्णय हो जाता है।

(१) **उपक्रम-उपसंहार**—गीताका उपक्रम और उपसंहार शरणागतिमें हुआ है। आरम्भमें '**शाधि मां त्वां प्रपन्नम्**' (२। ७) 'आपके शरण हुए मेरेको शिक्षा दीजिये' कहकर अर्जुन भगवान्की शरण हो जाते हैं; और उपसंहारमें '**मामेकं शरणं व्रज**' (१८। ६६) 'केवल मेरी शरणमें आ जा' कहकर भगवान् अपने शरणमें आनेकी आज्ञा देते हैं।

(२) **अभ्यास**—गीतामें शरणागतिकी बात ही बार-बार कही गयी है; जैसे—'**तानि सर्वाणि संयम्य युक्त आसीत मत्परः**' (२। ६१) 'उन सम्पूर्ण इन्द्रियोंको वशमें करके मेरे परायण होकर बैठे'; '**मनः संयम्य मच्चित्तो युक्त आसीत मत्परः**' (६। १४) 'मनका संयम करके मेरेमें चित्त लगाता हुआ मेरे परायण होकर बैठे'; '**मय्यासक्तमना**' (७। १) 'मुझमें आसक्त मनवाला'; '**अनन्यचेताः सततं यो मां स्मरति नित्यशः**' (८। १४) 'अनन्य-चित्तवाला जो मनुष्य मेरा नित्य-निरन्तर स्मरण करता है'; '**अनन्याश्चिन्तयन्तो मां ये जनाः पर्युपासते**'

(९। २२) 'जो अनन्य भक्त मेरा चिन्तन करते हुए मेरी उपासना करते हैं'; **'मन्मना भव मद्भक्तः'** (९। ३४) 'तू मेरा भक्त और मेरेमें मनवाला हो जा'; **'मत्कर्मकृन्मत्परमो मद्भक्तः'** (११। ५५) 'जो मेरे लिये ही कर्म करनेवाला, मेरे ही परायण और मेरा ही भक्त है'; **'मय्येव मन आधत्स्व मयि बुद्धिं निवेशय'** (१२। ८) 'तू मेरेमें मनको लगा और मेरेमें ही बुद्धिको लगा'; **'मत्कर्मपरमो भव'** (१२। १०) 'मेरे लिये कर्म करनेके परायण हो जा'; **'मां च योऽव्यभिचारेण भक्तियोगेन सेवते'** (१४। २६) 'जो मनुष्य अव्यभिचारी भक्तियोगके द्वारा मेरा सेवन करता है' आदि-आदि।

(३) अपूर्वता—शरणागतिके विषयमें भगवान्‌ने अर्जुनके सामने अपने हृदयकी गोपनीय अलौकिक बातें बतायी हैं। शरणागत होनेपर भक्तको अपने उद्धारके लिये कुछ भी करना नहीं पड़ता; सब जिम्मेवारी भगवान्‌पर ही आ जाती है। भगवान् स्वयं भक्तोंके योगक्षेमका वहन करते हैं—**'योगक्षेमं वहाम्यहम्'** (९। २२)। भगवान् कहते हैं कि मैं अपनी ओरसे ही भक्तोंको समता देता हूँ, जिससे वे मुझे प्राप्त हो जाते हैं—**'ददामि बुद्धियोगं तं येन मामुपयान्ति ते'** (१०। १०); मैं स्वयं भक्तोंके अज्ञानजन्य अन्धकारका नाश कर देता हूँ—**'नाशयाम्यात्मभावस्थो ज्ञानदीपेन भास्वता'** (१०। ११); शरणागत भक्तोंके लिये मैं सुलभ हूँ—**'तस्याहं सुलभः'** (८। १४); मैं स्वयं भक्तोंका मृत्यु-संसार-सागरसे उद्धार करनेवाला बन जाता हूँ—**'तेषामहं समुद्धर्ता मृत्युसंसारसागरात्'** (१२। ७); आदि-आदि।

(४) फल—शरणागतिका फल भगवान्‌ने अपनी प्राप्ति बताया है; जैसे—मेरेको यज्ञों और तपोंका भोक्ता और सम्पूर्ण लोकोंका महान् ईश्वर मानकर भक्त परमशान्तिको प्राप्त हो जाता है—**'शान्तिमृच्छति'** (५। २९); मेरे लिये ही कर्म करनेवाला भक्त मेरेको प्राप्त हो जाता है—**'स मामेति'** (११। ५५); मेरे लिये कर्म करता हुआ तू सिद्धिको अर्थात् मेरेको प्राप्त हो जायगा—**'सिद्धिमवाप्स्यसि'** (१२। १०); सम्पूर्ण बन्धनोंसे मुक्त होकर तू मेरेको प्राप्त हो जायगा—**'विमुक्तो मामुपैष्यसि'** (९। २८); पापयोनि आदि भी मेरा आश्रय लेकर परमगतिको अर्थात् मेरेको प्राप्त हो जाते हैं—**'तेऽपि यान्ति परां गतिम्'** (९। ३२); मेरी कृपासे भक्त शाश्वत अविनाशी पदको प्राप्त हो जाता है—**'मत्प्रसादादवाप्नोति शाश्वतं पदमव्ययम्'** (१८। ५६); तू केवल मेरी शरण हो जा, मैं तुझे सम्पूर्ण पापोंसे मुक्त कर दूँगा—**'अहं त्वा सर्वपापेभ्यो मोक्षयिष्यामि'** (१८। ६६); आदि-आदि।

(५) अर्थवाद—गीतामें भगवान्‌ने अपने शरणागत भक्तोंकी प्रशंसा की है; जैसे—सम्पूर्ण योगियोंमें मेरा भक्त सर्वश्रेष्ठ है—**'स मे युक्ततमो मतः'** (६। ४७); श्रद्धावान् भक्त मेरे मतमें सर्वश्रेष्ठ योगी हैं—**'ते मे युक्ततमा मताः'** (१२। २); मेरेमें श्रद्धा रखनेवाले और मेरे परायण हुए भक्त मुझे अत्यन्त प्रिय हैं—**'तेऽतीव मे प्रियाः'** (१२। २०); जो मुझे पुरुषोत्तम जान लेता है, वह सर्ववित् हो जाता है—**'स सर्ववित्'** (१५। १९); आदि-आदि।

(६) उपपत्ति—शरणागत भक्त होनेके विषयमें भगवान्‌ने गीतामें बहुत-सी युक्तियाँ दी हैं; जैसे—मेरेमें चित्तवाला तू मेरी कृपासे सम्पूर्ण विघ्न-बाधाओंको तर जायगा और यदि तू अहंकारके कारण मेरी बात नहीं सुनेगा तो तेरा पतन हो जायगा—**'न श्रोष्यसि विनङ्क्ष्यसि'** (१८। ५८); ब्रह्मलोकतक जानेवालोंको फिर लौटकर आना ही पड़ता है, पर मेरेको प्राप्त होनेवाला भक्त फिर लौटकर नहीं आता—**'मामुपेत्य तु कौन्तेय पुनर्जन्म न विद्यते'** (८। १६); देवताओंके भक्त देवताओंको प्राप्त होते हैं, पर मेरे भक्त मेरेको ही प्राप्त होते हैं—**'देवान्देवयजो यान्ति मद्भक्ता यान्ति मामपि'** (७। २३); आदि-आदि।

उपर्युक्त छः बातोंका तात्पर्य है कि भगवान्‌के शरण होनेपर लौकिक-पारलौकिक सब तरहका लाभ है और शरण न होनेपर लौकिक-पारलौकिक सब तरहका नुकसान है।

गीतामें काव्यगत विशेषताएँ

सृष्टौ यावन्ति काव्यानि गीता सर्वोत्तमा ततः।
काव्येभ्य ऐहिको लाभो गीता सर्वत्र लाभदा॥

(क)

गीता एक दार्शनिक ग्रन्थ है, काव्य-ग्रन्थ नहीं। यह ग्रन्थ केवल जीवके कल्याणके लिये ही है; अतः इसमें काव्यकी बातोंकी आवश्यकता ही नहीं है। फिर भी इस ग्रन्थमें स्वाभाविक ही काव्यगत विशेषताएँ आ गयी हैं। काव्यगत विशेषताएँ छः हैं—

'काव्यं यशसेऽर्थकृते व्यवहारविदे शिवेतरक्षतये।
सद्यः परनिर्वृत्तये कान्तासम्मितयोपदेशयुजे'॥

अर्थात् काव्यरचनाका प्रयोजन यश-प्राप्तिके लिये, धन-प्राप्तिके लिये, व्यावहारिक ज्ञानके लिये, अनिष्ट-निवृत्तिके लिये, शीघ्र परमशान्तिकी प्राप्तिके लिये और स्नेहपूर्वक उपदेश देनेके लिये होता है।

काव्यकी रचना तथा पठन-पाठन तो केवल सांसारिक यशकी प्राप्तिके लिये होता है, पर गीताके अनुसार चलनेसे सांसारिक यश भी होता है—'पण्डितलोग भी उसको पण्डित कहते हैं'—**'तमाहुः पण्डितं बुधाः'** (४। १९) और भगवान्‌के दरबारमें भी उसका आदर होता है—'ज्ञानी (प्रेमी) तो मेरा स्वरूप ही है'—**'ज्ञानी त्वात्मैव मे मतम्'** (७। १८); 'मेरा भक्त मुझे प्रिय है'—**'यो मद्भक्तः स मे प्रियः'** (१२। १४, १६), **'स च मे प्रियः'** (१२। १५), **'भक्तिमान्यः स मे प्रियः'** (१२। १७), **'भक्तिमान्मे प्रियो नरः'** (१२। १९); 'वह सब कुछ जान जाता है'—**'स सर्ववित्'** (१५। १९)। वह योगी हो जाता है, गुणोंसे अतीत हो जाता है, भगवद्भक्त हो जाता है। उसका उद्धार तो हो ही जाता है, उसकी बातोंको माननेसे दूसरोंका भी उद्धार हो जाता है—**'तेऽपि चातितरन्त्येव मृत्युं श्रुतिपरायणाः'** (१३। २५)। इस तरह वह सबसे श्रेष्ठ, पवित्र हो जाता है।

काव्यकी रचना जिस सांसारिक धनकी प्राप्तिके लिये की जाती है, वह धन केवल जीवन-निर्वाहके लिये सहायक होता है। उस धनसे तृष्णा, कामना नहीं मिटती। कितना ही धन क्यों न मिल जाय, फिर भी अपूर्ति (कमी) ही रहती है, पूर्ति कभी होती ही नहीं। परंतु गीताके उपदेशको जीवनमें उतारनेसे संतोषरूपी महान् धनकी प्राप्ति हो जाती है—**'यदृच्छालाभसंतुष्टः'** (४। २२), **'संतुष्टः सततं योगी'** (१२। १४), **'संतुष्टो येन केनचित्'** (१२। १९)। फिर धनकी आशा, तृष्णा, कामना आदि दोष सदाके लिये मिट जाते हैं—**'विहाय कामान्यः सर्वान्पुमांश्चरति निःस्पृहः'** (२। ७१)। सदाके लिये अभाव मिट जाता है और पूर्ति हो जाती है।

काव्य सांसारिक व्यवहार जाननेके लिये उपयोगी होता है। सांसारिक व्यवहारमें स्वार्थ, पक्षपात, काम, क्रोध, मोह, ईर्ष्या आदि दोष रहते हैं, जो वास्तविक उन्नतिमें बाधक होते हैं। परंतु गीताके अनुसार जीवन बनानेसे स्वार्थ, पक्षपात, काम, क्रोध आदि दोष मिटकर मनुष्यका जीवन सर्वथा निर्मल हो जाता है। फिर उसके द्वारा जो कुछ भी व्यवहार होता है, वह सर्वथा निर्दोष होता है। उसमें समता आ जानेसे वह सबमें एक समरूप परमात्माको ही देखता है—**'पण्डिताः समदर्शिनः'** (५। १८), पर उसका व्यवहार सबके साथ यथायोग्य ही होता है। उसके व्यवहारसे प्राणिमात्रका हित होता है—**'सर्वभूतहिते रताः'** (५। २५; १२। ४)। तात्पर्य है कि काव्यसे जीवनमें इतनी निर्मलता नहीं आती, जितनी निर्मलता गीताके अनुसार चलनेसे आती है।

काव्य दु:खोंके नाशके लिये और सुख-प्राप्तिके लिये बनाया जाता है; परंतु काव्यकी रचना करनेसे, उसको पढ़ने-पढ़ानेसे सब दु:खोंका नाश नहीं होता और सदा रहनेवाला सुख भी नहीं मिलता। हाँ, इष्टदेवकी स्तुति-प्रार्थनासे तात्कालिक शान्ति मिलती है और रोग आदि भी दूर होते हैं, पर सर्वथा दु:ख-निवृत्ति और निरतिशय सुखकी प्राप्ति नहीं होती। परंतु गीताके अनुसार चलनेवालेको रोग, अपमान आदिका दु:ख कभी होता ही नहीं। उसको सदा रहनेवाले परम सुखकी प्राप्ति हो जाती है—**'सुखमक्षयमश्नुते'** (५।२१), **'सुखमात्यन्तिकम्'** (६।२१), **'अत्यन्तं सुखमश्नुते'** (६।२८)। गीताका पाठ करनेसे, मनन करनेसे प्रत्यक्ष शान्ति मिलती है, हृदयकी हलचल मिटती है, हृदयकी शंकाएँ मिट जाती हैं और समाधान हो जाता है। गीताका अध्ययन करनेमात्रसे भगवान् अपनेको ज्ञानयज्ञसे पूजित मानते हैं (१८।७०)। गीताको सुननेमात्रसे मनुष्य सम्पूर्ण पापोंसे मुक्त होकर वैकुण्ठ, साकेत, गोलोक आदि लोकोंको प्राप्त हो जाता है (१८।७१)।

काव्यमें स्नेहपूर्वक, प्यारसे उपदेश दिया जाता है। गीता 'प्रभुसम्मित' वाक्य* होते हुए भी इसमें अर्जुनको बड़े प्यारसे उपदेश दिया गया है। जैसे, अर्जुन घबराकर भगवान्‌से पूछते हैं कि अन्तकालमें किसी कारणवश साधनसे विचलितमन हुआ साधक छिन्न-भिन्न बादलकी तरह नष्ट तो नहीं हो जाता (६।३७-३८), तो भगवान् बड़े प्यारसे कहते हैं कि 'हे प्यारे! कल्याणकारी काम करनेवाले किसी भी मनुष्यकी दुर्गति नहीं होती'—**'न हि कल्याणकृत्कश्चिद् दुर्गतिं तात गच्छति'** (६।४०)। जो योग (समता)-को प्राप्त करना चाहता है, वह भी वेदोंमें कहे हुए सकाम अनुष्ठानोंका अतिक्रमण कर जाता है, फिर योगभ्रष्टका तो कहना ही क्या है!—**'जिज्ञासुरपि योगस्य शब्दब्रह्मातिवर्तते'** (६।४४)। गीतोपदेशके अन्तमें भगवान् कहते हैं कि तू मेरा भक्त हो जा, मेरेमें मनवाला हो जा, मेरा ही पूजन कर और मेरेको ही नमस्कार कर, फिर तू मेरेको ही प्राप्त हो जायगा, ऐसी मैं सत्य प्रतिज्ञा करता हूँ; क्योंकि तू मेरेको अत्यन्त प्यारा है (१८।६५)। तू सम्पूर्ण धर्मोंका आश्रय छोड़कर केवल एक मेरी शरण प्राप्त कर; मैं तुझे सम्पूर्ण पापोंसे मुक्त कर दूँगा, तू चिन्ता मत कर' (१८।६६)।

तात्पर्य है कि काव्यसे केवल सांसारिक लाभ होता है, जो अनित्य है, ठहरनेवाला नहीं है। परंतु गीताका पठन-पाठन, श्रवण-श्रावण, विचार-मनन, अनुष्ठान करनेसे कुछ भी करना, जानना और पाना बाकी नहीं रहता। इससे उस पारमार्थिक लाभकी प्राप्ति होती है, जिससे बढ़कर दूसरा कोई लाभ है ही नहीं (६।२२); क्योंकि वह पारमार्थिक लाभ नित्य है, सदा रहनेवाला है।

संसारमें जितने भी काव्य हैं, साहित्य हैं, उन सबसे गीतारूप ग्रन्थ श्रेष्ठ है। कारण कि गीतामें इतनी विलक्षणता है कि हरेक सम्प्रदायवाला, भाषावाला, देशवाला मनुष्य इसपर मुग्ध हो जाता है, इसकी ओर आकृष्ट हो जाता है और उसको गीतासे पारमार्थिक लाभ

* वाक्य तीन तरहका होता है—प्रभुसम्मित, मित्रसम्मित और कान्तासम्मित। वेदकी वाणी 'प्रभुसम्मित' है अर्थात् वेदने कह दिया कि 'ऐसा काम करो, ऐसा काम मत करो'; अत: इसमें अपनी बुद्धि नहीं लगानी है, प्रत्युत वेदने जैसा कहा है, वैसा ही करना है। गीता भी वेदकी तरह होनेसे 'प्रभुसम्मित' है। पुराण, इतिहास, स्मृतियाँ आदि 'मित्रसम्मित' हैं; क्योंकि ये मित्रकी तरह समझाते हैं। साहित्य, काव्य 'कान्तासम्मित' है; क्योंकि ये स्त्रीकी तरह प्यारसे समझाते हैं।

होता है। गीता स्वयं भगवान्‌की वाणी है। आजतक गीतापर जितनी टीकाएँ लिखी गयी हैं, उतनी टीकाएँ अन्य किसी भी ग्रन्थपर नहीं लिखी गयी हैं। अतः यह सबसे अधिक आदरणीय है।

जिस काव्यमें भगवान् और उनके चरित्रोंका वर्णन होता है, उसके पठन-पाठन आदिसे भी मनुष्योंका कल्याण होता है। परंतु कल्याण होनेमें महिमा भगवान् और उनके चरित्रोंकी ही है, काव्यकी नहीं। इसके सिवाय दूसरे काव्य सुन्दर हो सकते हैं और उनको पढ़नेसे तात्कालिक प्रसन्नता भी हो सकती है, पर उनसे कल्याण नहीं होता। कारण कि उन काव्योंका प्रयोजन सांसारिक होता है। अतः उनसे होनेवाला लाभ सीमित ही होता है, असीम नहीं।

(ख)

काव्यमें श्लोकोंके अन्वयोंके चार भेद माने गये हैं—युग्म, विशेषक, कलाप और कुलक—

द्वाभ्यां युग्ममिति प्रोक्तं त्रिभिः श्लोकैर्विशेषकम्।
चतुर्भिः कलापं ज्ञेयं तदूर्ध्वं कुलकं स्मृतम्॥

जहाँ दो श्लोकोंका एक साथ अन्वय किया जाता है, उसको '**युग्म**' कहते हैं, जहाँ तीन श्लोकोंका एक साथ अन्वय किया जाता है, उसको '**विशेषक**' कहते हैं, जहाँ चार श्लोकोंका एक साथ अन्वय किया जाता है, उसको '**कलाप**' कहते हैं और जहाँ चारसे अधिक श्लोकोंका एक साथ अन्वय किया जाता है, उसको '**कुलक**' कहते हैं। गीतामें इन चारोंका प्रयोग हुआ है; जैसे—

पहले अध्यायके चौंतीसवें-पैंतीसवें, दूसरे अध्यायके बासठवें-तिरसठवें, तीसरे अध्यायके चौदहवें-पन्द्रहवें एवं बयालीसवें-तैंतालीसवें, पाँचवें अध्यायके आठवें-नवें, आठवें अध्यायके बारहवें-तेरहवें, नवें अध्यायके चौथे-पाँचवें, दसवें अध्यायके चौथे-पाँचवें एवं बारहवें-तेरहवें, ग्यारहवें अध्यायके इकतालीसवें-बयालीसवें, बारहवें अध्यायके अठारहवें-उन्नीसवें, चौदहवें अध्यायके चौबीसवें-पचीसवें आदि श्लोकोंमें '**युग्म**' अन्वयका प्रयोग हुआ है।

पहले अध्यायके चौथेसे छठे श्लोकतक एवं सोलहवेंसे अठारहवें श्लोकतक, दूसरे अध्यायके बयालीसवेंसे चौवालीसवें श्लोकतक, सोलहवें अध्यायके पहलेसे तीसरे श्लोकतक, अठारहवें अध्यायके इक्यावनवेंसे तिरपनवें श्लोकतक '**विशेषक**' अन्वयका प्रयोग हुआ है।

छठे अध्यायके बीसवेंसे तेईसवें श्लोकतक और अठारहवें अध्यायके बयालीसवेंसे पैंतालीसवें श्लोकतक '**कलाप**' अन्वयका प्रयोग हुआ है।

चौथे अध्यायके चौबीसवेंसे तीसवें श्लोकतक और तेरहवें अध्यायके सातवेंसे ग्यारहवें श्लोकतक '**कुलक**' अन्वयका प्रयोग हुआ है।

गीतामें अलंकार

अलंकारविशिष्टस्य शोभा ग्रन्थस्य वर्धते।
भावज्ञानात्मिका गीताऽलंकारा यत्र कुत्रचित्॥

अलंकार नाम सुन्दरता देनेवालेका है। यह सुन्दरता दो तरहसे होती है—शब्दसे और अर्थसे। जिस श्लोक या वाक्यमें शब्दोंको अर्थात् अक्षरोंको लेकर सुन्दरता होती है, वह 'शब्दालंकार' कहलाता है; जैसे—'**तत्रापश्यत्स्थितान्पार्थः पितॄनथ पितामहान्**' (१।२६)—इस वाक्यमें 'प' व्यंजनको लेकर सुन्दरता है। जिस श्लोक या वाक्यमें अर्थको लेकर सुन्दरता होती है, वह 'अर्थालंकार' कहलाता है; जैसे—'**वायुर्नावमिवाम्भसि**' (२।६७)।

'शब्दालंकार' के अनुप्रास, यमक आदि और 'अर्थालंकार' के उपमा, रूपक आदि कई भेद होते हैं। गीतामें भी कुछ अलंकार आये हैं; जैसे—

(१) अनुप्रास—जहाँ 'अ, आ·······'आदि स्वरोंकी भिन्नता होनेपर भी 'क ख······ आदि व्यंजनोंकी समानता हो' वहाँ 'अनुप्रास अलंकार' होता है। पाँचवें अध्यायके आठवें-नवें श्लोकोंमें '**पश्यञ्शृण्वन्स्पृशञ्जिघ्रन्**·······' आदि पदोंमें '**न**' व्यंजनकी समानता है। ऐसे ही पाँचवें अध्यायके सत्रहवें श्लोकमें '**तद्बुद्धयस्तदात्मानः**········' आदि पदोंमें '**त**' व्यंजनकी समानता है।

(२) यमक—जहाँ एक ही शब्द कई बार आता है, पर उसका अर्थ भिन्न-भिन्न होता है, वहाँ यमक अलंकार होता है। आठवें अध्यायके बीसवें श्लोकमें '**भावोऽन्योऽव्यक्तोऽव्यक्तात्सनातनः**' पदमें 'अव्यक्त' शब्द दो बार आया है। यहाँ पहला 'अव्यक्त' शब्द परमात्माका और दूसरा 'अव्यक्त' शब्द ब्रह्माका वाचक है।

(३) उपमा—जिसको उपमा दी जाती है, वह 'उपमेय' होता है और जिसकी उपमा दी जाती है, वह 'उपमान' होता है। जहाँ उपमेयको उपमानके सदृश बताया जाता है, वहाँ 'उपमा अलंकार' होता है। छठे अध्यायके उन्नीसवें श्लोकमें उपमेयरूप मनको उपमानरूप दीपककी लौकी उपमा दी गयी है।

(४) रूपक—जहाँ उपमानके पूरे-के-पूरे अवयवोंको उपमेयमें घटाकर उपमेयको उपमानके समान ही बताते हैं, वहाँ 'रूपक अलंकार' होता है। पन्द्रहवें अध्यायके पहले श्लोकमें उपमानरूप पीपलके वृक्षके सभी अवयव उपमेयरूप संसारमें घटाकर संसारको पीपलके वृक्षके समान बताया गया है।

(५) दृष्टान्त—दृष्टान्तको दार्ष्टान्तमें प्रतिबिम्बितमात्र करना अर्थात् दृष्टान्तका जैसा धर्म है, वैसा ही धर्म दार्ष्टान्तमें घटाना 'दृष्टान्त अलंकार' है। नवें अध्यायके छठे श्लोकमें आकाशमें स्थित वायुका दृष्टान्त देकर दार्ष्टान्तमें सम्पूर्ण प्राणियोंको भगवान्‌में स्थित बताया है। दूसरे अध्यायके सत्तरवें, तेरहवें अध्यायके बत्तीसवें-तैंतीसवें आदि श्लोकोंमें भी इसी अलंकारका प्रयोग हुआ है।

(६) सम्भावना—ऐसा न करें, तो ऐसा हो जायगा—इस प्रकारके तर्कको 'सम्भावना अलंकार' कहते हैं। अठारहवें अध्यायके अट्ठावनवें श्लोकमें भगवान् अर्जुनसे कहते हैं कि अगर तू अहंकारके कारण मेरी बात नहीं सुनेगा तो तेरा पतन हो जायगा।

(७) अनन्वय—जहाँ उपमेय और उपमान एक ही होता है अर्थात् जहाँ उपमेयको उपमा देनेके लिये दूसरा कोई उपमान न हो, वहाँ 'अनन्वय अलंकार' होता है। छठे अध्यायके उनतालीसवें श्लोकमें अर्जुन भगवान्‌से कहते हैं कि इस संशयका छेदन करनेवाला आपके समान दूसरा कोई नहीं है।

(८) उत्प्रेक्षा—जो चीज वैसी है नहीं, फिर भी वैसी कल्पना करना 'उत्प्रेक्षा अलंकार' है। ग्यारहवें अध्यायके बारहवें श्लोकमें विराट्‌रूपके प्रकाशके समान हजारों सूर्योंका प्रकाश न होनेपर भी हजारों सूर्योंके प्रकाशकी कल्पना की गयी है।

(९) विषाद—जैसा चाहते हैं, वैसा न होकर उससे विरुद्ध हो जाय तो 'विषाद अलंकार' होता है। अर्जुन पहले बड़ी शूरवीरतासे युद्ध करने आये थे, पर मोहके कारण धनुष-बाणका त्याग करके विषाद-मग्न होकर रथके मध्यभागमें बैठ जाते हैं (१।४७)।

(१०) कारणमाला—जहाँ एक-एकके प्रति एक-एककी कारणता (हेतुता) हो, वहाँ 'कारणमाला अलंकार' होता है। दूसरे अध्यायके बासठवें-तिरसठवें श्लोकोंमें विषय-चिन्तनसे लेकर पतन होनेतक एक-एकके प्रति एक-एकको कारण बताया गया है। ऐसा ही वर्णन पहले अध्यायके चालीसवेंसे चौवालीसवें श्लोकतक भी आया है।

(११) विरोधाभास—जहाँ पदोंमें परस्पर विरोध दीखे, पर वास्तवमें विरोध न हो, वहाँ 'विरोधाभास अलंकार' होता है। आठवें अध्यायके बीसवें श्लोकमें '**नश्यत्सु न विनश्यति**' (नष्ट होनेवालोंमें नष्ट नहीं होता) पदोंमें '**नश्यत्सु**'

पद प्राणियोंके शरीर आदिका वाचक है, जिनका नाश होता है और **'न विनश्यति'** पद परमात्माका वाचक है, जिसका नाश नहीं होता। यही बात तेरहवें अध्यायके सत्ताईसवें श्लोकमें **'विनश्यत्स्वविनश्यन्तम्'** पदसे कही गयी है।

(१२) दीपक—जहाँ अनेक क्रियाओंमें एक कारकका प्रयोग होता है, वहाँ 'दीपक अलंकार' होता है। दूसरे अध्यायके उनतीसवें श्लोकमें **'पश्यति'**, **'वदति'** और **'शृणोति'**—इन सब क्रियाओंमें एक कारक **'एनम्'** का प्रयोग हुआ है।

(१३) उल्लेख—जहाँ एक ही विषयका अनेक प्रकारसे उल्लेख (कथन) किया जाय, वहाँ 'उल्लेख अलंकार' होता है। दूसरे अध्यायके चौबीसवें श्लोकमें एक ही 'देही' का अच्छेद्य, अदाह्य, अक्लेद्य, अशोष्य आदि पदोंसे उल्लेख किया गया है।

(१४) सार—जहाँ वस्तुका एक-एकसे उत्कर्ष (श्रेष्ठता) बताया जाय, वहाँ 'सार अलंकार' होता है। बारहवें अध्यायके बारहवें श्लोकमें अभ्याससे ज्ञानको, ज्ञानसे ध्यानको और ध्यानसे कर्मफलत्यागको श्रेष्ठ बताया गया है।

गीतामें अभिधा आदि शक्तियोंका वर्णन

अभिधा लक्षणा चान्या तात्पर्या व्यञ्जना तथा।
गौणरूपेण गीतायां प्राप्यन्ते यत्र कुत्रचित्॥

शब्द और अर्थका आपसमें घनिष्ठ सम्बन्ध होता है। किसी बातको, अर्थको समझाना हो तो शब्दोंके द्वारा ही समझाया जाता है और शब्दोंके द्वारा वही समझ सकता है, जिसको उन शब्दोंके अर्थका ज्ञान हो। इस शब्दका यह अर्थ है—इसका ज्ञान करानेके लिये चार शक्तियाँ हैं—अभिधा, लक्षणा, व्यंजना और तात्पर्या। इनमेंसे अभिधा शक्ति तो सब जगह रहती ही है, उसके साथ लक्षणा आदि शक्तियाँ भी काम करती रहती हैं। गीतामें अभिधा शक्ति तो सब जगह है ही, कहीं-कहीं लक्षणा आदि शक्तियाँ भी आयी हैं। इसका ज्ञान करानेके लिये अभिधा, लक्षणा आदि शक्तियोंका थोड़ा-सा दिग्दर्शन कराया जाता है।

(१) अभिधा—जो शब्दके अर्थको सीधा ही प्रकट करती है, वह 'अभिधा शक्ति' कहलाती है अर्थात् वाच्य-वाचकके सम्बन्धमें वाचक (शब्द) अपने वाच्य (वस्तु, व्यक्ति आदि)-को जिस शक्तिसे प्रकट करता है, उसको 'अभिधा' कहते हैं। जैसे, भगवान्‌ने कहा कि 'अर्जुन! इस शरीरको क्षेत्र कहा जाता है'—**'इदं शरीरं कौन्तेय क्षेत्रमित्यभिधीयते'** (१३।१)। यहाँ 'क्षेत्र' की अभिधा शक्ति है।

(२) लक्षणा—जिस शब्द अथवा वाक्यके अर्थको प्रकट करनेमें अभिधा शक्ति काम नहीं करती, उस शब्द अथवा वाक्यका अर्थ जिससे प्रकट होता है, वह 'लक्षणा शक्ति' कहलाती है। दूसरे शब्दोंमें वक्ताके लक्ष्यको बतानेकी जो वृत्ति है, उसको 'लक्षणा शक्ति' कहते हैं। जैसे, अर्जुनने कहा कि 'जिन कुटुम्बियोंके लिये हम राज्य, भोग और सुख चाहते हैं, वे ही धन और प्राणोंकी आशाको छोड़कर युद्ध करनेके लिये सामने खड़े हैं—**'प्राणांस्त्यक्त्वा धनानि च'** (१।३३)। अगर यहाँ अभिधा शक्तिसे सीधा यह अर्थ लिया जाय कि 'प्राणोंको छोड़कर खड़े हैं' तो यह असम्भव बात होगी; क्योंकि जिन्होंने प्राणोंको छोड़ दिया है, वे खड़े कैसे हैं? और खड़े हैं तो प्राणोंको छोड़ा कैसे? अतः यहाँ लक्षणा शक्तिसे 'वे प्राणोंकी (जीनेकी)

भी आशाको छोड़कर खड़े हैं'—ऐसा अर्थ ही लेना पड़ेगा। इसी तरह **'मदर्थे त्यक्तजीविताः'** (१। ९) आदि उदाहरण भी समझ लेने चाहिये।

(३) व्यंजना—जिस शब्द अथवा वाक्यका अर्थ अभिधा और लक्षणा शक्तिसे प्रकट नहीं होता, प्रत्युत व्यंग्य वृत्तिसे ही प्रकट होता है, उसे 'व्यंजना-शक्ति' कहते हैं। जैसे, भगवान्‌ने कहा कि 'हे पार्थ! जो मनुष्य सृष्टिचक्रके अनुसार अपने कर्तव्यका पालन नहीं करता, वह इन्द्रियोंके द्वारा भोगोंमें रमण करनेवाला अघायु मनुष्य व्यर्थ ही जीता है—**'मोघं पार्थ स जीवति'** (३। १६)। यहाँ व्यंजना-शक्तिसे यह अर्थ निकाला जायगा कि 'वह मर जाय तो अच्छा है'।

(४) तात्पर्या—जहाँ वक्ताके आशय, भावको प्रकट करनेमें अभिधा, लक्षणा और व्यंजना शक्ति काम नहीं करती, वहाँ जिस वृत्तिसे वक्ताका आशय, भाव प्रकट होता है, उसको 'तात्पर्या शक्ति' कहते हैं अर्थात् प्रकरण अथवा अवसरके अनुसार वक्ताके भावको प्रकट करनेकी वृत्तिका नाम 'तात्पर्या शक्ति' है। जैसे, भगवान्‌ने दूसरे अध्यायके ग्यारहवेंसे तीसवें श्लोकतक सत्-असत्, नित्य-अनित्यका वर्णन किया तो यहाँ देहीको नित्य और देहको अनित्य बतानेका तात्पर्य शोक दूर करनेमें है। इसी तरह 'वह ज्ञेयतत्त्व न सत् कहा जा सकता है और न असत् ही'—**'न सत्तन्नासदुच्यते'** (१३। १२), तो यहाँ ऐसा कहनेका तात्पर्य ज्ञेय तत्त्वको करणनिरपेक्ष बतानेमें है।

गीता-सम्बन्धी व्याकरणकी कुछ बातें

शब्दशास्त्रेण गीताया रहस्यं प्रकटीकृतम्।
तस्मात्केचित्प्रयोगा हि बोधार्थं लिखिता इह॥

श्रीमद्भगवद्गीता संस्कृत-भाषामें ही है। अतः गीताको गहराईसे समझनेके लिये संस्कृत-व्याकरणका बोध होना आवश्यक है। जिन श्लोकों या पदोंका अर्थ, भाव समझनेमें कठिनता मालूम देती है, उनको यहाँ व्याकरणके द्वारा समझाया जा रहा है।

(१)

उक्तानुक्ततया द्वेधा कारकाणि भवन्ति षट्।
उक्ते तु प्रथमैव स्यादनुक्ते तु यथाक्रमम्॥

उक्त (अभिहित, कथित) और अनुक्त (अनभिहित, अकथित)-के द्वारा कारक छः हो जाते हैं। पर उक्तमें **'प्रातिपदिकार्थलिङ्गपरिमाणवचनमात्रे प्रथमा'** (पाणि० अ० २। ३। ४६)—इस सूत्रसे प्रातिपदिकार्थमें प्रथमा विभक्ति ही होती है, और अनुक्तमें द्वितीया, तृतीया आदि विभक्तियाँ होती हैं। जैसे—**'मया ग्रामः गम्यते'** इस वाक्यमें कर्ममें लकार होनेसे कर्म उक्त हुआ; अतः ग्राममें प्रातिपदिकार्थको लेकर प्रथमा विभक्ति हो गयी है और कर्ता अनुक्त होनेसे अर्थात् लकारके द्वारा उक्त न होनेसे **'कर्तृकरणयोस्तृतीया'** (पाणि० अ० २। ३। १८)—इस सूत्रसे कर्तामें तृतीया विभक्ति हो गयी।

जिन धातुओंमें फल और व्यापारका आश्रय अलग-अलग हो, वे धातुएँ 'सकर्मक' कहलाती हैं, जैसे—**'देवदत्तः ओदनं पचति'**। यहाँ 'पच्' धातुका चावलका पकना, सिद्ध होनारूप फल चावलोंमें और पकानेकी क्रिया, व्यापार देवदत्तमें रहा।

जिन धातुओंमें फल और व्यापारका आश्रय एक ही हो, वे धातुएँ 'अकर्मक' कहलाती हैं, जैसे—**'पुरुषः शेते'**, इस वाक्यमें 'शीङ्' धातुका फल विश्राम और लेटना आदि रूप व्यापार कर्तामें ही रहा।

'लः कर्मणि च भावे चाकर्मकेभ्यः' (पाणि० अ० ३। ४। ६९)—इस सूत्रसे लट्, लिट् (वर्तमान, भूतकाल) आदि लकार सकर्मक धातुओंसे कर्ममें और कर्तामें होते हैं, जैसे—

'मया गीता पठ्यते' यहाँ 'पठ्' धातुसे वर्तमान अर्थमें 'लट्' लकार कर्ममें हुआ। कर्म उक्त होनेसे गीतामें प्रथमा विभक्ति हो गयी और कर्मके अनुसार 'पठ्यते' क्रिया एकवचन हो गयी। इस वाक्यको 'कर्मवाच्य' कहते हैं। गीतामें भी **'धूमेनाव्रियते वह्निर्यथादर्शो मलेन च। यथोल्बेनावृतो गर्भः……'** (३।३८), **'यत्सांख्यैः प्राप्यते स्थानम्'** (५।५) आदि प्रयोग आये हैं। कर्मवाच्यका यह नियम है कि कर्ता तृतीयामें और कर्म प्रथमामें होता है तथा कर्मके अनुसार क्रिया चलती है।

सकर्मक धातुओंसे जहाँ कर्तामें लकार होते हैं, वहाँ कर्ता उक्त होनेसे कर्तामें प्रथमा और कर्म अनुक्त होनेसे कर्ममें **'कर्मणि द्वितीया'** (पाणि० अ० २। ३।२)— इस सूत्रसे द्वितीया विभक्ति होती है तथा क्रिया कर्ताके अनुसार चलती है। इस वाक्यको कर्तृवाच्य कहते हैं; जैसे—**'अहं गीतां पठामि'**। गीतामें भी **'सांख्ययोगौ पृथग्बालाः प्रवदन्ति न पण्डिताः'** (५।४), **'न मां कर्माणि लिम्पन्ति'** (४।१४) आदि प्रयोग आये हैं।

लट्, लिट् आदि लकार अकर्मक धातुओंसे भावमें और कर्तामें होते हैं, जैसे,**'मया भूयते'** यहाँ भावमें लकार होनेसे क्रियामें प्रथम पुरुषका एकवचन ही रहा और कर्ता अनुक्त होनेसे उसमें तृतीया विभक्ति हो गयी। इस वाक्यको 'भाववाच्य' कहते हैं। परंतु जहाँ अकर्मक धातुओंसे लकार कर्तामें होता है, वहाँ कर्ता उक्त होनेसे कर्तामें प्रथमा होती है और क्रिया कर्ताके अनुसार चलती है। इस वाक्यको कर्तृवाच्य कहते हैं, जैसे—**'अहं भवामि'**।

'तयोरेव कृत्यक्तखलर्थाः' (पाणि० अ० ३। ४। ७०)—इस सूत्रसे कृदन्तके **'कृत्य'**, **'क्त'** और **'खल्'** प्रत्यय कर्ममें और भावमें ही होते हैं। **'कृत्य'** प्रत्यय करना चाहिये, 'करनेयोग्य है, कर सकते हैं' आदि अर्थोंमें होते हैं, जैसे—**'मया हरिः सेवनीयः'** (मुझे हरिकी सेवा करनी चाहिये)। **'क्त'** प्रत्यय भूतकाल अर्थमें होता है; जैसे—**'मया हरिः सेवितः'** (मैंने हरिकी सेवा की) **'खल्'** प्रत्यय कठिन और सुगम अर्थमें होता है, जैसे—**'भवता कटः दुष्करः'** (आपसे चटाई बनाना कठिन है।)

कृत्य प्रत्यय—विध्यर्थमें अर्थात् 'करना चाहिये, करनेयोग्य है, कर सकते हैं' आदि अर्थोंमें **'तव्यत्तव्यानीयरः'** (पाणि० अ० ३।१।९६), **'अचो यत्'** (पाणि० अ० ३।१।९७) आदि सूत्रोंसे 'तव्य', 'अनीयर्', 'यत्' आदि प्रत्यय होते हैं, जैसे—कर्ममें—'त्वया सेवितव्यः, सेव्यो हरिः सदा'। भावमें—'एधितव्यं, एधनीयं त्वया'। गीतामें भी इन प्रत्ययोंके उदाहरण इस प्रकार आये हैं—**'कथं न ज्ञेयमस्माभिः'** (१।३९), **'ज्ञेयः स नित्यसंन्यासी'** (५।३), **'साधुरेव स मन्तव्यः'** (९।३०), **'यज्ञदानतपः कर्म न त्याज्यं कार्यमेव तत्'** (१८।५), **'एतान्यपि तु कर्माणि सङ्गं त्यक्त्वा फलानि च। कर्तव्यानि'** (१८।६) आदि। इन कृत्य प्रत्ययोंके योगमें **'कृत्यानां कर्तरि वा'** (पाणि० अ० २।३।७१)—इस सूत्रसे कर्तामें तृतीया अथवा षष्ठी दोनों विभक्तियाँ होती हैं। **'कथं न ज्ञेयमस्माभिः'**—इसमें 'अस्माभिः' (कर्ता)-में तृतीया विभक्ति की गयी है, और **'न मे पार्थास्ति कर्तव्यम्……नानवाप्तमवाप्तव्यम्'** (३।२२), **'त्वमस्य पूज्यः'** (११।४३)—इसमें 'मे, अस्य' (कर्ता)-में षष्ठी विभक्ति की गयी है।

क्त प्रत्यय—भूतकाल अर्थमें **'क्तक्तवतू निष्ठा'** (पाणि० अ० १।१।२६) और **'निष्ठा'** (पाणि० अ० ३।२।१०२)—इन दो सूत्रोंसे 'क्त' और 'क्तवतु'—ये दो प्रत्यय होते हैं। 'क्त' प्रत्यय भाव और कर्ममें तथा 'क्तवतु' प्रत्यय कर्तामें होता है। यद्यपि 'क्त' और 'क्तवतु'—इन कृदन्त प्रत्ययोंके योगमें **'कर्तृकर्मणोः कृति'** (पाणि० अ० २।३।६५)—इस सूत्रसे कर्तामें षष्ठी विभक्ति होनी चाहिये, पर **'न लोकाव्ययनिष्ठाखलर्थतृनाम्'** (पाणि० अ० २।३।६९)—इस सूत्रसे षष्ठीका निषेध हुआ। इन प्रत्ययोंके योगमें तृतीया विभक्ति

हो जाती है। जैसे—**'स्नातं मया'**, **'स्तुतः विष्णुः त्वया'** इस **'क्त'** प्रत्ययके योगमें कर्ता अनुक्त होनेसे कर्तामें **'कर्तृकरणयोस्तृतीया'** (पाणि० अ० २। ३। १८)—इस सूत्रसे तृतीया विभक्ति हो जाती है, और **'विश्वं कृतवान् विष्णुः'** इस 'क्तवतु' प्रत्ययके योगमें कर्ता उक्त होनेसे **'प्रातिपदिकार्थ०'** (पाणि० अ० २। ३। ४६) इस सूत्रसे प्रथमा विभक्ति हो जाती है। गीतामें भी इन दोनों प्रत्ययोंके उदाहरण आये हैं—जैसे—**'उभयोरपि दृष्टोऽन्तस्त्वनयोस्तत्त्वदर्शिभिः'** (२। १६), **'येन सर्वमिदं ततम्'** (२। १७), **'तेनेदमावृतम्'** (३। ३८), **'आवृतं ज्ञानमेतेन'** (३। ३९), **'स एवायं मया तेऽद्य योगः प्रोक्तः पुरातनः'** (४। ३), **'चातुर्वर्ण्यं मया सृष्टम्'** (४। १३), **'एवं ज्ञात्वा कृतं कर्म पूर्वैरपि मुमुक्षुभिः'** (४। १५), **'प्रोक्तो विभूतेर्विस्तरो मया'** (१०। ४०) आदिमें 'क्त' प्रत्यय एवं उसके योगमें कर्तामें तृतीया विभक्ति की गयी है, और **'सुदुर्दर्शमिदं रूपं दृष्टवानसि यन्मम'** (११। ५२), **'दृष्टवानसि मां यथा'** (११। ५३), **'प्रोक्तवानहमव्ययम्'** (४। १), **'श्रुतवान्'**(१८। ७५) आदिमें 'क्तवतु' प्रत्यय और उसके योगमें कर्तामें प्रथमा विभक्ति की गयी है।

उपर्युक्त 'क्त' प्रत्यय भाव और कर्ममें तो होता ही है, पर यह कर्ता, वर्तमान और नपुंसक-विशिष्ट भावमें भी होता है। जैसे—**'गत्यर्थाकर्मकश्लिषशीङ्स्थासवसजनरुहजीर्यतिभ्यश्च'** (पाणि० अ० ३। ४। ७२)—इस सूत्रसे गत्यर्थक, अकर्मक आदि धातुओंसे कर्तामें भी 'क्त' प्रत्यय हो जाता है; जैसे—**'स गङ्गां गतः'**, **'स मोक्षं प्राप्तः'**, **'स निवृत्तः'** आदि। यह कृदन्त 'क्त' प्रत्यय कर्तामें होनेसे कर्ता उक्त हो जाता है; अतः उसमें प्रथमा विभक्ति होती है। गीतामें भी इसके प्रयोग आये हैं; जैसे—**'नाप्नुवन्ति महात्मानः संसिद्धिं परमां गताः'** (८। १५), **'इदानीमस्मि संवृत्तः सचेताः प्रकृतिं गतः'** (११। ५१), **'स्थितोऽस्मि'** (१८। ७३) आदि।

'मतिबुद्धिपूजार्थेभ्यश्च' (पाणि० अ० ३। २। १८८)—इस सूत्रसे मति, बुद्धि, पूजार्थक धातुओंसे वर्तमान अर्थमें **'क्त'** प्रत्यय होता है, और इस **'क्त'** प्रत्ययके योगमें **'क्तस्य च वर्तमाने'** (पाणि० अ० २। ३। ६७)—इस सूत्रसे कर्तामें षष्ठी विभक्ति हो जाती है; जैसे—**'राज्ञां मतः इष्टः, बुद्धः, विदितः, पूजितः, अर्चितः।'** गीतामें भी **'स मे युक्ततमो मतः'** (६। ४७), **'ते मे युक्ततमा मताः'** (१२। २), **'एतद् ज्ञानं मतं मम'** (१३। २), **'कर्तव्यानीति मे पार्थ निश्चितं मतमुत्तमम्'** (१८। ६) आदि प्रयोगोंमें उपर्युक्त सूत्रमें 'क्त' प्रत्यय और 'मे, मम' कर्तामें षष्ठी विभक्ति की गयी है।

भावमें 'क्त' प्रत्यय—'नपुंसके भावे क्तः' (पाणि० अ० ३। ३। ११४)—इस सूत्रसे नपुंसकत्व विशिष्ट भावमें धातुसे 'क्त' प्रत्यय होता है और कर्तामें शेष विवक्षाके कारण **'षष्ठी शेषे'** (पाणि० अ० २। ३। ५०)—इस सूत्रसे कर्तामें षष्ठी विभक्ति होती है; जैसे—**'तस्य हसितम्'** (उसका हँसना), **'तस्य शयितम्'** (उसका सोना) आदि। गीतामें भी **'नैव तस्य कृतेनार्थो नाकृतेनेह कश्चन'** (३। १८) आदि प्रयोग आये हैं।

खलर्थ प्रत्यय—'ईषद्दुःसुषुकृच्छ्राकृच्छ्रार्थेषु खल्' (पाणि० अ० ३। ३। १२६)—इस सूत्रसे कठिन और सुगम अर्थमें, भाव-कर्ममें 'खल्' प्रत्यय होता है; जैसे—**'त्वया इदं कार्यं दुष्करम्, तेन इदं कार्यं सुकरम्'**। गीतामें भी इस प्रत्ययका उदाहरण आया है; जैसे—**'असंयतात्मना योगो दुष्प्रापः'** (६। ३६)।

(२)

कर्ताकी विवक्षाके कारण जिन धातुओंके योगमें दो कर्म बन जाते हैं, उनको द्विकर्मक धातु कहते हैं[१] जैसे **'स तं गोः पयः दोग्धि'** इस प्रयोगमें कर्ताकी विवक्षा गायको कर्म बनानेकी है, इसलिये **'गोः'** पदमें पंचमी विभक्ति होनेपर भी कर्म संज्ञा होकर द्वितीया विभक्ति हो जाती है। अतः **'स गां पयः दोग्धि'** इस प्रयोगमें **'पयः'** प्रधान कर्म है और **'गाम्'** अप्रधान कर्म है। इस तरह सभी द्विकर्मक प्रयोग समझने चाहिये। गीतामें भी **'विषीदन्तमिदं वाक्यमुवाच मधुसूदनः'**(२।१) आदि प्रयोग द्विकर्मक धातुओंके आये हैं।

प्रेरणार्थक क्रियाओंके प्रयोगमें दो कर्ता होते हैं—प्रयोजक और प्रयोज्य अर्थात् ण्यन्त कर्ता और अण्यन्त कर्ता। ण्यन्तमें लकार द्वारा प्रयोजक (प्रेरणा देनेवाला) कर्ता कहा जाता है। वह उक्त होनेसे उसमें प्रथमा विभक्ति हो जाती है। परन्तु जो प्रयोज्य (जिसको प्रेरणा दी गयी है) अण्यन्त कर्ता है, वह लकारद्वारा अनुक्त रहता है। अतः उसमें तृतीया विभक्ति हो जाती है; जैसे—**'देवदत्तः ओदनं पचति, तं यज्ञदत्तः प्रेरयति'** (देवदत्त चावल पका रहा है, चावल पकानेके लिये यज्ञदत्त देवदत्तको प्रेरित कर रहा है)—**'यज्ञदत्तः देवदत्तेन ओदनं पाचयति'** (यज्ञदत्त देवदत्तसे चावल पकवा रहा है)। यहाँ यज्ञदत्त प्रयोजक कर्ता और देवदत्त प्रयोज्य कर्ता है।

णिजन्तमें अगर मूलधातु गत्यर्थक, ज्ञानार्थक, भक्षणार्थक, शब्दकर्मक और अकर्मक हो तो प्रयोज्य कर्तामें तृतीया विभक्ति न होकर **'गतिबुद्धि-प्रत्यवसानार्थशब्दकर्माकर्मकाणामणि कर्ता स णौ'** (पाणि० अष्टा० १।४।५२)—इस सूत्रसे द्वितीया विभक्ति हो जाती है; जैसे—**(१) गत्यर्थक—'देवदत्तो ग्रामं गच्छति, तं यज्ञदत्तः प्रेरयति'—'यज्ञदत्तो देवदत्तं ग्रामं गमयति'** (यज्ञदत्त देवदत्तको गाँव भिजवा रहा है)। **(२) ज्ञानार्थक—'छात्रो वेदार्थं वेत्ति, तं गुरुः प्रेरयति'—'गुरुः छात्रं वेदार्थं वेदयति'** (गुरु विद्यार्थीको वेदार्थ जना रहे हैं)। **(३) भक्षणार्थक—'बालको भोजनम् अश्नाति, तं माता प्रेरयति'—'माता बालकं भोजनम् आशयति'** (माता बालकको भोजन खिला रही है)। **(४) शब्दकर्मक—'शिष्यो वेदम् अधीते, तं गुरुः प्रेरयति'—'गुरुः शिष्यं वेदम् अध्यापयति'** (गुरु शिष्यको वेद पढ़ा रहा है)। **(५) अकर्मक—'शिशुः शेते, तं माता प्रेरयति'—'माता शिशुं शाययति'** (माता बच्चेको सुला रही है)।

जब द्विकर्मक धातु भावकर्मप्रक्रियामें आ जाती है, तब द्विकर्मक **'दुह्'**, **'याच्'** आदि धातुओंके अप्रधान कर्ममें लकार हो जाता है, जैसे—**'तेन गौः पयः दुह्यते'** आदि; और **'नी'**, **'हृ'** आदि धातुओंके प्रधान कर्ममें लकार हो जाता है[२] जैसे—**'तेन ग्रामम् अजा नीयते'** आदि। परन्तु जब ण्यन्त धातु भावकर्मप्रक्रियामें आती है, तब ज्ञानार्थक, भक्षणार्थक और शब्दकर्मक धातुओंके किसी भी (प्रयोज्य या अप्रयोज्य) कर्ममें लकार कर सकते हैं[३], जैसे—**'गुरुणा छात्रो वेदार्थं'—'छात्रं वेदार्थः वेद्यते'; 'मात्रा बालकः भोजनं'—'बालकं भोजनं आश्यते'** आदि। इन धातुओंको छोड़कर जितनी (गत्यर्थक, अकर्मक आदि) ण्यन्त धातुएँ हैं, उनके तो प्रयोज्य कर्ममें ही लकार करना चाहिये;[४] जैसे **'यज्ञदत्तेन देवदत्तो ग्रामं गम्यते'** आदि। गीतामें भी तीसरे अध्यायके पाँचवें

१- 'दुह्याच्पच्दण्ड्रुधिप्रच्छिचिब्रूशासुजिमथ्मुषाम्। कर्मयुक्स्यादकथितं तथा स्यान्नीहृकृष्वहाम्॥'—इस कारिकामें आयी सभी धातुएँ द्विकर्मक हैं।

२- गौणे कर्मणि दुह्यादेः प्रधाने नीहृकृष्वहाम्।

३- बुद्धिभक्षार्थयोः शब्दकर्मणां च निजेच्छया।

४- प्रयोज्यकर्मण्यन्येषां ण्यन्तानां लादयो मताः।

श्लोकमें अण्यन्तसे ण्यन्त और ण्यन्तसे भावकर्मप्रक्रियाका प्रयोग हुआ है; जैसे—'**अण्यन्त**'—'अवशः सर्वः कर्म करोति' (स्वभावके परवश सब जीव कर्म करते हैं)। '**ण्यन्त**'—'तं प्रकृतिजा गुणाः प्रेरयन्ति' (उनको प्रकृतिजन्य गुण कर्म करनेके लिये प्रेरित करते हैं)—'प्रकृतिजा गुणा अवशं सर्वं कर्म कारयन्ति' (प्रकृतिजन्य गुण अवश हुए प्राणियोंसे कर्म कराते हैं)। '**भावकर्मप्रक्रियान्त**'—'प्रकृतिजैः गुणैः अवशः सर्वः कर्म कार्यते' (प्रकृतिजन्य गुण स्वभावके परवश हुए प्राणियोंसे कर्म कराते हैं)।

ज्ञातव्य

द्विकर्मक धातुओंसे भावकर्म—जो धातुएँ द्विकर्मक हैं, उनको भावकर्ममें ले जानेपर 'दुह्', 'याच्' आदि धातुओंके गौण कर्ममें लकार होगा; जैसे—'गोविन्दः गां दोग्धि पयः' (गोविन्द गायसे दूध दुहता है), इस द्विकर्मक 'दुह्' धातुको भावकर्ममें ले जानेपर '**गौणे कर्मणि दुह्यादेः**' इस नियमके अनुसार गौण कर्म 'गाम्' में लकार होगा। लकारसे उक्त होनेसे 'गो' शब्दमें प्रथमा हो गयी; अतः 'गोविन्देन गौः पयः दुह्यते'। इस प्रकार द्विकर्मक 'दुह्' 'याच्' आदि बारह धातुओंके प्रयोग समझ लेने चाहिये।

'कृष्णः गां व्रजं नयति'—इस द्विकर्मक धातुको भावकर्ममें ले जानेपर '**प्रधाने नीहृकृष्वहाम्**' इस नियमसे प्रधान कर्ममें लकार होगा; जैसे—'कृष्णेन गौः व्रजं नीयते'। इस प्रकार द्विकर्मक 'नी' 'हृ' आदि चार धातुओंके प्रयोग समझ लेने चाहिये।

द्विकर्मक धातुओंसे ण्यन्त और ण्यन्तसे भावकर्म—तिङन्त—'गोविन्दः गां दोग्धि पयः'। ण्यन्त—'तं कृष्णः प्रेरयति इति कृष्णः गोविन्देन गां दोहयति पयः'। इसमें प्रयुज्यकर्ता गोविन्दकी किसी भी सूत्रसे कर्मसंज्ञा न होनेसे अनुक्त गोविन्दमें तृतीया विभक्ति हो गयी। भावकर्म—'कृष्णेन गोविन्देन गौः 'दोह्यते पयः'। इसमें '**गौणे कर्मणि दुह्यादेः**' नियम ही लागू होगा। अतः गौण कर्म 'गौः' उक्त कर्ममें लकार हो गया। इसी प्रकार **तिङन्त**—'देवदत्तः शालीन् ओदनं पचति', **ण्यन्त**—'तं यज्ञदत्तः प्रेरयति, यज्ञदत्तः देवदत्तेन शालीन् ओदनं पाचयति', **भावकर्म**—'यज्ञदत्तेन देवदत्तेन शालयः ओदनं पाच्यन्ते'।

तिङन्त—'गोविन्दः गाः व्रजं नयति'। **ण्यन्त**—'तं कृष्णः प्रेरयति, कृष्णः गोविन्दं गाः व्रजं नाययति'। इसमें 'गतिबुद्धि·····' (पाणि० अ० १।४।५२)—इस सूत्रसे गत्यर्थक धातु 'नी' के प्रयुज्य कर्ताकी कर्म संज्ञा होनेसे उसमें द्वितीया हो गयी। ण्यन्तसे **भावकर्म**—'कृष्णेन गोविन्दः गाः व्रजं नाय्यते'। उसमें '**प्रयुज्यकर्मण्यन्येषां ण्यन्तानां लादयो मताः**' के अनुसार प्रयुज्य कर्म गोविन्दमें लकार हो गया है। इसी प्रकार 'गुरुः बालकं धर्मं वदति, तं श्रीहरिः प्रेरयति' यहाँ '**जल्पतिप्रभृतीनामुपसंख्यानम्**' इस वार्तिकसे प्रयोज्य कर्ताकी कर्म संज्ञा होनेसे प्रयुज्य कर्ता गुरुकी कर्म संज्ञा होकर उसमें द्वितीया हो गयी, अतः 'श्रीहरिः गुरुं बालकं धर्मं वादयति'। ण्यन्तसे भावकर्म—'**प्रयुज्यकर्मणि**' इस नियमसे प्रयुज्य कर्म गुरुमें लकार होगा। अतः 'श्रीहरिणा गुरुः बालकं धर्मं वाद्यते' ऐसा वाक्य बना।

एककर्मक धातुओंसे ण्यन्त और ण्यन्तसे भावकर्म—जिन धातुओंके प्रयोज्य कर्ताकी '**गतिबुद्धिप्रत्यवसानार्थशब्दकर्माकर्मकाणामणि कर्ता स णौ**' (१।४।५२), '**जल्पतिप्रभृतीनामुपसांख्यानम्**', '**दृशेश्च**', '**हृक्रोरन्यतरस्याम्**' (१।२।५३) आदि सूत्रों एवं वार्तिकोंसे कर्म संज्ञा हो जाती है, उनमेंसे बुद्ध्यर्थक, भक्षणार्थक और शब्दकर्मक धातुओंके प्रयुज्य कर्ममें '**बुद्धि-भक्षार्थयोः शब्दकर्मकाणां निजेच्छया**' इस नियमसे निजेच्छा है और इनसे अतिरिक्त धातुओंसे भावकर्ममें, उनके प्रयुज्य कर्ममें लकार होता है। निजेच्छाका उदाहरण—'माणवकः धर्मं बुध्यते', 'तं प्रेरयति गुरुः इति गुरुः माणवकं धर्मं बोधयति', 'गुरुणा माणवकः धर्मं—माणवकं धर्मः बोध्यते'।

प्रयुज्य कर्मका उदाहरण—'देवदत्तः ग्रामं गच्छति', 'यज्ञदत्तः तं प्रेरयति', 'यज्ञदत्तः देवदत्तं ग्रामं गमयति','यज्ञदत्तेन देवदत्तः ग्रामं गम्यते।'

जिन धातुओंके प्रयुज्य कर्ताकी कर्म संज्ञा नहीं होती, उनके तिङन्त कर्ममें लकार होगा; जैसे—'बालकः भगवन्तं स्मरति','तं गुरुः प्रेरयति इति गुरुः बालकेन भगवन्तं स्मारयति','गुरुणा बालकेन भगवान् स्मार्यते।'

अकर्मक एवं कालादिकर्मक धातुओंसे भावकर्म—अकर्मक धातुओंके प्रयोग—'देवदत्तः कुरुषु शेते, मासे आस्ते, दश मासेषु तिष्ठति, गोदोहे आस्ते, क्रोशे आस्ते'—इनमें '**अकर्मकधातुभिर्योगे देशः कालो भावो गन्तव्योऽध्वा च कर्मसंज्ञक इति वाच्यम्**' इस वार्तिकसे देश आदिकी कर्म संज्ञा होनेसे उनमें द्वितीया हो गयी। अतः 'देवदत्तः कुरून् शेते, मासमास्ते, दश मासान् तिष्ठति, गोदोहमास्ते, क्रोशमास्ते'—ये प्रयोग बने। इस प्रकार कालादिकर्मक धातुओंके प्रयोग— 'द्विजः मासे वेदं अधीते'—इसमें '**कालाध्वनोरत्यन्तसंयोगे**'—इस सूत्रसे कालवाचक मासकी कर्म संज्ञा होनेसे 'द्विजः मासं वेदं अधीते'। उपर्युक्त धातुओंको भावकर्ममें ले जानेपर उन धातुओंसे कर्म अथवा भावमें लकार होगा; क्योंकि अकर्मक और कालादिकर्मक धातुओंके योगमें हमने देश, काल आदिको कर्म बनाया है; अतः वह मुख्य कर्म नहीं है। जैसे, अकर्मक—'देवदत्तेन कुरवः—कुरून् शीयन्ते, मासो—मासमास्यते, दश मासाः—मासान् स्थीयन्ते, गोदोहः गोदोहमास्यते, क्रोशः—क्रोशमास्यते'। **कालादिकर्मक**—मासो-मासम्, वेदो-वेदम् वा अधीयते'।

अकर्मक एवं कालादिकर्मक धातुओंसे ण्यन्त और ण्यन्तसे भावकर्म—'यज्ञदत्तः देवदत्तं मासं आसयति, यज्ञदत्तेन देवदत्तः मासं आस्यते यज्ञदत्तः देवदत्तं मासं वेदं अध्यापयति, यज्ञदत्तेन देवदत्तः मासं वेदं अध्याप्यते।' इन प्रयोगोंमें ण्यन्तके प्रयुज्य कर्ममें लकार होता है। गीतामें भी अकर्मक धातुओंसे ण्यन्त और ण्यन्तसे भावकर्मके प्रयोग आये हैं; जैसे **तिङन्त**—'यस्मिन् स्थितः न विचलति', 'यो न विचलति', **ण्यन्त**—'यस्मिन् स्थितं गुरु दुःखं न विचालयति', 'यं गुणाः न विचालयन्ति',**भावकर्म**—'**यस्मिन्स्थितो न दुःखेन गुरुणापि विचाल्यते**' (६।२२), '**गुणैर्यो न विचाल्यते**' (१४।२३) आदि*।

तिङन्तसे सन्नन्त, सन्नन्तसे ण्यन्त और ण्यन्तसे भावकर्म—उदाहरणार्थ,**तिङन्त**—'भक्तः हरिं द्रष्टुमिच्छति', **सन्नन्त**—'भक्तः हरिं दिदृक्षति', **ण्यन्त**—'गुरुः भक्तेन हरिं दिदृक्षयति', **भावकर्म**—'गुरुणा भक्तेन हरिः दिदृक्ष्यते'।

---

* गीतामें आये 'ययेदं धार्यते जगत्' (७।५), 'सर्वाणीत्युपधारय' (७।६), 'मत्स्थानीत्युपधारय' (९।६) में 'धृ' धातुसे स्वार्थमें 'णिच्' मानना चाहिये, न कि प्रेरणामें; क्योंकि प्रेरणामें अगर 'णिच्' माना जाय तो उसका अर्थ ठीक नहीं बैठेगा; जैसे—'ययेदं धार्यते जगत्' का अर्थ प्रेरणार्थक 'णिच्' का लिया जाय तो अर्थ होगा—'भगवान् परा प्रकृति (जीव)-से जगत्को धारण कराते हैं'। परन्तु ऐसा अर्थ नहीं लिया जा सकता। कारण कि भगवान् किसीके कर्तापनकी और कर्मफलसंयोगकी रचना नहीं करते तथा 'यह कर्म तुम्हें करना पड़ेगा'—ऐसा विधान भी नहीं करते—'न कर्तृत्वं न कर्माणि लोकस्य सृजति प्रभुः। न कर्मफलसंयोगम्.........' (५।१४)। अगर भगवान् उपर्युक्त विधान कर दें तो फिर कोई भी मनुष्य कर्तृत्वका और कर्मफलका त्याग नहीं कर सकेगा! अगर भगवान् ही कर्म करायेंगे तो 'शुभ कर्म करो और अशुभ कर्म मत करो'—यह विधि-निषेध जीवके लिये लागू ही नहीं होगा। फिर 'कर्मण्येवाधिकारस्ते मा फलेषु कदाचन। मा कर्मफलहेतुर्भूर्मा ते सङ्गोऽस्त्वकर्मणि॥' (२।४७)—यह श्लोक कैसे बैठेगा? जीवको कर्म करनेकी और कर्मफलका त्याग करनेकी स्वतन्त्रता कहाँ रहेगी, वास्तवमें यह जीव ही स्वभावके परवश होकर कर्म करता है, अपनेमें कर्तृत्व मान लेता है और कर्मफलकी इच्छा कर लेता है—'स्वभावस्तु प्रवर्तते' (५।१४)। इसी प्रकार 'उपधारय' का ण्यन्त अर्थ लिया जाय कि 'तुम धारण कराओ, जनाओ' तो अर्जुन युद्धक्षेत्रमें किसको धारण करायेंगे, जनायेंगे?

(३)

'सप्तम्यधिकरणे च' (पाणि० अ० २।३।३६)—इस सूत्रसे अधिकरण आधारमें सप्तमी विभक्ति होती है। आधार तीन तरहका होता है—(१) औपश्लेषिक (२) वैषयिक और (३) अभिव्यापक।

(१) जहाँ आधारका आधेयके साथ संयोग आदि सम्बन्ध रहता है, उसको 'औपश्लेषिक आधार' कहते हैं (यह आधार एकदेशीय होता है); जैसे—**'कटे आस्ते'** (चटाईपर बैठता है)—यहाँ 'कट' का बैठनेवालेके साथ संयोग सम्बन्ध है, अतः 'कट' औपश्लेषिक आधार है। इसी प्रकार **'स्थाल्यां पचति'** आदि उदाहरण समझने चाहिये। गीतामें इसके प्रयोग इस प्रकार हुए हैं—**'शुचौ देशे प्रतिष्ठाप्य स्थिरमासनमात्मनः'** (६।११), **'उपविश्यासने'** (६।१२) आदि। समीपताके कारण भी औपश्लेषिक आधार माना जाता है; जैसे—**'गुरौ वसति'**(गुरुके समीप रहता है), **'वटे गावः शेरते'** (वटके समीप गायें सो रही हैं), **'गङ्गायां घोषः'** (गंगाके समीप गाँव है) आदि।

(२) विषयता सम्बन्धसे जब किसीको आधार माना जाता है, तब वह 'वैषयिक आधार' होता है। यह आधार बौद्धिक होता है। जैसे, **'मोक्षे इच्छास्ति'** (मोक्षके विषयमें इच्छा है)। यहाँ इच्छाका विषय मोक्ष है। दूसरे शब्दोंमें, सत्तारूप क्रिया (अस्ति)-का आधार 'इच्छा' कर्ता है और उस कर्ताका भी विषयत्वेन आधार 'मोक्ष' है। इसी प्रकार **'व्याकरणे रुचिः'**,**'शिवे भक्ति'** आदि उदाहरण समझने चाहिये। गीतामें भी इसके प्रयोग आये हैं; जैसे—**'निश्चयं शृणु मे तत्र त्यागे'** (१८।४), **'तत्र'** (१४।६) आदि।

(३) जहाँ आधारके प्रत्येक अवयवमें आधेयकी सत्ता विद्यमान हो, वहाँ 'अभिव्यापक आधार' मानना चाहिये। जैसे, **'सर्वस्मिन् आत्मा अस्ति'** (सबमें आत्मा है)—यहाँ सत्तारूप क्रिया (अस्ति)-का आधार 'आत्मा' कर्ता है और उस कर्ताका भी अभिव्यापक आधार 'सर्व' है। इसी प्रकार **'तिलेषु तैलम्'**,**'दध्नि सर्पिः'**, **'पयसि घृतम्'** आदि उदाहरण समझने चाहिये। गीतामें भी **'समं सर्वेषु भूतेषु तिष्ठन्तं परमेश्वरम्'** (१३।२७), **'समोऽहं सर्वभूतेषु'** (९।२९) आदि प्रयोग हैं।

उपर्युक्त तीन प्रकारके आधारोंके अतिरिक्त भी **'यस्य च भावेन भावलक्षणम्'** (पाणि० अ० २।३।३७)—इस सूत्रके अनुसार जिसकी प्रसिद्ध क्रियासे अन्यकी दूसरी क्रिया लक्षित होती है, उस क्रियावान्से भी सप्तमी विभक्ति होती है अर्थात् यह सप्तमी 'होनेपर मैं गया', 'हो रहा था, वह गया', 'होने जा रहा है, वह जायगा' हो चुका था, वह गया' आदि वाक्योंमें होती है। यह सप्तमी वर्तमान, भूत और भविष्य—तीनों कालोंमें होती है; जैसे—वर्तमानकालमें—**'वर्षायां सत्यां देवदत्तः समायातः'** (वर्षा हो रही थी, देवदत्त आ गया), भूतकालमें—**'धर्मे नष्टे कुलम् अधर्मः अभिभवति'** (धर्म नष्ट होनेपर अधर्म कुलको दबा लेता है); भविष्यकालमें—**'धर्मे विनङ्क्ष्यमाणे कृष्णोऽवतरिष्यति'** (धर्मका नाश होने जा रहा है, कृष्ण अवतार लेंगे)।

यह सप्तमी कर्तृवाच्य तथा कर्मवाच्य दोनोंसे भी होती है; जैसे—**कर्तृवाच्यसे**—'देवदत्तः ग्रामं गतः' (देवदत्त गाँव चला गया), उससे सप्तमी करनेपर 'देवदत्ते ग्रामं गते चौराः प्राविशन्' (देवदत्तके गाँव चले जानेपर चोर घुस गये)—ऐसा वाक्य बना। 'कोशगतः द्विरेफः इत्थं विचिन्तयन् आसीत्' (कोशमें बैठा भौंरा ऐसा सोच रहा था), उससे सप्तमी करनेपर 'कोशगते द्विरेफे इत्थं विचिन्तयति नलिनीं गज उज्जहार' (कमलकी पंखुड़ियोंमें बैठा भौंरा ऐसा सोच ही रहा था, हाथीने कुमुदिनीको उखाड़ डाला)—ऐसा वाक्य बना। **कर्मवाच्यसे**—'गोपैः गावः दुह्यन्ते'

(गोप गायोंको दुह रहे हैं), उससे सप्तमी करनेपर वाक्य बना, 'गोपैः गोषु दुह्यमानासु श्रीकृष्णः गतः' (गोपोंके द्वारा गायें दुही जा रही थीं, श्रीकृष्ण चले गये)। 'मया कार्यं कृतम्' (मैंने कार्य किया), उससे सप्तमी करनेपर वाक्य बना 'मया कार्ये कृते सति सर्वे प्रसन्ना अभवन्' मेरे काम करनेपर सब प्रसन्न हो गये)।

'ण्यन्त' कर्मवाच्यसे; जैसे—**'केनचित् रजकैः वासांसि प्रक्षाल्यन्ते'** (कोई रजकसे कपड़ा धुलाता है), उससे सप्तमी करनेपर वाक्य बना 'रजकैः वस्त्रेषु प्रक्षाल्यमानेषु अहं गतः' (धोबियोंसे कपड़े धुलाये जा रहे थे, मैं चला गया)।

(४)

कर्म दो प्रकारके होते हैं—(१) तिङन्त कर्म; जैसे—**'कृष्णः गाः चारयति'** और **(२)** वाक्यकर्म; जैसे—**'महात्मानः मान्याः'**, **'मनीषिणः प्रवदन्ति'**। कर्ताकी अपनी क्रियाके द्वारा प्राप्त करनेके अत्यन्त इच्छित होनेसे उसकी कर्म संज्ञा होकर उसमें द्वितीया विभक्ति हो जाती है। अतः तिङन्त कर्ममें कोई प्रश्न ही नहीं रहता। परन्तु वाक्यकर्मकी (पूरे वाक्यकी स्वतन्त्र) प्रातिपदिक संज्ञा न होनेसे वह कर्म होते हुए भी उसकी कर्म संज्ञा नहीं होती और कर्म संज्ञा न होनेसे उसमें द्वितीया भी नहीं होती, प्रत्युत प्रथमा ही रहती है। जैसे, **'राज्ञः पुरुषः'** का जबतक समास न हो, तबतक प्रातिपदिक संज्ञा नहीं होती, वह वाक्य ही बना रहता है। ऐसे ही यहाँ **'महात्मानः मान्याः'**—इस वाक्यकर्मकी कर्म-संज्ञा नहीं होती, वह वाक्य ही बना रहता है। वाक्यकर्ममें **'इति'**अव्ययका अध्याहार करना पड़ता है, जैसे—**'महात्मानः मान्याः'** (महात्मा मान्य होते हैं)—ऐसा हम बोल गये तो वहाँ **'इति'** का अध्याहार करके ही कहना पड़ता है—**'इति मनीषिणः प्रवदन्ति'** (ऐसा मनीषीलोग कहते हैं)। गीतामें भी इस वाक्यकर्मके प्रयोग आये हैं; जैसे—**'वक्तुमर्हस्यशेषेण दिव्या ह्यात्मविभूतयः'** (१०।१६), **'हन्त ते कथयिष्यामि दिव्या ह्यात्मविभूतयः'** (१०।१९)। यहाँ **'वक्तुम्'** और **'कथयिष्यामि'** क्रियाओंके योगमें **'दिव्याह्यात्मविभूतयः'** में कर्म संज्ञा एवं द्वितीया विभक्ति होकर **'दिव्या आत्मविभूतीः'**—ऐसा बनना चाहिये। परन्तु वाक्यकर्मकी कर्म संज्ञा न होनेसे प्रथमा विभक्ति ही रहती है। पर इसमें 'इति' अध्याहार करना ही पड़ता है।

(५)

कारक वक्ताकी इच्छाके अधीन होते हैं—**'विवक्षातः कारकाणि भवन्ति'**। परन्तु कभी-कभी वक्ता किसी प्रयोजनसे करण, कर्म आदिका भी कर्ताके रूपमें प्रयोग कर देता है; जैसे—'असिश्छिनत्ति' (तलवार काटती है), **'अग्निः पचति'** (अग्नि पकाती है), **'काष्ठं भिद्यते'** (लकड़ी टूटती है), **'स्थाली पचति'** (बटलोई पकाती है)। यहाँ तलवार और अग्नि तो करण हैं, काष्ठ कर्म है तथा स्थाली अधिकरण है; परन्तु वक्ता इनको कर्ता-रूपमें देखना चाहता है। अतः इनका करण, कर्म आदिके रूपमें प्रयोग न करके कर्ताके रूपमें प्रयोग किया गया है। इस प्रकारकी विवक्षा (इच्छा)-में प्रायः सौकर्यातिशय (अत्यन्त सुगमता) आदिका द्योतन करना ही वक्ताका प्रयोजन होता है; जैसे—**'असिश्छिनत्ति'** में तलवारकी धार तेज होनेके कारण उससे काटनेमें अत्यन्त सुगमताका द्योतन करना वक्ताको अभीष्ट है और यही **'अग्निः पचति'** में भी अभीष्ट है। **'काष्ठं भिद्यते'** में लकड़ीकी शुष्कताके कारण उसको तोड़नेमें अत्यन्त सुगमता बताना वक्ताको अभीष्ट है।**'स्थाली पचति'** में बटलोईका पेंदा पतला होनेके कारण उससे पकानेमें अत्यन्त सुगमता बताना वक्ताको अभीष्ट है। इस प्रकारके प्रयोग केवल संस्कृतमें ही नहीं, प्रत्युत अन्य भाषाओंमें भी पाये जाते हैं।

संस्कृत-व्याकरणके अनुसार जब करण या अधिकरण आदिको कर्ता बनाया जाता है, तब कुछ विशेष परिवर्तन नहीं होता। साधारणतया उनको कर्ता मानकर उनमें लकारोंका विधान करके

सरलतासे प्रयोग बन जाते हैं। परन्तु अत्यन्त सुगमता प्रकट करनेके लिये जब कर्मको कर्ता बनाया जाता है, तब उसमें कहीं-कहीं विशेष परिवर्तन होता है। जब कर्म कर्ता बन जाता है, तब सकर्मक धातु भी अकर्मक बन जाती है; जैसे—**'काष्ठं भिद्यते'** (लकड़ी टूटती है)—**'देवदत्तः काष्ठं भिनत्ति। देवदत्तः काष्ठं किं भिनत्ति, काष्ठं तु स्वयमेव भिद्यते'** अर्थात् एक व्यक्ति कहता है कि 'देवदत्त लकड़ीको तोड़ रहा है', इसपर दूसरा व्यक्ति कहता है कि 'देवदत्त क्या तोड़ता है, लकड़ी तो स्वयं ही टूट रही है!' यहाँ सकर्मक धातु **'भिद्'** थी, पर कर्मके कर्ता बन जानेसे वह अकर्मक हो गयी। सकर्मक अवस्थामें **'भिद्'** धातुका अर्थ होता था—तोड़ना, पर अकर्मक अवस्थामें इसका अर्थ हो गया—टूटना। उन अकर्मक धातुओंसे जो 'लकार' होगा, वह **'लः कर्मणि'** (पाणि० ३।४।६९)—इस सूत्रके अनुसार कर्ता और भावमें होगा।

कर्मके कर्ता बननेसे पूर्व जो क्रिया कर्ममें स्थित होती है, अगर वही क्रिया कर्म बने हुए कर्तामें स्थित हो तो वह कर्ता कर्मवत् हो जाता है; जैसे—**कालः फलं पचति'**,**'देवदत्तः काष्ठं भिनत्ति'** आदिमें **'पच्'** धातुकी पकनारूप क्रिया और **'भिद्'** धातुकी टूटनारूप क्रिया, जो कर्ममें स्थित है, वही क्रिया कर्मकर्तृप्रक्रियाके **'फलं पच्यते'**, **'काष्ठं भिद्यते'** वाक्योंके कर्तामें भी विद्यमान है, उसमें कुछ भी अन्तर नहीं आया। अतः यहाँका कर्ता कर्मवत् हो जायगा। कर्ताको कर्मवत् करनेका अभिप्राय यह है कि कर्म अर्थात् कर्मवाच्यमें आत्मनेपद, यक्, चिण्वदिट् आदि जो कार्य होते हैं, वे सभी कार्य कर्मके कर्ता बन जानेपर भी होंगे।

यहाँ विशेष ध्यान देनेकी बात है कि उसी क्रियाका कर्ता कर्मवद्भावको प्राप्त होता है, जिस क्रियाके कर्ममें स्थित होनेपर भी कर्ममें स्पष्टतया कुछ विकार प्रतीत होता है। जैसे—**'पच्'** धातुके कर्म पके हुए फलमें और **'भिद्'** धातुके कर्म टूटी हुई लकड़ियोंमें स्पष्ट प्रतीत होता है कि इनमें पाक और भेदन क्रियाका असर हुआ है। अतः इन धातुओंके कर्मके कर्ता बननेपर कर्मस्थक्रिया होनेसे कर्मवद्भाव हो जाता है; जैसे—**'फलं पच्यते'**, **'काष्ठं भिद्यते'** आदि*। परन्तु **'गम्'**, **'दृश्'**, **'ज्ञा'**आदि कर्मस्थक्रिया, धातुओंके कर्ममें इस प्रकारका कोई स्पष्ट विकार दिखायी नहीं देता; क्योंकि किसी गाँवमें जानेसे उस गाँवमें बाहरसे कोई परिवर्तन दिखायी नहीं देता; किसी घरको देख लेनेपर उस

---

* निर्वर्त्ये च विकारे च कर्मवद्भाव इष्यते।
न तु प्राप्ये कर्मणीति सिद्धान्तोऽत्र व्यवस्थितः॥
(वैया० भूषणसार ७)

अर्थात् कर्म तीन प्रकारका होता है—निर्वर्त्य, विकार्य और प्राप्य। इनमेंसे निर्वर्त्य और विकार्य कर्ममें कर्मवद्भाव हो जाता है, प्राप्य कर्ममें नहीं—ऐसा सिद्धान्त वैयाकरणोंने व्यवस्थित कर दिया है।

जो पैदा होता है और पैदा होता हुआ दिखायी देता है, वह 'निर्वर्त्य कर्म' है। जैस—कुम्हार घड़ा बनाता है तो घड़ा बनता हुआ दीखता है; कोई मकान बनाता है तो मकान बनता हुआ सबको दिखायी देता है। अतः घड़ा और मकान निर्वर्त्य कर्म है।

जो विकारको प्राप्त होता है अर्थात् जिसमें विकार होते हैं, वह 'विकार्य कर्म' है। जैसे—लकड़ीके छोटे-छोटे टुकड़े कर दिये जायँ, वस्त्रको फाड़ दिया जाय तो लकड़ी और वस्त्र विकारको प्राप्त हो जाते हैं। अतः लकड़ी और वस्त्र विकार्य कर्म है।

जिसमें दर्शनसे या अनुमानसे कुछ भी क्रियागत विशेषता दिखायी नहीं देती, वह 'प्राप्य कर्म' है। जैसे—कोई गाँव देखकर आया, पर गाँवको देखनेसे उस गाँवमें बाहरसे कुछ भी विकार पैदा नहीं हुआ। अतः गाँव प्राप्य कर्म है।

क्रियागतविशेषाणां सिद्धिर्यत्र न गम्यते।
दर्शनादनुमानाद्वा तत्प्राप्यमिति कथ्यते॥
(वाक्यपदीय ३। ७। ५१)

तात्पर्य है कि जहाँ कुछ भी विकृति होती है, वहीं कर्मवद्भाव होता है, अन्यत्र नहीं।

घरमें बाहरसे कोई परिवर्तन नहीं आता; किसी श्लोकका अर्थ जान लेनेपर उस अर्थमें स्पष्टतः कोई परिवर्तन नहीं होता। अतः इन धातुओंके कर्मके कर्ता बननेपर भी कर्मवद्भाव नहीं होता।

गीतामें पहले अध्यायके तेरहवें श्लोकमें '**बाजे** बजाये गये'—ऐसा प्रयोग होना चाहिये था; परन्तु बाजे बजानेमें सुगमता बतानेके लिये, सेनाका उत्साह दिखानेके लिये 'बाजे बज उठे' (**'अभ्यहन्यन्त'**)—ऐसा प्रयोग किया गया है।

दूसरे अध्यायके सड़सठवें श्लोकके पूर्वार्धमें कर्मकर्तृप्रयोग करनेसे पहले कर्तृवाच्य था अर्थात् **'चरताम् इन्द्रियाणाम् इन्द्रियम् यत् मनः अनुविदधाति'**—ऐसा वाक्य था इस वाक्यमें इन्द्रिय कर्ता थी और मन कर्म था। परन्तु जब वाक्यको सरल बनानेके लिये 'कर्मकर्तृ' का प्रयोग किया जाता है अर्थात् कर्मको कर्ता बनाया जाता है, तब वहाँ निर्वर्त्य और विकार्य कर्मोंमें कर्मवद्भाव होता है, बाकी जगह (प्राप्य कर्ममें) नहीं। इससे कर्मको लेकर जो कार्य होते हैं, वे सभी कार्य कर्ताको लेकर हो जाते हैं। यहाँ मनकी मुख्यता दिखानेके लिये अर्थात् इन्द्रियोंके बिना मन ही सब कुछ करता है—यह दिखानेके लिये कर्मरूप मनको कर्ता बना दिया गया है। मन प्रथम पुरुष होनेसे प्रथम पुरुष '**अनुविधीयते**' क्रियाका प्रयोग हुआ है। अब जो कर्तृवाच्यका कर्ता इन्द्रिय थी, उसकी आवश्यकता न होनेसे वह कर्ता हट गया, तो पूरा वाक्य बना—**'इन्द्रियाणां हि चरतां यन्मनोऽनुविधीयते'**, जो कि उपर्युक्त श्लोकमें है। इस कर्मकर्तृका प्रयोग करनेका तात्पर्य यह हुआ कि इन्द्रियाँ जिन विषयोंमें विचरती हैं, उन विषयोंमेंसे मन जिस-किसी विषयमें खिंच जाता है, रस लेने लग जाता है, वह अकेला मन ही बुद्धिको हर लेता है अर्थात् मनमें विषयभोगकी प्रधानता हो जाती है।

(६)

धातुओंसे जितने भी लकार होते हैं, वे **'लः कर्मणि च भावे चाकर्मकेभ्यः'** इस सूत्रके अनुसार सकर्मक धातुओंसे कर्तामें तथा कर्ममें होते हैं और अकर्मक धातुओंसे कर्तामें तथा भावमें होते हैं।

संस्कृतमें 'करते हुए, खाते-पीते हुए; करनेवाला, खाने-पीनेवाला, अर्थोंमें लट् लकारके स्थानपर **'लटः शतृशानचावप्रथमासमानाधिकरणे'** (पाणि० अ० ३। २। १२४)—इस सूत्रसे परस्मैपदी धातुओंसे **'शतृ'** और आत्मनेपदी धातुओंसे **'शानच्'** प्रत्यय होते हैं। ये दोनों प्रत्यय **'लट्'** के स्थानपर होनेसे कर्ता, कर्म और भावमें होते हैं और ये दोनों प्रत्ययान्त शब्द कर्ता-कर्म आदिके विशेषण बनते हैं तथा ये दोनों प्रत्यय कृदन्त होनेसे इनके योगमें **'कर्तृकर्मणोः कृति'** (पाणि० अ० २। ३। ६५)—इस सूत्रसे कर्ता और कर्ममें षष्ठी विभक्ति होती है। जैसे—सकर्मक धातुओंसे कर्तामें हुए **'कृष्णः वनं गच्छन्'** (कृष्ण वनको जाता हुआ), **'गोविन्दः कार्यं कुर्वाणः'** (गोविन्द कार्य करता हुआ), **'शतृ'** (गच्छन्) और **'शानच्'** (कुर्वाणः)—इन दोनोंके योगमें **'वनम्'** और **'कार्यम्'** में षष्ठी होनी चाहिये थी; परन्तु **'न लोकाव्ययनिष्ठाखलर्थतृनाम्'**(पाणि० अ० २। ३। ६९)—इस सूत्रसे षष्ठीका निषेध होता है और अनुक्त कर्ममें **'कर्मणि द्वितीया'** से द्वितीया विभक्ति हो जाती है। ऐसे प्रयोग गीतामें भी आये हैं और उनके योगमें कर्ममें द्वितीया विभक्ति हुई है; जैसे—**'शारीरं केवलं कर्म कुर्वन्नाप्नोति किल्बिषम्'** (४। २१), **'लोकसंग्रहमेवापि सम्पश्यन्'** (३। २०), **'असक्तो ह्याचरन्कर्म'** (३। १९), **'ग्रसमानः समन्ताल्लोकान्समग्रान्'** (११। ३०), **'सर्वकर्माण्यपि सदा कुर्वाणो मद्व्यपाश्रयः'** (१८। ५६), **'वक्त्राणि ते त्वरमाणा विशन्ति'** (११। २७), **'श्रद्दधाना मत्परमा'** (१२। २०), आदि। ये प्रत्ययान्त शब्द कर्ताके विशेषण होनेसे जब कर्ता द्वितीया, तृतीया आदि विभक्तिमें चला जायगा, तब ये प्रत्ययान्त शब्द भी उनके विशेषणके रूपमें उनके साथ ही द्वितीयादि विभक्तियोंमें चले जायँगे; जैसे—**'ग्रामं गच्छन्तं कृष्णं**

पश्य', '**कार्यं कुर्वाणं गोविन्दं पश्य**'; '**कृष्णेन ग्रामं गच्छता**', '**गोविन्देन कार्यं कुर्वाणेन**', आदि। गीतामें भी '**समं सर्वेषु भूतेषु तिष्ठन्तं परमेश्वरम्**......... **यः पश्यति**' (१३। २७), '**कथं न ज्ञेयमस्माभिः**.........**कुलक्षयकृतं दोषं प्रपश्यद्भिः**' (१। ३९) आदिमें द्वितीया, तृतीया विभक्ति हो गयी है। तात्पर्य है कि कर्तामें हुए '**शतृ**' और '**शानच्**' प्रत्ययान्त शब्द, कर्ता जिस प्रकारका, जिस विभक्तिमें होगा, उसके विशेषण बनकर उसी विभक्तिमें रहेंगे। परन्तु इन प्रत्ययोंके योगमें बने हुए कर्मसंज्ञक शब्दोंमें द्वितीया ही बनी रहेगी, जैसे—'गोविन्दः कार्यं कुर्वन्—कुर्वाणः वदति','कार्यं कुर्वन्तं—कुर्वाणं गोविन्दं पश्य','कार्यं कुर्वता—कुर्वाणेन गोविन्देन इदं कथितम्','कार्यं कुर्वते—कुर्वाणाय गोविन्दाय पुष्पं देहि', 'कार्यं कुर्वतः—कुर्वाणात् गोविन्दात् गीतां शृणु', 'कार्यं कुर्वतः—कुर्वाणस्य गोविन्दस्य इयं गीता वर्तते','कार्यं कुर्वति—कुर्वाणे गोविन्दे कश्चिद् गतः'।

कर्मवाच्यमें हुए '**शानच्**' प्रत्ययान्त शब्द, कर्म जिस प्रकारका और जिस विभक्तिमें होगा, उसीके विशेषण बनकर उसी विभक्तिमें रहेंगे। परन्तु उनके कर्तामें सदा तृतीया ही बनी रहेगी; जैसे—'गोपैः गावः दुह्यमानाः सन्ति', 'गोपैः गाः दुह्यमानान् पश्य', 'गोपैः दुह्यमानैः गोभिः इयं भूमिः अतीव दुर्लभा','गोपैः दुह्यमानेभ्यः गोभ्यः गुडं यच्छ', 'गोपैः दुह्यमानेभ्यः गोभ्यः दूरे तिष्ठ','गोपैः दुह्यमानानां गवां दर्शनं कुरु','गोपैः गोषु दुह्यमानेषु कृष्णः गतः'। गीतामें भी इसके प्रयोग आये हैं; जैसे—'**न हन्यते हन्यमाने शरीरे**'(२। २०) आदि।

कर्ममें हुए '**शानच्**' प्रत्ययके योगमें कर्म उक्त होनेसे कर्ममें प्रथमा और अनुक्त कर्तामें तृतीया विभक्ति हो जाती है; जैसे—'कृष्णेन वृन्दावनं गम्यमानम्','हरिणाजगत् क्रियमाणम्' आदि। गीतामें भी '**प्रकृतेः क्रियमाणानि गुणैः कर्माणि सर्वशः**' (३। २७), '**प्रकृत्यैव च कर्माणि क्रियमाणानि सर्वशः**' (१३। २९),'**प्रोच्यमानमशेषेण**' (१८। २९) आदि प्रयोग देखे जाते हैं।

अकर्मक धातुसे कर्तामें हुए '**शतृ**' और '**शानच्**' प्रत्ययान्त शब्दोंके योगमें कर्ता उक्त होनेसे प्रथमा विभक्ति होती है; जैसे—'कृष्णः तिष्ठन् खादति','गोविन्दः शयानः वदति' आदि। गीतामें भी '**अजोऽपि सन्नव्ययात्मा भूतानामीश्वरोऽपि सन्**' (४। ६), '**तत्त्ववित्**.........**स्वपन्**' (५। ८) आदि '**शतृ**' के तथा '**वेपमानः किरीटी**' (११। ३५), '**प्रयत्नाद् यतमानस्तु योगी**' (६। ४५) आदि '**शानच्**' के प्रयोग समझने चाहिये।

यद्यपि '**न लोकाव्यय**' सूत्रसे षष्ठीका निषेध करनेसे कर्ममें द्वितीया विभक्ति होती है, पर यह निषेध तो कारक षष्ठीका ही होता है, शेष षष्ठीका नहीं। अतः '**शानच्**' एवं '**शतृ**' के योगमें कर्ममें शेष षष्ठी हो जाती है, जैसे—'ब्राह्मणस्य कुर्वन् कुर्वाणः' आदि। गीतामें '**शानच्**' प्रत्ययके योगमें शेष षष्ठीको लेकर कर्ममें षष्ठी हुई है; जैसे—'**अश्रद्दधानाः पुरुषा धर्मस्यास्य**' (९। ३) आदि।

(७)

व्याकरणमें करके, जाकर, खाकर, पीकर आदि अर्थोंमें '**समानकर्तृकयोः पूर्वकाले**' (पाणि० अ० ३। ४। २१)—इस सूत्रसे धातुके अर्थमें 'क्त्वा' प्रत्यय होता है और वह अव्यय बन जाता है अर्थात् उसका सभी विभक्तियोंमें एक समान ही रूप रहता है तथा सकर्मक धातुसे हुए 'क्त्वा' प्रत्ययके योगमें कर्ममें द्वितीया होती है; जैसे—'**स जलं पीत्वा गच्छति**' (वह जल पीकर जाता है), '**भक्तः विष्णुं नत्वा स्तौति**' (भक्त विष्णुको नमस्कार करके स्तुति करता है) आदि। गीतामें भी इस प्रत्ययका प्रयोग हुआ है; जैसे—'**दृष्ट्वा तु पाण्डवानीकम्**' (पाण्डवोंकी सेनाको देखकर) (१। २); '**यज्ज्ञात्वा नेह भूयोऽन्यज्ज्ञातव्यमवशिष्यते**' (जिसको जानकर फिर दूसरा कुछ जानना बाकी नहीं रहता) (७। २); '**एवं बुद्धेः परं बुद्ध्वा**'

(इस प्रकार बुद्धिसे परे जानकर) (३। ४३); **'फलं त्यक्त्वा मनीषिणः'** (मनीषीलोग फलका त्याग करके) (२। ५१); **'योगस्थः कुरु कर्माणि सङ्गं त्यक्त्वा'** (आसक्तिका त्याग करके योगमें स्थित हुआ कर्मोंको कर) (२। ४८), आदि।

अकर्मक धातुओंसे हुए 'क्त्वा' प्रत्ययके योगमें कर्ता ज्यों-का-त्यों बना रहता है; जैसे—**'कृष्णः शयित्वा वनं गमिष्यति'** (कृष्ण सो करके वनमें चला जायगा), **'गोपः स्थित्वा अवदत्'** (गोप खड़ा होकर बोलने लगा), आदि। गीतामें भी इसी प्रकारके प्रयोग हुए हैं; जैसे—**'नायं भूत्वा भविता'** (यह देही हो करके होनेवाला नहीं है) (२। २०); **'येषां च त्वं बहुमतो भूत्वा यास्यसि लाघवम्'** (जिनकी दृष्टिमें तू बहुमान्य होकर लघुताको प्राप्त हो जायगा) (२। ३५), आदि।

क्त्वा' प्रत्ययान्त धातुके पहले 'नञ्' समास न हो और उससे पहले कोई अव्यय जुड़ जाय तो **'समासेऽनञ्पूर्वे क्त्वो ल्यप्'** (पाणि० अ० ७। १। ३७)—इस सूत्रसे 'क्त्वा' के स्थानपर 'ल्यप्' प्रत्यय होता है, जैसे—**'कृष्णः वृन्दावनं प्राप्य प्रसन्नोऽभवत्'** (कृष्ण वृन्दावनको प्राप्त करके प्रसन्न हुए), **'भक्तः कृष्णं प्रणम्य आगतः'** (भक्त कृष्णको प्रणाम करके आ गया), आदि। गीतामें भी इसके प्रयोग इस प्रकार हुए हैं—**'सम्प्रेक्ष्य नासिकाग्रं स्वम्'** (अपनी नासिकाके अग्रभागको देखकर) (६। १३); **'उपविश्यासने'** (अपने आसनपर बैठकर) (६। १२); **'मनः संयम्य'** (मनका संयमन करके) (६। १४); **'मनसैवेन्द्रियग्रामं विनियम्य'** (मनसे इन्द्रियोंका संयमन करके) (६। २४), आदि।

उपर्युक्त सूत्रमें 'नञ्' समास पूर्व होनेपर 'क्त्वा' के स्थानपर 'ल्यप्' का निषेध किया है, पर 'नञ्' समासपूर्वक ल्यबन्तके बहुत-से उदाहरण देखे जाते हैं, यह कैसे? अव्ययके पूर्व रहनेपर 'क्त्वा' के स्थानपर 'ल्यप्' कर लेना चाहिये। 'ल्यप्' होनेपर फिर 'नञ्' समास करना चाहिये, जैसे—**'अनाराध्य राधापदाम्भोजयुग्मं अनाश्रित्य वृन्दावटवीम्'** (श्रीराधाजीके चरणोंकी आराधना न करके और वृन्दावनका आश्रय न लेकर), आदि। गीतामें भी यह प्रयोग मिलता है—**'अनुबन्धं क्षयं हिंसामनवेक्ष्य च पौरुषम्'** (अनुबन्ध, क्षय, हिंसा आदिको न देखकर) (१८। २५), **'अप्राप्य मां निवर्तन्ते'** (मेरेको प्राप्त न करके मृत्यु-संसारके मार्गमें भटकते हैं) (९। ३); **'मामप्राप्यैव कौन्तेय'** (मेरेको प्राप्त न करके ही) (१६। २०), आदि।

बार-बार अर्थकी प्रतीति होनेपर 'क्त्वा' के अर्थमें **'आभीक्ष्ण्ये णमुल् च'** (पाणि० अ० ३। ४। २२)—इस सूत्रसे 'णमुल्' तथा 'क्त्वा' प्रत्यय होता है धातुसे; जैसे—'स्मारं स्मारं शिवं नमति, स्मृत्वा स्मृत्वा शिवं नमति' (स्मरण कर-करके शिवको नमस्कार करता है),'श्रावं श्रावं वदति, श्रुत्वा श्रुत्वा वदति' (सुन-सुनकर बोलता है) आदि। गीतामें 'णमुल्' प्रत्ययान्तका द्वित्व नहीं मिलता, पर 'क्त्वा' प्रत्ययान्तका द्वित्व मिलता है; जैसे—**'भूतग्रामः स एवायं भूत्वा भूत्वा प्रलीयते'** (वही यह प्राणिसमुदाय हो-होकर लीन होता है) (८। १९); **'राजन्संस्मृत्य संस्मृत्य संवादमिमम‌द्भुतम्'** (इस अद्भुत संवादको याद कर-करके) (१८। ७६); **'तच्च संस्मृत्य संस्मृत्य* रूपमत्यद्भुतं हरेः'** (भगवान्‌के उस अत्यन्त अद्भुत रूपको याद कर-करके) (१८। ७७), आदि।

---

*'ल्यप्' होनेपर यदि 'ल्यप्' का यकार ह्रस्व स्वरके बादमें हो तो ह्रस्व स्वरको तुक्‌का आगम होकर तकार 'ल्यप्' के यकारसे मिल जाता है; जैसे—'निहत्य धार्तराष्ट्रान्नः' (१। ३६)।

(८)

गौण और मुख्य क्रियाके व्यापारमें मुख्य क्रियाका व्यापार ही मुख्य रहता है—इस नियमके अनुसार कर्तृवाच्यमें तो **'भक्तः हरिं द्रष्टुं शक्नोति'** और कर्मवाच्यमें **'भक्तेन हरिः द्रष्टुं शक्यते'** प्रयोग बनेंगे। कृदन्त 'द्रष्टुम्' और तिङन्त 'शक्नोति, शक्यते'—इन दोनों क्रियाओंमें 'द्रष्टुम्' गौण क्रिया है और 'शक्नोति, शक्यते' मुख्य क्रिया है। अतः 'हरि' शक् धातुका ही कर्म बनेगा, 'द्रष्टुम्' का नहीं। इसलिये **'अहं वेदं पठितुं शक्नोमि, मया वेदः पठितुं शक्यते'** आदि प्रयोगोंमें 'शक्' धातुकी क्रिया ही मुख्य रहेगी और उसीके योगमें कर्म संज्ञा होगी। परन्तु **'अहं श्रीहरिं द्रष्टुं गच्छामि, मया श्रीहरिं द्रष्टुं गम्यते', अहं वेदं पठितुं ग्रामं गच्छामि, मया वेदं पठितुं ग्रामः गम्यते'** आदि प्रयोगोंमें 'गच्छामि' मुख्य क्रिया है, पर इसका कर्म ग्राम है, न कि वेद। अतः कर्मवाच्यमें वेद उक्त नहीं होगा, वह 'पठितुम्' का ही कर्म बना रहेगा। वहाँ ग्राम उक्त होगा और वह कर्म बनेगा।

गीतामें भी 'शक्' धातुकी क्रियाके योगमें ही कर्म बनाया गया है; जैसे—**'नाहं वेदैर्न तपसा न दानेन न चेज्यया। शक्य एवंविधो द्रष्टुम्'** (११।५३)। इसका कर्तृवाच्यमें इस प्रकारका वाक्य था—**'(त्वं) एवंविधं मां वेदैः तपसा दानेन इज्यया च द्रष्टुं न शक्नुयाः'** (तुम इस प्रकारवाले मेरेको वेद, तप, दान और यज्ञके द्वारा नहीं देख सकते) परन्तु जब उसका कर्म वाच्य बनाया, तब वाक्य बना—**'(त्वया) एवंविधः अहं वेदैः तपसा दानेन इज्यया च द्रष्टुं न शक्यः'**[1]। इसी प्रकार—

भक्त्या त्वनन्यया शक्य अहमेवंविधोऽर्जुन।
ज्ञातुं द्रष्टुं च तत्त्वेन प्रवेष्टुं च परंतप॥ (११।५४)
मन्यसे यदि तच्छक्यं मया द्रष्टुमिति प्रभो। (११।४)
वश्यात्मना तु यतता शक्योऽवाप्तुमुपायतः॥ (६।३६)

—आदि श्लोकोंमें 'शक्' धातुके योगमें कर्म मानना चाहिये। इसके सिवाय **'न तु मां शक्यसे**[2] **द्रष्टुमनेनैव स्वचक्षुषा'** (११।८), **'शक्नोतीहैव यः सोढुं प्राक्शरीरविमोक्षणात्। कामक्रोधोद्भवं वेगम्'** (५।२३), **'अथ चित्तं समाधातुं न शक्नोषि मयि स्थिरम्'** (१२।९), आदि श्लोकोंके कर्तृवाच्य प्रयोगोंमें भी उपर्युक्त बात ही माननी चाहिये।

'शक्' धातुके समान ही 'अर्ह्' धातुके योगमें भी कर्म बन जाता है; जैसे—**'त्वं गीतां वक्तुम् अर्हसि'** इस कर्तृवाच्यसे जब कर्मवाच्य बनायेंगे, तब **'त्वया गीता वक्तुं अर्ह्यते'** इसमें अर्ह् धातुके योगमें तो कर्म बन जायगा, पर दूसरे धातुओंके योगमें नहीं। जैसे—'त्वं गीतां पठितुं समर्थोऽसि'—इस कर्तृवाच्यसे जब कर्मवाच्य बनेगा, तब 'त्वया गीतां पठितुं समर्थेन भूयते'—इस वाक्यमें 'अस्' धातु अकर्मक होनेसे उसके योगमें कर्म नहीं बना। गीतामें भी इसके प्रयोग आये हैं; जैसे—**'एतन्मे संशयं कृष्ण छेत्तुमर्हस्यशेषतः'** (६।३९), **'प्रियः प्रियायार्हसि देव सोढुम्'**(११।४४), आदि।

(९)

संस्कृत-व्याकरणके अनुसार कर्ताको अपनी क्रियाके द्वारा जो अत्यन्त प्रापणीय होता है, उसकी कर्म संज्ञा होकर उसमें द्वितीया विभक्ति हो जाती है। जैसे—**'कृष्णो ग्रामं गच्छति'**—इस वाक्यमें कृष्णको अपनी गमनरूप क्रियाके द्वारा ग्राम अत्यन्त प्रापणीय है। अतः यहाँ ग्रामकी कर्म संज्ञा होकर अनुक्त होनेसे द्वितीया विभक्ति हो गयी है। परन्तु संस्कृत-ग्रन्थोंमें सकर्मक धातुओंके योगमें भी कर्ममें चतुर्थी विभक्ति देखनेमें आती है। इस चतुर्थी विभक्तिका आना गलत नहीं है, प्रत्युत व्याकरणबद्ध है और उस चतुर्थीसे एक विशेष अर्थका भी भान होता है।

१- 'न हि देहभृता शक्यं त्यक्तुं कर्माण्यशेषतः' (१८।११)—यहाँ भी उपर्युक्त प्रकारसे 'शक्' (शक्यम्) धातुके योगमें कर्म संज्ञा होनी चाहिये थी, पर यहाँ 'अशेषतः' इस अव्ययके योगमें कर्म उक्त होनेसे उसमें प्रातिपदिकार्थमें प्रथमा विभक्ति हो गयी; अतः 'कर्माणि अशेषतः' प्रयोग बना। अगर 'शक्' (शक्यम्) धातुके योगमें कर्म संज्ञा होती, तो 'कर्माणि शक्यानि' हो जाता।

२- यहाँ 'शक्यसे' दिवादिगणकी 'शक्' धातु है, न कि भावकर्मकी 'यगन्त' धातु।

जहाँ तिङन्त क्रियाके पहले उपपदरूपसे कृदन्त 'तुमुन्' प्रत्ययान्त क्रिया आ जाती है, वहाँ उस 'तुमुन्' प्रत्ययान्त क्रियाके कर्ममें '**क्रियार्थोपपदस्य च कर्मणि स्थानिनः**' (पाणि० अ० २।३।१४)—इस सूत्रसे चतुर्थी विभक्ति हो जाती है और वह उपपदक्रिया वहाँ अपना अर्थ छोड़कर हट जाती है। जैसे—'**फलेभ्यो याति**'—इसमें पहले वाक्य था '**फलानि आहर्तुं याति**', पर उपपद '**आहर्तुम्**' क्रियाके कर्ममें '**फलानि**' में चतुर्थी विभक्ति हो गयी और वह क्रिया वहाँसे हट गयी। इसी प्रकार '**नमस्कुर्मः नृसिंहाय**' (नृसिंहमनुकूलयितुं वयं नमस्कुर्मः) आदि प्रयोग समझने चाहिये। गीतामें भी इस प्रकारके कई प्रयोग मिलते हैं; जैसे—'**इमं विवस्वते योगं प्रोक्तवानहमव्ययम्। विवस्वान्मनवे प्राह मनुरिक्ष्वाकवेऽब्रवीत्॥**' (४।१)—यहाँ 'विवस्वन्तम्, मनुम् और इक्ष्वाकुं बोधयितुं प्रोक्तवान् अब्रवीत्' (मैंने सूर्यको, सूर्यने मनुको और मनुने इक्ष्वाकुको बोध करानेके लिये यह योग कहा था)—ऐसा वाक्य था, पर उपपद क्रियाके कर्ममें उपर्युक्त सूत्रसे चतुर्थी विभक्ति हो गयी है।

इदं ते नातपस्काय नाभक्ताय कदाचन।
न चाशुश्रूषवे वाच्यं न च मां योऽभ्यसूयति॥

(गीता १८।६७)

(यह शरणागतिरूप गोपनीय रहस्य अतपस्वी-को, अभक्तको, सुननेकी इच्छा न रखनेवालेको और मेरेमें दोषदृष्टि रखनेवालेको कभी मत कहना।)

—इस श्लोकका अगर यही अर्थ लिया जाय तो फिर अतपस्वी आदि कभी भगवत्सम्बन्धी बातें सुन सकते ही नहीं और उनका उद्धार भी कभी हो सकता ही नहीं! अतः भगवान्के द्वारा उनको मनुष्यशरीर देनेकी सार्थकता ही कहाँ रहेगी? इस शंकाका समाधान इस श्लोकमें ही दिये हुए चतुर्थ्यन्त पदोंसे हो जाता है। इस श्लोकमें '**श्रावयितुम्**' उपपद क्रियाको मानना चाहिये। 'इदं अतपस्कं, अभक्तं, अशुश्रूषुं और अनसूयकं श्रावयितुं न वाच्यम्' अर्थात् यह रहस्य अतपस्वी, अभक्त आदिको सुनानेकी दृष्टिसे कभी नहीं कहना चाहिये। परन्तु कोई वक्ता भगवान्की शरणागतिका रहस्य कह रहा हो और वहाँ कोई अतपस्वी, अभक्त आदि अनधिकारी भी उसको सुन ले, तो वक्ताको भगवान्के निषेधरूप वचनोंकी अवहेलनाका दोष नहीं लगेगा; क्योंकि उसका उद्देश्य अधिकारियोंको, भगवान्में श्रद्धा-भक्ति रखनेवाले साधकोंको सुनानेका है, न कि अतपस्वी आदिको। इसी बातको बतानेके लिये भगवान्ने यहाँ चतुर्थीका प्रयोग किया है[1]।

'तुमुन्' के अर्थमें '**भाववचनाश्च**' (पाणि० अ० ३।३।११)—इससे जो '**घञादि**' प्रत्यय होते हैं, उन प्रत्ययान्तोंसे '**तुमर्थाच्च भाववचनात्**' (पाणि० अ० २।३।१५)—इस सूत्रसे चतुर्थी विभक्ति होती है; जैसे—'**यागाय याति**' अर्थात् '**यष्टुं याति**' (यज्ञ करनेके लिये जाता है) आदि। गीतामें भी '**तस्माद् योगाय युज्यस्व**' अर्थात् '**योक्तुं युज्यस्व**' (योग अर्थात् समताके लिये तैयार हो जाओ) (२।५०) आदि प्रयोगोंमें उपर्युक्त चतुर्थी समझनी चाहिये।[2]

१-रामकथाकी समाप्ति करते हुए श्रीशंकरजी पार्वतीसे कहते हैं कि यह कथा शठ, हठी आदिको नहीं कहनी चाहिये—

यह न कहिअ सठही हठसीलहि। जो मन लाइ न सुन हरि लीलहि॥
कहिअ न लोभिहि क्रोधिहि कामिहि। जो न भजइ सचराचर स्वामिहि॥
द्विज द्रोहिहि न सुनाइअ कबहूँ। सुरपति सरिस होइ नृप जबहूँ॥

(मानस, उत्तर० १२८।२-३)

इन चौपाइयोंका तात्पर्य भी यही है कि इन सबको सुनानेकी दृष्टिसे अथवा स्वार्थको लेकर कभी नहीं सुनाना चाहिये।

२-'युद्धाय कृतनिश्चयः' (२।३७), 'ततो युद्धाय युज्यस्व' (२।३८) आदिमें तादर्थे चतुर्थी समझनी चाहिये; क्योंकि 'युद्ध' शब्द 'घञन्त' आदि नहीं है।

(१०)

संस्कृतमें विंशति (बीस)-से नवनवति-(निन्यानबे) तक सब शब्दोंका प्रयोग स्त्रीलिंगमें और शत (सौ), सहस्र (हजार) आदि शब्दोंका प्रयोग नपुंसकलिंगमें किया जाता है। इन सब शब्दोंका प्रयोग दो प्रकारसे किया जाता है—विशेषणरूपसे और संख्यारूपसे। जब इन शब्दोंका विशेष्यके साथ सामानाधिकरण्य होता है, तब विशेषणरूपमें प्रयुक्त ये शब्द संख्येय माने जाते हैं। जैसे—'विंशतिर्गाव:' (बीस गायें), 'त्रिंशच्छात्रा:' (तीस विद्यार्थी), 'पंचाशत् फलानि' (पचास फल), 'विंशतये गोभ्य:' (बीस गायोंके लिये), 'त्रिंशता छात्रै:' (तीस विद्यार्थियोंके द्वारा) आदि। इस अवस्थामें विंशति आदि सभी शब्द स्त्रीलिंग तथा एकवचनान्त होते हैं। विशेष्यके अनुसार इनकी केवल विभक्ति ही बदलती है, वचन नहीं। परन्तु जब इनका विशेष्यके साथ सामानाधिकरण्य नहीं होता अर्थात् ये शब्द विशेषणके रूपमें नहीं आते, प्रत्युत केवल संख्यारूपसे आते हैं, तब इनका सब वचनोंमें प्रयोग किया जाता है तथा इनके योगमें षष्ठी विभक्ति हो जाती है। परन्तु इनका लिंग तब भी स्त्रीलिंग ही रहता है। जैसे—'ब्राह्मणानां विंशति:' (बीस ब्राह्मण), 'छात्राणां द्वे विंशती' (चालीस छात्र), 'तिस्रो विंशतयो गवाम्' (साठ गायें), **'दासीनां सुकुमारीणां द्वे शते समलंकृते'** (श्रीमद्भा० १०। १। ३२) (गहनोंसे सुसज्जित दो सौ सुकुमारी दासियाँ)।

गीतामें भी **'मनुष्याणां सहस्रेषु कश्चिद्यतति सिद्धये'** (७। ३)—यहाँ **'मनुष्याणाम्'** पदमें सहस्र संख्याके योगमें षष्ठी हुई है और **'सहस्राणि'** पदमें निर्धारण अर्थमें सप्तमीका बहुवचन (सहस्रेषु) हुआ है। अत: उपर्युक्त पदोंका अर्थ हुआ—**'मनुष्याणां सहस्राणि भगवति रुचिं कुर्वन्ति सहस्रेषु कश्चित् सिद्धये यतति च'** अर्थात् हजारों मनुष्य भगवान्‌में रुचि रखते हैं, पर उन हजारोंमें कोई एक सिद्धिके लिये यत्न करता है।

(११)

गीतामें अर्जुनने अपने लिये कहीं तो एक-वचनका प्रयोग किया है और कहीं बहुवचनका; जैसे—**'मे'** (१। २१), **'अहम्'** (१। २२-२३; ३। २), **'मया'** (११। ४) आदि पदोंमें एकवचन आया है और **'न:'** (१। ३२-३३), **'अस्मान्'** (१। ३६), **'वयम्'** (१। ३७), **'अस्माभि:'** (१। ३९) आदि पदोंमें बहुवचन आया है। एक संख्याके बोधके लिये एकवचनका और तीन अथवा तीनसे अधिक संख्याके बोधके लिये बहुवचनका प्रयोग किया जाता है। परन्तु पाणिनि-व्याकरणके अनुसार अकेले अपने लिये अथवा अपने दोके लिये बहुवचनका प्रयोग किया जा सकता है—**'अस्मदो द्वयोश्च'** (पाणि० अ० १। २। ५९)।

(१२)

'कालेनात्मनि विन्दति' (गीता ४। ३८)— यहाँ **'कालेन'** शब्दमें **'कालाध्वनोरत्यन्तसंयोगे'** (पाणि० अ० २। ३। ५)—इससे प्राप्त द्वितीया विभक्तिका निषेध करके **'अपवर्गे तृतीया'** (२। ३। ६)—इससे तृतीया विभक्ति हुई है। तृतीया विभक्ति वहीं होती है, जहाँ अवश्य फलप्राप्तिका अर्थात् कार्य अवश्य सिद्ध होनेका द्योतन होता है। परन्तु जहाँ द्वितीया विभक्ति होती है, वहाँ अवश्य फलप्राप्तिका द्योतन नहीं होता; जैसे—**'मासम् अधीते नायात:'** पद द्वितीयामें प्रयुक्त होता है तो इसका अर्थ है कि एक मासमें पूरा पढ़ लिया, पर आया नहीं। इसी प्रकार भगवान्‌ने यहाँ द्वितीयामें **'कालम्'** पद न देकर तृतीयामें **'कालेन'** पद दिया है, जिससे यह अर्थ निकलता है कि कर्मयोगसे अवश्य फलप्राप्ति (सिद्धि) होती है।

(१३)

लुम्पेदवश्यम: कृत्ये तुङ्काममनसोरपि।
समो हिततततयोर्वा मांसस्य पचि युड्घञो:॥

१—कृत्य-प्रत्ययान्त शब्दके आगे रहनेपर 'अवश्यम्' अव्ययके मकारका लोप हो जाता है; जैसे—अवश्यकार्यम्, अवश्यकर्तव्यम्।

२—'काम' और 'मनस्' शब्दके आगे रहनेपर 'तुमुन्' प्रत्ययके मकारका लोप हो जाता है; जैसे—गन्तुकाम:, गन्तुमना:।

३—'हित' और 'तत' शब्दके आगे रहनेपर 'सम्' अव्ययके मकारका विकल्पसे लोप हो जाता है; जैसे—सहित-संहित, सतत-सन्तत।

४—युडन्त (ल्युडन्त) अथवा घञन्त 'पच्' धातुके आगे रहनेसे 'मांस' शब्दके अकारका विकल्पसे लोप हो जाता है; जैसे—मांस्पचनम्-मांसपचनम्, मांस्पाकः-मांसपाकः।

गीतामें भी इस कारिकाके कुछ प्रयोग मिलते हैं; जैसे—पहले अध्यायके बाईसवें श्लोकमें **'योद्धुकामान्'** पदमें 'काम' शब्दके आगे रहनेसे 'तुमुन्' प्रत्ययान्त 'योद्धुम् अव्ययके मकारका लोप किया गया है। आठवें, नवें एवं बारहवें अध्यायके चौदहवें श्लोकमें '**सतत**' पदमें 'तत' शब्दके आगे रहनेपर 'सम' अव्ययके मकारका लोप किया गया है।[1]

(१४)

जहाँ प्रथम ('सः गच्छति'—वह जाता है), मध्यम ('त्वं गच्छसि'—तू जाता है) और उत्तम ('अहं गच्छामि'—मैं जाता हूँ)—इन तीनों पुरुषोंका एक साथ प्रयोग होता है, वहाँ उत्तम पुरुषकी ही प्राप्ति होती है। यद्यपि यहाँ **'युष्मद्युपपदे'**……' (पाणि० १।४।१०५) और **'अस्मद्युत्तमः'** (पाणि० १।४।१०७)— इन सूत्रोंसे **'शेषे प्रथमः'** (पाणि० १।४।१०८)—यह सूत्र पर (आगे) होनेसे प्रथम पुरुष होना चाहिये, तथापि ऐसा होता नहीं; क्योंकि **'शेषे प्रथमः'** इस सूत्रकी प्रवृत्ति वहीं होती है, जहाँ उत्तम और मध्यम पुरुषका विषय अस्मद्-युष्मद् शब्द साथमें न हों, इन दोनोंकी प्राप्ति न हो। अतः तीनों पुरुषों-(सः गच्छति, त्वं च गच्छसि, अहं च गच्छामि-) में उत्तम पुरुष ('वयं गच्छामः'—हम सब जा रहे हैं) ही बलवान् होगा; क्योंकि '**अस्मद्युत्तमः**' सूत्र पर[2] होनेसे उत्तम पुरुष ही होगा।

जहाँ प्रथम और मध्यम पुरुषका एक साथ प्रयोग होता है, वहाँ मध्यम पुरुषकी ही प्राप्ति होती है अर्थात् मध्यम पुरुष ही बलवान् होता है। ऐसे ही जहाँ प्रथम और उत्तम पुरुषका एक साथ प्रयोग होता है, वहाँ उत्तम पुरुषकी ही प्राप्ति होती है। जैसे—'सः गच्छति', 'त्वं च गच्छसि'—ऐसा प्रयोग होनेपर '**युवां गच्छथः**' बलवान् होगा और 'सः गच्छति', 'अहं च गच्छामि'—ऐसा प्रयोग होनेपर **'आवां गच्छावः'** बलवान् होगा। प्रथम पुरुषके साथ मध्यम और उत्तम पुरुष रहनेसे प्रथम पुरुष बलवान् नहीं होता। प्रथम पुरुष तो वहीं बलवान् होता है, जहाँ मध्यम और उत्तम पुरुषकी गन्ध भी न हो, क्योंकि शेषमें प्रथम होता है—'शेषे प्रथमः'।

जहाँ मध्यम और उत्तम पुरुषका एक साथ प्रयोग होता है, वहाँ **'आवां गच्छावः'** ही बलवान् होगा; क्योंकि **'युष्मद्युपपदे'**……'—इस सूत्रसे '**अस्मद्युत्तमः**'—यह सूत्र पर (आगे) होनेसे उत्तम पुरुष ही बलवान् होगा।

गीतामें दूसरे अध्यायके बारहवें श्लोकमें प्रथम पुरुष **(इमे जनाधिपाः),** मध्यम पुरुष **(त्वम्)** और उत्तम पुरुष **(अहम्)**—इन तीनोंका एक साथ प्रयोग हुआ है अर्थात् 'ये राजालोग, तू और मैं पहले नहीं थे, यह बात नहीं है'। अतः श्लोकके उत्तरार्धमें बलवत्ताके कारण उत्तम पुरुषका प्रयोग हुआ है—'**न चैव न भविष्यामः सर्वे वयम्**' अर्थात् 'हम सब आगे नहीं रहेंगे, यह बात भी नहीं है।'

तीसरे अध्यायके ग्यारहवें श्लोकमें प्रथम पुरुष **'ते देवा भावयन्तु वः'** (वे देवता तुमलोगोंको उन्नत करें) और मध्यम पुरुष **'(यूयम्) अनेन देवान् भावयत'** (तुमलोग इस यज्ञसे देवताओंको उन्नत करो)—इन दोनोंका एक साथ प्रयोग

१- 'विज्ञानसहितम्' (९।१) में 'सम' के मकारका लोप करके 'विज्ञानसहित' बन जाता है और 'सह' अव्ययके स्थानपर 'स' भाव करके 'सविज्ञान' बन जाता है। तात्पर्य है कि दोनोंका अर्थ एक ही है।

२-अपरसे पर, परसे नित्य, नित्यसे अन्तरंग और अन्तरंगसे अपवाद एक-एकसे उत्तरोत्तर बलवान् होते हैं—'परनित्यान्तरङ्गापवादानामुत्तरोत्तरं बलीयः'।

हुआ है। अतः श्लोकके उत्तरार्धमें बलवत्ताके कारण मध्यम पुरुषका प्रयोग हुआ है—'**श्रेयः परमवाप्स्यथ**' (तुमलोग परम कल्याणको प्राप्त हो जाओगे)।

(१५)

संस्कृत-भाषामें तथा संस्कृत-ग्रन्थोंमें 'समास' का विशेष स्थान है; अतः समासका ज्ञान होना बहुत आवश्यक है। जिसमें दो या दोसे अधिक पद (शब्द) मिलकर एक पद हो जाता है, उसे 'समास' कहते हैं। समास मुख्यरूपसे पाँच प्रकारसे होता है, जिसका विवेचन इस प्रकार है—

१. केवल समास

जिसकी कोई विशेष संज्ञा नहीं होती, उसको 'केवल समास' कहते हैं। जैसे—'**पूर्वं भूतः**' (जो पहले हो चुका है)—इसमें '**पूर्वम्**' क्रिया विशेषण होनेसे द्वितीयान्त है। इस लौकिक विग्रहमें '**सह सुपा**' (पाणि० अ० २। १। ४)—इस सूत्रसे समास होकर '**कृत्तद्धितसमासाश्च**' सूत्रसे प्रातिपदिक संज्ञा होकर '**सुपो धातुप्रातिपदिकयोः**' सूत्रसे '**पूर्वम्**' की '**अम्**' और '**भूतः**' की '**सु**' विभक्तिका लोप हो जाता है और '**भूतपूर्वे चरट्**'—इस निर्देशसे '**भूत**' शब्दका पूर्वप्रयोग हो जाता है। अतः '**भूतपूर्वः**' ऐसा केवल समासयुक्त पद बन जाता है। गीतामें भी '**अदृष्टपूर्वम्**' (११। ४५), '**दृष्टपूर्वम्**' (११। ४७), '**नित्ययुक्ताः**' (१२। २) आदि केवल समासके पद देखनेमें आते हैं।

२. अव्ययीभाव समास

जिसमें प्रायः पूर्वपदके अर्थकी प्रधानता होती है, उसको 'अव्ययीभाव समास' कहते हैं। जैसे—विभक्तिके अर्थमें '**हरौ इति**' विग्रहमें '**अव्ययं विभक्ति**.........'(पाणि० अ० २। १। ६) इस सूत्रसे समास होकर '**अधि**' का पूर्वप्रयोग होकर रूप सिद्ध हुआ—'**अधिहरि**'। इसमें जो अर्थ केवल '**हरौ**' (हरिमें) का था, वही अर्थ 'अधिहरि' का है। गीतामें भी इसके प्रयोग मिलते हैं; जैसे—'**आत्मनि**' विग्रहमें समास होकर '**अध्यात्मन्**' पद बना। फिर '**अनश्च**' सूत्रसे अनन्त अव्ययीभाव समाससे '**टच्**', '**यचि भम्**' सूत्रसे '**भसंज्ञा**' और '**नस्तद्धिते**' इस सूत्रसे टिभागका लोप होकर रूप बन जाता है—'**अध्यात्मम्**' (७। २९; ८। १, ३)। इसी प्रकार भागम् अनतिक्रम्य '**यथाभागम्**' (१। ११) समझना चाहिये।

३. तत्पुरुष समास

जिसमें प्रायः उत्तरपदके अर्थकी प्रधानता हो, उसको 'तत्पुरुष समास' कहते हैं। सबसे पहले द्वितीया तत्पुरुष समासका विधान होता है—

(क) 'कृष्णं श्रितः, सुखं प्राप्तः, दुःखमापन्नः' आदिमें '**द्वितीया श्रितातीतपतितगतात्यस्तप्राप्तापन्नैः**' (पाणि० अ० २। १। २४)—इस सूत्रसे समास होनेसे 'कृष्णश्रितः, सुखप्राप्तः, दुःखापन्नः' आदि रूप बन जाते हैं। गीतामें भी इस द्वितीया समासके कुछ उदाहरण देखनेमें आते हैं; जैसे—'**श्रुतिविप्रतिपन्ना**' (२। ५३), '**गुणातीतः**' (१४। २५) '**सर्वगतः**' (२। २४), '**परम्पराप्राप्तम्**' (४। २), '**अन्तगतम्**' (७। २८) आदि।

(ख) 'हरिणा त्रातः, लक्ष्म्या सेवितः' इस विग्रहमें '**कर्तृकरणे कृता बहुलम्**' (पाणि० अ० २। १। ३२)—इस सूत्रसे समास होकर 'हरित्रातः, लक्ष्मीसेवितः' आदि शब्द बन जाते हैं। गीतामें भी इस तृतीया तत्पुरुष समासके बहुत-से उदाहरण मिलते हैं; जैसे—'**अहंकारविमूढात्मा**' (३। २७), '**ज्ञानाग्निदग्धकर्माणम्**' (४। १९), '**यज्ञक्षपितकल्मषाः**' (४। ३०) '**ज्ञानसञ्छिन्नसंशयम्**' (४। ४१), '**योगसंसिद्धः**' (४। ३८) आदि।

(ग) '**द्विजाय इदम्, भूतेभ्यः बलिः, गवे हितम्**' आदिमें '**चतुर्थी तदर्थार्थबलिहितसुखरक्षितैः**,' (पाणि० अ० २। १। ३६)—इस सूत्रसे समास होकर 'द्विजार्थम्, भूतबलिः, गोहितम्' आदि शब्द बन जाते हैं। गीतामें भी '**तदर्थं कर्म**' (तस्मै इदं कर्म) (३। ९), '**मदर्थमपि कर्म**' (मह्यमपि इदं कर्म) (१२। १०), '**सर्वभूतहिते रताः**' (सर्वभूतेभ्यः हितम् हिते रताः) (५। २५; १२। ४) आदि प्रयोगोंमें चतुर्थी समास समझना चाहिये।

(घ) 'चोराद् भयम्' आदि विग्रहोंमें '**पञ्चमी भयेन**' (पाणि० अ० २।१।३७)—इस सूत्रसे पंचमी तत्पुरुष समास होकर 'चोरभयम्' आदि रूप बन जाते हैं। गीतामें भी पंचमी समासके उदाहरण मिलते हैं; जैसे—'अमृतात् समुद्भवः', 'तृष्णायाः संगाच्च समुद्भवः'—इस विग्रहमें पंचमी योग-विभागसे समास एवं 'आद्गुणः' से गुण होकर रूप बने—'**अमृतोद्भवम्**' (१०।२७) 'अमृतसे पैदा हुआ' और '**तृष्णासङ्गसमुद्भवम्**' (१४।७) 'तृष्णा और संगसे पैदा हुआ'।

(ङ) 'राज्ञः पुरुषः, कृष्णस्य मुरली' आदि विग्रहोंमें '**षष्ठी**' (पाणि० अ० २।२।८)—इस सूत्रसे षष्ठी तत्पुरुष समास होकर 'राजपुरुषः, कृष्णमुरली' आदि प्रयोग बन जाते हैं। गीतामें भी '**शरीरयात्रा**' (शरीरस्य यात्रा) (३।८), '**आत्ममायया**' (आत्मनः मायया) (४।६) आदि षष्ठी तत्पुरुष समासके उदाहरण समझने चाहिये।

(च) 'अक्षेषु शौण्डः' (अक्षशौण्डः) आदि विग्रहोंमें' '**सप्तमी शौण्डैः**' (पाणि० अ० २।१।४०)—इस सूत्रसे सप्तमी तत्पुरुष समास होता है। गीतामें भी '**भोगैश्वर्यप्रसक्तानाम्**' (भोगैश्वर्येषु प्रसक्तानाम्) (२।४४), '**आत्मरतिः**' (आत्मनि रतिः) (३।१७), '**युद्धविशारदाः**' (युद्धे विशारदाः) (१।९) आदिमें 'सप्तमी योगविभागात्' सप्तमी तत्पुरुष समास समझना चाहिये।

अबतक व्यधिकरण तत्पुरुषके उदाहरण बताये, अब समानाधिकरण तत्पुरुषके उदाहरण बताये जाते हैं—

तत्पुरुषका भेद ही '**कर्मधारय समास**' है। तत्पुरुष समासमें जब पूर्वपद और उत्तरपद एक समान विभक्त्यन्त होते हुए एक ही वाच्यको कहते हैं, तब उसको 'कर्मधारय समास' कहते हैं अर्थात् यह समास विशेषण और विशेष्यके समानाधिकरणमें होता है। जैसे—'**नीलोत्पलम्**' (नीलं च तत् उत्पलम्), '**सर्वकलाः**' (सर्वाश्च ताः कलाः) आदि विग्रहोंमें '**विशेषणं विशेष्येण बहुलम्**' (पाणि० अ० २।१।५६)—इस सूत्रसे कर्मधारय समास हो गया है। गीतामें भी '**सर्वकर्माणि**' (सर्वाणि च तानि कर्माणि) (३।२७; ५।१३), '**परमात्मा**' (परमश्चासौ आत्मा) (६।७), '**परधर्मात्**' (परश्चासौ धर्मः तस्मात्) (३।३५; १८।४७) आदि प्रयोग कर्मधारय समासके समझने चाहिये।

कर्मधारय समासका ही भेद '**द्विगु समास**' है। जहाँ विशेषण-विशेष्यके समानाधिकरणमें संख्या पूर्वमें आ जाती है, वह 'द्विगु समास' कहलाता है। जैसे, 'त्रयाणां भुवनानां समाहारः', 'चतुर्णां युगानां समाहारः'—इस विग्रहमें '**तद्धितार्थोत्तरपदसमाहारे च**' (पाणि० अ० २।१।५१)—इस सूत्रसे द्विग्वर्थ समाहार समास किया, '**द्विगुरेकवचनम्**' (पाणि० अ० २।४।१) —इस सूत्रसे '**एकवत्**' किया और '**स नपुंसकम्**' (पाणि० अ० २।४।१७)—इस सूत्रसे नपुंसक लिंग किया; अतः रूप बना—'त्रिभुवनम्' और 'चतुर्युगम्'। गीतामें भी इसी प्रकार द्विग्वर्थ समाहार समासके उदाहरण मिलते हैं; जैसे—**त्रयाणां गुणानां समाहारः','चतुर्णां वर्णानां समाहारः'** इन विग्रहोंमें उपर्युक्त प्रकारसे समास आदि होकर रूप बनेगा— 'त्रिगुणम्','चतुर्वर्णम्' और इनसे स्वार्थमें तद्धितका ष्यञ् प्रत्यय होकर '**त्रैगुण्यविषयाः**' (२।४५), '**चातुर्वर्ण्यं मया सृष्टम्**' (४।१३) रूप बन जाते हैं।

'पूर्वं स्नातः पश्चादनुलिप्तः', 'पूर्वं भुक्तं पश्चात् पीतम्, पूर्वं यातं पश्चाद् आयातम्' आदि विग्रहोंमें '**पूर्वकालैकसर्वजरत्पुराणनवकेवलाः समानाधिकरणेन**' (पाणि० अ० २।१।४९)—इस सूत्रसे पूर्वकाल अर्थमें समास होकर 'स्नातानुलिप्तः', 'भुक्तपीतः','यातायातम्' आदि प्रयोग सिद्ध हो जाते हैं। गीतामें भी 'पूर्वं गतं पश्चाद् आगतम्' इस विग्रहमें पूर्वोक्त सूत्रसे समास होकर '**गतागतम्**' (९।२१) रूप सिद्ध हो जाता है।

निषेध आदि अर्थोंमें '**नञ्**' समास होता है;

जैसे—'न ब्राह्मणः, न साधुः' आदि विग्रहमें '**नञ्**' (पाणि० अ० २।२।६)—इस सूत्रसे '**नञ्**' अव्ययका सुबन्त ब्राह्मण आदि शब्दोंके साथ समास हुआ और '**न लोपो नञः**' (पाणि० अ० ६।३।७३)—इस सूत्रसे उत्तरपदके आगे रहनेपर '**नञ्**' के नकारका लोप हो जाता है। अतः 'अब्राह्मणः, असाधुः' रूप बन जाते हैं। परन्तु '**नञ्**' समासमें अगर उत्तरपद अजादि होता है, तो अजादिको '**नुट्**' आगम हो जाता है '**नञ्**' के नकारका लोप होनेपर, जैसे—'अनेकः' (न एकः), 'अनुत्साहः' (न उत्साहः) आदि। गीतामें भी '**अविनाशि**' (न विनाशि) (२।१७), '**अकीर्तिम्**' (न कीर्तिम्) (२।३४) तथा '**अनहंकारः**' (न अहंकारः) (१३।८), '**अनभिष्वङ्गः**' (न अभिष्वङ्गः) (१३।९), '**अनभिस्नेहः**' (न अभिस्नेहः) (२।५७) आदि प्रयोग समझ लेने चाहिये।

जैसे 'नञ्' अव्ययके साथ समास होता है, ऐसे ही 'न' अव्ययके साथ भी समास होता है, फिर भी दोनोंमें अन्तर है। 'नञ्' के साथ 'नञ्' सूत्रसे तत्पुरुष समास होनेपर '**न लोपो नञः**'—इस सूत्रसे 'न' के नकारका लोप होगा और 'न' अव्ययके साथ '**सह सुपा**'—इस सूत्रसे केवल समास होनेपर 'न' के नकारका लोप नहीं होगा, सन्धिकार्य होगा; जैसे—'न एकधा','न एकः' आदि विग्रहोंमें केवल समास होकर सन्धिकार्य हो गया; अतः 'नैकधा', 'नैकः' आदि रूप बन जायँगे। गीतामें भी 'न चिरेण', 'न चिरात्', 'न अन्यगामिना', 'न अतिमानिता' आदि विग्रहोंमें '**सह सुपा**' सूत्रसे समास एवं सन्धिकार्य होकर '**नचिरेण**' (५।६), '**नचिरात्**' (१२।७), '**नान्यगामिना**' (८।८), '**नातिमानिता**' (१६।३) आदि 'न' के साथ समास देखे जाते हैं।

'**अहश्च रात्रिश्च अनयोः समाहारः**' इस विग्रहमें '**चार्थे द्वन्द्वः**' (पाणि० अ० २।२।२९)—इस सूत्रसे समाहार अर्थमें द्वन्द्व समास होनेपर '**अहः सर्वैकदेशसंख्यातपुण्याच्च रात्रेः**' (पाणि० अ० ५।४।८७)—इस सूत्रसे समासान्त '**अच्**' प्रत्यय होकर भसंज्ञा एवं इकारका लोप तथा '**अहन्**' के नकारको 'रूपरात्रिरथान्तरेषु रुत्वं वाच्यम्' इस वार्तिकसे रुत्व 'हशि च' से उत्व 'आद्गुणः' से गुण होकर '**रात्राह्नाहाः पुंसि**' (पाणि० अ० २।४।२९)—इस सूत्रसे पुल्लिंग होकर 'अहोरात्रः' प्रयोग बना है। गीतामें भी '**तेऽहोरात्रविदो जनाः**' (८।१७) पदोंमें 'अहोरात्रः' का प्रयोग हुआ है। इसी प्रकार 'परमश्चासौ राजा', 'कृष्णस्य सखा' आदि '**राजाहः सखिभ्यष्टच्**' (पाणि० अ० ५।४।९१) सूत्रसे समासान्त 'टच्' होकर 'परमराजः', 'कृष्णसखः' आदि प्रयोग बन जाते हैं*।

४. बहुब्रीहि समास

जिसमें समस्यमानसे अन्य पदार्थकी मुख्यता होती है, उसको 'बहुब्रीहि समास' कहते हैं तथा उस समासका लिंग और वचन भी अन्य पदके अनुसार ही होता है। जैसे—'पीतम् अम्बरं यस्य सः, विकसितानि कमलानि यस्यां सा, बहूनि कुंजानि यस्मिन् तत्' आदि विग्रहोंमें '**अनेकमन्यपदार्थे**' (पाणि० अ० २।२।२४)—इस सूत्रसे अनेक प्रथमान्त पदोंका अन्य पदके अर्थमें समास होनेसे 'पीताम्बरो हरिः, विकसितकमला यमुना, बहुकुञ्जं वृन्दावनम्' आदि प्रयोग बन जाते हैं। गीतामें भी 'महान्तौ बाहू यस्य सः','मुक्तः संगः येन', 'कृतः निश्चयः येन', क्षीणानि कल्मषानि येषां ते' आदि विग्रहोंमें समास होकर '**महाबाहो**' (१८।१), '**मुक्तसङ्गः**' (१८।२६), '**कृतनिश्चयः**'

* 'द्वयोः अह्नोः समाहारः','नवानाम् अह्नां समाहारः', (दो दिनका समूह, नौ दिनका समूह)—इस अर्थमें '**तद्धितार्थोत्तरपदसमाहारे च**' (पाणि० अ० २।१।५१)—इस सूत्रसे द्विगु समास हुआ। '**राजाहः सखिभ्यष्टच्**' (५।४।९१)—इस सूत्रसे समासान्त '**टच्**','**अह्नोऽह्न एतेभ्यः**' (५।४।८८)—इस सूत्रसे '**अहन्**' के स्थान 'अह्नः' आदेश प्राप्त होनेपर 'न संख्यादेः समाहारे' समाहार समास होनेके कारण 'अह्न' आदेशका निषेध हुआ। '**अह्नष्टखोरेव**' (६।४।१४५)—इस सूत्रके नियमके अनुसार '**अहन्**' की '**टि**' (अन्) का लोप होकर 'द्वयहः, नवाहः'—ऐसे ही रूप बनते हैं अर्थात् जहाँ दो दिनका,

(२ । ३७), **'क्षीणकल्मषाः'** (५ । २५) आदि रूप बन जाते हैं।

(क) प्रादि बहुब्रीहि—प्र, परा, अप, सम् आदि प्रादियोंके साथ जो धातुका रूप रहता है, बहुब्रीहि समास होनेपर उसका विकल्पसे लोप हो जाता है। जैसे—'प्रपतितानि पर्णानि यस्य सः' इस विग्रहमें **'प्रादिभ्यो धातुजस्य वाच्यो वा चोत्तरपदलोपः'**— इस वार्तिकसे समास एवं उत्तरपदका विकल्पसे लोप होकर 'प्रपर्णः—प्रपतितपर्णः वृक्षः' रूप बना। गीतामें इसके कई उदाहरण आये हैं; जैसे— दुष्टा बुद्धिर्यस्य तस्य **'दुर्बुद्धेः'** (१ । २३), **दुर्मतिः** (१८ । १६) विगतः मत्सरः यस्मात् **'विमत्सरः'** (४ । २२), विगता स्पृहा यस्मात् **'विगतस्पृहः'** (१८ । ४९), निर्गतं मम यस्मात् **'निर्ममः'** (२ । ७१), विगतः ज्वरः यस्मात् **'विगतज्वरः'** (३ । ३०) आदि।

(ख) नञ् बहुब्रीहि—'नञोऽस्त्यर्थानां वाच्यो वा चोत्तरपदलोपः'—इस वार्तिकसे उत्तरपद आगे रहनेपर नञ्के साथ समास हो जाता है तथा अस्त्यर्थक (विद्यमानार्थक) पदका विकल्पसे लोप हो जाता है; जैसे—अविद्यमानः पुत्रः यस्य स अपुत्रः—'अविद्यमानपुत्रः', अविद्यमानः क्रोधः यस्य स अक्रोधः—'अविद्यमानक्रोधः', नास्ति दासो यस्य स अदासः' आदि प्रयोग समझने चाहिये। गीतामें भी—अविद्यमानः परिग्रहः यस्य सः**'अपरिग्रहः'** (६ । १०), नास्ति उत्तमं यस्मात् तम् **'अनुत्तमम्'** (७ । २४) अविद्यामानं कुशलं यस्मात् तत् **'अकुशलम्'** (१८ । १०), नास्ति प्रतीकारः यस्मात् तम् **'अप्रतीकारम्'** (१ । ४६) आदि प्रयोगोंमें **'नञ्'** के साथ समास एवं अस्त्यर्थक विद्यमान, अस्तिका लोप किया गया है।

(ग) व्यधिकरण बहुब्रीहि—बहुब्रीहि समासमें प्रथमान्त पदोंका ही विधान किया गया है और उसमें कोई पद सप्तम्यन्त नहीं हो सकता, फिर भी पाणिनिने **'सप्तमीविशेषणे बहुब्रीहौ'** (२ । २ । ३५)—इस सूत्रमें सप्तमी पदका पूर्वनिपात करनेका विधान कैसे किया? सप्तमी पदका पूर्वनिपात करना यह ज्ञापित करता है कि व्यधिकरण पदोंमें भी **'अनेकमन्यपदार्थे'** (२ । २ । २४)—इस सूत्रसे बहुब्रीहि समास होता है। जैसे—'पाणौ चक्रं यस्य सः' इस विग्रहमें उपर्युक्त सूत्रसे समास तथा **'प्रहरणार्थेभ्यः परे निष्ठासम्पतम्यौ'** इस वार्तिकसे 'पाणि' शब्दका परनिपात होकर 'चक्रपाणिः' आदि प्रयोग बन जाते हैं। गीतामें भी—पाणिषु शस्त्राणि येषान्ते **'शस्त्रपाणयः'** (१ । ४६), हस्ते चक्रं यस्य तम् **'चक्रहस्तम्'** (११ । ४६) आदि प्रयोग उपर्युक्त सूत्र एवं वार्तिकसे बन जाते हैं।

(घ) 'सह' अव्यय बहुब्रीहि समास— 'सह' अव्ययके साथ बहुब्रीहि समास हो जाता है तथा 'सह' अव्ययके स्थानपर 'स' विकल्पसे हो जाता है। जैसे—'पुत्रेण सह आगतः', 'वत्सेन सह आगता' आदि विग्रहोंमें **'तेन सहेति तुल्ययोगे'** (पाणि० अ० २ । २ । २८)—इस सूत्रसे समास एवं **'वोपसर्जनस्य'** (पाणि० अ० ६ । ३ । ८२) इस सूत्रसे 'सह' के स्थानपर 'स' विकल्पसे होकर सपुत्रः— 'सहपुत्रः आगतः', सवत्सा—'सहवत्सा आगता' आदि प्रयोग बन जाते हैं। गीतामें भी 'शरेण सह चापम्', 'यज्ञेन सह प्रजाः', 'चराचरेण सह जगत्' आदि प्रयोग उपर्युक्त सूत्रोंसे समास एवं 'स'-'सह' भाव होकर **'सशरं चापम्'**

तीन दिनका, सात दिनका, आठ दिनका समूह अर्थ होगा, वहाँ तो 'द्व्यह्नोः' आदि रूप ही बनेंगे; परन्तु जहाँ 'दो दिनमें होनेवाला, तीन दिनमें होनेवाला, ऐसे अर्थमें समास करेंगे, वहाँ 'द्व्यह्नः','नवाह्नः' आदि रूप बन जाते हैं। जैसे, 'द्वयो व्द्ः अह्नोः भवः, नवसु अहःसु भवः' इस विग्रहमें **'तद्धितार्थोत्तरपदसमाहारे च'** इस सूत्रसे समास होनेके बाद 'कालाट्ठञ्' (४ । ३ । ११)—इस सूत्रसे कालवाची 'अहन्' शब्दसे **'ठञ्'** हुआ और **'द्विगोर्लुगनपत्ये'** (४ । १ । ८८)—इस सूत्रसे **'ठञ्'** का लोप हुआ। **'राजाहः सखिभ्यष्टच्'**—इस सूत्रसे 'टच्', **'अह्नोऽह्न एतेभ्यः'**—इस सूत्रसे 'अहन्' के स्थानपर 'अह्न' आदेश होकर 'द्व्यह्नः','नवाह्नः' आदि प्रयोग बन जाते हैं।

(१।४७), **'सहयज्ञाः प्रजाः'** (३। १०), **'सचराचरं जगत्'** (९। १०) आदि रूपोंमें किये गये हैं।

५. द्वन्द्व समास

जिसमें 'च' के अर्थमें दो या दोसे अधिक सुबन्त पद विकल्पसे समासको प्राप्त होते हैं तथा जिसमें प्रायः दोनों पद प्रधान होते हैं, उसको 'द्वन्द्व समास' कहते हैं। जैसे—'माता च पिता च','हर्षश्च शोकश्च' आदि विग्रहोंमें **'चार्थे द्वन्द्वः'** (पाणि० अ० २।२।२९)—इस सूत्रसे समास होकर 'मातापितरौ', 'हर्षशोकौ' प्रयोग बन जाते हैं। गीतामें भी 'रागश्च द्वेषश्च','प्रमादश्च मोहश्च', 'कार्यं च अकार्यं च','भयं च अभयं च' आदिमें उपर्युक्त सूत्रसे समास होनेसे **'रागद्वेषौ'** (३।३४), **'प्रमादमोहौ'** (१४।१७), **'कार्याकार्ये भयाभये'** (१८।३०) आदि प्रयोग द्वन्द्व समासके समझने चाहिये।

(१६)

'नञ्' के छः अर्थ होते हैं—

तत्सादृश्यमभावश्च तदन्यत्वं तदल्पता।
अप्राशस्त्यं विरोधश्च नञर्थाः षट् प्रकीर्तिताः॥

(१) तत्सादृश्य—'नञ्' के साथ समास होनेवाले पद पदार्थ, व्यक्ति आदिसे भिन्न तो हो, पर उनके समान अवश्य हो। जैसे—**'अब्राह्मणेन सह गच्छ'**—यहाँ ब्राह्मणसे भिन्न है, पर ब्राह्मण मनुष्यजाति होनेसे उसके समान क्षत्रिय, वैश्य आदिके साथ जानेकी आज्ञा है, पशु आदिके साथ नहीं। गीतामें इसके प्रयोग इस प्रकार हैं—**'क्षिपाम्यजस्रमशुभानासुरीष्वेव योनिषु'**(१६।१९) 'मैं उन अपवित्र (अशुभान्) मनुष्योंको बार-बार आसुरी योनियोंमें गिराता हूँ' तो वे क्रूर स्वभाव आदिके कारण अपवित्र होनेसे पवित्र मनुष्योंसे भिन्न जरूर हैं, पर हैं तो वे मनुष्य ही अर्थात् वे मनुष्यके सदृश ही हैं। **'अपात्रेभ्यश्च दीयते'** (१७।२२) 'अपात्रको दिया जाता है' तो वह अपात्र दान देनेयोग्य पात्रसे भिन्न अवश्य है, पर मनुष्यजाति होनेसे वह पात्र मनुष्यके सदृश ही है। अतः यहाँ 'अपात्र' में 'नञ्' समास तत्सादृश्य अर्थमें हुआ है। इसी प्रकार गीतामें तत्सादृश्यके और भी उदाहरण समझ लेने चाहिये।

(२) अभाव—'नञ्' के साथ समास होनेवाले पदके अर्थका अभाव हो! जैसे—'अपापम्' पदमें पापका अभाव है। गीतामें इसके बहुत प्रयोग आये हैं; जैसे—**'अभयम्'**(१६।१)—यहाँ 'अभय' पदमें भयका अभाव है।**'अहिंसा, अक्रोधः, अपैशुनम्, अलोलुप्त्वम्, अचापलम्'** (१६।२)—यहाँ 'अहिंसा' पदमें हिंसाका, 'अक्रोध' पदमें क्रोधका, 'अपैशुन' पदमें चुगलीका, 'अलोलुप्त्व' पदमें लालचका और 'अचापल' पदमें चपलताका अभाव बताया गया है। **'अच्छेद्योऽयमदाह्योऽयमक्लेद्योऽशोष्य एव च'** (२।२४)—यहाँ 'अच्छेद्य' पदमें छेदनक्रियाका, 'अदाह्य' पदमें दहनक्रियाका, 'अक्लेद्य' पदमें आर्द्रक्रियाका और 'अशोष्य' पदमें शोषणक्रियाका अभाव बताया गया है। **'अनघ'** (१५।२०), **'अनसूयवे'** (९।१), **'अनामयम्'** (२।५१)—यहाँ 'अनघ' पदमें पापका, 'अनसूयु' पदमें दोषदृष्टिका और 'अनामय' पदमें विकारका अभाव बताया गया है।

(३) तदन्यत्व—'नञ्' के साथ समास होनेवाले शब्दके अर्थसे भिन्नका ग्रहण हो। जैसे—'अनश्वमानय' 'अश्वसे भिन्न प्राणीको लाओ'—यहाँ अश्वसे भिन्न बैल, ऊँट आदि प्राणीको लानेकी बात आयी है। गीतामें भी इस तदन्यत्वके उदाहरण आये हैं, जैसे—**'कर्मण्यकर्म यः पश्येदकर्मणि च कर्म यः'** (४।१८) 'जो कर्ममें अकर्म और अकर्ममें कर्म देखता है अर्थात् जो कर्म करते हुए निर्लिप्त रहता है और निर्लिप्त रहते हुए ही कर्म करता है'—यहाँ 'अकर्म' शब्द कर्मके अभाव अथवा विरोधका वाचक नहीं है, प्रत्युत कर्मसे भिन्न आसक्ति, ममता, कामना, लिप्तता आदिसे रहितका अर्थात् अन्यत्वका वाचक है। **'न द्वेष्ट्यकुशलं कर्म कुशले नानुषज्जते'** (१८।१०) 'जो अकुशल कर्मसे द्वेष नहीं करता और कुशल कर्ममें आसक्त नहीं होता'

(जिन कर्मोंको करनेसे जन्म-मरणरूप बन्धन हो जाय, नरकों एवं चौरासी लाख योनियोंमें जाना पड़े, वे अकुशल कर्म हैं और जिन कर्मोंको करनेसे कल्याण हो जाय, तत्त्वप्राप्ति हो जाय, वे कुशल कर्म हैं)—यहाँ 'अकुशल कर्म' में कुशल कर्मका निषेध एवं अभाव नहीं है, प्रत्युत यह कुशल कर्मसे अन्यत्वका वाचक है। **'अश्वत्थं प्राहुः'** (१५।१)—जो कलतक नहीं ठहरता, उसको 'अश्वत्थ' कहते हैं **(न श्वः तिष्ठति इति अश्वत्थः);** अतः यह नञ् समास अन्यत्वका वाचक है अर्थात् संसाररूप वृक्षका वाचक है।

(४) तदल्पता—'नञ्' के साथ समास होनेवाले शब्दमें अर्थकी अल्पता हो। जैसे—**'अनुदरा कन्या'** उदररहित कन्या'—पेट तो सबका होता ही है, पर यहाँ पेटका जो निषेध किया गया है, उसका तात्पर्य पेटकी अल्पताको प्रकट करना है अर्थात् यहाँ पेटके निषेधसे छोटे पेटकी अभिव्यक्ति की गयी है। गीतामें इसके उदाहरण इस प्रकार हैं—**'अबुद्धयः'** (७।२४) 'बुद्धिरहित मनुष्य'—प्रत्येक मनुष्यके पास बुद्धि होती ही है, पर यहाँ बुद्धिका जो निषेध किया है, वह बुद्धिकी कमीको प्रकट करता है। बुद्धिकी अल्पताके कारण मनुष्य भगवान्‌को अपनी तरह शरीरधारी मानते हैं। **'अश्रद्धया हुतं दत्तं तपस्तप्तं कृतं च यत्'** (१७।२८) 'श्रद्धासे रहित किया हुआ हवन, दिया हुआ दान, तपा हुआ तप तथा और भी जो कुछ किया जाय'—यहाँ श्रद्धाका सर्वथा अभाव नहीं है, प्रत्युत श्रद्धाकी अल्पता है। अगर श्रद्धाका अभाव होता तो वह हवन, दान, तप आदि करता ही क्यों? **'अश्रद्दधानाः पुरुषा धर्मस्यास्य'** (९।३) 'इस धर्मकी महिमापर श्रद्धा न रखनेवाले मनुष्य'—यहाँ श्रद्धाका अभाव नहीं है, प्रत्युत श्रद्धाकी कमी, अल्पता है। वे विज्ञानसहित ज्ञानरूप धर्मकी महिमापर श्रद्धा नहीं करते—यह उनमें श्रद्धाकी कमी है।

(५) अप्राशस्त्य—'नञ्' के साथ समास होनेवाले पदका अर्थ प्रशस्त न हो अर्थात् अप्रशंसनीय हो। जैसे—**'अपशून् आनय'** अर्थात् गायों और घोड़ोंसे अतिरिक्त अप्रशंसनीय पशुओंको ले आओ। गीतामें भी इसके प्रयोग आये हैं; जैसे—**'दूरेण ह्यवरं कर्म बुद्धियोगात्'** (२।४९) अर्थात् समतापूर्वक किये गये कर्मोंसे सकाम कर्म अत्यन्त निकृष्ट (निन्दनीय) हैं। **'अशुचिव्रताः'** (१६।१०) अर्थात् शुद्ध व्रतवाले दैवी-सम्पदावालोंसे आसुरी-सम्पदावालोंके व्रत आदि अत्यन्त अपवित्र (निन्दनीय) होते हैं। **'अपरेयमितस्त्वन्यां प्रकृतिं विद्धि मे पराम्'** (७।५) अर्थात् परा प्रकृति (चेतन)-से अपरा (जड़ प्रकृति) निकृष्ट है।

(६) विरोध—'नञ्' के साथ समास होनेवाले शब्दके अर्थका विरोधी हो। जैसे—'अधर्मः' पद धर्मका विरोधी है। गीतामें इसके उदाहरण आये हैं; जैसे—**'गन्धर्वयक्षासुरसिद्धसङ्घाः'** (११।२२)—यहाँ आया 'असुर' पद देवताओंका विरोधी है अर्थात् राक्षसोंका वाचक है। **'अज्ञानविमोहिताः'** (१६।१५)—यहाँ आया 'अज्ञान' शब्द ज्ञानका विरोधी है। **'तवाहिताः'** (२।३६), **'अहिताः'** (१६।९)—यहाँ आया 'अहित' शब्द हित करनेवालेके विरोधीका अर्थात् शत्रुका वाचक है।

(१७)

'द्वन्द्वान्ते द्वन्द्वादौ वा श्रूयमाणं पदं प्रत्येकमभिसम्बध्यते' अर्थात् द्वन्द्व-समासके अन्तमें अथवा आदिमें आये हुए पदका सभी पदोंके साथ समानरीतिसे सम्बन्ध हो जाता है। गीतामें **'कट्वम्ल-लवणात्युष्णतीक्ष्णरूक्षविदाहिनः'** (१७।९)—इस समासयुक्त पदमें आये **'अति'** शब्दका सब शब्दोंके साथ समान सम्बन्ध है। जैसे—पहले कट्वादि तीन पदोंका द्वन्द्व समास करें। **'कटुश्च अम्लश्च लवणश्च'**—**'कट्वम्ललवणाः'**। फिर उष्णादि चार पदोंका भी द्वन्द्व समास करें—**'उष्णश्च तीक्ष्णश्च रूक्षश्च विदाही च'**—**'उष्णतीक्ष्णरूक्ष-**

विदाहिनः'। अब **'अति'** के साथ उष्णतीक्ष्ण आदिका समास करें—'अत्यन्तम् उष्णतीक्ष्ण-रूक्षविदाहिनः'—'अत्युष्णतीक्ष्णरूक्षविदाहिनः।' फिर तृतीय बार द्वन्द्व समास करें—'कट्वम्ललवणाश्च अत्युष्णतीक्ष्ण-रूक्षविदाहिनश्च''कट्वम्ललवणात्युष्णतीक्ष्णरूक्षविदाहिनः'। इस प्रकार प्रथम द्वन्द्वके अन्तमें तथा द्वितीय द्वन्द्वके आदिमें होनेके कारण **'अति'** शब्दका प्रत्येक शब्दके साथ सम्बन्ध हो जाता है और तब इसका अर्थ होता है—'अति कड़वा, अति खट्टा, अति नमकीन, अति गरम, अति तीखा, अति रूखा और अति दाहकारक'।

गीतामें **'त्यक्त्वा कर्मफलासङ्गम्'** (४।२०)—इस द्वन्द्व-समासके अन्तमें आये हुए **'आसंग'** शब्दका सम्बन्ध 'कर्म' और 'फल'—दोनों शब्दोंके साथ है। अतः इसका अर्थ होता है—कर्म और फलकी आसक्तिका त्याग करके। **'शुभाशुभपरित्यागी'** (१२।१७)—इस द्वन्द्व-समासके अन्तमें आये हुए 'परित्यागी' शब्दका सम्बन्ध 'शुभ' और 'अशुभ'—दोनों शब्दोंके साथ है। अतः इसका अर्थ होता है—शुभ और अशुभका परित्यागी। **'तुल्यनिन्दास्तुतिः'** (१२।१९)—इस द्वन्द्व-समासमें आये हुए 'तुल्य' शब्दका सम्बन्ध 'निन्दा' और 'स्तुति'—दोनों शब्दोंके साथ है। अतः इसका अर्थ होता है—निन्दा और स्तुतिमें तुल्य (सम)।

(१८)

'सहचरितासहचरितयोः सहचरितस्यैव ग्रहणम्'—इस परिभाषा तथा 'देहलीदीपकन्याय' के अनुसार जो पद (शब्द) समासके मध्यमें आता है, उस पदका पूर्व और उत्तरके पदोंके साथ सम्बन्ध हो जाता है। गीतामें **'तुल्यनिन्दात्मसंस्तुतिः'** (१४।२४)-के मध्यमें आये **'आत्म'** पदका सम्बन्ध 'निन्दा' और 'संस्तुति'—इन दोनों पदोंके साथ है; जैसे—'आत्मनः संस्तुतिः आत्मसंस्तुतिः। निन्दा च आत्मसंस्तुतिश्च निन्दात्मसंस्तुती। तुल्ये निन्दात्मसंस्तुती यस्य सः तुल्यनिन्दात्मसंस्तुतिः।' अतः **'तुल्यनिन्दात्मसंस्तुतिः'** पदका अर्थ हुआ—समान है अपनी निन्दा और संस्तुति जिसको।

(१९)

मतुप्, इनि आदि प्रत्यय छः अर्थोंमें होते हैं—

भूमिनिन्दाप्रशंसासु नित्ययोगेऽतिशायने।
संसर्गेऽस्तिविवक्षायां भवन्ति मतुबादयः॥

'अस्तिविवक्षामें जो मतुप् आदि प्रत्यय होते हैं, वे सब बहुत्व, निन्दा, प्रशंसा, नित्ययोग, अतिशय और संसर्ग—इन विषयोंमें ही होते हैं।'

भूमा—बहुत्व जैसे—'भूः अस्य अस्ति' इस अर्थमें **'तदस्यास्त्यस्मिन्निति मतुप्'** (पाणि० अ० ५।२।९४) इस सूत्रसे 'मतुप्' प्रत्यय होनेसे 'भूमान्' (जिसकी बहुत-सी जमीन है), गावोऽस्य सन्ति गोमान् (जिसकी बहुत-सी गायें हैं), यवाः अस्य सन्ति। 'यवमान्' (जिसके पास बहुत-सा जौ है) आदि शब्द बन जाते हैं। गीतामें भी बहुत्व अर्थमें 'मतुप्' हुआ है; जैसे—**'अभिजनवान् अस्मि'** (१६।१५) (आसुरी सम्पदावाले मनोरथ करते हैं कि मैं बहुत-से मनुष्योंवाला हूँ अर्थात् मेरे पास बहुतसे मनुष्य हैं) यहाँ 'अभिजनाः अस्य सन्ति' इस बहुत्व अर्थमें 'मतुप्' प्रत्यय हुआ है। **'यद् यद् विभूतिमत् सत्त्वं श्रीमत्'** (१०।४१) (जहाँ-कहीं जो कुछ ऐश्वर्ययुक्त और शोभायुक्त वस्तु, व्यक्ति आदि हैं, वह सब मेरा ही ऐश्वर्य है और शोभासौन्दर्य भी मेरा ही है)—इस बहुत्व अर्थमें यहाँ 'विभूतिमत्', 'श्रीमत्' मतुप् प्रत्यय हुआ है।

(२) निन्दा—जैसे—'ककुदावर्तम् अस्याम् अस्तीति ककुदावर्तिनी' अर्थात् जिस कन्याकी गरदन और पीठके बीचमें ऊँचापन हो, मांस बढ़ा हुआ हो, ऐसी कन्या निन्दित कहलाती है। गीतामें भी निन्दित अर्थमें 'इनि' एवं 'मतुप्' हुआ है; जैसे—**'दुष्कृतिनः'** (७।१५) अर्थात् जिनमें दुष्कृत भरे पड़े हैं, जो बुरे कर्म करनेवाले हैं (दुष्कृतानि सन्ति एषु ते दुष्कृतिनः)। **'पुनरावर्तिनः'** (८।१६) अर्थात् ब्रह्मलोकतकके सभी लोक पुनरावर्ती हैं, नाशवान् हैं। जिस मनुष्यशरीरसे निष्कामभावपूर्वक अच्छे कर्म करके जीव भगवद्धाममें जा सके, जन्म-मरणसे

रहित हो सके, उसी मनुष्यशरीरसे सकामभावपूर्वक शुभ कर्म करके मनुष्य उन ब्रह्मलोक, स्वर्गलोक आदि लोकोंमें चला जाय, जहाँसे लौटकर पुनः जन्म-मरणमें आना पड़ता है, तो वे लोक निन्दनीय ही हैं। **'अन्तवत्तु फलं तेषां तद्भवत्यल्पमेधसाम्'** (७।२३) अर्थात् जो कामनाके वशीभूत होकर अन्य देवताओंकी उपासना करते हैं, उन तुच्छ बुद्धिवाले मनुष्योंको अन्तवाला, जन्म-मरणवाला ही फल मिलता है, जबकि मेरी भक्ति करनेसे मेरी प्राप्ति हो जाती है। इसी प्रकार **'वादिनः'** (२।४२) (वादः अस्ति एषु ते वादिनः), **'वैरिणम्'** (३।३७) (वैरम् अस्ति अस्मिन् वैरिणम्)— इनसे भी निन्दा अर्थमें 'इनि' प्रत्यय हुआ है।

(२) प्रशंसा—जैसे—'रूपम् अस्ति अस्मिन्, गुणाः सन्ति अस्मिन्' इस अर्थमें 'रसादिभ्यश्च' (पाणि० अ० ५।२।९५) इस सूत्रसे 'मतुप्' एवं 'मादुपधायाश्च मतोर्वोऽयवादिश्च' (पाणि० अ० ८।२।९) इस सूत्रसे 'मतुप्' के मकारको वकार होकर 'रूपवान्' (जिसमें रूप हो), 'गुणवान्' (जिसमें गुण हों) आदि रूप बन जाते हैं। गीतामें भी प्रशंसा अर्थमें मतुप् प्रत्यय हुआ है; जैसे—**'बुद्धिमान्'** (४।१८) अर्थात् जो कर्ममें अकर्म और अकर्ममें कर्म देखता है, कर्म करते हुए निर्लिप्त रहता है और निर्लिप्त रहते हुए ही कर्म करता है, वह बुद्धिमान् है। यहाँ 'बुद्धिः अस्मिन् अस्ति' इस अर्थमें उपर्युक्त सूत्रसे 'मतुप्' प्रत्यय होकर 'बुद्धिमान्' शब्द बना है। इसी प्रकार **'बलवताम्'** (७।११) अर्थात् संसारमें जितने बलवान्, शक्तिवाले लोग हैं, उनका बल मैं हूँ—यहाँ 'बलम् अस्य अस्ति' इस अर्थमें उपर्युक्त सूत्रोंसे 'मतुप' प्रत्यय एवं मकारको वकार होकर 'बलवताम्' शब्द बना है। ऐसे ही **'सुकृतिनः'** (७।१६) अर्थात् जिसके बहुत पुण्य हैं—यहाँ 'सुकृतानि एषां सन्ति' इस अर्थमें 'अत इनिठनौ' (पाणि० अ० ५।२।१२) इस सूत्रसे 'इनि' प्रत्यय होनेसे 'सुकृतिनः' रूप बना है।

(४) नित्ययोग—जिसके साथ नित्ययोग, सदा सम्बन्ध रहता है; जैसे—'क्षीरम् एषां सन्ति ते' इस अर्थमें 'अत इनिठनौ' इस सूत्रसे 'इनि' प्रत्यय होकर 'क्षीरिणो वृक्षाः' (थूहर, आक आदि वृक्षोंमें दूधका नित्ययोग रहता है; अतः वे दूधवाले वृक्ष कहे जाते हैं) रूप बन जाता है। गीतामें भी नित्ययोग अर्थके प्रयोग मिलते हैं; जैसे—'भगाः सन्ति अस्मिन्', 'ज्ञानम् अस्मिन् अस्ति', 'ज्ञानम् एषु वा अस्ति'—इस अर्थमें 'मतुप्' एवं 'इनि' प्रत्यय तथा 'मतुप्' के मकारको वकार होनेसे **'भगवान्'** (१०।१४, १७) (जिसमें छः प्रकारका ऐश्वर्य सदा विद्यमान रहता है), **'ज्ञानवान्'** (३।३३) और **'ज्ञानिनः'** (४।३४) (जिसमें तत्त्वका ज्ञान, अनुभव सदा विद्यमान रहता है) रूप बन जाते हैं।

(५) अतिशायन—जो वस्तु मात्रासे अधिक हो; जैसे—'उदरम् अस्या अस्ति' इस अर्थमें 'इनि' प्रत्यय एवं 'ऋन्नेभ्योङीप्' (पाणि० अ० ४।१।५) इस सूत्रमें 'ङीप्' तथा 'अट्कुप्वाङ्·····' (पाणि० अ० ८।४।२) इस सूत्रसे 'णत्व' होकर 'उदरिणी कन्या' (वह कन्या है, जिसका पेट सामान्यसे बहुत बड़ा है) रूप बन गया है। गीतामें भी अतिशय अर्थमें 'मतुप्' प्रत्यय हुआ है; जैसे—'अंशवः सन्ति अस्य' इस अर्थमें उपर्युक्त सूत्रसे 'मतुप्' प्रत्यय होकर **'अंशुमान्** (१०।२१) (किरणें, प्रकाश तो चन्द्र, तारागण आदिका भी होता है, पर अधिक किरणें, प्रकाश सूर्यका ही होता है) रूप बना।

(६) संसर्ग—जिसको किसी वस्तु, पदार्थ आदिके सम्बन्धसे कहा जाता है; जैसे—'दण्डम् अस्य अस्ति', 'छत्रम् अस्य अस्ति' इस अर्थमें 'इनि' प्रत्यय होनेसे 'दण्डी' (जिसके पास दण्ड हो अर्थात् दण्डके सम्बन्धसे वह दण्डी कहलाता है), 'छत्री' (जिसके पास छत्र हो अर्थात् छत्रके सम्बन्धसे वह छत्री कहलाता है) रूप बन जाते हैं। गीतामें भी संसर्ग (सम्बन्ध) अर्थमें 'मतुप्'

आदि प्रत्यय देखे जाते हैं; जैसे—'देहः अस्य—एषां वा अस्ति', 'शरीरम् अस्य अस्ति' इस अर्थमें 'मतुप्' एवं 'इनि' प्रत्यय होनेसे **'देहवद्भिः'** (१२।५), **'देही'** (२।२२), **'शरीरिणः'** (२।१८) (यद्यपि आत्माका कोई नाम नहीं है, तथापि जब वह देह, शरीरके साथ सम्बन्ध जोड़ लेता है, संसर्ग कर लेता है, तब वह देहवान्, देही, शरीरी कहलाता है) रूप बन जाते हैं*।

(२०)

एक गुह्य होता है, एक गुह्यतर होता है और एक गुह्यतम होता है। सामान्यरूपसे 'गुह्य' होता है, दोमेंसे एकको अत्यन्त गोपनीय बताना हो तो वह 'गुह्यतर' होता है और सबमेंसे एकको अत्यन्त गोपनीय बताना हो तो वह 'गुह्यतम' होता है। ऐसे ही दुर्लभ, दुर्लभतर और दुर्लभतम; योगवित्, योगवित्तर और योगवित्तम आदि समझना चाहिये।

दोमेंसे एकको अत्यन्त छोटा आदि बताना हो तो **'द्विवचनविभज्योपपदे तरबीयसुनौ'** (पाणि० अ० ५।३।५७)—इस सूत्रसे 'तरप्' प्रत्यय होता है; जैसे—'अयं अनयोः अतिशयेन लघुः लघुतरः' (यह इन दोनोंमें अत्यन्त छोटा है) आदि। गीतामें भी इस प्रत्ययके प्रयोग हुए हैं। जैसे—योगभ्रष्ट दो प्रकारके होते हैं—एक तो कुछ सांसारिक वासना रहनेसे अन्तसमयमें अपनी साधनासे विचलित होकर, शरीर छूटनेके बाद स्वर्गादिक लोकोंमें बहुत दिन रहकर फिर शुद्ध श्रीमानोंके घरमें जन्म लेता है और दूसरा सांसारिक वासना न होनेपर भी किसी कारणसे अन्तसमयमें अपनी स्थितिसे विचलित होकर, शरीर छूटनेके बाद सीधे ही योगियोंके कुलमें जन्म लेता है (गीता ६।४१-४२)। ऐसे तो अन्य घरोंमें जन्म होनेकी अपेक्षा शुद्ध श्रीमानोंके घरमें जन्म होना दुर्लभ है, पर भगवान् उसकी अपेक्षा भी योगियोंके कुलमें जन्म होनेको दुर्लभतर बताते हैं—**'एतद्धि दुर्लभतरं लोके जन्म यदीदृशम्'** (६।४२)। कर्मयोग और सगुण-निराकार परमात्माकी शरणागति—इन दोनोंमें कर्मयोगकी अपेक्षा सगुण-निराकार परमात्माकी शरण होना अधिक महत्त्वका

---

*बुद्धिमान्, मतिमान् आदि पुँल्लिंग रूपोंमें जहाँ मतुप्के 'म' कारको वकार न होकर मकार ही बना रहता है, उसमें तथा 'वति' प्रत्ययसे बने शत्रुवत् आदि प्रयोगोंमें तो स्वरूपसे तथा अर्थसे 'मतुबन्त' और 'वत्यन्त' शब्दोंमें स्पष्ट अन्तर मालूम देता है। परन्तु जहाँ मतुप्के मकारको वकार हो जाता है, वहाँ नपुंसकलिंग शब्दका विशेषण 'मतुप्' प्रत्ययान्त शब्द और 'वति' प्रत्ययान्त शब्दमें अर्थकी भिन्नता होते हुए भी स्वरूपमें बिलकुल अन्तर मालूम नहीं देता। परन्तु उन प्रत्ययान्त शब्दोंमें महान् अन्तर है; जैसे—(१) 'मतुप्' प्रत्ययान्त शब्द किसी विशेष्यका विशेषण बनता है और 'वति' प्रत्ययान्त शब्द केवल क्रियाका विशेषण बनता है। (२) 'मतुप्' प्रत्ययान्त शब्द विशेष्यके साथ सभी लिंगों, विभक्तियों और वचनोंमें चलता है और 'वति' प्रत्ययान्त शब्द अव्यय बनता है। उसका सभी लिंगों, विभक्तियों और वचनोंमें एक ही रूप रहता है। (३) 'मतुप्' प्रत्ययका अर्थ 'वाला' होता है; जैसे—बुद्धिवाला आदि। 'वति' प्रत्ययका अर्थ 'सदृश' होता है; जैसे—शत्रुके समान आदि। गीताके अनुसार 'मतुप्' प्रत्ययान्त और 'वति' प्रत्ययान्तके कुछ उदाहरण यहाँ दिये जा रहे हैं; जैसे—नपुंसकलिंगमें 'मतुप्' प्रत्ययसे बने हुए शब्द—**'बलवद्दृढम्'** (६।३४), **'अन्तवत् तु फलम्'** (७।२३), **'दोषवत्'** (१८।३) आदि; और 'वति' प्रत्ययान्त बने अव्यय शब्द—**'शत्रुवत्'** (६।६), **'उदासीनवत्'** (९।९; १४।२३) आदि। इन दोनोंमें स्वरूपसे अन्तर न होते हुए भी अर्थ आदिमें अन्तर है।

इसी प्रकार ताच्छील्य अर्थमें हुए कृदन्त णिनि प्रत्ययान्त शब्दोंमें और 'वह उसका या उसमें है' इस अर्थमें हुए तद्धित 'इनि' प्रत्ययान्त शब्दोंमें स्वरूपसे अन्तर मालूम नहीं देता। परन्तु अर्थसे स्पष्ट अन्तर मालूम देता है तथा विचार करनेपर स्वरूपसे भी बहुत अन्तर मालूम देता है; क्योंकि 'णिनि' प्रत्यय तो पूर्वमें उपपद होनेपर धातुसे होता है और 'इनि' प्रत्यय जिस शब्दसे होता है, उससे पहले उपपद आदिकी आवश्यकता नहीं है अर्थात् यह प्रत्यय चाहे जिस शब्दसे होता है। गीताके प्रयोगोंसे इन प्रत्ययोंका स्पष्ट अन्तर मालूम देता है; जैसे—'**विविक्तं सेवितुं** शीलम्, **लघु अशितुं** शीलम्'—इस ताच्छील्य अर्थमें 'सुप्यजातौ णिनिस्ताच्छील्ये' (पाणि० अ० ३। ५। ७८) इस सूत्रसे 'णिनि' प्रत्यय होनेसे **'विविक्तसेवी लघ्वाशी'** (१८। ५२) रूप सिद्ध हो जाते हैं। 'वादः एषु अस्ति','देहः अस्य अस्ति' इस अर्थमें **'अत इनिठनौ'** इस सूत्रसे 'इनि' प्रत्यय होनेसे **'वादिनः'** (२।४२) और **'देही'** (२।३०) प्रयोग सिद्ध होते हैं।

(गुह्यतर) है; अतः यहाँ 'तरप्' प्रत्यय किया गया है—**'इति ते ज्ञानमाख्यातं गुह्याद्गुह्यतरं मया'** (१८।६३)। एक गीताका प्रचार करनेवाला है और एक प्रचार करनेवाला नहीं है—इन दोनोंमें गीताका प्रचार करनेवालेके समान दूसरा कोई भी भगवान्‌को प्रिय नहीं है; अतः भगवान् उसको प्रियतर कहते हैं—**'भविता न च मे तस्मादन्यः प्रियतरो भुवि'** (१८।६९)।

बहुतोंमेंसे एकको अत्यन्त श्रेष्ठ बतानेके अर्थमें **'अतिशायने तमबिष्ठनौ'** (पाणि० अ० ५।३।५५)—इस सूत्रसे 'तमप्' प्रत्यय होता है; जैसे—'अयं एषाम् अतिशयेन आढ्यः आढ्यतमः' (यह इन सबमें अत्यन्त धनवान् है) आदि। गीतामें इसी 'तमप्' प्रत्ययके बहुतसे उदाहरण मिलते हैं; जैसे—अगर तू सम्पूर्ण पापियोंसे अत्यधिक पाप करनेवाला है—**'अपि चेदसि पापेभ्यः सर्वेभ्यः पापकृत्तमः'** (४।३६)। सम्पूर्ण योगियोंमें श्रद्धा-भक्तिपूर्वक मेरा भजन करनेवालेको मैं सर्वश्रेष्ठ मानता हूँ—**'योगिनामपि सर्वेषां .... स मे युक्ततमो मतः'** (६।४७)। अर्जुन भगवान्‌से प्रश्न करते हैं कि जो निरन्तर आपमें लगे रहकर आपकी उपासना करते हैं और जो अव्यक्त अक्षरकी उपासना करते हैं, उन सबमें कौन-से योगी योगवित्तम हैं—**'एवं सततयुक्ता ये .... तेषां के योगवित्तमाः'** (१२।१)। इसके उत्तरमें भगवान् अपनेमें लगे हुए भक्तोंको युक्ततम कहते हैं—**'मय्यावेश्य .... ते मे युक्ततमा मताः'** (१२।२)। सातवें अध्यायके बचे हुए विषयका आरम्भ करते हुए भगवान् नवें अध्यायके आरम्भमें कहते हैं कि दोषदृष्टिरहित तुमसे मैं यह अत्यन्त गोपनीय विज्ञानसहित ज्ञान कहूँगा—**'इदं तु ते गुह्यतमं प्रवक्ष्याम्यनसूयवे'** (९।१)। पन्द्रहवें अध्यायके विषयका उपसंहार करते हुए भगवान् कहते हैं कि यह सम्पूर्ण अध्यायोंमें अत्यन्त गोपनीय शास्त्र मैंने तुमसे कह दिया—**'इति गुह्यतमं शास्त्रमिदमुक्तं मयानघ।'** (१५।२०)।

(२१)

संहितैकपदे नित्या नित्या धातूपसर्गयोः।
नित्या समासे वाक्ये तु सा विवक्षामपेक्षते॥

'एकपदमें, धातु और उपसर्गमें तथा समासमें संहिता नित्य होती है; परन्तु वाक्यमें वह वक्ताकी इच्छापर निर्भर है कि वह करे या न करे।'

(क) एकपदमें—जैसे—नायकः, पावकः—इन प्रयोगोंमें नै+अकः, पौ+अकः इस स्थितिमें आयादेश एकपद होनेसे नित्य होता है। गीतामें इसके रूप इस प्रकार हैं—**'नायकाः'** (१।७) आदि।

(ख) धातु और उपसर्गमें—जैसे, प्र+ऋच्छति, उप+ऋच्छति—यहाँ धातु और उपसर्गमें संहिता नित्य होनेसे वृद्धि नित्य होगी; अतः 'प्रार्च्छति', 'उपार्च्छति' रूप नित्य बनेंगे। गीतामें इसके रूप इस प्रकार हैं—**'उपैति'** (६।२७), **'प्रोक्तः'** (४।३) आदि।

(ग) समासमें—जैसे—'पुरुषोत्तम' में समास होनेसे गुणादेश नित्य है। गीतामें इसके रूप इस प्रकार हैं—**'ब्रह्मोद्भवम्'** (३।१५), **'अमृतोद्भवम्'** (१०।२७), **'गुडाकेश'** (१०।२०) आदि।

(घ) वाक्यमें—जैसे—'न अहं गच्छामि'—'नाहं गच्छामि' में सन्धि करना वक्ताकी विवक्षापर निर्भर होनेसे दोनों वाक्य शुद्ध हैं। गीतामें इसके रूप इस प्रकार हैं—**'निवसिष्यसि मय्येव अत ऊर्ध्वं न संशयः'** (१२।८), **'नाहं वेदैर्न तपसा न दानेन न चेज्यया'** (११। ५३), **'भक्त्या त्वनन्यया शक्य अहमेवंविधोऽर्जुन'** (११।५४), **'जहातीह उभे सुकृतदुष्कृते'** (२।५०) आदि।

(२२)

इदमस्तु स्यात्संनिकृष्टे समीपतरवर्ति चैतदो रूपम्।
अदसस्तु विप्रकृष्टे तदिति परोक्षे विजानीयात्॥

इस उक्तिके अनुसार **'इदम्'** शब्द समीपके लिये, **'एतत्'** शब्द अत्यन्त समीपके लिये, **'अदस्'** शब्द दूरके लिये और **'तत्'** शब्द परोक्षके लिये प्रयुक्त होता है। गीतामें इन शब्दोंका प्रयोग इसी दृष्टिसे हुआ है; जैसे—

तेरहवें अध्यायके पहले श्लोकमें समीप दीखनेवाले शरीरके लिये '**इदम्**' पद आया है—'**इदं शरीरम्**' और अत्यन्त समीप दीखनेवाले अहंभावके लिये '**एतत्**' पद आया है—'**एतद्यो वेत्ति**'; क्योंकि अहंभाव स्वयंके अत्यन्त समीप है।

ग्यारहवें अध्यायके इक्यावनवें श्लोकमें अर्जुनने अपने सामने दीखनेवाले भगवान्‌के मनुष्यरूपके लिये '**इदम्**' शब्दका प्रयोग किया है—'**दृष्ट्वेदं मानुषं रूपम्**'; और छठे अध्यायके उनतालीसवें श्लोकमें अपने हृदयमें स्थित सन्देहके लिये '**एतत्**' शब्दका प्रयोग किया है—'**एतन्मे संशयं कृष्ण**'।

विश्वरूपके समीप होनेसे उसके लिये अर्जुनने ग्यारहवें अध्यायके उन्नीसवें, बीसवें आदि अनेक श्लोकोंमें '**इदम्**' शब्दका प्रयोग किया है। भीष्म, द्रोण आदि योद्धाओंके विश्वरूपभगवान्‌के अत्यन्त समीप होनेसे अर्थात् विश्वरूपके ही अंग होनेसे भगवान्‌ने उनके लिये '**एतत्**' (**एते**) शब्दका प्रयोग किया है—'**मयैवैते निहताः पूर्वमेव**' (११। ३३)।

भगवान्‌की दी हुई दिव्यदृष्टिसे विराट्‌रूप बहुत दूरतक दीखता था और उसमें देवता आदि भी दूरतक दीखते थे। अतः अर्जुनने उनके लिये ग्यारहवें अध्यायके इक्कीसवें, छब्बीसवें और अट्ठाईसवें श्लोकोंमें '**अदस्**' (**अमी**) शब्दका प्रयोग किया है।

विराट्‌रूपके पहले स्तरमें देखा हुआ चतुर्भुज विष्णुरूप (विराट्‌रूपके स्तर बदलनेके कारण) नेत्रोंके सामने न होनेसे अर्थात् परोक्ष हो जानेसे अर्जुनने उसके लिये ग्यारहवें अध्यायके पैंतालीसवें-छियालीसवें श्लोकोंमें '**तत्**' (**तत्** और **तेन**) शब्दका प्रयोग किया है।

(२३)

किसी अज्ञात कार्यको, किसी अपूर्व विषयको जानने या विधान करनेके लिये जिसका प्रथम एक बार ग्रहण हो चुका हो, अगर दूसरे अज्ञात कार्यको, अपूर्व विषयको जानने या विधान करनेके लिये पुनः उसका ग्रहण किया जाय, तो वह पुनर्ग्रहण 'अन्वादेश' कहलाता है—'**किञ्चित्कार्यं विधातुमुपात्तस्य कार्यान्तरं विधातुं पुनरुपादानमन्वादेशः**'। उदाहरणार्थ—

१—'**अनेन व्याकरणमधीतम्, एनं छन्दोऽध्यापय**'- अर्थात् 'इसने व्याकरण पढ़ लिया है, अब इसको छन्दशास्त्र पढ़ाओ'—यहाँ 'व्याकरण पढ़ लिया है' इस कार्यके लिये '**अनेन**' पदका ग्रहण किया गया। फिर अज्ञात, अपूर्व कार्य 'अब छन्दशास्त्र पढ़ाओ' के लिये पुनः उसका ग्रहण किया गया है। इस प्रकार पुनः (दूसरी बार) उसका ग्रहण करना 'अन्वादेश' है।

२—'**अनयोः कुलं पवित्रम्, एनयोः प्रभूतं स्वम्**' अर्थात् 'इन दोनोंका कुल पवित्र है तथा इनके पास धन बहुत है'—यहाँ 'धन बहुत है' यह कहनेके लिये पुनः उनका ग्रहण करना 'अन्वादेश' है।

३—'**अनेन विद्यार्थिना' रात्रिरधीता, एनेनाहरप्यधीतम्**' अर्थात् 'इस विद्यार्थीने रातभर पढ़ाई की तथा इसने दिनभर भी पढ़ाई की'—यहाँ 'दिनभर भी पढ़ाई की' यह कहनेके लिये पुनः उसका ग्रहण करना 'अन्वादेश' है।

४—'**अनयोर्विद्यार्थिनोः शोभनं शीलम्, एनयोः कुशाग्रा मेधा**' अर्थात् 'ये दोनों विद्यार्थी अच्छे आचरणवाले हैं तथा इनकी बुद्धि भी तीक्ष्ण है'—यहाँ 'बुद्धि भी तीक्ष्ण है' यह कहनेके लिये पुनः उनका ग्रहण करना 'अन्वादेश' है।

अन्वादेशके अवसरपर '**इदम्**' और '**एतत्** शब्दोंके स्थानपर द्वितीया (**अम्**, **औट्** और **शस्**), **तृतीया** (**टा**) और षष्ठी-सप्तमी (**ओस्**) विभक्तियोंके आगे रहते '**द्वितीयाटौस्स्वेनः**' (पाणि० अष्टा० २। ४। ३४)—इस सूत्रसे '**एन**' आदेश होता है। गीतामें भी उपर्युक्त अर्थमें '**इदम्**' और '**एतत्**' शब्दके स्थानपर अन्वादेश मिलते हैं; **जैसे—'अस्य—एनम्**' (२। १७,१९), '**अयम्-एनम्**' (२। २०-२१), '**अयम्-एनम्**' (२। २४—२६), '**एषा-एनाम्**' (२। ७२), **एष-एनम्** (३। ३७), '**एष—एनम्**' (३। ४०-४१), '**अस्य-एनम्**' (१५। ३)—

इन पदोंमें **'इदम्'** और **'एतत्'** शब्दोंके स्थानपर **'एन'** अन्वादेश हुआ है।

अन्वादेशमें यह जरूरी नहीं है कि पूर्वमें **'इदम्'** और **'एतत्'** शब्दोंका प्रयोग होना ही चाहिये। अगर पूर्वमें **'यद्'**, **'तद्'** आदि किसी अन्य शब्दसे या किसी अन्य प्रकारसे भी ग्रहण हो, तो दूसरे ग्रहणमें **'इदम्'** और **'एतत्'** को **'एन'** अन्वादेश हो जाता है; जैसे—गीतामें दूसरे अध्यायके तेईसवें तथा उनतीसवें, चौथे अध्यायके बयालीसवें, छठे अध्यायके सत्ताईसवें और पन्द्रहवें अध्यायके ग्यारहवें श्लोकमें **'इदम्'** और **'एतत्'** शब्दको **'एनम्'** अन्वादेश किया गया है।

जहाँ किसी अपूर्व, अज्ञात विषयका बोधन, ज्ञापन न हो, वहाँ अन्वादेश नहीं होता; जैसे—**'नक्तं भीरुरयं त्वमेव तदिमं राधे गृहं प्रापय'** (गीत-गोविन्द) अर्थात् 'यह कृष्ण रात्रिमें डरता है; अतः राधे! तू ही इसको घर पहुँचा दे'—इस पद्यमें ज्ञात, पूर्व विषय भीरुताका अनुवादमात्र ही किया गया है; अतः यहाँ अन्वादेश नहीं हुआ है। इसी तरह गीतामें आये **'इमे—एतान्'** (१। ३३, ३५), **'एषा—इमाम्'** (२। ३९), **'एषा—एताम्'** (७। १४), **'इदम्—एतत्'** (१३। १), **'इदम्—एतत्'** (१६। २१), **'इदम्—इमम्'** (१८। ६७-६८), **इमम्—एतत्'** (१८। ७४-७५)—इन पदोंमें पूर्व, ज्ञात विषयका अनुवादमात्र ही हुआ है, नया बोधन, ज्ञापन नहीं हुआ है। अतः इन पदोंमें अन्वादेश नहीं हुआ है।

(२४)

नपुंसकलिंग शब्दके साथ अगर पुँल्लिंग और स्त्रीलिंग शब्द आ जाते हैं तो उनमें नपुंसकलिंगवाला शब्द शेष रह जाता है तथा उसमें एकवद्भाव विकल्पसे होता है—**'नपुंसकमनपुंसके-नैकवच्चान्यतरस्याम्'** (पाणि० अ० १। २। ६९)। जैसे—'शुक्ल पटः, शुक्ला शाटिका, शुक्लं वस्त्रम्'—'तानि इमानि शुक्लानि अथवा तदिदं शुक्लम्'। गीतामें भी इसका प्रयोग हुआ है; जैसे—**'यज्ञो दानं तपश्चैव पावनानि मनीषिणाम्'** (१८। ५)—इसमें **'यज्ञः'** शब्दका प्रयोग पुँल्लिंगमें और **'दानम्'** तथा **'तपः'** शब्दका प्रयोग नपुंसकलिंगमें किया गया है; अतः एक-शेषमें नपुंसकलिंग और बहुवचन **'पावनानि'** शब्दका प्रयोग हुआ है। इसी तरह **'सुखदुःखे समे कृत्वा लाभालाभौ जयाजयौ'** (२। ३८)—इन पदोंमें 'सुख-दुःख' शब्द नपुंसकलिंग हैं और 'लाभ-अलाभ' तथा 'जय-अजय' शब्द पुँल्लिंग हैं। अतः एक-शेषमें **'समे'** नपुंसकलिंगका प्रयोग किया गया है। **'कायेन मनसा बुद्ध्या केवलै-रिन्द्रियैरपि'** (५। ११)—इन पदोंमें 'कायेन' शब्द पुँल्लिंग, 'मनसा' और 'इन्द्रियैः' शब्द नपुंसकलिंग तथा 'बुद्ध्या' शब्द स्त्रीलिंग है। अतः एक-शेषमें **'केवलैः'** नपुंसकलिंगका प्रयोग किया गया है। **'अहमादिश्च मध्यं च भूतानामन्त एव च'** (१०। २०)। यहाँ **'आदिः'** तथा **'अन्तः'** शब्दका प्रयोग पुँल्लिंगमें किया गया है। इसका तात्पर्य है कि सृष्टिके आदिमें अकेले परमपुरुष भगवान् रहते हैं—**'अहमादिर्हि देवानां महर्षीणां च सर्वशः'** (गीता १०। २) और अन्तमें भी अकेले परमपुरुष भगवान् रहते हैं—**'शिष्यते शेषसंज्ञः'** (श्रीमद्भा० १०। ३। २५)। इसलिये भगवान्ने 'आदि' और 'अन्त' शब्दका प्रयोग पुँल्लिंगमें किया है। परन्तु मध्यमें अर्थात् सृष्टिके समय पुँल्लिंग, स्त्रीलिंग और नपुंसकलिंग—तीनों लिंगोंवाले व्यक्ति, वस्तु, पदार्थ, क्रिया, भाव आदि रहते हैं। अतः इन तीनों लिंगोंमें नपुंसकलिंग ही शेष रहता है (मध्यः, मध्या, मध्यम्—तदिदं मध्यम्) अर्थात् नपुंसकलिंगके अन्तर्गत ही तीनों लिंग आ जाते हैं। इसलिये भगवान्ने यहाँ और आगे बत्तीसवें श्लोकमें भी 'मध्य' शब्दका प्रयोग नपुंसकलिंगमें किया है।

(२५)

'संन्यासस्तु महाबाहो दुःखमाप्तुमयोगतः' (गीता ५। ६)—यद्यपि यहाँ **'संन्यासः'** पद **'आप्तुम्'** क्रियाका कर्म होनेसे उसमें द्वितीया होनी चाहिये, तथापि **'तु'** पदको निपात संज्ञा मानकर उससे कर्म उक्त होनेसे **'संन्यासः'** पदमें प्रथमा हुई है।

'तं प्राहुः क्षेत्रज्ञ इति' (गीता १३। १)—यद्यपि यहाँ **'प्राहुः'** क्रियाका कर्म होनेसे **'क्षेत्रज्ञ'**

शब्दमें द्वितीया विभक्ति होनी चाहिये थी, तथापि आगे '**इति**' पद आनेसे अर्थात् '**इति**' पदसे उक्त होनेसे '**क्षेत्रज्ञ**' शब्दमें प्रथमा विभक्ति हो गयी है।

(२६)

'**अनार्यजुष्टम्**' (गीता २। २)—इस पदमें जो 'नञ्' समास है, वह 'आर्यैर्जुष्टमार्यजुष्टम्'—इस तृतीया समासके बाद ही करना चाहिये; जैसे 'न आर्यजुष्टम् अनार्यजुष्टम्'। अगर 'नञ्' समास तृतीया समासके पहले किया जाय कि 'न आर्या अनार्या: अनार्यैजुष्टमनार्यजुष्टम्' तो यहाँ यह कहना बनता ही नहीं, क्योंकि अनार्य पुरुषोंके द्वारा जिसका सेवन किया जाता है, वह दूसरोंके लिये आदर्श नहीं होता।

(२७)

'**धार्तराष्ट्राणाम्**' (गीता १। १९)— 'अन्यायेन धृतं राष्ट्रं यैस्ते धृतराष्ट्रा: (अन्यायपूर्वक धारण किया है राज्य जिन्होंने)—ऐसा बहुब्रीहि समास करनेके बाद 'धृतराष्ट्रा एव' इस विग्रहमें स्वार्थमें तद्धितका 'अण्' प्रत्यय किया गया, जिससे 'धार्तराष्ट्रा:' यह रूप बन गया। यहाँ षष्ठी विभक्तिके प्रयोगकी आवश्यकता होनेसे षष्ठीमें 'धार्तराष्ट्राणाम्' ऐसा प्रयोग किया गया है।

(२८)

'**महिमानं तवेदम्**' (गीता ११। ४१)—इसमें आया '**इदम्**' पद 'महिमानम्' का विशेषण नहीं है; क्योंकि 'महिमानम्' पद पुँल्लिंगमें आया है और 'इदम्' पद नपुंसकलिंगमें आया है। अत: यहाँ 'इदम्' का अर्थ 'स्वरूप' लिया गया है। इस दृष्टिसे 'महिमानं तवेदम्' पदोंका अर्थ हुआ—आपकी महिमा और स्वरूप।

(२९)

'**इष्टकामधुक्**' (गीता ३। १०)—'इष्ट' शब्द 'यज्' धातुसे कृदन्तका 'क्त' प्रत्यय करनेसे बनता है, जो यज्ञ (कर्तव्य-कर्म)-का वाचक है; और 'काम' शब्द 'कमु' धातुसे 'घञ्' प्रत्यय करनेसे बनता है, जो पदार्थ (सामग्री)- का वाचक है। अत 'इष्टकामधुक्' पदका अर्थ हुआ—कर्तव्य-कर्म करनेकी आवश्यक सामग्री प्रदान करनेवाला।

(३०)

'**यत्सांख्यैः प्राप्यते स्थानं तद्योगैरपि गम्यते**' (गीता ५।५) और '**भुञ्जते ते त्वघं पापा:**' (गीता ३। १३)—यहाँ 'अर्शआदिभ्योऽच्' (पाणि० अ० ५। २। १२७) इस सूत्रसे 'अच्' प्रत्यय करनेसे 'सांख्य' शब्द सांख्ययोगीका, 'योग' शब्द कर्मयो-गीका और 'पाप' शब्द पापीका वाचक हो जाता है।

(३१)

'**अनेकजन्मसंसिद्धः**' (गीता ६। ४५) 'अनेकजन्म' का अर्थ है—'न एकजन्म इति अनेकजन्म' अर्थात् एकसे अधिक जन्म। योगभ्रष्टके अनेक जन्म हो ही गये हैं। '**संसिद्धः**' पदमें भूतकालका 'क्त' प्रत्यय होनेसे इसका अर्थ है—वह योगी अनेक जन्मोंमें संसिद्ध (शुद्ध) हो चुका है।

(३२)

'**अनुशुश्रुम**' (गीता १। ४ ४)—जो नेत्रोंसे न देखा गया हो, वह परोक्ष होता है और परोक्षार्थमें ही 'लिट्' लकार होता है, फिर भी अर्जुन यहाँ परोक्ष 'लिट्' का प्रयोग कर रहे हैं, जो नहीं करना चाहिये था। परन्तु शोकाविष्ट होनेके कारण अर्जुनने इस पदमें परोक्ष 'लिट्' की क्रियाका प्रयोग किया है।

(३३)

'कौरव्य' शब्दके बहुवचनमें '**तद्राजस्य बहुषु तेनैवास्त्रियाम्**' (पाणि० अ० २। ४। ६२)—इस सूत्रसे 'ण्य' प्रत्ययका लोप होनेसे '**कुरून्**' (गीता १। २५) शब्द बन जाता है, जो कुरुवंशियोंका वाचक होता है।

(३४)

'**पृषोदरादीनि यथोपदिष्टम्**' (पाणि० अ० ६। ३। १०९)—इस सूत्रसे 'भविष्यत्' शब्दके 'त्'-कारका लोप होनेसे 'भविष्याणि' (गीता ७। २६) रूप बन जाता है।

(३५)

'चातुर्वर्ण्यम्' (गीता ४। १३)—'चत्वारो-वर्णाश्चातुर्वर्ण्यम्'—यहाँपर 'चतुर्वर्णादीनां स्वार्थे उपसंख्यानम्' इस वार्तिकसे स्वार्थमें 'ष्यञ्' प्रत्यय किया गया है।

(३६)

'मा शुचः' (गीता १६। ५; १८। ६६)—ये दो क्रियाएँ दिवादिगणकी 'ईशु चिर् पूतीभावे' धातुके लुङ् लकारके रूप हैं।

(३७)

'इको ह्रस्वोऽङ्यो गालवस्य' (पाणि० अ० ६। ३। ६१) अर्थात् उत्तरपदके आगे रहनेपर ङीप्रहित 'इक्' अंगको विकल्पसे ह्रस्व हो जाता है; जैसे—ग्रामण्यः पुत्रः=ग्रामणिपुत्रः=ग्रामणीपुत्रः। इस उदाहरणमें 'ग्रामणी' शब्द ङीप्रहित है; अतः यहाँ उपर्युक्त सूत्रसे ह्रस्व हो जाता है। गीतामें भी **'काशिराजः'** और **'कुन्तिभोजः'** (१। ५-६)—इन दो शब्दोंमें उपर्युक्त सूत्रसे ह्रस्व हुआ दीखता है, पर इन दो शब्दोंमें उपर्युक्त सूत्रसे ह्रस्व नहीं हो सकता; क्योंकि इन दोनों शब्दोंमें मूलमें ही ह्रस्व इकार है। ऐसे तो ये दोनों शब्द ह्रस्व और दीर्घ (काशि-काशी, कुन्ति-कुन्ती) दोनों प्रकारके हैं, पर गीतामें इनको ह्रस्व ही माना गया है। अगर इन दोनों शब्दोंको दीर्घ ईकारान्त मानकर ह्रस्व करना चाहें तो ह्रस्व नहीं होगा; क्योंकि दीर्घ 'काशी' और 'कुन्ती' शब्द ङीबन्त होनेसे उपर्युक्त सूत्रसे ह्रस्व नहीं होगा।*

गीताके छन्द

मुख्यत्वेन तु गीतायां द्विधा छन्दः प्रयुज्यते।
अनुष्टुप् त्रिष्टुबित्थं च भेदा हि विविधास्तयोः॥

छन्दोंके सम्बन्धमें कुछ ज्ञातव्य बातें

वर्णोच्चारणमात्रके दो भेद होते हैं—लघु (।) और गुरु (ऽ) जितने भी ग्रन्थ होते हैं, वे गद्यात्मक, पद्यात्मक अथवा उभयात्मक (गद्य-पद्य-मिश्रित) होते हैं।

पद्यका नाम 'छन्द' है। प्रत्येक छन्दके प्रायः चार चरण (पाद) होते हैं। छन्दके तीन प्रकार हैं—गणछन्द (जैसे—उपेन्द्रवज्रा आदि), अक्षरछन्द (जैसे—पथ्यावक्त्र आदि) और मात्राछन्द (जैसे—आर्या आदि)। इनमेंसे मात्राछन्द गीतामें नहीं है; अतः यहाँ उसपर विचार नहीं किया जा रहा है।

गणछन्द एक अक्षरसे छब्बीस अक्षरोंतकके होते हैं, जिनके अलग-अलग छब्बीस नाम हैं।

तीन अक्षरोंके समूहको 'गण' कहते हैं। आदि, मध्य और अन्तके अक्षरोंके गुरु-लघुके विचारसे गणोंके आठ भेद होते हैं। उनके नाम और लक्षण इस प्रकार हैं—

आदिमध्यावसानेषु य-र-ता यान्ति लाघवम्।
भ-ज-सा गौरवं यान्ति म-नौ तु गुरुलाघवम्॥

(पिंगलछन्दः सूत्रम् १। ९)

आदि मध्य अरु अन्त लघु
य-र-त भ-ज-स गुरु जान।
मगण सर्व गुरु लघु नगण
इहि विधि गण अठ मान॥

---

* गीता-सम्बन्धी व्याकरणके इस लेखमें कहीं-कहीं **'लघुसिद्धान्तकौमदी'** की **'भैमी व्याख्या'** से सहायता ली गयी है।

संख्या	गण-नाम	चिह्न	लक्षण
१	**यगण**	।ऽऽ	**पहला अक्षर लघु, शेष दोनों गुरु।**
२	**रगण**	ऽ।ऽ	**दूसरा अक्षर लघु, शेष दोनों गुरु।**
३	**तगण**	ऽऽ।	**तीसरा अक्षर लघु, शेष दोनों गुरु।**
४	**भगण**	ऽ।।	**पहला अक्षर गुरु, शेष दोनों लघु।**
५	**जगण**	।ऽ।	**दूसरा अक्षर गुरु, शेष दोनों लघु।**
६	**सगण**	।।ऽ	**तीसरा अक्षर गुरु, शेष दोनों लघु।**
७	**मगण**	ऽऽऽ	**तीनों अक्षर गुरु।**
८	**नगण**	।।।	**तीनों अक्षर लघु।**

किस छन्दके कितने भेद हो सकते हैं, इसका ज्ञान करानेवाली प्रणालीको 'प्रस्तार' कहते हैं अर्थात् उपर्युक्त गणोंको क्रमसे लिखनेके प्रकारको ही 'प्रस्तार' कहते हैं।

एक अक्षरके छन्दके प्रस्तारके दो भेद, दो अक्षरके प्रस्तारके चार भेद और तीन अक्षरके प्रस्तारके आठ भेद होते हैं। इसी प्रकार संख्या बढ़ती जाती है अर्थात् छन्दमें एक अक्षर बढ़नेसे पिछले छन्दकी संख्यासे प्रस्तारके दुगुने भेद हो जाते हैं। इस प्रकार गणछन्दके एकसे छब्बीसतकके अक्षरोंके करोड़ों भेद हो जाते हैं।

प्रस्तार लिखनेकी कई विधियाँ हैं। उनमें मुख्य विधियाँ दो हैं—

(१) जैसे—तीन अक्षरोंवाले गणछन्दका प्रस्तार लिखना हो तो पहली पंक्तिमें (ऊपरसे नीचे) क्रमशः एक गुरु और एक लघु लिखे; दूसरी पंक्तिमें क्रमशः दो गुरु और दो लघु लिखे; और तीसरी पंक्तिमें क्रमशः चार गुरु और चार लघु लिखे। इस प्रकार तीन अक्षरोंवाले गणछन्दके प्रस्तारके आठ भेद हो जायँगे।

(२) 'गुरुके नीचे लघु अंक, आगे नकल पीछे बंक' अर्थात् तीन अक्षरोंवाले गणछन्दका प्रस्तार लिखना हो तो पहली पंक्तिमें (बायेंसे दायें) क्रमशः तीन गुरु लिखे। अब आगेकी पंक्तियोंमें ऊपरके पहले गुरुके नीचे लघु लिखे; फिर उसके बायीं ओर सभी गुरु लिखे और दायीं ओर ऊपरके अनुसार (गुरु या लघु) लिखे। इस प्रकार लिखते-लिखते जब सभी लघु आ जायँगे, तब (आठ भेद पूरे होनेपर) प्रस्तार पूरा हो जायगा।

उपर्युक्त दोनों विधियोंसे निकाले गये प्रस्तारका यह रूप होगा—

ऽऽऽ	।ऽऽ	ऽ।ऽ	।।ऽ
ऽऽ।	।ऽ।	ऽ।।	।।।

प्रस्तारकी संख्या और रूप निकालनेकी विधि—जिस छन्दके प्रस्तारकी संख्या तो याद है, पर प्रस्तारके रूपका पता नहीं है, उस प्रस्तारका रूप बनानेकी विधि **'नष्ट'** कहलाती है। जिस छन्दके प्रस्तारका रूप तो याद है, पर प्रस्तारकी संख्याका पता नहीं है, उसकी प्रस्तार-संख्याको बनानेकी विधि **'उद्दिष्ट'** कहलाती है।

'नष्ट' विधि (संख्यासे रूप बनाना)—जैसे—तीन अक्षरोंवाले छन्दकी छठी संख्याका रूप बनाना है तो सबसे पहले यह देखे कि यह छः संख्या सम है या विषम। उदाहरणके लिये—दो, चार, छः, आठ आदि संख्याएँ 'सम' हैं; और एक, तीन, पाँच, सात, नौ आदि संख्याएँ विषम हैं। सम संख्याके नीचे लघु (।) लिखना चाहिये और विषम संख्याके नीचे गुरु (ऽ) लिखना चाहिये। छः संख्या सम है; अतः छःके

नीचे लघु लिखे। छ:का आधा तीन होता है, जो विषम संख्या है; अत: तीनके नीचे गुरु लिखे। तीनका आधा डेढ़ होता है। पर जहाँ संख्या टूटती हो, वहाँ उस संख्यामें एक और मिला लेना चाहिये। यहाँ तीनका आधा करनेसे संख्या टूटती है, अत: तीनमें एक और मिला दे, जिससे चार संख्या हो जायेगी। चारका आधा दो होता है, जो सम संख्या है; अत: दोके नीचे लघु लिखे। इस प्रकार तीन अक्षरोंवाली संख्याका छठा रूप (प्रस्तार) निकल आता है—६ ३ २ । ऽ ।

तात्पर्य है कि जबतक प्रस्तारका पूरा रूप न निकले, तबतक उस संख्याका आधा करता जाय और संख्या टूटती हो तो उसमें एक मिलाकर उसका आधा करता जाय।

'उद्दिष्ट' विधि (रूपसे संख्या बनाना)—जैसे—तीन अक्षरोंवाले छन्दके ।ऽ। —इस रूपकी संख्या बतानी है तो इस रूपपर क्रमश: दुगुनी संख्या (जैसे—१, २, ४, ८, १६ आदि) लिखता जाय—१ २ ४।ऽ। अब इस रूप (प्रस्तार)-में जितने लघु आये हैं, उन सबके ऊपरकी संख्या जोड़कर उसमें एक और मिला दे। यहाँ लघुके ऊपर १ और ४ संख्या है, जिसे जोड़नेपर ५ संख्या आती है। इस संख्यामें एक और जोड़ दे तो छ: संख्या निकल आती है। अत: रूप (प्रस्तार)-की संख्या छ: हुई।

इस प्रकार गणोंके अनुसार छन्दोंके भेद होते हैं। यह गणछन्द लिखनेका प्रकार है। छन्दोंके तीन और भेद होते हैं—सम, अर्धसम और विषम। जिस श्लोकके चारों चरणोंमें छन्दके लक्षण समान हों उसको **'सम'** छन्द कहते हैं। जिसमें पहला और तीसरा चरण एक तरहका तथा दूसरा और चौथा चरण एक तरहका हो, उसको **'अर्धसम'** छन्द कहते हैं। जिसमें चारों ही चरणोंके लक्षण अलग-अलग हों, उसको **'विषम'** कहते हैं।

ये सभी छन्द दो तरह होते हैं—लौकिक और वैदिक।

गीतामें प्रयुक्त छन्दोंपर विचार

श्रीमद्भगवद्गीता पद्यात्मक ग्रन्थ है और भगवद्वाणी होनेसे वेदस्वरूप है*। यद्यपि इसमें वैदिक छन्दके नियम ही लागू होते हैं—इस दृष्टिसे कुछ भी विचार करनेकी आवश्यकता नहीं है, तथापि यहाँ लौकिक दृष्टिसे भी विचार किया जा रहा है।

जैसा कि पहले कहा गया है, गीतामें गणछन्द और अक्षरछन्द—ये दो प्रकारके छन्द ही प्रयुक्त हुए हैं।

एक अक्षरसे छब्बीस अक्षरोंतकके छन्दोंके छब्बीस नाम हैं। उनमेंसे केवल चार छन्द गीतामें प्रयुक्त हुए हैं—

(१) आठ अक्षरोंवाले **'अनुष्टुप्'** छन्द।

(२) नौ अक्षरोंवाले **'बृहती'** छन्द।

(३) ग्यारह अक्षरोंवाले **'त्रिष्टुप्'** छन्द।

(४) बारह अक्षरोंवाले **'जगती'** छन्द।

—इनमें नौ अक्षरोंवाले **'बृहती'** छन्दका तो केवल एक ही चरण गीतामें आया है—ग्यारहवें अध्यायके पहले श्लोकका पहला चरण। इसी तरह बारह अक्षरोंवाले **'जगती'** छन्दके भी पाँच ही चरण गीतामें आये हैं—दूसरे अध्यायके छठे श्लोकका पहला और दूसरा चरण तथा उनतीसवें श्लोकका दूसरा चरण; आठवें अध्यायके दसवें श्लोकका चौथा चरण और

---

* 'इतिहासपुराणं पञ्चमं वेदानां वेदम्' (छान्दोग्योपनिषद् ७। १। २)—इस उपनिषद्वाक्यके अनुसार यद्यपि महाभारत पंचम वेद है, तथापि महाभारत और उसमें आयी गीताको पढ़ने-सुननेका अधिकार मनुष्यमात्रको है। मनुष्य किसी भी देश, वेश, सम्प्रदाय, जाति आदिका क्यों न हो, वह महाभारतका अध्ययन करके उसमें आये हुए उत्तमोत्तम उपदेशोंको यथाधिकार आचरणमें लाकर अपना कल्याण कर सकता है। भहाभारतकी रचना करनेमें महर्षि वेदव्यासजीका प्रधान उद्देश्य यही था कि जिन्हें शास्त्र वेद पढ़नेकी आज्ञा नहीं देते, वे स्त्रियाँ, शूद्र और पतित भी वेदोंके महत्त्वपूर्ण ज्ञानसे वंचित न रह जायँ। वह ज्ञान भगवान्के द्वारा गीतामें साररूपसे वर्णित है। गीतामें स्वयं भगवान्ने स्त्री, वैश्य, शूद्र आदि सभीको (अपनी शरणागतिसे) परमगतिकी प्राप्तिका अधिकारी बताया है (९। ३२) और गीताध्ययनमें भी ('य:' पदसे) सभीका अधिकार माना है (१८। ७०)।

पन्द्रहवें अध्यायके तीसरे श्लोकका पहला चरण।

वैदिक दृष्टिसे छन्दोंमें यह नियम है—**'ऊनाधिकेनैकेन निचृद्भुरिजौ'** (पिंगल० ३। ५९) अर्थात् एक अक्षर कम होनेसे उसकी **'निचृत्'** और एक अक्षर अधिक होनेसे **'भुरिक्'** संज्ञा होकर छन्दकी पूर्व संज्ञा ही रह जाती है। इसके अनुसार नौ अक्षरोंवाले बृहती छन्दका एक चरण आठ अक्षरोंवाले अनुष्टुप् छन्दमें और बारह अक्षरोंवाले जगती छन्दके पाँच चरण ग्यारह अक्षरोंवाले **'त्रिष्टुप्'** छन्दमें सम्मिलित हो जाते हैं। अतः वैदिक दृष्टिसे गीतामें दो प्रकारके ही छन्द हैं—अनुष्टुप् और त्रिष्टुप्।

सम्पूर्ण गीतामें सात सौ श्लोक हैं। उनमें छः सौ पैंतालीस श्लोक **'अनुष्टुप्'** छन्दके और पचपन श्लोक **'त्रिष्टुप्'** छन्दके हैं।

अनुष्टुप् छन्द

अनुष्टुप् छन्दके प्रत्येक चरणमें आठ अक्षर होते हैं और पूरा श्लोक बत्तीस अक्षरोंका होता है।

अनुष्टुप् छन्दके दो भेद होते हैं—अनुष्टुप् गणछन्द और अनुष्टुप् अक्षरछन्द। प्रस्तारभेदसे अनुष्टुप् गणछन्दके दो सौ छप्पन भेद होते हैं और अनुष्टुप् अक्षर छन्दके लाखों भेद होते हैं। गीतामें **'अनुष्टुप् गणछन्द'** नहीं है। छन्दोंके जो सम, अर्धसम और विषम—ये तीन भेद पहले बताये गये हैं, उनमें गीताके अनुष्टुप् छन्दोंमें **'अर्धसम'** छन्द प्रयुक्त हुए हैं।

छन्दःशास्त्रमें इस अर्धसम अनुष्टुप् छन्दके पहले और आठवें अक्षरोंपर विचार नहीं है; वे गुरु हों या लघु—दोनों ही मान्य हैं। चारों चरणोंमें पहले अक्षरके बाद (दूसरे, तीसरे और चौथे अक्षरका गण) 'सगण' और 'नगण' नहीं होना चाहिये—**'न प्रथमात्स्नौ'** (पिंगल० ५। ११) और दूसरे तथा चौथे चरणोंमें पहले अक्षरके बाद (दूसरे, तीसरे और चौथे अक्षरका गण) 'रगण' भी नहीं होना चाहिये—**'द्वितीयचतुर्थयोरश्च'** (पिंगल० ५। १२)।

यदि चारों चरणोंमें चौथे अक्षरके बाद 'यगण' होगा, तो उस श्लोकके छन्दका नाम **'अनुष्टुब्वक्त्र'** होगा—**'यश्चतुर्थात्'** (पिंगल० ५। १४), **'पादस्यानुष्टुब्वक्त्रम्'** (पिंगल० ५। १०)।

यदि पहले और तीसरे चरणोंमें चौथे अक्षरके बाद 'यगण' तथा दूसरे और चौथे चरणोंमें चौथे अक्षरके बाद 'जगण' होगा तो उसकी **'पथ्यावक्त्र'** संज्ञा होगी—**'पथ्या युजो ज्'** (पिंगल० ५। १५) **'युजोर्जेन सरिद्भर्तुं पथ्यावक्त्रं प्रकीर्तितम्'** (वृत्तरत्नाकर २। २२)। यह 'अर्धसम' छन्द है।

गीतामें इन अनुष्टुप् छन्दके श्लोकोंके दूसरे और चौथे चरणोंमें चौथे अक्षरके बाद सब जगह ही **'जगण'** प्रयुक्त हुए हैं। परन्तु पहले और तीसरे चरणोंमें कई श्लोकोंमें **'यगण'** की जगह दूसरे गण भी आ गये हैं; उनके लिये यह नियम है कि इस प्रकार जो गण प्रयुक्त होगा, उसके नामके आरम्भके अक्षरके साथ **'विपुला'** संज्ञा मानी जायगी। यदि केवल पहले चरणमें या केवल तीसरे चरणमें अथवा पहले और तीसरे—दोनों चरणोंमें ही **'यगण'** के अतिरिक्त दूसरा गण होगा तो वह श्लोक उसी गणके नामसे युक्त विपुलान्त संज्ञावाले छन्दका होगा। गीतामें ऐसे न-विपुला, भ-विपुला, र-विपुला, म-विपुला और स-विपुला छन्दोंका प्रयोग हुआ है। इसके अन्तर्गत एक नियम और है—यदि केवल पहले या तीसरे किसी एक चरणमें 'यगण' के अतिरिक्त दूसरा गण हो तो वह **'व्यक्तिपक्ष-विपुला'**, दोनों चरणोंमें ('यगण' के अतिरिक्त) एक तरहके गण हों तो वह **'जातिपक्ष-विपुला'** और दोनों चरणोंमें ('यगण' के अतिरिक्त) अलग-अलग गण हों तो वह **'संकीर्ण-विपुला'** छन्द कहा जाता है। ये सब **'पथ्यावक्त्र'** के ही अवान्तर भेद हैं।

गीतामें अनुष्टुप् छन्दके छः सौ पैंतालीस श्लोकोंमें पाँच सौ सात श्लोक ठीक 'पथ्यावक्त्र' के लक्षणोंसे युक्त हैं। इनमें पहले और तीसरे चरणोंमें 'यगण' प्रयुक्त हुए हैं; अतः इन्हें **'य-विपुला'** भी कह सकते हैं—**'य-विपुला यकारोऽब्धेः'** (वाग्वल्लभ)। शेष एक सौ अड़तीस

श्लोकोंमेंसे (१) एक सौ सत्ताईस श्लोकोंमें पहले या तीसरे किसी एक चरणमें '*यगण*' के अतिरिक्त गण प्रयुक्त हुए हैं, वे '**व्यक्तिपक्ष-विपुला**' संज्ञावाले श्लोक हैं, (२) तीन श्लोकोंमें पहले और तीसरे चरणोंमें ('*यगण*' के अतिरिक्त) एक ही प्रकारके अन्य गण प्रयुक्त हुए हैं, वे '**जातिपक्ष-विपुला**' संज्ञावाले श्लोक हैं और (३) आठ श्लोकोंमें पहले और तीसरे चरणोंमें ('*यगण*' के अतिरिक्त) अलग-अलग गण प्रयुक्त हुए हैं, वे '**संकीर्ण-विपुला**' संज्ञावाले श्लोक हैं।

नीचेकी तालिकामें किस श्लोकमें कौन विपुला है, यह अध्याय-क्रमसे दिखाया जाता है—

'व्यक्तिपक्ष-विपुला' संज्ञावाले १२७ श्लोकोंकी तालिका

[जिनमें पहले या तीसरे किसी एक चरणमें '*नगण*', '*भगण*', '*रगण*', '*मगण*', और '*सगण*' प्रयुक्त हुए हैं।]

अध्याय	श्लोक	छन्दका नाम		श्लोक-प्रतीक
		पहला चरण	तीसरा चरण	
१	५	र-विपुला	—	धृष्टकेतु०
"	९	—	न-विपुला	अन्ये च०
"	२५	न-विपुला	—	भीष्मद्रोण०
"	३३	र-विपुला	—	येषामर्थे०
"	४३	—	र-विपुला	दोषैरेतैः०
२	२	न-विपुला	—	कुतस्त्वा०
"	१२	र-विपुला	—	न त्वेवाहं०
"	२६	र-विपुला	—	अथ चैनं०
"	३१	—	म-विपुला	स्वधर्ममपि०
"	३२	र-विपुला	—	यदृच्छया०
"	३६	भ-विपुला	—	अवाच्य०
"	४६	स-विपुला	—	यावानर्थ०
"	५२	न-विपुला	—	यदा ते०
"	५६	भ-विपुला	—	दुःखेष्वनु०
"	६१	—	र-विपुला	तानि सर्वाणि०
"	६३	—	र-विपुला	क्रोधाद्भवति०
२	६७	न-विपुला	—	इन्द्रियाणां०
"	७१	म-विपुला	—	विहाय कामान्०
३	१	र-विपुला	—	ज्यायसी०
"	५	न-विपुला	—	न हि कश्चित्०
"	८	—	भ-विपुला	नियतं कुरु०

अध्याय	श्लोक	छन्दका नाम		श्लोक-प्रतीक
		पहला चरण	तीसरा चरण	
३	११	—	र-विपुला	देवान्भाव०
''	१९	भ-विपुला	—	तस्मादसक्त:०
''	२१	—	भ-विपुला	यद्यदाचरति०
''	२६	भ-विपुला	—	न बुद्धिभेदं०
''	३५	भ-विपुला	—	श्रेयान् स्व०
''	३७	र-विपुला	—	काम एष क्रोध०
४	२	—	न-विपुला	एवं परम्परा०
''	६	र-विपुला	—	अजोऽपि०
''	१०	—	न-विपुला	वीतरागभय०
''	१३	—	न-विपुला	चातुर्वर्ण्यं०
''	२४	भ-विपुला	—	ब्रह्मार्पणं०
''	३०	—	भ-विपुला	अपरे नियता०
''	३१	न-विपुला	—	यज्ञशिष्टामृत०
''	३८	न-विपुला	—	न हि ज्ञानेन०
''	४०	—	न-विपुला	अज्ञश्चाश्रद्दधान०
५	१३	न-विपुला	—	सर्वकर्माणि०
''	२२	—	म-विपुला	ये हि संस्पर्शजा०
''	२९	न-विपुला	—	भोक्तारं यज्ञ०
६	१	भ-विपुला	—	अनाश्रित:०
''	१०	न-विपुला	—	योगी युञ्जीत०
''	११	—	र-विपुला	शुचौ देशे०
''	१४	न-विपुला	—	प्रशान्तात्मा०
''	१५	—	न-विपुला	युञ्जन्नेवं०
''	२५	न-विपुला	—	शनै: शनै:०
''	२६	भ-विपुला	—	यतो यतो०
''	२७	—	न-विपुला	प्रशान्तमनसं०
''	३६	—	न-विपुला	असंयतात्मना०
''	४२	—	न-विपुला	अथवा योगि०
७	६	—	न-विपुला	एतद्योनीनि०
''	११	—	म-विपुला	बलं बलवतां०
''	१४	न-विपुला	—	दैवी ह्येषा०
''	१७	र-विपुला	—	तेषां ज्ञानी०

अध्याय	श्लोक	छन्दका नाम		श्लोक-प्रतीक
		पहला चरण	तीसरा चरण	
,,	१९	—	भ-विपुला	बहूनां जन्मना०
,,	२५	म-विपुला	—	नाहं प्रकाश:०
,,	३०	—	भ-विपुला	साधिभूतादि०
८	२	—	भ-विपुला	अधियज्ञ:०
,,	१४	भ-विपुला	—	अनन्यचेता:०
,,	२४	—	म-विपुला	अग्निर्ज्योति०
,,	२७	र-विपुला	—	नैते सृती०
९	२	र-विपुला	—	राजविद्या०
,,	३	भ-विपुला	—	अश्रद्दधाना:०
,,	१०	भ-विपुला	—	मयाध्यक्षेण०
,,	१३	—	न-विपुला	महात्मानस्तु०
,,	१७	न-विपुला	—	पिताहमस्य०
,,	२६	—	न-विपुला	पत्रं पुष्पं फलं०
१०	२	न-विपुला	—	न मे विदु:०
,,	५	—	म-विपुला	अहिंसा समता०
,,	६	र-विपुला	—	महर्षय:०
,,	७	म-विपुला	—	एतां विभूतिं०
,,	८	भ-विपुला	—	अहं सर्वस्य०
,,	२५	न-विपुला	—	महर्षीणां०
,,	२६	—	भ-विपुला	अश्वत्थ: सर्व०
,,	३२	—	म-विपुला	सर्गाणामादि०
११	१	भ-विपुला	—	मदनुग्रहाय०
,,	११	न-विपुला	—	दिव्यमाल्याम्बर०
,,	५३	न-विपुला	—	नाहं वेदैर्न०
,,	५५	भ-विपुला	—	मत्कर्मकृन्म०
१२	९	—	भ-विपुला	अथ चित्तं०
,,	१९	—	न-विपुला	तुल्यनिन्दा०
१३	१	म-विपुला	—	इदं शरीरं०
,,	१७	—	र-विपुला	ज्योतिषामपि०
,,	१८	—	म-विपुला	इति क्षेत्रं०
,,	२३	न-विपुला	—	य एवं वेत्ति०
,,	३१	र-विपुला	—	अनादित्वान्नि०

अध्याय	श्लोक	छन्दका नाम		श्लोक-प्रतीक
		पहला चरण	तीसरा चरण	
१४	५	न-विपुला	—	सत्त्वं रजस्तम०
"	६	र-विपुला	—	तत्र सत्त्वं०
"	१०	र-विपुला	—	रजस्तमश्चा०
"	१५	—	भ-विपुला	रजसि प्रलयं०
"	१७	—	भ-विपुला	सत्त्वात्संजायते०
"	१९	म-विपुला	—	नान्यं गुणेभ्य:०
१५	९	र-विपुला	—	श्रोत्रं चक्षु:०
"	१८	—	म-विपुला	यस्मात्क्षर०
"	१९	—	न-विपुला	यो मामेव०
"	२०	—	र-विपुला	इति गुह्यतमं०
१६	६	म-विपुला	—	द्वौ भूतसर्गौ०
"	१०	—	म-विपुला	काममाश्रित्य०
"	११	—	न-विपुला	चिन्तामपरि०
"	१३	—	न-विपुला	इदमद्य मया०
"	१९	—	न-विपुला	तानहं द्विषत:०
"	२२	म-विपुला	—	एतैर्विमुक्त:०
१७	१०	न-विपुला	—	यातयामं०
"	११	—	भ-विपुला	अफलाकाङ्क्षि०
"	१२	न-विपुला	—	अभिसन्धाय०
"	१६	म-विपुला	—	मन:प्रसाद:०
"	१९	र-विपुला	—	मूढग्राहेणा०
"	२२	म-विपुला	—	अदेशकाले०
"	२५	—	न-विपुला	तदित्यनभि०
"	२६	—	न-विपुला	सद्भावे साधु०
१८	१२	म-विपुला	—	अनिष्टमिष्टं०
"	१३	—	म-विपुला	पञ्चैतानि०
"	२३	न-विपुला	—	नियतं सङ्ग०
"	२६	—	र-विपुला	मुक्तसङ्ग:०
"	३२	न-विपुला	—	अधर्मं०
"	३३	भ-विपुला	—	धृत्या यया०
"	३६	भ-विपुला	—	सुखं त्विदानीं०
"	३७	न-विपुला	—	यत्तदग्रे विष०
"	३८	—	न-विपुला	विषयेन्द्रिय०

अध्याय	श्लोक	छन्दका नाम		श्लोक-प्रतीक
		पहला चरण	तीसरा चरण	
"	४१	न-विपुला	—	ब्राह्मणक्षत्रिय०
"	४५	न-विपुला	—	स्वे स्वे कर्मण्य०
"	४६	म-विपुला	—	यतः प्रवृत्तिः०
"	४७	भ-विपुला	—	श्रेयान् स्व०
"	५२	म-विपुला	—	विविक्तसेवी०
"	५६	न-विपुला	—	सर्वकर्माण्यपि०
"	६४	—	न-विपुला	सर्वगुह्यतमं०
"	७०	न-विपुला	—	अध्येष्यते०
"	७५	भ-विपुला	—	व्यासप्रसादात्०

'जातिपक्ष-विपुला' संज्ञावाले ३ श्लोकोंकी तालिका

[जिनके पहले और तीसरे—दोनों चरणोंमें एक ही प्रकारके गण प्रयुक्त हुए हैं।]

२	३५	न-विपुला	न-विपुला	भयाद्रणा०
८	३	न-विपुला	न-विपुला	अक्षरं०
१५	७	र-विपुला	र-विपुला	ममैवांशो०

'संकीर्ण-विपुला' संज्ञावाले ८ श्लोकोंकी तालिका

[जिनके पहले और तीसरे—दोनों चरणोंमें अलग-अलग गण प्रयुक्त हुए हैं]

२	४३	भ-विपुला	न-विपुला	कामात्मानः०
३	७	न-विपुला	र-विपुला	यस्त्विन्द्रि०
९	१	भ-विपुला	न-विपुला	इदं तु ते०
११	१०	न-विपुला	भ-विपुला	अनेकवक्त्र०
१२	२०	न-विपुला	भ-विपुला	ये तु धर्म्या०
१४	९	भ-विपुला	न-विपुला	सत्त्वं सुखे०
१७	३	म-विपुला	भ-विपुला	सत्त्वानुरूपा०
१८	४९	म-विपुला	भ-विपुला	असक्तबुद्धिः०

त्रिष्टुप् छन्द

त्रिष्टुप् छन्दके प्रत्येक चरणमें ग्यारह अक्षर होते हैं और पूरा श्लोक चौवालीस अक्षरोंका होता है। प्रस्तारसे इसके दो हजार अड़तालीस प्रकार होते हैं; परंतु इनके सब नाम नहीं मिलते। छन्द-ग्रन्थ **'वाग्वल्लभ'** में इन प्रकारोंके केवल एक सौ बारह नाम ही दिये गये हैं। गीतामें इन्द्रवज्रा, उपेन्द्रवज्रा, शालिनी, ईहामृगी, प्राकारबन्ध, वातोर्मी, संश्रयश्री, गुणांगी आदि छन्द प्रयुक्त हुए हैं। बारह अक्षरोंवाले जगती छन्दको त्रिष्टुप् छन्दमें ही माना गया है, उसका भी एक चरण **'वंशस्थ'** छन्दका प्रयुक्त हुआ है। इनके स्वरूप तथा लक्षण इस प्रकार हैं—

प्रस्तार-संख्या	छन्द-नाम	रूप	लक्षण	प्रमाण
३५७	इन्द्रवज्रा	ऽऽ। ऽऽ। ।ऽ। ऽऽ	स्यादिन्द्रवज्रा यदि तौ जगौ गः	वृत्तरत्नाकर
३५८	उपेन्द्रवज्रा	।ऽ। ऽऽ। ।ऽ। ऽऽ	उपेन्द्रवज्रा जतजास्ततो गौ	''
२८९	शालिनी	ऽऽऽ ऽऽ। ऽऽ। ऽऽ	शालिन्युक्ता म्तौ तगौ गोऽब्धिलोकैः	''
३०९	ईहामृगी	ऽऽ। ऽ।। ऽऽ। ऽऽ	ईहामृगी किल चेत्तो भतौ गौ	वाग्वल्लभ
२९३	प्राकारबन्ध	ऽऽ। ऽऽ। ऽऽ। ऽऽ	प्राकारबन्धस्तकारत्रयं गौ	''
३०५	वातोर्मी	ऽऽऽ ऽ।। ऽऽ। ऽऽ	वातोर्मीयं कथिताम्भौ तगौ गः	वृत्तरत्नाकर
१३१७	संश्रयश्री	ऽऽ। ऽऽ। ऽऽ। ऽ।	ताः स्युस्त्रयः संश्रयश्रीर्गलौ च	वाग्वल्लभ
३५३	गुणांगी	ऽऽऽ ऽऽ। ।ऽ। ऽऽ	म्तौ ज्गौ गः स्यादब्धिर्नगगुणांगी	काव्यमाला
१३८२	वंशस्थ	।ऽ। ऽऽ। ।ऽ। ऽ।ऽ	जतौ तु वंशस्थमुदीरितं जरौ	वृत्तरत्नाकर
६१०	राधा	।ऽऽ ऽऽ। ।ऽऽ ।ऽऽ	यतौ यौ राधा शरलोकैर्यतिः स्यात्	*
६२९	गंगा	ऽऽ। ऽ।। ।ऽऽ ।ऽऽ	गंगा तभौ ययुगला पूर्ववत् स्यात्	''
७५७	रति	ऽऽ। ऽ।। ।।ऽ ।ऽऽ	वेदोरगैस्तभसययुग् रतिः स्यात्	''
७५८	गति	।ऽ। ऽ।। ।।ऽ ।ऽऽ	युगोरगैर्जभसययुग् गतिः स्यात्	''
२९०	विशाखा	।ऽऽ ऽऽ। ऽऽ। ऽऽ	विशाखोक्ता यतौ तगौ गोऽब्धिलोकैः	''
२९४	यशोदा	।ऽऽ ऽऽ। ऽऽ। ऽऽ	जतौ तगौ गोऽब्धिकैर्यशोदा	''
३०६	ललिता	।ऽऽ ऽ।। ऽऽ। ऽऽ	यभौ त्गौ गो ललिता साऽब्धिलोकैः	''
३१०	शारदा	।ऽ। ऽ।। ऽऽ। ऽऽ	जभौ तगौ ग-युता शारदा च	''
३३७	चित्रा	ऽऽऽ ऽ।ऽ ।ऽ। ऽऽ	चित्रा प्रोक्ताः मरौ जगौ ग-युक्ता	''
३७३	इष्ट	ऽऽ। ऽ।। ।ऽ। ऽऽ	बाणर्तुभिस्तभजगा ग इष्टम्	''
३७४	ईष	।ऽ। ऽ।। ।ऽ। ऽऽ	शरर्तुभिर्जभजगा ग ईषम्	''

वैदिक और लौकिक—दोनों दृष्टियोंसे ग्यारह अक्षरोंवाले सभी छन्द त्रिष्टुप् हैं।

किसी श्लोकमें एक, दो, तीन अथवा चारों चरण भिन्न-भिन्न जातिके छन्दके हों, तो वह **'उपजाति'** छन्द होता है।

उपजाति छन्द

(१) जिस श्लोकका कोई चरण इन्द्रवज्रा और कोई उपेन्द्रवज्राके लक्षणोंसे युक्त हो, उसको मुख्य उपजाति छन्द कहते हैं। इसके चौदह भेद होते हैं—

चेदिन्द्रवज्राचरणानि यस्या-
मुपेन्द्रवज्राचरणानि च स्युः।
तदोपजातिः कथिता कवीन्द्रै-
र्भेदा भवन्तीह चतुर्दशास्याः॥
(वाग्वल्लभ)

(२) जिस श्लोकका प्रत्येक चरण भिन्न-भिन्न छन्दका हो, ऐसे छन्दकी संज्ञा भी उपजाति है—

इत्थं किलान्यास्वपि मिश्रितासु
स्मरन्ति जातिष्विदमेव नाम।
(वृत्तरत्नाकर ३। ३१)

(३) विषमाक्षरवाले त्रिष्टुप् और जगतीके मिलनेसे उसकी संज्ञा भी उपजाति कही गयी है। प्राचीन आचार्योंने इसे 'गाथा' नामसे कहा है—

'आद्यन्तबावुजातयः' (पिंगल० ६। २३)।

इस सूत्रपर 'हलायुध-वृत्ति' और उसके उसपर श्रीजीवानन्द विद्यासागरकी टीका 'सुबोधिनी' में लिखा है—

तत्रोपजातिर्विविधा विदग्धैः
संयोज्यते तु व्यवहारकाले।

इस प्रकार गीतामें त्रिष्टुप् छन्दके पचपन श्लोक हैं। उनमें इन्द्रवज्रा छन्दके तीन, उपेन्द्रवज्रा छन्दके तीन, इन्द्रवज्रा-उपेन्द्रवज्रा-मिश्रित मुख्य उपजातिके पंद्रह और भिन्न-भिन्न छन्द-मिश्रित उपजातिके चौंतीस श्लोक हैं। नीचे तालिकामें इन सब श्लोकोंको दिखाया जाता है—

* प्राचीन छन्द-ग्रन्थोंमें इन छन्दोंके नाम ज्ञात नहीं हो सके; अतः इनके नामों और लक्षणोंको महाकवि श्रीवनमालिदासजी शास्त्रीसे बनवाया गया है।

इन्द्रवज्रा छन्दके तीन श्लोक

अध्याय	श्लोक	श्लोक-प्रतीक
८	२८	वेदेषु यज्ञेषु०
१५	५	निर्मानमोहा०
१५	१५	सर्वस्य चाहं०

उपेन्द्रवज्रा छन्दके तीन श्लोक

११	२८	यथा नदीनां०
११	२९	यथा प्रदीप्तं०
११	४५	अदृष्टपूर्वं०

इन्द्रवज्रा-उपेन्द्रवज्रा-मिश्रित मुख्य उपजातिके पंद्रह श्लोक

अध्याय	श्लोक	छन्दका नाम				श्लोक-प्रतीक
		पहला चरण	दूसरा चरण	तीसरा चरण	चौथा चरण	
२	८	उपेन्द्रवज्रा	इन्द्रवज्रा	उपेन्द्रवज्रा	इन्द्रवज्रा	न हि प्रपश्यामि०
,,	२२	इन्द्रवज्रा	उपेन्द्रवज्रा	उपेन्द्रवज्रा	इन्द्रवज्रा	वासांसि जीर्णानि०
११	१५	इन्द्रवज्रा	इन्द्रवज्रा	इन्द्रवज्रा	उपेन्द्रवज्रा	पश्यामि देवां०
,,	१९	उपेन्द्रवज्रा	उपेन्द्रवज्रा	उपेन्द्रवज्रा	इन्द्रवज्रा	अनादिमध्यान्त०
,,	२४	उपेन्द्रवज्रा	इन्द्रवज्रा	इन्द्रवज्रा	उपेन्द्रवज्रा	नभःस्पृशं०
,,	२५	इन्द्रवज्रा	इन्द्रवज्रा	उपेन्द्रवज्रा	उपेन्द्रवज्रा	दंष्ट्राकरालानि०
,,	३४	इन्द्रवज्रा	इन्द्रवज्रा	उपेन्द्रवज्रा	इन्द्रवज्रा	द्रोणं च भीष्मं०
,,	३६	इन्द्रवज्रा	उपेन्द्रवज्रा	इन्द्रवज्रा	इन्द्रवज्रा	स्थाने हृषीकेश०
११	३८	उपेन्द्रवज्रा	उपेन्द्रवज्रा	इन्द्रवज्रा	उपेन्द्रवज्रा	त्वमादिदेवः०
,,	३९	इन्द्रवज्रा	उपेन्द्रवज्रा	उपेन्द्रवज्रा	उपेन्द्रवज्रा	वायुर्यमोऽग्निः०
,,	४०	उपेन्द्रवज्रा	उपेन्द्रवज्रा	उपेन्द्रवज्रा	इन्द्रवज्रा	नमः पुरस्तादथ०
,,	४२	इन्द्रवज्रा	उपेन्द्रवज्रा	इन्द्रवज्रा	इन्द्रवज्रा	यच्चावहासार्थ०
,,	४३	उपेन्द्रवज्रा	उपेन्द्रवज्रा	इन्द्रवज्रा	इन्द्रवज्रा	पितासि लोकस्य०
,,	४४	इन्द्रवज्रा	उपेन्द्रवज्रा	उपेन्द्रवज्रा	उपेन्द्रवज्रा	तस्मात्प्रणम्य०
,,	४७	उपेन्द्रवज्रा	इन्द्रवज्रा	इन्द्रवज्रा	इन्द्रवज्रा	मया प्रसन्नेन०

भिन्न-भिन्न छन्द-मिश्रित उपजातिके चौंतीस श्लोक

२	५	उपेन्द्रवज्रा	गुणांगी	इन्द्रवज्रा	इन्द्रवज्रा	गुरूनहत्वा०
,,	६	राधा	गंगा	इन्द्रवज्रा	ईहामृगी	न चैतद्विद्मः०
,,	७	इन्द्रवज्रा	शालिनी	शालिनी	शालिनी	कार्पण्यदोषो०
,,	२०	शारदा	वातोर्मी	विशाखा	यशोदा	न जायते०
,,	२९	इन्द्रवज्रा	रति	संश्रयश्री	गुणांगी	आश्चर्यवत्पश्यति०
,,	७०	इष्ट	उपेन्द्रवज्रा	गुणांगी	उपेन्द्रवज्रा	आपूर्यमाण०

अध्याय	श्लोक	छन्दका नाम				श्लोक-प्रतीक
		पहला चरण	दूसरा चरण	तीसरा चरण	चौथा चरण	
८	९	ईष	उपेन्द्रवज्रा	इन्द्रवज्रा	इन्द्रवज्रा	कविं पुराण०
,,	१०	उपेन्द्रवज्रा	गुणांगी	विशाखा	गति	प्रयाणकाले०
,,	११	उपेन्द्रवज्रा	शारदा	विशाखा	प्राकारबन्ध	यदक्षरं वेदविदो०
९	२०	शालिनी	शालिनी	इन्द्रवज्रा	इन्द्रवज्रा	त्रैविद्या मां०
,,	२१	,,	,,	इन्द्रवज्रा	यशोदा	ते तं भुक्त्वा०
११	१६	उपेन्द्रवज्रा	शालिनी	इन्द्रवज्रा	इन्द्रवज्रा	अनेकबाहू०
,,	१७	शारदा	,,	शालिनी	इन्द्रवज्रा	किरीटिनं गदिनं०
,,	१८	शारदा	उपेन्द्रवज्रा	उपेन्द्रवज्रा	उपेन्द्रवज्रा	त्वमक्षरं परमं०
,,	२०	इन्द्रवज्रा	इन्द्रवज्रा	प्राकारबन्ध	इन्द्रवज्रा	द्यावापृथिव्यो०
,,	२१	ललिता	गुणांगी	चित्रा	ललिता	अमी हि त्वां०
,,	२२	वातोर्मी	ईहामृगी	इन्द्रवज्रा	शालिनी	रुद्रादित्या०
,,	२३	इन्द्रवज्रा	ललिता	शारदा	गुणांगी	रूपं महत्ते०
,,	२६	ललिता	इन्द्रवज्रा	शालिनी	उपेन्द्रवज्रा	अमी च त्वां०
,,	२७	ईहामृगी	इन्द्रवज्रा	इन्द्रवज्रा	शालिनी	वक्त्राणि ते०
,,	३०	,,	,,	,,	इन्द्रवज्रा	लेलिह्यसे०
,,	३१	प्राकारबन्ध	उपेन्द्रवज्रा	इन्द्रवज्रा	उपेन्द्रवज्रा	आख्याहि मे०
,,	३२	इन्द्रवज्रा	इन्द्रवज्रा	ललिता	प्राकारबन्ध	कालोऽस्मि०
११	३३	इन्द्रवज्रा	शालिनी	ललिता	उपेन्द्रवज्रा	तस्मात्त्वमुत्तिष्ठ०
,,	३५	वातोर्मी	यशोदा	विशाखा	यशोदा	एतच्छ्रुत्वा०
,,	३७	ईहामृगी	यशोदा	उपेन्द्रवज्रा	शारदा	कस्माच्च ते०
,,	४१	उपेन्द्रवज्रा	इन्द्रवज्रा	शारदा	उपेन्द्रवज्रा	सखेति मत्वा०
,,	४६	शारदा	इन्द्रवज्रा	इन्द्रवज्रा	उपेन्द्रवज्रा	किरीटिनं गदिनं०
,,	४८	उपेन्द्रवज्रा	उपेन्द्रवज्रा	गुणांगी	इन्द्रवज्रा	न वेदयज्ञा०
,,	४९	इन्द्रवज्रा	शालिनी	उपेन्द्रवज्रा	उपेन्द्रवज्रा	मा ते व्यथा०
,,	५०	प्राकारबन्ध	विशाखा	इन्द्रवज्रा	इन्द्रवज्रा	इत्यर्जुनं०
१५	२	ललिता	उपेन्द्रवज्रा	उपेन्द्रवज्रा	इन्द्रवज्रा	अधश्चोर्ध्वं०
,,	३	वंशस्थ	इन्द्रवज्रा	इन्द्रवज्रा	उपेन्द्रवज्रा	न रूपमस्येह०
,,	४	उपेन्द्रवज्रा	ईहामृगी	उपेन्द्रवज्रा	उपेन्द्रवज्रा	ततः पदं०

नोट—(१) दूसरे अध्यायके छठे श्लोकमें पहला और दूसरा चरण जगती छन्दका है, शेष चरण त्रिष्टुप् छन्दके हैं।

(२) दूसरे अध्यायके उनतीसवें श्लोकमें दूसरा चरण जगती छन्दका है, शेष चरण त्रिष्टुप् छन्दके हैं।

(३) आठवें अध्यायके दसवें श्लोकमें चौथा चरण जगती छन्दका है, शेष चरण त्रिष्टुप् छन्दके हैं।

(४) पंद्रहवें अध्यायके तीसरे श्लोकमें पहला चरण जगती छन्दका है, शेष चरण त्रिष्टुप् छन्दके हैं।

(यहाँ गीता-सम्बन्धी छन्दोंका विषय आवश्यकतानुसार संक्षेपमें लिखा गया है। अग्निपुराण, नारदपुराण और अन्यान्य छन्द-ग्रन्थोंमें छन्दोंका विस्तारसे वर्णन है।

गीतामें आर्ष-प्रयोग

वेदमन्त्रा यथा प्रोक्ता गीताश्लोकास्तथैव च।
गीताधिकारिणः सर्वे द्विजा वेदाधिकारिणः॥

छान्दोग्योपनिषद्‌में इतिहास और पुराणको पाँचवाँ वेद कहा गया है—'**इतिहासपुराणं पञ्चमं वेदानां वेदम्**' (७।१।२)। '**भारतं पञ्चमो वेदः**'—यह उक्ति भी प्रसिद्ध है। पंचम वेद महाभारतके अन्तर्गत गीता स्वतः-प्रमाणभूत एक उपनिषद् है। यह बात प्रत्येक अध्यायके अन्तमें दी गयी पुष्पिकाके '**श्रीमद्भगवद्‌गीतासूपनिषत्सु**' पदसे भी स्पष्ट हो जाती है। इस दृष्टिसे गीताका प्रत्येक श्लोक वैदिक मन्त्ररूप है। वेदमें जो मन्त्र, वाक्य अथवा छन्द जिस रूपमें उपलब्ध हैं, वे उसी रूपमें शुद्ध हैं। उनपर लौकिक अनुशासन या व्याकरणका नियम लागू नहीं हो सकता। फिर भी लौकिक अनुशासनकी दृष्टिसे जो प्रयोग साधु नहीं हैं या लोकमें प्रयुक्त नहीं हैं, उनके लिये वैयाकरणोंने '**छन्दसि दृष्टानुविधिः**' (वेदमें जैसा प्रयोग देखा गया है, वह उसी रूपमें विहित है)—यह सिद्धान्त लागू कर दिया है। इसके अतिरिक्त लौकिक व्याकरणके सारे नियम और विधान वेदमें विकल्पसे होते हैं, जैसा कि '**सर्वे विधियश्छन्दसि वैकल्पिकाः**'—इस परिभाषासे सिद्ध है। इस परिभाषाका मूल '**षष्ठीयुक्तश्छन्दसि वा**' (पाणिनि० अष्टा० १।४।९)—यह सूत्र है। इस सूत्रमें '**वा**' शब्दको पृथक् करके उसे स्वतन्त्र सूत्र मान लेते हैं। इस क्रियाको योगविभाग कहते हैं। '**वा**' में '**छन्दसि**' पदकी अनुवृत्ति होती है। तब उसका अर्थ इस प्रकार होता है—'सभी विधियाँ वेदमें विकल्पसे होती हैं।' यह विकल्प बाहुलकरूप ही है। '**बहुलं छन्दसि**' आदि सारी वैदिक प्रक्रिया इसीका विस्तार है।

व्याकरण-शास्त्रमें बाहुलक चार प्रकारका माना गया है—(१) कहीं प्रवृत्ति, (२) कहीं अप्रवृत्ति, (३) कहीं विकल्प अर्थात् प्रवृत्ति भी और अप्रवृत्ति भी और (४) कहीं सूत्रोंमें अपेक्षित निमित्तोंसे अन्य, सर्वथा भिन्न, विपरीत तथा उनके अभावमें भी कार्यका पूर्ण हो जाना।

इसी प्रसंगमें '**व्यत्ययो बहुलम्**' (पाणिनि० अष्टा० ३।१।८५)—इस सूत्रसे छन्दमें विकरणोंका बहुल प्रकारसे व्यत्यय कहा गया है। यहाँ महाभाष्यकार पतंजलिका कथन है कि विकरणोंके अतिरिक्त सुप्, तिङ्, उपग्रह (आत्मनेपद-परस्मैपद), लिंग, प्रथम आदि पुरुष, भूतादि कालवाची प्रत्यय, हल्, अच् उदात्तादि स्वर, कर्ता आदि कारक, यङ् अर्थात् '**धातोरेकाचो हलादेः क्रियासमभिहारे यङ्**' (पाणिनि० अष्टा० ३।१।२२) सूत्रघटक 'यङ्' के यकारसे लेकर '**लिङ्याशिष्यङ्**' (पाणिनि० अष्टा० ३।१।८६) सूत्रघटक 'अङ्' के ङ्‌कारपर्यन्त प्रत्याहार मानकर तन्मध्यवर्ती स्य-तासि-शप्-श्यन् आदि विकरण, च्लिस्थानीय सिजादि आदेश, आम्, यङ्, णिच्, णिङ्, आय्, इयङ्—इनका व्यत्यय भी व्याकरण-शास्त्रकर्ता आचार्य पाणिनिको अभीष्ट है और वह बाहुलकसे सिद्ध है; अतः सूत्रमें '**बहुलमे**' पद प्रयुक्त हुआ है।

'**सुपां सुलुक्पूर्वसवर्णाच्छेयाडाड्यायाजालः**' (पाणिनि० अष्टा० ७।१।३९)—इस सूत्रमें वेदमें सुप्‌के स्थानपर सुलुक्, पूर्वसवर्ण, आ आत् शे, या, डा, ड्या, आच् और आल् आदेश होते हैं।

उपर्युक्त सिद्धान्तके आधारपर गीता-सम्बन्धी आर्ष (वैदिक) प्रयोगोंकी तालिका नीचे दी जा रही है—

क्रम-संख्या	श्लोकांश	अध्याय	श्लोक	विवरण
१	न काङ्क्षे विजयं कृष्ण	१	३२	परस्मैपदके स्थानमें आत्मनेपदका प्रयोग आर्ष है।
२	व्रजेत	२	५४	,, ,, ,,
३	नमेरन् महात्मन्	११	३७	,, ,, ,,
४	विशते तदनन्तरम्	१८	५५	,, ,, ,,
५	न तु मां शक्यसे द्रष्टुम्	११	८	परस्मैपदके स्थानमें आत्मनेपद तथा विकरण-व्यत्यय आर्ष है।
६	इषुभिः प्रतियोत्स्यामि	२	४	आत्मनेपदके स्थानमें परस्मैपदका प्रयोग आर्ष है।
७	यततो* ह्यपि	२	६०	,, ,, ,,
८	यदि ह्यहं न वर्तेयम्	३	२३	,, ,, ,,
९	नोद्विजेत्	५	२०	,, ,, ,,
१०	वश्यात्मना तु यतता	६	३६	,, ,, ,,
११	कश्चिद्यतति	७	३	,, ,, ,,
१२	यततामपि सिद्धानाम्	७	३	,, ,, ,,
१३	मामाश्रित्य यतन्ति ये	७	२९	,, ,, ,,
१४	युध्य च	८	७	,, ,, ,,
१५	यतन्तश्च दृढव्रताः	९	१४	,, ,, ,,
१६	प्रतिजानीहि	९	३१	आत्मनेपदके स्थानमें परस्मैपदका प्रयोग आर्ष है।
१७	रमन्ति च	१०	९	,, ,, ,,
१८	प्रलये न व्यथन्ति च	१४	२	,, ,, ,,
१९	अवतिष्ठति	१४	२३	,, ,, ,,
२०	निवर्तन्ति भूयः	१५	४	,, ,, ,,
२१	यतन्तः; यतन्तः	१५	११	,, ,, ,,
२२	नैव त्यागफलं लभेत्	१८	८	,, ,, ,,
२३	अशोच्यानन्वशोचः	२	११	लुङ्के स्थानमें लङ्का प्रयोग आर्ष है।
२४	प्रसविष्यध्वम्	३	१०	लोट्के स्थानमें यह प्रयोग आर्ष है।
२५	अल्पमेधसाम्	७	२३	शास्त्रापेक्षित निमित्तके अभावमें 'असिच्' का प्रयोग आर्ष है।
२६	हे सखेति	११	४१	यहाँ सन्धिका प्रयोग आर्ष है।
२७	प्रियायार्हसि	११	४४	,, ,, ,, ,,
२८	तस्याराधनम्	७	२२	यहाँ सन्धिका प्रयोग आर्ष है।
२९	शक्य अहं नृलोके	११	४८	यहाँ सन्धिका अभाव आर्ष है।
३०	भक्त्या त्वनन्यया शक्य अहमेवंविधोऽर्जुन	११	५४	,, ,, ,, ,,

* गीतामें प्रयुक्त हुई धातुओंमेंसे 'यती प्रयत्ने', 'वृतु वर्तने' आदि धातुएँ 'अनुदात्तेत्' होनेसे स्वतः आत्मनेपदमें चलती हैं। इस दृष्टिसे 'यतति, यतताम् , यततः, निवर्तन्ति' आदि क्रियाओं, पदोंको आर्ष माना जाता है। परन्तु 'अनुदात्तेत्त्वलक्षणमात्मनेपदमनित्यं चक्षिङ्‌ ङित् करणाद् ज्ञापकात्'—इस ज्ञापक (नियम)-से (आत्मनेपदमें चलनेवाली) सभी धातुएँ अनित्य होती हैं। इस दृष्टिसे 'यतति, निवर्तन्ति' आदि क्रियाओं, पदोंको आर्ष नहीं मानना चाहिये।

क्रम-संख्या	श्लोकांश	अध्याय	श्लोक	विवरण
३१	निवसिष्यसि	१२	८	'इट्' का आगम आर्ष है।
३२	एतन्मे संशयम्	६	३९	यहाँ नपुंसकलिंग आर्ष है।
३३	सम्प्रवृत्तानि; निवृत्तानि	१४	२२	,, ,, ,, ,,
३४	सेनानीनाम्	१०	२४	'यण्' के स्थानमें 'नुट्' आर्ष है।
३५	शाश्वते	८	२६	'ङीप्' के स्थानमें 'टाप्' का प्रयोग आर्ष है।

छन्दःशास्त्रमें दो तरहके आर्ष माने जाते हैं—निचृत् और भुरिक्। छन्दके नियमानुसार जिस छन्दमें अक्षर कम होते हैं, उसको 'निचृत् आर्ष'; और जिस छन्दमें अक्षर अधिक होते हैं, उसको 'भुरिक् आर्ष' कहते हैं।

दूसरे अध्यायके छठे श्लोकमें 'जगती' छन्दके नियमानुसार तीसरे और चौथे चरणोंमें एक अक्षर कम होनेसे अर्थात् ग्यारह अक्षर होनेसे यह 'निचृत् आर्ष' छन्द है। इसी श्लोकमें 'त्रिष्टुप्' छन्दके नियमानुसार पहले और दूसरे चरणोंमें एक अक्षर अधिक होनेसे अर्थात् बारह अक्षर होनेसे यह 'भुरिक् आर्ष' छन्द है।

दूसरे अध्यायके उनतीसवें श्लोकमें 'जगती' छन्दके नियमानुसार पहले, तीसरे और चौथे चरणोंमें एक अक्षर कम होनेसे यह 'निचृत् आर्ष' छन्द है। इसी श्लोकमें 'त्रिष्टुप्' छन्दके नियमानुसार दूसरे चरणमें एक अक्षर अधिक होनेसे यह 'भुरिक् आर्ष' छन्द है।

आठवें अध्यायके दसवें श्लोकमें 'जगती' छन्दके नियमानुसार पहले, दूसरे और तीसरे चरणोंमें एक अक्षर कम होनेसे यह 'निचृत् आर्ष' छन्द है। इसी श्लोकमें 'त्रिष्टुप्' छन्दके नियमानुसार चौथे चरणमें एक अक्षर अधिक होनेसे यह 'भुरिक् आर्ष' छन्द है।

ग्यारहवें अध्यायके पहले श्लोकमें अनुष्टुप् छन्दके नियमानुसार एक अक्षर अधिक होनेसे अर्थात् तैंतीस अक्षर होनेसे यह 'भुरिक् आर्ष' छन्द है।

पंद्रहवें अध्यायके तीसरे श्लोकमें 'जगती' छन्दके नियमानुसार दूसरे, तीसरे और चौथे चरणोंमें एक अक्षर कम होनेसे यह 'निचृत् आर्ष' छन्द है। इसी श्लोकमें 'त्रिष्टुप्' छन्दके नियमानुसार पहले चरणमें एक अक्षर अधिक होनेसे यह 'भुरिक् आर्ष' छन्द है।

गीताका परिमाण और पूर्ण शरणागति

भगवन्तं प्रपन्नास्तु तदभिन्ना हि सर्वथा।
भक्ताः कृष्णे विलीयन्ते कृष्ण एको हि शिष्यते॥

महर्षि श्रीवेदव्यास-रचित महाभारतमें ऋषिवर वैशम्पायनजीने गीताके परिमाणमें कुल सात सौ पैंतालीस श्लोक बताये हैं—

षट्शतानि सविंशानि श्लोकानां प्राह केशवः।
अर्जुनः सप्तपञ्चाशत् सप्तषष्टिं तु संजयः॥
धृतराष्ट्रः श्लोकमेकं गीताया मानमुच्यते।

(भीष्म० ४३। ४-५)

'गीतामें भगवान् श्रीकृष्णने छः सौ बीस श्लोक कहे हैं, अर्जुनने सत्तावन श्लोक कहे हैं, संजयने सड़सठ श्लोक कहे हैं और धृतराष्ट्रने एक श्लोक कहा है। यह गीताका परिमाण कहा जाता है।[१]'

१- महाभारत (आदिपर्व १। ७४—८३)-में आता है कि ब्रह्माजीके कहनेसे महर्षि वेदव्यासजीने गणेशजीसे महाभारत-ग्रन्थका लेखक बननेकी प्रार्थना की। इसपर गणेशजीने एक शर्त रखी कि यदि लिखते समय क्षणभरके लिये भी मेरी लेखनी न रुके तो मैं इस ग्रन्थका लेखक बन सकता हूँ। वेदव्यासजीने भी गणेशजीके सामने यह शर्त रखी कि आप

गीताकी प्रचलित प्रतिके अनुसार अठारह अध्यायोंके सम्पूर्ण श्लोक जोड़नेपर पाँच सौ चौहत्तर श्लोक भगवान् श्रीकृष्णके, चौरासी श्लोक अर्जुनके, इकतालीस श्लोक संजयके और एक श्लोक धृतराष्ट्रका है, जिनका कुल योग सात सौ होता है। इन सात सौ श्लोकोंमें छः सौ चौवालीस श्लोक बत्तीस अक्षरोंके हैं, एक श्लोक (११।१) तैंतीस अक्षरोंका है, इक्यावन श्लोक चौवालीस अक्षरोंके हैं, तीन श्लोक (२।२९; ८।१०; और १५।३) पैंतालीस अक्षरोंके हैं और एक श्लोक (२।६) छियालीस अक्षरोंका है। इस प्रकार गीताके श्लोकोंके सम्पूर्ण अक्षर २३०६६ (तेईस हजार छाछठ) हैं। पुष्पिकाओंके कुल आठ सौ तिहत्तर अक्षर हैं। उवाचोंके कुल तीन सौ तिरासी अक्षर हैं। **'अथ श्रीमद्भगवद्गीता'**, **'अथ प्रथमोऽध्यायः'** आदिके कुल एक सौ सैंतीस अक्षर हैं। इस प्रकार गीतामें कुल २४४५९ (चौबीस हजार चार सौ उनसठ) अक्षर हैं।

प्राचीनकालसे ऐसी परम्परा है कि बत्तीस अक्षरोंका एक श्लोक मानकर किसी भी पुराण आदि ग्रन्थके श्लोकोंका परिमाण निर्धारित किया जाता है[1] इसके अनुसार अगर गीताके श्लोकोंके सम्पूर्ण अक्षरोंका परिमाण निकाला जाय, तो ७२० $\frac{२६}{३२}$ श्लोक होते हैं। अगर इनके साथ 'उवाच' के तीन सौ तिरासी अक्षर जोड़ दिये जायँ, तो ७३२ $\frac{२५}{३२}$ श्लोक होते हैं; और यदि इनके (श्लोकाक्षरोंके) साथ केवल 'पुष्पिका' के आठ सौ तिहत्तर अक्षर जोड़ दिये जाँय, तो ७४८ $\frac{३}{३२}$ श्लोक होते हैं। अगर श्लोकोंके सम्पूर्ण अक्षरोंके साथ 'उवाच', 'पुष्पिका' और **'अथ प्रथमोऽध्यायः'** आदिके कुल १३९३ (एक हजार तीन सौ तिरानवे) अक्षर और जोड़ें, तो ७६४ $\frac{११}{३२}$ श्लोक होते हैं। इस तरह किसी भी प्रकारसे महाभारत-कथित गीताके परिमाणकी संगति नहीं बैठती। फिर भी परिमाण-सूचक श्लोक उपलब्ध होनेके कारण परिमाणकी संगति बैठाना आवश्यक समझकर एक संतके द्वारा प्राप्त संकेतके अनुसार चेष्टा की गयी है। विद्वानोंसे निवेदन है कि वे इसपर गम्भीरतासे विचार करके अपनी सम्मति देनेकी कृपा करें।

श्रीमद्भगवद्गीता

श्रीमद्भगवद्गीताके प्रथम अध्यायको देखनेसे

भी बिना समझे किसी भी प्रसंगमें एक अक्षर भी न लिखें। गणेशजीने इसे स्वीकार कर लिया और महाभारत लिखने बैठ गये। लिखवाते समय बीच-बीचमें वेदव्यासजी ऐसे-ऐसे (गूढ़ अर्थवाले) कूट श्लोक बोल देते थे, जिन्हें समझनेके लिये गणेशजीको थोड़ा रुकना पड़ता था। उतने समयमें वेदव्यासजी और बहुत-से श्लोकोंकी रचना कर लेते थे। गीता-परिमाण-सम्बन्धी श्लोक भी ऐसे ही कूट श्लोक प्रतीत होते हैं। इसलिये कोई-कोई टीकाकार गीता-परिमाणकी संगति बैठानेमें असमर्थ होकर इन श्लोकोंको प्रक्षिप्त (क्षेपक) मान लेते हैं। परंतु वास्तवमें ये महाभारतके ही श्लोक प्रतीत होते हैं; क्योंकि एक तो ये महाभारतकी पुरानी-से-पुरानी प्रतियोंमें पाये जाते हैं और दूसरे, गीताका गहराईसे विचार करनेपर इन श्लोकोंके अनुसार गीता-परिमाणकी संगति ठीक-ठीक बैठ जाती है।

महाभारतकी जिन प्रतियोंमें हमें गीता-परिमाण-सम्बन्धी उपर्युक्त श्लोक मिले हैं,उनका परिचय इस प्रकार है—

(१) गीताप्रेस, गोरखपुरसे प्रकाशित—
पाण्डेय श्रीरामनारायणदत्त शास्त्रीकृत हिंदी-टीका,पृष्ठ २८१३।

(२) सनातनधर्म प्रेस, मुरादाबादसे प्रकाशित—श्रीरामस्वरूपकृत हिंदी-टीका, पृष्ठ १८४।

(३) महाभारत-प्रकाशक-मण्डल, मालीवाड़ा, दिल्लीसे प्रकाशित—श्रीगंगाप्रसाद शास्त्रीकृत हिंदी-टीका, पृष्ठ ३८७।

(४) स्वाध्याय-मण्डलद्वारा प्रकाशित—श्रीपाद दामोदर सातवलेकरकृत हिंदी-टीका, पृ० २२१।

(५) श्रीद्वारकाप्रसाद शर्माद्वारा किया महाभारतका हिंदी-अनुवादमात्र, पृ० १४६।

(६) महाभारतकी नीलकण्ठी टीका—मूलमें गीता-परिमाण-सम्बन्धी श्लोक दिये हैं; किंतु उनकी टीका न करके 'गीता सुगीता कर्तव्या इत्यादयः सार्धाः पञ्च श्लोकाः गोडैर्न पठ्यन्ते' ऐसा लिखा है।

१- श्रीमद्भागवतमहापुराणकी 'अन्वितार्थप्रकाशिका' टीकाके लेखक पं० श्रीगंगासहायजी शर्माने भी श्रीमद्भागवतके श्लोकोंकी गणनाके लिये इसी अक्षर-गणनाकी (सम्पूर्ण अक्षरोंमें बत्तीसका भाग देनेवाली) पद्धतिको अपनाया है और प्रत्येक अध्यायके अन्तमें उसके श्लोकोंकी गणनाको श्लोकबद्ध करके लिखा है। यह बात दूसरी है कि उनकी गणनाके अनुसार श्रीमद्भागवतके अठारह हजार श्लोकोंमेंसे केवल डेढ़ श्लोक ही कम हैं।

इसी अक्षर-गणनाके आधारपर किसी ग्रन्थके लेखकको पारिश्रमिक देनेकी परम्परा भी प्राचीनकालसे है।

पता चलता है कि अर्जुन युद्धके लिये पूर्णरूपसे तैयार हैं। वे स्वयं रथी बने हैं और सारथि बने भगवान्‌को दोनों सेनाओंके बीचमें रथ खड़ा करनेकी आज्ञा देते हैं—**'सेनयोरुभयोर्मध्ये रथं स्थापय मेऽच्युत'** (१।२१)। सारथि बने भगवान् भी रथको दोनों सेनाओंके बीचमें, पितामह भीष्म और आचार्य द्रोणके रथोंके ठीक सामने एक विशेष कलाके साथ खड़ा करते हैं। भगवान्‌की यह कला युद्धोन्मुख अर्जुनको कल्याणके उन्मुख करनेके लिये मानो शक्तिपात थी (जिसकी सिद्धि अठारहवें अध्यायके तिहत्तरवें श्लोकमें हो गयी)। भगवान्‌को जीवोंके कल्याणके लिये अर्जुनको निमित्त बनाकर गीताका महान् उपदेश देना था और इसके लिये अर्जुनको वैसा ही पात्र बनाना था। अतः युद्धस्थलमें पितामह भीष्म और आचार्य द्रोणको अपने सामने विपक्षमें देखकर अर्जुनका छिपा मोह जाग गया। इतना ही नहीं, भगवान्‌ने स्वयं कहा भी कि हे पार्थ! युद्धके लिये एकत्र हुए इन कुरुवंशियोंको देख—**'उवाच पार्थ पश्यैतान् समवेतान् कुरूनिति'** (१।२५)। यहाँ भगवान्‌ने 'धृतराष्ट्रके पुत्रोंको देख' यह न कह करके कुरुवंशियोंको देखनेके लिये कहा है। ऐसा कहनेमें भी स्पष्ट ही अर्जुनका मोह जाग्रत् करनेका भाव मालूम देता है। यदि भगवान् **'उवाच पार्थ पश्यैतान् समवेतान् कुरूनिति'** की जगह **'उवाच पार्थ पश्यैतान् धार्तराष्ट्रान् समानिति'** कह देते तो शायद अर्जुनका कौटुम्बिक मोह जाग्रत् न होकर युद्ध करनेका उत्साह ही विशेष बढ़ता; क्योंकि **'धार्तराष्ट्रस्य दुर्बुद्धेर्युद्धे प्रियचिकीर्षवः'** (१।२३)—यह अर्जुनने पहले ही कहा था! पाण्डव और दुर्योधनादि—दोनों ही उस कुरुवंशके थे; अतः **'कुरु'** शब्दसे अर्जुनका मोह जाग्रत् होना स्वाभाविक ही था। पहले युद्धकी भावनासे जिनको अर्जुन **'धार्तराष्ट्रस्य दुर्बुद्धेः'** कह रहे थे, उनको ही अब वे स्वजन कहने लगे—**'दृष्ट्वेमं स्वजनं कृष्ण'** (१।२८)। युद्धमें स्वजनोंके संहारकी आशंका है। इस मोहके कारण अर्जुन किंकर्तव्यविमूढ़ हो जाते हैं। फिर भी भगवान्‌की शरण होकर श्रेय (कल्याण)-की बात पूछते हैं (२।७)। उत्तरमें भगवान् दिव्य गीतोपदेश देते हैं। इससे पता चलता है कि अर्जुन गीता सुननेके लिये स्वयं उन्मुख नहीं हुए, प्रत्युत भगवान्‌के द्वारा उन्मुख किये गये। अतः यह 'भगवद्‌गीता' है, 'अर्जुनगीता' या 'कृष्णार्जुनगीता' नहीं। इसको 'भगवद्‌गीता' कहनेका तात्पर्य यही है कि इसमें श्रीकृष्णार्जुन-संवाद होते हुए भी अर्जुन भगवत्प्रेरित होकर ही बोल रहे हैं अर्थात् इसमें केवल भगवान्‌के वचन हैं।

उवाच भी श्लोक

अब गीता-परिमाणकी संगतिपर विचार किया जाता है। महाभारतके वक्ता महर्षि वैशम्पायन हैं और श्रोता महाराज जनमेजय हैं। महर्षि वैशम्पायनने संजय और धृतराष्ट्रके संवादको ध्यानमें रखते हुए ही गीताके परिमाणका कथन किया है।

गीतामें **'श्रीभगवानुवाच'** अट्ठाईस बार, **'अर्जुन उवाच'** इक्कीस बार, **'संजय उवाच'** नौ बार और **'धृतराष्ट्र उवाच'** एक बार आया है। **'श्रीभगवानुवाच'** और भगवत्-शरणागतिके बाद भगवत्प्रेरित **'अर्जुन उवाच'**को श्लोकात्मक मान लेनेपर गीताका परिमाण (७४५ श्लोक) सिद्ध हो जाता है।

पिंगलाचार्य-रचित **'पिंगलच्छन्दः सूत्रम्'** ग्रन्थके अनुसार एक अक्षरका और एक पदका भी छन्द होता है। एक गाथाछन्द होता है, जिसमें अक्षरों और मात्राओंका भी नियम नहीं है। 'श्रीदुर्गासप्तशती' में भी **'उवाच'** को पूरा श्लोक माना गया है। इस दृष्टिसे गीता-परिमाणमें भी **'उवाच'** को पूरा श्लोक माननेमें आपत्ति नहीं होनी चाहिये। हाँ, कुछ स्थानोंपर शंका हो सकती है, जिसका समाधान आगे किया जा रहा है।

गीता-परिमाणके अनुसार भगवान्‌के छः सौ बीस श्लोक हैं, जब कि गीताकी प्रचलित प्रतिके अनुसार पाँच सौ चौहत्तर श्लोक ही होते हैं। अतः अब शेष छियालीस श्लोकोंपर विचार करना है।

सम्पूर्ण गीताको देखनेसे पता चलता है कि भगवान्‌के हृदयमें अट्ठाईस बार बोलनेका भाव जाग्रत् हुआ है। इन अट्ठाईस उवाचोंको श्लोक-गणनामें

मान लिया जाना चाहिये। ये '**श्रीभगवानुवाच**' होनेसे मन्त्रस्वरूप हैं। इन भावमय भगवत्-श्लोकोंके मन्त्र-द्रष्टा संजय हैं। इसी प्रकार भगवत्-शरणागतिके बाद तत्त्व-जिज्ञासुके रूपमें भगवत्प्रेरित अर्जुन दूसरे अध्यायके चौवनवें श्लोकसे लेकर अठारहवें अध्यायके पहले श्लोकतक सत्रह बार बोले हैं। अत: पैंतालीस (२८+१७=४५) उवाच अपौरुषेय मन्त्रवत् हैं। इन पैंतालीस उवाचोंको गीताकी प्रचलित प्रतिके अनुसार भगवान्‌के कहे हुए पाँच सौ चौहत्तर श्लोकोंके साथ जोड़ देनेपर छः सौ उन्नीस श्लोक भगवान्‌के हो जाते हैं।

गीताकी प्रचलित प्रतिमें अन्तिम '**अर्जुन उवाच**' (१८।१) के बाद अठारहवें अध्यायका तिहत्तरवाँ श्लोक भी अर्जुनका है; किंतु गीता-परिमाणमें '**अर्जुन उवाच**'-सहित एक श्लोक मानकर उसे भगवान्‌के श्लोकोंमें ही सम्मिलित किया गया है। इसके कारणोंका उल्लेख आगे किया जायगा।

भगवत्प्रेरित अर्जुन

भगवान्‌का अथवा किसी जीवन्मुक्त महापुरुष, अधिकारी कारक पुरुषका भाव जब किसी जीवके कल्याणका हो जाता है, तब उसका उसी क्षण कल्याण निश्चित समझ लेना चाहिये, जब कि उसे इसका उसी क्षण अनुभव नहीं होता। इसका पता तो उसे बादमें चलता है। कारण कि जब उसमें रहनेवाली कमियोंको भगवान् अथवा महापुरुष उस जीवके द्वारा शंकाओंके रूपमें प्रकट कराकर दूर कर देते हैं, तब उसको अपने कल्याण (भगवान्‌से साधर्म्य)-का पता चलता है।

अर्जुनने जब एक अक्षौहिणी नारायणी सेनाको छोड़कर केवल नि:शस्त्र भगवान्‌को ही स्वीकार किया*, उसी समय भगवान्‌के हृदयमें अर्जुनके कल्याणका भाव जाग्रत् हो गया। कारण कि जब साधक वैभवका त्याग करके केवल भगवान्‌को स्वीकार कर लेता है, तब उसके कल्याणका उत्तरदायित्व भगवान्‌पर आ जाता है। भगवान्‌का भाव अर्जुनके कल्याणका हो जानेसे अर्जुनका कल्याण तो निश्चित हो ही गया, पर उनमें रहनेवाली कमियोंको दूर करनेके लिये भगवान् उनसे शंकाएँ करवाते हैं और उनका समाधान करके उन्हें वैसे ही नष्ट कर देते हैं, जैसे आग ईंधनको।

गीताको देखनेसे पता चलता है कि भगवत्-शरणागतिके बाद भगवत्प्रेरित अर्जुन सत्रह बार बोलते हैं। शरणागतिके बाद अर्जुन सबसे पहले दूसरे अध्यायके चौवनवें श्लोकमें स्थितप्रज्ञके लक्षण आदिकी बात पूछते हैं। यहाँ भगवत्प्रेरित अर्जुन ही बोल रहे हैं। अगर अर्जुन भगवत्प्रेरित न होते तो उनकी शंकाएँ युद्धके विषयमें ही होतीं। वे ऐसी शंकाएँ ही करते कि युद्ध करना चाहिये या नहीं अथवा युद्ध कैसे करें आदि; क्योंकि वे युद्धका उद्देश्य लेकर ही युद्धभूमिमें आये थे। परंतु यहाँ अर्जुन ऊँचे-से-ऊँचे अध्यात्मतत्त्वकी बात (स्थितप्रज्ञके विषयमें) पूछ रहे हैं। इससे सिद्ध होता है कि अध्यात्म-विषयक वे शंकाएँ, जो अर्जुनके अन्त:करणमें थीं, भगवान्‌की प्रेरणासे जाग उठीं। उन्हें ही भगवत्प्रेरित अर्जुन पूछे रहे हैं।

भगवान्‌की शरणागति स्वीकार करनेके बाद भगवत्प्रेरित अर्जुनद्वारा लोकोपकारके लिये की हुई शंकाओंके आरम्भमें '**अर्जुन उवाच**'-रूप श्लोक महर्षि वेदव्यासके द्वारा लिखे गये हैं और इन श्लोकोंको उन्होंने गीता-परिमाणमें भगवान्‌के ही श्लोक माने हैं—ऐसा प्रतीत होता है। महर्षि वेदव्यासजी अधिकार लेकर आये हुए कारक महापुरुष हैं। उनके कहे हुए श्लोकोंको इधर-उधर करनेका किसको अधिकार है? उनके द्वारा किये गये वेदोंके चार भाग आज भी चार ही माने जाते हैं। गीतामें भगवान्‌के लगातार बोलते रहनेपर भी भगवान्‌के उपदेशको स्पष्टरूपसे समझानेके लिये वेदव्यासजीने उसे भिन्न-भिन्न अध्यायोंके रूपमें विभक्त करके चौथे, छठे, सातवें, नवें, दसवें, तेरहवें, चौदहवें, पन्द्रहवें और सोलहवें अध्यायके आरम्भमें पुन: '**श्रीभगवानुवाच**'-रूप श्लोक देकर उनको भगवान्‌के श्लोकोंमें सम्मिलित किया है। ऐसे ही भगवत्प्रेरित अर्जुनद्वारा की हुई शंकाओंके श्लोकोंके आरम्भमें '**अर्जुन उवाच**'-रूप श्लोकोंको भी भगवान्‌के ही

* एवमुक्तस्तु कृष्णेन कुन्तीपुत्रो धनंजयः। अयुध्यमानं संग्रामे वरयामास केशवम्॥ (महाभारत, उद्योग० ७।२१)

श्लोकोंमें सम्मिलित किया है। परंतु उन श्लोकोंमें शंकाएँ अर्जुनकी अपनी होनेसे उन श्लोकोंको अर्जुनके श्लोकोंके साथ ही परिमाणमें सम्मिलित किया गया है।

शिष्य होते ही मनुष्य गुरुके साथ अभिन्न हो जाता है—**'साह ही को गोतु गोतु होत है गुलामको'** (कवितावली, उत्तर० १०७)। परंतु जबतक शिष्यमें शंकाएँ रहती हैं, तबतक उसका गुरुसे अलगाव रहता है। शिष्यकी शंकाएँ व्यक्तिगत होनेसे ही उसका गुरुके साथ शंका-समाधानरूप संवाद होता है अर्थात् गुरुके साथ अभिन्नता होते हुए भी जहाँ गुरु-शिष्यका संवाद होता है, वहाँ गुरु और शिष्यमें भेद रहता है। ऐसे ही शरणागत होनेके बाद अर्जुन भगवान्‌के साथ अभिन्न हो जाते हैं, परन्तु जबतक उनमें शंकाएँ रहती हैं, तबतक उनका भगवान्‌से अलगाव रहता है। कारण कि अगर दूसरे अध्यायके चौवनवें श्लोकसे लेकर अठारहवें अध्यायके पहले श्लोकतक आये **'अर्जुन उवाच'** के बाद कहे हुए श्लोक अर्जुनकी व्यक्तिगत शंकाओंके द्योतक नहीं होंगे तो 'श्रीकृष्णार्जुनसंवाद' ही सिद्ध नहीं होगा। अतः **'अर्जुन उवाच'** तो भगवत्प्रेरित ही है और शंकामात्र अर्जुनकी है। आगे चलकर जब उनकी शंकाएँ सर्वथा मिट जाती हैं, तब वे भगवान्‌के साथ सर्वथा अभिन्न अर्थात् भगवत्स्वरूप हो जाते हैं (१८।७३)।

लोकसंग्राहक श्रीभगवान्

अठारहवें अध्यायके बहत्तरवें श्लोकमें भगवान् स्वयं ही प्रश्न करते हैं और तिहत्तरवें श्लोकमें लोकसंग्रहके लिये अर्जुनके माध्यमसे स्वयं ही उत्तर देते हैं।

भगवान् और संत-महात्माओंकी वाणीमें कई जगह ऐसा पाया जाता है कि वे स्वयं ही साधक बनकर प्रश्न करते हैं और गुरु बनकर उत्तर देते हैं। जैसे—'अनुगीता' (महाभारत)-में स्वयं भगवान्‌ने अर्जुनके प्रति यह रहस्य प्रकट किया है—

अहं गुरुर्महाबाहो मनः शिष्यं च विद्धि मे।
त्वत्प्रीत्या गुह्यमेतच्च कथितं ते धनंजय॥

(महा०, आश्वमेधिक० ५१। ४६)

'हे महाबाहो! मैं ही गुरु हूँ और मेरे मनको ही शिष्य समझो। हे धनंजय! तुम्हारे स्नेहवश मैंने इस रहस्यका वर्णन किया है।'

श्रीशंकराचार्यजी महाराजकी वाणीमें भी ऐसा आता है कि वे स्वयं ही शिष्य बनकर प्रश्न करते हैं और स्वयं ही गुरु बनकर उत्तर देते हैं—

अपारसंसारसमुद्रमध्ये सम्मज्जतो मे शरणं किमस्ति।
गुरो कृपालो कृपया वदैतद्विश्वेशपादाम्बुजदीर्घनौका॥

(प्रश्नोत्तरी १)

'हे दयामय गुरुदेव! कृपा करके यह बताइये कि अपार संसाररूप समुद्रमें मुझ डूबते हुएका आश्रय क्या है? (गुरुका उत्तर मिलता है—) विश्वपति परमात्माके चरणकमलरूप जहाज।'

इसी प्रकार अठारहवें अध्यायके बहत्तरवें श्लोकमें भी अर्जुनका मोह नष्ट हुआ या नहीं—यह जाननेके लिये भगवान्‌का प्रश्न नहीं है। कारण कि भगवान् सर्वज्ञ हैं। वे नाटकके सूत्रधारकी तरह संसाररूप नाटकको पूरा जानते हैं। वे जानते हैं कि अर्जुनका मोह नष्ट हो गया है। इसीलिये वे अठारहवें अध्यायके छाछठवें श्लोकमें अपने उपदेशका उपसंहार कर देते हैं और फिर गीता-श्रवणके अनधिकारी और अधिकारीका वर्णन करके गीताका माहात्म्य बता देते हैं। इसका अभिप्राय यह हुआ कि भगवान्‌ने पहलेसे ही यह जान लिया है कि अर्जुनका मोह अब सर्वथा नष्ट हो गया है। तभी तो वे अपने उपदेशका उपसंहार कर देते हैं, जब कि अर्जुनने अभीतक अपना मोह नष्ट होना स्वीकार नहीं किया है।

अन्य परीक्षक तो 'परीक्षार्थी क्या जानता है'—इसको जाननेके लिये ही उसकी परीक्षा लेते हैं, पर भगवान्‌की परीक्षा जीव (भक्त)-को उसकी वास्तविक स्थिति जनानेके लिये होती है अर्थात् वे दिखाते हैं कि तू देख ले, तेरी स्थिति कहाँतक है। भगवान् तो सर्वज्ञ होनेसे सबको जानते ही हैं। इसका प्रमाण गीतामें ही मिल जाता है। जैसे—ग्यारहवें अध्यायके पहले श्लोकमें **'मोहोऽयं विगतो मम'** कहकर अर्जुन अपने मोहका चला जाना स्वीकार करते हैं; परंतु भगवान् सर्वज्ञ

होनेसे जानते हैं कि अभी अर्जुनका मोह नष्ट नहीं हुआ है। अतः अर्जुनको जनानेके लिये वे ग्यारहवें अध्यायके ही उनचासवें श्लोकमें कहते हैं—**'मा ते व्यथा मा च विमूढभावः'** अर्थात् मोहके सर्वथा चले जानेपर व्याकुलता और विमूढ़भाव (मोह) पैदा ही नहीं होते; परंतु भैया अर्जुन! तुझे व्याकुलता और विमूढ़भाव — दोनों ही हो रहे हैं; अतः तू देख ले कि अभी तेरा मोह सर्वथा नष्ट नहीं हुआ है।

आगे चलकर (१८।६६के बाद) भगवान् अर्जुनकी स्वीकृतिके बिना भी यह जान जाते हैं कि अब उनका मोह सर्वथा नष्ट हो गया है और वे मेरे साधर्म्यको प्राप्त हो गये हैं। परंतु लोकसंग्रहकी दृष्टिसे भगवान् बहत्तरवें श्लोकमें प्रश्न करते हैं और तिहत्तरवें श्लोकमें अर्जुनके माध्यमसे स्वयं ही उसका उत्तर देते हैं, जिससे लोगोंको यह मालूम हो जाय कि गीताको एकाग्रतापूर्वक सुननेमात्रसे मोहका सर्वथा नाश हो जाता है और तत्त्वकी प्राप्ति हो जाती है। अतः भगवत्-साधर्म्य-प्राप्त (भगवत्स्वरूप) अर्जुनका यह (१८।७३) श्लोक भगवान्का ही मानना चाहिये। तात्पर्य है कि भगवान् लोकसंग्रहके लिये ही अर्जुनसे यह श्लोक कहलवाते हैं।

भगवत्स्वरूप अर्जुन

जिस प्रकार भगवत्-शरणागतिके बाद अर्जुनके 'भगवत्प्रेरित' होनेसे श्लोकरूप **'अर्जुन उवाच'** भगवान्के ही श्लोक माने गये हैं, उसी प्रकार मोहनाशके बाद अर्जुनके 'भगवत्स्वरूप' होनेसे अठारहवें अध्यायका तिहत्तरवाँ श्लोक भी भगवान्का ही माना गया है।

अठारहवें अध्यायके तिहत्तरवें श्लोकको भगवान्का माननेपर यह शंका हो सकती है कि भगवान् स्वयं ही **'नष्टो मोहः स्मृतिर्लब्धा त्वत्प्रसादात्**……' आदि पदोंको अपने प्रति कैसे कह सकते हैं? ये शब्द तो साधक (अर्जुन)-के ही होने चाहिये। इसका समाधान यह है कि मोह सर्वथा नष्ट होनेसे अर्जुनकी भगवान्के साथ अभिन्नता हो गयी। अर्जुनका अपना कुछ नहीं रहा, वे सर्वथा भगवान्के हो गये। उनके द्वारा होनेवाली सभी क्रियाएँ भगवान्की ही हुईं। अतः जीवभावसे मुक्त भगवत्-साधर्म्य-प्राप्त अर्जुनका यह श्लोक तात्त्विक दृष्टिसे भगवान्का ही कहा हुआ माना जा सकता है। कारण कि मोह सर्वथा नष्ट हो जानेपर भक्त और भगवान्में कोई भेद नहीं रहता—**'तस्मिंस्तज्जने भेदाभावात्'** (नारदभक्तिसूत्र ४१)। स्वयं भगवान् कहते हैं—**'ज्ञानी त्वात्मैव मे मतम्'** (गीता ७।१८) 'ज्ञानी (प्रेमी) भक्त तो मेरा स्वरूप ही है—ऐसा मेरा मत है।' और **'मम साधर्म्यमागताः'** (गीता १४।२) 'भक्त मेरे साधर्म्यको प्राप्त हुए हैं। भगवत्-साधर्म्यको प्राप्त हुए भक्तके वचनको भगवान्का ही वचन मानना चाहिये।

जब गुरुका शिष्यमें शक्तिपात होता है, तब शिष्यमें गुरुका अवतार हो जाता है अर्थात् शिष्य गुरुका ही स्वरुप हो जाता है। 'अद्वैतामृतवल्लरी' नामक वेदान्तग्रन्थमें चार प्रकारसे शक्तिपात होनेकी बात आयी है—

(१) स्पर्शसे—जैसे—मुर्गी अपने अंडेपर बैठी रहती है और इस प्रकार उसके स्पर्श (सम्बन्ध)-से अंडा पक जाता है।

(२) शब्दसे—जैसे—कुररी आकाशमें शब्द करती हुई घूमती रहती है और इस प्रकार उसके शब्दसे अंडा पक जाता है।

(३) दृष्टिसे—जैसे—मछली थोड़ी-थोड़ी देरमें अपने अंडेको देखती रहती है, जिससे अंडा पक जाता है।

(४) स्मरणसे—जैसे—कछुई रेतीके भीतर अंडा देती है, पर खुद पानीके भीतर रहती हुई उस अंडेका निरन्तर स्मरण करती रहती है, जिससे अंडा पक जाता है।[1]

१- उदयपुरमें पिचोला नामक एक प्रसिद्ध सरोवर है। एक बार एक संत वहाँ गये और वहाँके नाविकोंसे उन्होंने कछुईके याद करनेमात्रसे अंडोंका पोषण होनेकी सत्यताका पता लगाया। नाविकोंने इस बातकी पुष्टि की। वहाँ रेतीमें एक कछुईके

भगवान्‌की तो स्फुरणामात्रसे ही जीवका कल्याण हो सकता है, पर गीताको देखनेसे पता चलता है कि भगवान्‌का अर्जुनमें उपर्युक्त चारों ही प्रकारसे शक्तिपात हुआ है। भगवान् और अर्जुनका सम्बन्ध ही स्पर्शसे होनेवाला शक्तिपात है। दूसरे अध्यायके सातवें श्लोकमें अर्जुनने भगवान्‌से और अठारहवें अध्यायके तिहत्तरवें श्लोकमें भगवान्‌ने अर्जुनसे विशेष सम्बन्ध जोड़ा है। दूसरी बात, गीता 'श्रीकृष्णार्जुनसंवाद' है और जहाँ संवाद होता है, वहाँ सम्बन्ध तो रहता ही है। भगवान्‌ने अर्जुनकी शंकाओंका समाधान किया—यह शब्दसे होनेवाला शक्तिपात है। कृपा दृष्टिके द्वारा प्रकट होती है। भगवान् अर्जुनको कृपापूर्वक देखते हैं—यह दृष्टिसे होनेवाला शक्तिपात है। भगवान् अर्जुनका कल्याण करना चाहते हैं—यह मनसे होनेवाला शक्तिपात है।

सभी जीव भगवान्‌के अंश होनेके नाते मानो उनके अंडे हैं। यदि जीव सर्वथा भगवान्‌के शरण हो जाय तो उसका मोहरूप आवरण नष्ट हो जाता है और उसे भगवत्-साधर्म्यकी स्मृति प्राप्त हो जाती है। अर्जुनका मोहरूप आवरण नष्ट हो गया है— **'नष्टो मोहः'** और उनको स्मृति प्राप्त हो गयी है— **'स्मृतिर्लब्धा'**; अतः अब उनमें और भगवान्‌में भेद नहीं रहा है।

दूसरी बात, यदि सुननेवाला वक्तासे अभिन्न नहीं हुआ तो वास्तवमें उसने सुना ही नहीं। विद्यार्थी पण्डितसे पढ़कर खुद पण्डित नहीं बना तो वास्तवमें उसने पढ़ा ही नहीं। ऐसे ही गुरुके पास जाकर भी यदि शिष्य संसारका गुरु अर्थात् तत्त्वज्ञ, जीवन्मुक्त नहीं बना तो वास्तवमें उसने गुरुका उपदेश सुना ही नहीं अथवा उसको सच्चा गुरु मिला ही नहीं[1]।

अब यह शंका रह जाती है कि भगवान् **'नष्टो मोहः……'**आदि पद स्वयंके प्रति कैसे बोल गये? इसके समाधानमें यह कहना है कि भगवान्‌को लोगोंमें यह बताना था कि एकाग्रतापूर्वक गीताके श्रवण, पठन, मनन आदिसे साधककी स्वतः ऐसी स्थिति हो जाती है; परंतु ऐसा होनेमें वह अपने साधन, श्रवण, पठन, मनन आदिको नहीं, प्रत्युत भगवत्कृपाको ही हेतु माने। अतः साधनकी ऊँची अवस्थामें भी साधक अभिमानवश कहीं अटक न जाय, इसके लिये अर्जुनके माध्यमसे मोहनाशका हेतु भगवत्कृपाको ही माना गया है।

जबतक मनुष्य अपने उद्योगसे अपना कल्याण मानता है और जबतक उसको बोध नहीं होता, तबतक उसमें अहंभाव पाया जाता है। अहंभावका सर्वथा नाश होनेपर उसको भगवान्‌से अपनी अभिन्नताका अनुभव हो जाता है। उसको पता लग जाता है कि वास्तवमें मैंने कुछ किया ही नहीं, सब काम भगवत्कृपासे ही हुआ है। जब भगवान्‌ने अर्जुनसे प्रश्न किया कि 'तूने एकाग्रतासे गीता सुनी या नहीं?' तब अर्जुनने उत्तर दिया—**'नष्टो मोहः स्मृतिर्लब्धा त्वत्प्रसादान्मयाच्युत।'** तात्पर्य यह है कि अर्जुनने अपने मोहका नाश सुननेसे नहीं, प्रत्युत केवल भगवत्कृपासे ही माना। इससे स्पष्ट है कि उनका अहंभाव सर्वथा मिट गया था; तभी तो उनकी दृष्टि केवल कृपाकी ओर थी। अतः भगवत्-साधर्म्यप्राप्त अर्जुनके ये वचन भगवान्‌के ही माने गये हैं।

साधारण रूपसे विचार करें तो भी **'नष्टो मोहः……करिष्ये वचनं तव'** पद भगवत्-साधर्म्य-प्राप्त भगवत्स्वरूप महापुरुषके ही हो सकते हैं, न कि साधकके। साधनकी ऊँची-से-ऊँची अवस्थामें भी साधकमें अभिमान और स्वार्थका कुछ-न-कुछ अंश रहता ही है, तभी तो वह साधक कहलाता है। अतः वह अपने लिये उपर्युक्त पदोंका प्रयोग कैसे कर सकता है? ये पद तो पूर्णावस्थामें ही कहे जा सकते हैं।

अंडे दबे पड़े थे, जिसका पता नाविकोंको था। नाविकोंने पानीमें अपना जाल फैलाया। जब उस जालमें वह कछुई फँस गयी, तब उन संतने जाकर देखा कि उसके अंडे गल गये थे। इससे पता चलता है कि जालमें फँसनेसे जब घबराहटमें कछुईका स्मरण छूट गया, तब उसके अंडे गल गये।

१-पारस केरा गुण किसा, पलटा नहीं लोहा। कै तो निज पारस नहीं, कै बीच रहा बिछोहा॥
पारसमें अरु संतमें, बहुत अंतरौ जान। वह लोहा कंचन करै, वह करै आपु समान॥

एक शंका यह भी हो सकती है कि '**अर्जुन उवाच**' और उसके बादका यह (१८।७३) श्लोक—दोनोंको मिलाकर एक ही श्लोक क्यों माना गया है? 'उवाच' को अलग श्लोक क्यों नहीं माना गया है? इसके समाधानमें एक बात तो यह है कि यहाँ 'उवाच' भगवान्‌के वचनोंके ही अन्तर्गत है, उनसे अलग नहीं। दूसरी बात यह है कि यहाँ '**उवाच**' को अलग माननेपर पुनरुक्ति होगी; क्योंकि अठारहवें अध्यायके दूसरे श्लोकसे बहत्तरवें श्लोकतक भगवान् ही तो बोल रहे हैं। अतः सम्पूर्ण गीतामें यह पहली पुनरुक्ति बचानेके लिये ही ऐसा किया गया है।

शरणागतिसे पूर्व 'अर्जुन उवाच'

एक प्रश्न होता है कि गीता-परिमाणमें भगवत्-शरणागति (२।७) के बाद अठारह बार आये '**अर्जुन उवाच**' (सत्रह बार 'उवाच' और एक बार अन्तिम 'उवाच'-सहित श्लोक) को ही भगवान्‌के वचनोंके अन्तर्गत क्यों सम्मिलित किया गया? और शरणागतिसे पहले (१।२१ और १।२८ श्लोकोंके बीच और २।३ श्लोकके बाद) आये तीन '**अर्जुन उवाच**' को क्यों छोड़ा गया?

इसका उत्तर यह है कि भगवत्-शरणागतिसे पहले अर्जुन जो तीन बार बोले हैं, वे तीनों '**अर्जुन उवाच**' संजयके ही वचनोंके अन्तर्गत हैं। अतः उनको भगवान्‌के वचनोंमें सम्मिलित नहीं किया गया है। संजय राजा धृतराष्ट्रसे कह रहे हैं कि अर्जुन ऐसा-ऐसा बोले। पहले अध्यायके '**अर्जुन उवाच**' के आरम्भमें और अन्तमें आये हुए '**आह**', '**उक्त्वा**', '**अब्रवीत्**' आदि पदोंको देखनेसे यह स्पष्ट हो जाता है कि अर्जुनके वचनोंको संजय ही अपने शब्दोंमें बोल रहे हैं; जैसे '**पाण्डवः**' (१।२०), '**इदमाह महीपते**' (१।२१), '**एवमुक्तो हृषीकेशः**' (१।२४), '**कौन्तेयः**' (१।२७), '**इदमब्रवीत्**' (१।२८), '**एवमुक्त्वार्जुनः**' (१।४७) आदि पदोंको तथा दूसरे अध्यायके 'अर्जुन उवाच' के बाद '**एवमुक्त्वा हृषीकेशं गुडाकेशः परन्तप**' और '**न योत्स्य इति**' (२।९)।

दूसरे अध्यायके चौथे श्लोकमें '**अर्जुन उवाच**' के आरम्भमें ऐसे पद नहीं मिलते कि आगे आनेवाले अर्जुनके वचन संजय ही बोल रहे हों। कारण कि पहले अध्यायमें अर्जुनने युद्ध न करनेके लिये भगवान्‌के सामने जो युक्तियाँ रखीं, उन सबका युक्तिसंगत उत्तर दिये बिना ही भगवान्‌ने एकाएक (२।२-३में) अर्जुनको कायरतारूप दोषके लिये फटकारा और युद्धके लिये खड़े हो जानेकी आज्ञा दे दी। इस आज्ञाने अर्जुनके भाव उद्वेलित कर दिये। वे कायर बनकर युद्धसे विमुख नहीं हो रहे थे, प्रत्युत धर्मभीरु बनकर, धर्मके भयसे युद्धसे उपरत हो रहे थे। वे अपने मरनेसे नहीं, प्रत्युत स्वजनोंको मारनेके पापसे डरते थे। अतः ज्यों ही भगवान्‌ने दूसरे श्लोकमें '**कुतस्त्वा कश्मलमिदम्**' आदि पदोंद्वारा अर्जुनको जोरसे फटकारा, त्यों ही अर्जुन भी अपने भावोंका ठीक समाधान न पाकर अकस्मात् उत्तेजित होकर बोल उठे—'**कथं भीष्ममहं संख्ये द्रोणं च मधुसूदन। इषुभिः प्रति योत्स्यामि पूजार्हावरिसूदन**' (२।४)। 'हे मधुसूदन! मैं रणभूमिमें भीष्म और द्रोणके साथ बाणोंसे युद्ध कैसे करूँ? क्योंकि हे अरिसूदन! ये दोनों ही पूजनीय हैं।' यहाँ 'मधुसूदन' और 'अरिसूदन' सम्बोधन देनेका तात्पर्य है कि आप तो दैत्यों और शत्रुओंको मारनेवाले हैं, पर मेरे सामने तो युद्धमें पितामह भीष्म (दादाजी) और आचार्य द्रोण (विद्यागुरु) खड़े हैं। संसारमें मनुष्यके दो ही सम्बन्ध मुख्य हैं—कौटुम्बिक सम्बन्ध और विद्या-सम्बन्ध। दोनों ही अर्जुनके सामने उपस्थित हैं। सम्बन्धमें बड़े होनेके नाते दोनों ही आदरणीय और पूजनीय हैं। भगवान् उनके साथ युद्ध करनेकी आज्ञा देते हैं, जिससे उद्विग्न होकर अर्जुन एकाएक बोल उठते हैं; इसलिये संजयको '**इदमाह**', '**उक्त्वा**' आदि पदोंसे संकेत करनेका अवसर ही नहीं मिला।

यदि गहराईसे देखा जाय तो दूसरे अध्यायमें अर्जुनके बोलनेके बाद (२।९-१०में) जहाँ संजय बोलते हैं, वहाँ उन्होंने अपने वचनोंको दो भागोंमें विभक्त किया है—(१) **एवमुक्त्वा हृषीकेशं गुडाकेशः परन्तप**' पदोंसे संजय दूसरे अध्यायके

चौथेसे आठवें श्लोकतक कहे हुए अर्जुनके वचनोंकी ओर लक्ष्य कराते हैं और (२) **'न योत्स्ये'** पदोंसे संजय अर्जुनके वचनको स्पष्टरूपसे अपने वचनोंमें कहते हैं।

अब यह प्रश्न हो सकता है कि जब अर्जुनके श्लोकोंको इस प्रकार संजयके श्लोकोंके अन्तर्गत मानते हैं, तो फिर ग्यारहवें अध्यायमें संजयद्वारा कहे गये **'एवमुक्त्वा'** (११।९),**'एतच्छ्रुत्वा'** (११।३५) और **'इत्यर्जुनम्'** (११।५०)—इन पदोंसे पहले आये भगवान्‌के वचनोंको तथा अठारहवें अध्यायमें संजयद्वारा कहे गये **'इत्यहम्'** (१८।७४) पदसे पहले आये भगवत्स्वरूप अर्जुनके वचनको भी संजयके ही वचनोंके अन्तर्गत क्यों नहीं मानते? यद्यपि इस प्रश्नका उत्तर सामान्य रीतिसे दूसरी जगह भी दिया जा चुका है, फिर भी यहाँ कहा जा सकता है कि भगवान्‌के श्लोक किसी प्रकार क्यों न आयें, वे भगवान्‌के ही माने जा सकते हैं। दूसरी बात, संजय वेदव्यासप्रदत्त दिव्यदृष्टिसे सम्पन्न हैं और अर्जुनको भी भगवान्‌ने दिव्यदृष्टि दी है (११।८)। अतः ग्यारहवें अध्यायमें संजयकी दिव्यदृष्टि भगवत्प्रदत्त दिव्यदृष्टिसे अभिन्न हो जाती है, जिससे संजय भगवान् और अर्जुनके वचन ही बोलते हैं, न कि अपने वचन।

एक बात और है कि संजय राजा धृतराष्ट्रको श्रीकृष्णार्जुनसंवादरूप गीताशास्त्र सुना रहे हैं, जिसमें विवेचन करते हुए उन्होंने उपर्युक्त **'एवमुक्त्वा'**, **'एतच्छ्रुत्वा'** आदि पदोंका प्रयोग किया है। संजय भगवत्-वाणीरूप मन्त्रके द्रष्टामात्र हैं। अतः भगवान्‌द्वारा कहे गये श्लोक भगवान्‌के ही मानने चाहिये।

एक यह प्रश्न हो सकता है कि जैसे शरणागतिसे पहले आये अर्जुनके श्लोकोंको संजयकथित माना गया, ऐसे ही शरणागतिसे पहले आये भगवान्‌के श्लोकों (२।२-३)-को भी संजयकथित क्यों नहीं माना गया? कारण कि भगवान्‌का उपदेश तो दूसरे अध्यायके ग्यारहवें श्लोकसे आरम्भ होता है। इसका उत्तर यह है कि दूसरे अध्यायका दूसरा और तीसरा—दोनों ही श्लोक गीताके मूल श्लोक हैं और इनमें भगवान्‌ने **'अनार्यजुष्टम्'**, **'अस्वर्ग्यम्'**, **'अकीर्तिकरम्'** आदि पदोंसे स्वधर्मत्यागकी जिन हानियोंका संक्षेपसे उल्लेख किया है, उन्हींका विस्तृत व्याख्यारूपसे वर्णन दूसरे अध्यायके इकतीसवेंसे अड़तीसवें श्लोकतक किया है। अतः ये दो श्लोक (२।२-३) संजयके न मानकर भगवान्‌के ही मानने चाहिये। इसके सिवाय इन श्लोकोंमें भगवान्‌ने कायरता छोड़कर युद्धके लिये खड़े होनेकी जो आज्ञा दी है, उसीको भगवत्स्वरूप अर्जुनने उपदेशके अन्तमें शिरोधार्य किया है—**'करिष्ये वचनं तव'** (१८।७३)। अतः स्पष्ट है कि ये श्लोक संजयके न मानकर भगवान्‌के ही माने जायँ।

गहराईसे देखनेपर यह प्रतीत होता है कि भगवद्‌गीताको दो भागोंमें बाँटा जा सकता है—(१) **'इतिहास-भाग'**, जो पहले अध्यायके आरम्भसे दूसरे अध्यायके दसवें श्लोकतक है और (२) **'उपदेश-भाग'**, जो दूसरे अध्यायके ग्यारहवें श्लोकसे अठारहवें अध्यायके अन्ततक है। गीताका मूल इतिहास-भाग ही है, जिसके आधारपर उपदेश-भाग टिका हुआ है। इन दोनों भागोंमें इतिहास-भाग संजय-कथनके अन्तर्गत है और उपदेश-भाग श्रीकृष्णार्जुनसंवादके अन्तर्गत है। इतिहास-भागमें आया अर्जुन-कथन ही संजय कथनमें लीन होगा, न कि भगवत्कथन। कारण कि भगवान्‌की महिमा कहीं भी कम नहीं होती, चाहे इतिहास हो या उपदेश।

एक प्रश्न यह भी हो सकता है कि यदि गीतामें आये सभी भगवत्-वचनोंको भगवान्‌के श्लोकोंकी गणनामें लेना आवश्यक है, तो फिर पहले अध्यायके पचीसवें श्लोकमें आये **'पार्थ पश्यैतान् समवेतान् कुरून्'**—इस वचनको गीता-परिमाणमें भगवान्‌के श्लोकोंमें क्यों नहीं लिया गया? इसके उत्तरमें पहली बात तो यह है कि पहले अध्यायका पचीसवाँ श्लोक पूरा भगवान्‌द्वारा कथित नहीं है, प्रत्युत इस श्लोकके उत्तरार्धमें आये केवल ग्यारह अक्षर ही भगवान्‌के कहे हुए हैं। अतः पूरा श्लोक न होनेसे इसको परिमाणमें सम्मिलित नहीं किया जा सकता। दूसरी बात, महर्षि वेदव्यासजीने (**'श्रीभगवानुवाच'** पद न देकर) इसको भगवान्‌का स्वतन्त्र श्लोक नहीं माना है, प्रत्युत इसको संजयके वचनोंमें ही माना है। अतः स्वतन्त्ररूपसे भगवत्कथित

श्लोक न होनेसे इसको भगवान्‌के श्लोकोंमें सम्मिलित नहीं किया गया है। तीसरी बात, भगवान् इस श्लोकमें अर्जुनके निर्देशानुसार (१। २१—२३) सारथिरूपसे बोल रहे हैं। अतः यह श्लोक स्वतन्त्ररूपसे भगवद्वाणी न होनेसे भगवान्‌के श्लोकोंमें सम्मिलित नहीं किया जा सकता।

'**श्रीभगवानुवाच**' की पुनरुक्ति क्यों?

गीता-परिमाणमें यह एक आवश्यक प्रश्न हो सकता है कि अध्यायोंके आरम्भमें आये '**श्रीभगवानुवाच**' को परिमाणकी गणनामें दूसरी बार पुनः सम्मिलित क्यों किया गया, जबकि पहलेसे भगवान् ही तो बोलते आ रहे हैं? जैसे—तीसरे अध्यायके सैंतीसवें श्लोकसे भगवान् ही बोल रहे हैं, फिर भी चौथे अध्यायके आरम्भमें '**श्रीभगवानुवाच**' को परिमाणकी गणनामें श्लोकरूपसे पुनः सम्मिलित किया गया है।

इसका उत्तर यह है कि साक्षात् भगवान् श्रीकृष्णके मुखारविन्दसे निकली वाणी गीताके संकलनकर्ता महर्षि वेदव्यासजी हैं और उन्होंने ही इसे श्लोकबद्ध करके अठारह अध्यायोंमें विभक्त किया है। भगवान्‌के लगातार बोलते रहनेपर भी उन्होंने चौथे, छठे, सातवें, नवें, दसवें, तेरहवें, चौदहवें, पंद्रहवें और सोलहवें अध्यायके आरम्भमें '**श्रीभगवानुवाच**'—रूप श्लोक दिया है। अधिकारप्राप्त आप्तपुरुष होनेसे महर्षि वेदव्यासजीके वचन सभीको सदा मान्य हैं। उन्होंने ही कृपा करके जैसे वेदोंको स्पष्टरूपसे समझानेके लिये उसको अलग-अलग चार भागोंमें (ऋग्वेद, सामवेद, यजुर्वेद और अथर्ववेदके रूपमें) विभक्त किया है, ऐसे ही गीतामें भगवान्‌के दिये उपदेशका जैसा अनुभव किया, वैसा स्पष्टरूपसे समझानेके लिये उसको अलग-अलग अठारह अध्यायोंमें विभक्त किया है।

दूसरी बात यह है कि अध्यायके आरम्भमें कौन बोल रहा है, यह बतानेके लिये 'उवाच' देना आवश्यक ही हो जाता है। अतः भगवान्‌के लगातार बोलते रहनेपर भी अध्यायके आरम्भमें पुनः '**श्रीभगवानुवाच**' देकर परिमाणमें उसको भगवान्‌का ही श्लोक माना है।

तीसरी बात, अध्यायके अन्तमें पुष्पिकारूप '**इति**' लगा देनेसे नये ग्रन्थके समान ही आगेका अध्याय आरम्भ होता है। अतः अध्यायके आरम्भमें '**श्रीभगवानुवाच**' पुनः देना आवश्यक होनेसे ही वेदव्यासजी महाराजने इसको पुनरुक्ति नहीं माना। महर्षि वेदव्यासजीके माने हुए नियमोंको इधर-उधर करनेका किसीको भी अधिकार नहीं है।

भगवान्‌के छः सौ बीस श्लोक

इस प्रकार गीताकी प्रचलित प्रतिमें भगवान्‌द्वारा कहे हुए पाँच सौ चौहत्तर श्लोकोंके साथ अट्ठाईस '**श्रीभगवानुवाच**'-रूप श्लोक, सत्रह भगवत्प्रेरित '**अर्जुन उवाच**'-रूप श्लोक और एक अठारहवें अध्यायका '**अर्जुन उवाच**'-सहित तिहत्तरवाँ श्लोक और जोड़ देनेपर भगवान्‌के छः सौ बीस (५७४+२८+१७+१=६२०) श्लोक हो जाते हैं। अतः महाभारतोक्त गीता-परिमाणका यह वचन प्रमाणित हो जाता है—

'**षट्शतानि सविंशानि श्लोकानां प्राह केशवः**'।

अर्जुनके सत्तावन श्लोक

प्रचलित गीतामें अर्जुनके चौरासी श्लोक और इक्कीस उवाच हैं; किंतु महाभारतोक्त गीता-परिमाणमें अर्जुनके सत्तावन श्लोक ही बताये गये हैं। जैसा कि पहले बताया जा चुका है, भगवत्-शरणागतिके बाद सत्रह '**अर्जुन उवाच**'-रूप श्लोक और एक अठारहवें अध्यायका '**अर्जुन उवाच**'-सहित तिहत्तरवाँ श्लोक भगवान्‌के श्लोकोंमें सम्मिलित किया गया है तथा भगवत्-शरणागति (२। ७)-से पहले आये तीन '**अर्जुन उवाच**' को परिमाणमें अलगसे न लेकर '**संजय उवाच**' के ही अन्तर्गत लिया गया है।

गीताकी यह शैली भी है कि एकके कहे हुए वचन दूसरेके वचनोंके अन्तर्गत आ जाते हैं; जैसे—पहले अध्यायमें तीसरेसे ग्यारहवें श्लोकतक कहे गये दुर्योधनके वचन संजयके वचनोंके अन्तर्गत आये हैं और तीसरे अध्यायमें दसवेंसे बारहवें श्लोकके पूर्वार्धतक कहे गये प्रजापति ब्रह्माजीके वचन भगवान्‌के वचनोंके अन्तर्गत आये हैं। ऐसे ही अर्जुनके वचन '**न योत्स्ये**'

(२।९) संजयके वचनोंके अन्तर्गत आये हैं तथा साधकके वचन '**तमेव चाद्यं पुरुषं प्रपद्ये**' (१५।४) भगवान्‌के वचनोंके अन्तर्गत आये हैं। इसी तरह गीता-परिमाणमें पहले अध्यायके इक्कीसवें श्लोकके उत्तरार्धसे तेईसवें श्लोकतक तथा अट्ठाईसवें श्लोकके उत्तरार्धसे छियालीसवें श्लोकतक और दूसरे अध्यायके चौथे श्लोकसे आठवें श्लोकतक आये अर्जुनके वचनों (कुल छब्बीस श्लोकों)-को संजयके ही वचनोंके अन्तर्गत लिया गया है। इस विषयमें पहले ही बताया जा चुका है कि धृतराष्ट्रको श्रीकृष्णार्जुन-संवादरूप गीता-शास्त्र सुनाते हुए संजय '**इदमाह महीपते**' (१।२१) आदि पदोंसे कह रहे हैं कि 'राजन्! युद्धस्थलमें अर्जुनने ऐसा-ऐसा कहा।' अतः ये छब्बीस श्लोक संजयके श्लोकोंकी गणनामें ही सम्मिलित करने चाहिये, न कि अर्जुनके श्लोकोंकी गणनामें।

इस प्रकार गीताकी प्रचलित प्रतिमें आये अर्जुनके चौरासी श्लोकोंमेंसे उपर्युक्त छब्बीस श्लोक और अठारहवें अध्यायका तिहत्तरवाँ श्लोक घटा देनेपर अर्जुनके सत्तावन (८४-२७=५७) श्लोक रह जाते हैं। अतः महाभारतोक्त गीता-परिमाणका यह वचन प्रमाणित हो जाता है—'**अर्जुनः सप्त पञ्चाशत्**'।

संजयके सड़सठ श्लोक

गीताकी प्रचलित प्रतिके अनुसार संजयके इकतालीस ही श्लोक हैं और नौ '**संजय उवाच**' हैं; किंतु गीता-परिमाणमें संजयके सड़सठ श्लोक बताये गये हैं। गीता-परिमाणमें '**संजय उवाच**' को अलग श्लोक न मानकर संजयके श्लोकोंमें ही लिया गया है। कारण कि गीतामें केवल श्रीकृष्णार्जुनसंवाद होनेसे '**श्रीभगवानुवाच**' और भगवत्प्रेरित '**अर्जुन उवाच**' को ही अलग श्लोकरूपसे माना गया है।

दूसरी बात, धृतराष्ट्र और संजयका संवाद हस्तिनापुरमें हुआ था, न कि भगवान्‌के सामने। जिनका संवाद भगवान्‌के सामने नहीं हुआ, उनके 'उवाच' को श्लोकरूप नहीं माना गया और '**अर्जुन उवाच**' को इसलिये श्लोकरूप माना गया कि वे भगवान्‌के सामने बोल रहे थे। इसीलिये पुष्पिकामें गीताको 'श्रीकृष्णार्जुन-संवाद' कहा गया है, न कि 'धृतराष्ट्र-संजय-संवाद'।

यह तो पहले ही बताया जा चुका है कि पहले और दूसरे अध्यायमें आये अर्जुनके छब्बीस श्लोकोंको संजयके ही श्लोक मानने चाहिये। इन छब्बीस श्लोकोंको संजयके इकतालीस श्लोकोंके साथ जोड़नेपर संजयके सड़सठ (२६+४१=६७) श्लोक हो जाते हैं। अतः महाभारतोक्त गीता-परिमाणका यह वचन प्रमाणित हो जाता है—'**सप्तषष्टिं तु संजयः**।'

धृतराष्ट्रका एक श्लोक

गीताकी प्रचलित प्रतिमें धृतराष्ट्रका एक श्लोक ही है और महाभारतोक्त गीता-परिमाणमें भी धृतराष्ट्रका एक ही श्लोक बताया गया है—'**धृतराष्ट्रः श्लोकमेकम्**।' अतः इस श्लोकके परिमाणमें कोई मतभेद नहीं है।

'**संजय उवाच**' की तरह '**धृतराष्ट्र उवाच**' को भी अलगसे श्लोक न मानकर धृतराष्ट्रके श्लोकमें ही लिया गया है। '**धृतराष्ट्र उवाच**' और '**संजय उवाच**' दोनों ही महाभारतके वक्ता महर्षि वैशम्पायनजीके वचनोंके अन्तर्गत हैं।

यह शंका भी हो सकती है कि धृतराष्ट्रकथित श्लोकको गीतामें क्यों सम्मिलित किया गया है? इसके समाधानमें पहली बात तो यह है कि धृतराष्ट्रका मूल प्रश्न (१।१) ही गीताके प्राकट्यमें हेतु है। धृतराष्ट्र युद्ध-स्थलमें हुई सम्पूर्ण घटनाओंको विस्तारसे सुननेके लिये प्रश्न करते हैं। उसके उत्तरमें महर्षि वेदव्यासजीके कृपापात्र संजय श्रीकृष्णार्जुनसंवादरूप गीता-शास्त्रको (जो युद्धस्थलमें सबसे पहली घटना थी) वेदव्यासजीके विशेष कृपापात्र राजा धृतराष्ट्रको सुनाते हैं*। अतः गीताके प्राकट्यमें मूल प्रश्न होनेसे ही

* महाभारत देखनेसे पता चलता है कि महर्षि वेदव्यासजीकी धृतराष्ट्रपर बड़ी कृपा थी। जब दोनों ओरसे महाभारत-युद्धकी पूरी तैयारी हो गयी, तब वेदव्यासजीने धृतराष्ट्रके समीप जाकर उनसे कहा कि 'महाभारतका युद्ध अनिवार्य है। यह होनी है, जो अवश्य होगी। यदि इस घोर संग्राममको देखना चाहो तो मैं तुम्हें दिव्यदृष्टि प्रदान कर सकता हूँ' (भीष्म० २।४—६)। धृतराष्ट्रने कहा कि

धृतराष्ट्रका यह श्लोक गीतामें सम्मिलित किया गया है।

दूसरी बात, जैसे पहले अध्यायमें अर्जुनका विषाद भी भगवान्‌के साथ सम्बन्ध जोड़नेवाला तथा कल्याणकी ओर ले जानेवाला होनेसे 'योग' (अर्जुनविषादयोग) हो गया, ऐसे ही धृतराष्ट्रका प्रश्न भी भगवद्वाणीके प्राकट्यमें हेतु होनेके कारण भगवद्गीतामें सम्मिलित हो गया।

तात्पर्य

यदि इस लेखको गहराईसे, मनन-विचारपूर्वक और भगवान्‌में श्रद्धा रखते हुए पढ़ा जाय तो महाभारतोक्त गीता-परिमाणकी संगति ठीक बैठ जाती है और इस विषयमें पैदा होनेवाली सभी शंकाओंका समाधान भी हो जाता है। इससे सिद्ध होता है कि महर्षि वेदव्यासरचित महाभारतमें गीताका जो परिमाण बताया गया है, वह यथार्थ ही है। अतः पाठकी दृष्टिसे तो गीताका प्रचलित पाठ ही उपयुक्त है और परिमाणकी दृष्टिसे इस लेखमें बतायी पद्धतिके अनुसार महाभारतोक्त गीता-परिमाण ही उपयुक्त है।*

गीता-परिमाणकी संगति ठीक-ठीक बैठ जानेसे यह तात्पर्य निकलता है कि जब मनुष्य संसारसे हटकर अपना कल्याण चाहता है और वचनमात्रसे भी भगवान्‌की शरण हो जाता है, तब (भगवत्परायण होनेसे) उसका कल्याण होना निश्चित है। पूर्ण शरणागत होनेपर तो एक भगवान् ही रह जाते हैं अर्थात् भक्त और भगवान्‌में कोई भेद नहीं रहता।

गीता-परिमाणके अनुसार तालिका

अध्याय	१	२	३	४	५	६	७	८	९	१०	११	१२	१३	१४	१५	१६	१७	१८	योग
धृतराष्ट्र	१																		१
संजय	४६	८									८							५	६७
अर्जुन		१ (२।५४)	३	१	१	५		२		७	३३	१		१			१	१	५७
श्रीभगवान्		६७	४४	४४	३०	४७	३१	२८	३५	३८	२२	२१	३५	२९	२१	२५	२९	७४	६२०
पूर्ण संख्या	४७	७६	४७	४५	३१	५२	३१	३०	३५	४५	६३	२२	३५	३०	२१	२५	३०	८०	७४५

'ब्रह्मर्षिश्रेष्ठ! मैं जीवनभर अन्धा रहा, अब मैं अपने ही कुलका संहार अपने नेत्रोंसे देखना नहीं चाहता। हाँ, युद्धकी घटनाओंको भलीभाँति सुनना अवश्य चाहता हूँ' (भीष्म० २।७)। वेदव्यासजीको तो पता ही था कि युद्धसे पहले भगवान् श्रीकृष्ण अर्जुनको गीताका महान् उपदेश देंगे। अतः उस दिव्य गीतोपदेशको धृतराष्ट्रके कल्याणके लिये सुनानेके लिये उन्होंने उनके मन्त्री महात्मा संजयको दिव्यदृष्टि प्रदान की और धृतराष्ट्रसे कहा कि 'संजय तुम्हें युद्धका सारा वृत्तान्त सुनायेगा। यह दिव्य चक्षुवाला हो जायगा और युद्धकी समस्त घटनाओंको प्रत्यक्ष देख, सुन और जान सकेगा। सामने या पीछे, दिनमें या रातमें, गुप्त या प्रकट, क्रियारूपमें परिणत या सैनिकोंके मनमें आयी कोई भी बात इससे छिपी न रह सकेगी' (भीष्म० २।९—११)।

* गुजराती एवं बँगला भाषामें प्रकाशित ऐसी गीता भी हमारे देखनेमें आयी है, जिसमें गीताके ७४५ श्लोक दिये गये हैं। परन्तु उनमें प्रचलित पाठसे अधिक जो ४५ श्लोक लिये गये हैं, वे गीताके भाव एवं प्रवाह (प्रसंग)-के अनुसार ठीक नहीं बैठते तथा उनकी रचना भी वैष्णव सम्प्रदायके किसी व्यक्तिके द्वारा की गयी प्रतीत होती है। अतः ऊपरसे जोड़े गये वे ४५ श्लोक हमें ठीक जँचे नहीं।

॥श्रीहरि:॥

गीतोक्त संक्षिप्त सूक्ति-संग्रह

जब कोई वाक्य या वाक्यांश अपनी जगहसे अलग कर देनेपर भी सुननेमात्रसे किसी अनुभव, उपदेश आदिका ज्ञान कराता है, तब वह 'सूक्ति' कहलाता है। यद्यपि गीताके सभी श्लोक सूक्तियाँ हैं, तथापि यहाँ उनमेंसे कुछ सूक्तियाँ छाँटकर दी जा रही हैं—

१-'क्लैब्यं मा स्म गमः' (२।३)।

२-'शिष्यस्तेऽहं शाधि मां त्वां प्रपन्नम्' (२।७)।

३-'गतासूनगतासूंश्च नानुशोचन्ति पण्डिताः' (२।११)।

४-'आगमापायिनोऽनित्यास्तांस्तितिक्षस्व भारत' (२।१४)।

५-'समदुःखसुखं धीरं सोऽमृतत्वाय कल्पते' (२।१५)।

६-'नासतो विद्यते भावो नाभावो विद्यते सतः' (२।१६)।

७-'अन्तवन्त इमे देहाः' (२।१८)।

८-'नायं हन्ति न हन्यते' (२।१९)।

९-'न हन्यते हन्यमाने शरीरे' (२।२०)।

१०-वासांसि जीर्णानि यथा विहाय नवानि गृह्णाति नरोऽपराणि।
तथा शरीराणि विहाय जीर्णान्यन्यानि संयाति नवानि देही॥ (२।२२)।

११-नैनं छिन्दन्ति शस्त्राणि नैनं दहति पावकः।
न चैनं क्लेदयन्त्यापो न शोषयति मारुतः॥ (२।२३)।

१२-'नित्यः सर्वगतः स्थाणुरचलोऽयं सनातनः' (२।२४)।

१३-'जातस्य हि ध्रुवो मृत्युः' (२।२७)।

१४-सुखदुःखे समे कृत्वा लाभालाभौ जयाजयौ।
ततो युद्धाय युज्यस्व नैवं पापमवाप्स्यसि॥ (२।३८)।

१५-'स्वल्पमप्यस्य धर्मस्य त्रायते महतो भयात्' (२।४०)।

१६-'कर्मण्येवाधिकारस्ते मा फलेषु कदाचन' (२।४७)।

१७-'समत्वं योग उच्यते' (२।४८)।

१८-'बुद्धिनाशात् प्रणश्यति' (२।६३)।

१९-'प्रसादे सर्वदुःखानां हानिरस्योपजायते' (२।६५)।

२०-'अशान्तस्य कुतः सुखम्' (२।६६)।

२१-'या निशा सर्वभूतानां तस्यां जागर्ति संयमी' (२।६९)।

२२-'स शान्तिमाप्नोति न कामकामी' (२।७०)।

२३-'निर्ममो निरहंकारः स शान्तिमधिगच्छति' (२।७१)।

२४-'तदेकं वद निश्चित्य येन श्रेयोऽहमाप्नुयाम्' (३।२)।

२५-'न हि कश्चित् क्षणमपि जातु तिष्ठत्यकर्मकृत्' (३।५)।

२६-'यज्ञार्थात् कर्मणोऽन्यत्र लोकोऽयं कर्मबन्धनः' (३।९)।

२७-'परस्परं भावयन्तः श्रेयः परमवाप्स्यथ' (३।११)।

२८-'भुञ्जते ते त्वघं पापा ये पचन्त्यात्मकारणात्' (३। १३)।

२९-अन्नाद्भवन्ति भूतानि पर्जन्यादन्नसम्भवः।
यज्ञाद्भवति पर्जन्यो यज्ञः कर्मसमुद्भवः॥ (३। १४)।

३०-एवं प्रवर्तितं चक्रं नानुवर्तयतीह यः।
अघायुरिन्द्रियारामो मोघं पार्थ स जीवति॥ (३। १६)।

३१-'नैव तस्य कृतेनार्थो नाकृतेनेह कश्चन' (३। १८)।

३२-'तस्मादसक्तः सततं कार्यं कर्म समाचर' (३। १९)।

३३-यद्यदाचरति श्रेष्ठस्तत्तदेवेतरो जनः।
स यत्प्रमाणं कुरुते लोकस्तदनुवर्तते॥ (३। २१)।

३४-'अहंकारविमूढात्मा कर्ताहमिति मन्यते' (३। २७)।

३५-तत्त्ववित्तु महाबाहो गुणकर्मविभागयोः।
गुणा गुणेषु वर्तन्त इति मत्वा न सज्जते॥ (३। २८)।

३६-'स्वधर्मे निधनं श्रेयः परधर्मो भयावहः' (३। ३५)।

३७-'जहि शत्रुं महाबाहो कामरूपं दुरासदम्' (३। ४३)।

३८-यदा यदा हि धर्मस्य ग्लानिर्भवति भारत।
अभ्युत्थानमधर्मस्य तदात्मानं सृजाम्यहम्॥ (४। ७)।

३९-परित्राणाय साधूनां विनाशाय च दुष्कृताम्।
धर्मसंस्थापनार्थाय सम्भवामि युगे युगे॥ (४। ८)।

४०-'जन्म कर्म च मे दिव्यम्' (४। ९)।

४१-'ये यथा मां प्रपद्यन्ते तांस्तथैव भजाम्यहम्' (४। ११)।

४२-'चातुर्वर्ण्यं मया सृष्टं गुणकर्मविभागशः' (४। १३)।

४३-'गहना कर्मणो गतिः' (४। १७)।

४४-'यज्ञायाचरतः कर्म समग्रं प्रविलीयते' (४। २३)।

४५-ब्रह्मार्पणं ब्रह्म हविर्ब्रह्माग्नौ ब्रह्मणा हुतम्।
ब्रह्मैव तेन गन्तव्यं ब्रह्मकर्मसमाधिना॥ (४। २४)।

४६-'यज्ञशिष्टामृतभुजो यान्ति ब्रह्म सनातनम्'। (४। ३१)।

४७-'सर्वं कर्माखिलं पार्थ ज्ञाने परिसमाप्यते' (४। ३३)।

४८-तद्विद्धि प्रणिपातेन परिप्रश्नेन सेवया।
उपदेक्ष्यन्ति ते ज्ञानं ज्ञानिनस्तत्त्वदर्शिनः॥ (४। ३४)।

४९-'यज्ज्ञात्वा न पुनर्मोहम्' (४। ३५)

५०-'श्रद्धावाँल्लभते ज्ञानम्' (४। ३९)

५१-'संशयात्मा विनश्यति' (४। ४०)

५२-'कर्मयोगो विशिष्यते' (५। २)

५३-'निर्द्वन्द्वो हि महाबाहो सुखं बन्धात्प्रमुच्यते' (५। ३)।

५४-'फले सक्तो निबध्यते' (५। १२)।

५५-'इहैव तैर्जितः सर्गो येषां साम्ये स्थितं मनः' (५।१९)।

५६-'ब्रह्मविद् ब्रह्मणि स्थितः' (५।२०)।

५७-ये हि संस्पर्शजा भोगा दुःखयोनय एव ते।
आद्यन्तवन्तः कौन्तेय न तेषु रमते बुधः॥ (५।२२)।

५८-भोक्तारं यज्ञतपसां सर्वलोकमहेश्वरम्।
सुहृदं सर्वभूतानां ज्ञात्वा मां शान्तिमृच्छति॥ (५।२९)।

५९-'न ह्यसंन्यस्तसङ्कल्पो योगी भवति कश्चन' (६।२)।

६०-'आरुरुक्षोर्मुनेर्योगं कर्म कारणमुच्यते' (६।३)।

६१-उद्धरेदात्मनात्मानं नात्मानमवसादयेत्।
आत्मैव ह्यात्मनो बन्धुरात्मैव रिपुरात्मनः॥ (६।५)।

६२-'समबुद्धिर्विशिष्यते' (६।९)।

६३-युक्ताहारविहारस्य युक्तचेष्टस्य कर्मसु।
युक्तस्वप्नावबोधस्य योगो भवति दुःखहा॥ (६।१७)।

६४-यं लब्ध्वा चापरं लाभं मन्यते नाधिकं ततः।
यस्मिन्स्थितो न दुःखेन गुरुणापि विचाल्यते॥ (६।२२)।

६५-'तं विद्याद्दुःखसंयोगवियोगं योगसञ्ज्ञितम्' (६।२३)।

६६-शनैः शनैरुपरमेद्बुद्ध्या धृतिगृहीतया।
आत्मसंस्थं मनः कृत्वा न किञ्चिदपि चिन्तयेत्॥ (६।२५)।

६७-यो मां पश्यति सर्वत्र सर्वं च मयि पश्यति।
तस्याहं न प्रणश्यामि स च मे न प्रणश्यति॥ (६।३०)।

६८-आत्मौपम्येन सर्वत्र समं पश्यति योऽर्जुन।
सुखं वा यदि वा दुःखं स योगी परमो मतः॥ (६।३२)।

६९-'अभ्यासेन तु कौन्तेय वैराग्येण च गृह्यते' (६।३५)।

७०-'न हि कल्याणकृत्कश्चिद्दुर्गतिं तात गच्छति' (६।४०)।

७१-'मत्तः परतरं नान्यत्किञ्चिदस्ति' (७।७)।

७२-'मामेव ये प्रपद्यन्ते मायामेतां तरन्ति ते' (७।१४)।

७३-'वासुदेवः सर्वम्' (७।१९)।

७४-'मद्भक्ता यान्ति मामपि' (७।२३)।

७५-'मामनुस्मर युध्य च' (८।७)।

७६-'दुःखालयमशाश्वतम्' (८।१५)।

७७-'मामुपेत्य तु कौन्तेय पुनर्जन्म न विद्यते' (८।१६)।

७८-'भूतग्रामः स एवायं भूत्वा भूत्वा प्रलीयते' (८।१९)।

७९-'यं प्राप्य न निवर्तन्ते तद्धाम परमं मम' (८।२१)।

८०-'क्षीणे पुण्ये मर्त्यलोकं विशन्ति' (९।२१)।

८१-'गतागतं कामकामा लभन्ते' (९।२१)।

८२-'योगक्षेमं वहाम्यहम्' (९।२२)।

८३-पत्रं पुष्पं फलं तोयं यो मे भक्त्या प्रयच्छति।
तदहं भक्त्युपहृतमश्नामि प्रयतात्मनः॥ (९।२६)।

८४-यत्करोषि यदश्नासि यज्जुहोषि ददासि यत्।
यत्तपस्यसि कौन्तेय तत्कुरुष्व मदर्पणम्॥ (९।२७)।

८५-'समोऽहं सर्वभूतेषु' (९।२९)।

८६-अपि चेत्सुदुराचारो भजते मामनन्यभाक्।
साधुरेव स मन्तव्यः सम्यग्व्यवसितो हि सः॥ (९।३०)।

८७-क्षिप्रं भवति धर्मात्मा शश्वच्छान्तिं निगच्छति।
कौन्तेय प्रतिजानीहि न मे भक्तः प्रणश्यति॥ (९।३१)।

८८-'अनित्यमसुखं लोकमिमं प्राप्य भजस्व माम्' (९।३३)।

८९-'मन्मना भव मद्भक्तो मद्याजी मां नमस्कुरु' (९।३४; १८।६५)।

९०-'यज्ञानां जपयज्ञोऽस्मि' (१०।२५)।

९१-'अध्यात्मविद्या विद्यानाम्' (१०।३२)।

९२-यद्यद्विभूतिमत्सत्त्वं श्रीमदूर्जितमेव वा।
तत्तदेवावगच्छ त्वं मम तेजोंऽशसम्भवम्॥ (१०।४१)।

९३-'निमित्तमात्रं भव सव्यसाचिन्' (११।३३)।

९४-'नमो नमस्तेऽस्तु सहस्रकृत्वः पुनश्च भूयोऽपि नमो नमस्ते' (११।३९)।

९५-'न त्वत्समोऽस्त्यभ्यधिकः कुतोऽन्यः' (११।४३)।

९६-'ते प्राप्नुवन्ति मामेव सर्वभूतहिते रताः' (१२।४)।

९७-'त्यागाच्छान्तिरनन्तरम्' (१२।१२)।

९८-'जन्ममृत्युजराव्याधिदुःखदोषानुदर्शनम्' (१३।८)।

९९-सर्वतःपाणिपादं तत् सर्वतोऽक्षिशिरोमुखम्।
सर्वतःश्रुतिमल्लोके सर्वमावृत्य तिष्ठति॥ (१३।१३)।

१००-'ज्योतिषामपि तज्ज्योतिः' (१३।१७)।

१०१-'पुरुषः प्रकृतिस्थो हि भुङ्क्ते प्रकृतिजान्गुणान्' (१३।२१)।

१०२-'देहेऽस्मिन् पुरुषः परः' (१३।२२)।

१०३-समं सर्वेषु भूतेषु तिष्ठन्तं परमेश्वरम्।
विनश्यत्स्वविनश्यन्तं यः पश्यति स पश्यति॥ (१३।२७)।

१०४-'न हिनस्त्यात्मनात्मानं ततो याति परां गतिम्' (१३।२८)।

१०५-यदा भूतपृथग्भावमेकस्थमनुपश्यति।
तत एव च विस्तारं ब्रह्म सम्पद्यते तदा॥ (१३।३०)।

१०६-'शरीरस्थोऽपि कौन्तेय न करोति न लिप्यते' (१३।३१)।

१०७-ऊर्ध्वं गच्छन्ति सत्त्वस्था मध्ये तिष्ठन्ति राजसाः।
जघन्यगुणवृत्तिस्था अधो गच्छन्ति तामसाः॥ (१४।१८)।

१०८-'ऊर्ध्वमूलमधःशाखमश्वत्थं प्राहुरव्ययम्' (१५।१)।

१०९-न तद्भासयते सूर्यो न शशाङ्को न पावकः।
यद्गत्वा न निवर्तन्ते तद्धाम परमं मम॥ (१५।६)।

११०-'ममैवांशो जीवलोके' (१५।७)।

१११-'विमूढा नानुपश्यन्ति पश्यन्ति ज्ञानचक्षुषः' (१५।१०)।

११२-'सर्वस्य चाहं हृदि संनिविष्टः' (१५।१५)।

११३-'दैवी सम्पद्विमोक्षाय निबन्धायासुरी मता' (१६।५)।

११४-'कामोपभोगपरमा एतावदिति निश्चिताः' (१६।११)।

११५-त्रिविधं नरकस्येदं द्वारं नाशनमात्मनः।
कामः क्रोधस्तथा लोभस्तस्मादेतत्त्रयं त्यजेत्॥ (१६।२१)।

११६-'तस्माच्छास्त्रं प्रमाणं ते कार्याकार्यव्यवस्थितौ' (१६।२४)।

११७-'श्रद्धामयोऽयं पुरुषो यो यच्छ्रद्धः स एव सः' (१७।३)।

११८-दातव्यमिति यद्दानं दीयतेऽनुपकारिणे।
देशे काले च पात्रे च तद्दानं सात्त्विकं स्मृतम्॥ (१७।२०)।

११९-अश्रद्धया हुतं दत्तं तपस्तप्तं कृतं च यत्।
असदित्युच्यते पार्थ न च तत्प्रेत्य नो इह॥ (१७।२८)।

१२०-'यस्तु कर्मफलत्यागी स त्यागीत्यभिधीयते' (१८।११)।

१२१-यस्य नाहंकृतो भावो बुद्धिर्यस्य न लिप्यते।
हत्वापि स इमाँल्लोकान्न हन्ति न निबध्यते॥ (१८।१७)।

१२२-'यत्तदग्रे विषमिव परिणामेऽमृतोपमम्' (१८।३७)।

१२३-'स्वे स्वे कर्मण्यभिरतः संसिद्धिं लभते नरः' (१८।४५)।

१२४-'स्वकर्मणा तमभ्यर्च्य सिद्धिं विन्दति मानवः' (१८।४६)।

१२५-'सर्वारम्भा हि दोषेण धूमेनाग्निरिवावृताः' (१८।४८)।

१२६-'मच्चित्तः सर्वदुर्गाणि मत्प्रसादात्तरिष्यसि' (१८।५८)।

१२७-'प्रकृतिस्त्वां नियोक्ष्यति' (१८।५९)।

१२८-ईश्वरः सर्वभूतानां हृद्देशेऽर्जुन तिष्ठति।
भ्रामयन्सर्वभूतानि यन्त्रारूढानि मायया॥ (१८।६१)।

१२९-'तमेव शरणं गच्छ सर्वभावेन भारत' (१८।६२)।

१३०-सर्वधर्मान्परित्यज्य मामेकं शरणं व्रज।
अहं त्वा सर्वपापेभ्यो मोक्षयिष्यामि मा शुचः॥ (१८।६६)।

१३१-'नष्टो मोहः स्मृतिर्लब्धा' (१८।७३)।

१३२-'करिष्ये वचनं तव' (१८।७३)।

१३३-यत्र योगेश्वरः कृष्णो यत्र पार्थो धनुर्धरः।
तत्र श्रीर्विजयो भूतिर्ध्रुवा नीतिर्मतिर्मम॥ (१८।७८)।

गीताका अनेकार्थ-शब्दकोश

(गीताकी 'साधक-संजीवनी' हिन्दी-टीकाके अनुसार)

अनेकार्थश्च ये शब्दा गीतायां सन्ति यत्र वै।
सर्वे कोशे गृहीतास्ते चैकार्था न कदाचन॥

१. अकर्म

अध्याय-श्लोक	पद	श्लोक-प्रतीक
	(१) कर्म न करनेका वाचक	
२।४७	अकर्मणि	कर्मण्येवाधिकारस्ते०
३।५	अकर्मकृत्	न हि कश्चित्०
३।८	अकर्मण:; अकर्मण:	नियतं कुरु कर्म०
	(२) कामना-वासनासे रहितका वाचक	
४।१६	अकर्म	किं कर्म०
४।१७	अकर्मण:	कर्मणो ह्यपि०
४।१८	अकर्म; अकर्मणि	कर्मण्यकर्म०

२. अक्षर

अध्याय-श्लोक	पद	श्लोक-प्रतीक
	(१) सगुण-निराकारका वाचक	
३।१५	अक्षरसमुद्भवम्	कर्म ब्रह्मोद्भवं०
	(२) निर्गुण-निराकारका वाचक	
८। ३	अक्षरम्	अक्षरं ब्रह्म०
८।११	अक्षरम्	यदक्षरं०
११।१८	अक्षरम्	त्वमक्षरं परमं०
११।३७	अक्षरम्	कस्माच्च ते न०
१२। १	अक्षरम्	एवं सततयुक्ता०
१२। ३	अक्षरम्	ये त्वक्षर०
	(३) सगुण-निराकार, निर्गुण-निराकार और सगुण-साकारका वाचक	
८।२१	अक्षर:	अव्यक्तोऽक्षर०
	(४) प्रणवका वाचक	
८।१३	एकाक्षरम्	ओमित्येकाक्षरं०
१०।२५	एकमक्षरम्	महर्षीणां भृगुरहं०
	(५) वर्णमालाका वाचक	
१०।३३	अक्षराणाम्	अक्षराणामकारोऽस्मि०

अध्याय-श्लोक	पद	श्लोक-प्रतीक
	(६) जीवात्माका वाचक	
१५।१६	अक्षरः; अक्षरः	द्वाविमौ पुरुषौ०
१५।१८	अक्षरात्	यस्मात्क्षरम०
	३. अचल	
	(१) जीवात्माका वाचक	
२।२४	अचलः	अच्छेद्योऽयम०
	(२) निर्गुण-निराकारका वाचक	
१२। ३	अचलम्	ये त्वक्षरम०
	(३) स्थिरताका वाचक	
२।५३	अचला	श्रुतिविप्रतिपन्ना०
२।७०	अचलप्रतिष्ठम्	आपूर्यमाणमचल०
६।१३	अचलम्	समं कायशिरोग्रीवं०
७।२१	अचलाम्	यो यो यां यां०
८।१०	अचलेन	प्रयाणकाले
	४. अचिन्त्य	
	(१) जीवात्माका वाचक	
२।२५	अचिन्त्यः	अव्यक्तोऽयम०
	(२) सगुण-निराकारका वाचक	
८। ९	अचिन्त्यरूपम्	कविं पुराण०
	(३) निर्गुण-निराकारका वाचक	
१२। ३	अचिन्त्यम्	ये त्वक्षरम्०
	५. अध्यात्म	
	(१) परमात्माका वाचक	
१०।३२	अध्यात्मविद्या	सर्गाणामादि०
११। १	अध्यात्मसञ्ज्ञितम्	मदनुग्रहाय०
१३।११	अध्यात्मज्ञाननित्यत्वम्	अध्यात्मज्ञान०
१५। ५	अध्यात्मनित्याः	निर्मानमोहा०
	(२) जीवात्माका वाचक	
७।२९	अध्यात्मम्	जरामरणमोक्षाय०
८। १	अध्यात्मम्	किं तद्ब्रह्म०
८। ३	अध्यात्मम्	अक्षरं ब्रह्म०

अध्याय-श्लोक	पद	श्लोक-प्रतीक
	(३) विवेकका वाचक	
३ । ३०	अध्यात्मचेतसा	मयि सर्वाणि०
	६. अपर	
	(१) अन्यका वाचक	
२ । २२	अपराणि	वासांसि जीर्णानि०
४ । २५	अपरे; अपरे	दैवमेवापरे०
४ । २७	अपरे	सर्वाणीन्द्रिय०
४ । २८	अपरे	द्रव्ययज्ञास्तपो०
४ । २९	अपरे	अपाने जुह्वति०
४ । ३०	अपरे	अपरे नियताहारा:०
६ । २२	अपरम्	यं लब्ध्वा०
१३ । २४	अपरे	ध्यानेनात्मनि०
१६ । १४	अपरान्	असौ मया०
१८ । ३	अपरे	त्याज्यं दोष०
	(२) जड़ प्रकृतिका वाचक	
७ । ५	अपरा	अपरेयमित०
	(३) अर्वाचीन (वर्तमान) कालका वाचक	
४ । ४	अपरम्	अपरं भवतो०
	७. अप्रमेय	
	(१) जीवात्माके स्वरूपका वाचक	
२ । १८	अप्रमेयस्य	अन्तवन्त इमे०
	(२) विराट्‌रूप भगवान्‌का वाचक	
११ । १७	अप्रमेयम्	किरीटिनं गदिनं०
११ । ४२	अप्रमेयम्	यच्चावहासार्थ०
	८. अमृत	
	(१) परमात्मतत्त्वका वाचक	
२ । १५	अमृतत्वाय	यं हि न०
४ । ३१	यज्ञशिष्टामृतभुज:	यज्ञशिष्टामृतभुजो०
१३ । १२	अमृतम्	ज्ञेयं यत्तत्०
१४ । २०	अमृतम्	गुणानेतान०

अध्याय-श्लोक	पद	श्लोक-प्रतीक
१४।२७	अमृतस्य	ब्रह्मणो हि०
	(२) सुधाका वाचक	
१०।१८	अमृतम्	विस्तरेणात्मनो०
१०।२७	अमृतोद्भवम्	उच्चैःश्रव०
१८।३७	अमृतोपमम्	यत्तदग्रे विषमिव०
१८।३८	अमृतोपमम्	विषयेन्द्रिय०
	(३) अमरताका वाचक	
९।१९	अमृतम्*	तपाम्यहमहं०
	९. अवश	
	(१) स्वभावकी परवशताका वाचक	
३।५	अवशः	न हि कश्चित्०
१८।६०	अवशः	स्वभावजेन०
	(२) भोगोंकी परवशताका वाचक	
६।४४	अवशः	पूर्वाभ्यासेन०
	(३) कर्मानुसार सर्ग और प्रलयके समयकी परवशताका वाचक	
८।१९	अवशः	भूतग्रामः स०
	(४) कर्मानुसार महासर्ग और महाप्रलयके समयकी परवशताका वाचक	
९।८	अवशम्	प्रकृतिं स्वाम०
	१०. अव्यक्त	
	(१) जीवात्माका वाचक	
२।२५	अव्यक्तः	अव्यक्तोऽयम०
	(२) अप्रकट और लीन होनेका वाचक	
२।२८	अव्यक्तादीनि; अव्यक्तनिधनानि	अव्यक्तादीनि०
	(३) सगुण-साकारका वाचक	
७।२४	अव्यक्तम्	अव्यक्तं व्यक्ति०
	(४) ब्रह्माजीके सूक्ष्मशरीरका वाचक	
८।१८	अव्यक्तात्; अव्यक्तसञ्ज्ञके	अव्यक्ताद्व्यक्तय:०

* ऐसे तो 'अमृत' शब्द परमात्माका ही वाचक है, पर जहाँ मृत्यु (मरना) और अमरता (न मरना)-की बात आती है, वहाँ 'अमृत' शब्द अमरताका वाचक है।

अध्याय-श्लोक	पद	श्लोक-प्रतीक
८। २०	अव्यक्तात्	परस्तस्मात्तु०
	(५) प्रकृतिका वाचक	
१३। ५	अव्यक्तम्	महाभूतान्यहंकारो०
	(६) सगुण-निराकारका वाचक	
८। २०	अव्यक्तः	परस्तस्मात्तु०
९। ४	अव्यक्तमूर्तिना	मया ततमिदं०
	(७) निर्गुण-निराकारका वाचक	
१२। १	अव्यक्तम्	एवं सततयुक्ता०
१२। ३	अव्यक्तम्	ये त्वक्षर०
१२। ५	अव्यक्तचेतसाम्; अव्यक्ता	क्लेशोऽधिकतर०
	(८) सगुण-निराकार, निर्गुण-निराकार और सगुण-साकारका वाचक	
८। २१	अव्यक्तः	अव्यक्तोऽक्षर०

११. अव्यय

अध्याय-श्लोक	पद	श्लोक-प्रतीक
	(१) जीवात्माके स्वरूपका वाचक	
२। १७	अव्ययस्य	अविनाशि तु०
२। २१	अव्ययम्	वेदाविनाशिनं०
१३। ३१	अव्ययः	अनादित्वात्०
१४। ५	अव्ययम्	सत्त्वं रजस्तम०
	(२) भगवत्स्वरूपका वाचक	
४। ६	अव्ययात्मा	अजोऽपि०
४। १३	अव्ययम्	चातुर्वर्ण्यं०
७। १३	अव्ययम्	त्रिभिर्गुण०
७। २४	अव्ययम्	अव्यक्तं व्यक्ति०
७। २५	अव्ययम्	नाहं प्रकाशः०
९। १३	अव्ययम्	महात्मानस्तु०
९। १८	अव्ययम्	गतिर्भर्ता प्रभुः०
११। ४	अव्ययम्	मन्यसे यदि०
११। १८	अव्ययः	त्वमक्षरं परमं०
१४। २७	अव्ययस्य	ब्रह्मणो हि०
१५। १७	अव्ययः	उत्तमः पुरुषः०

अध्याय-श्लोक	पद	श्लोक-प्रतीक
	(३) परमात्माकी सत्ताका वाचक	
१८।२०	अव्ययम्	सर्वभूतेषु०
	(४) चिरकालका वाचक	
२।३४	अव्ययाम्	अकीर्तिं चापि०
	(५) अविनाशित्वका वाचक	
४।१	अव्ययम्	इमं विवस्वते०
९।२	अव्ययम्	राजविद्या राजगुह्यं०
११।२	अव्ययम्	भवाप्ययौ हि०
१५।१	अव्ययम्	ऊर्ध्वमूलमधः०
१५।५	अव्ययम्	निर्मानमोहा०
१८।५६	अव्ययम्	सर्वकर्माण्यपि०

१२. अशुभ

	(१) संसारका वाचक	
४।१६	अशुभात्	किं कर्म किमकर्मेति०
९।१	अशुभात्	इदं तु ते०
	(२) आसुरी सम्पदावालेका वाचक	
१६।१९	अशुभान्	तानहं द्विषतः०

१३. असत्

	(१) नाशवान्‌का वाचक	
२।१६	असत्	नासतो विद्यते०
९।१९	असत्	तपाम्यहमहं०
११।३७	असत्	कस्माच्च ते०
१३।१२	असत्	ज्ञेयं यत्तत्प्रवक्ष्यामि०
१७।२८	असत्	अश्रद्धया हुतं०
	(२) नीच योनिका वाचक	
१३।२१	असत्	पुरुषः प्रकृतिस्थो०

१४. अहंकार

	(१) व्यष्टि (मनुष्यके बनाये हुए) अहंकारका वाचक	
३।२७	अहंकारविमूढात्मा	प्रकृतेः क्रियमाणानि०
१६।१८	अहंकारम्	अहंकारं बलं दर्पं०

अध्याय-श्लोक	पद	श्लोक-प्रतीक
१७। ५	दम्भाहंकारसंयुक्ताः	अशास्त्रविहितं घोरं०
१८। ५३	अहंकारम्	अहंकारं बलं दर्पं०
१८। ५८	अहंकारम्	मच्चित्तः सर्वदुर्गाणि०
१८। ५९	अहंकारम्	यदहंकारमाश्रित्य०
	(२) समष्टि अहंकारका वाचक	
७। ४	अहंकारः	भूमिरापोऽनलो०
१३। ५	अहंकारः	महाभूतान्यहंकारो०

१५. आत्मा

अध्याय-श्लोक	पद	श्लोक-प्रतीक
	(१) स्वयं भगवान् (सगुण-साकार)-का वाचक	
४। ६	अव्ययात्मा; आत्ममायया	अजोऽपि०
४। ७	आत्मानम्	यदा यदा०
७।१८	आत्मा	उदाराः सर्व०
१०।१५	स्वयमेवात्मनात्मानम्	स्वयमेवात्मना०
१०।१६	आत्मविभूतयः	वक्तुमर्हस्य०
१०।१८	आत्मनः	विस्तरेणात्मनो०
१०।१९	आत्मविभूतयः	हन्त ते०
११। ३	आत्मानम्	एवमेतद्यथात्थ०
११। ४	आत्मानम्	मन्यसे यदि०
११।४७	आत्मयोगात्	मया प्रसन्नेन०
	(२) निर्गुण-निराकार परमात्माका वाचक	
६।२५	आत्मसंस्थम्	शनैः शनैरुपरमेद्०
६।२६	आत्मनि	यतो यतो०
१८।३७	*आत्मबुद्धिप्रसादजम्	यत्तदग्रे विषमिव०
	(३) सगुण-निराकार परमात्माका वाचक	
२।४५	आत्मवान्	त्रैगुण्यविषया०
९। ५	आत्मा	न च मत्स्थानि०
१३।२४	आत्मानम्	ध्यानेनात्मनि०
	(४) स्वयं (जीवात्मा)-का वाचक	
२।५५	आत्मन्येवात्मना	प्रजहाति यदा०
३।१७	आत्मरतिः; आत्मतृप्तः; आत्मनि	यस्त्वात्मरतिरेव०
३।४३	आत्मानमात्मना	एवं बुद्धेः परं०

* सांख्ययोगका विषय होनेसे यहाँ 'आत्मा' शब्दको निर्गुण-निराकार परमात्माका वाचक माना गया है।

अध्याय-श्लोक	पद	श्लोक-प्रतीक
४ । ३५	आत्मनि	यज्ज्ञात्वा न०
४ । ३८	आत्मनि	न हि ज्ञानेन०
४ । ४१	आत्मवन्तम्	योगसंन्यस्त०
४ । ४२	आत्मनः	तस्मादज्ञान०
५ । ७	सर्वभूतात्मभूतात्मा*	योगयुक्तो०
५ । २१	असक्तात्मा; ब्रह्मयोगयुक्तात्मा	बाह्यस्पर्शेष्व०
५ । २६	विदितात्मनाम्	कामक्रोधवियुक्तानां०
६ । ५	आत्मनात्मानम्; आत्मानम्; आत्मैव; आत्मनः; आत्मैव; आत्मनः;	उद्धरेदात्मनात्मानं०
६ । ६	आत्मात्मनः; आत्मैवात्मना; आत्मैव	बन्धुरात्मा०
६ । ७	जितात्मनः	जितात्मनः प्रशान्त०
६ । ८	ज्ञानविज्ञानतृप्तात्मा	ज्ञानविज्ञान०
६ । १८	आत्मन्येव	यदा विनियतं०
६ । २०	आत्मनात्मानं; आत्मनि	यत्रोपरमते चित्तं०
६ । २८	आत्मानम्	युञ्जन्नेवं सदा०
६ । २९	आत्मानम्; आत्मनि	सर्वभूतस्थमा०
७ । १८	युक्तात्मा	उदाराः सर्व०
९ । २८	संन्यासयोगयुक्तात्मा	शुभाशुभफलैरेवं०
९ । ३४	आत्मानम्	मन्मना भव०
१० । ११	आत्मभावस्थः	तेषामेवानुकम्पार्थ०
१३ । २४	आत्मनि; आत्मना	ध्यानेनात्मनि०
१३ । २८	आत्मनात्मानम्	समं पश्यन्हि०
१३ । २९	आत्मानम्	प्रकृत्यैव च०
१५ । ११	आत्मनि	यतन्तो योगिनः०
१६ । ९	नष्टात्मानः	एतां दृष्टिमवष्टभ्य०
१६ । २१	आत्मनः	त्रिविधं नरकस्येदं०
१६ । २२	आत्मनः	एतैर्विमुक्तः कौन्तेय०
१८ । १६	आत्मानम्	तत्रैवं सति०
१८ । ३९	आत्मनः	यदग्रे चानुबन्धे०
	(५) स्वयं मनुष्यका वाचक	
२ । ६४	आत्मवश्यैः	रागद्वेषवियुक्तैस्तु०
३ । १३	आत्मकारणात्	यज्ञशिष्टाशिनः०
६ । ११	आत्मनः	शुचौ देशे०
८ । १२	आत्मनः	सर्वद्वाराणि०

* कर्मयोगका प्रकरण होनेसे दोनों 'आत्मा' शब्द स्वयंके वाचक लिये गये हैं।

अध्याय-श्लोक	पद	श्लोक-प्रतीक
१४। २४	तुल्यनिन्दात्मसंस्तुतिः	समदुःखसुखः०
१६। १७	आत्मसम्भाविताः	आत्मसम्भाविताः०
१६। १८	आत्मपरदेहेषु	अहंकारं बलं०
१७। १९	आत्मनः	मूढग्राहेणात्मनो०
	(६) शरीरका वाचक	
४। २१	यतचित्तात्मा	निराशीर्यतचित्तात्मा०
५। ७	विजितात्मा	योगयुक्तो विशुद्धात्मा०
६। १०	यतचित्तात्मा	योगी युञ्जीत०
६। ३२	आत्मौपम्येन	आत्मौपम्येन सर्वत्र०
१८। ४९	जितात्मा	असक्तबुद्धिः सर्वत्र०
	(७) अन्तःकरणका वाचक	
२। ६४	विधेयात्मा	रागद्वेषवियुक्तैस्तु०
३। २७	अहंकारविमूढात्मा	प्रकृतेः क्रियमाणानि०
४। २७	आत्मसंयमयोगाग्नौ	सर्वाणीन्द्रियकर्माणि०
४। ४०	संशयात्मा; संशयात्मनः	अज्ञश्चाश्रद्दधानश्च०
५। ७	विशुद्धात्मा	योगयुक्तो विशुद्धात्मा०
५। ११	आत्मशुद्धये	कायेन मनसा०
५। २१	आत्मनि	बाह्यस्पर्शेष्व०
६। १२	आत्मविशुद्धये	तत्रैकाग्रं मनः०
६। १४	प्रशान्तात्मा	प्रशान्तात्मा०
६। २९	योगयुक्तात्मा	सर्वभूतस्थ०
८। २	नियतात्मभिः	अधियज्ञः कथं०
९। २६	प्रयतात्मनः	पत्रं पुष्पं फलं०
११। २४	प्रव्यथितान्तरात्मा	नभःस्पृशं०
१५। ११	अकृतात्मानः	यतन्तो योगिनः०
	(८) मनका वाचक	
६। १०	आत्मानम्	योगी युञ्जीत०
६। १५	आत्मानम्	युञ्जन्नेवं सदात्मानं०
६। १९	आत्मनः	यथा दीपो०
६। ३६	असंयतात्मना; वश्यात्मना;	असंयतात्मना०
६। ४७	अन्तरात्मना	योगिनामपि०
१३। ७	आत्मविनिग्रहः	अमानित्वमदम्भि०
१७। १६	आत्मविनिग्रहः	मनःप्रसादः०
१८। ५४	प्रसन्नात्मा	ब्रह्मभूतः प्रसन्नात्मा०

अध्याय-श्लोक	पद	श्लोक-प्रतीक
	(९) इन्द्रियोंका वाचक	
१८।५१	आत्मानम्	बुद्ध्या विशुद्धया०
	(१०) मन-बुद्धि-इन्द्रियोंका वाचक	
१२।११	यतात्मवान्	अथैतदप्यशक्तो०
१२।१४	यतात्मा	संतुष्टः सततं०
	(११) तदाकार होनेका वाचक	
२।४३	कामात्मानः	कामात्मानः स्वर्गपरा०
१४। ७	रागात्मकम्	रजो रागात्मकं०
१८।२७	हिंसात्मकः	रागी कर्मफल०
१८।४४	परिचर्यात्मकम्	कृषिगौरक्ष्य०
	१६. इष्ट	
	(१) कर्तव्यकर्मका वाचक	
३।१०	इष्टकामधुक्	सहयज्ञाः प्रजाः०
३।१२	इष्टान्	इष्टान्भोगान्हि०
	(२) अनुकूलताका वाचक	
१३। ९	इष्टानिष्टोपपत्तिषु	असक्तिरनभिष्वंगः०
१८।१२	इष्टम्	अनिष्टमिष्टं मिश्रं०
	(३) रुचिका वाचक	
१७। ९	इष्टाः	कट्वम्ललवणा०
	(४) प्रियका वाचक	
१८।६४	इष्टः	सर्वगुह्यतमं भूयः०
	(५) पूजाका वाचक	
१८।७०	इष्टः	अध्येष्यते च०
	१७. ईश्वर	
	(१) भगवान् श्रीकृष्णका वाचक	
४। ६	ईश्वरः	अजोऽपि०
५।२९	सर्वलोकमहेश्वरम्	भोक्तारं यज्ञ०
९।११	भूतमहेश्वरम्	अवजानन्ति०
१०। ३	लोकमहेश्वरम्	यो मामजमनादिं०
११। ३	परमेश्वर	एवमेतद्यथात्थ०
११। ४	योगेश्वर	मन्यसे यदि०

अध्याय-श्लोक	पद	श्लोक-प्रतीक
११।९	महायोगेश्वरः	एवमुक्त्वा ततो०
१५।१७	ईश्वरः	उत्तमः पुरुषः०
१८।७५	योगेश्वरात्	व्यासप्रसादात्०
१८।७८	योगेश्वरः	यत्र योगेश्वरः०
	(२) सगुण-निराकार अन्तर्यामी परमात्माका वाचक	
१३।२७	परमेश्वरम्	समं सर्वेषु०
१३।२८	ईश्वरम्	समं पश्यन्हि०
१८।६१	ईश्वरः	ईश्वरः सर्वभूतानां०
	(३) जीवात्माका वाचक	
१३।२२	महेश्वरः	उपद्रष्टानुमन्ता०
१५।८	ईश्वरः	शरीरं यदवाप्नोति०
	(४) आसुरी सम्पदावालेका वाचक	
१६।१४	ईश्वरः	असौ मया हतः०
	(५) शासकका वाचक	
१८।४३	ईश्वरभावः	शौर्यं तेजो०

१८. एक

	(१) स्थिरताका वाचक	
६।१२	एकाग्रम्	तत्रैकाग्रं मनः०
१८।७२	एकाग्रेण	कच्चिदेतच्छ्रुतं०
	(२) अभावका वाचक	
६।१६	एकान्तम्	नात्यश्नतस्तु०
	(३) अभिन्नताका वाचक	
५।५	एकम्	यत्सांख्यैः प्राप्यते०
६।३१	एकत्वम्	सर्वभूतस्थितं०
९।१५	एकत्वेन	ज्ञानयज्ञेन चाप्यन्ये०
	(४) अनन्यताका वाचक	
७।१७	एकभक्तिः	तेषां ज्ञानी०
१८।६६	एकम्	सर्वधर्मान्०
	(५) अकेलेका वाचक	
६।१०	एकाकी	योगी युञ्जीत०
११।२०	एकेन	द्यावापृथिव्यो०
११।४२	एकः	यच्चावहासार्थ०
१३।३३	एकः	यथा प्रकाशयत्येकः०

अध्याय-श्लोक	पद	श्लोक-प्रतीक
	(६) अन्यका वाचक	
१८। ३	एके	त्याज्यं दोषवदि०
	(७) मनका वाचक	
१३। ५	एकम्	महाभूतान्यहंकारो०
	(८) प्रकृतिका वाचक	
१३। ३०	एकस्थम्	यदा भूतपृथग्भावं०
	(९) संख्याका वाचक	
२। ४१	एका	व्यवसायात्मिका०
३। २	एकम्	व्यामिश्रेणेव०
५। १	एकम्	संन्यासं कर्मणां०
५। ४	एकम्	सांख्ययोगौ०
८। १३	एकाक्षरम्	ओमित्येकाक्षरं०
८। २६	एकया	शुक्लकृष्णे गती०
१०। २५	एकमक्षरम्	महर्षीणां भृगुरहं०
१०। ४२	एकांशेन	अथवा बहुनैतेन०
१८। २०	एकम्	सर्वभूतेषु येनैकं०
१८। २२	एकस्मिन्	यत्तु कृत्स्नवदेक०
	(१०) स्थानका वाचक	
११। ७	एकस्थम्	इहैकस्थं जगत्०
११। १३	एकस्थम्	तत्रैकस्थं जगत्०

१९. कर्म

अध्याय-श्लोक	पद	श्लोक-प्रतीक
	(१) मात्र कर्मोंका वाचक	
२। ३९	कर्मबन्धम्	एषा तेऽभिहिता०
३। १	कर्मणः; कर्मणि	ज्यायसी चेत्कर्मणस्ते०
३। ९	कर्मबन्धनः	यज्ञार्थात्कर्मणो०
३। २८	गुणकर्मविभागयोः	तत्त्ववित्तु महाबाहो०
३। २९	गुणकर्मसु	प्रकृतेर्गुणसम्मूढाः०
३। ३१	कर्मभिः	ये मे मतमिदं०
४। १६	कर्म; कर्म	किं कर्म किमकर्मेति०
४। १७	कर्मणः; कर्मणः	कर्मणो ह्यपि०
४। १९	ज्ञानाग्निदग्धकर्माणम्	यस्य सर्वे०
४। ३३	कर्म	श्रेयान्द्रव्यमया०
४। ३७	सर्वकर्माणि	यथैधांसि०

अध्याय-श्लोक	पद	श्लोक-प्रतीक
४। ४१	योगसंन्यस्तकर्माणम्; कर्माणि	योगसंन्यस्तकर्माणं०
५। १३	सर्वकर्माणि	सर्वकर्माणि मनसा
५। १४	कर्माणि; कर्मफलसंयोगम्	न कर्तृत्वं
१५। २	कर्मानुबन्धीनि	अधश्चोर्ध्वं०
१८। ३	कर्म	त्याज्यं दोष०
१८। १०	कर्म	न द्वेष्ट्यकुशलं०
१८। ११	कर्माणि	न हि देहभृता०
१८। १२	कर्मणः	अनिष्टमिष्टं मिश्रं०
१८। १३	सर्वकर्मणाम्	पञ्चैतानि महाबाहो०
१८। १५	कर्म	शरीरवाङ्मनोभि०
१८। १८	कर्मचोदना; कर्म; कर्मसंग्रहः	ज्ञानं ज्ञेयं परिज्ञाता०
१८। १९	कर्म	ज्ञानं कर्म च०
१८। २३	कर्म	नियतं संगरहित०
१८। २४	कर्म	यत्तु कामेप्सुना०
१८। २५	कर्म	अनुबन्धं क्षयं०
	(२) सृष्टि-रचनारूप कर्मका वाचक	
७। २९	कर्म	जरामरणमोक्षाय०
८। १	कर्म	किं तद्ब्रह्म०
८। ३	कर्मसञ्ज्ञितः	अक्षरं ब्रह्म परमं०
	(३) सकाम कर्मका वाचक	
२। ४३	जन्मकर्मफलप्रदाम्	कामात्मानः स्वर्गपरा०
२। ४९	कर्म	दूरेण ह्यवरं०
२। ५१	कर्मजम्	कर्मजं बुद्धियुक्ता०
३। २५	कर्माणि	सक्ताः कर्मण्य०
३। २६	कर्मसङ्गिनाम्	न बुद्धिभेदं०
१८। २	कर्मणाम्	काम्यानां कर्मणां०
	(४) शास्त्रविहित (शुभ)-कर्मका वाचक	
२। ४७	कर्मणि; कर्मफलहेतुः	कर्मण्येवाधिकारस्ते०
२। ४८	कर्माणि	योगस्थः कुरु०
२। ५०	कर्मसु	बुद्धियुक्तो जहातीह०
३। ४	कर्मणाम्	न कर्मणामनारम्भा०
३। ७	कर्मयोगम्	यस्त्विन्द्रियाणि०
३। ८	कर्म; कर्म	नियतं कुरु कर्म०
३। ९	कर्मणा; कर्म	यज्ञार्थात्कर्मणो०

अध्याय-श्लोक	पद	श्लोक-प्रतीक
३।१४	कर्मसमुद्भवः	अन्नाद्भवन्ति०
३।१५	कर्म	कर्म ब्रह्मोद्भवं०
३।१९	कर्म; कर्म	तस्मादसक्तः सततं०
३।२२	कर्मणि	न मे पार्थास्ति०
३।२३	कर्मणि	यदि ह्यहं न०
३।२४	कर्म	उत्सीदेयुरिमे लोका०
३।२६	सर्वकर्माणि	न बुद्धिभेदं०
३।३०	कर्माणि	मयि सर्वाणि०
४।१२	कर्मणाम्; कर्मजा	काङ्क्षन्तः कर्मणां०
४।१४	कर्मफले	न मां कर्माणि०
४।१५	कर्म; कर्म	एवं ज्ञात्वा०
४।१८	कर्मणि; कर्म	कर्मण्यकर्म यः०
४।२०	कर्मफलासङ्गम्; कर्मणि	त्यक्त्वा कर्म०
४।२३	कर्म	गतसङ्गस्य०
४।२४	ब्रह्मकर्मसमाधिना	ब्रह्मार्पणं ब्रह्म०
४।३२	कर्मजान्	एवं बहुविधा०
५। १	कर्मणाम्	संन्यासं कर्मणां०
५। २	कर्मसंन्यासात्; कर्मयोगः	संन्यासः कर्मयोगश्च०
५। १०	कर्माणि	ब्रह्मण्याधाय०
५। ११	कर्म	कायेन मनसा०
५। १२	कर्मफलम्	युक्तः कर्मफलं०
६। १	कर्मफलम्; कर्म	अनाश्रितः कर्मफलं०
६। ३	कर्म	आरुरुक्षोर्मुनेर्योगं०
६। ४	कर्मसु	यदा हि नेन्द्रियार्थेषु०
६। १७	कर्मसु	युक्ताहारविहारस्य०
७। २८	पुण्यकर्मणाम्	येषां त्वन्तगतं०
९। १२	मोघकर्माणः	मोघाशा मोघकर्माणो०
११। ५५	मत्कर्मकृत्	मत्कर्मकृन्मत्परमो०
१२। ६	कर्माणि	ये तु सर्वाणि०
१२। १०	मत्कर्मपरमः; कर्माणि	अभ्यासेऽप्यसमर्थो०
१२। ११	सर्वकर्मफलत्यागम्	अथैतदप्यशक्तोऽसि०
१२। १२	कर्मफलत्यागः	श्रेयो हि ज्ञानम०
१३। २४	कर्मयोगेन	ध्यानेनात्मनि०
१४। ७	कर्मसङ्गेन	रजो रागात्मकं०

अध्याय-श्लोक	पद	श्लोक-प्रतीक
१४।९	कर्मणि	सत्त्वं सुखे०
१४।१२	कर्मणाम्	लोभः प्रवृत्तिरारम्भः०
१४।१५	कर्मसङ्गिषु	रजसि प्रलयं०
१६।२४	कर्म	तस्माच्छास्त्रं प्रमाणं०
१७।२६	कर्मणि	सद्भावे साधुभावे०
१७।२७	कर्म	यज्ञे तपसि दाने०
१८।२	सर्वकर्मफलत्यागम्	काम्यानां कर्मणां०
१८।३	यज्ञदानतपःकर्म	त्याज्यं दोषवदित्येके०
१८।५	यज्ञदानतपःकर्म	यज्ञदानतपःकर्म न०
१८।६	कर्माणि	एतान्यपि तु०
१८।८	कर्म	दुःखमित्येव०
१८।९	कर्म	कार्यमित्येव०
१८।११	कर्मफलत्यागी	न हि देहभृता०
१८।२७	कर्मफलप्रेप्सुः	रागी कर्मफलप्रेप्सु०
१८।४१	कर्माणि	ब्राह्मणक्षत्रियविशां०
१८।४२	ब्रह्मकर्म	शमो दमस्तपः०
१८।४३	कर्म	शौर्यं तेजो०
१८।४४	वैश्यकर्म; परिचर्यात्मकं कर्म	कृषिगौरक्ष्य०
१८।४५	कर्मणि; स्वकर्मनिरतः	स्वे स्वे कर्मण्य०
१८।४६	स्वकर्मणा	यतः प्रवृत्तिर्भूतानां०
१८।४७	कर्म	श्रेयान्स्वधर्मो०
१८।४८	कर्म	सहजं कर्म कौन्तेय०
१८।५६	सर्वकर्माणि	सर्वकर्माण्यपि०
१८।५७	सर्वकर्माणि	चेतसा सर्वकर्माणि०
१८।६०	कर्मणा	स्वभावजेन कौन्तेय०
१८।७१	पुण्यकर्मणाम्	श्रद्धावाननसूयश्च०

(५) क्रियाका वाचक

अध्याय-श्लोक	पद	श्लोक-प्रतीक
३।७	कर्मेन्द्रियैः	यस्त्विन्द्रियाणि०
३।२७	कर्माणि	प्रकृतेः क्रियमाणानि०
४।९	कर्म	जन्म कर्म च०
४।१४	कर्माणि; कर्मभिः	न मां कर्माणि०
९।९	कर्माणि	न च मां तानि०
१३।२९	कर्माणि	प्रकृत्यैव च०

अध्याय-श्लोक	पद	श्लोक-प्रतीक
	२०. काम	
	(१) कामनाका वाचक	
२।५	अर्थकामान्	गुरूनहत्वा हि०
२।४३	कामात्मान:	कामात्मान: स्वर्गपरा०
२।५५	कामान्	प्रजहाति यदा०
२।६२	काम:; कामात्	ध्यायतो विषयान्०
२।७१	कामान्	विहाय कामान्य:०
३।३७	काम:	काम एष क्रोध एष०
३।३९	कामरूपेण	आवृतं ज्ञानमेतेन०
३।४३	कामरूपम्	एवं बुद्धे: परं०
४।१९	कामसंकल्पवर्जिता:	यस्य सर्वे समारम्भा:०
५।१२	कामकारेण	युक्त: कर्मफलं०
५।२३	कामक्रोधोद्भवम्	शक्नोतीहैव य:०
५।२६	कामक्रोधवियुक्तानाम्	कामक्रोधवियुक्तानां०
६।२४	कामान्	संकल्पप्रभवान्०
७।११	कामरागविवर्जितम्	बलं बलवतां०
७।२०	कामै:	कामैस्तैस्तैर्हृतज्ञाना:०
९।२१	(काम-) कामा:	ते तं भुक्त्वा०
१५। ५	विनिवृत्तकामा:	निर्मानमोहा०
१६।१०	कामम्	काममाश्रित्य०
१६।१२	कामक्रोधपरायणा:	आशापाशशतैर्बद्धा:०
१६।१८	कामम्	अहंकारं बलं दर्पं०
१६।२१	काम:	त्रिविधं नरकस्येदं०
१८।५३	कामम्	अहंकारं बलं०
	(२) कामदेवका वाचक	
७।११	काम:	बलं बलवतां०
१६।८	कामहैतुकम्	असत्यमप्रतिष्ठं
	(३) पदार्थोंका वाचक	
२।७०	कामा:; काम(-कामी)	आपूर्यमाणमचल०
३।१०	इष्टकामधुक्	सहयज्ञा: प्रजा:०
६।१८	सर्वकामेभ्य:	यदा विनियतं०
७।२२	कामान्	स तया श्रद्धया०
९।२१	काम(-कामा:)	ते तं भुक्त्वा०
१०।२८	कामधुक्	आयुधानामहं०
१६।११	कामोपभोगपरमा:	चिन्तामपरिमेयां०

अध्याय-श्लोक	पद	श्लोक-प्रतीक
१६।१२	कामभोगार्थम्	आशापाशशतैर्बद्धाः०
१६।१६	कामभोगेषु	अनेकचित्तविभ्रान्ता०
१७। ५	कामरागबलान्विताः	अशास्त्रविहितं०
१८।२४	कामेप्सुना	यत्तु कामेप्सुना०
	(४) स्वेच्छाचारिताका वाचक	
१६।२३	कामकारतः	यः शास्त्रविधि०
	(५) सकाम पुरुषका वाचक	
९।२१	(काम-) कामाः	ते तं भुक्त्वा०

२१. काल

	(१) समयका वाचक	
२।७२	अन्तकाले	एषा ब्राह्मी स्थितिः०
४। २	कालेन	एवं परम्पराप्राप्त०
४।३८	कालेन	न हि ज्ञानेन०
७।३०	प्रयाणकाले	साधिभूताधि०
८। २	प्रयाणकाले	अधियज्ञः कथं०
८। ५	अन्तकाले	अन्तकाले च०
८। ७	कालेषु	तस्मात् सर्वेषु०
८।१०	प्रयाणकाले	प्रयाणकाले मनसा०
८।२७	कालेषु	नैते सृती पार्थ०
१०।३०	कालः	प्रह्लादश्चास्मि०
१७।२०	काले	दातव्यमिति०
१७।२२	अदेशकाले	अदेशकाले यद्दान०
	(२) मार्गका वाचक	
८।२३	काले	यत्र काले त्वनावृत्ति०
	(३) महाप्रलयका वाचक	
११।२५	कालानलसन्निभानि	दंष्ट्राकरालानि०
	(४) भगवान्‌का वाचक	
१०।३३	कालः	अक्षराणामकारोऽस्मि०
११।३२	कालः	कालोऽस्मि०

२२. कूटस्थ

	(१) निर्विकारताका वाचक	
६। ८	कूटस्थः	ज्ञानविज्ञानतृप्तात्मा०

अध्याय-श्लोक	पद	श्लोक-प्रतीक
	(२) निर्गुण-निराकार ब्रह्मका वाचक	
१२। ३	कूटस्थम्	ये त्वक्षरमनिर्देश्य०
	(३) जीवात्माका वाचक	
१५।१६	कूटस्थः	द्वाविमौ पुरुषौ०
	२३. गति	
	(१) परमात्माका वाचक	
६।४५	गतिम्	प्रयत्नाद्यतमानस्तु०
७।१८	गतिम्	उदाराः सर्व एवैते०
८।१३	गतिम्	ओमित्येकाक्षरं०
८।२१	गतिम्	अव्यक्तोऽक्षर०
९।१८	गतिः	गतिर्भर्ता प्रभुः०
९।३२	गतिम्	मां हि पार्थ०
१२। ५	गतिः	क्लेशोऽधिकतर०
१३।२८	गतिम्	समं पश्यन्हि०
१६।२२	गतिम्	एतैर्विमुक्तः कौन्तेय०
१६।२३	गतिम्	यः शास्त्रविधि०
	(२) स्थानका वाचक	
६।३७	गतिम्	अयतिः श्रद्धयोपेतो०
१६।२०	गतिम्	आसुरीं योनिमापन्ना०
	(३) जाननेका वाचक	
४।१७	गतिः	कर्मणो ह्यपि०
	(४) प्राप्तिका वाचक	
२।४३	भोगैश्वर्यगतिम्	कामात्मानः०
	२४. गुण	
	(१) सत्त्व, रज और तम—इन तीनों गुणोंका वाचक	
३।२७	गुणैः	प्रकृतेः क्रियमाणानि०
३।२९	गुणसम्मूढाः	प्रकृतेर्गुणसम्मूढाः०
४।१३	गुणकर्मविभागशः	चातुर्वर्ण्यं मया०
७।१३	गुणमयैः	त्रिभिर्गुणमयैर्भावैः०
७।१४	गुणमयी	दैवी ह्येषा गुणमयी०
१३।१९	गुणान्	प्रकृतिं पुरुषं चैव०
१३।२१	गुणसङ्गः	पुरुषः प्रकृतिस्थो०

अध्याय-श्लोक	पद	श्लोक-प्रतीक
१३ । २३	गुणैः	य एवं वेत्ति०
१४ । ५	गुणाः	सत्त्वं रजस्तम०
१४ । १९	गुणेभ्यः; गुणेभ्यः	नान्यं गुणेभ्यः०
१४ । २०	गुणान्	गुणानेतानतीत्य०
१४ । २१	गुणान्; गुणान्	कैर्लिङ्गैस्त्रीन्गुणा०
१४ । २३	गुणैः	उदासीनवदासीनो०
१४ । २५	गुणातीतः	मानापमानयोस्तुल्यः०
१४ । २६	गुणान्	मां च योऽव्यभिचारेण०
१५ । २	गुणप्रवृद्धाः	अधश्चोर्ध्वं०
१५ । १०	गुणान्वितम्	उत्क्रामन्तं स्थितं०
१८ । १९	गुणभेदतः; गुणसंख्याने	ज्ञानं कर्म च०
१८ । २९	गुणतः	बुद्धेर्भेदं धृतेः०
१८ । ४०	गुणैः	न तदस्ति०
१८ । ४१	गुणैः	ब्राह्मणक्षत्रियविशां०
	(२) पदार्थों (विषयों)-का वाचक	
३ । २८	गुणकर्मविभागयोः; गुणेषु	तत्त्ववित्तु महाबाहो०
३ । २९	गुणकर्मसु	प्रकृतेर्गुणसम्मूढाः०
१३ । १४	सर्वेन्द्रियगुणाभासम्; गुणभोक्तृ	सर्वेन्द्रियगुणाभासं०
१४ । २३	गुणाः	उदासीनवदासीनो०
	(३) इन्द्रियोंका वाचक	
३ । २८	गुणाः	तत्त्ववित्तु महाबाहो०
	(४) तमोगुणका वाचक	
१४ । १८	जघन्यगुणवृत्तिस्थाः	ऊर्ध्वं गच्छन्ति०

२५. जगत्

अध्याय-श्लोक	पद	श्लोक-प्रतीक
	(१) जड़ संसारका वाचक	
७ । ५	जगत्	अपरेयमितस्त्वन्यां०
	(२) चराचर संसारका वाचक	
७ । ६	जगतः	एतद्योनीनि०
९ । ४	जगत्	मया ततमिदं०
९ । १०	जगत्	मयाध्यक्षेण०
९ । १७	जगतः	पिताहमस्य जगतो०
१० । ४२	जगत्	अथवा बहुनैतेन०
११ । ७	जगत्	इहैकस्थं जगत्०

अध्याय-श्लोक	पद	श्लोक-प्रतीक
११।१३	जगत्	तत्रैकस्थं जगत्०
११।३०	जगत्	लेलिह्यसे ग्रसमान:०
१६। ८	जगत्	असत्यमप्रतिष्ठं०
	(३) चेतन-समुदायका वाचक	
७।१३	जगत्	त्रिभिर्गुणमयै०
८।२६	जगत:	शुक्लकृष्णे गती०
११।३६	जगत्	स्थाने हृषीकेश०
१६।९	जगत:	एतां दृष्टिमवष्टभ्य०

२६. ज्ञान

	(१) सत्-असत्के विवेकका वाचक	
३। ३	ज्ञानयोगेन	लोकेऽस्मिन्द्विविधा०
४।२७	ज्ञानदीपिते	सर्वाणीन्द्रियकर्माणि०
४।३३	ज्ञानयज्ञ:	श्रेयान्द्रव्यमया०
५।१६	ज्ञानेन; ज्ञानम्	ज्ञानेन तु तदज्ञानं०
७।२०	हृतज्ञाना:	कामैस्तैस्तैर्हृतज्ञाना:०
९।१५	ज्ञानयज्ञेन	ज्ञानयज्ञेन चाप्यन्ये०
१०।४	ज्ञानम्	बुद्धिर्ज्ञानमसम्मोह:०
१३।२	ज्ञानम्; ज्ञानम्	क्षेत्रज्ञं चापि०
१३।३४	ज्ञानचक्षुषा	क्षेत्रक्षेत्रज्ञयोरेव०
१४।९	ज्ञानम्	सत्त्वं सुखे०
१४।११	ज्ञानम्	सर्वद्वारेषु देहेऽस्मिन्०
१४।१७	ज्ञानम्	सत्त्वात्संजायते०
१५।१०	ज्ञानचक्षुष:	उत्क्रामन्तं स्थितं०
१५।१५	ज्ञानम्	सर्वस्य चाहं०
१८।५०	ज्ञानस्य	सिद्धिं प्राप्तो०
	(२) कर्तव्य-अकर्तव्यके विवेकका वाचक	
३।३९	ज्ञानम्	आवृतं ज्ञानमेतेन०
३।४०	ज्ञानम्	इन्द्रियाणि मनो०
३।४१	ज्ञानविज्ञाननाशनम्	तस्मात्त्वमिन्द्रिया०
४।४१	ज्ञानसञ्छिन्नसंशयम्	योगसंन्यस्तकर्माणं०
४।४२	ज्ञानासिना	तस्मादज्ञानसम्भूतं०
६।८	ज्ञानविज्ञानतृप्तात्मा	ज्ञानविज्ञानतृप्तात्मा०

अध्याय-श्लोक	पद	श्लोक-प्रतीक
	(३) तत्त्वज्ञानका वाचक	
४। १९	ज्ञानाग्निदग्धकर्माणम्	यस्य सर्वे०
४। २३	ज्ञानावस्थितचेतसः	गतसङ्गस्य मुक्तस्य०
४। ३३	ज्ञाने	श्रेयान्द्रव्यमयाद्यज्ञा०
४। ३४	ज्ञानम्	तद्विद्धि प्रणिपातेन०
४। ३६	ज्ञानप्लवेनैव	अपि चेदसि०
४। ३७	ज्ञानाग्निः	यथैधांसि समिद्धो०
४। ३८	ज्ञानेन	न हि ज्ञानेन०
४। ३९	ज्ञानम्; ज्ञानम्	श्रद्धावाँल्लभते०
५। १७	ज्ञाननिर्धूतकल्मषाः	तद्बुद्धयस्तदात्मा०
१०। ११	ज्ञानदीपेन	तेषामेवानुकम्पार्थ०
१३। १७	ज्ञानम्	ज्योतिषामपि०
१४। १	ज्ञानम्	परं भूयः प्रवक्ष्यामि०
१४। २	ज्ञानम्	इदं ज्ञानमुपाश्रित्य०
१६। १	ज्ञानयोगव्यवस्थितिः	अभयं सत्त्वसंशुद्धिः०
	(४) साधन-समुदायका वाचक	
१३। ११	ज्ञानम्	अध्यात्मज्ञाननित्य०
१३। १७	ज्ञानगम्यम्	ज्योतिषामपि तज्ज्योतिः०
१३। १८	ज्ञानम्	इति क्षेत्रं तथा०
	(५) शरणागतिका वाचक	
१८। ६३	ज्ञानम्	इति ते ज्ञानमाख्यातं०
	(६) गीताध्ययनका वाचक	
१८। ७०	ज्ञानयज्ञेन	अध्येष्यते च०
	(७) शास्त्रज्ञानका वाचक	
४। २८	स्वाध्यायज्ञानयज्ञाः	द्रव्ययज्ञास्तपो०
१२। १२	ज्ञानम्; ज्ञानात्	श्रेयो हि ज्ञान०
१८। ४२	ज्ञानम्	शमो दमस्तपः०
	(८) सामान्य ज्ञानका वाचक	
३। ३२	सर्वज्ञानविमूढान्	ये त्वेतदभ्यसूयन्तो०
९। १२	मोघज्ञानाः	मोघाशा मोघकर्माणो०
१०। ३८	ज्ञानम्	दण्डो दमयतामस्मि०
१४। १	ज्ञानानाम्	परं भूयः प्रवक्ष्यामि०
१४। ६	ज्ञानसङ्गेन	तत्र सत्त्वं निर्मल०
१८। १८	ज्ञानम्	ज्ञानं ज्ञेयं परिज्ञाता०

अध्याय-श्लोक	पद	श्लोक-प्रतीक
१८। १९	ज्ञानम्	ज्ञानं कर्म च०
१८। २०	ज्ञानम्	सर्वभूतेषु येनैकं०
१८। २१	ज्ञानम्; ज्ञानम्	पृथक्त्वेन तु०
	(९) दृढ़तापूर्वक माननेका वाचक	
४। १०	ज्ञानतपसा	वीतरागभयक्रोधा०
७। २	ज्ञानम्	ज्ञानं तेऽहं सविज्ञान०
९। १	ज्ञानम्	इदं तु ते०
	२७. ज्ञानी	
	(१) तत्त्वज्ञ महापुरुषका वाचक	
३। ३३	ज्ञानवान्	सदृशं चेष्टते०
	(२) विवेकी साधकका वाचक	
३। ३९	ज्ञानिन:	आवृतं ज्ञानमेतेन०
	(३) शास्त्रोंको यथार्थरूपसे जाननेवालेका वाचक	
४। ३४	ज्ञानिन:	तद्विद्धि प्रणिपातेन०
	(४) शास्त्रीय ज्ञानवालेका वाचक	
६। ४६	ज्ञानिभ्य:	तपस्विभ्योऽधिको०
	(५) प्रेमी भक्तका वाचक	
७। १६	ज्ञानी	चतुर्विधा भजन्ते०
७। १७	ज्ञानी; ज्ञानिन:	तेषां ज्ञानी नित्ययुक्त०
७। १८	ज्ञानी	उदारा: सर्व एवैते०
	२८. ज्ञेय	
	(१) परमात्माका वाचक	
१३। १२	ज्ञेयम्	ज्ञेयं यत्तत्प्रवक्ष्यामि०
१३। १७	ज्ञेयम्	ज्योतिषामपि०
१३। १८	ज्ञेयम्	इति क्षेत्रं तथा०
	(२) दृश्यमात्र संसारका वाचक	
१८। १८	ज्ञेयम्	ज्ञानं ज्ञेयं परिज्ञाता०
	२९. तुष्ट	
	(१) पूर्णताका वाचक	
२। ५५	तुष्ट:	प्रजहाति यदा०
३। १७	संतुष्ट:	यस्त्वात्मरतिरेव०

अध्याय-श्लोक	पद	श्लोक-प्रतीक
१२। १४	संतुष्टः	संतुष्टः सततं०
	(२) संतोषका वाचक	
४। २२	संतुष्टः	यदृच्छालाभसंतुष्टो०
१२। १९	संतुष्टः	तुल्यनिन्दास्तुति०

३०. देव

अध्याय-श्लोक	पद	श्लोक-प्रतीक
	(१) इन्द्रादि देवताओंका वाचक	
३। ११	देवान्; देवाः	देवान्भावयतानेन०
३। १२	देवाः	इष्टान्भोगान्हि वो०
७। २३	देवान्; देवयजः	अन्तवत्तु फलं०
९। २०	देवभोगान्	त्रैविद्या मां०
९। २५	देवव्रताः; देवान्	यान्ति देवव्रता०
१०। २	देवानाम्	न मे विदुः०
१०। १४	देवाः	सर्वमेतदृतं मन्ये०
१०। १५	देव (-देव)	स्वयमेवात्म०
१०। २२	देवानाम्	वेदानां सामवेदोऽस्मि०
११। १५	देवान्	पश्यामि देवांस्तव०
११। ५२	देवाः	सुदुर्दर्शमिदं०
१७। ४	देवान्	यजन्ते सात्त्विका०
१७। १४	*देवद्विजगुरुप्राज्ञपूजनम्	देवद्विजगुरुप्राज्ञ०
१८। ४०	देवेषु	न तदस्ति०
	(२) भगवान् श्रीकृष्णका वाचक	
११। ११	देवम्	दिव्यमाल्याम्बरधरं०
११। १४	देवम्	ततः स विस्मया०
११। १५	देव	पश्यामि देवांस्तव०
११। २५	देवेश	दंष्ट्राकरालानि०
११। ३१	देववर	आख्याहि मे०
११। ३७	देवेश	कस्माच्च ते०
११। ४४	देव	तस्मात्प्रणम्य०
११। ४५	देवेश	अदृष्टपूर्वं०

*यहाँ 'देव' शब्दको ईश्वरकोटिके देवताओं (विष्णु, शंकर, गणेश, शक्ति और सूर्य)-का भी वाचक समझ लेना चाहिये।

अध्याय-श्लोक	पद	श्लोक-प्रतीक
	(३) भगवान् विष्णुका वाचक	
११ । ४५	* देवरूपम्	अदृष्टपूर्वं हृषितोऽस्मि०
	३१. धर्म	
	(१) पुण्यकर्मका वाचक	
१ । १	धर्मक्षेत्रे	धर्मक्षेत्रे कुरुक्षेत्रे०
१८ । ३१	धर्मम्	यया धर्ममधर्मं०
१८ । ३२	धर्मम्	अधर्मं धर्ममिति०
१८ । ३४	धर्मकामार्थान्	यया तु धर्मकामार्थान्०
	(२) कुल-मर्यादाका वाचक	
१ । ४०	कुलधर्माः; धर्मे	कुलक्षये प्रणश्यन्ति०
१ । ४३	कुलधर्माः	दोषैरेतैः कुलघ्नानां०
१ । ४४	उत्सन्नकुलधर्माणाम्	उत्सन्नकुलधर्माणाम्०
	(३) कर्तव्य-कर्मका वाचक	
१ । ४३	जातिधर्माः	दोषैरेतैः कुलघ्नानां०
२ । ७	धर्मसम्मूढचेताः	कार्पण्यदोषोपहत०
३ । ३५	स्वधर्मः; परधर्मात्; स्वधर्मे; परधर्मः	श्रेयान्स्वधर्मो०
१८ । ४७	स्वधर्मः; परधर्मात्	श्रेयान्स्वधर्मो विगुणः०
१८ । ६६	सर्वधर्मान्	सर्वधर्मान्परित्यज्य०
	(४) समबुद्धिका वाचक	
२ । ४०	धर्मस्य	नेहाभिक्रमनाशोऽस्ति०
	(५) सद्‌गुण-सदाचारका वाचक	
४ । ७	धर्मस्य	यदा यदा हि०
४ । ८	धर्मसंस्थापनार्थाय	परित्राणाय साधूनां०
७ । ११	धर्माविरुद्धः	बलं बलवतां चाहं०
११ । १८	शाश्वतधर्मगोप्ता	त्वमक्षरं परमं०
१४ । २७	धर्मस्य	ब्रह्मणो हि प्रतिष्ठाहम०
	(६) ज्ञान-विज्ञानका वाचक	
९ । ३	धर्मस्य	अश्रद्दधानाः पुरुषा०
	(७) सकाम अनुष्ठानका वाचक	
९ । २१	त्रयीधर्मम्	ते तं भुक्त्वा०

* चतुर्भुजरूपका वाचक होनेसे यहाँ 'देव' शब्द भगवान् विष्णुके लिये आया है।

अध्याय-श्लोक	पद	श्लोक-प्रतीक
	३२. पर	
	(१) परायणताका वाचक	
२। ४३	स्वर्गपराः	कामात्मानः स्वर्गपरा०
२। ६१	मत्परः	तानि सर्वाणि०
४। ३९	तत्परः	श्रद्धावाँल्लभते०
६। १४	मत्परः	प्रशान्तात्मा विगतभीः०
१२। ६	मत्पराः	ये तु सर्वाणि०
१८। ५२	ध्यानयोगपरः	विविक्तसेवी०
१८। ५७	मत्परः	चेतसा सर्वकर्माणि०
	(२) परमात्माका वाचक	
२। ५९	परम्	विषया विनिवर्तन्ते०
३। १९	परम्	तस्मादसक्तः सततं०
५। १६	परम्	ज्ञानेन तु०
११। ३७	परम्	कस्माच्च ते०
१३। ३४	परम्	क्षेत्रक्षेत्रज्ञयोरेव०
	(३) सूक्ष्मका वाचक	
३। ४२	पराणि; परम्; परा; परतः	इन्द्रियाणि पराण्याहुः०
३। ४३	परम्	एवं बुद्धेः परं०
	(४) सर्वोत्कृष्टका वाचक	
३। ११	परम्	देवान्भावयतानेन०
४। ३९	पराम्	श्रद्धावाँल्लभते०
६। ४५	पराम्	प्रयत्नाद्यतमानस्तु०
७। १३	परम्	त्रिभिर्गुणमयैः०
७। २४	परम्	अव्यक्तं व्यक्तिमापन्नं०
८। १०	परम्	प्रयाणकाले मनसा०
८। २०	परः	परस्तस्मात्तु०
८। २२	परः	पुरुषः स परः०
८। २८	परम्	वेदेषु यज्ञेषु०
९। ११	परम्	अवजानन्ति मां०
९। ३२	पराम्	मां हि पार्थ०
१०। १२	परम्; परम्	परं ब्रह्म परं धाम०
११। ३८	परम्	त्वमादिदेवः०
११। ४७	परम्	मया प्रसन्नेन०
१३। १२	परम्	ज्ञेयं यत्तत्प्रवक्ष्यामि०

अध्याय-श्लोक	पद	श्लोक-प्रतीक
१३। २२	परः	उपद्रष्टानुमन्ता च०
१३। २८	परम्	समं पश्यन्हि०
१४। १	परम्; परम्	परं भूयः प्रवक्ष्यामि०
१६। २२	परम्	एतैर्विमुक्तः कौन्तेय०
१६। २३	परम्	यः शास्त्रविधिमुत्सृज्य०
१८। ५०	परा	सिद्धिं प्राप्तो यथा०
१८। ५४	पराम्	ब्रह्मभूतः प्रसन्नात्मा०
१८। ६२	पराम्	तमेव शरणं गच्छ०
१८। ६८	पराम्	य इमं परमं०
१८। ७५	परम्	व्यासप्रसादात्०
	(५) भविष्यकालका वाचक	
२। १२	परम्	न त्वेवाहं जातु०
	(६) भूतकालका वाचक	
४। ४	परम्	अपरं भवतो जन्म०
	(७) परलोकका वाचक	
४। ४०	परः	अज्ञश्चाश्रद्दधानश्च०
	(८) अन्यका वाचक	
३। ३५	परधर्मात्; परधर्मः	श्रेयान्स्वधर्मो०
१८। ४७	परधर्मात्	श्रेयान्स्वधर्मो०
	(९) जीवात्माका वाचक	
७। ५	पराम्	अपरेयमितस्त्वन्यां०
	(१०) निर्लिप्तताका वाचक	
८। ९	परस्तात्	कविं पुराणमनुशासितार०
१३। १७	परम्	ज्योतिषामपि तज्ज्योति०
१४। १९	परम्	नान्यं गुणेभ्यः०

३३. परमात्मा

	(१) निर्गुण-निराकारका वाचक	
६। ७	परमात्मा	जितात्मनः प्रशान्तस्य०
	(२) सगुण-साकारका वाचक	
१५। १७	परमात्मा	उत्तमः पुरुषस्त्वन्यः०
	(३) जीवात्माका वाचक	
१३। २२	परमात्मा	उपद्रष्टानुमन्ता च०
१३। ३१	परमात्मा	अनादित्वान्निर्गुणत्वात्०

अध्याय-श्लोक	पद	श्लोक-प्रतीक
	३४. पुण्य	
	(१) पवित्र कर्मोंका वाचक	
६। ४१	पुण्यकृताम्	प्राप्य पुण्यकृतां०
७। २८	पुण्यकर्मणाम्	येषां त्वन्तगतं पापं०
८। २८	पुण्यफलम्	वेदेषु यज्ञेषु०
९। २०	पुण्यम्	त्रैविद्या मां०
९। २१	पुण्ये	ते तं भुक्त्वा०
१८। ७१	पुण्यकर्मणाम्	श्रद्धावाननसूयश्च०
	(२) पवित्रताका वाचक	
७। ९	पुण्यः	पुण्यो गन्धः०
९। ३३	पुण्याः	किं पुनर्ब्राह्मणाः०
१८। ७६	पुण्यम्	राजन्संस्मृत्य०
	३५. पुरा	
	(१) पूर्वोक्त उपदेशका वाचक	
३। ३	पुरा	लोकेऽस्मिन्द्विविधा०
	(२) सर्ग (ब्रह्माके दिनके आरम्भकाल)-का वाचक	
३। १०	पुरा	सहयज्ञाः प्रजाः०
	(३) महासर्ग (सृष्टिके आरम्भकाल)-का वाचक	
१७। २३	पुरा	ॐतत्सदिति०
	३६. पुरुष	
	(१) साधारण मनुष्यका वाचक	
३। ३६	पूरुषः	अथ केन प्रयुक्तोऽयं०
९। ३	पुरुषाः	अश्रद्दधानाः पुरुषा०
१७। ३	पुरुषः	सत्त्वानुरूपा सर्वस्य०
	(२) कर्मयोगी साधकका वाचक	
२। ६०	पुरुषस्य	यततो ह्यपि कौन्तेय०
३। ४	पुरुषः	न कर्मणामनारम्भा०
३। १९	पूरुषः	तस्मादसक्तः सततं०
	(३) सांख्ययोगी साधकका वाचक	
२। १५	पुरुषम्	यं हि न व्यथय०
२। २१	पुरुषः	वेदाविनाशिनं०

अध्याय-श्लोक	पद	श्लोक-प्रतीक
	(४) जीवात्माका वाचक	
१३। १९	पुरुषम्	प्रकृतिं पुरुषं०
१३। २०	पुरुषः	कार्यकरणकर्तृत्वे०
१३। २१	पुरुषः	पुरुषः प्रकृतिस्थो०
१३। २२	पुरुषः	उपद्रष्टानुमन्ता०
१३। २३	पुरुषम्	य एवं वेत्ति०
	(५) क्षर-अक्षर, नाशवान्-अविनाशीका वाचक	
१५। १६	पुरुषौ	द्वाविमौ पुरुषौ०
	(६) ब्रह्माजीका वाचक	
८। ४	पुरुषः	अधिभूतं क्षरो०
	(७) सगुण-निराकारका वाचक	
८। ८	पुरुषम्	अभ्यासयोगयुक्तेन०
८।१०	पुरुषम्	प्रयाणकाले मनसा०
८।२२	पुरुषः	पुरुषः स परः०
१५। ४	पुरुषम्	ततः पदं तत्परिमार्गि०
	(८) सगुण-साकारका वाचक	
१०। १२	पुरुषम्	परं ब्रह्म परं धाम०
११। १८	पुरुषः	त्वमक्षरं परमं०
११। ३८	पुरुषः	त्वमादिदेवः पुरुषः०
१५। १७	पुरुषः	उत्तमः पुरुषस्त्वन्यः०

३७. प्रकृति

अध्याय-श्लोक	पद	श्लोक-प्रतीक
	(१) समष्टि प्रकृति (जड़)-का वाचक *	
३। ५	प्रकृतिजैः	न हि कश्चित्क्षणमपि०
३। २७	प्रकृतेः	प्रकृतेः क्रियमाणानि०
३। २९	प्रकृतेः	प्रकृतेर्गुणसम्मूढाः०
७। ४	प्रकृतिः	भूमिरापोऽनलो०
९। ७	प्रकृतिम्	सर्वभूतानि कौन्तेय०
९।८	प्रकृतिम्	प्रकृतिं स्वामवष्टभ्य०
९। १०	प्रकृतिः	मयाध्यक्षेण प्रकृतिः०
१३। १९	प्रकृतिम्; प्रकृतिसम्भवाः	प्रकृतिं पुरुषं चैव०
१३। २०	प्रकृतिः	कार्यकरणकर्तृत्वे०

* तत्त्वसे समष्टि और व्यष्टि दो नहीं हैं, प्रत्युत एक समष्टि ही है। समष्टिके ही जिस अंशके साथ मनुष्य 'मैं' और 'मेरे' का सम्बन्ध जोड़ लेता है, वह अंश ही व्यष्टि कहलाता है और उसीसे मनुष्य बँधता है।

अध्याय-श्लोक	पद	श्लोक-प्रतीक
१३। २१	प्रकृतिजान्	पुरुषः प्रकृतिस्थो०
१३। २३	प्रकृतिम्	य एवं वेत्ति०
१३। २९	प्रकृत्या	प्रकृत्यैव च कर्माणि०
१३। ३४	भूतप्रकृतिमोक्षम्	क्षेत्रक्षेत्रज्ञयोरेव०
१४। ५	प्रकृतिसम्भवाः	सत्त्वं रजस्तम०
१५। ७	प्रकृतिस्थानि	ममैवांशो जीवलोके०
१८। ४०	प्रकृतिजैः	न तदस्ति पृथिव्यां०
	(२) स्वभावका वाचक	
३। ३३	प्रकृतेः; प्रकृतिम्	सदृशं चेष्टते०
७। २०	प्रकृत्या	कामैस्तैस्तैर्हृतज्ञानाः०
९। ८	प्रकृतेः	प्रकृतिं स्वामवष्टभ्य०
९। १२	प्रकृतिम्	मोघाशा मोघकर्माणो०
९। १३	प्रकृतिम्	महात्मानस्तु मां०
१८। ५९	प्रकृतिः	यदहंकारमाश्रित्य०
	(३) भगवान्‌की दिव्य चिन्मयशक्तिका वाचक	
४। ६	प्रकृतिम्	अजोऽपि सन्नव्ययात्मा०
	(४) जीवात्माका वाचक	
७। ५	प्रकृतिम्	अपरेयमितस्त्वन्यां०
	(५) स्वाभाविक स्थितिका वाचक	
११। ५१	प्रकृतिम्	दृष्ट्वेदं मानुषं रूपं०
	(६) शरीरका वाचक	
१३। २१	प्रकृतिस्थः*	पुरुषः प्रकृतिस्थो०

३८. प्रसाद

अध्याय-श्लोक	पद	श्लोक-प्रतीक
	(१) अन्तःकरणकी स्वच्छताका वाचक	
२। ६४	प्रसादम्	रागद्वेषवियुक्तैस्तु०
२। ६५	प्रसादे	प्रसादे सर्वदुःखानां०
१८। ३७	आत्मबुद्धिप्रसादजम्	यत्तदग्रे विषमिव०
	(२) प्रसन्नताका वाचक	
१७। १६	मनःप्रसादः	मनःप्रसादः सौम्यत्वं०

* यहाँ व्यष्टि शरीरमें स्थित होनेको ही 'प्रकृतिमें स्थित' कहा गया है; क्योंकि समष्टि प्रकृतिमें स्थित होकर कोई भोक्ता बनता ही नहीं। जैसे एक स्त्रीके साथ सम्बन्ध (विवाह) होनेसे उसके सम्पूर्ण परिवारके साथ मनुष्यका स्वतः सम्बन्ध जुड़ जाता है, ऐसे ही व्यष्टि (शरीर)-के साथ सम्बन्ध होनेसे समष्टि (मात्र प्रकृति)-के साथ मनुष्यका स्वतः सम्बन्ध जुड़ जाता है।

अध्याय-श्लोक	पद	श्लोक-प्रतीक
	(३) कृपाका वाचक	
१८। ५६	मत्प्रसादात्	सर्वकर्माण्यपि सदा०
१८। ५८	मत्प्रसादात्	मच्चित्तः सर्वदुर्गाणि०
१८। ६२	तत्प्रसादात्	तमेव शरणं०
१८। ७३	त्वत्प्रसादात्	नष्टो मोहः स्मृतिर्लब्धा०
१८। ७५	व्यासप्रसादात्	व्यासप्रसादाच्छ्रुतवाने०

३९. प्रिय

अध्याय-श्लोक	पद	श्लोक-प्रतीक
	(१) अनुकूलताका वाचक	
५। २०	प्रियम्	न प्रहृष्येत्प्रियं प्राप्य०
	(२) प्रेमीका वाचक	
७। १७	प्रियः; प्रियः	तेषां ज्ञानी नित्ययुक्त०
१२। १४	प्रियः	संतुष्टः सततं०
१२। १५	प्रियः	यस्मान्नोद्विजते०
१२। १६	प्रियः	अनपेक्षः शुचिर्दक्ष०
१२। १७	प्रियः	यो न हृष्यति०
१२। १९	प्रियः	तुल्यनिन्दास्तुतिर्मौनी०
१२। २०	प्रियाः	ये तु धर्म्यामृतमिदं०
१८। ६५	प्रियः	मन्मना भव०
१८। ६९	प्रियतरः	न च तस्मान्मनुष्येषु०
	(३) रागका वाचक	
९। २९	प्रियः	समोऽहं सर्वभूतेषु०
	(४) रुचिका वाचक	
१७। ७	प्रियः	आहारस्त्वपि सर्वस्य०
१७। ८	सात्त्विकप्रियाः	आयुः सत्त्वबलारोग्य०
१७। १०	तामसप्रियम्	यातयामं गतरसं०
	(५) मधुरताका वाचक	
१७। १५	प्रियहितम्	अनुद्वेगकरं वाक्यं०
	(६) पतिका वाचक	
११। ४४	प्रियः	तस्मात्प्रणम्य०
	(७) पत्नीका वाचक	
११। ४४	प्रियायाः	तस्मात्प्रणम्य०
	(८) हितका वाचक	
१। २३	प्रियचिकीर्षवः	योत्स्यमानानवेक्षेऽहं०

अध्याय-श्लोक	पद	श्लोक-प्रतीक
	(९) प्रिय कार्यका वाचक	
१८। ६९	प्रियकृत्तमः	न च तस्मान्मनुष्येषु०
	४०. बल	
	(१) सेनाका वाचक	
१। १०	बलम्; बलम्	अपर्याप्तं तदस्माकं०
	(२) परवशताका वाचक	
३। ३६	बलात्	अथ केन प्रयुक्तोऽयं०
	(३) शक्तिका वाचक	
६। ३४	बलवत्	चञ्चलं हि मनः०
७। ११	बलम्	बलं बलवतां०
८। १०	योगबलेन	प्रयाणकाले मनसा०
१६। १४	बलवान्	असौ मया हतः०
१७। ८	आयुः सत्त्वबलारोग्य.......	आयुः सत्त्वबलारोग्य०
	(४) हठका वाचक	
१६। १८	बलम्	अहंकारं बलं दर्पं०
१७। ५	कामरागबलान्विताः	अशास्त्रविहितं घोरं०
१८। ५३	बलम्	अहंकारं बलं दर्पं०
	४१. बीज	
	(१) भगवान्‌का वाचक	
७। १०	बीजम्	बीजं मां सर्वभूतानां०
९। १८	बीजम्	गतिर्भर्ता प्रभुः०
१०। ३९	बीजम्	यच्चापि सर्वभूतानां०
	(२) जीवात्माका वाचक	
१४। ४	बीजप्रदः	सर्वयोनिषु कौन्तेय०
	४२. बुद्धि	
	(१) अन्तःकरणकी समताका वाचक	
२। ३९	बुद्धिः; बुद्ध्या	एषा तेऽभिहिता०
२। ४९	बुद्धौ	दूरेण ह्यवरं कर्म०
२। ५०	बुद्धियुक्तः	बुद्धियुक्तो जहातीह०
२। ५१	बुद्धियुक्ताः	कर्मजं बुद्धियुक्ता०
	(२) अटल निश्चयका वाचक	
२। ५२	बुद्धिः	यदा ते मोहकलिलं०

अध्याय-श्लोक	पद	श्लोक-प्रतीक
२। ६५	बुद्धिः	प्रसादे सर्वदुःखानां०
२। ६६	बुद्धिः	नास्ति बुद्धिरयुक्तस्य०
१८। १७	बुद्धिः	यस्य नाहंकृतो०
	(३) सामान्य बुद्धिका वाचक	
२। ४१	बुद्धिः; बुद्धयः	व्यवसायात्मिका बुद्धिः०
२। ४४	बुद्धिः	भोगैश्वर्यप्रसक्तानां०
२। ५३	बुद्धिः	श्रुतिविप्रतिपन्ना ते०
३। २	बुद्धिम्	व्यामिश्रेणेव वाक्येन०
३। २६	बुद्धिभेदम्	न बुद्धिभेदं जनयेद०
३। ४०	बुद्धिः	इन्द्रियाणि मनो०
३। ४२	बुद्धिः; बुद्धेः	इन्द्रियाणि पराण्याहुः०
३। ४३	बुद्धेः	एवं बुद्धेः परं०
५। ११	बुद्ध्या	कायेन मनसा०
५। २८	यतेन्द्रियमनोबुद्धिः	यतेन्द्रियमनोबुद्धिर्मुनि०
६। २५	बुद्ध्या	शनैः शनैरुपरमेद्०
८। ७	अर्पितमनोबुद्धिः	तस्मात्सर्वेषु कालेषु०
१०। ४	बुद्धिः	बुद्धिर्ज्ञानमसम्मोहः०
१२। ८	बुद्धिम्	मय्येव मन आधत्स्व०
१२। १४	अर्पितमनोबुद्धिः	संतुष्टः सततं०
१८। १६	अकृतबुद्धित्वात्	तत्रैवं सति कर्तार०
१८। २९	बुद्धेः	बुद्धेर्भेदं धृतेश्चैव०
१८। ३०	बुद्धिः	प्रवृत्तिं च निवृत्तिं०
१८। ३१	बुद्धिः	यया धर्ममधर्मं०
१८। ३२	बुद्धिः	अधर्मं धर्ममिति०
१८। ४९	असक्तबुद्धिः	असक्तबुद्धिः सर्वत्र०
१८। ५१	बुद्ध्या	बुद्ध्या विशुद्धया०
	(४) विवेकका वाचक	
२। ६३	बुद्धिनाशः; बुद्धिनाशात्	क्रोधाद्भवति सम्मोहः०
३। १	बुद्धिः	ज्यायसी चेत्कर्मणस्ते०
७। १०	बुद्धिः	बीजं मां सर्वभूतानां०
	(५) सात्त्विक बुद्धिका वाचक	
६। २१	बुद्धिग्राह्यम्	सुखमात्यन्तिकं०
	(६) समष्टि बुद्धि (महत्तत्त्व)-का वाचक	
७। ४	बुद्धिः	भूमिरापोऽनलो वायुः०
१३। ५	बुद्धिः	महाभूतान्यहंकारो०

अध्याय-श्लोक	पद	श्लोक-प्रतीक
	४३. ब्रह्म	
	(१) निर्गुण-निराकारका वाचक	
२। ७२	ब्रह्मनिर्वाणम्	एषा ब्राह्मी स्थितिः०
४। २५	ब्रह्माग्नौ	दैवमेवापरे यज्ञं०
४। ३१	ब्रह्म	यज्ञशिष्टामृतभुजो०
५।६	ब्रह्म	संन्यासस्तु महाबाहो०
५। १९	ब्रह्म; ब्रह्मणि	इहैव तैर्जितः सर्गो०
५। २०	ब्रह्मवित्; ब्रह्मणि	न प्रहृष्येत्प्रियं०
५। २१	ब्रह्मयोगयुक्तात्मा	बाह्यस्पर्शेष्वसक्तात्मा०
५। २४	ब्रह्मनिर्वाणम्; ब्रह्मभूतः	योऽन्तःसुखोऽन्तरा०
५। २५	ब्रह्मनिर्वाणम्	लभन्ते ब्रह्मनिर्वाण०
५। २६	ब्रह्मनिर्वाणम्	कामक्रोधवियुक्तानां०
६। २७	ब्रह्मभूतम्	प्रशान्तमनसं ह्येनं०
६। २८	ब्रह्मसंस्पर्शम्	युञ्जन्नेवं सदात्मानं०
७। २९	ब्रह्म	जरामरणमोक्षाय०
८। १	ब्रह्म	किं तद्ब्रह्म०
८। ३	ब्रह्म	अक्षरं ब्रह्म परमं०
८। २४	ब्रह्म; ब्रह्मविदः	अग्निर्ज्योतिरहः०
१३। १२	ब्रह्म	ज्ञेयं यत्तत्प्रवक्ष्यामि०
१३। ३०	ब्रह्म	यदा भूतपृथग्भाव०
१४। २६	ब्रह्मभूयाय	मां च योऽव्यभिचारेण०
१४। २७	ब्रह्मणः	ब्रह्मणो हि प्रतिष्ठा०
१८। ५०	ब्रह्म	सिद्धिं प्राप्तो यथा०
१८। ५३	ब्रह्मभूयाय	अहंकारं बलं दर्पं०
१८। ५४	ब्रह्मभूतः	ब्रह्मभूतः प्रसन्नात्मा०
	(२) सगुण-निराकारका वाचक	
३। १५	ब्रह्म	कर्म ब्रह्मोद्भवं०
४। २४	ब्रह्मार्पणम्; ब्रह्म हविः; ब्रह्माग्नौ; ब्रह्मणा; ब्रह्मैव; ब्रह्मकर्मसमाधिना	ब्रह्मार्पणं ब्रह्म०
६। ३८	ब्रह्मणः	कच्चिन्नोभयविभ्रष्ट०
१७। २३	ब्रह्मणः	ॐ तत्सदिति०
	(३) सगुण-साकारका वाचक	
५। १०	ब्रह्मणि	ब्रह्मण्याधाय०
१०। १२	ब्रह्म	परं ब्रह्म परं०

अध्याय-श्लोक	पद	श्लोक-प्रतीक
	(४) वेदका वाचक	
३। १५	ब्रह्मोद्भवम्; ब्रह्म	कर्म ब्रह्मोद्भवं०
४। ३२	ब्रह्मण:	एवं बहुविधा०
६। ४४	शब्दब्रह्म	पूर्वाभ्यासेन०
१७। २४	ब्रह्मवादिनाम्	तस्मादोमित्युदा०
	(५) प्रणवका वाचक	
८। १३	ब्रह्म	ओमित्येकाक्षरं०
	(६) ब्रह्माजीका वाचक	
८। १६	आब्रह्मभुवनात्	आब्रह्मभुवनाल्लोका:०
८। १७	ब्रह्मण:	सहस्रयुगपर्यन्त०
११। १५	ब्रह्माणम्	पश्यामि देवांस्तव०
११। ३७	ब्रह्मण:	कस्माच्च ते न०
	(७) मूल प्रकृतिका वाचक	
१४।३	ब्रह्म	मम योनिर्महद्ब्रह्म०
१४।४	ब्रह्म	सर्वयोनिषु कौन्तेय०
	(८) ब्राह्मणका वाचक	
१८।४२	ब्रह्मकर्म	शमो दमस्तप:०
	४४. ब्राह्मण	
	(१) ब्रह्मज्ञानीका वाचक	
२। ४६	ब्राह्मणस्य	यावानर्थ उदपाने०
	(२) विप्र (ब्राह्मण)-का वाचक	
५। १८	ब्राह्मणे	विद्याविनयसम्पन्ने०
९। ३३	ब्राह्मणा:	किं पुनर्ब्राह्मणा:०
१७। २३	ब्राह्मणा:	ॐ तत्सदिति०
१८। ४१	ब्राह्मणक्षत्रियविशाम्	ब्राह्मणक्षत्रियविशां०
	४५. भाव	
	(१) सत्ताका वाचक	
२। १६	भाव:	नासतो विद्यते०
८। ३	भूतभावोद्भवकर:	अक्षरं ब्रह्म परमं०
१०। ११	आत्मभावस्थ:	तेषामेवानुकम्पार्थ०
१७। २६	सद्भावे	सद्भावे साधुभावे०
१८। २०	भावम्	सर्वभूतेषु येनैकं०

अध्याय-श्लोक	पद	श्लोक-प्रतीक
१८। २१	नानाभावान्	पृथक्त्वेन तु०
	(२) परमात्माके स्वरूपका वाचक	
४। १०	मद्भावम्	वीतरागभयक्रोधा०
७। २४	भावम्	अव्यक्तं व्यक्तिमापन्नं०
८। ५	मद्भावम्	अन्तकाले च०
८।२०	भाव:	परस्तस्मात्तु०
९। ११	भावम्	अवजानन्ति मां०
१३। १८	मद्भावाय	इति क्षेत्रं तथा०
१४। १९	मद्भावम्	नान्यं गुणेभ्य:०
	(३) गुण, पदार्थ और क्रियाका वाचक	
७। १२	भावा:	ये चैव सात्त्विका०
७। १३	भावै:	त्रिभिर्गुणमयैर्भावै०
८। ४	भाव:	अधिभूतं क्षरो०
	(४) स्वभावका वाचक	
७। १५	भावम्	न मां दुष्कृतिनो०
	(५) प्राणी, पदार्थ आदिका वाचक	
८। ६	भावम्; तद्भावभावित:	यं यं वापि०
१०। १७	भावेषु	कथं विद्यामहं०
	(६) मनोवृत्ति (भावना)-का वाचक	
१०। ५	भावा:	अहिंसा समता०
१७। १६	भावसंशुद्धि:	मन:प्रसाद:०
१७। २६	साधुभावे	सद्भावे साधुभावे०
१८। १७	भाव:	यस्य नाहंकृतो०
	(७) श्रद्धा-प्रेमका वाचक	
१०। ६	मद्भावा:	महर्षय: सप्त पूर्वे०
१०। ८	भावसमन्विता:	अहं सर्वस्य०
	(८) प्राणियोंके शरीर आदिका वाचक	
१३। ३०	भूतपृथग्भावम्	यदा भूतपृथग्भाव०

४६. भूत

	(१) मनुष्यमात्रका वाचक	
२। ६९	सर्वभूतानाम्; भूतानि	या निशा सर्वभूतानां०
७। ११	भूतेषु	बलं बलवतां०
१०। ५	भूतानाम्	अहिंसा समता०

अध्याय-श्लोक	पद	श्लोक-प्रतीक
	(२) बनना (होना)-का वाचक	
५ । ७	(सर्वभूतात्म-)भूतात्मा	योगयुक्तो विशुद्धात्मा०
५ । २४	ब्रह्मभूतः	योऽन्तःसुखोः०
६ । २७	ब्रह्मभूतम्	प्रशान्तमनसं०
७ । ५	जीवभूताम्	अपरेयमितस्त्वन्यां०
१५ । ७	जीवभूतः	ममैवांशो जीवलोके०
१८ । ५४	ब्रह्मभूतः	ब्रह्मभूतः प्रसन्नात्मा०
	(३) मात्र सृष्टिका वाचक	
८ । २२	भूतानि	पुरुषः स परः०
९ । ४	सर्वभूतानि;	मया ततमिदं०
९ । ५	भूतानि; भूतभृत्; भूतस्थः; भूतभावनः	न च मत्स्थानि०
९ । ६	भूतानि	यथाकाशस्थितो०
	(४) प्राणियोंके शरीरोंका वाचक	
८ । २०	भूतेषु	परस्तस्मात्तु०
१५ । १६	भूतानि	द्वाविमौ पुरुषौ०
१७ । ६	भूतग्रामम्	कर्शयन्तः शरीरस्थं०
	(५) भूत-प्रेतका वाचक	
९ । २५	भूतानि	यान्ति देवव्रता०
१७ । ४	भूतगणान्	यजन्ते सात्त्विका०
	(६) पंचमहाभूतोंका वाचक	
१३ । ५	महाभूतानि	महाभूतान्यहंकारो०
१३ । ३४	भूतप्रकृतिमोक्षम्	क्षेत्रक्षेत्रज्ञयोरेव०
	(७) मनुष्य, देवता, असुर, यक्ष, राक्षस आदिका वाचक	
२ । ३४	भूतानि*	अकीर्तिं चापि०
	(८) प्राणिमात्रका वाचक	
२ । २८	भूतानि	अव्यक्तादीनि भूतानि०
२ । ३०	भूतानि	देही नित्यमवध्यो०
३ । १४	भूतानि	अन्नाद्भवन्ति०
३ । १८	सर्वभूतेषु	नैव तस्य कृतेनार्थो०
३ । ३३	भूतानि	सदृशं चेष्टते०

* अर्जुनकी अपकीर्तिका बखान मनुष्य, देवता आदि ही कर सकते हैं, पशु-पक्षी आदि नहीं; अतः यहाँ 'भूतानि' पदसे मनुष्य, देवता आदि ही लेने चाहिये।

अध्याय-श्लोक	पद	श्लोक-प्रतीक
४। ६	भूतानाम्	अजोऽपि सन्नव्ययात्मा०
४। ३५	भूतानि	यज्ज्ञात्वा न०
५। ७	सर्वभूतात्म (-भूतात्मा)	योगयुक्तो विशुद्धात्मा०
५। २५	सर्वभूतहिते	लभन्ते ब्रह्मनिर्वाण०
५। २९	सर्वभूतानाम्	भोक्तारं यज्ञतपसां०
६। २९	सर्वभूतस्थम्; सर्वभूतानि	सर्वभूतस्थमात्मानं०
६। ३१	सर्वभूतस्थितम्	सर्वभूतस्थितं यो मां०
७। ६	भूतानि	एतद्योनीनि भूतानि०
७। ९	सर्वभूतेषु	पुण्यो गन्धः०
७। १०	सर्वभूतानाम्	बीजं मां सर्वभूतानां०
७। २६	भूतानि	वेदाहं समतीतानि०
७। २७	सर्वभूतानि	इच्छाद्वेषसमुत्थेन०
८। ३	भूतभावोद्भवकरः	अक्षरं ब्रह्म परमं०
८। १९	भूतग्रामः	भूतग्रामः स एवायं०
९। ७	सर्वभूतानि	सर्वभूतानि कौन्तेय०
९। ८	भूतग्रामम्	प्रकृतिं स्वामवष्टभ्य०
९। ११	भूतमहेश्वरम्	अवजानन्ति मां०
९। १३	भूतादिम्	महात्मानस्तु मां०
९। २९	सर्वभूतेषु	समोऽहं सर्वभूतेषु०
१०। १५	भूतभावन; भूतेश	स्वयमेवात्मनात्मानं०
१०। २०	सर्वभूताशयस्थितः; भूतानाम्	अहमात्मा गुडाकेश०
१०। २२	भूतानाम्	वेदानां सामवेदोऽस्मि०
१०। ३९	सर्वभूतानाम्; भूतम्	यच्चापि सर्वभूतानां०
११। २	भूतानाम्	भवाप्ययौ हि०
११। १५	भूतविशेषसङ्घान्	पश्यामि देवांस्तव०
११। ५५	सर्वभूतेषु	मत्कर्मकृन्मत्परमो०
१२। ४	सर्वभूतहिते	संनियम्येन्द्रियग्रामं०
१२। १३	सर्वभूतानाम्	अद्वेष्टा सर्वभूतानां०
१३। १५	भूतानाम्	बहिरन्तश्च भूताना०
१३। १६	भूतेषु; भूतभर्तृ	अविभक्तं च०
१३। २७	भूतेषु	समं सर्वेषु०
१३। ३०	भूतपृथग्भावम्	यदा भूतपृथग्भाव०
१४। ३	सर्वभूतानाम्	मम योनिर्महद्ब्रह्म०
१५। १३	भूतानि	गामाविश्य च०

अध्याय-श्लोक	पद	श्लोक-प्रतीक
१६। २	भूतेषु	अहिंसा सत्यमक्रोध०
१६। ६	भूतसर्गौ	द्वौ भूतसर्गौ०
१८। २०	सर्वभूतेषु	सर्वभूतेषु येनैकं०
१८। २१	भूतेषु	पृथक्त्वेन तु०
१८। ४६	भूतानाम्	यतः प्रवृत्तिर्भूतानां०
१८। ५४	भूतेषु	ब्रह्मभूतः प्रसन्नात्मा०
१८। ६१	सर्वभूतानाम्; सर्वभूतानि	ईश्वरः सर्वभूतानां०
	४७. मन	
	(१) अन्तःकरणका वाचक	
१। ३०	मनः	गाण्डीवं स्रंसते०
५। १९	मनः	इहैव तैर्जितः०
५। १३	मनसा	सर्वकर्माणि मनसा०
	(२) समष्टि मनका वाचक	
७। ४	मनः	भूमिरापोऽनलो वायुः०
	(३) अन्तःकरणकी मनोवृत्तिका वाचक	
२। ६०	मनः	यततो ह्यपि०
२। ६७	मनः	इन्द्रियाणां हि०
३। ६	मनसा	कर्मेन्द्रियाणि संयम्य०
३। ७	मनसा	यस्त्विन्द्रियाणि०
३। ४०	मनः	इन्द्रियाणि मनो०
३। ४२	मनः; मनसः	इन्द्रियाणि पराण्याहुः०
५। ११	मनसा	कायेन मनसा०
५। २८	यतेन्द्रियमनोबुद्धिः	यतेन्द्रियमनोबुद्धिः
६। १२	मनः	तत्रैकाग्रं मनः०
६। १४	मनः	प्रशान्तात्मा विगतभी०
६। २४	मनसा	संकल्पप्रभवान्०
६। २५	मनः	शनैः शनैरुपरमेद्०
६। २६	मनः	यतो यतो निश्चरति०
६। २७	प्रशान्तमनसम्	प्रशान्तमनसं ह्येनं०
६। ३४	मनः	चञ्चलं हि मनः०
६। ३५	मनः	असंशयं महाबाहो०
८। ७	अर्पितमनोबुद्धिः	तस्मात्सर्वेषु कालेषु०
८। १०	मनसा	प्रयाणकाले मनसा०
८। १२	मनः	सर्वद्वाराणि संयम्य०

अध्याय-श्लोक	पद	श्लोक-प्रतीक
९। ३४	मन्मना:	मन्मना भव०
१०। २२	मन:	वेदानां सामवेदोऽस्मि०
११। ४५	मन:	अदृष्टपूर्वं हृषितोऽस्मि०
१२। २	मन:	मय्यावेश्य मनो०
१२। ८	मन:	मय्येव मन०
१२। १४	अर्पितमनोबुद्धि:	संतुष्ट: सततं०
१५। ७	मन:षष्ठानि	ममैवांशो जीवलोके०
१५। ९	मन:	श्रोत्रं चक्षु: स्पर्शनं०
१७। ११	मन:	अफलाकाङ्क्षिभिर्यज्ञो०
१७। १६	मन:प्रसाद:	मन:प्रसाद: सौम्यत्वं०
१८। ३३	मन:प्राणेन्द्रियक्रिया:	धृत्या यया धारयते०
१८। ६५	मन्मना:	मन्मना भव०
	४८. महात्मा	
	(१) प्रेमी भक्तोंका वाचक	
७। १९	महात्मा	बहूनां जन्मनामन्ते०
८। १५	महात्मान:	मामुपेत्य पुनर्जन्म०
१८। ७४	महात्मन:	इत्यहं वासुदेवस्य०
	(२) साधक भक्तोंका वाचक	
९। १३	महात्मान:	महात्मानस्तु मां०
	(३) विराट्‌रूप भगवान्‌का वाचक	
११। १२	महात्मन:	दिवि सूर्यसहस्रस्य०
११। २०	महात्मन्	द्यावापृथिव्योरिदमन्तरं०
११। ३७	महात्मन्	कस्माच्च ते न०
	(४) भगवान् श्रीकृष्णका वाचक	
११। ५०	महात्मा	इत्यर्जुनं वासुदेव०
	४९. मौन	
	(१) वाणीके संयमका वाचक	
१०। ३८	मौनम्	दण्डो दमयतामस्मि०
	(२) मननशीलताका वाचक	
१७। १६	मौनम्	मन:प्रसाद:०

अध्याय-श्लोक	पद	श्लोक-प्रतीक
	५०. यज्ञ	
	(१) मात्र कर्तव्यकर्मोंका वाचक	
३। ९	यज्ञार्थात्	यज्ञार्थात्कर्मणोऽन्यत्र०
३। १०	सहयज्ञाः	सहयज्ञाः प्रजाः सृष्ट्वा०
३। १२	यज्ञभाविताः	इष्टान्भोगान्हि०
३। १३	यज्ञशिष्टाशिनः	यज्ञशिष्टाशिनः सन्तो०
३। १४	यज्ञात्; यज्ञः	अन्नाद्भवन्ति०
३। १५	यज्ञे	कर्म ब्रह्मोद्भवं०
४। २३	यज्ञाय	गतसङ्गस्य०
४। २८	योगयज्ञाः	द्रव्ययज्ञास्तपो०
४। ३१	यज्ञशिष्टामृतभुजः	यज्ञशिष्टामृतभुजो०
१६। १	यज्ञः	अभयं सत्त्वसंशुद्धि०
	(२) अर्पणका वाचक	
४। २५ पूर्वार्ध	यज्ञम्	दैवमेवापरे०
	(३) जीवात्माका वाचक	
४। २५ उत्तरार्ध	यज्ञम्	दैवमेवापरे०
	(४) विवेक-विचारका वाचक	
४। २५	यज्ञेन	दैवमेवापरे०
४। ३३	ज्ञानयज्ञः	श्रेयान्द्रव्यमया०
	(५) दान आदिका वाचक	
४। २८	द्रव्ययज्ञाः	द्रव्ययज्ञास्तपो०
४। ३३	यज्ञात्	श्रेयान्द्रव्यमया०
	(६) स्वाध्यायका वाचक	
४। २८	स्वाध्यायज्ञानयज्ञाः	द्रव्ययज्ञास्तपोयज्ञा०
१८। ७०	ज्ञानयज्ञेन	अध्येष्यते च य०
	(७) सहनशीलताका वाचक	
४। २८	तपोयज्ञाः	द्रव्ययज्ञास्तपो०
	(८) साधनोंका वाचक	
४। ३०	यज्ञविदः; यज्ञक्षपितकल्मषाः	अपरे नियताहाराः०
४। ३२	यज्ञाः	एवं बहुविधा०
१०। २५	यज्ञानाम्	महर्षीणां भृगुरहं०
	(९) होम आदिका वाचक	
५। २९	यज्ञतपसाम्	भोक्तारं यज्ञतपसां०

अध्याय-श्लोक	पद	श्लोक-प्रतीक
८। २८	यज्ञेषु	वेदेषु यज्ञेषु०
९। १६	यज्ञः	अहं क्रतुरहं०
९। २०	यज्ञैः	त्रैविद्या मां०
११। ४८	वेदयज्ञाध्ययनैः	न वेदयज्ञाध्ययनै०
१७। ७	यज्ञः	आहारस्त्वपि०
१७। ११	यज्ञः	अफलाकाङ्क्षिभि०
१७। १२	यज्ञम्	अभिसन्धाय तु०
१७। १३	यज्ञम्	विधिहीनमसृष्टान्नं०
१७। २३	यज्ञाः	ॐ तत्सदिति०
१७। २४	यज्ञदानतपःक्रियाः	तस्मादोमित्युदा०
१७। २५	यज्ञतपःक्रियाः	तदित्यनभिसन्धाय०
१७। २७	यज्ञे	यज्ञे तपसि०
१८। ३	यज्ञदानतपःकर्म	त्याज्यं दोषवदित्येके०
१८। ५	यज्ञदानतपःकर्म; यज्ञः	यज्ञदानतपःकर्म न०
	(१०) नामजपका वाचक	
१०। २५	जपयज्ञः	महर्षीणां भृगुरहं०
	(११) दिखावटी कार्य करनेका वाचक	
१६। १७	नामयज्ञैः	आत्मसम्भाविताः०

५१. युक्त

अध्याय-श्लोक	पद	श्लोक-प्रतीक
	(१) सहितका वाचक	
१। १४	युक्ते	ततः श्वेतैर्हयैर्युक्ते०
२। ५०	बुद्धियुक्तः	बुद्धियुक्तो जहातीह०
२। ५१	बुद्धियुक्ताः	कर्मजं बुद्धियुक्ता०
५। ६	योगयुक्तः	संन्यासस्तु महाबाहो०
५। ७	योगयुक्तः	योगयुक्तो विशुद्धात्मा०
७। २२	युक्तः	स तया श्रद्धया०
८। ८	अभ्यासयोगयुक्तेन	अभ्यासयोगयुक्तेन०
८। १०	युक्तः	प्रयाणकाले मनसा०
९। २८	संन्यासयोगयुक्तात्मा*	शुभाशुभफलैरेवं०
१५। १४	प्राणापानसमायुक्तः	अहं वैश्वानरो०

* यदि संस्कृत विभक्तियोंके अनुसार ही संस्कृत शब्दोंका अर्थ किया जाय, तो वह अर्थ हिंदी भाषामें कहीं-कहींपर ठीक नहीं बैठता। कारण कि प्रत्येक भाषाकी अपनी अलग वाक्य-रचना होती है। अतः इस कोशमें शब्दोंका हिंदी अर्थ संस्कृत विभक्तिके अनुसार ही करनेका प्रयास किया गया है; परन्तु जहाँ संस्कृतके सामासिक पद या वाक्यका हिंदी अर्थ किया गया है, वहाँ हिंदीकी वाक्य-रचनाके अनुसार ही किया गया है।

अध्याय-श्लोक	पद	श्लोक-प्रतीक
१७। १७	युक्तै:	श्रद्धया परया तप्तं०
१८। ५१	युक्त:	बुद्ध्या विशुद्धया०
	(२) लगे हुएका वाचक	
२। ३९	युक्त:	एषा तेऽभिहिता०
६। २९	योगयुक्तात्मा	सर्वभूतस्थमात्मानं०
७। १७	नित्ययुक्त:	तेषां ज्ञानी नित्ययुक्त०
७। १८	युक्तात्मा	उदारा: सर्व०
७। ३०	युक्तचेतस:	साधिभूताधिदैवं०
८। १४	नित्ययुक्तस्य	अनन्यचेता: सततं०
८। २७	योगयुक्त:	नैते सृती पार्थ०
९। १४	नित्ययुक्ता:	सततं कीर्तयन्तो०
९। २२	नित्याभियुक्तानाम्	अनन्याश्चिन्तयन्तो०
१०। १०	सततयुक्तानां	तेषां सततयुक्तानां०
१२। १	सततयुक्ता:	एवं सततयुक्ता०
१२। २	नित्ययुक्ता:	मय्यावेश्य मनो०
	(३) समतामें स्थितिका वाचक	
३। २६	युक्त:	न बुद्धिभेदं०
५। २३	युक्त:	शक्नोतीहैव य:०
६। ८	युक्त:	ज्ञानविज्ञानतृप्तात्मा०
	(४) यथोचितका वाचक	
६। १७	युक्ताहारविहारस्य; युक्तचेष्टस्य; युक्तस्वप्नावबोधस्य	युक्ताहारविहारस्य०
	(५) कर्मयोगीका वाचक	
२। ६१	युक्त:	तानि सर्वाणि०
४। १८	युक्त:	कर्मण्यकर्म य:०
५। १२	युक्त:	युक्त: कर्मफलं०
	(६) सांख्ययोगीका वाचक	
५। ८	युक्त:	नैव किञ्चित्करोमीति०
	(७) ध्यानयोगीका वाचक	
६। १४	युक्त:	प्रशान्तात्मा विगतभी०
६। १८	युक्त:	यदा विनियतं०
	(८) भक्तियोगीका वाचक	
६। ४७	युक्ततम:	योगिनामपि सर्वेषां०
१२। २	युक्ततमा:	मय्यावेश्य मनो०

अध्याय-श्लोक	पद	श्लोक-प्रतीक
	५२. योग	
	('युजिर् योगे' धातुसे बना 'योग' शब्द)	
	(१) कर्मयोगका वाचक	
२। ३९	योगे	एषा तेऽभिहिता०
४। १	योगम्	इमं विवस्वते०
४। २	योगः	एवं परम्पराप्राप्त०
४। ३८	योगसंसिद्धः	न हि ज्ञानेन०
५। १	योगम्	संन्यासं कर्मणां०
५। ४	सांख्ययोगौ	सांख्ययोगौ पृथग्बालाः०
५। ५	योगम्	यत्सांख्यैः प्राप्यते०
६। २	योगम्	यं संन्यासमिति०
	(२) अप्राप्तकी प्राप्तिका वाचक	
२। ४५	निर्योगक्षेमः	त्रैगुण्यविषया वेदा०
९। २२	योगक्षेमम्	अनन्याश्चिन्तयन्तो०
	(३) अन्तःकरणकी समताका वाचक	
२। ४८	योगस्थः; योगः	योगस्थः कुरु०
२। ५०	योगाय; योगः	बुद्धियुक्तो जहातीह०
४। २८	योगयज्ञाः	द्रव्ययज्ञास्तपोयज्ञा०
४। ४१	योगसंन्यस्तकर्माणम्	योगसंन्यस्तकर्माणं०
४। ४२	योगम्	तस्मादज्ञानसम्भूतं०
५। ६	योगयुक्तः	संन्यासस्तु महाबाहो०
५। ७	योगयुक्तः	योगयुक्तो विशुद्धात्मा०
६। ३	योगम्; योगारूढस्य	आरुरुक्षोर्मुनेर्योगं०
६। ४	योगारूढः	यदा हि नेन्द्रियार्थेषु०
६। ४४	योगस्य	जिज्ञासुरपि०
८। ८	अभ्यासयोगयुक्तेन	अभ्यासयोगयुक्तेन०
८। २७	योगयुक्तः	नैते सृती पार्थ०
१२। ९	अभ्यासयोगेन	अथ चित्तं समाधातुं०
१२। ११	मद्योगम्	अथैतदप्यशक्तोऽसि०
१६। १	ज्ञानयोगव्यवस्थितिः	अभयं सत्त्वसंशुद्धिः०
१८। ३३	योगेन	धृत्या यया०
	(४) साध्यरूप समताका वाचक	
२। ५३	योगम्	श्रुतिविप्रतिपन्ना ते०
६। २३	योगसंज्ञितम्	तं विद्याद्दुःखसंयोग०

अध्याय-श्लोक	पद	श्लोक-प्रतीक
	(५) भक्तियोगका वाचक	
७। १	योगम्	मय्यासक्तमनाः पार्थ०
१०। ७	योगेन	एतां विभूतिं०
१२। ६	योगेन	ये तु सर्वाणि०
१३। १०	अनन्ययोगेन	मयि चानन्ययोगेन०
	(६) कर्मयोगीका वाचक	
५।५	योगैः	यत्सांख्यैः प्राप्यते०
	(७) गीता-ग्रन्थका वाचक	
१८। ७५	योगम्	व्यासप्रसादाच्छ्रुत०
	(८) सम्बन्धका वाचक	
९। २८	संन्यासयोगयुक्तात्मा	शुभाशुभफलैरेवं०
	(९) सांख्ययोगी और भक्तियोगीका वाचक	
१२। १	योगवित्तमाः	एवं सततयुक्ता०
	('युज् समाधौ' धातुसे बना 'योग' शब्द)	
	(१) चित्तवृत्तियोंके निरोधका वाचक	
४। २७	आत्मसंयमयोगाग्नौ	सर्वाणीन्द्रियकर्माणि०
८। १२	योगधारणाम्	सर्वद्वाराणि संयम्य०
	(२) ध्यानयोगका वाचक	
६। १२	योगम्	तत्रैकाग्रं मनः०
६। १६	योगः	नात्यश्नतस्तु०
६। १७	योगः	युक्ताहारविहारस्य०
६। १९	योगम्	यथा दीपो निवातस्थो०
६। २०	योगसेवया	यत्रोपरमते चित्तं०
६। २३	योगः	तं विद्याद्दुःखसंयोग०
६। २९	योगयुक्तात्मा	सर्वभूतस्थमात्मानं०
६। ३३	योगः	योऽयं योगस्त्वया०
६। ३६	योगः	असंयतात्मना०
६। ३७	योगात्	अयतिः श्रद्धयोपेतो०
	(३) साधनका वाचक	
६। ४१	योगभ्रष्टः	प्राप्य पुण्यकृतां०
	(४) प्राणायामका वाचक	
८। १०	योगबलेन	प्रयाणकाले मनसा०
	('युज् संयमने' धातुसे बना 'योग' शब्द)	
	(१) भगवान्‌की सामर्थ्यका वाचक	
९। ५	योगम्	न च मत्स्थानि०

अध्याय-श्लोक	पद	श्लोक-प्रतीक
१०। ७	योगम्	एतां विभूतिं योगं०
१०। १८	योगम्	विस्तरेणात्मनो०
११। ८	योगम्	न तु मां शक्यसे०
११। ४७	आत्मयोगात्	मया प्रसन्नेन०

५३. योगी

	(१) कर्मयोगी साधकका वाचक	
३। ३	योगिनाम्	लोकेऽस्मिन्द्विविधा०
५। ११	योगिन:	कायेन मनसा०
६। १	योगी	अनाश्रित: कर्मफलं०
	(२) सिद्ध कर्मयोगीका वाचक	
६। ८	योगी	ज्ञानविज्ञानतृप्तात्मा०
	(३) सांख्ययोगी साधकका वाचक	
५। २४	योगी	योऽन्त:सुखोऽन्तरा०
१५। ११	योगिन:	यतन्तो योगिनश्चैनं०
	(४) सिद्ध सांख्ययोगीका वाचक	
६। ३२	योगी	आत्मौपम्येन सर्वत्र०
६। ४२	योगिनाम्	अथवा योगिनामेव०
	(५) भक्तियोगी साधकका वाचक	
८। १४	योगिन:	अनन्यचेता: सततं०
	(६) सिद्ध भक्तियोगीका वाचक	
६। ३१	योगी	सर्वभूतस्थितं यो०
१२। १४	योगी	संतुष्ट: सततं०
	(७) ध्यानयोगी साधकका वाचक	
६। १०	योगी	योगी युञ्जीत०
६। १५	योगी	युञ्जन्नेवं०
६। १९	योगिन:	यथा दीपो०
६। २७	योगिनम्	प्रशान्तमनसं०
६। २८	योगी	युञ्जन्नेवं सदात्मानं०
	(८) सब योगियोंका वाचक	
६। २	योगी	यं संन्यासमिति०
६। ४७	योगिनाम्	योगिनामपि सर्वेषां०
८। २७	योगी	नैते सृती पार्थ०

अध्याय-श्लोक	पद	श्लोक-प्रतीक
	(९) योगभ्रष्टका वाचक	
६। ४५	योगी	प्रयत्नाद्यतमानस्तु०
	(१०) निष्काम साधकका वाचक	
६। ४६	योगी; योगी; योगी	तपस्विभ्योऽधिको०
८। २८	योगी	वेदेषु यज्ञेषु०
	(११) सकाम मनुष्यका वाचक	
८। २५	योगी	धूमो रात्रिस्तथा०
	(१२) निष्काम और सकाम—दोनों मनुष्योंका वाचक	
८। २३	योगिनः	यत्र काले त्वनावृत्ति०
	(१३) भगवान्‌का वाचक	
१०। १७	योगिन्	कथं विद्यामहं०

५४. लोक

अध्याय-श्लोक	पद	श्लोक-प्रतीक
	(१) मनुष्यलोकका वाचक	
२। ५	लोके	गुरूनहत्वा हि०
३। ३	लोके	लोकेऽस्मिन्द्विविधा०
३। ९	लोकः	यज्ञार्थात्कर्मणोऽन्यत्र०
४। १२	लोके	काङ्क्षन्तः कर्मणां०
४। ३१	लोकः	यज्ञशिष्टामृतभुजो०
४। ४०	लोकः	अज्ञश्चाश्रद्दधानश्च०
६। ४२	लोके	अथवा योगिनामेव०
	(२) मनुष्योंका वाचक	
३। २०	लोकसंग्रहम्	कर्मणैव हि०
३। २१	लोकः	यद्यदाचरति०
३। २४	लोकाः	उत्सीदेयुरिमे०
३। २५	लोकसंग्रहम्	सक्ताः कर्मण्य०
५। १४	लोकस्य	न कर्तृत्वं०
७। २५	लोकः	नाहं प्रकाशः०
	(३) मनुष्यशरीरका वाचक	
९। ३३	लोकम्	किं पुनर्ब्राह्मणाः०
	(४) सम्पूर्ण प्राणियोंका वाचक	
११। २३	लोकाः	रूपं महत्ते०
११। ३०	लोकान्	लेलिह्यसे०
१२। १५	लोकः; लोकात्	यस्मान्नोद्विजते०

अध्याय-श्लोक	पद	श्लोक-प्रतीक
१८। १७	लोकान्	यस्य नाहंकृतो०
	(५) युद्धक्षेत्रमें खड़े सैनिकोंका वाचक	
११। २९	लोका:	यथा प्रदीप्तं०
११। ३२	लोकान्	कालोऽस्मि०
	(६) मात्र संसारका वाचक	
५। २९	सर्वलोकमहेश्वरम्	भोक्तारं यज्ञतपसां०
१०। ३	लोकमहेश्वरम्	यो मामजमनादिं०
१०। ६	लोक	महर्षय: सप्त०
१०। १६	लोकान्	वक्तुमर्हस्यशेषेण०
११। ३२	लोकक्षयकृत्	कालोऽस्मि०
११। ४३	लोकस्य	पितासि लोकस्य०
१३। १३	लोके	सर्वत: पाणिपादं०
१३। ३३	लोकम्	यथा प्रकाशयत्येक:०
१५। ७	जीवलोके	ममैवांशो जीवलोके०
१५। १६	लोके	द्वाविमौ पुरुषौ०
१६। ६	लोके	द्वौ भूतसर्गौ०
	(७) त्रिलोकीका वाचक*	
३। २२	लोकेषु	न मे पार्थास्ति०
११। २०	लोकत्रयम्	द्यावापृथिव्योरिदमन्तरं०
११। ४३	लोकत्रये	पितासि लोकस्य०
१५। १७	लोकत्रयम्	उत्तम: पुरुषस्त्वन्य:०
	(८) वैकुण्ठादि लोकोंका वाचक	
१८। ७१	लोकान्	श्रद्धावाननसूयश्च०
	(९) स्वर्गादि भोग-भूमियोंका वाचक	
६। ४१	लोकान्	प्राप्य पुण्यकृतां०
८। १६	लोका:	आब्रह्मभुवनाल्लोका:०
१४। १४	लोकान्	यदा सत्त्वे०
	(१०) शास्त्रका वाचक	
१५। १८	लोके	यस्मात्क्षरमतीतो०

* वास्तवमें 'लोक' शब्द मात्र संसारका वाचक है, पर इन श्लोकोंमें तीनों लोकोंकी बात आनेसे 'लोक' शब्दको त्रिलोकीका वाचक लिया गया है।

अध्याय-श्लोक	पद	श्लोक-प्रतीक
	५५. शान्ति	
	(१) अन्तःकरणकी शान्तिका वाचक	
२। ६६	शान्तिः	नास्ति बुद्धिरयुक्तस्य०
१६। २	शान्तिः	अहिंसा सत्य०
	(२) परमात्मप्राप्तिका वाचक	
२। ७०	शान्तिम्	आपूर्यमाणमचल०
२। ७१	शान्तिम्	विहाय कामान्यः०
४। ३९	शान्तिम्	श्रद्धावाँल्लभते०
५। १२	शान्तिम्	युक्तः कर्मफलं०
५। २९	शान्तिम्	भोक्तारं यज्ञतपसां०
६। १५	शान्तिम्	युञ्जन्नेवं सदात्मानं०
९। ३१	शान्तिम्	क्षिप्रं भवति०
१२। १२	शान्तिः	श्रेयो हि ज्ञानम०
	(३) संसारसे सर्वथा उपरतिका वाचक	
१८। ६२	शान्तिम्	तमेव शरणं०
	५६. शौच	
	(१) अन्तःकरण और शरीरकी शुद्धिका वाचक	
१३। ७	शौचम्	अमानित्वमदम्भित्व०
१८। ४२	शौचम्	शमो दमस्तपः०
	(२) शरीरकी शुद्धिका वाचक	
१६। ३	शौचम्	तेजः क्षमा धृतिः०
१६। ७	शौचम्	प्रवृत्तिं च निवृत्तिं०
१७। १४	शौचम्	देवद्विजगुरुप्राज्ञ०
	५७. श्रेय	
	(१) लाभका वाचक	
१। ३१	श्रेयः	निमित्तानि च०
	(२) श्रेष्ठताका वाचक	
२। ५	श्रेयः	गुरूनहत्वा हि०
३। ३५	श्रेयान्	श्रेयान्स्वधर्मो०
४। ३३	श्रेयान्	श्रेयान्द्रव्यमया०
१२। १२	श्रेयः	श्रेयो हि ज्ञान०
१६। २२	श्रेयः	एतैर्विमुक्तः कौन्तेय०
१८। ४७	श्रेयान्	श्रेयान्स्वधर्मो०

अध्याय-श्लोक	पद	श्लोक-प्रतीक
	(३) कल्याण (मुक्ति)-का वाचक	
२।७	श्रेयः	कार्पण्यदोषोपहत०
२।३१	श्रेयः	स्वधर्ममपि०
३।२	श्रेयः	व्यामिश्रेणेव०
३।११	श्रेयः	देवान्भावयतानेन०
३।३५	श्रेयः	श्रेयान्स्वधर्मो०
५।१	श्रेयः	संन्यासं कर्मणां०
	५८. सत्	
	(१) सत्ताका वाचक	
२।१६	सतः	नासतो विद्यते०
९।१९	सत्	तपाम्यहमहं वर्षं०
११।३७	सत्	कस्माच्च तेन०
१३।१२	सत्	ज्ञेयं यत्तत्प्रवक्ष्यामि०
१७।२३	सत्	ॐ तत्सदिति०
१७।२६	सद्भावे; सत्; सत्	सद्भावे साधुभावे०
१७।२७	सत्; सत्	यज्ञे तपसि दाने०
	(२) क्रियाका वाचक	
३।१३	सन्तः	यज्ञशिष्टाशिनः०
४।६	सन्; सन्	अजोऽपि सन्नव्ययात्मा०
१८।१६	सति	तत्रैवं सति०
	(३) देवादि योनियोंका वाचक	
१३।२१	सत्	पुरुषः प्रकृतिस्थो०
	५९. सत्त्व	
	(१) चिन्मय तत्त्वका वाचक	
२।४५	नित्यसत्त्वस्थः	त्रैगुण्यविषया वेदा०
१८।१०	सत्त्वसमाविष्टः	न द्वेष्ट्यकुशलं०
	(२) सत्त्वगुणका वाचक	
१०।३६	सत्त्वम् सत्त्ववताम्;	द्यूतं छलयतामस्मि०
१४।५	सत्त्वम्	सत्त्वं रजस्तम०
१४।६	सत्त्वम्	तत्र सत्त्वं०
१४।९	सत्त्वम्	सत्त्वं सुखे०
१४।१०	सत्त्वम्; सत्त्वम्; सत्त्वम्	रजस्तमश्चाभि०
१४।११	सत्त्वम्	सर्वद्वारेषु०
१४।१४	सत्त्वे	यदा सत्त्वे०
१४।१७	सत्त्वात्	सत्त्वात्सञ्जायते०

अध्याय-श्लोक	पद	श्लोक-प्रतीक
१४। १८	सत्त्वस्था:	ऊर्ध्वं गच्छन्ति०
१७। १	सत्त्वम्	ये शास्त्रविधि०
१७। ८	आयु: सत्त्व	आयु: सत्त्वबला०
	(३) वस्तु, व्यक्ति आदिका वाचक	
१०। ४१	सत्त्वम्	यद्यद्विभूतिमत्सत्त्वं०
१८। ४०	सत्त्वम्	न तदस्ति०
	(४) प्राणिमात्रका वाचक	
१३। २६	सत्त्वम्	यावत्सञ्जायते०
	(५) अन्त:करणका वाचक	
१६। १	सत्त्वसंशुद्धि:	अभयं सत्त्वसंशुद्धि:
१७। ३	सत्त्वानुरूपा	सत्त्वानुरूपा सर्वस्य०

६०. सम

अध्याय-श्लोक	पद	श्लोक-प्रतीक
	(१) परमात्माका वाचक	
५। १८	समदर्शिन:	विद्याविनयसम्पन्ने०
५। १९	समम्	इहैव तैर्जित:०
	(२) आत्मस्वरूपका वाचक	
६। २९	समदर्शन:	सर्वभूतस्थमात्मानं०
	(३) अन्त:करणकी समताका वाचक	
२। ४८	समत्वम्	योगस्थ: कुरु०
१०। ५	समता	अहिंसा समता०
१८। ५४	सम:	ब्रह्मभूत: प्रसन्नात्मा०
	(४) समानताका वाचक	
२। १५	समदु:खसुखम्	यं हि न व्यथय०
२। ३८	समे	सुखदु:खे समे०
२। ४८	सम:	योगस्थ: कुरु०
४। २२	सम:	यदृच्छालाभ०
६। ८	समलोष्टाश्मकाञ्चन:	ज्ञानविज्ञानतृप्तात्मा०
६। ९	समबुद्धि:	सुहृन्मित्रार्युदासीन०
६। ३२	समम्	आत्मौपम्येन०
९। २९	सम:	समोऽहं सर्वभूतेषु०
१२। ४	समबुद्धय:	संनियम्येन्द्रिय०
१२। १३	समदु:खसुख:	अद्वेष्टा सर्वभूतानां०
१२। १८	सम:; सम:	सम: शत्रौ च०
१३। ९	समचित्तत्वम्	असक्तिरनभिष्वङ्ग:०
१३। २७	समम्	समं सर्वेषु०

अध्याय-श्लोक	पद	श्लोक-प्रतीक
१३। २८	समम्	समं पश्यन्हि०
१४। २४	समदुःखसुखः; समलोष्टाश्मकाञ्चनः	समदुःखसुखः स्वस्थः०
	(५) सीधा-सरलका वाचक	
६। १३	समम्	समं कायशिरोग्रीवं०
	६१. सर्ग	
	(१) संसारका वाचक	
५। १९	सर्गः	इहैव तैर्जितः०
७। २७	सर्गे	इच्छाद्वेषसमुत्थेन०
	(२) सर्ग और महासर्गका वाचक	
१०। ३२	सर्गाणाम्	सर्गाणामादिरन्तश्च०
	(३) महासर्गका वाचक	
१४। २	सर्गे	इदं ज्ञानमुपाश्रित्य०
	६२. सर्वगत	
	(१) जीवात्माके स्वरूपका वाचक	
२। २४	सर्वगतः	अच्छेद्योऽयमदाह्यो०
	(२) सगुण-निराकार परमात्माका वाचक	
३। १५	सर्वगतम्	कर्म ब्रह्मोद्भवं०
	(३) आकाशका वाचक	
१३। ३२	सर्वगतम्	यथा सर्वगतं०
	६३. सिद्ध	
	(१) साधकका वाचक	
७। ३	सिद्धानाम्	यततामपि सिद्धानां०
	(२) ज्ञानी-महात्माका वाचक	
१०। २६	सिद्धानाम्	अश्वत्थः सर्ववृक्षाणां०
११। २१	महर्षिसिद्धसङ्घाः	अमी हि त्वां०
११। २२	सुरसिद्धसङ्घाः	रुद्रादित्या वसवो०
११। ३६	सिद्धसङ्घाः	स्थाने हृषीकेश०
	(३) अभिमानीका वाचक	
१६। १४	सिद्धः	असौ मया हतः०
	६४. सिद्धि	
	(१) कार्यकी पूर्ति, फलकी प्राप्तिका वाचक	
२। ४८	सिद्ध्यसिद्ध्योः	योगस्थः कुरु०
४। १२	सिद्धिम्; सिद्धिः	काङ्क्षन्तः कर्मणां०
४। २२	सिद्धौ	यदृच्छालाभ०

अध्याय-श्लोक	पद	श्लोक-प्रतीक
१८। २६	सिद्ध्यसिद्ध्योः	मुक्तसङ्गोऽनहंवादी०
	(२) परमात्मप्राप्तिका वाचक	
३। ४	सिद्धिम्	न कर्मणामनारम्भा०
३। २०	संसिद्धिम्	कर्मणैव हि०
१२। १०	सिद्धिम्	अभ्यासेऽप्य०
१४। १	सिद्धिम्	परं भूयः प्रवक्ष्यामि०
१८। ४५	संसिद्धिम् सिद्धिम्;	स्वे स्वे कर्मण्य०
१८। ४६	सिद्धिम्	यतः प्रवृत्तिर्भूतानां०
१८। ४९	नैष्कर्म्यसिद्धिम्	असक्तबुद्धिः सर्वत्र०
	(३) अन्तःकरणकी शुद्धिका वाचक	
१६। २३	सिद्धिम्	यः शास्त्रविधि०
१८। ५०	सिद्धिम्	सिद्धिं प्राप्तो यथा०
	६५. सुख	
	(१) सामान्य सुखका वाचक	
१। ३२	सुखानि	न काङ्क्षे विजयं०
१। ३३	सुखानि	येषामर्थे काङ्क्षितं०
२। १४	शीतोष्णसुखदुःखदाः	मात्रास्पर्शास्तु०
२। १५	समदुःखसुखम्	यं हि न व्यथय०
२। ३८	सुखदुःखे	सुखदुःखे समे०
६। ३२	सुखम्	आत्मौपम्येन सर्वत्र०
१०। ४	सुखम्	बुद्धिर्ज्ञानमसम्मोहः०
१३। ६	सुखम्	इच्छा द्वेषः सुखं०
१३। २०	सुखदुःखानाम्	कार्यकरणकर्तृत्वे०
१४। २४	समदुःखसुखः	समदुःखसुखः स्वस्थः०
१५। ५	सुखदुःखसञ्ज्ञैः	निर्मानमोहा०
१८। ३६	सुखम्	सुखं त्विदानीं०
१८। ३७	सुखम्	यत्तदग्रे विषमिव०
१८। ३८	सुखम्	विषयेन्द्रियसंयोगा०
१८। ३९	सुखम्	यदग्रे चानुबन्धे०
	(२) अनुकूल परिस्थितिका वाचक	
२। ५६	सुखेषु	दुःखेष्वनुद्विग्नमनाः०
६। ७	शीतोष्णसुखदुःखेषु	जितात्मनः प्रशान्तस्य०
१२। १८	शीतोष्णसुखदुःखेषु	समः शत्रौ च०
	(३) सात्त्विक सुखका वाचक	
२। ६६	सुखम्	नास्ति बुद्धिरयुक्तस्य०
५। २१ (पूर्वार्ध)	सुखम्	बाह्यस्पर्शेष्वसक्तात्मा०

अध्याय-श्लोक	पद	श्लोक-प्रतीक
५। २४	अन्त:सुख:	योऽन्त:सुखो०
६। २७	सुखम्	प्रशान्तमनसं०
१४। ६	सुखसङ्गेन	तत्र सत्त्वं०
१४। ९	सुखे	सत्त्वं सुखे०
१६। २३	सुखम्	य: शास्त्रविधि०
१७। ८	सुखप्रीतिविवर्धना:	आयु: सत्त्वबलारोग्य०
	(४) सुगमताका वाचक	
५। ३	सुखम्	ज्ञेय: स नित्य०
६। २८	सुखेन	युञ्जन्नेवं सदात्मानं०
९। २	सुसुखम्	राजविद्या राजगुह्यं०
	(५) स्वाभाविकताका वाचक	
५। १३	सुखम्	सर्वकर्माणि मनसा०
	(६) पारमार्थिक सुखका वाचक	
५। २१ (उत्तरार्ध)	सुखम्	बाह्यस्पर्शेष्वसक्तात्मा०
६। २१	सुखम्	सुखमात्यन्तिकं०
६। २८	सुखम्	युञ्जन्नेवं सदात्मानं०
१४। २७	सुखस्य	ब्रह्मणो हि०

६६. संन्यास

	(१) सांख्ययोगका वाचक	
५। १	संन्यासम्	संन्यासं कर्मणां०
५। २	संन्यास:	संन्यास: कर्मयोगश्च०
५। ६	संन्यास:	संन्यासस्तु महाबाहो०
६। २	संन्यासम्	यं संन्यासमिति०
१८। १	संन्यासस्य	संन्यासस्य महाबाहो०
१८। २	संन्यासम्	काम्यानां कर्मणां०
१८। ४९	संन्यासेन	असक्तबुद्धि: सर्वत्र०
	(२) समर्पणका वाचक	
९। २८	संन्यासयोगयुक्तात्मा	शुभाशुभफलैरेवं०
	(३) त्यागका वाचक	
१८। ७	संन्यास:	नियतस्य तु०

६७. संन्यासी

	(१) कर्मयोगीका वाचक	
५। ३	नित्यसंन्यासी	ज्ञेय: स नित्यसंन्यासी०
६। १	संन्यासी	अनाश्रित: कर्मफलं०
	(२) त्यागीका वाचक	
१८। १२	संन्यासिनाम्	अनिष्टमिष्टं मिश्रं०

अध्याय-श्लोक	पद	श्लोक-प्रतीक
	६८. स्थान	
	(१) परमात्मतत्त्वका वाचक	
५। ५	स्थानम्	यत्सांख्यैः प्राप्यते०
८। २८	स्थानम्	वेदेषु यज्ञेषु०
१८। ६२	स्थानम्	तमेव शरणं०
	(२) सगुण भगवान्‌का वाचक	
९। १८	स्थानम्	गतिर्भर्ता प्रभुः०
	(३) उचितका वाचक	
११। ३६	स्थाने	स्थाने हृषीकेश०
	६९. स्वभाव	
	(१) मनुष्योंकी प्रकृति (आदत)-का वाचक	
५। १४	स्वभावः	न कर्तृत्वं०
१७। २	स्वभावजा	त्रिविधा भवति०
१८। ४१	स्वभावप्रभवैः	ब्राह्मणक्षत्रियविशां०
१८। ४२	स्वभावजम्	शमो दमस्तपः०
१८। ४३	स्वभावजम्	शौर्यं तेजो०
१८। ४४	स्वभावजम्; स्वभावजम्	कृषिगौरक्ष्यवाणिज्यं०
१८। ४७	स्वभावनियतम्	श्रेयान्स्वधर्मो०
१८। ६०	स्वभावजेन	स्वभावजेन कौन्तेय०
	(२) जीवात्माका वाचक	
८। ३	स्वभावः	अक्षरं ब्रह्म परमं०

गीतादर्पणमेतद्धि जनानामुपकारकम्।
सर्वां दर्पणवद् गीतां दर्शकं भविता सदा॥
नेत्रवेदखयुग्मे हि वत्सरे* लिखितं च यत्।
रामसुखेन बोधार्थं गीतायाः पाठकस्य च॥

* विक्रमसंवत्सरे २०४२।